Timo Luthmann
Politisch aktiv sein und bleiben

UNRAST

Timo Luthmann (Jahrgang 1977) ist seit Mitte der 1990er Jahre in verschiedenen sozialen Bewegungen aktiv. Eine bewegte politische Reise von der Jugendumweltbewegung über die Anti-AKW-Bewegung, Anarchosyndikalismus und Kampf gegen Sozialabbau, globalisierungskritische Bewegung, Medienaktivismus bis zum Autonomen Zentrum *SubstAnZ* in Osnabrück. Seit 2010 ist er im Rheinland in der Klimabewegung aktiv, bei *ausgeCO$_2$hlt* organisiert und Mitinitiator der Kampagne *Ende Gelände*.

Timo Luthmann ist als Bildungsreferent und Trainer tätig; zum Thema *Nachhaltiger Aktivismus* gibt er seit vielen Jahren regelmäßig Vorträge und Workshops.

https://nachhaltigeraktivismus.org

POLITISCH AKTIV SEIN UND BLEIBEN

Handbuch Nachhaltiger Aktivismus

Timo Luthmann

UNRAST

Timo Luthmann: Politisch aktiv sein und bleiben
4. Auflage, Juli 2025
ISBN 978-3-89771-250-8

© UNRAST Verlag, Münster 2018
Fuggerstr. 13 a, 48165 Münster
www.unrast-verlag.de | kontakt@unrast-verlag.de
Mitglied in der assoziation Linker Verlage (aLiVe)

Covergestaltung, Satz & Layout: Yasmin Abit
Fotos & Zeichnungen: Naïma Leresche
Druck: Multiprint, Kostinbrod

Inhalt

★ Übungsregister:

Für Franz, Pim und alle zukünftigen Generationen von
Aktivist*innen, die für das Leben streiten

Mein persönlicher Weg zum Nachhaltigen Aktivismus

»Man sollte, soweit es nur irgend möglich ist, so leben, wie man in einer befreiten Welt glaubt, leben zu sollen, gleichsam durch die Form der eigenen Existenz, mit all den unvermeidbaren Widersprüchen und Konflikten, die das nach sich zieht (...) Dieses Bestreben ist notwendig zum Scheitern und zum Widerspruch verurteilt, aber es bleibt nichts anderes übrig, als diesen Widerspruch bis zum bitteren Ende durchzumachen. Die wichtigste Form, die das heute hat, ist der Widerstand.« – Theodor W. Adorno

Der Herzensweg

Im Dunkeln kann ich die Sterne sehen
Das wirkliche Wunder des Lebens erspähen.
Mein Herz öffnet sich und es wird weit,
Für eine tiefere Wirklichkeit.

Das Leid und der Schmerz die machen mich stark
Schätze das Leben Tag für Tag.
Die Liebe zum Leben, der Schlüssel zum Glück.
Wird Freiheit mir geben und meine Würde zurück.

Erträume dein Leben
Und lebe deinen Traum.
Wird erstrahlen dich lassen
Über Zeit und Raum

Der strahlende Stern
In der tiefen Nacht
Berührt die Menschen
Hat die Sehnsucht entfacht.

Die Liebe und Freiheit
Mit dem Mut zur Tat
Wird ein Sternenmeer uns schenken
Und einen neuen Tag.

Das rationale Adorno-Zitat und dieses emotionale Gedicht, welches ich im Jahr 2000 in Brasilien geschrieben habe, fassen als Pole knapp zusammen, was mich motiviert hat, dieses Buch zu schreiben. Es ist die Suche nach einer langfristigen widerständigen Perspektive, nach einem glücklichen Leben und nach individueller wie kollektiver Befreiung. Ich möchte das Leben wählen und nicht den Tod bzw. das Leiden. Ich würde mich freuen, wenn sich das Buch wie ein solidarischer Rat einer Freund*in, Companer@, Genoss*in anfühlt und dich auf deinem Weg stärkt. Ich möchte einen tiefgreifenden Wandel der Gesellschaft. In diesem Zusammenhang müssen wir mit den sozialen Bewegungen als Motoren und Katalysatoren dieser Veränderung anfangen, diese Veränderung zu leben. Auf diesem Weg zu einem Nachhaltigen Aktivismus habe ich verschiedene Phasen durchlaufen, die ich hier kurz skizzieren möchte.

Meine Vorgeschichte und Prägungen

Ich bin in einem ländlich geprägten katholischen Arbeitermilieu aufgewachsen. In der kirchlichen Jugendarbeit habe ich organisieren gelernt und Werte wie soziale Gerechtigkeit verinnerlicht, doch zu Hause habe ich mich dort nur bedingt gefühlt. In meiner frühen Jugend begann ich mich intuitiv vom Katholizismus zu entfernen, da für mich Vieles als leerer Ritus ohne Lebendigkeit erschien. Ich hatte die Sehnsucht nach einem radikalen Lebensentwurf, denn damals wie heute glaube ich, dass ein grundlegender, tiefgreifender Wandel notwendig ist. Meine innere Mitte habe ich immer weniger in der Kirche, sondern mehr und mehr in der Beziehung zur Natur erfahren.

Die Suche nach dem Sinn und eine umfassende Politisierung.

Durch das Robbensterben in der Nordsee, die agrarindustrielle Zerstörung der Landschaft, dort, wo ich aufgewachsen bin, und die atomare Bedrohung habe ich mich schließlich politisiert. Über die psychologischen Ansätze der Tiefenökologie bin ich auch mit buddhistischen Ansätzen in Berührung gekommen, aber die wenig aktivistisch-orientierten Vertreter*innen, die ich auf einem Tiefenökologieseminar traf, fand ich nicht besonders inspirierend, sondern eher gesättigt. Dagegen interessierte ich mich für aktivistische Bewegungen wie *EarthFirst!*, *Sea Shepherd*, die Anti-Straßenbaubewegung in England und den DIY-Spirit der Hardcore/Punk-Bewegung, die ich der Situation angemessener empfand. Über die Hardcore-Szene, die Jugendumweltbewegung und die Strukturen der Anti-AKW-Bewegung habe ich dann Anschluss an soziale Bewegungen gefunden.

Doch bevor ich mich in das politische Getümmel gestürzt habe, hatte ich verschiedene Schlüsselerlebnisse, die meine Persönlichkeit entscheidend geprägt haben. Es war die Auseinandersetzung mit individuellem und kollektivem Tod. Der individuelle Tod begegnete mir gleich zweimal im familiären Umfeld. Gleichzeitig drang der kollektive Tod mit dem Wissen um die tiefgreifende und teilweise irreversible Umweltzerstörung immer mehr in mein Bewusstsein, was mich beides tief mit Schmerz erfüllte. Auch die Auseinandersetzung mit dem Holocaust bzw. dem Widerstand gegen den Nationalsozialismus und der Geschichte der Kolonisierung Nordamerikas[1] prägten mich tief.

Ich wich meinem Schmerz, den ich angesichts der Naturzerstörung und Unterdrückung empfand, nicht aus, sondern gestand ihn mir ein und legte seine Wurzel frei. Meine lebendige Beziehung zur Natur, die in tiefer Liebe zu ihr begründet lag, bewirkte die Ausdehnung meines Selbst, wobei ich die Zerstörung der Natur als meine eigene wahrnahm. Dabei bin ich in die Stille gegangen und habe tief über die Fragen von Leben und Tod ›nachgedacht‹ oder eher meditiert, bis quasi mein Kopf und die Kategorien, in denen ich gedacht habe, zerbrochen sind. Diese Erlebnisse, die ich zwei- bis dreimal hatte, zeichneten sich dadurch aus, dass ich mein Bewusstsein ausgehend von tiefer Ruhe in meinem Körper über meinen Körper hinaus ausgedehnt habe und ich eine tiefe Einheit mit dem Leben und Kosmos spürte, die schwer in Worten zu beschreiben ist.

Diese Ereignisse konnte ich zunächst nicht intellektuell deuten, geschweige denn, dass ich Möglichkeiten sah, mit anderen Menschen darüber zu sprechen. Doch diese Erfahrungen bzw. mein Verbundenheitsgefühl in Kombination mit dem Bewusstsein meines endlichen Lebens und der Sinnfrage veranlasste in mir einen starken Willen, für das Leben zu kämpfen, um ihm so einen Sinn zu geben. Seit dem konnte ich es nicht lassen, mich in sozialen Bewegungen zu organisieren.

Die anfänglich bescheidenen Organisierungsversuche in meiner Kleinstadt Cloppenburg endeten mit Teilnahme an der dritten Mobilisierung der Anti-AKW-Bewegung ins Wendland 1997, um die Atommülltransporte dorthin zu stoppen. Die Erfahrungen beim bis dahin größten Polizeieinsatz in der Geschichte der BRD, welche auf breiten, organisierten und vielfältigen Widerstand der Bevölkerung, in Zusammenarbeit mit

---

1 Siehe Biegert, Claus: Die Wunden der Freiheit. Der Kampf der Indianer Nordamerikas gegen die weiße Eroberung und Unterdrückung. Selbstzeugnisse, Dokumente, Kommentare. Göttingen: Lamuv Verlag 1994.

radikalen Linken und Umweltverbänden stießen, waren für mich prägend. Die Kontroversen um Gewaltfreiheit und Militanz ebenso. Wenn eine tiefgreifende gesellschaftliche Veränderung gelingen soll, bedarf es der Widerständigkeit jenseits einer kleinen Subkultur, einer sozialrevolutionären Perspektive. Das Spüren und Erleben eines Widerstands, der alle Bevölkerungsgruppen durchzieht, war für mich Befreiung.

Die Phase der Krise und Fundierung

Nachdem ich im Alter von 19 Jahren aus meiner ländlichen Kleinstadt nach Braunschweig gezogen war, habe ich mich dort in verschiedenste politische Kämpfe gestürzt und meine Praxen wie Joggen oder Kampfsport aufgegeben. Ich war gleichzeitig in mehreren Gruppen und unterschiedlichen Kämpfen mit unterschiedlichen Aktionsformen aktiv, was insgesamt mein Stresslevel stark erhöhte. Ich habe mir einfach keine Entspannungsmomente gegönnt und war ziemlich hart zu mir selbst. Als mir mein Körper ganz unverblümt mit starken immer wiederkehrenden Magenkoliken spiegelte, dass er damit nicht zufrieden war, habe ich angefangen, in der Zen-Tradition zu meditieren und regelmäßig Sport zu treiben, was mich wieder mehr ins Gleichgewicht gebracht hat. Gleichzeitig war ich auf der Suche nach einer langfristigen widerständigen Perspektive, da ich schon in den ersten vier Jahren meines politischen Engagements vermehrtes Wegbrechen bzw. das Verschwinden von Aktivist*innen und einen Mangel an älteren Aktivist*innen festgestellt hatte. Mit der Absicht, meine Perspektive jenseits des europäischen Horizonts zu erweitern und auf der Suche nach politischer Inspiration/Vertiefung leistete ich meinen Zivildienst in Brasilien ab und bereiste dort ausgiebig die verschiedensten sozialen Bewegungen wie Indigene, Landlosenbewegung, urbane Landbesetzungen oder anarchistische Organisierungsprojekte. Bei meiner Reise zum Widerstand in Brasilien war ich auch auf der Suche danach, was Menschen motiviert und ihnen die Kraft gibt zu kämpfen. Während dieser Reise bin ich auf das Buch *Mystik und Widerstand*[2] von Dorothee Sölle gestoßen. Dort las ich das erste Mal etwas über die *Unio Mystica*, was mir half, meine Schlüsselerlebnisse in meiner Jugend besser zu deuten. Das, was ich für mich in Brasilien gelernt habe, ist, dass die Menschen dort keine Hilfe von außen brauchen, sondern selbst das Wissen für ihre Befreiungskämpfe besitzen. Wenn ich zu ihrer Emanzipation etwas beitragen möchte, ist es das Beste, wenn ich mit meiner Selbstemanzipation voranschreite und die Welt hier

---

2   Sölle, Dorothee: Mystik und Widerstand: »du stilles Geschrei«. 8. Aufl. München: Piper 2006.

verändere, da viel Leid durch die Wirtschaftsmacht Deutschlands, neo-ko-
loniale Abhängigkeitsverhältnisse und unsere imperiale Lebensweise[3] hier
ihren Ursprung hat.

In Bezug auf Nachhaltigen Aktivismus hat mich beispielsweise die
Federación Anarquista Uruguaya (FAU) mit ihrer generationsübergrei-
fende Zusammenarbeit und Langlebigkeit der Organisation beeindruckt.
Es war einfach schön zu sehen, wie junge Punks und alte Stadtguerillos
der OPR-33 (*Organización Popular Revolucionaria-33 Orientales*) in dieser
1956 gegründeten Organisation zusammenarbeiten. Die FAU ist eine
Vertreterin des sozialen Anarchismus, welche näher an den Menschen in
sozialen Bewegungen organisiert ist und deren Organisationsmodell des
›Especifismo‹[4] großen Einfluss auch außerhalb Uruguays z. B. auf die anarchistischen Organisationen in Brasilien ausgeübt hat.

Wieder in Deutschland angekommen habe ich mich auf der Suche nach
meinem *inserción social,* dem strategisch-politischen Ansatz bzw. der sozialen Basis, sechs Jahre in der *Freien Arbeiter*innen Union* (FAU) organisiert und schwerpunktmäßig lokal aber bundesweit vernetzt gegen Hartz
IV und Studiengebühren gekämpft. Gleichzeitig half ich mit, eine lokale
Anti-Atom-Gruppe zu gründen und wir beteiligten uns an verschiedenen
Aktionen und Mobilisierungen. Auch antirassistische Arbeit lag mir am
Herzen und deswegen beteiligte ich mich aktiv am Kampf gegen das regi-
onale Flüchtlingslager Bramsche-Hesepe.

Zusammen mit Tobias Schmid gründete ich das Filmkollektiv *Kinoki
Now!,* welches sich an verschiedensten medienaktivistischen Projekten wie
G8-TV in Heiligendamm beteiligte und Videoclips zu Studienprotesten
produzierte (*boykott.tv*). Eigene Burnoutprozesse während der Produktion
unserer Dokumentation *Der Lagerkomplex. Flüchtlinge, Bramsche-Hesepe
und die freiwillige Ausreise* (2004) haben dazu geführt, dass ich mit Tin-
nitusbeschwerden stressbedingt ins Krankenhaus musste. Dies hat mich
daran erinnert, meine eigenen Selbstfürsorgepraxen ernster zu nehmen
und mich motiviert, meine Meditationspraxis wieder aufzunehmen. Auch
wurden mir das Vermissen von regelmäßigem Naturkontakt und die
Tücken des bildschirmbasierten Aktivismus bewusster, sei es nun beim
Videoschnitt, E-Mails-Lesen oder bei der Social-Media-Arbeit.

Interne Konflikte haben mich motiviert, meine Politikgruppe (die Nach-
folgegruppe der FAU) zu verlassen und mich auf den Aufbau eines selbst-

---

3   Siehe Brand, Ulrich: Imperiale Lebensweise. Zur Ausbeutung von Mensch und
     Natur im globalen Kapitalismus. München: Oekom Verlag 2017.
4   »Especifismo«, *Wikipedia,* https://de.wikipedia.org/wiki/Especifismo (Zugriff 23.
     6.2017).

verwalteten Zentrums in Osnabrück zu konzentrieren, wo ich schon seit Anfang 2002 aktiv war. Insgesamt habe ich dort zehn Jahre organisiert und in den verschiedensten Aufs und Abs Vieles erlebt, gelernt und auch viel gefeiert. Entscheidend für den Erfolg des selbstverwalteten Zentrums *SubstAnZ* waren das klare Ziel, die undogmatische Herangehensweise und der gute Umgang untereinander, der sich auch in vielen Freundschaften ausdrückte. Dies war für mich eine ermächtigende Organisierungserfahrung, die zeigte, dass Menschen einfach viel erreichen können, wenn sie kontinuierlich an lokalen Kämpfen dran bleiben.

Die Phase der Systematisierung

Der Beginn der Systematisierung der Ansätze für einen Nachhaltigen Aktivismus fällt bei mir mit der aktiven Zuwendung meiner politischen Ursprünge zusammen. Das *SubstAnZ* in Osnabrück stand auf soliden Füßen und die Proteste zu den COP15 in Kopenhagen 2009 standen vor der Tür. Ich beteiligte mich an der Mobilisierung und erlebte die Aktionen zum Klimagipfel trotz der starken Repression und des politischen Desasters als motivierend, weil ich viele inspirierende Menschen traf. Nach dem Gipfel setzte die Post-Kopenhagen-Depression ein und die noch sehr junge Klimabewegung lag am Boden. Ich beschloss trotzdem, an dem Thema und der Bewegung dranzubleiben und organisierte zusammen mit Menschen aus Bonn das Klimacamp Bonn 2010. Auf dem ersten Klimacamp im Rheinland wurde von *Climate Justice Action* (CJA) ein globaler Aktionstag im Oktober 2010 beschlossen. Die erste ungehorsame Aktion von linken Aktivist*innen im Rheinischen Braunkohlerevier, die wir mit einigen Menschen vom Camp organisierten, fand am globalen Aktionstag statt. Pressemäßig und vom Effekt auf die Infrastruktur war unsere Blockade eines Kohlezubringers des Kraftwerks Niederaußem ein voller Erfolg, doch trotz der bundesweiten Mobilisierung nahmen nur 25 Menschen daran teil, was mir arg zusetzte. Das Desinteresse von Seiten bewegungslinker Menschen stand dem strategischen Aktionspotential in den Braunkohlerevieren und der Dringlichkeit des Klimathemas gegenüber. Ich entschied mich nach einiger Überlegung dran zu bleiben und mit Menschen vom *Klima!Bewegungsnetzwerk* (K!BN) und der *BUND-Jugend NRW* ein weiteres Klimacamp zu organisieren. Daraus entstanden viele Freundschaften und meine Basisklimagruppe *ausgeCO$_2$hlt*. Durch kontinuierliche Basisarbeit mit vielen Klimacamps und Aktionen konnten wir zum Aufbau der Klimabewegung beitragen. Die Kontinuität und Organisationserfahrungen aus diesen Prozessen waren dann letztendlich ein Wegbereiter für die Massenaktionen von *Ende-Gelände*, als wir 2015 im Rheinland mit 1.300 Menschen die Grube besetzten und 2016 in der Lausitz mit 4.000 Aktivist*innen die Kohleinfrastruktur blockierten, so dass das Kraftwerk *Schwarze Pumpe* auf 20 % seiner Leistung gedrosselt werden musste.

Für die Systematisierung des Nachhaltigen Aktivismus waren einerseits meine Auseinandersetzung mit Bewegungsstrategien, Trainingsarbeit u. a. bei *Skills for Action* und die Erfahrungen beim Bewegungsaufbau der Klimabewegung wichtige Grundlagen. Andererseits haben meine Erfahrungen mit Medienaktivismus verschiedenster Art und die Auseinandersetzung mit Social Media und der Aufmerksamkeitsökonomie im digitalen Kapitalismus den Grundstock für eine Systematisierung des Konzepts des Nachhaltigen Aktivismus geliefert. Im Rahmen der *Linken Medienakademie 2011* habe ich verschiedene Vorträge zur Fragmentierung, Kommerzialisierung und Kontrolle von Aufmerksamkeit gehalten. Diese Konzepte habe ich weiterentwickelt und dann den ersten Nachhaltigen Aktivismus-Workshop auf dem Klimacamp 2011 durchgeführt. In Kopenhagen fand ich einen Flyer des *Ecodharmas*, einer Gemeinschaft in den spanischen Pyrenäen, die ›Sustaining Resistance‹-10-Tages-Kurse für Aktivist*innen und Organizer*innen anboten. Das Programm ist u. a. auch von Burnout-Erfahrungen in der internationalen Klimabewegung und insbesondere der *Climatecamp UK*-Erfahrungen motiviert. Die Teilnahme an ›Sustaining Resistance‹ im November 2011 war für mich eine wichtige Motivation, meine eigenen Ansätze zu Nachhaltigem Aktivismus weiter zu vertiefen. Es war das erste Mal, dass ich Menschen getroffen habe, die an einer ähnlichen Themenkombination arbeiten. Dies war sehr befreiend, da ich bisher häufig das Gefühl hatte, zwischen allen Stühlen zu sitzen.

2012 begann ich schließlich dieses Buchprojekt und besuchte das *Train the Trainer* von Sustaining-Resistance im *Ecodharma*. Es folgten viele Vorträge, Workshops und eine fruchtbare Zusammenarbeit mit der Trainerin Mara Linnemann (cre-act.net) sowie Trainer*innen vom *Kommunikationskollektiv* (kommunikationskollektiv.org) zu Nachhaltigem Aktivismus.

Eine Gebrauchsanweisung des Buchs je nach mentaler Verfassung

Das Buch ist wie ein Baukastensystem aufgebaut, an dem du dich je nach deinen Bedürfnissen bedienen kannst, wie in einer kleinen Minibibliothek aus Abhandlungen zu verschiedenen Aspekten des Nachhaltigen Aktivismus. Das Buch pendelt zwischen analytisch-theoretischen Überlegungen und Beschreibungen praktischer Erfahrungen.

Im ersten Kapitel ›Was ist Nachhaltiger Aktivismus‹ geht es um die Beschreibung der Ursprünge, des theoretischen Hintergrunds und der Konzepte des Nachhaltigen Aktivismus.

Dazu zählt auch die Auseinandersetzung mit dem Resilienzbegriff als einem Schlüsselbegriff des Nachhaltigen Aktivismus. Resilienz bedeutet soviel wie Widerstandskraft und die Konzeption besitzt eine breite Adaption von emanzipatorischen sozialen Bewegungen, Psychologie, Ökologie, Katastrophenmanagement bis hin zu Herrschaftsinstitutionen wie der Welthandelsorganisation (WTO) oder dem US-amerikanischen Militär. Daher ist Begriffssicherheit notwendig, um eine scharfe Abgrenzung zu herrschaftsförmigen Resilienzadaptionen herzustellen. Ebenso wird in diesem Kapitel dargelegt, warum Nachhaltiger Aktivismus eine neue Art des politischen Aktivismus ist und was ihn auszeichnet. Abschließend möchte ich diesen Abschnitt mit Überlegungen dazu, wen ich unter Aktivist*innen verstehe und Gedanken zu Änderung unseres Engagements in verschiedenen Lebensphasen.

Das zweite Kapitel ist eine Beschreibung der Probleme und des Warum. Dieser Abschnitt kann für Menschen in einer psychisch labilen Verfassung herausfordernd sein. Daher ist es möglicherweise ratsam, falls du dich nicht ausreichend psychisch und emotional stabil fühlst, dieses Kapitel vorerst zu überspringen. Es gibt dort aber viele nützliche Einsichten zu unserer Psychobiologie, von negativem Stress und Trauma über den Prozess des Ausbrennens bis zu Ursachen von Burnout persönlicher und struktureller Art, so dass dieses Kapitel dich auch noch später bereichern kann.

Im dritten Kapitel widme ich mich der ersten Säule des Nachhaltigen Aktivismus, den Erfahrungen und Reflexionen zu sozialer Veränderung und strategischem Handeln. Den Einstieg in dieses Kapitel beginne ich mit der Reflexion über verschiedene Ausgangspunkte für Befreiung, die uns für unsere verschiedensten blinden Flecken sensibilisieren möchte und gleichzeitig die Neugierde bei uns wecken, wie auf unterschiedliche Art und Weise Befreiung gedacht und gelebt werden kann. Nach diesen analytischen Überlegungen gehe ich auf das Verhältnis von innerer und äußerer Veränderung ein, welche Rolle unsere Motivation und unser Ego dabei spielen und erläutere die emotionalen Grundlagen von Veränderung. Anschließend thematisiere ich äußere gesellschaftliche Veränderung, indem ich ein liberales und ein radikales Modell gegenüberstelle und die verschiedenen Ebenen von Veränderungen erläutere. Ein Abschnitt über Bewegungsstrategien, ein Input zu Aktionsstrategie und Taktik und 20 Schlüsseleinsichten zu sozialer Veränderung runden dieses Kapitel praxisorientiert ab.

Das vierte Kapitel wird wieder praktischer und beschreibt die zweite Säule des Nachhaltigen Aktivismus – individuelle Resilienzstrategien. Hier bilde ich einen von mir entwickelten individuellen Resilienzbildungszyklus ab, der die Phasen Raum für Bewusstheit schaffen, Reflexion, Fokus und Balance durchläuft und in jeder Phase praktische Werkzeuge und Übungen beinhaltet. Abgerundet wird die individuelle Dimension mit der Schlüsseleinsicht der Kultivierung von eigenen Praxen und Praxistipps von burnout-betroffenen Aktivist*innen.

Das fünfte Kapitel geht in einer praktischen Art und Weise auf die dritte Säule des Nachhaltigen Aktivismus – die kollektiven Resilienzstrategien – ein. Dabei werden erst allgemeine Aspekte wie strategisch-politisches Handeln, öffentliche Debatte über Burnout und Nachhaltigen Aktivismus sowie Antirepressionsarbeit behandelt. Danach betrachte ich erst die Gruppenebene, dann die Bewegungsebene und anschließend die Gesellschaftsebene und erläutere, wie kollektive Widerstandskraft gestärkt werden kann.

Das sechste und letzte Kapitel bringt zusammenfassend die Essenz des Nachhaltigen Aktivismus kurz auf den Punkt. Dabei geht es um verschiedene Fäden, die sich durch das gesamte Buch ziehen, wie beispielsweise die Frage nach unseren Vorstellungen, Visionen, Utopien und Erzählungen.

1. Was ist Nachhaltiger Aktivismus?

Ein Definitionsversuch

Es gibt nicht *den* einen Nachhaltigen Aktivismus, sondern sehr vielfältige Strategien und Wege, die von Aktivist*innen weltweit gegangen werden, um tiefgreifenden und langfristigen gesellschaftlichen Wandel zu forcieren und individuelle Emanzipation zu erlangen. Dabei verwenden sie nicht unbedingt immer dieses relativ neue Begriffspaar. Gleichzeitig gibt es anderseits verschiedenste Personen und Zusammenhänge, die dieses Begriffspaar seit Jahren verwenden wie z. B. Jane Barry und Jelena Djordjevic (2007), Grace Lee Boggs (2011), *Ecodharma* (seit 2010) u. a. und unter diesem Begriff gibt es in verschiedenen europäischen Ländern Trainingsarbeit von Trainingskollektiven, einschließlich meiner eigenen Arbeit. In der Praxis hat sich für mich der Begriff als zugänglich erwiesen, trotz seiner ökologischen Konnotation und dem Problem, dass der Nachhaltigkeitsbegriff ebenso wie der Resilienzbegriff auch herrschaftsförmig adaptiert werden. Dies ist jedoch ein allgemeines Phänomen, denn Begriffe sind umkämpft und es gilt, sie sich anzueignen. Deswegen bedarf es einer emanzipatorischen Begriffsdefinition, um die Begriffssicherheit und Klarheit über das Konzept zu erhöhen und einer Beliebigkeit vorzubeugen. Für mich ist Nachhaltiger Aktivismus ein Analyserahmen, um verschiedenste Ansätze und Erfahrungen zu systematisieren und zusammenzufassen. In diesem Sinne ist Nachhaltiger Aktivismus für mich ein Konzept, um Menschen bei der Entwicklung eines langfristigen politischen Engagements zu helfen und Nachhaltigkeit im eigenen Aktivismus zu erreichen. Es setzt sich nach meiner Definition zusammen aus:

1.) Erfahrungen und Reflexionen über soziale Veränderung und strategisches Handeln
2.) Individuelle Strategien zur Selbstfürsorge und Ausschöpfung des persönlichen Potentials
3.) Kollektive Strategien, die langfristiges politisches Engagement stützen bzw. erst ermöglichen

Die Anwesenheit von Teilaspekten des Nachhaltigen Aktivismus macht noch keinen Nachhaltigen Aktivismus als Ganzes aus, sondern stellt eine unvollständige verkürzte Form dar. Nur alle drei Aspekte vereint würde ich als Nachhaltigen Aktivismus bezeichnen.

Die drei Säulen des Nachhaltigen Aktivismus:

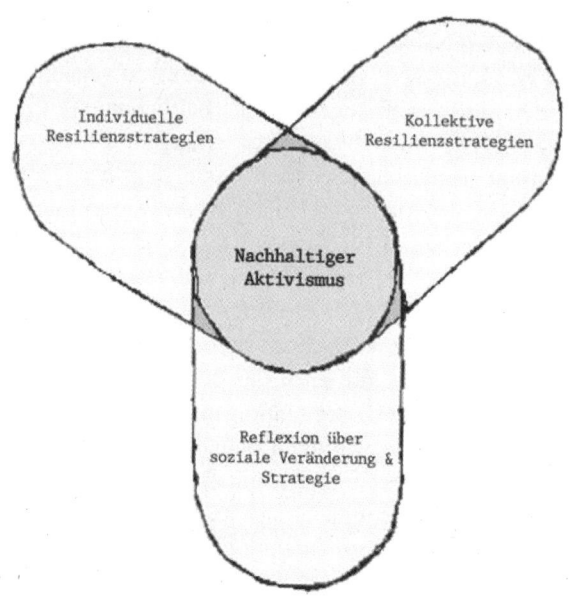

Dabei ist diese Arbeit eigentlich keine Extraaufgabe für Aktivist*innen, sondern im Kern geht es bei Nachhaltigen Aktivismus darum, was Bewegungen erfolgreich und Individuen und Gruppen ganzheitlich stark macht. Das Konzept vom Nachhaltigen Aktivismus setzt auf Bewusstseinsbildung und Sensibilisierung und stellt zwar als ganzes keine Therapieform dar, kann aber in Teilaspekten Heilungsprozesse beinhalten. Es knüpft an das individuelle wie kollektive Wissen von Aktivist*innen und sozialen Bewegungen an und möchte Impulse für dessen Weiterentwicklung und Vertiefung liefern. Dabei berücksichtig das Konzept vom Nachhaltigen Aktivismus mögliche Krisen und versucht mit ihnen konstruktiv umzugehen. Wir, als Aktive in sozialen Bewegungen, wollen uns nicht aus einer technokratischen Sicht fit erhalten für den Kampf, sondern ganzheitliche Entwicklungsbilder für Aktivist*innen und engagierte Menschen allgemein aufzeigen, um der individuellen wie der kollektiven Befreiung ein Stück näher zu kommen. Die Persönlichkeitsentfaltung spielt im Nachhaltigen Aktivismus eine wichtige Rolle und wird in einer demokratisierten Form als eine Art Alternative zu avantgardistischen Leadershipprogrammen gesehen. Im angloamerikanischen Raum sind solche Leader-shipprogramme zum Aufbau von Bewegungs- und Führungspersönlich-keiten fester Bestandteil von Organisierungskampagnen und kritischer Bewegungsbildung. Es besteht beim Nachhaltigen Aktivismus ein produktives Spannungs-verhältnis zwischen individuellen und kollektiven Handlungsansätzen. Ebenso spielt präfigurative Politik – die darauf abzielt, mit den Mitteln der Veränderung die Ziele der sozialen Bewegung bereits jetzt erfahrbar zu machen – eine wichtige Rolle. Ausgehend von der ›Politik der ersten Person‹, welche die Trennlinie zwischen ›privat‹ und ›öffentlich‹ zurück-weist und die Politisierung der Privatsphäre beinhaltet, entsteht ein Vor-rang der Selbstfürsorge.

»Fürsorge für mich selbst ist nicht Genusssucht, es ist Selbsterhaltung und dies ist ein Akt des politischen Kampfes.«[5] – Audre Lorde

Die Anerkennung, dass Selbstfürsorge politisch notwendig ist, bildet hier-bei eine Handlungsgrundlage. Diese Art von Selbstfürsorge dreht sich nicht um unser eigenes Glücksempfinden. Sie handelt davon, Wege zu finden, in einer Welt zu überleben, die diskriminiert und vitalen Lebens-bedürfnissen entgegensteht[6]. Deswegen werden im Nachhaltigen Akti-vismus gleichzeitig kollektive politische Prozesse und Dimensionen mit-gedacht beziehungsweise thematisiert und es besteht darüber hinaus ein kollektiver Handlungsdruck. Die mikropolitischen Interventionen – wie z. B. Achtsamkeitsprogramme – müssen in makropolitische Projekte und größere politische Entwürfe eingebettet sein, damit sie einen systemischen befreienden Effekt haben.

   In der Konzeption vom Nachhaltigen Aktivismus geht es im Gegensatz zu herkömmlichen Burnout-Präventions-Programmen schwerpunktmä-ßig nicht um individuelle Selbstoptimierung im Sinne der eigenen Leis-tungsfähigkeit. Klassische Resilienzkonzepte setzen bei der Stärkung der Widerstandskraft des Individuums an. Für den Nachhaltigen Aktivismus kommt die Reflexion über die gesellschaftlichen Verhältnisse als Ursache für die stressbedingten persönlichen Krisen hinzu. Die Bewusstwerdung und Anerkennung, dass eine wesentliche Ursache für Burnout in der kapi-talistischen Wirtschaftsweise mit ihrem permanenten individuellen Ver-wertungszwang liegt, ist eine Grundlage für Nachhaltigen Aktivismus.

---

5   »Caring for myself is not self-indulgence, it is self-preservation and that is an act of political warfare.«
6   Siehe Ahmed, Sara: *Selfcare as Warfare*. https://feministkilljoys.com/2014/08/25/selfcare-as-warfare/ (Zugriff 28.12.2017).

In diesem Sinne ist Nachhaltiger Aktivismus antikapitalistisch bzw. postkapitalistisch. Hinzu kommt, dass viele Probleme, gegen die Aktivist*innen kämpfen, vom Kapitalismus verursacht oder verstärkt werden. Dies bedeutet jedoch keine fatalistische Kapitulation vor der Größe des Problems und den Rückzug ins Private, sondern erst mit der Klarheit über die Probleme schaffen wir die Grundvoraussetzung für unsere prozesshafte individuelle und kollektive Befreiung. Es ist wichtig, dass wir unsere persönlichen Krisen und unser teilweises Scheitern nicht als individuelles Versagen deuten.»Es liegt nicht am Einzelnen, wenn wir an unsere Grenzen stoßen. Besseres Management oder eine andere persönliche Haltung können das Beschleunigungsproblem in unserer Gesellschaft nicht lösen, weil es ein strukturelles, kulturelles und kollektives Problem ist«[7], so der Soziologe Hartmut Rosa. Diese Erkenntnis hilft uns, dem eigenen Leistungsdenken, das durch den kapitalistischen Verwertungszwang geprägt ist, etwas entgegenzusetzen. Erst wenn wir unseren inneren Antreiber damit soweit entwaffnet haben, dass wir uns nicht selbst schaden, können wir Strategien entwickeln, um mit der beschleunigten Lebenskultur umzugehen.

Die vielfachen Krisen werden von den Menschen meistens als bedrohlich wahrgenommen. Dabei besitzen Krisen ein doppeltes Gesicht. Schon das griechische Wort *krisis* bezeichnet keine hoffnungslose Situation, sondern den Höhe- oder Wendepunkt einer gefährlichen Lage – vom Tiefpunkt einer Krise ausgehend kann es folglich nur noch besser werden. Die Krisen, die wir als Aktivist*innen erleben, können für uns eine Möglichkeit sein, unser politisches Leben und unsere Analysen zu reflektieren und uns jenseits von alltagspolitischen Fragen existenziellen Fragen zuzuwenden, wobei wir z. B. Kernwerte freilegen können, die als Grundlage unseres politischen Handelns dienen.

Ein Kern des Nachhaltigen Aktivismus ist eine Art säkulare oder weltliche Spiritualität. Dabei geht es darum, wie wir unsere Beziehung zu uns Selbst, unserem Gegenüber und unserer Mitwelt erkennen, gestalten und annehmen. Sie drückt unsere Beziehungsqualität zum Leben aus. Es geht um solidarische und empathische Beziehungen, zu uns selbst, unserem Gegenüber und unserer Mitwelt in der Anerkennung unserer Interdependenz, der wechselseitig bedingten Abhängigkeit. In dieser Anerkennung liegt Selbsterkenntnis und Überwindung von Entfremdung. Gleichzeitig drückt die säkulare Spiritualität auch unsere individuelle Fähigkeit aus, uns Sinn zu konstruieren, und ist eine entscheidende Ressource, die uns

---

7 *Interview mit Hartmut Rosa.* In: stern EXTRA »Gesundheit & Achtsamkeit« stern EXTRA 01/2013 (2013).

widerstandsfähiger macht. Diese säkulare Spiritualität möchte ich gegen Esoterik abgrenzen, die als Geheimwissenschaft daherkommt und herrschaftsförmigem Missbrauch Tür und Tor öffnet. Vieles, was ich als säkulare Spiritualität fassen würde, beschreibt Hartmut Rosa in seinem Konzept der Resonanz[8].

Nachhaltiger Aktivismus ist kein geschlossenes System, sondern ein offener und fortlaufender Kommunikationsprozess. Kommunikation mit sich selbst, Kommunikation mit dem*der Anderen, sei es in der Politgruppe, der Bewegung oder der Gesellschaft.

Hinter dem Konzept des Nachhaltigen Aktivismus steht der Wille, ein richtiges Leben im Falschen zu führen und die Möglichkeiten auf ein glückliches und gutes Leben trotz der Gewalt des Kapitalismus und zu ergreifen. Nur so gibt es eine Chance, kollektiver Befreiung ein Stück näherzukommen.

Woher kommt das Konzept des Nachhaltigen Aktivismus?

Nachhaltiger Aktivismus ist für mich persönlich aus der systematischen Beschäftigung mit der Frage der Nachhaltigkeit im politischen Aktivismus entstanden. Einerseits war diese Suche durch meine eigenen Krisen motiviert, die sich durch immer wiederkehrende stressbedingte Magenkoliken und Tinnitus körperlich ausdrückten. Gleichzeitig beinhaltet der Nachhaltige Aktivismus andererseits auch eine Antwort auf die politischen Krisen in der Linken.

Er ist durch die Suche nach individuellen wie kollektiven Kraftquellen und einer tieferen Fundierung motiviert, die Suche nach einer politischen Praxis, in der sich das Individuum entfalten und gleichzeitig an der kollektiven Befreiung mitwirken kann.

Die drei wesentlichen Einflüsse des Nachhaltigen Aktivismus nach meiner Systematisierung kommen erstens aus der Geschichte und Praxis sozialer Bewegungen und Widerstandskulturen, zweitens aus der Resilienzforschung, den Neurowissenschaften, der humanistischen Psychologie und gegenkulturellen Bewegungen zur Mainstreampsychologie sowie drittens aus spirituellen Traditionen im weiteren Sinne. Diese spirituellen Traditionen sind oftmals mit sozialen Bewegungen und Widerstandskulturen verbunden, wie z. B. der engagierte Buddhismus und die Befreiungstheo-

---

8   Siehe Rosa, Hartmut: Resonanz. Eine Soziologie der Weltbeziehung. Berlin: Suhrkamp 2016.

logie, als auch über die (Neuro-)Psychologie und Resilienzforschung u. a. durch die belegte Wirksamkeit von Achtsamkeitsübungen und Yoga wissenschaftlich rückgebunden sind. Oftmals lassen sich die Einflüsse auch nicht sauber in diese Kategorien trennen. So gibt es Aktivist*innen, die sich mit Mikropolitiken wie Yoga und Meditationstechniken, Psychologie und Trauma beschäftigen und Vertreter*innen aus Psychologie oder Yoga- und Meditationsmeister*innen, die auf soziale Bewegungen zugehen oder aus Widerstandskulturen stammen.

Es sind insbesondere die Menschen, die zwischen allen Stühlen stehen, welche produktive Beiträge zur Entwicklung eines Nachhaltigen Aktivismus geleistet haben. Sie arbeiten intersektional, das heißt, bewegungsübergreifend, und sind in verschiedenen Disziplinen, Kulturkreisen und Milieus zu Hause.

Ein wichtiger Aspekt des Nachhaltigen Aktivismus ist die Reflexion der Geschichte und Praxis verschiedenster sozialer Bewegungen sowie die Aneignung eines strategischeren Handlungsansatzes. Im Folgenden können nicht alle Einflüsse aus sozialen Bewegungen genannt werden, sondern es geht darum, grobe Wegmarken zu skizzieren. Beim Aufzeigen der Ursprünge des Nachhaltigen Aktivismus muss zwischen Einflüssen, die in der Gesamtkonzeption des Nachhaltigen Aktivismus eine Rolle spielen und Vertreter*innen, die selbst schon einen nachhaltigen Aktivismus praktizieren, unterschieden werden.

In seiner hier vertretenen Konzeption enthält das Konzept vom Nachhaltigen Aktivismus neben den Einflüssen aus der Lebensreformbewegung viele Einflüsse aus den Neuen Sozialen Bewegungen seit dem Aufkommen der Gegenkultur der 1960er Jahre, der 1968er-Bewegung und aus der jüngeren und jüngsten Bewegungsgeschichte. Doch quasi alle sozialen Bewegungen und Befreiungskämpfe verfügen über Strategien, um ihre Widerstandskraft zu erhalten und zu stärken und enthalten somit Elemente vom Nachhaltigen Aktivismus. Beispiele hierfür sind Widerstandskulturen wie der Kampftanz Capoeira in Brasilien und Vodou in Haiti[9], die Suffragetten mit ihrem ›Mice Castle‹ wo sie sich von den Repressionsstrapazen erholen konnten, die Wanderhütten und Arbeitergesangsvereine der Arbeiterbewegung oder die Rituale indigener Kulturen wie die Schwitzhütte, die für Widerstandsbewegungen der nordamerikanischen Indigenen wichtig waren und sind.

---

9 Siehe Scheiffele, Peter: *Das Politische im haitianischen Vodou. Westliche Vorurteile verkennen den Vodou als Alltags- und Widerstandspraxis.* In: ila 388 (September 2015), S. 18-19. https://www.ila-web.de/ausgaben/388/das-politische-im-haitianischen-vodou (Zugriff 9.8.2017).

Die Anfänge

Der linke Flügel der Lebensreformbewegung entwickelte seit Mitte des 19. Jahrhunderts in Deutschland verschiedenste Elemente, die auch im Nachhaltigen Aktivismus enthalten sind, insbesondere Aspekte, welche die individuelle Resilienz (Widerstandskraft) stärken, wie Naturheilkunde, Ernährungsreform und ›Körperschulen‹. Aber auch Aspekte, die unsere Kollektive Widerstandskraft stärken, entstanden im Rahmen der Lebensreformbewegung. Die Reformpädagogik erprobte neue Wege des Lernens und die Experimente mit Kommunen und Genossenschaften stehen in der Tradition der europäischen gesellschaftskritischen Sozialutopien und können zur solidarischen Ökonomie gezählt werden.

Aus dem Milieu der Lebensreformbewegung, den Reformbewegungen in Gymnastik und Tanz und der Psychoanalyse entstehen Anfang des 20. Jahrhunderts die Ursprünge der Körperpsychotherapie. Vor allem die Berliner Gymnastiklehrerin Elsa Gindler hatte mit ihrem ›Seminar für Harmonische Körperausbildung‹ einen starken Einfluss auf die Körpertherapie und die Körperpsychotherapie. Ein weiterer wichtiger Einfluss kam von Wilhelm Reich, einem österreichischen Psychoanalytiker, den Sigmund Freud vor allem wegen seiner Abkehr von der reinen ›Redekur‹ aus der Internationalen Psychoanalytischen Vereinigung ausschließen ließ. Beide Protagonist*innen Wilhelm Reich und Elsa Gindler hatten wiederum großen Einfluss auf Vertreter*innen des *Human Potential Movement* (HPM).

Die 1960er und 1970er Jahre

Das *Human Potential Movement* (HPM) entstand in den 1960er Jahren als gegenkulturelle Rebellion gegen die Mainstream-Psychologie und organisierte Religion in Kalifornien. Das HPM vertritt eine psychologische Philosophie und ein Framework (Handlungsrahmen) mit einem Set an Werten und kreist um die Annahme, dass in vielen Menschen ein unausgeschöpftes Entwicklungspotenzial schlummere. Die Bewegung stützt sich auf die Prämisse, dass Menschen durch die Entfaltung ihres Entwicklungspotenzials ihre Lebensqualität verbessern und ein Leben in emotionaler Ausgeglichenheit, Kreativität und Erfüllung leben könnten. Vertreter*innen der Bewegung waren neben Persönlichkeiten wie Alan Watts und Aldous Huxley die Gründer*innen der humanistischen Psychologie wie Abraham Maslow, Carl Rogers und Viktor Frankl.

Aus dem *Human Potential Movement* entwickelten sich viele neue therapeutische Techniken wie die Gestalttherapie von Fritz Perls, die Bioenergetik von Alexander Lowen (Schüler von Wilhelm Reich) und Feldenkrais. Fritz Perls und Moshé Feldenkrais wurden maßgeblich von der Arbeit Elsa Gindlers über deren Schülerin Charlotte Selver beeinflusst, die auch am HPM beteiligt war.

Die therapeutischen Techniken des HPM waren nicht nur ein wichtiger Einfluss für das *Movement for a New Society*, sondern haben auch andere Menschen in den USA inspiriert, transformative Praktiken für die Bedürfnisse von sozialen Bewegungen zu entwickeln und persönliche (somatische) Transformation und soziale Gerechtigkeit zusammenzudenken.

Weitere wertvolle Beiträge zur Entwicklung eines Nachhaltigen Aktivismus aus den 1960er Jahren sind die Auseinandersetzungen und Organisierungserfahrungen der amerikanischen Bürgerrechtsbewegung, welche u. a. die Bedeutung von Trainings für den Aufbau von sozialen Bewegungen erkannt haben. In diesen Kontext spielten Bewegungslernorte wie die *Highlander Folk School* bzw. später das *Highlander Research and Education Center* in Tennessee/USA eine wichtige Rolle. Als ›social justice leadership training school‹ und Kulturzentrum, wo Bewegungspersönlichkeiten aufgebaut und gefördert wurden, verwirklichten sie wichtige Elemente des Nachhaltigen Aktivismus. Rosa Parks, Aktivist*innen des Student *Nonviolent Coordinating Committee* (SNCC) wie Ella Baker und Persönlichkeiten wie M.L. King wurden hier trainiert und gaben strategische Bildung an andere Aktivist*innen weiter. Auch für nachhaltige Veränderungsmethoden die systemische Veränderung ermöglichen hat M.L. King als ein Protagonist der Bürgerrechtsbewegung visionäre Positionen vertreten, indem er gleichzeitig »direct self-transformation und structure-transforming action« gefordert und praktiziert hat.

Durch den Kontakt mit dem vietnamesischen Mönch Thích Nhất Hạnh bezog Martin Luther King Position gegen den Vietnamkrieg, half so die Friedens- und Antikriegsbewegung zu verbreitern. Beeindruckt von seiner Persönlichkeit und politischen Arbeit schlug er Thích Nhất Hạnh für den Friedensnobelpreis vor. Thích Nhất Hạnh, ein vietnamesischer Mönch und Zenmeister, gilt als einer der bekanntesten Vertreter eines modernen Buddhismus. Er ist Mystiker, Poet und Wissenschaftler und als Friedenskämpfer Mitbegründer des ›engagierten Buddhismus‹. Für die Verbreitung von Achtsamkeitspraxen im Westen hat er neben dem säkularen Medizinprofessor Jon Kabat-Zinn die wohl bedeutendste Rolle gespielt. Achtsamkeit ist ein zentrales Konzept im Nachhaltigen Aktivismus.

Konkrete historische Vordenker des Nachhaltigen Aktivismus, so wie ich ihn vertrete, finden sich im US-amerikanischen *Movement for a New*

Society (MNS) u. a. mit George Lakey und Bill Moyer. Das MNS hatte zu Hochzeiten 200 Aktivist*innen, war von 1972 bis 1988 als MNS aktiv und hatte über seine Trainingsstrukturen, Gemeinschaften und seinen Verlag einen starken Einfluss auf die Bewegungskulturen[10]. Es vertrat eine neue Art von Aktivismus, der viele Elemente des Nachhaltigen Aktivismus in seiner Praxis vorwegnahm. Verschiedenste Aspekte der politischen Praxis, wie z. B. das Leben in Gemeinschaft, waren direkte Reaktionen auf das Ausgebranntsein der Aktivist*innen in den 1960er Jahren. Das von Mitgliedern der MNS herausgegebene *Resource Manual for a Living Revolution* mit dem Spitznamen ›*The Monster Manual*‹ war über Jahrzehnte das Standardhandbuch für Bewegungsaufbau und Organisierung in den neuen sozialen Bewegungen der USA, und auch in Europa und Australien war es sehr einflussreich. Dieses Manual und die Bildungsarbeit des MSN beziehen sich u. a. auch auf die Arbeit des brasilianischen Pädagogen Paulo Freire und seiner *Pädagogik der Unterdrückten*. Später entwickelten George Lakey und das Trainingskollektiv *Training for Change* den Direct-Education-Ansatz, welchen ausführlich im Buch *Facilitating Group Learning. Strategies for Success with Diverse Adult Learners (2010)* dargelegt. Dieser Lernansatz liegt dem ersten 10-Tages-Trainings zu Nachhaltigem Aktivismus in Europa zugrunde, die unter dem Namen S*ustaining Resistance* im *Ecodharma* (Pyrenäen) seit 2010 pioneermäßig angeboten werden.

Visionäre theoretisch-praktische Vorarbeit zum Konzept des Nachhaltigen Aktivismus hat z. B. Katrina Shields aus Australien mit ihrem Buch *In the Tigers Mouth. An Empowerment Guide for Social Action* (1991) geleistet.

Die 2000er Jahre und der Weg zur stärkeren Themenpräsenz

Die ausführlichste Arbeit zu Nachhaltigkeit im politischen Aktivismus aus individueller Sichtweise hat die amerikanische Aktivist*innentrainerin Hillary Rettig mit ihrem Buch *The Lifelong Activist. How to Change the World Without Losing Your Way* 2004 veröffentlicht[11]. Ein lebendes Beispiel für Nachhaltigen Aktivismus war die Autorin, Philosophin, Communitiy-Aktivistin und Feministin Grace Lee Bogs aus Detroit, durch die ich zum ersten Mal von dem Begriffspaar *sustainable activism* im englischsprachigen Raum erfahren habe. Im Alter von 95 Jahren war sie immer noch politisch aktiv und veröffentlichte ihr fünftes Buch *The Next American Revolution: Sustainable Activism for the Twenty-First Century* (2011).

---

10 Siehe Cornell, Andrew / Institute for Anarchist Studies: Oppose and Propose! Lessons from Movement for a New Society. Edinburgh: AK Press / Institute for Anarchist Studies 2011.

11 Das Buch ist online. Siehe http://www.lifelongactivist.com (Zugriff 6.3.2019).

Aus der Ökologiebewegung kommen u. a. wichtige Einflüsse von Joanna Macy mit ihrer Arbeit *The Work that reconnects* und die Psychologie der Veränderung von Chris Johnstone (*TransitionTown-Bewegung* UK). Ihr gemeinsames Buch *Active Hope. How to Face the Mess We're in without Going Crazy* (2012) ist ein wichtiges Grundlagenwerk zu Nachhaltigem Aktivismus und ist 2014 auf Deutsch erschienen[12].

Weitere wichtige Einflüsse kamen und kommen für die Konzeption des Nachhaltigen Aktivismus aus der antirassistischen Frauenbewegung mit Vertreter*innen wie Audre Lorde oder bell hooks. Der Impuls zur persönlichen Transformation in Ergänzung zur systemischen gesamtgesellschaftlichen Veränderung hat ursprünglich die Frauenbewegung stark gemacht. Gleichzeitig hat die Frauenbewegung systematisch den Zusammenhang von Gendersozialisierung und die Notwendigkeit zur Selbstfürsorge in dem letzten Jahrzehnt mehr herausgearbeitet, z. B. mit dem *Self Care and Self Defense Manual for Feminist Activists* (2008), der von lateinamerikanischen Feminist*innen herausgegeben wurde und insbesondere im globalen Süden weite Verbreitung unter Aktivist*innen gefunden hat. Eine weitere wichtige Publikation war die Studie *What's the Point of Revolution if We Can't Dance?* (2007) von Jane Barry und Jelena Djordjevic, welche über 200 Frauenrechtsaktivist*innen weltweit zu ihren Erfahrungen mit Stress, Burnout und nachhaltigen Selbstfürsorgemethoden interviewt haben und sich auf Nachhaltigen Aktivismus beziehen.

Zwischen Resilienzforschung, Psychologie und sozialen Bewegungen gibt es seit einigen Jahren einen kritischen Diskurs, als Protagonist*innen in sozialen Bewegungen die Bedeutung von Trauma, Depression, Burnout und Erschöpfung durch Mitleiden (Compassion Fatique) erkannten. Dabei thematisierte der Therapeut Frantz Fanon schon in den 1950er Jahren, wie traumatisierte Gruppenbeziehungen Gewalt innerhalb und zwischen Gruppen verursachen – insbesondere in Bezug auf von Unterdrückung betroffene Gruppen. Hierzu muss gesagt werden, dass die Ergebnisse von Resilienzforschung, (Neuro-)Psychologie, Bedeutung von Trauma usw. in der bürgerlichen Gesellschaft, in Wirtschaftskonzernen aber auch von Militär- und Polizeiapparaten schneller adaptiert wurden als von sozialen Bewegungen. Eine eigenständige Aneignung kritischen Wissens dieser Disziplinen, u. a. in Form von radikaler Psychiatrie, der Co-Counselling-Bewegung, Befreiungspsychologie, Ökopsychologie, Körperpsychothera-

---

12 Siehe Macy, Joanna / Chris Johnstonen / Christa Broermann: Hoffnung durch
    Handeln. Dem Chaos standhalten, ohne verrückt zu werden. Paderborn: Junfer-
    mann 2014.

pien und transformationeller Resilienz fand und findet aber auch bewegungsorientiert statt.

In aktivistischen Kreisen hat es nach dem G8-Gipfel in Evian (2003) mit einen katastrophalen Polizeieinsatz gegen Kletteraktivist*innen an der Aubonne-Brücke, bei dem Aktivist*innen lebensgefährlich verletzt und schwer traumatisiert wurden, den Impuls gegeben, bewegungsorientierte Anti-Trauma-Strukturen zu gründen. So entstand *Activist Trauma Support* (ATS 2004 – 2014) in Großbritannien und seit 2006 gibt es *Out of Action* (OOA) in Deutschland, deren Mitglieder sich als ›Emotionale Erste-Hilfe-Gruppen‹ verstehen. Auch in der Tierrechtsbewegung wird sich schon seit Jahren mit dem Thema Burnout und Trauma auseinandergesetzt und das Buch *After Shock. Confronting Trauma in a Violent World. A Guide for Activists and their Allies* (2007) von der Therapeutin und Tierrechtsaktivistin Pattrice Jones ist ein wertvoller Beitrag zur Konzeption des Nachhaltigen Aktivismus. Ein weiterer Bewegungsmeilenstein im Umgang mit Trauma ist das Buch *Trauma Stewardship. An Everyday Guide to Caring for Self While Caring for Anothers* (2009) von Laura van Dernoot Lipsky. Lipsky verbindet als Trauma-Sozialarbeiterin und Aktivist*in in sozialen Bewegungen verschiedene Ansätze aus der modernen psychologischen Forschung mit Wissen aus alten indigenen Traditionen und Achtsamkeitspraxen aus dem engagierten Buddhismus.

So experimentieren in der jüngeren und jüngsten Bewegungsgeschichte immer mehr Aktivist*innen mit der Verschränkung von innerer und äußerer Veränderung, um zu kollektiver Befreiung beitragen zu können. Dazu zählen z. B. die Auseinandersetzungen mit Body-Mind-Praktiken wie Yoga, Ji Gung und Taiji, Selbstschutzsystemen wie das russische Systema oder der Kampfkunst Aikido und anderen Budowegen sowie Achtsamkeits-, Vipassana- oder Zenmeditation. Der kanadische Politikwissenschaftler James K. Rowe hat bei einer von ihm durchgeführten Kurzstudie 2016 dabei fünf Bereiche offengelegt, wo linke Aktivist*innen von Body-Mind-Work profitieren. Vorbereitung für direkte Aktionen, Selbstfürsorge & Resilienz, Transformierung von Trauma, Verkörperung von befreienden Werten und Verhaltensweisen und die Verbesserung von organisatorischer Effektivität.

Ein geografischer Hotspot von Organisationen, die sich mit der Überlappung von subjektiver und sozialer Veränderung beschäftigen ist die Bay Area in Kalifornien, die Wiege des *Human Potential Movements*. Diese Intersektion oder Überschneidung von individueller und kollektiver Veränderung wird zunehmend *transformative social change* genannt. So gab es

2009 das Treffen *Deep Change: Transforming the Practice of Social Justice*[13] und 2010 wurde auf dem amerikanischen Sozialforum die Resolution *Defining Transformation for Social Change* verabschiedet[14].

Das *Movement Strategy Center, Generative Somatics* und das *Center for Transformative Change* sind führende Organisationen bei der Entwicklung von transformativen Praxen, welche James K. Rowe »transformative movement-building current« nennt. Dabei integrieren immer mehr Organisationen Praktiken von persönlicher und sozialer Transformation. Es gibt in den USA mehr als 20 Organisationen die transformative Trainings für soziale Bewegungen anbieten[15].

Auf der Suche nach tieferer Fundierung und Werkzeugen zur Stressbewältigung haben Wissen und Erfahrungen aus dem engagierten Buddhismus wertvolle Impulse gegeben. Die Schwarze Zenmeisterin angel Kyodo williams mit ihrem *FearlessYoga* und der *NewDharma*-Community und die Zenmeisterin Norma Wong mit der Body-Mind-Methode *Forward Stance* zum Bewegungsaufbau haben innovative Aspekte in soziale Bewegungen eingebracht. Ein schönes Beispiel für spiritual activism von buddhistischer Seite, der in diesem Fall auch als Nachhaltiger Aktivismus bezeichnet werden kann, ist die *International Women's Partnership for Peace and Justice* mit Ginger Norwood und Ouyporn Khuankaew, die in Thailand und Burma Aktionstrainings für Feminist*innen und LBGT*-Aktivist*innen anbietet und ein Retreatzentrum betreibt.

Claudia Horwitz, eine Pionierin der »transformative movement building current« hat 2002 mit ihrem Buch *The Spiritual Activist. Practices to Transform Your Life, Your Work, and Your World* eine reiche Methodensammlung für Aktivist*innen geschaffen und mit dem Konzept *Liberation Spirituality* theoretisch-praktische Grundlagenarbeit für einen Nachhaltigen Aktivismus geleistet. Ebenso hat Horwitz fast 20 Jahre ein Retreatzentrum für Aktivist*innen in North Carolina (USA) geleitet.

Starhawk (Miriam Simos), seit mehr als 40 Jahre in der linken und globalisierungskritischen Bewegung in den USA aktiv, ist ein weiteres Beispiel einer spirituellen Aktivist*in, die produktiv und bereichernd spirituelle Traditionen und linken Aktivismus kombiniert. Sie führt weltweit

---

13   Siehe https://sites.google.com/a/deepchangegathering.org/home/ (Zugriff 11.8.2017).

14   Siehe People's Movements Assembley Resolution. *Defining Transformation for Social Change.* 25. Juni 2010. http://hiddenleaf.electricembers.net/wp-content/uploads/2010/06/TransformationPMA.pdf (Zugriff 6.3.2019).

15   Siehe Hidden Leaf Foundation: *Transformative Training and Consulting Organizations.* http://hiddenleaf.org/about-field/other-resources/transformative-training-and-consulting-organizations/ (Zugriff 11.8.2017).

Earth Activist Trainings durch, eine Mischung aus Permakultur-, erdbasierte Naturspiritualität und Gruppenprozesstraining und ihr Buch *The Empowerment Manual* ist eine wichtige Ressource über Gruppenprozesse in sozialen Bewegungen und ein wertvoller Beitrag zum Nachhaltigen Aktivismus.

Die christliche Tradition kennt eine Vielzahl an Personen, die politische Aktion und Kontemplation vereint haben, wie Thomas Merton, Oscar Romero, Dorothy Day oder die linke feministische Theologin Dorothee Sölle, um nur ein paar einflussreiche Persönlichkeiten zu nennen. Inspiration für den Nachhaltigen Aktivismus ist auch die Befreiungstheologie mit ihren Wurzeln in Lateinamerika und weltweit inkulturierten Formen, die Widerstand und Emanzipation durch Sinnstiftung stärken und stützen.

Die Wurzeln des Nachhaltigen Aktivismus

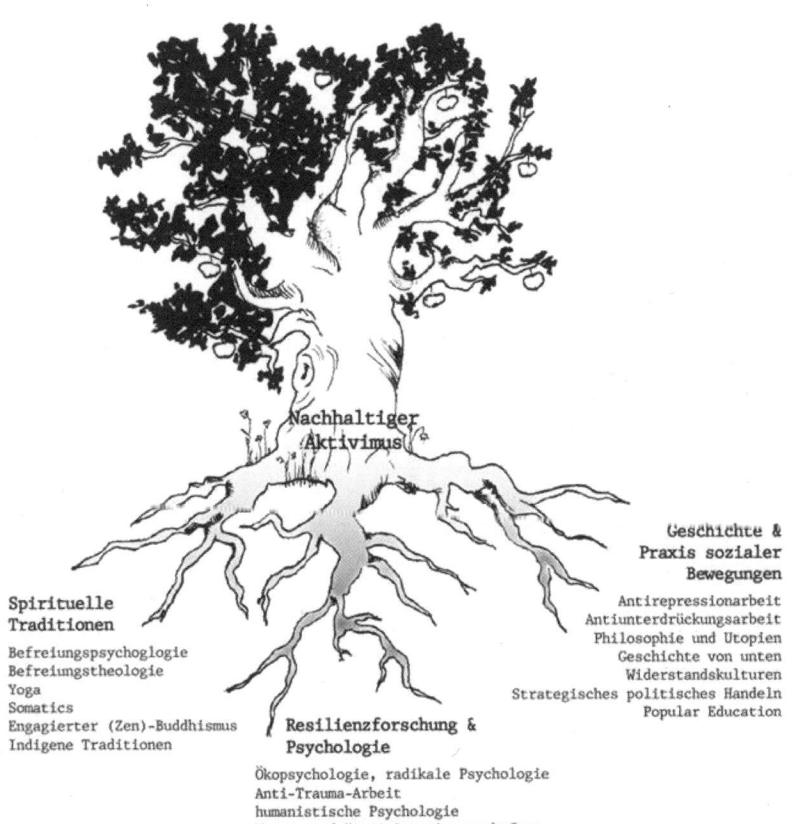

Nachhaltiger Aktivimus

Spirituelle
Traditionen

Befreiungspsychoglogie
Befreiungstheologie
Yoga
Somatics
Engagierter (Zen)-Buddhismus
Indigene Traditionen

Resilienzforschung &
Psychologie

Ökopsychologie, radikale Psychologie
Anti-Trauma-Arbeit
humanistische Psychologie
Neuro- und Kognitionswissenschaften

Geschichte &
Praxis sozialer
Bewegungen

Antirepressionarbeit
Antiunterdrückungsarbeit
Philosophie und Utopien
Geschichte von unten
Widerstandskulturen
Strategisches politisches Handeln
Popular Education

35

Kulturelle Aneignung, kulturelle Vermischung und Nachhaltiger Aktivismus

Verschiedenste indigene Kulturen weltweit besitzen umfangreiches Wissen im Widerstand gegen Kolonialismus und Ausbeutung und ihre kulturellen Praxen können wertvolle Beiträge zum Nachhaltigen Aktivismus leisten (siehe auch ➜ Befreiungswissen indigener Traditionen S. 125). Dabei sind z. B. transformative Praxen (siehe auch ➜ Kollektive transformative Praxen S. 303), die für europäische weiße Menschen neu und innovativ klingen, aus indigener Perspektive oftmals traditionell. Um sich behutsamer durch das Feld der kulturellen Unterschiede zu bewegen und (neo-)koloniale Ausbeutungsverhältnisse klarer zu benennen, möchte ich kurz das Thema ›Kulturelle Aneignung‹ beschreiben und wie sich dies von kultureller Vermischung bzw. vom interkulturellen Austausch unterscheidet. Im Kern geht es bei dieser Auseinandersetzung um unfaire kulturelle Bereicherung, die die Ursprungskultur nicht respektiert sondern ausbeutet, z. B. wenn Schwitzhüttenrituale von Nicht-Indigenen kommerzialisiert werden.

Kulturelle Aneignung ist die Adaption von einigen spezifischen Elementen einer Kultur durch eine andere kulturelle Gruppe. Es kann die Einführung von Kleidungsstilen oder persönlichem Schmuck, Musik und Kunst, Religion, Sprache, Heilung, Ritualen oder sozialen Praxen sein. Diese Elemente, wenn sie aus ihrem indigenen kulturellen Kontext gelöst werden, können einen Sinn annehmen, der weniger nuanciert oder signifikant anders ist, als er ursprünglich war. In den meisten Fällen nutzt die dominante Kultur diese Praktiken für ihren eigenen Nutzen ohne Anerkennung, Würdigung, Entschädigung oder Unterstützung der indigenen Kultur, aus der sie stammen. Kulturelle Aneignung verdinglicht und kommerzialisiert eine Kultur oder Praxis, ohne den indigenen Menschen zu dienen. Die herrschende Kultur gewinnt (finanziell und kulturell) durch die Nutzung und Bewerbung der Kunst, Praxis usw., während die Geschichte, der Kontext und der Sinn der ursprünglichen Praxis in vielen Fällen verloren gehen. Kulturelle Aneignung war und ist eine Praxis, die Kulturen zerstört und als ein Werkzeug der Kolonisierung, Gentrifizierung und des globalen Kapitalismus genutzt wird.

Kulturelle Vermischung und interkultureller Austausch

Durch die ganze Geschichte hindurch sind verschiedenste menschliche Kulturen miteinander in Kontakt gekommen, haben Praxen, Weltsichten geteilt und Güter und Ideen ausgetauscht. Häufig sind kulturelle Praxen einer Gruppe von einer anderen integriert worden. Der entscheidende Unterschied zwischen Kultureller Vermischung und Kultureller Aneignung ist systemische Macht, Herrschaft und die Mittel des Austausches (Ökonomie, globaler Kapitalismus).

Für Nachhaltigen Aktivismus mit seinem machtkritischen und antikolonialen Analyserahmen (siehe auch ➜ Systemische Analyse von Macht, Unterdrückung und Privilegien S.111) geht es um das Erkennen unserer eigenen Position und Verstrickung in Ausbeutungsverhältnissen sowie der daraus resultierenden Verantwortung. Hierbei wird jedoch im Nachhaltigen Aktivismus nicht stehengeblieben, sondern wir können uns aus einer entwicklungspsychologischen Sicht weiterentwickeln und neue Fähigkeiten erlernen. Gleichzeitig darf das Problem nicht auf individueller Ebene verabsolutiert werden, weil es alleine durch individuell reflektiertes Verhalten gelöst werden könne, sondern es bedarf ebenfalls der Gesellschaftskritik und des kollektiven Handelns. Für einen achtsamen Umgang miteinander sind folgende Reflexionsfragen für unsere Widerstandspraxis nützlich, die sich teilweise auch überschneiden.

★ Wer profitiert von ihr? Wer macht mit ihr Geld bzw. kommerzialisiert die Kultur?

★ Wird die ursprüngliche Kultur respektiert, kompensiert und unterstützt?

★ In was für einem Zusammenhang bzw. in Bezug auf welche Vision, werden die Praxen genutzt?

★ Wird die Kultur aus ihrem originären Kontext entfernt, so dass der Kontext und die Geschichte verloren gehen?

Resilienzverständnis im Nachhaltigen Aktivismus

Resilienz hat sich vom sperrigen Wissenschaftsbegriff zum Modewort gewandelt. Selbsthilfeliteratur mit Titeln wie *Resilienz: 7 Schlüssel für mehr innere Stärke* finden sich neuerdings in jeder Bahnhofsbuchhandlung. In der Suchmaschine von Google sind ca. eine Million deutschsprachige und ca. 65 Millionen englischsprachige Einträge zum Thema zu finden.[16] Die US-Armee hat das Ziel einer resilienten Armee und mit ihrer ›Ready and Resilient‹-Kampagne baut sie auf die mentale, physische, emotionale, verhaltensbezogene und spirituelle Resilienz ihrer Soldaten[17]. Emanzipatorische Organisationen wie die Stiftung *Medico International,* die sich auf einem Symposium unter dem Motto »Fit für die Katastrophe?« mit einer Kritik am Resilienzbegriff beschäftigte, sehen berechtigterweise, dass mithilfe der Resilienzrhetorik die Privatisierung der Risiken und die Durchsetzung der neoliberalen Agenda in immer weitere Lebensbereiche vordringen[18]. Doch ebenso ist das Konzept Teil von emanzipatorischen Diskursen und Praxen wie z. B. dem *Resilience-Based-Organizing*[19], dem Emergent-Strategy-Konzept[20] oder als Schlüsselkonzept in der *Transition-Town*-Bewegung[21]. Zur Systematisierung der Idee vom Nachhaltigen Aktivismus war Resilienz ein wichtiges theoretisches Werkzeug.

Doch wo kommt der Begriff eigentlich her?

Der Begriff Resilienz kommt vom lateinischen *resilire* was ›zurückspringen‹ oder ›abprallen‹ heißt. Das Konzept von Resilienz ist reich, vielfältig, in verschiedenen Bereichen immer noch in Entwicklung und diskursiv umkämpft. Ursprünglich kommt der Begriff aus der Physik und der Materialkunde und beschreibt die Fähigkeit eines Materials, nach einer elastischen Verformung in den Ausgangszustand zurückzukehren. In den 1950er Jahren wurde der Begriff von James Block in die Psychologie eingeführt und ab den 1970er Jahren entwickelte sich eine breitere Forschung zur psychischen Widerstandskraft in den USA, die u. a. mit der Entwicklungspsychologin Emmy Werner verbunden ist. Ab den 1970er Jahren wurde der Begriff durch Crawford S. Holling mit einem systemtheoretischen Ansatz zudem in die Ökologie eingeführt, wobei dessen bahnbre-

---

16 »resilience« – Google-Suche https://www.google.de (Zugriff 11.8.2017).
17 *Siehe U.S. Army Ready and Resilient.* https://www.army.mil/readyandresilient/ (Zugriff 11.8.2017).
18 Siehe *Resilienz-Symposium: Zwischen Widerstand und Anpassung. medico international.* https://www.medico.de/fit-fuer-die-katastrophe-15981/ (Zugriff 11.8.2017).
19 Siehe Movement Generation: *Resilience-Based Organizing.* http://movementgeneration.org/resources/key-concepts/resiliencebasedorganizing/ (Zugriff 11.1.2018).
20 Brown, Adrienne Maree: Emergent Strategy. Shaping Change, Changing Worlds. Chico, Oakland/Edinburgh, Baltimore: AK Press 2017.
21 Siehe Henfrey, Thomas / Gesa Maschkowski / Gil Penha-Lopes (Hrsg.): Resilience, Community Action and Societal Transformation. East Meon, Hampshire: Permanent Publications 2017.

chende Arbeit bis in die Sozialwissenschaften ausstrahlte.[22] Dort wurde der Begriff schon 1967 vom Anthropologen Roy A. Rappaport zum ersten Mal auf Stammesgesellschaften in Papua bezogen.[23] Dabei war Resilienz für die funktionalistische Ethnologie, Anthropologie und Soziologie lange Zeit eine Kraft, die das gesellschaftliche und ökologische Gleichgewicht wahrte. Die Idee der Resilienz von ökologischen und sozialen Systemen setzte sich ab den 1990er Jahren zunehmend im gesellschaftlichen Diskurs durch.

Das Konzept der Resilienz entwickelte sich schrittweise vom anfänglichen Fokus auf Persistenz (Beständigkeit) von Systemfunktionen, hin zu einer Betonung von Adaption bis zu seiner jüngsten Reorientierung in Richtung der Adressierung der Transformation von Gesellschaften in Zeiten globaler Veränderungen.

Welche Resilienz?

Im Bereich der Psychologie wird Resilienz als die Fähigkeit bezeichnet, Krisen durch Rückgriff auf persönliche und sozial vermittelte Ressourcen zu meistern und als Anlass für Entwicklungen zu nutzen.»Resilienz ist der Prozess einer guten Anpassung im Angesicht von Widrigkeiten, Trauma, Tragödien, Bedrohungen oder signifikanten Quellen von Stress – wie Familien- und Beziehungsprobleme, erste Gesundheitsprobleme und finanzielle Stressoren. Es meint ›bouncing back‹ von schwierigen Erfahrungen«[24], so die *American Psychological Association* (APA). Dieses Verständnis beinhaltet aber die Gefahr einer individuellen Anpassung an die neoliberale Agenda, fördert eine Entpolitisierung der Verhältnisse und Privatisierung der gesellschaftlichen Risiken. Nach einer Definition der *Resilience Alliance*[25], einer führenden Forschungseinrichtung für die Resilienz sozial-ökologischer Systeme, ist Resilienz die Kapazität eines Systems, Störungen abzufedern und sich unter fortlaufenden Veränderungen zu reorganisieren, sodass dieselbe Funktion, Struktur, Identität und Feedbackschleifen bewahrt werden. Eine Definition sozialer Resilienz umfasst nach Markus Keck und Patrick Sakdapolrak drei Dimensionen:»1. Die Fähigkeit sozialer Akteure zur Bewältigung von Krisen. 2. Das Vermögen, aus vergangenen Erfahrungen zu lernen und sich an

22 Siehe Holling, C. S.: Resilience and Stability of Ecological Systems. Laxenburg: IIASA 1973.

23 Siehe Rappaport, Roy A.: Pigs for the Ancestors. Ritual in the Ecology of a New Guinea People. New Haven: Yale University Press 1980.

24 *The Road to Resilience*. http://www.apa.org/helpcenter/road-resilience.aspx (Zugriff 11.8.2017). Übersetzung Timo Luthmann.

25 Siehe *Resilience Alliance – Home*. https://www.resalliance.org/ (Zugriff 9.8.2017).

zukünftige Entwicklungen anzupassen. 3. Die Befähigung zur sozialen und ökologischen Transformation, welche das individuelle Wohlergehen fördern und einer nachhaltigen gesellschaftlichen Stärkung im Umgang mit zukünftigen Krisen dienlich sind.«[26] Die Sozialwissenschaftler*innen haben dafür gesorgt, dass beim Verständnis des Konzepts der Fokus mehr auf die sozialen Akteure und weniger auf die Systeme gelegt wird, mehr auf Kapazitäten und Praktiken anstatt auf Funktionalitäten. Dies hat zu einer notwendigen Verschiebung geführt, welche die wichtigen Themen wie Macht, Politik und Partizipation wieder zurück auf die Agenda der Resilienzdebatte gebracht hat. Das Konzept von sozialer Resilienz erkennt Unsicherheit, Veränderung und Krise nicht als außergewöhnlich, sondern eher als normal an und betont die Einbettung der sozialen Akteure in ihre zeitliche, örtliche, und spezifisch ökologische, soziale und institutionelle Umwelt. Soziales Lernen, partizipative Entscheidungsfindung und Prozesse von kollektiver Transformation werden als zentrale Aspekte sozialer Resilienz gesehen.

Entscheidende Gedanken, um Resilienz produktiv für emanzipatorische Arbeit zu nutzen:
Unter welchen Konditionen unterstützen sich die drei Dimensionen von sozialer Resilienz gegenseitig? Und in welchen Fällen kann eine Kapazität eine andere unterminieren? Resilienz hat ihren Preis und es ist wichtig, dass sich bewusst gemacht wird, dass sie unter Bedingungen von begrenzten Ressourcen dazu führen wird, dass die verbrauchten Ressourcen zur Herstellung von Resilienz andere Handlungsoptionen minimieren. Die soziale Spaltung muss berücksichtigt werden – wer hat wie viel und welche Ressourcen zur Verfügung? Deswegen müssen Studien über soziale Resilienz immer die Frage stellen, wer die Gewinner*innen und Verlierer*innen der laufenden Resilienzaufbauprozesse sind. Die Schlüsselfrage lautet: Resilienz – in wessen Interesse?

---

26 Keck, Markus / Patrick Sakdapolrak: *What is Social Resilience? Lessons Learned and Ways Forward*. In: Erdkunde 1/67 (2013), S.5-19. Übersetzung Timo Luthmann.

Resilienz und das Stress-Toleranzfenster

In der Trauma- und Burnout-Therapie wird viel mit den Modell des Stress-Toleranzfenster (Window of Tolerance) nach Daniel Siegel gearbeitet, welches ich hier kurz vorstellen möchte, um besser zu verstehen, wie Resilienz uns individuell und kollektiv stärken kann.

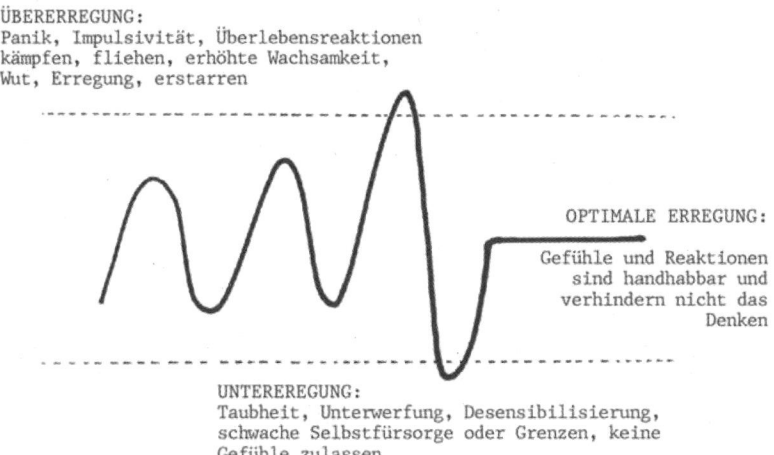

Fenster der affektiven Toleranz

ÜBERERREGUNG:
Panik, Impulsivität, Überlebensreaktionen
kämpfen, fliehen, erhöhte Wachsamkeit,
Wut, Erregung, erstarren

OPTIMALE ERREGUNG:
Gefühle und Reaktionen sind handhabbar und verhindern nicht das Denken

UNTERERREGUNG:
Taubheit, Unterwerfung, Desensibilisierung, schwache Selbstfürsorge oder Grenzen, keine Gefühle zulassen

Basiert auf Daniel Siegel: The Developing Mind. Toward a Neurobiology of Interpersonal Experience. New York: Guilford Press 1999.

Die Schwingungen des *sympathischen* und *parasympathischen* Zweigs unseres autonomen Nervensystems finden normalerweise im sogenannten Toleranzfenster statt. Bildlich vorzustellen als zwei Grenzen zwischen der eine Linie, die Amplitude des Nervensystems, in relativ gleichmäßigen Wellen an die obere und dann zur unteren Grenze schwingt. Der Abstand zwischen den beiden Grenzen, gibt an, wie viel Spielraum wir in unserem Nervensystem haben, wie stressresistent wir sind, wie viel Freude, Glück und Erregung wir aushalten, ohne gestresst zu sein.

Bei Überschreiten der Grenze nach oben entstehen durch Übererregtheit Gefühle wie Angst oder Panik; auch Angststörungen etc. sind möglich. In Bezug auf Stress reagieren wir mit den archaischen Notfallreaktionen Flucht, Angriff oder Starre als evolutionär entstandene Schutzfunktionen.

41

In diesem Bereich ist die Selbstwahrnehmung der Person vermindert und die Selbstkontrolle geht verloren.

Wenn die Erregung unterhalb der schwarzen Grenze abdriftet, kommt es zu dissoziativen Zuständen, was bedeutet, dass man in die Leere starrt, abschaltet, nichts mehr mitbekommt als eine Art Abwehr/Schutz. Selbstfürsorge und das Achten der eigenen Grenzen sind in diesem Zustand schwach ausgeprägt und eine Depression oder ein Burnout können die Folgen sein.

Je mehr negativen Stress (Disstress) Menschen auf der einen Seite ausgesetzt sind, wenn wir uns die Gesundheit wie eine Waage vorstellen, desto mehr Ressourcen muss die Person auf der anderen Seite in die Waagschale legen, damit ein gewisses Gleichgewicht hergestellt wird. Burnout und Trauma können dauerhaft den Abstand zwischen den Linien minimieren und das ›Window of Tolelance‹ kleiner werden lassen, das heißt es bedarf weniger Impulse, um in den übererregten oder untererregten Zustand zu geraten. Umgekehrt, aber nicht zwangsläufig, lassen sich die alten Fähigkeiten wieder herstellen und neue erschließen.

Zu Beginn einer Trauma- oder Burnouttherapie wird stabilisierend gearbeitet, das heißt auf die Suche nach Ressourcen gegangen. Die Menschen haben oft vielfältige Fähigkeiten, die durch den negativen Stress mit der Folge von Über- oder Untererregtheit verloren gegangen sind. Indem die Ressourcen der Person wieder aktiviert werden, z. B. durch Sport, Musik, soziale Kontakte etc., vergrößert sich das ›Window of Tolerance‹ und die Person verfällt weniger schnell in die übererregten oder untererregten Bereiche. In der zweiten Säule des Nachhaltigen Aktivismus, den individuellen Resilienzstrategien mit dem individuellen Resilienzbildungszklus, werden strukturiert Ressourcen für Aktivist*innen aus der Sicht des Individuums erschlossen.

Die Größe des Toleranzfensters gibt die Resilienz einer Person an und kann auch für ein Kollektiv oder eine Gemeinschaft gedacht werden. Mit der dritten Säule des Nachhaltigen Aktivismus, den kollektiven Resilienzstrategien, werden kollektive Ressourcen erschlossen, um das kollektive Toleranzfenster zu weiten. Der Befreiungsprozess ist die Erweiterung des Toleranzfensters durch das Erschließen von Ressourcen und Erlernen neuer Fähigkeiten. Dabei geht es nicht nur darum, die ursprüngliche Weite des Fensters wiederherzustellen, sondern im Sinne einer Transformation neue Fähigkeiten und Ressourcen zu erschließen und zu einem Zustand eines gesteigerten Wohlbefindens gegenüber dem Ausgangszustand zu gelangen. Je weiter diese Grenzen im Toleranzfenster voneinander entfernt sind und je größer diese Amplitude ist, desto stressresistenter und meistens auch glückfähiger sind wir.

Nachhaltiger Aktivismus und transformative Resilienz

In Bezug auf einen nachhaltigen Aktivismus lassen sich die Strategien in individuelle, eher psychologisch und auf Lebensführung ausgerichtete, Strategien und kollektive Strategien, welche Gruppen-, Lebensgemeinschafts- und Bewegungsresilienz im Fokus haben, unterteilen. Nachhaltiger Aktivismus bedeutet, dass beide Ausrichtungen von Resilienz – individuelle und kollektive Resilienz bzw. Gemeinschaftsresilienz – als notwendig, komplementär und miteinander verwoben zu begreifen sind. Dabei beginnt der Resilienzbildungsprozess notwendigerweise mit dem Individuum, bleibt jedoch dort nicht stehen. Das Ziel des Nachhaltigen Aktivismus ist der Resilienzaufbau der einzelnen Aktivist*innen, als auch der Gruppen, Gemeinschaften und Bewegungen im Sinne sozialer Emanzipation. Dazu ist ein transformatives Resilienzverständnis notwendig, wie es z. B. Bob Doppelt in seinem Buch dargelegt hat[27], welches innerhalb des Kontexts des *transformative social change* zu sehen ist.

›Bouncing back‹ bzw. das Zurückspringen nach einer schwierigen Situation ist ein im alten medizinischen Modell verhaftetes Bild von Resilienz, wo Gesundheit die Abwesenheit von Krankheit ist. Ein Bedenken gegen dieses Resilienzverständnis ist, dass es nicht unbedingt positive Ergebnisse liefert. Die Geschichte ist voller Beispiele von destruktiven Individuen, Organisationen und Regierungen, die wieder auf die Beine gekommen sind, nachdem sie Widrigkeiten ausgesetzt waren, und dann fortsetzten andere Menschen zu verletzen oder zu töten und die natürliche Mitwelt zu zerstören. Als alleiniges Ziel ist ›wieder auf die Beine zu kommen‹ klar unzureichend. Ein weiteres Problem mit dem Verständnis von Resilienz als ›Zurückspringen‹ ist, dass es für einen Großteil der Weltbevölkerung, der von Armut, Rassismus, Sexismus, Homophobie usw. betroffen ist, kein wünschenswertes Ziel ist. Außerdem impliziert das ›Bouncing back‹-Verständnis von Resilienz, dass die Menschen sich wieder mit den gegenwärtigen kulturellen Normen und Werten rückbinden und sie in Beschlag nehmen sollen. Dies ist aus der Perspektive einer Gesellschaft, die Unterdrückung, Ausbeutung und Leiden überwinden und ökologische Nachhaltigkeit verwirklichen möchte, nicht zukunftsfähig.

Das Resilienzverständnis als ›Bouncing back‹ beinhaltet die Konzepte des Bewältigens (Coping) und Adaptierens. Bewältigen wird typi-

---

27 Doppelt, Bob: Transformational Resilience. How Building Human Resilience to Climate Disruption Can Safeguard Society and Increase Wellbeing. Sheffield: Greenleaf Publishing 2016), S. 69-86.

scherweise gedacht als die Fähigkeit von Individuen und Gruppen, ihre existierenden Ressourcen zu nutzen, um unmittelbaren Widrigkeiten zu widerstehen und sie zu überwinden. Das Ziel ist es, möglichst schnell das vorherige Level des Funktionierens nach der Konfrontation mit den Widrigkeiten wiederherzustellen. Das Konzept des Adaptierens ist hingegen präventiv und verfolgt die Ziele der Wiederherstellung des vorherigen Levels an Funktionen und der Sicherung der Zukunft.

Bob Doppelt definiert transformative Resilienz durch Hormesis als »die Kapazität von Individuen und Gruppen ihre existierenden Stärken und Ressourcen zu nutzen, um bewusst ihren Körper, Gefühle und Gedanken zu regulieren und Widrigkeiten als einen Katalysator zu nutzen, um neuen Sinn, Orientierung und Hoffnung im Leben zu finden, indem Entscheidungen getroffen werden, die das persönliche, soziale und ökologische Wohlbefinden verbessern.«[28] Hormesis bedeutet im Griechischen ›Anregung, Anstoß‹ und bei der Transformation durch Hormesis werden die Widrigkeiten zum Anlass genommen, uns und die Gesellschaft positiv zu verändern und weiterzuentwickeln. Am Ende des Prozesses steht ein insgesamt größerer gesellschaftlicher Freiheitsgrad. Das Konzept der transformativen Resilienz betont die Wichtigkeit der Biologie unseres Nervensystems wie auch die kritische transformative Rolle, die Grundannahmen, Glaubenssysteme und Wahrnehmungen bei der Gestaltung der Kapazität von Menschen spielen, um Sinn und Erfüllung im Leben zu finden. Sie fokussiert sich auf Prävention und ist nicht *per se* eine Problemlösungs- oder Posttraumabehandlungsmethode, obwohl sich durch die Fähigkeiten der transformativen Resilienz Individuen und Gruppen nach einer Traumatisierung schneller erholen. Trotzdem ist transformative Resilienz keine Psychotherapie, auch wenn sie sehr therapeutisch wirken kann. Transformative Resilienz ist eine selbstorganisierte Bottom-up-Methode, um persönliche mentale Gesundheit und psycho-sozial-spirituelle Resilienz aufzubauen, welche von Person zu Person und von Gruppe zu Gruppe aufgebaut werden kann. Gerahmt werden diese Prozesse von einer reflektierten politischen Praxis sozialer Veränderung und politischer Emanzipation, der ersten Säule des Nachhaltigen Aktivismus.

---

28   Siehe ebd., S.77.

Hier nochmal die verschiedenen Resilienzverständnisse in der Übersicht:

	Zurückspringen (Bouncing back)	Bewältigung (Coping)	Adaptieren	Transformation durch Hormesis
Antwort auf Bedrohung	nach den Auswirkungen	nach den Auswirkungen	vor den Auswirkungen	vor, während und nach den Auswirkungen
Zeithorizont	unmittelbar / kurzfristig	unmittelbar / kurzfristig	mittelfristig	unmittelbar, mittelfristig und langfristig
Grad der Veränderung	niedrig / Status quo	niedrig / Status quo	mittel / zunehmend	hoch- / tiefverankerte grundlegende Veränderung
Ergebnis	Wiederherstellung des vorherigen Levels an Funktionen .	Wiederherstellung des vorherigen Levels an Funktionen	Wiederherstellung des vorherigen Levels an Funktionen und Sicherung der Zukunft	gesteigertes Wohlbefinden für gegenwärtige und zukünftige Generationen und ökologische Systeme

Adaptiert nach Bob Doppelt. a.a.O., S. 76, Vergleich der Methoden zum Aufbau von menschlicher Resilienz.

Eine neue Art Aktivismus

Nachhaltiger Aktivismus ist in dieser Konzeption eine neue Art von Aktivismus mit dem Ziel, tiefgreifenden sozialen Wandeln und persönliche Emanzipation durch ein langfristiges Engagement zu ermöglichen. Zentrale Begriffe für Nachhaltigen Aktivismus sind Transformation und Befreiung. Diese neue Art des Aktivismus bezieht sich u. a. auch auf die Systematisierung der Methoden zur individuellen und kollektiven Stärkung der Widerstandskraft und ihre gegenseitige Bezugnahme. Ausgehend von einer säkularen Linken sind es auch die transformativen Praxen, die den Nachhaltigen Aktivismus zu einer neuen Art von Aktivismus machen, von denen ein großes Entwicklungspotential ausgeht. Zuvor haben sich Aktivist*innen auch schon ›privat‹ mit Yoga, Achtsamkeitstechniken usw. zur individuellen Widerstandskraftstärkung auseinandergesetzt, aber es fehlte oft die Herrschafts- und Machtanalyse oder die Einbettung in größere befreiende politische Prozesse. Die neue

Qualität in der jüngeren und jüngsten Bewegungsgeschichte ist, dass das Praktizieren von Body-Mind-Praktiken in Bewegungen für befreiende Makroveränderung eingebettet wird. Dafür steht u. a. auch *Transformative Social Change* (TSC). So auf der *People's Movement Assembly* des *US Social Forum* 2010: »Wir erkennen an, dass wir als Akteure von Veränderung ebenfalls tief von den Unterdrückungsverhältnissen beeinflusst sind und ein tiefes und beständiges Engagement brauchen, um den revolutionären Wandel, den wir wollen, auch zu verkörpern. [...] Revolutionäre systemische Veränderung ist in unserem Inneren, in unseren Beziehungen und im Äußeren notwendig.«[29] Das Verhältnis von TSC und Nachhaltigem Aktivismus könnte mit dem von Geschwistern gleichsetzt werden, die viele ähnliche Ziele besitzen. Dabei ist das Konzept des Nachhaltigen Aktivismus im Gegensatz zu TSC ein breiteres ›Framework‹ bzw. ein konzeptioneller Rahmen, in dessen Kern sich transformative Praktiken befinden. Nachhaltiger Aktivismus besteht aus praktischen Strategien zur Stärkung von Individuen, Gruppen und Bewegungen und bezieht sein Wissen aus der Resilienzforschung, (Befreiungs-) Psychologie, Neurowissenschaften und Bewegungsforschung sowie den praktischen Erfahrungen der Aktivist*innen aus den verschiedensten Zusammenhängen. Nachhaltiger Aktivismus als Analyse- und Konzeptionsrahmen besitzt jedoch nicht nur ›neue‹ Elemente wie transformative Praxen, sondern beinhaltet auch konservative Elemente im Sinne von bewahrenden Qualitäten, indem es traditionelle linke Strategien wie z. B. Antirepressionsarbeit wertschätzt.

---

29 People's Movements Assembley Resolution. *Defining Transformation for Social Change.* 25. Juni 2010. http://hiddenleaf.electricembers.net/wp-content/uploads/2010/06/TransformationPMA.pdf (Zugriff 6.3.2019). Übersetzung Timo Luthmann.

Zur Verdeutlichung der Verortung des Nachhaltigen Aktivismus als eine neue Art des Aktivismus dient das nachfolgende Modell zum Verhältnis der verschiedenen Handlungsansätze im Nachhaltigen Aktivismus:

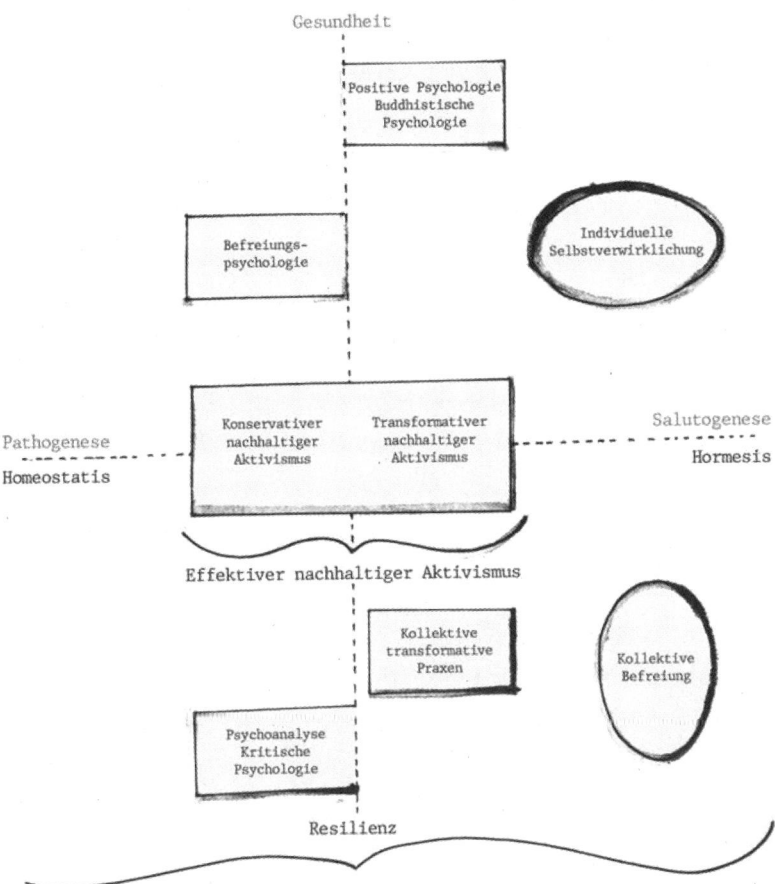

Zum Verhältnis der unterschiedlichen
Handlungsansätze im Nachhaltigen Aktivismus

Gesundheit

Positive Psychologie
Buddhistische
Psychologie

Befreiungs-
psychologie

Individuelle
Selbstverwirklichung

Pathogenese
Homeostatis

Konservativer
nachhaltiger
Aktivismus

Transformativer
nachhaltiger
Aktivismus

Salutogenese

Hormesis

Effektiver nachhaltiger Aktivismus

Kollektive
transformative
Praxen

Kollektive
Befreiung

Psychoanalyse
Kritische
Psychologie

Resilienz

Kritisches Denken: Herrschafts- bzw. ideologikrischer Analyserahmen

Ausgehend von der ersten Säule des Nachhaltigen Aktivismus, der Reflexion zu sozialer Veränderung und strategischem Handeln, wird das Modell gerahmt durch kritisches Denken und einen ideologiekritischen bzw. herrschaftskritischen Analyserahmen. Das Gesundheitsverständnis geht einerseits von Krankheit aus, der *Pathogenese* als einer defizitären Sichtweise, aber anderseits gibt es auch die *Salutogenese*, die die Entstehung von Gesundheit erklärt und sich mit Gesundheitsförderung, Wohlbefinden und persönlichem Wachstum auseinandersetzt. Analog dazu gibt es das Resilienzverständnis, welches nach dem Prinzip der *Homeostasis* ein Zurückspringen in den Zustand vor der Krise oder Krankheit beinhaltet, sowie Resilienz im Sinne von *hormesis*, die Resilienz als Transformation betrachtet, wodurch ein besserer Zustand als vor der Krise oder Krankheit erreicht wird. Auf dieser Folie spiegelt sich einerseits die zweite Säule der individuellen Resilienzstrategien mit dem Ziel einer individuellen Selbstverwirklichung und die dritte Säule der kollektiven Resilienzstrategien mit dem Ziel einer kollektiven Befreiung wider. Der Nachhaltige Aktivismus als eine neue Art des Aktivismus beinhaltet einerseits konservative Elemente wie Strategien mit bewahrenden Qualitäten und anderseits transformative Elemente jeweils auf der individuellen wie der kollektiven Ebene. Individuelle konservative Elemente sind unter anderem die Kontrolle unserer Aufmerksamkeitsökonomie und des Informationsflusses, der uns umströmt, oder Maßnahmen persönlicher Datensicherheit. Als kollektive konservative Elemente können z. B. Antirepressionsarbeit oder Anti-Trauma-Arbeit bezeichnet werden. Individuelle transformative Strategien sind insbesondere im säkularen individualisierten Westen eine ›private‹ Praxis von Yoga, Atemtechniken oder Meditation. Erfolgreich angewendete individuelle transformative Praxen führen Menschen zur Selbstkenntnis ihrer Interdependenz mit anderen Menschen und der Mitwelt. Es fehlt jedoch meistens die Analyse der Herrschaftsverhältnisse und eine kollektive Befreiungserzählung. Kollektive transformative Praxen sind gemeinschaftlich in einem politischen Zusammenhang regelmäßig durchgeführte transformative Praxen jeglicher Art und können aber auch speziell für diesen Zweck entwickelte Übungssysteme sein wie *Forward Stance* oder *Generative Somatics*.

Ein rein konservativer Nachhaltiger Aktivismus im bewahrenden Sinne ist möglich, der alle drei Säulen des Konzepts erhält, wobei ich jedoch in diesem Fall nicht von einer neuen Art des Aktivismus sprechen würde. Dazu muss die transformative Dimension ebenfalls vertreten sein, wo sich ein großes Entwicklungspotential befindet, das bis jetzt von klassisch linker Politik fast nicht besetzt wurde, aber wichtig ist, um systemischer Veränderung näherzukommen. Wenn konservative und transformative Elemente im Nachhaltigen Aktivismus zusammenkommen, würde ich von einem effektiven Nachhaltigen Aktivismus sprechen. Neben den drei Grundsäulen, erstens bewusst strategisch politisch zu handeln und aus der Geschichte von sozialen Bewegungen zu lernen, zweitens bewusst die individuelle und drittens die kollektive Widerstandskraft (Resilienz) zu stärken, steht für mich hinter dieser neuen Art von Aktivismus auch eine neue Erzählung. Auf den alten Landkarten ist Utopia einfach nicht zu finden. Wir brauchen eine neue Art zu denken und müssen das dualistische und reduktionistische Denken hinter uns lassen, das uns in Schwarz und weiß, gut und böse, Mann und Frau, Kinder und Erwachsene einteilt und uns von unserem Körper, Emotionen und der Natur entfremdet. Dieses Denken basiert auf einer neuen Kosmologie, einem neuen Weltbild, neuen Erzählungen.

Eine neue Erzählung

»Unsere Körper sind aus Sternenstaub gemacht, unsere Seelen aus Erzählungen.« – Tom Rhodes

Erzählungen sind soziale Konstruktionen von Realität und so der grundlegende Modus, wie Menschen sich Sinn konstruieren. Im Englischen werden sie *Stories* oder *Narratives* genannt, können sich als philosophische Systeme ausdifferenzieren, konstruieren sich rund um Werte und sind identitäts- und zugehörigkeitsstiftend. Früher war es zum großen Teil die Aufgabe der Religionen, als die großen Meta-Geschichten, auf die zentralen Fragen des Lebens eine Antwort zu bieten. Diese Deutungshoheit hat sich seit dem 16. Jahrhundert durch die Entwicklung der Naturwissenschaften und der Aufklärung wesentlich verschoben. Aus der Entheiligung der Welt, der Desakralisierung, sind mächtige Werkzeuge und Weltbilder entstanden, die zum einen zur Befreiung von Herrschaftsverhältnissen wie dem Klerikalismus und zur Entwicklung der Naturwissenschaften beigetragen haben. Auf der anderen Seite wurden dieses naturwissenschaftliche Weltbild als Meta-Erzählung und die Aufklärung auch genutzt, um kapitalistische Herrschaftsverhältnisse und Naturausbeutung im Wesentlichen zu verfeinern und weiter durchzusetzen. Postmoderne Theoretiker*innen wie Jean-François Lyotard haben das Ende der großen Meta-Erzählungen verkündet:»Die Metaerzählungen sind das, was die Moderne ausgezeichnet hat [...] Im Unterschied zu den Mythen suchen sie die Legitimität nicht in einem ursprünglichen, begründenden Akt, sondern in einer einzulösenden Zukunft, das heißt in einer noch zu verwirklichenden Idee. Diese Idee (der Freiheit, der Aufklärung, des Sozialismus usw.) hat legitimierenden Wert, weil sie allgemeine Gültigkeit besitzt. [...] Meine Annahme besteht dagegen darin, daß das Projekt der Moderne (die Verwirklichung der Universalität) nicht aufgegeben, vergessen, sondern zerstört, liquidiert worden ist.«[30]

Doch das Bedürfnis nach Religion bzw. das dahinterstehende Bedürfnis nach Sinn ist tief in dem Menschen verwurzelt und der Kapitalismus hat u. a. mit dem Konsumismus unbewusst diese Funktion der Religion übernommen. Anders als die großen Erzählungen von Aufklärung und Demokratie, Liberalismus und Sozialismus, die allesamt auch in der Tradition (jüdisch-christlicher) Zukunftserwartungen stehen, ist der postmoderne Konsumismus aber nicht mehr mit einem qualitativ anderen Leben, sondern nur mit der Hetzjagd nach einem quantitativ bequemeren Leben verbunden.

Den vielfachen Krisen unserer heutigen Welt liegt dieses wenig bewusste, aber umso fundamentalere Problem zugrunde: schadhafte Erzählungen darüber, wer wir sind, was die Welt ist und welche Rollen wir darin einnehmen sollen. Der engagierte Zenmeister und ehemalige Jesuit Ruben L.F. Habito fasst es mit einem Satz zusammen: »Unser grundlegendes Problem ist nicht eines von Strategie, sondern von Kosmologie.« Vielleicht besteht das größte Problem mit diesen Meta-Erzählungen, wozu auch die Kosmologie zählt, darin, dass wir normalerweise gar nicht realisieren, dass sie Erzählungen sind. Wir sehen die Welt und uns selbst durch sie, handeln entsprechend der Annahme, dass das, was wir erfahren, die Realität selbst sei, anstatt etwas von diesen Erzählungen Bedingtes. Sie sind wie eine ideologische Brille, die wir tragen, ohne sie wahrzunehmen.

Es ist sehr unwahrscheinlich, dass wir fähig sein werden, die vielfachen Krisen erfolgreich anzugehen, bevor wir erkennen, wie zerstörerisch die vorherrschenden heutigen Weltbilder sind und diese mit besseren Erzählungen herausfordern. Dabei war und ist die Deutungshoheit über Erzählungen schon immer umkämpft. Es geht um unsere kollektive Imagination und wer hier die Diskurshoheit gewinnt. Schädliche Erzählungen sind z.B. die entwertete Welt des Neoliberalismus und seiner philosophi-

---

30 Lyotard, Jean-François: Randbemerkung zu den Erzählungen (1984). In: Peter Engelmann (Hrsg.): *Postmoderne und Dekonstruktion: Texte französischer Philosophen der Gegenwart*. Stuttgart: Reclam 2015, S. 49-53, hier S. 49f.

schen Wurzel, die des Sozialdarwinismus, in der vereinzelte Individuen nur noch nach ihrem verkürzten Selbstinteresse handeln. Das von Francis Fukuyama (1992) behauptete »Ende der Geschichte und der Triumph des Kapitalismus« und das T.i.n.a.-Prinzip (There is no alternative) von Magret Thatcher sind weitere Beispiele für kapitalistische Erzählungen. Doch schadhafte Erzählungen sind nicht erst eine Erfindung des Kapitalismus. Der Herrschaft von Menschen über andere Menschen, der Entwicklung von Vorstellungen eines Herrschergottes sowie Rassismus, dem Patriarchat und der Ausbeutung der Natur liegen schadhafte Erzählungen zugrunde.

Verschiedene Wege, emanzipatorische Erzählungen zu finden, zu erfinden und wiederzufinden, sind hingegen ein vertieftes Verständnis der Naturwissenschaften, welches eine Konvergenz mit Spiritualität eingeht und ein ganzheitlicheres Natur- und Menschenbild zeichnet. Eine emanzipatorische Relektüre traditioneller Erzählungen wie der des Christentums (Befreiungstheologie), des Buddhismus (engagierter Buddhismus) oder auch des Marxismus und Anarchismus sind ebenfalls eine wichtige Grundlage. Ferner geht es darum, die schöpferische Kraft der Utopien als orientierende Kraft zu nutzen.

Die drei großen gegenwärtigen Erzählungstypen nach Joanna Macy und Chris Johnstone sind erstens die neoliberale kapitalistische Erzählung des *Business as usual*. Zentrale Annahmen dieser Erzählung sind: Für Wohlstand ist ökonomisches Wachstum notwendig, Natur ist eine Ware, die für menschliche Zwecke verwertet werden kann und das Vorantreiben des Verbrauchs fördert die Wirtschaft. Der zentrale Plot ist es, Karriere zu machen und die dahinterstehende Annahme, die Probleme von anderen Menschen, Gemeinschaften und Arten gingen uns nichts an.

Der zweite große Erzählungstyp zu Beginn des 21. Jahrhunderts ist der der großen Auflösung oder des Niedergangs. Dahinter verbergen sich die Erzählungen vom ökonomischen Niedergang, Ressourcenerschöpfung, Klimawandel, sozialer Spaltung und Krieg und dem massenhaften Artensterben. Jeder einzelne Aspekt dieser Realitäten ist an sich schon verstörend und bricht zunehmend in die Realität des *Business as usual* ein. Dabei leben wir in einer Ablenkungskultur, die sich bevorzugt mit Nebensächlichkeiten beschäftigt, anstatt einen Blick auf die wahrhaften Probleme zu werfen, und die oftmals mit sozialem Schweigen reagiert, wenn Menschen auf diese Probleme aufmerksam machen.

Die Erzählung des kapitalistischen *Business as usual* bringt uns auf Kollisionskurs mit unseren Lebensgrundlagen, der menschlichen Existenz insgesamt und den komplexen Lebensgemeinschaften, in die wir eingebunden sind. Die Erzählung der großen Auflösung erscheint als eine Horrorgeschichte, die uns überwältigt und paralysiert. Glücklicherweise gibt es auch noch einen dritten Erzählungstyp, den David Korten »The Great Turning« nennt, was ich mit »Die große Transformation« übersetzen würde. Es sind Erzählungen vom Wandel, von Transformation und Veränderung.

Kernaspekte dieser Erzählungen sind nach Korten, dass wir uns schon mitten in der Transformation, von einer wachstumsbasierten kapitalistischen Industriegesellschaft hin zu einer postkapitalistischen Gesellschaft befinden.

Die große Transformation besitzt drei Dimensionen, die sich gleichzeitig ereignen und sich gegenseitig verstärken. Die erste Dimension besteht darin, Aktionen zu machen, welche das Ziel verfolgen, die Zerstörung der politischen Ökonomie des *Business as usual* aufzuhalten oder zu verlangsamen. Dies beinhaltet auch, ein Bewusstsein dafür zu schaffen, welche Zerstörung das kapitalistische industrielle Wachstumsmodell für Natur, menschliche Gesellschaften und Individuen sozial und gesundheitlich angerichtet hat und dies zu dokumentieren. Solche Aktionen sind essenziell; sie retten Leben und schaffen Zeit, bewahren Ökosysteme und Arten vor dem Aussterben und sichern so den Genpool als kreatives Potential der Natur für zukünftige Generationen. Jedoch reichen Aktionen alleine nicht für die große Transformation aus, da die lebensnotwendigen Aktionen oftmals nur Abwehrkämpfe sind und deshalb diese positiven Effekte von der kapitalistischen Wachstumspolitik wieder aufgefressen werden können. Dies wird im Reboundeffekt[31] beschrieben. Auf den Widerstand gegen das, was nicht mehr sein soll, folgt häufig die Re-Integration des Protestes in eine Modernisierung des bestehenden Systems, ohne seine Grundlagen anzutasten. Neben dem Stoppen bzw. Verlangsamen der fortwährenden Zerstörung müssen wir daher das System, auf dem diese Zerstörung basiert, ersetzten oder transformieren. Wir müssen das verwirklichen, was noch nicht ist (Bloch). Dies ist die Arbeit der zweiten Dimension der großen Transformation: der Aufbau von lebensunterstützenden Systemen und Praktiken. Wenn wir genau hinschauen, werden alternative Handlungsmöglichkeiten bzw. mögliche Alternativen zum Kapitalismus vielerorts ausprobiert. In verschiedensten Formen von solidarischer Ökonomie praktizieren Menschen alternatives Wirtschaften, von geschenkökonomi-

---

31 Siehe *Rebound-Effekte*. https://www.umweltbundesamt.de/themen/abfall-ressourcen/oekonomische-rechtliche-aspekte-der/rebound-effekte (Zugriff 11.8.2017).

schen Projekten wie Umsonstläden, zu ethischen Banken wie der GLS- oder der Triodos Bank bis zu alternativen Wohn- und Besitzformen wie dem Mietshäusersyndikat. Zur Landwirtschaftswende tragen wachsende Initiativen solidarischer Landwirtschaft und Formen von *Community Supported Agriculture* (CSA), Gemeinschaftsgärten und klimaökologisch überlebenswichtige Formen wie Klimafarming und Agroforstsysteme bei. Andere Wege, Politik jenseits von Staat und Parteien zu denken, finden sich z. B. in alternativen politischen Institutionen wie den rebellischen Stadtteilversammlungen in Spanien. In fast allen gesellschaftlichen Bereichen von Gesundheitsversorgung und Psychologie, Transportsystemen, bis hin zu Erziehung und Wissenschaft arbeiten Menschen an lebensunterstützenden Alternativen. Sie alleine sind nach Macy und Jonestone jedoch nicht genug. Diese neuen Strukturen verankern sich nicht und überleben, ohne tief integrierte Werte, die sie unterstützten. Das ist die dritte Dimension der großen Transformation, die Veränderung des Bewusstseins. Bewusstseinsarbeit, die Politisierung des Bewusstseins und das Erreichen eines Klassenbewusstseins waren Aufgabe von Generationen von Linken. Doch die eigenen Klasseninteressen zu erkennen reicht alleine nicht aus für die große Transformation, die bestenfalls in soziale Revolution mündet. Das haben die verschiedenen unvollständigen sozialen Revolutionen der Vergangenheit gezeigt. Das Ziel einer klassenlosen Gesellschaft lässt sich nur mit einem neuen Bewusstsein der Aktivist*innen selbst erreichen. Dadurch, dass wir uns im dritten Teilaspekt der großen Transformation mit unserer inneren Veränderung beschäftigen, stärken wir unser Mitgefühl und den Wunsch, für die Welt zu handeln. Die Wiederbelebung unseres Verbundenheitsgefühls mit der Welt erweitert die Beziehungen, die uns unterstützen, und schützt uns so besser vor persönlichen und kollektiven Niederlagen. In der Vergangenheit wurden persönliche und gesellschaftliche Veränderung oft als zwei verschiedene Prozesse gesehen, bei denen sich oft für die eine oder die andere Seite entschieden werden musste. In der Erzählung der großen Transformation wird jedoch anerkannt, dass sich persönliche und gesellschaftliche Veränderung gegenseitig bestärken und dass sie beide notwendig sind.

Diese Erzählung der großen Transformation bzw. die Menschen selber können den Lauf der Geschichte hoffnungsvoll wenden. Das heißt jedoch nicht, dass wir keine Teilcrashs des Systems oder mehr erleben werden. Der Niedergang unseres imperialen Systems, wenn er passiert, kann für viele Lebewesen und Menschen befreiend sein, wenn wir es schaffen, ihn emanzipatorisch zu gestalten. Dafür ist es notwendig, die verschiedenen

Dimensionen der großen Transformation zusammenzuweben und in neue makropolitische universalistische Projekte münden zu lassen. Dies ist die soziale Revolution.

Ein neues Selbst

Der Kern, der aus dieser neuen Erzählung resultiert, ist ein neues Verständnis des Selbst. Wir begreifen, dass wir nicht als lose Individuen existieren und dass es keine totale individuelle Autonomie gibt, wie sie uns durch die neoliberale Erzählung suggeriert wird. Diese falsche bürgerliche Freiheit spaltet die Gesellschaft und entfremdet ihre Individuen voneinander.

Die Überwindung des separierenden Ich-Bewusstseins und das Sehen der wechselseitigen Verbundenheit aller Dinge und Prozesse sind zentrale Aspekte eines neuen Selbst. Durch eine kritische Reflexion von Identitätspolitik gehen wir über das individuelle Ego hinaus, ohne dass wir unsere Individualität verlieren. Auch verlieren wir nicht unsere vielfachen Identitäten, sondern bekommen ein vertieftes Verständnis dafür, wer wir sind, und gehen über identitäre Begrenzungen hinaus. Hierbei entsteht ein neues soziales und ökologisches Selbst und im bewussten beziehungshaften Sein kommen wir ›nach Hause‹.

Wer oder was ist eigentlich eine Aktivist*in?

Wie bei allen Wörtern, die mit Macht aufgeladen sind, fühlen die meisten Menschen eine gewisse Ambivalenz in Bezug auf den Begriff ›Aktivist*in‹. Viele Menschen sind eher zurückhaltend, den Begriff der Aktivist*in für sich zu verwenden. Für Alastair McIntosh und Matt Carmichael ist »eine Aktivist*in eine Person, welche handelt, um Veränderungen in der Art und Weise, wie unsere Beziehungen strukturiert sind, zu erreichen, was die Veränderung der Gemeinschaft bedeutet, oft bis zu dem Punkt, wo es Unbehagen gibt.«[32] Dabei wird der Begriff ›Aktivist*in‹ viel zu oft zu eng gefasst. Aktivist*innen sind nicht nur die Menschen, die direkte Aktionen, Hochrisikoaktivismus und politische Organisierung durchführen und vorantreiben, sondern ebenso viele Menschen, die eher unsichtbare Tätigkeiten leisten wie Kochen in einer Volxküche oder KüfA, Unterstützung von Geflüchteten oder diejenigen, die mit Herz und offenem Ohr politische Genoss*innen bei der Verarbeitung traumatischer Erfahrungen unterstützen. Es zählen nicht nur die offensiv in die Gesellschaft gerichteten Taten, sondern auch die reproduktiven Handlungen, die politische Intervention erst ermöglichen bzw. langfristig stützen. Dies ist die Carework, die oftmals wenig honoriert und wahrgenommen wird. Insbesondere aus einer antipatriarchalen Perspektive ist es wichtig, auch diese Tätigkeiten als Aktivismus wertzuschätzen.

Viele Menschen, die sich selbst nicht als Aktivist*in bezeichnen, würde ich dennoch als solche sehen. Sie unterschätzen oft die politische Dimension ihres Engagements, weil diese Tätigkeiten gesellschaftlich und oft auch in sozialen Bewegungen wenig Wertschätzung finden. Daraus folgt, dass die reproduktiven Arbeiten in sozialen Bewegungen unsichtbar gemacht werden und es entsteht ein verzerrtes Bild, bei dem die Bezeichnung ›Aktivist*in‹ nur für offen sichtbare Akteure angemessen erscheint. Entscheidend ist aber die Motivation. Es ist die Bereitschaft, an sich persönlich zu arbeiten, gleichzeitig Verantwortung in der Gesellschaft zu übernehmen und gegen gesellschaftliches Unrecht, Ausbeutung und Unterdrückung aktiv zu werden. Das Zusammenkommen von innerer und äußerer Veränderung, das Erkennen der Notwendigkeit zur gesellschaftlichen Intervention wie auch zur persönlichen Transformation der eigenen verinnerlichten Unterdrückungsmechanismen sind dabei entscheidend.

---

32   McIntosh, Alastair / Matt Carmichael: Spiritual Activism. Leadership As Service. Cambridge: Green Books 2016, S. 12. Übersetzung Timo Luthmann.

Gleichzeitig ist es wichtig, als Aktivist*in nicht in die Identitätsfalle zu tappen und sich mit diesem Label und den eigenen Genoss*innen zufrieden zu geben. Für eine tiefgreifende soziale Transformation der Gesellschaft, der sozialen Revolution, brauchen wir mehr Menschen, als die, die sich selbst als Aktivist*innen verstehen. Wir dürfen es uns nicht zu gemütlich machen und zu selbstbezogen sein, so dass der Aktivismus an sich zu einer für das System tolerierbaren Nische wird. Der Aktivismus darf uns nicht gehören.

Menschen können von verschiedenen Wegen zum politischen Aktivismus kommen: Der Yoga praktizierende Gemeinschaftsgärtner oder die queerfeministische Antifaschist*in haben sehr unterschiedliche Zugänge und können doch viel voneinander lernen. Vermutlich werden das Problembewusstsein in Bezug auf Gender- und Rassismusaspekte oder unserer ökologischen Eingebundenheit und Notwendigkeit zur Körperarbeit bei beiden sehr unterschiedlich aussehen. Wichtig ist für mich nicht, dass die Menschen perfekt reflektierte und achtsame Verhaltensweisen haben, sondern die Bereitschaft besitzen, sich auf den Weg zu machen und voneinander zu lernen, um so Stück für Stück befreiter zu leben. Ein wichtiger Zwischenschritt liegt darin, die Verbundenheit und Bezüge zwischen den verschiedenen Befreiungsprozessen zu erkennen, quasi die Notwendigkeit zum intersektionalen Ansatz.[33]

Eine erweiterte Definition von ›Aktivist*in‹, wie sie Chris Johnstone und Joanna Macy in ihrem Buch *Active Hope* (deutscher Titel *Hoffnung durch Handeln*) verwenden, besagt, dass alle Menschen Aktivist*innen sind, die sich aktiv für ein größeres Ziel jenseits ihres persönlichen Vorteils engagieren. Für sie ist es wichtig, das Verständnis von Aktivismus jenseits von Campaigning und Protest auszuweiten, um so auch Bereiche wie den Aufbau einer nachhaltigen Kultur und Bewusstseins-, Aufklärungs- und Heilungsarbeit mit abzubilden. Durch ein umfassenderes Verständnis von Aktivismus haben Aktivist*innen die Möglichkeit, viel leichter zwischen den verschiedenen Dimensionen zu wechseln, wenn sie sich z. B. in einen Teilbereich zu stark abgearbeitet haben. Dadurch können wir in einem anderen Bereich wieder Kraft schöpfen und es entsteht ein ganzheitliches Verständnis von Widerstand und Aktivismus, welches resilienter ist.

---

33   Siehe »Intersektionalität« im Glossar.

Änderung des Engagements –
Lebensphasen und Engagement

Die fortschreitende Veränderung ist dem Leben als Struktur eingeschrieben. Biologisch wandeln sich unsere Körper mitsamt unserer Biochemie in unserem Gehirn, was Einfluss auf die Risikobereitschaft, die Reflektiertheit und Zukunftsbezogenheit hat. Gleichzeitig wandeln sich unsere gesellschaftlichen Rollen, die wir uns aussuchen, in die wir hineinwachsen und die uns von außen aufgezwungen werden. Auf der anderen Seite ist auch die Gesellschaft insgesamt ständig im Fluss.

Alle Engagementstadien haben ihre Funktion. Wichtig ist nicht, dass wir unser Leben lang immer das gleiche machen, denn wir entwickeln und ändern uns. Doch entscheidend ist, dass wir uns unseren Einsatz für soziale Emanzipation im weitesten Sinne bewahren und empathisch, erreichbar und ansprechbar bleiben. Es geht darum, eine widerständige, dem Leben zugewandte Haltung zu kultivieren und nicht den Fallstricken einer identitären Szenezugehörigkeit auf den Leim zu gehen, die uns an einen bestimmten Lifestyle, moralische Codes und politische Formen kettet. Die daraus resultierende Starre birgt die Gefahr, bei einer Veränderung unserer Bedürfnisse z. B. nach mehr Zurückgezogenheit, Ruhe oder Sicherheit, uns selbst nicht mehr gerecht zu werden und uns dann deswegen aus sozialen Bewegungen zurückzuziehen.

Die Kunst dabei ist, unserer Lebensphase entsprechend aktiv zu bleiben und gleichzeitig inhaltlich an Themen und Problemkomplexen kontinuierlich zu arbeiten, um so strategisch langfristige soziale Veränderung zu ermöglichen.

Mit Kindern in Bewegung

Kinder sind ein stark strukturierendes Element im Leben und sie verändern vieles. Auch ändern sich die Bedürfnisse mit Kindern. Diesen Bedürfnissen gerecht zu werden und gleichzeitig einen Platz in sozialen Bewegungen zu finden, ist bei der Kinderunfreundlichkeit der Bewegungen eine echte Herausforderung. Daran muss gemeinschaftlich gearbeitet werden.

Ebenso geht es nicht darum, dass alle unbedingt zu jeder Zeit alles in Bewegungen machen müssen, sondern dass es eine gewisse selbstbestimmte Arbeitsteilung gibt. Wenn Menschen sich liebevoll um die Betreuung von Kindern kümmern, kann dies auch Aktivismus sein. Zum Problem wird es jedoch, wenn die Bezüge völlig verloren gehen und es keinen Kontakt mehr zwischen den verschiedenen Sphären gibt. Hierfür die Durch-lässigkeit zu erhöhen und Wege zu finden, wie wir geschlechtergerecht Verantwortung für Kinder übernehmen können, sind wichtige Schritte in Richtung von kinder- und ›familien‹freundlicheren Bewegungen.

Älter werden

An der Diversität von sozialen Bewegungen zu arbeiten und Altersdiskri-minierung (Ageism) zu überwinden, ist eine wichtige Herausforderung für uns alle. In der Graswurzelrevolution hat Gerald Grünklee in einem Artikel herausgearbeitet, was die anarchistische Bewegung braucht, um *anarchistisch älter (zu) werden*. Diese Punkte treffen größtenteils auch auf viele andere Linke zu:

★ »Es als Bereicherung wahrzunehmen, sich (wechselseitig!) zwischen den Generationen auszutauschen und so von den unterschiedlichen Erfahrungen zu profitieren.

★ Begriffe wie Freiheit und Autonomie nicht zu verabsolutieren, son-dern zu hinterfragen und um Aspekte wie Gegenseitigkeit, Sozialität, Bedürftigkeit etc. zu ergänzen.

★ Unterschiedliche Aktions- und Interventionsformen als gleichberech-tigt anzusehen (wie dies z. B. im Wendland bei den Protesten gegen die Castor-Transporte gelingt) – wer eine Hüft-Operation hinter sich hat, kann vielleicht nicht mehr an jeder Aktion auf der Straße teilnehmen, doch eine gute Infrastruktur bereitzuhalten und für Schlafplätze und warme – oder kalte, je nach Jahreszeit – Getränke zu sorgen ist nicht minder wichtig. Ebenso legitim muss es sein, sich ›Auszeiten‹ zu gönnen.

★ Einen ›identitären Anarchismus‹ (über Lifestyle-Attribute wie z. B. Kleidung nach Außen getragen, weniger über Positionen/ sichtbare Aktionen) in einen ›inhaltlichen Anarchismus‹ zu überführen, in dem sich Menschen unterschiedlichen Alters wohlfühlen und bei dem es nicht auf das Aussehen, körperliche Agilität etc. ankommt.

★ Generell Praxen nicht-ausgrenzender Verhaltensweisen und gegen-seitiger Akzeptanz sowie eines wohlwollenden Miteinanders zu entwi-ckeln, in denen ›Detailfragen‹ vielleicht nicht ganz so wichtig sind und eine hundertprozentige Übereinstimmung auch nicht erforderlich ist, ohne deshalb entweder Widersprüche zu ignorieren oder sich gleich wieder zu spalten.

★ Die vorangestellten Aspekte als Voraussetzung für den Aufbau trag-fähiger Strukturen zu nehmen, die sowohl psychologische Perspektiven

(»ich fühle mich in diesen Strukturen wohl, weiß, dass ich geschätzt werde wie ich bin, und es ist nicht so schlimm, wenn ich es nicht schaffe, immer überall dabei zu sein«) und persönliche/ soziale Perspektiven (z. B. Mehrgenerationen-Wohnprojekte, Kommunen) wie auch ökonomische Perspektiven (z. B. selbstverwaltete Betriebe, Genossenschaften/ solidarische Ökonomie, »Projekte-Anarchismus«) beinhalten.«[34]

---

34 Siehe *anarchistisch älter werden*. In: graswurzelrevolution 393/November 2014 (2014). https://www.graswurzel.net/393/aelter.php (Zugriff 9.8.2017).

2. Warum ist Nachhaltiger Aktivismus notwendig?

»Die mächtigste Kraft der Welt ist eine Idee, deren Zeit gekommen ist.«
– Voltaire

In Zeiten der multiplen kapitalistischen Krisen – vom Rechtsruck, zu Sozialabbau bis zur Zuspitzung des Klimawandels – ist es für soziale Bewegungen und Organisationen der Zivilgesellschaft von entscheidender Bedeutung mit unseren persönlichen, organisatorischen wie politischen Krisen konstruktiv umzugehen. An diesem Punkt entscheidet sich, wie wirkmächtig wir werden können. Ich denke, dass Nachhaltiger Aktivismus ein Schlüsselthema für unseren Erfolg darstellt. Hierbei geht es nicht um kurzfristige (Kampagnen-)Erfolge, sondern um langfristige Strategien sozialer Veränderung.

Wenn Aktivist*innen beispielsweise aufgrund von posttraumatischen Belastungsstörungen, ausgelöst durch Polizeigewalt, internen Machtkämpfen, mangelhafter Kommunikations- und Konfliktkultur oder aufgrund von persönlicher Überforderung mit den eigenen Ansprüchen sich von sozialen Bewegungen entfernen, hat dies fatale Folgen. Es kommt zum kollektiven Verlust von Erfahrungen, Wissen und Kontakten. Unsere Weiterentwicklung wird behindert und es drohen Bewegungsrückschritte und organisatorische Lücken.

Wenn wir uns vergegenwärtigen, wo all die Aktivist*innen seit den 68er Jahren und dem Aufkommen der neuen sozialen Bewegungen geblieben sind, müsste uns dies nachdenklich stimmen. Wenn nur die Hälfte der ehemals Aktiven auf der einen oder anderen Art und Weise ihr Engagement kontinuierlich fortgesetzt hätte, würde dies die Schlagkräftigkeit heutiger sozialer Bewegungen wesentlich erhöhen und den Aktionsradius von zivilgesellschaftlichen Organisationen durch mehr ehrenamtliches Engagement beträchtlich erweitern. Genau hier liegt aber auch eine große Chance. Wenn es uns gelingt, aus der Geschichte und unseren Fehlern zu lernen, mehr auf unsere Bedürfnisse zu achten und Grenzen zu ziehen, haben wir ein entscheidendes Rezept für mehr soziale Veränderung. Um wirklich erfolgreich zu sein, brauchen wir die Erfahrungen und Fähigkeiten aller Protest-Generationen und einen politischen Aktivismus jenseits der Jugendrevolte.

Nachhaltiger Aktivismus ist eine strategische Antwort auf eine Politik der Angst, die immer mehr um sich greift. Hinter der Angst stehen u. a. Traumatisierungen und Stress, ebenso wie reale und irreale Bedrohungsszenarien. Wie können wir mit der Perspektive immer gravierenderer Turbulenzen und Krisen und der Gewissheit immer größerer Herausforderungen trotzdem ruhig und kraftvoll bleiben? Wie gehen wir mit dem Druck von permanenten existenziellen Bedrohungen wie dem Klimawandel, Repressionen und sozialer Ausgrenzung um, und mit dem Gefühl, trotzdem nur sehr langsam Lösungen und Befreiungsschritten näherzukommen? Die bestehenden Handlungskonzepte der Linken und sozialer Bewegungen laufen Gefahr zu kurz zu greifen. Nachhaltiger Aktivismus möchte ein Befreiungsschlag sein. Eine strategische Offensive, die nicht nur den Status quo verteidigt, sondern sich für eine tiefgreifende Transformation der Gesellschaft einsetzt. Das Ziel ist ein systemischer Wandel, der im Individuum wie im Kollektiv verankert ist.

Gleichzeitig fragt das Konzept des Nachhaltigen Aktivismus nicht nur nach dem ›Was?‹ und dem ›Warum?‹, sondern auch nach dem ›Wie?‹. Auf welche Weise können unsere Bewegungen als Funken ein Feuer entfachen? Und wie schaffen wir es dabei, an dem, für das wir brennen, nicht auszubrennen? Wie werden wir als Bewegung ansteckend und wie macht uns der politische Aktivismus glücklicher, humaner, solidarischer? Frustrierte Altlinke sind keine Werbung und ehemalige Aktivist*innen, die nun auf der Gegenseite den Kapitalismus modernisieren noch viel weniger. Als Aktivist*in glücklich zu sein, ist eine wichtige Grundvoraussetzung für ein langfristiges Engagement. Damit ist nicht das oberflächliche Glücksempfinden unserer Warengesellschaft gemeint, sondern der tiefe Sinn und achtsames Sein in einem erfüllten Sozialleben, in lebendigen Naturerfahrungen und politischem Handeln. Aktivist*innen mit einer solchen Ausstrahlung inspirieren und durch ihr positives Vorbild können Bewegungen organisch wachsen.

Kurzfristig machen wir vielleicht weniger, aber langfristig schaffen wir mehr. Es geht nicht um oberflächliche schnelle Siege. Soziale Veränderung ist kein Sprint, sondern ein Marathon und deswegen ist Nachhaltiger Aktivismus notwendig, um auf lange Sicht politisch erfolgreich zu sein. Oder anders ausgedrückt: Nachhaltiger Aktivismus ist eine Überlebensfrage.

Die Psychobiologie von negativem Stress und Trauma

Die Psychobiologie studiert das menschliche Verhalten in Abhängigkeit von biologischen Prozessen. In der hier vorliegenden Interpretation geht es dabei jedoch nicht darum, bestimmte gesellschaftliche und soziale Verhältnisse als ›natürlich‹ oder ›naturgemäß‹, und damit als vom Menschen nicht veränderbar, zu interpretieren. Die Auseinandersetzung mit unserer Psychobiologie soll hervorheben, welchen Einfluss Stress und traumatische Erfahrungen/Traumata auf soziale Prozesse und deren Interpretationen nehmen. Das Wissen um die Psychobiologie von Trauma und Stress ist für Aktivst*innen eine Schlüsselressource, mit der wir uns selbst und unsere Mitstreiter*innen, aber auch unsere politischen Gegenspieler*innen und die Gesellschaft insgesamt besser verstehen können. Aktivist*innen sind dabei oft doppelt von negativem Stress und Trauma betroffen, da wir kapitalistischen Verhältnissen ausgesetzt sind, die eben diese auslösen. Gleichzeitig wird Stress gezielt als Repression gegen Aktivst*innen und ihre Gemeinschaften eingesetzt, um sie sozial und politisch zu isolieren und Druck auf sie auszuüben, bis sie Fehler machen oder aufgeben. Erst wenn wir wissen, was mit uns unter Stresseinfluss auf biologischer Ebene passiert, sowie dass Stress und Traumata sich ebenso in Organisationen, Gemeinschaften und Gesellschaften manifestieren und sie nach unseren archaischen Reaktionsmustern ›organisieren‹ können[35], ist es möglich angemessene politische Antworten und Gegenstrategien zu entwickeln.

Jede nachhaltige Stressregulation muss immer den ganzen Menschen ansprechen und äußere Belastungen und innere Stressoren berücksichtigen. Moderne herkömmliche Stressbewältigungsmethoden konzentrieren sich im Wesentlichen auf die inneren Stressoren[36], da hier am leichtesten Veränderungen zu erreichen sind. Indem wir erkennen, dass wir Mitverursacher*innen unseres Stresses sind und durch Selbstverantwortung für unser Fühlen, Denken und letztendlich für unsere Befindlichkeit entsteht langfristig Selbstwirksamkeit, was zu einer großen Stressreduktion führt. Nachhaltiger Aktivismus erkennt die Notwendigkeit der Bearbeitung innerer Stressoren an und fügt als Stressregulationsmethode dem Ganzen aber

---

35 Trauma-organisiert beschreibt Gruppen, Organisationen oder Gemeinschaften, die auf Widrigkeiten mit Anpassungsmechanismen reagieren, um sich den Bedrohungen zu entziehen, doch dabei mehr negativen Stress für ihre Mitglieder*innen produzieren. Mehr dazu siehe Bob Doppelt: Transformational Resilience. a.a.O, S. 46-65.

36 Als Stressor wird das stressauslösende Moment bezeichnet.

noch die kollektive Dimension hinzu, in welcher wir versuchen, Stress zu reduzieren und Widerstandskraft aufzubauen.

Zunächst möchte ich verschiedene Grundbegriffe wie Stress, Trauma, Posttraumatische Belastungsstörung usw. in einer verständlichen Weise erläutern. Anschließend gehe ich auf die Probleme und Herausforderungen ein, wenn unsere komplexe Psychobiologie mit teilweise archaischen Grundmustern auf stressende und traumatisierende kapitalistische Verhältnisse trifft, um mit der Bedeutung von Entspannung und der Beruhigung unseres Nervensystems zu enden.

Stress kann nach Hans Selye in negativen Stress (Disstress) und positiven Stress (Eustress) unterteilt werden. Negativ sind diejenigen Reize, die als unangenehm, bedrohlich oder überfordernd empfunden werden. Stress wird erst dann negativ interpretiert, wenn er häufig auftritt und kein körperlicher Ausgleich erfolgt. Ebenso können negative Auswirkungen auftreten, wenn die unter Stress leidende Person durch ihre Interpretation der Reize keine Möglichkeit zur Bewältigung der Situation sieht z.B. in einer Klausur, einem Wettkampf oder in einem Auto. In diesem Fall kann Disstress durch die Vermittlung geeigneter Stressbewältigungsstrategien (Coping) verhindert werden.

Disstress führt zu einer stark erhöhten Anspannung des Körpers, was zur Ausschüttung bestimmter Neurotransmitter und von Hormonen wie Adrenalin, Noradrenalin und Cortisol führt, die für eine begrenzte Zeitspanne die Aufmerksamkeit und kognitive und körperliche Leistungsfähigkeit steigern können, was auf Dauer jedoch zu einer Abnahme dieser Fähigkeiten führt. Bei einer Langzeitwirkung von Disstress sowie fehlenden Copingstrategien kann es zu einem Burnout-Syndrom kommen.
Als **Eustress** werden diejenigen Stressoren bezeichnet, die den Organismus positiv beeinflussen. Ein grundsätzliches Stress- bzw. Erregungspotenzial ist für das Überleben eines Organismus unabdingbar. Positiver Stress erhöht die Aufmerksamkeit und fördert die maximale Leistungsfähigkeit des Körpers, ohne ihm zu schaden. Im Gegensatz zum Disstress wirkt sich Eustress auch bei häufigem, langfristigem Auftreten positiv auf die psychische oder physische Funktionsfähigkeit eines Organismus aus. Eustress tritt beispielsweise auf, wenn ein Mensch zu bestimmten Leistungen motiviert ist oder Glücksmomente empfindet.

Der Begriff **Trauma** kommt aus dem Griechischen und bedeutet soviel wie Wunde. Ein Trauma ist nach David Berceli (2016) eine überwältigende

Erfahrung, welche die normalen Bewältigungsmechanismen überfordert[37]. Es ist möglich, dass eine Erfahrung, die einen Menschen überwältigt, von einem anderen nicht so erlebt oder anders verarbeitet wird. Traumatische Reaktionen sollten deshalb nie als Schwäche oder als Unfähigkeit eines Menschen gewertet werden. Je nach individueller Prädisposition, d.h. physische, genetische, psychische oder soziale Veranlagung sowie Sozialisation bzw. ggf. traumatische Vorerfahrungen, sind Menschen in der Lage Copingstrategien auszubilden und Resilienz zu entwickeln. Dementsprechend erlebt eine Person eine bestimmte Situation als Trauma, während eine andere Person die Situation bewältigen kann.

In einer taumatischen Reaktion wird eine grundlegende Notreaktion des menschlichen Organismus aktiviert, um das Überleben zu sichern. Beispiele für Traumata, die von großen Bevölkerungsteilen erlebt werden, sind Naturkatastrophen wie Erdbeben, Hurrikane, Tornados, Überschwemmungen und Hitzewellen. Der menschengemachte fortschreitende Klimawandel wird z. B. zu einer drastischen Zunahme von Traumatisierungen führen. Weitere menschenverursachte Traumata sind Erfahrungen wie Verkehrsunfälle, der plötzliche Verlust einer geliebten Person, Gewalt in der Familie, sexuelle und physische Übergriffe, Diskriminierungserfahrungen, Explosionen und Kriege.

Traumata sind einschneidende Ereignisse, die die eigene Biografie sowie das bisherige Weltbild stark erschüttern und ins Ungleichgewicht bringen können. Um das Erleben oder Überleben von traumatischen Erlebnissen in unser Selbst zu integrieren, benötigen wir eine äußere Sicherheit (sichere Lebenslage), damit das Trauma be- und verarbeitet werden kann und eine innere (psychoemotionale) Sicherheit, Selbstvertrauen und Vertrauen in die Welt wieder hergestellt werden können. Ein Mangel an Beachtung solcher traumatischen Erfahrungen und der daraus folgende Mangel an Heilung ist es, was posttraumatische Symptome, Reaktionen und Verhaltensweisen entstehen lässt, die unter dem unglücklichen Begriff Posttraumatische Belastungsstörung (PTBS) zusammengefasst werden.

Eine **Posttraumatische Belastungsstörung** (PTBS) ist eine mögliche Folgereaktion auf ein einmaliges, langandauerndes und/oder wiederholtes traumatisches Ereignis. Häufige Äußerungsformen sind Intrusionen

---

37   Siehe Berceli, David: Körperübungen für die Traumaheilung und zur Stressreduktion im Alltag. 6. Aufl. Papenburg: Norddeutsches Institut für Bioenergetische Analyse e.V. 2016, S. 22.

(Flashbacks[38], Albträume, wiederkehrende belastende Erinnerungen an das Traumaerlebnis,...); Vermeidungsverhalten (sozialer Rückzug, Dissoziationen[39], emotionale Taubheit,...) oder Übererregung (erhöhte Reizbarkeit, Konzentrations- und Fokussierungsschwierigkeiten, Schlafstörungen,...). All diese Ausdrucksweisen können den Alltag stark beeinträchtigen.

Die **Sekundärtraumatisierung** (stellvertretende Traumatisierung) stellt eine unbewusste Veränderung in Denken und Bewusstsein dar, weil man traumatischen Erfahrungen anderer Menschen z. B. in Form von Beobachtungen oder Erzählungen ausgesetzt war. Diese Traumatisierung wurde zuerst bei Berater*innen und medizinischem Personal, das in Kriegsgebieten arbeitet, untersucht. Ebenso kann sie bei Fluchthelfer*innen oder anderen Aktivist*innen auftreten, die immer wieder Erzählungen traumatisierender Ereignisse hören oder Menschen in traumatisierenden Lebensumständen begleiten. Schließlich kann dies eine sich steigernde Wirkung haben, die darin besteht, dass Angst, Wut oder emotionales Leiden ausgelöst werden, auch wenn diejenigen, die diese Erzählungen hören, das traumatisierende Ereignis selbst überhaupt nicht erlebt haben.

Erschöpfung durch Mitleiden (compassion fatigue) ist eine andere verbreitete Erfahrung von Menschen, die in traumaauslösenden Berufen arbeiten oder in gewaltvollen Umgebungen leben, von der auch Aktivist*innen betroffen sein können. Zur Erschöpfung durch Mitleid kann jede intensive Erfahrung führen, bei der die eigenen Emotionen unterdrückt oder nicht anerkannt werden. Beispiele hierfür sind Klimaaktivist*innen oder Wissenschaftler*innen, die immer ›professionell‹ funktionieren und nirgendwo einen Raum finden, um ihre Trauer und Verzweiflung bezüglich der dramatischen Situation unseres Planeten ausdrücken zu können. Ein weiteres Beispiel zeigt sich im Zusammenhang mit der Schießerei an der Columbine Highschool (USA), bei der zwölf Schüler*innen und die beiden Schützen getötet wurden. Die Familien dieses Schulbezirks nahmen an einer Beerdigung nach der anderen teil und machten zahlreiche Krankenhausbesuche, bei ihren eigenen Kindern oder denen der Nachbar*innen.

---

38   Ein Flashback ist ein psychologisches Phänomen, welches durch einen Schlüsselreiz hervorgerufen wird. Die betroffene Person hat dann ein plötzliches, für gewöhnlich kraftvolles Wiedererleben eines vergangenen Erlebnisses oder früherer Gefühlszustände.

39   Der Begriff Dissoziation in der Psychiatrie bezeichnet das teilweise bis vollständige Auseinanderfallen von normalerweise zusammenhängenden Funktionen der Wahrnehmung, des Bewusstseins, des Gedächtnisses, der Identität und der Motorik.

Bei ihrem Versuch, den Schmerz anderer mitzutragen, passierte es oft, dass sie ihre eigenen Emotionen zurückhielten und ihre Tränen verleugneten oder versuchten, das unwillkürliche Zittern zu kontrollieren, zu dem es oft kommt, wenn der Körper extrem angespannt und erschöpft ist. Nach ein paar Wochen ist es dann ganz natürlich, dass der Mensch anfängt, sich physisch erschöpft und emotional ausgelaugt zu fühlen.

Generell kann gesagt werden, dass es bereits durch ein einzelnes traumatisches Erlebnis möglich ist, viele psycho-emotionale Blockaden zu erleben, die Körper und Geist/Psyche erschöpfen können und bewirken, dass sich der Mensch deprimiert, lethargisch und emotional zerrissen fühlt.

Das menschliche Gehirn hat sich größtenteils entwickelt, um mit den Bedrohungen, die es während seiner Evolution bis zur Steinzeit gab, umzugehen. Trotz der sehr hohen Anpassungsfähigkeit des Gehirns (Neuroplastizität) sind wir dennoch Träger*innen dieses prähistorischen Erbes. So lebten die Menschen in 90 % der bisherigen Menschheitsgeschichte als Jäger*innen und Sammler*innen in kleinen Gruppen von zehn bis zwölf Erwachsenen mit ihren Kindern. Ein großer Teil der damaligen Bedrohungen waren Raubtiere und gelegentliche Naturkatastrophen wie Erdbeben. Heutzutage sind wir gezwungen, mit einer wachsenden Flut von zunehmend komplexen Problemen und Herausforderungen, die durch den Kapitalismus mit seiner Industrialisierung und Digitalisierung verursacht werden, umzugehen. Trotz unserer hohen Anpassungsfähigkeit tragen diese Umstände dazu bei, sich im Sinne des Stresstoleranzfensters aufzuaddieren, so dass es leichter zu Übererregtheit kommen kann. Um nur ein paar Probleme und Herausforderungen zu nennen:

▶ Ein gigantisches Wachstum der menschlichen Bevölkerung um 250 % in den letzten 100 Jahren.
▶ Eine massenhafte Verstädterung, weshalb Menschen oft auf sehr engem Raum leben, oft in stark verschmutzten Ballungsräumen mit wenig Freiraum oder regelmäßigem Natur-Kontakt.
▶ Eine noch nie dagewesene Menge an Ressourcenausbeutung, Materialverbrauch und festem und molekularem Müll inklusive Treibhausgasen und Umweltzerstörung: In den letzten 50 Jahren gab es mehr Ressourcenverbrauch als in der gesamten Geschichte der Menschheit.
▶ Kapitalismus als wachstumsbasiertes ökonomisches System, welcher um seinen Zusammenbruch zu vermeiden, die Menschen immer

mehr arbeiten und mehr produzieren lässt mit denselben oder weniger Ressourcen.

▸ Global gesehen billige, leicht verfügbare und zunehmend mächtige (Klein-)Waffen, die es jedem Menschen ermöglichen, andere zu verwunden oder zu töten.

▸ Email, Smartphones und andere digitale Geräte, welche es den Menschen ermöglichen, weltweit in Echtzeit zu kommunizieren, während jeder Schnipsel von schlechten Nachrichten und beängstigenden Informationen übertragen wird.

Diese und andere Stressoren der modernen Gesellschaft produzieren einen konstanten Fluss von Reizen, die unser ›Steinzeitgehirn‹ als Bedrohung interpretiert. Eine aktivistische Sichtweise potenziert darüber hinaus oftmals die Stimuli bzw. die Bedrohungsszenarien, da sie die systemischen Zusammenhänge erkennt und empathisch auch die Perspektiven der Ausgebeuteten, sei es nun Mensch, Tier oder Natur wahrnimmt.

Das ›Angst- und Alarmzentrum‹ unseres Gehirns, die *Amygdala* im limbischen System, sendet konsequent und kontinuierlich Notfallsignale an unser Gehirn und an unseren Körper, was viele von uns in einen Zustand von dauernder Deregulierung verharren lässt. Die *Amygdala* ist evolutionsbedingt auf negative Informationen fokussiert und reagiert intensiv auf sie. Logisch folgernd führt das Gefühl von Stress zu Angst und Wut. Chronischer negativer Stress und Traumata schränken die Fähigkeit zur Vernunft und zum Lernen, also zur Nutzung unseres *präfrontalen Kortex*[40] ein und führen zu angstbasierten Deregulationen in Individuen und Gruppen. Akute Traumata und chronischer negativer Stress resultieren aus der Geschwindigkeit und Schwere des Ereignisses *und* daraus, wie wir die Situation interpretieren.

Die meisten Menschen haben die Fähigkeiten, sich irgendwann aus diesem Zustand der Deregulierung herauszuziehen. Wenn es ihnen jedoch an genügend Fähigkeiten und Ressourcen mangelt, reagieren einige Menschen mit einem kompletten Rückzug aus der Welt (v. a. ihrer sozialen Umwelt) und leben in einem rigiden Zustand von Ablenkung‹ und Vermeidung. Andere reagieren mit der Annahme von chaotischen Mustern von Selbstzerstörung und sozial destruktiven Verhalten. Dazu zählen u. a. Alkohol-, Drogen-, Essens- oder Medikamentenmissbrauch, Arbeitssucht, zwanghaftes Verhalten, Dissoziation oder zwanghafte Wiederholung, sich

---

40 Hirnareal der exekutiven Funktionen (Konzentration, rationales Denken, Reflexion, Handlungssteuerung...).

wieder in traumatisierende Situationen zu begeben. Verhaltensweisen, die ursprünglich dazu da waren, uns von psychologischem und emotionalem negativen Stress zu befreien, werden so eine Quelle von größerem Schmerz und Leiden. Weil der Körper und das Gehirn untrennbar miteinander verbunden sind, können selbstzerstörerische Copingverhalten/ Umgangsstrategien, wenn sie über Monate und Jahre fortgesetzt werden, bis zum körperlichen Zusammenbruch oder Burnout führen.

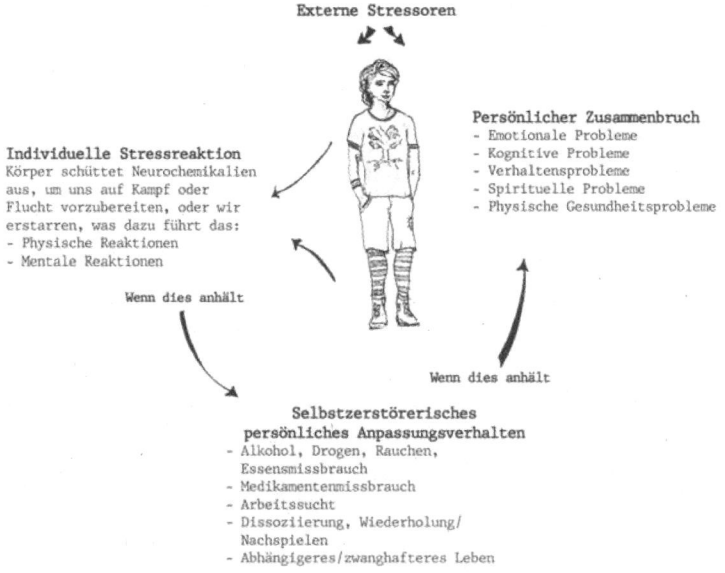

Die mentalen Gesundheits- und psychosozialen Auswirkungen von Trauma und chronisch-negativem Stresstoleranzfenster

Nach Bob Doppelt: Transformational Resilience. a.a.O., S. 40.

Ohne effektives Wissen und Fähigkeiten werden die chronisch deregulierten Menschen alles mögliche tun, um ihren Disstress zu verringern. Einige werden sich mit Drogen, Alkohol, Tabak, Essen, Sex, Überarbeitung, Nervenkitzeljagd oder anderen Anpassungsmechanismen, die schnell selbstzerstörerisch werden können, betäuben. Andere Menschen projizieren ihren Frust auf ihre Kinder, Ehepartner*innen, Freund*innen oder Nachbar*innen. Wieder andere werden Populist*innen folgen, die Migrant*innen, Geflüchtete, Homosexuelle, Jüd*innen oder Muslime als Quelle ihrer Probleme identifizieren, sie zu Sündenböcken stilisieren und schnelle Lösungen versprechen. U. a. daraus resultiert manchmal, dass Menschen schreckliche Gewaltakte gegen andere Menschen und Natur begehen.

Die gleichen archaischen Schutzmechanismen, die für das Individuum sozial destruktiv sind, wie z. B. der Prozess der selektiven Feindbild-Konstruktion (Enemy Image Syndrome), setzten sich ebenfalls in Organisationen und Gemeinschaften fort und können ganze Gesellschaften sozial repressiv werden lassen. So lassen sich bei traumaorganisierten Gruppen und Organisationen folgende angstbasierte Anpassungsmechanismen ausmachen: kurzfristiges Denken, übertriebenes Misstrauen und Konfliktverhalten, Gruppendenken und Unterdrückung von Andersdenkenden, Populismus und Autoritarismus, rigide Vorschriften und Schwarz-Weiß-Denken, Dissoziation, Leugnung und Wiederholung.

Da gestresste und traumatisierte Menschen eher zu autoritären und populistischen Lösungen neigen, kann dies bei gesellschaftlicher Regression vom Populismus bis hin zum Faschismus eine wichtige Rolle spielen. In der Weimarer Republik stellten der ökonomische Stress durch den verlorenen Angriffskrieg und die Weltwirtschaftskrise, welche zum physischen Stress von Hunger und Wohnungsnot der Bevölkerung führte, aber insbesondere auch die traumatisierten 14 Millionen Soldaten aus dem Ersten Weltkrieg den Nährboden für den Aufstieg des Nationalsozialismus bereit.

Was passiert, wenn schwer traumatisierte und gestresste Menschen in einer industriellen Massengesellschaft auf nationalistisch-patriarchale Ideologien und Militarismus treffen, haben wir gesehen und es reiht sich nahtlos in die Gewaltgeschichte des Kapitalismus ein.[41]

---

41 Siehe Scheidler, Fabian: Das Ende der Megamaschine. Geschichte einer scheiternden Zivilisation. 8. Aufl. Wien: Promedia 2016.

Externe Stressoren

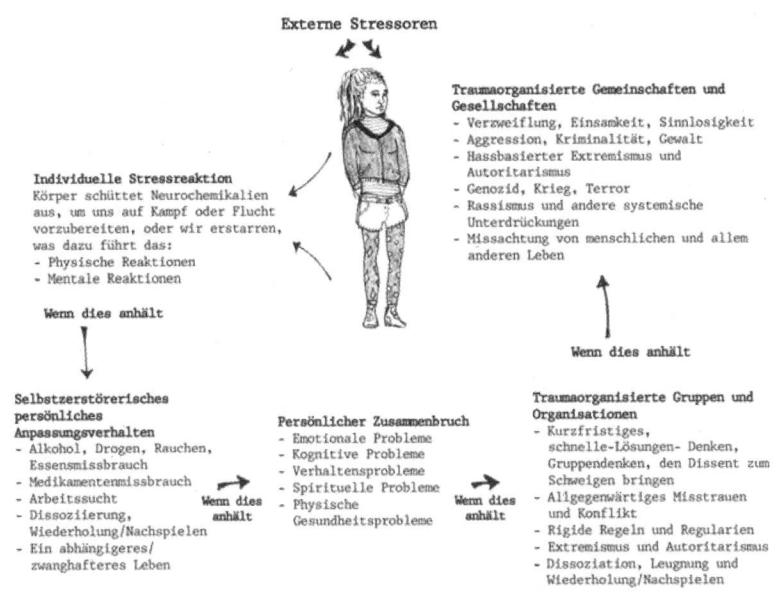

Individuelle Stressreaktion
Körper schüttet Neurochemikalien
aus, um uns auf Kampf oder Flucht
vorzubereiten, oder wir erstarren,
was dazu führt das:
- Physische Reaktionen
- Mentale Reaktionen

**Traumaorganisierte Gemeinschaften und
Gesellschaften**
- Verzweiflung, Einsamkeit, Sinnlosigkeit
- Aggression, Kriminalität, Gewalt
- Hassbasierter Extremismus und
  Autoritarismus
- Genozid, Krieg, Terror
- Rassismus und andere systemische
  Unterdrückungen
- Missachtung von menschlichen und allem
  anderen Leben

Wenn dies anhält

Wenn dies anhält

**Selbstzerstörerisches
persönliches
Anpassungsverhalten**
- Alkohol, Drogen, Rauchen,
  Essensmissbrauch
- Medikamentenmissbrauch
- Arbeitssucht
- Dissoziierung,
  Wiederholung/Nachspielen
- Ein abhängigeres/
  zwanghafteres Leben

Wenn dies
anhält

Persönlicher Zusammenbruch
- Emotionale Probleme
- Kognitive Probleme
- Verhaltensprobleme
- Spirituelle Probleme
- Physische
  Gesundheitsprobleme

Wenn dies
anhält

**Traumaorganisierte Gruppen und
Organisationen**
- Kurzfristiges,
  schnelle-Lösungen- Denken,
  Gruppendenken, den Dissent zum
  Schweigen bringen
- Allgegenwärtiges Misstrauen
  und Konflikt
- Rigide Regeln und Regularien
- Extremismus und Autoritarismus
- Dissoziation, Leugnung und
  Wiederholung/Nachspielen

Nach Bob Doppelt: Transformational Resilience. a.a.O., S. 65.

Von der Psychobiologie her gedacht, haben wir drei Möglichkeiten, auf Stress zu reagieren: Anpassung (Coping), Adaption und Transformation. Anpassungsmechanismen haben das Ziel wieder in eine Balance, in *homeostasis,* zu kommen. Dies kann, wie wir gesehen haben, mit selbstzerstörerischen Anpassungsmechanismen, bei denen eine Abwärtsspirale in Gang gesetzt wird, oder positiven Anpassungsmechanismen geschehen, die Balance wieder herstellen. Anpassungsmechanismen fokussieren sich dabei eher auf taktische Reaktionen mit unmittelbarem und kurzfristigem Nutzen.

Adaption hat dasselbe Ziel der Balance, nutzt aber eine unterschiedliche Methode. Sie kann beschrieben werden als die Fähigkeit von Individuen und Gruppen ihr Level von Funktionieren in Balance aufrechtzuerhalten durch Lernen aus der Vergangenheit, antizipieren von zukünftigen Bedrohungen und den daraus resultierenden Veränderungen, bevor neue stressende Ereignisse eintreten, um die gegenwärtige Balance zu wahren. Eine dritte Möglichkeit, wie unser Gehirn reagieren kann, ist durch Transformation. Das oben bereits erwähnte biologische Konzept der *hormesis* bietet eine nützliche Analogie für diesen Prozess. Dies ist eine biologische

71

Antwort auf Stress, die tatsächlich die Kapazität des Gehirns verbessert mit Stress umzugehen. Während das biologische Konzept *homeostasis,* worauf Anpassung und Adaption basieren, das Ziel hat, einen relativ stabilen Zustand zu erhalten, schafft *hormesis* einen Funktionszustand der besser ist als der alte.

Stress produziert meistens kurzfristig negative mentale und körperliche Reaktionen. Wenn richtig mit Stress umgegangen wird, kann er aber dazu beitragen, unsere persönlichen Fähigkeiten und Kapazitäten mittel- bis langfristig zu stärken. Mit der richtigen Einstellung (*mindset*) kann Stress als wichtige Quelle von Informationen und als ein nützlicher Motivator für Lernen und persönliches Wachstum gesehen werden.

Neurowissenschaftler*innen haben entdeckt, dass das menschliche Gehirn anpassungsfähig ist und dass es sich innerhalb der persönlichen Lebenszeit immer wieder reorganisiert, was Neuroplastizität genannt wird. Darüber hinaus haben Wissenschaftler*innen herausgefunden, dass das Gehirn die Fähigkeit besitzt, neue Zellen und Netzwerke als Reaktion auf Stress wachsen zu lassen, analog wie ein Muskel als Reaktionen auf Übungen wächst, was Neurogenesis genannt wird. So zeigen Forschungen, dass Menschen, wenn sie bewusst mitten im Stress anhalten und nichtbewertend ihre Aufmerksamkeit auf das fokussieren, was bei ihnen in diesem Moment in ihrem Innern passiert (innehalten), ihre Neuroplastizität und Neurogenesis erhöhen.

Der Prozess, bei unseren inneren Stressoren – in unserem Geist – anzusetzen wird in der Verhaltenspsychologie ›kognitive Umstrukturierung‹ genannt und stellt die bewusste Umstrukturierung des eigenen Gewordenseins dar. Jeder Mensch trägt einen großen Ballast mentaler, auf Erinnerung basierender Stressauslöser mit sich herum. Wenn diese Erfahrungen nie differenziert reflektiert werden, wirken sie immer völlig automatisch. Der Mensch wird so mit seiner Gestimmtheit, seinen Gefühlen und seinem Befinden zum Spielball seiner inneren Stressoren, woraus er sich selbst nicht selten chronischen Stress erschafft. Durch einen aktiven und andauernden Prozess der Geistesschulung wird eine Entwicklung weg von einem reaktiven und hin zu einem anpassungsfähigen Gehirn gefördert. ›Kognitive Umstrukturierungen‹ erhöhen generell die Neuroplastizität und Neurogenesis. Ein Beispiel für solch einen Prozess wäre die Richtigkeit von Ohnmachtsgedanken wie ›Meine Situation ist komplett hoffnungslos‹ infrage zu stellen. Dies führt direkt dazu, dass das ›Exekutivzentrum‹ unseres Gehirns (*präfortaler Kortex*) angesprochen und die Macht und Kontrolle des Angst- und Alarmzentrums (*Amygdala*) gesenkt wird.

Das Konzept der neuronalen Integration

Alle Informationen von Außen (Sinnesreize) gehen zuerst ins limbische System des Gehirns. Dort werden diese Informationen dann dahingehend überprüft, ob wir mit dem, was wir gerade wahrnehmen, bis dahin günstige oder ungünstige Erfahrungen gemacht haben. Die *Amygdala* fügt allem, was wir erleben, die affektiv-emotionale Komponente hinzu, wobei sie sich evolutionär bedingt vor allem für alles interessiert, war uns schaden könnte. Was die *Amygdala* nicht kann, ist, in dem, was sie als bedrohlich empfindet, genaue Details auszumachen. Das heißt, ihre Wahrnehmung bleibt diffus, durch die Verbindung mit unseren Emotionen aber dennoch unglaublich machtvoll.

Für das differenzierte vernunftbasierte Denken ist der *präfrontale Kortex* zuständig. Als ›Exekutivzentrum‹ des Gehirns bringt er Emotionen, kognitive Anteile und Selbstwahrnehmung dynamisch miteinander in Verbindung. Diese dynamische Regulationsfähigkeit geschieht in enger Verbindung mit unserer sozialen Umwelt und bestimmt die Qualität unseres Einfühlungsvermögens und unseres Mitgefühls. Sie hilft uns flexibel zu sein, vor einer Reaktion innezuhalten und zu reflektieren, eine Wahl zu haben, und erst dann, initiiert vom Vorderhirn, eine Handlungsoption tatsächlich zu realisieren. Diese Wahl der Entscheidung zu haben und nicht im Reiz-Reaktions-Muster gefangen zu sein, ist es, was Achtsamkeit ausmacht. Dabei leugnen wir zum Beispiel Gefühle wie Angst nicht, sondern gehen damit achtsam im Rahmen einer intelligenten Gefühlsregulation um. Dies ist es, was Neurowissenschaften *neuronale Integration* nennen, das Sich-Einstimmen und Sich-Verbinden mit dem Gesamtsystem. Es geht darum, Vernunft, Emotionen und Körperwahrnehmung zusammenbringen, um schließlich bessere Entscheidungen treffen zu können.

Ein wichtiges Verbindungsglied zwischen dem vernunftbasierten *präfrontalen Kortex* und den eher emotionalen Funktionseinheiten des limbischen Systems ist der *anteriore cinguläre Cortex* (ACC). Der ACC ist zuständig für integriertes, fokussiertes Denken und Fühlen. Denken und Fühlen sind bei vielen Menschen, insbesondere wenn sie chronisch gestresst sind, getrennt. Beides zusammenzubringen, sodass die betreffende Person fühlen kann, während sie denken vermag und zu denken vermag, während sie fühlt, ist ein wesentlicher Schritt der neuronalen Integration. Und schließlich wird in diesem Dialog auch ein Teil des Gehirns mit der Bezeichnung *Insula* (Insellappen) mit einbezogen. Dieser ist dafür zuständig, zu spüren, in welchem Zustand sich unser Körper befindet, um seine Funktionen von innen heraus zu überwachen. Vermittelt durch die Aktivität der *Insula*, erfahren wir, wie sich eine Situation körperlich anfühlt bzw. wie unser Körper auf das, was wir gerade erleben, reagiert.

Eine politische Einordnung einer Psychobiologie von Trauma und Stress

Die Aussicht auf eine vernünftig eingerichtete Gesellschaft können wir nur erreichen, indem wir unsere Psychobiologie besser verstehen und damit auf angemessene Weise umgehen. Die in der Tradition der Aufklärung stehende Linke überbetont oft den Faktor der Vernunft bei gleichzeitigem Unwissen darüber, unter welchen Bedingungen wir überhaupt fähig zur Vernunft sind, da in einem gestressten oder traumatisierten Zustand der *präfrontale Kortex* meistens durch die *Amygdala* (Angst- und Alarmzentrum) blockiert wird. Strategisch politisch gesehen gilt es insbesondere die kurzfristigen Anpassungsmechanismen, die auf Angst basieren, bewusst durch neuronale Integration und kognitive Umstrukturierung zu kontrollieren und präventive Adaptionsprozesse und insbesondere Transformationsprozesse im Umgang mit Stress einzuleiten. Die wesentlichen Unterschiede zwischen Anpassungs-, Adaptions- und Transformationsprozessen sind der Grad an Veränderung und das beabsichtigte Ziel. Transformation fokussiert sich auf tiefgehende Veränderungen, wobei das Ziel nicht ein Zurückkehren zum oder Erhalten des bestehenden Funktionszustands ist, sondern Trauma und Stress als Katalysator für die Steigerung des Wohlbefindens jenseits der bestehenden Verhältnisse zu nutzen. Die Neurowissenschaften haben gezeigt, dass wir uns verändern können und dies dauerhaft zu einer größeren Neuroplastizität und Neurogenesis unseres Gehirns führt und unsere Fähigkeit steigert, bessere Entscheidungen zu treffen. Gerade wie wir Stress und Trauma interpretieren und welche Ressourcen und Fähigkeiten wir haben, hat wichtige Auswirkungen darauf, ob wir selbstzerstörerisch bzw. sozial destruktiv handeln oder konstruktiv mit einer Situation umgehen. So können Individuen, Organisationen und Gemeinschaften trauma- und stressinformiert werden und Achtsamkeitskompetenzen entwickeln, die einen persönlichen und kulturellen Wachstumsprozess ausdrücken, und dadurch die Verhältnisse positiv verändern.

Die Bedeutung von Entspannung und der Beruhigung unseres Nervensystems

Das Nervensystem reguliert die Aktivitäten von Körper und Geist. Wenn du ein traumatisches Erlebnis erfährst oder dauerhaft negativem Stress ausgesetzt bist, sendet das ›Angst- und Alarm-Zentrum‹ Notfallsignale aus, die dich in einen Status der Deregulierung versetzen und den natürlichen Rhythmus und Fluss deines Nervensystems aus der Balance bringen. Wenn du dereguliert bist, kann dich das leicht aus deiner Resilienzzone schieben.

Transformationelle Resilienz-Fähigkeiten helfen dir deine Resilienzwachstumszone auszuweiten und leichter dorthin zurückzukehren

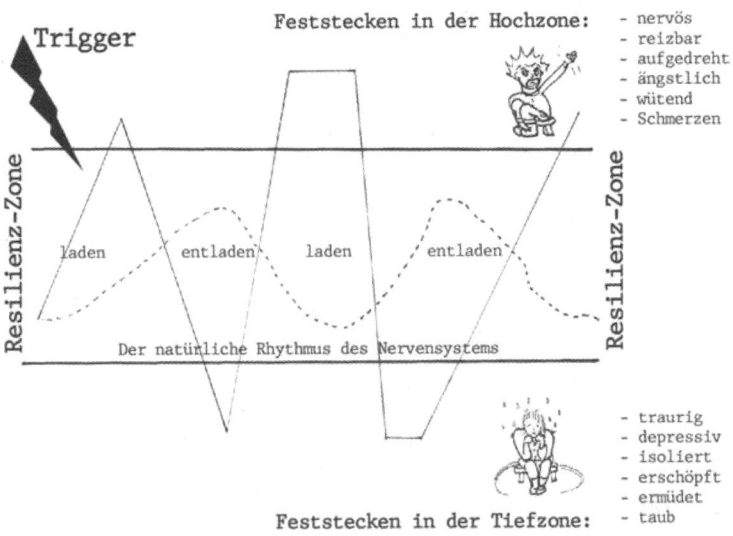

Nach Bob Doppelt: Transformational Resilience. a.a.O., S. 80.

Wenn das andauert, kannst du in einem andauernden erhöhten Zustand von Agitation, Ängstlichkeit, Wut verbleiben. Umgekehrt kannst du dich kontinuierlich traurig, depressiv, ermüdet oder empfindungslos fühlen. Manchmal findest du dich selbst abwechselnd hin und her abprallend zwischen diesen extremen Zuständen. Beide Umstände blockieren die ausführenden Funktionen unseres Gehirns und reduzieren deine Fähigkeit, Dinge klar und differenziert zu durchdenken.

Um diese negativen Reaktionen zu vermeiden oder sie schnell zu reduzieren, wenn sie auftreten, ist es wichtig, aktiv nach Wegen zu suchen, dein *parasympathisches Nervensystem* (PSN) zu aktivieren, welches das körperliche Bremssystem ist, und ihm zu erlauben dein *sympathisches Nervensystem* zu deaktivieren (SNS), welches als Gaspedal des Körpers fungiert. Indem wir auf die ›Bremse‹ drücken beruhigt sich unser Nervensystem und damit unser Körper. Dies geschieht dadurch, dass der *Parasympathikus* den *Vagusnerv* stimuliert, welcher vom unteren Teil des Gehirns bis zum Unterleib führt und für die Mäßigung der Reaktionen des *Sympathikus* verantwortlich ist. Der *Vagusnerv* funktioniert durch die Ausschüttung eines Neurotransmitters namens Acetycholin, der direkt die Herzschlagrate und den Blutdruck senkt und Fokus und Ruhegefühl erhöht. Ein direkter Nutzen von mehr Acetycholin ist verminderte Ängstlichkeit und Stress.

Eine Vielzahl von Techniken kann dafür genutzt werden, um das Nervensystem zu beruhigen. Das übergreifende Ziel dieser Techniken ist einfach: aufmerksam werden für innere Prozesse, inklusive der physischen Empfindungen, Emotionen und Gedanken. Durch die Beruhigung unseres Nervensystems werden die angstbasierten regressiven Anpassungsmechanismen kontrolliert und zurückgefahren. Dadurch gewinnen wir den Raum für strategische politische Entscheidungsfähigkeit zurück und es können Lern- und Transformationsprozesse eingeleitet werden.

Was ist Burnout? (Theorie & Analyse)

Definitionen und Näherungen

Bevor wir uns konkret mit Burnout beschäftigen, erstmal noch ein paar Vorabüberlegung zum Thema Gesundheit: Die vorherrschende Sichtweise in der westlichen Medizin ist ein Defizitmodell, das Gesundheit als Abwesenheit von Krankheit definiert und als *Pathogenese* bezeichnet wird. Die *Salutogenese* ist ein dazu komplementäres Gegenmodell, welches vom Medizinsoziologen Aaron Antonovsky in den 1980er Jahren entwickelt wurde. Nach dem *Salutogenese*-Modell ist Gesundheit nicht als Zustand, sondern als Prozess zu verstehen.

Salutogenese als Wissenschaft von der Entstehung von Gesundheit und *Pathogenese* als Wissenschaft von der Entstehung von Krankheit ergänzen sich. Die pathogenetisch Orientierten schauen auf die Krankheiten, ihre Ursachen und die Gefahren, die es zu vermeiden oder zu bekämpfen gilt. Die salutogenetisch Orientierten blicken auf attraktive Gesundheitsziele, die sie erreichen wollen und wozu sie möglichst viele Ressourcen erschließen wollen.

Die Unterscheidung zwischen Aufhebung von Pathologien und der Förderung von Wohlbefinden ist wichtig, weil es fortlaufende Traumata und negativer Stress durch Klimawandel und andere Zerstörungen in Zukunft für viele Menschen immer schwieriger, wenn nicht gar unmöglich machen werden, frei von Disstress zu leben. Stattdessen müssen Individuen und Gruppen Wege finden, existenziell sinnvolle und lohnende Leben – selbst unter den Bedingungen von andauernden schmerzhaften oder traurigen Situationen – zu führen.

Nähern wir uns nun weiter dem Thema Burnout. Gelegentliche Erschöpfung, Niederlagen und leidenschaftliche Widmung gehören zum politischen Engagement, doch Burnout geht systematischer, tiefer und weit darüber hinaus. Im Grunde genommen wird das Leben bitter, du verlierst deinen Elan, hörst auf, Spaß zu haben, und es macht keine Freude, mit dir zusammen zu sein. Dabei ist Burnout ein existenzielles Leiden. Wir brennen aus, wenn wir den Sinn verlieren, nicht einfach durch einen Mangel an Work-Life-Balance.

Im beruflichen Kontext schreiben Ayala Pines und Elliott Aronson schon in den 1990er Jahren: »Burnout ist definiert und subjektiv empfunden als ein Zustand physischer, emotionaler und geistiger Erschöpfung, verursacht durch langfristige Verstrickung in Situationen, die emotional fordernd sind. Die emotionalen Anforderungen sind oft verursacht durch eine Kombination von sehr hohen Erwartungen und chronisch situativem Stress. Burnout tritt mit einer Reihe von Symptomen auf, inklusive körperlichen Abbaus, Gefühlen von Hilflosigkeit und Hoffnungslosigkeit, Desillusionierung und der Entwicklung eines negativen Selbstkonzepts, sowie einer negativen Einstellung der Arbeit, den Menschen und dem Leben allgemein gegenüber. In seiner extremen Form repräsentiert der Burnout einen Bruchpunkt jenseits dessen die Fähigkeit, mit der Umwelt zurechtzukommen, ernsthaft gefährdet ist.«[42]

In der medizinischen Welt sind sich die Expert*innen uneinig bei der Definition eines festen ›Krankheitsbildes‹ für Burnout und in der internationalen Klassifikation gibt es dafür nur die etwas unscharfe Bezeichnung ›Zustand totaler Erschöpfung‹. Worauf sich jedoch die meisten Spezialist*innen einigen können, ist, dass längst nicht jede Depression ein Burnout ist, aber jeder Burnout auch Symptome einer Depression aufweist oder sich zu einer entwickeln kann. Neben einigen Gemeinsamkeiten gebe es vor allem einen grundlegenden Unterschied, so der Psychotherapeut Toni Brühlmann: Ein Burnout-Patient befinde sich in einer ›Aufwärtsspirale‹, kämpfe darum, die Situation zu ändern, neige dabei aber zur Selbstüberschätzung. Ein Depressiver befinde sich dagegen in einer ›Abwärtsspirale‹, er glaube nicht mehr daran, seine Zukunft positiv beeinflussen zu können. Der Psychiater Wolfgang Merkle vergleicht eine sich anbahnende starke Erschöpfung mit dem Aufziehen eines Uhrwerks, bei dem Drehung auf Drehung folgt, bis ein Punkt kommt, an dem klar ist: ›Weiter geht es nicht.‹ Die typische Burnout-Patient*in neige Merkle zufolge zur Selbstüberschätzung, wage immer noch eine Umdrehung – bis das System zusammenbreche. Generell gibt es keine Person, die immun gegen Burnout ist, doch gibt es Personen, die wesentlich gefährdeter sind. Nach Patricia Vizderman ist Burnout eine Berufskrankheit von leistungsorientierten Menschen mit hohen Ansprüchen an sich selbst. Als besonders gefährdet gelten Menschen, die äußerst engagiert sind und ihren Selbstwert vor allem aus der (politischen) Arbeit ziehen.

Für den aktivistischen Kontext hat die amerikanische Aktivismustrainerin Hillary Rettig eine lebensnahe Definition von Burnout gefunden: »Burnout ist ein Akt des unfreiwilligen Aufgebens oder Reduzierens von Aktivismus. [...] Burnout wird durch ein Leben in Konflikt mit den eige-

---

42   Siehe Pines, Ayala M. / Elliot Aronson: Career Burnout. Causes and Cures. New York / London: Free Press / Collier Macmillan 1989.

nen Werten und Bedürfnissen verursacht.«[43] Trotzdem können wir Burnout auch als eine Art Warnsignal oder Weckruf sehen – in diesem Sinne ist er eine Gelegenheit, neu zu bewerten und neu zu gewichten, um eine nachhaltigere und gesündere politische Arbeitsweise zu entwickeln. Um R.D. Laing, den berühmten Psychiater der 1960er Jahre zu paraphrasieren:»Es muss nicht alles ein Zusammenbruch, sondern es kann auch ein Durchbruch sein.« So kann ein Burnoutprozess, so anstrengend er auch ist, einen Impuls für persönliches Wachstum und Transformationprozesse liefern, bei denen wir schließlich weiser, empathischer und strategischer werden. Im Sinne der *Salutogenese*, wo wir nicht nur darüber nachdenken, was uns krank macht, sondern auch wie Gesundheit entsteht und sie erhalten wird, ist es ein tiefgreifendes Ziel, uns dem Positiven zuzuwenden und nicht nur das Negative zu beenden. Wenn wir verstehen, dass wir eine positive Selbstverwirklichung brauchen, die mit unseren Werten und Bedürfnissen vereinbar ist, einen Weg verfolgen, wo unser Herz schlägt, ist dies ein wesentlicher Schritt zur Gesundung und Heilung.

Wonach wir bei Burnout Ausschau halten sollten?

Ein Burnout entwickelt sich langsam über eine lange Zeitperiode. Er drückt sich physisch und/oder geistig aus.

Symptome eines Burnouts sind:
- ✗ Ein schlechtes Gefühl, dass Aktivismus dein Leben übernommen habe.
- ✗ Schwierigkeiten bei Entscheidungsfindungen.
- ✗ Die Unfähigkeit, fokussiert zu bleiben.
- ✗ Schlaflosigkeit, Schwierigkeiten beim Schlafen oder genügend zu schlafen.
- ✗ Eine wachsende Tendenz, negativ zu denken.
- ✗ Alles durchdringende Gefühle von Hoffnungslosigkeit.
- ✗ Ein Verlust des Gefühls für Sinn und Energie.
- ✗ Körperliche Indikatoren eines Burnouts sind Muskelverspannungen, verminderte Gewebedurchblutungen und erhöhter Adrenalinspiegel. Diese körperlichen Signale können zu Kopfschmerzen, Rückenschmerzen und Erschöpfung führen.

---

43   Rettig, Hillary: The Lifelong Activist: How to Change the World Without Losing Your Way. New York: Lantern Books 2005, S. 16f. Übersetzung Timo Luthmann.

✗ Der Verlust der Freude am Essen, Freunde zu treffen oder anderen Aktivitäten, die früher aufregend und interessant waren – ein generelles Gefühl von Leere.

✗ Andere Warnhinweise eines Burnouts sind unverhältnismäßige Wutanfälle, ernste Probleme, morgens aus dem Bett zu kommen, oder eine Neigung zu Unfällen.

Burnout und Trauma können eng miteinander verknüpft sein und körperliche und psychische Warnzeichen können darauf hinweisen, dass wir einem Trauma ausgesetzt waren. Dieselben Warnzeichen können ebenfalls wichtige Indikatoren sein, um Burnoutprozesse zu erkennen. Die amerikanische Aktivistin Laura van Dernoot Lipsky hat in ihrem Buch *Trauma Stewardship* 16 Warnsignale von Traumaexpositonsreaktionen formuliert, die ich hier kurz nennen möchte.

✗ Gefühl von Hilflosigkeit und Hoffnungslosigkeit
✗ Das Gefühl niemals genug tun zu können
✗ Übererregbarkeit
✗ Reduzierte Kreativität
✗ Unfähigkeit Komplexität anzunehmen
✗ Herunterspielen
✗ Chronische Erschöpfung/Körperliche Leiden
✗ Unfähigkeit zuzuhören/vorsätzliche Vermeidung
✗ Dissoziative Momente
✗ Gefühl von Verfolgung
✗ Schuld
✗ Angst
✗ Wut und Zynismus
✗ Unfähigkeit Empathie zu fühlen und Taubheitsgefühle
✗ Abhängigkeiten
✗ Großartigkeit: Ein aufgeblasenes Gefühl der Wichtigkeit bezogen auf unsere (politische) Arbeit

➜ **Lesetipp:** Lipsky, Laura van Dernoot: Trauma Stewardship. An Everyday Guide to Caring for Self While Caring for Others. San Francisco: Berrett-Koehler 2009, S. 47–113.

Der Prozess des Ausbrennens nach Wellensiek (2011)

Im Folgenden möchte ich den Prozess des Ausbrennens nach der Therapeutin und Resilienztrainerin Silvia Wellensiek vorstellen. Dabei ist wichtig, zu berücksichtigen, dass der Prozess des Ausbrennens komplex und nicht linear verlaufen kann. Es müssen nicht zwangsläufig alle Phasen durchlaufen werden und es können auch Symptome auftreten, die hier nicht aufgeführt sind. Ihre Arbeit bezieht sich im Wesentlichen auf die Arbeitswelt, kann aber durchaus auf die aktivistische Welt übertragen werden.

Erste Phase: Überaktivität
✗ Übertriebenes Engagement/Hyperaktivität
✗ Gefühl der Unentbehrlichkeit
✗ Verleugnung eigener Bedürfnisse
✗ Überhöhtes Bedürfnis nach Anerkennung
✗ Perfektionismus
✗ Sich beweisen müssen

Zweite Phase: Reduziertes Engagement
✗ Verlust positiver Gefühle
✗ Allgemeines Gefühl, abzustumpfen und härter zu werden
✗ Kontaktverlust
✗ Negative Einstellung zur Arbeit
✗ Beginn der ›inneren Kündigung‹
✗ Zunehmende Schuldzuweisung auf andere
✗ Entsprechende Reaktionen des Umfeldes werden oft als Mobbing erlebt

Dritte Phase: Tatsächlicher Abbau der Leistungsfähigkeit
✗ Konzentrationsschwächen bei der Arbeit
✗ Desorganisation: unsystematische Arbeitsplanung
✗ Entscheidungsunfähigkeit
✗ Verringerte Initiative
✗ Rigides Schwarz-Weiß-Denken
✗ Dienst nach Vorschrift
✗ Widerstand gegen Veränderung aller Art

Vierte Phase: Verzweiflung
✗ Verstärkte Hilflosigkeitsgefühle

- ✗ Existentielle Verzweiflung
- ✗ Sinnlosigkeit
- ✗ ›Energiespeicher‹ füllen sich nicht mehr auf
- ✗ Psychische beziehungsweise psychosomatische Symptome
- ✗ Klinische Auffälligkeit und Gefährdung[44]

Was verursacht Burnout bzw. was trägt dazu bei?

Burnout entsteht oftmals aus dem gleichzeitigen Auftreten verschiedener Faktoren, wie viel zu hart zu arbeiten, zu viel negativen Stress oder zu viele stressige Situationen insgesamt zu erleben, bei gleichzeitigem Verlust der Sinnhaftigkeit des eigenen Handelns.

Dies kann passieren, wenn wir zu viel von uns verlangen, uns idealistische oder unrealistische Ziele setzen, wenn wir nicht in der Lage sind, uns eine Auszeit zu nehmen oder unfähig sind, Aufgaben zu delegieren. In anderen Worten, wenn wir uns nicht wertschätzen und nicht fähig sind, auf unsere wichtigsten Grundbedürfnisse zu achten. Wir sind keine unerschöpfbaren Maschinen, sondern Lebewesen, die Zeit zur Regeneration brauchen. Es ist eindeutig ungesund, sich über die herrschenden Zustände aufzuregen und es wäre beängstigend, wenn es uns nicht beeinträchtigen würde. Es ist wichtig, dass wir als Menschen miteinander reden und uns gegenseitig Zeit zum Zuhören von geteilten Sorgen und Nöten schenken. Wir müssen sicher gehen, dass wir aufeinander Acht geben und auch die ›starken‹ Menschen nicht vergessen, die die ganze Zeit immer so tun, als seien sie in Ordnung. Hab keine Angst davor, mit anderen darüber zu sprechen, was du fühlst.

Mit Burnout umzugehen, kann schwierig sein, weswegen Personen, die davon betroffen sind, in der Öffentlichkeit manchmal vorgeben, dass es ihnen gut gehe. Wenn du Menschen in deinem Umfeld bemerkst, die sich hart am Abgrund bewegen, versuche Druck von ihnen zu nehmen, ohne die Person herauszufordern. Wenn du befürchtest, dass du persönlich ausgebrannt bist, hab keine Angst davor, um Hilfe zu bitten.

Im Folgenden möchte ich zuerst auf die Persönlichkeitsfaktoren eingehen, die dazu beitragen, dass wir ausbrennen und anschließend auf die Strukturfaktoren, wobei dort zwischen bewegungsinternen und gesamtgesellschaftlichen Faktoren unterschieden werden muss. Obwohl uns Persönlichkeitsfaktoren wie z. B. Perfektionismus anfälliger für Burnout machen,

---

44   Wellensiek, Sylvia Kéré: Handbuch Resilienz-Training. Widerstandskraft und Flexibilität für Unternehmen und Mitarbeiter. Weinheim/Basel: Beltz 2011, S. 333f.

liegt der Kern des Problems in Strukturfaktoren wie einem nicht-unterstützenden, wenn nicht gar toxischen Umfeld (Politgruppe, Gemeinschaft, Arbeitsplatz), wo lange Arbeitszeiten, ungerechte Entlohnung oder ein Mangel an Respekt weit verbreitet sind.

»Burnout zu vermeiden, ist Widerstand gegen eine Kultur des Stresses, der Überarbeitung, der Produktion und des Konsumismus. Burnout zu vermeiden ist persönlich und politisch zugleich.«
– Alessandra Pigni[45]

Persönlichkeitsfaktoren

Mit den Persönlichkeitsfaktoren oder inneren Faktoren betreten wir das Terrain der Muster, Prägungen und Glaubenssätze. Diese persönlichen psychischen Strukturen sind ein weiterer wesentlicher Grund, der zur Herausbildung eines Burnouts beitragen kann. Dazu zählen z. B. die inneren Antreiber, die eine Art von verinnerlichten Glaubenssätzen darstellen (siehe auch → S. 224). Dabei ist zu beachten, dass Persönlichkeitsfaktoren ambivalente Qualitäten besitzen, die unter gewissen Umständen auch ihre guten Seiten haben können und biografisch Sinn gemacht haben. Entscheidend ist nicht die Abwesenheit von Persönlichkeitsfaktoren, die zu Burnout beitragen können wie z. B. Ängste, sondern wie wir mit ihnen umgehen und eigene konstruktive Bewältigungsstrategien, sogenannte Copingstrategien, entwickeln. Es geht nicht darum, unsere Persönlichkeitsfaktoren zu pathologisieren, das heißt sie als Krankheit zu betrachten, die es zu überwinden gilt, sondern mit ihnen achtsam umzugehen. Das Ziel besteht darin, eine neue gesündere Balance zu finden.

a.) Leugnung der eigenen Bedürfnisse

Die Leugnung der eigenen Bedürfnisse ist ein wesentlicher Persönlichkeitsfaktor, der uns ausbrennen lässt. Insbesondere bei altruistisch motivierten bzw. christlich sozialisierten Aktivist*innen kommt es vor, dass auf die eigenen Bedürfnisse zu achten als egoistisch verpönt ist. Der Gründer der Befreiungspsychologie Ignacio Martín-Baró, ein aktivistischer Priester der von salvadorianischen Todesschwadronen ermordet wurde, hat hingegen angefochten, dass sich um psychische Gesundheit zu kümmern in irgendeiner Weise egoistisch sei oder den Befreiungskämpfen entgegen-

---

45 Pigni, Alessandra: The idealist's survival kit. 75 simple steps to avoid burnout. Berkeley: Parallax Press 2016, S. 30. Übersetzung Timo Luthmann.

stehe. So ist es gerade aus ethischer Perspektive als Aktivist*in notwendig, sich um die eigene mentale und körperliche Verfassung gut zu kümmern, um langfristig wirken zu können. Wenn wir in schlechter psychischer und körperlicher Verfassung sind, steigt auch die Gefahr, dass wir durch unsouveränes Handeln andere Menschen verletzten.[46]

Das temporäre Zurückstellen von individuellen Bedürfnissen kann in Notsituationen Handlungsfreiräume ermöglichen, ist jedoch als ein verfestigtes Handlungsmuster, welches systematisch unsere persönlichen Bedürfnisse leugnet, unklug und zu kurzfristig gedacht. Wir stehen insbesondere vor der Herausforderung, persönliche Handlungsmuster in kollektiven Strukturen nicht zu stark werden zu lassen, da in sozialen Bewegungen viel über ›Vorbilder‹ läuft und dadurch immer wieder Gruppen- und Bewegungskulturen entstehen, bei denen es zum Aktivist*innenselbstbild gehört, persönliche Bedürfnisse herunterzuspielen. Daraus kann dann ein Wettbewerb entstehen … Wer hat mehr Stunden für die Kampagne gearbeitet? Von wem kommen die besseren Ideen? …

Altruismus kann Freiheit sein und es ist nicht das Ziel Hedonist*innen das Wort zu reden, die sich nur noch um ihre ›Bedürfnisse‹ drehen, sondern darum, eine nachhaltige Balance zwischen achtsamem Wahrnehmen, der Befriedigung unserer Bedürfnisse und selbstlosem Handeln durch Selbstdisziplin auf einer Werte-Basis zu finden. Es sollte uns zu denken geben, was der amerikanische Umweltschützer Evonne Rand von der Northern Rockies Action Group schon 1980 bemerkte:

»Ich bin immer wieder erstaunt über den Grad, wie Menschen, welche sich der ›guten Arbeit‹ widmen, um die Welt, in der wir leben, besser zu machen, sich selbst nicht als stichhaltiges Umweltanliegen mit einbeziehen – nicht nur was das Level des potentiellen Burnouts, sondern auch was das Level an Glaubwürdigkeit angeht. Wenn du die Welt retten willst und dich selbst umbringst (sogar passiv durch Selbstvernachlässigung), wirst du nicht effektiv in deiner Arbeit sein. Die Menschen, die du versuchst zu überzeugen, werden dir nicht glauben. Du kannst dich nicht selbst misshandeln und dich dafür einsetzen, dass die Gesellschaft nicht die Umwelt misshandelt.«[47]

---

46 Siehe Jones, Pattrice: Aftershock. Confronting Trauma in a Violent World. A Guide for Activists and Their Allies. New York: Lantern Books 2007, S. 94f.
47 Bryan, William L.: *Preventing burnout in the public interest community.* 1. Aufl. Helena, MT: Northern Rockies Action Group 1980. Zitiert nach Shields, Katharina: In the Tiger's Mouth. An Empowerment Guide for Social Action. Gabriola Islands, BC: New Society Publishers 1993, S. 123. Übersetzung Timo Luthmann.

b.) Ängste

Die eigenen Ängste können ein ganz wichtiger Stressfaktor sein. Wenn Ängste vermieden werden, wenn Menschen versuchen, ihren Ängsten auszuweichen, sie zu verstecken oder zu kompensieren, kostet das enorm viel Kraft und erzeugt innerlich Druck. Die Ängste gewinnen so an Kraft und Macht über uns. Sie können uns dann aus dem Unterbewusstsein heraus regieren und ein selbstbestimmtes Leben sabotieren. Unterdrückte Gefühle können dabei zwei Wege nehmen, die beide in ihren Wirkungen katastrophal sind: In der dramatischeren Variante maskieren wir die unterdrückte Angst mit Wut und Aggression. In der häufigeren Variante reagieren wir mit Schweigen und/oder Depression. Angst ist ein mächtiger Motivator, der Kommunikation unterbindet. Sie kann unsere Fähigkeit, klar zu denken, kreativ zu sein und somit unsere Möglichkeiten, erfolgreichen Aktivismus zu verfolgen, untergraben. Für Hillary Rettig stellen die Angst vor Veränderung, Versagen oder Erfolg sowie das systematische Aufschieben von Aufgaben Hindernisse dar, um ausbrennendes Verhalten zu überwinden. Die meisten destruktiven Verhaltensweisen von Personen und Gruppen bis hin zur gesellschaftlichen Ebene basieren auf Angst. Deshalb ist es umso wichtiger mit ihr bewusst umzugehen und sie nicht zu leugnen.

Generell sind Ängste natürliche Reaktionen auf verschiedenste Gefahren, die wir wahrnehmen oder durch Epigenetik von unseren Eltern und Großeltern übernommen haben. So können z. B. nicht verarbeitete Traumata von der Elterngeneration an ihre Kinder weitergegeben werden. Es ist wichtig, unsere Angst zu identifizieren und die Verbindung zu dem zu erkennen, was sie auslöst. Ein Grund, warum es so anstrengend ist, uns mit unserer Angst zu verbinden, liegt darin, dass wir uns dabei oft verletzlich fühlen. Deshalb trennen sich viele Menschen von dem Gefühl der Angst, weil es unseren Nerv für unsere eigene Fragilität im Leben trifft. Wenn wir unsere eigene Angst annehmen, haben wir aber die Möglichkeit unser Mitgefühl nicht nur für uns selbst, sondern für jedes Geschöpf, das je Angst hatte, zu vertiefen. Je tiefer wir blicken, desto mehr werden wir erkennen, dass hinter all den Ängsten die Angst vor unserem eigenen Tod steht. Daraus resultiert die Frage, wie wir im Angesicht eines endlichen Lebens leben wollen.

Wichtig ist, dass wir unsere Ängste nicht leugnen, sondern in uns Raum schaffen, sie ohne Scham zu fühlen. Dann können wir sie überprüfen und einordnen. Es ist eine zutiefst menschliche Erfahrung, Angst zu haben. Entscheidend ist dabei, wie wir mit unserer Angst umgehen. Eine angemessene Reaktion auf Ängste ist, sich nicht lähmen zu lassen oder Energie darauf zu verschwenden, sich selbst dafür zu beschuldigen, Angst zu spüren, sondern vorwärts zu gehen, egal wie langsam.

c.) Helfersyndrom

Wenn das Helfen zur Sucht wird, kann dies wesentlich zur Ausprägung eines Burnouts beitragen. Dieser Persönlichkeitsfaktor kann entstehen, wenn Menschen in ihren Kindertagen tief verinnerlichen, dass sie nur Anerkennung finden, wenn sie anderen ständig hilfreich zur Seite stehen. Das Konzept des Helfersyndroms wurde erstmalig vom Psychoanalytiker Wolfgang Schmidbauer in seinem Buch *Die hilflosen Helfer* beschrieben. Demnach hat eine vom Helfersyndrom betroffene Person ein schwaches Selbstwertgefühl und ist auf die Helfer*innenrolle fixiert. Dabei versucht sie ein Ideal zu verkörpern, dass sie selbst bei ihren Eltern oder generell in ihrer Kindheit vermisst hat. Ihre Hilfsbereitschaft kann bis zur Selbstschädigung gehen, wobei sie die Grenzen des Möglichen übersieht oder unterschätzt. Auch besteht die Gefahr, die Frage, ob ihre Hilfe überhaupt erwünscht oder sinnvoll ist, zu ignorieren. Hilfe anderer bei ihrer Mission lehnt sie ab. Als Folge kann es bei ihr zu Depressionen oder zum Burnout-Syndrom kommen.[48]

Die Psychotherapeutin Thea Bauriedel sieht die Gefahr darin, »dass man auf das Elend als Helfer mit immer größerer Anstrengung antwortet. Da trifft sich dann die Ausbeutung durch Arbeitgeber und Klienten mit der Bereitschaft der Helfer zur Selbstausbeutung. Die Helfer verlieren sich selbst und ihre eigenen Bedürfnisse aus dem Bewusstsein, weil sie sich nur noch an den Bedürfnissen der ihnen anvertrauten Menschen orientieren. Und das kann man auf die Dauer nicht aushalten.«[49] Diese Erkenntnis aus den sozialen Berufen läßt sich durchaus auf die Welt der politischen Aktivist*innen übertragen.

---

48 Siehe Schmidbauer, Wolfgang: Helfersyndrom und Burnout-Gefahr. 5. Aufl. München: Urban und Fischer 2006.
49 Schwarz, Patrik: *Brennpunkte der Ohnmacht. Die Psychotherapeutin Thea Bauriedl über Helfersyndrom und Burnout.* In: Die Zeit 18/2006, (2006). http://www. zeit.de/2006/18/Interview (Zugriff 6.3.2019).

d.) Perfektionismus

Für das psychologische Konstrukt des Perfektionismus gibt es keine einheitliche Definition, wobei eine Vielzahl von Forscher*innen zahlreiche Aspekte des Perfektionismus herausgearbeitet haben. Eine differenzierte Unterscheidung seiner verschiedenen Ausprägungen wurde von Don E. Hamachek vorgenommen, der Perfektionismus in einen normalen (funktionalen) und einen neurotischen (dysfunktionalen) Typus unterteilt[50]. Nach umfassenden Studien wurzelt der dysfunktionale Perfektionismus im Verhalten der Eltern, das zum einen hohe Standards setzt und zum anderen zu wenig Wärme und Akzeptanz schenkt.[51] Hieraus resultiert die tief verinnerlichte Haltung der zum Perfektionismus neigenden Person, zu denken, nur dann Anerkennung zu finden, wenn jede Arbeit möglichst akkurat ausgeführt wird.

Für Hillary Rettig ist Perfektionismus eine dysfunktionale Reaktion aus Angst. Sie beschreibt Perfektionismus als ein Gefühl, dass die Dinge, die wir machen, nie gut genug sind. Dabei setzen zum Perfektionismus neigende Menschen an sich ungewöhnliche hohe Standards und verurteilen sich harsch, wenn sie diesen nicht genügen. Ebenso projizieren sie oft dieses Verhalten auf andere Menschen, setzen an sie unangemessen hohe Standards und verurteilen sie harsch, wenn diese ›versagen‹. So unterlaufen nach Rettig zum Perfektionismus neigenden Menschen u. a. folgende Fehler im Denken und Handeln: Sie weigern sich, den prozesshaften Charakter des Lebens anzuerkennen und das die meisten Projekte und Kämpfe in Phasen verlaufen, wobei die frühen Phasen oft rau und unbefriedigend sind.

Zum Perfektionismus neigende Menschen unterschätzen häufig die Schwierigkeiten ihrer Projekte und setzen sich unrealistisch hohe oder unmögliche Ziele. Dabei neigen sie zum ›Schwarz-Weiß-Denken‹: entweder großartiger Erfolg oder krachende Niederlage. Dabei verstehen sie nicht, dass Teilerfolge ihren eigenen Wert haben.

Als Lösungsansatz mit diesen Verhaltensweisen umzugehen, schlägt Hillary Rettig vor, Stück für Stück zu versuchen perfektionistische Gedanken mit funktionaleren Sichtweisen zu ersetzten.[52]

---

50   Siehe Hamachek, Don E.: *Psychodynamics of normal and neurotic perfectionism.* In: Psychology. A Journal of Human Behavior 15/1 (1978), S. 27–33.

51   Siehe Flett, Gordron L. / Paul L. Hewitt: *Perfectionism in children and their parents. A developmental analysis.* In: Dies.: Perfectionism. theory, research, and treatment. Herausgegeben von American Psychological Association (Washington DC: American Psychological Association 2002.

52   Siehe Rettig, Hillary: The Lifelong Activist. a.a.O, S. 180-182.

e.) Kann nicht ›nein‹ sagen

»Gemeinschaftsfürsorge ist Selbstfürsorge. Selbstfürsorge ist Grenzen setzen.« – Cristien Storm

Wenn ein*e Aktivist*in die Neigung hat nicht ›nein‹ sagen zu können, kann dieses Verhalten dazu beitragen, dass sie früher oder später einen Burnout erleidet. Hinter dieser Neigung steckt u. a. die Angst, Anerkennung zu verlieren, wenn er*sie klare Grenzen zieht. Dabei sollten wir das Setzen von Grenzen als die Kommunikation begreifen, mit der wir sagen, was wir wollen und was wir nicht wollen, was unsere Bedürfnisse sind und was nicht. Wenn kontinuierlich die eigenen Ziele unter die Agenda von anderen Menschen untergeordnet werden ist nichts nobel oder nett an diesem Verhalten: Es ist Selbstsabotage.

→ **Lesetipp:** Storm, Cristien: Living in Liberation. Boundary Setting, Self-Care and Social Change. 2., neu überarbeitete Aufl. Pennsauken, NJ: Bookbaby 2016.

f.) Idealismus

Wenn Aktivist*innen sich die Belastungen schön reden, damit sie so angeblich ihre Anerkennung bekommen, ist dies ein fehlgeleiteter Idealismus. Idealismus an sich ist ein wesentlicher Motivationsfaktor von Aktivist*innen. Viele Überzeugungstäter*innen, Anarchist*innen, Aktivist*innen sind idealistisch, indem sie sich an Werten und Ideen orientieren und sie versuchen zu leben. Idealismus schafft Neues, worin seine Stärke liegt, vermag aber nicht, die fundamentale Gesetze der Physik außer Kraft zu setzen. Sich ehrlich seiner Energien und Ressourcen bewusst zu sein ist die Grundlage für erfolgreiche Strategien, politischen Erfolg und eine der besten Burnout-Präventionen.

g.) Hochsensibilität

Hochsensibilität ist ein Phänomen, bei dem Betroffene stärker als der Durchschnitt auf Reize reagieren, diese viel eingehender wahrnehmen und verarbeiten. Etwa 15 bis 20 % der Bevölkerung gelten als hochsensibel. Zwar existiert in der Wissenschaft zurzeit eine reiche empirische Kenntnis des Phänomens an sich, jedoch keine anerkannte neurophysiologische Theorie, welche die Ursache der Hochsensibilität beschreibt. Die Vorstellung, es handele sich um eine ›psychische Störung‹ oder ›Krankheit‹, wird abgelehnt. Als wahrscheinlich wird eine erblich bedingte spezielle neuronale Konstitution genannt.

Wenn Hochsensible nun permanent wesentlich mehr Informationen aufnehmen als normal sensible Menschen, so liegt es in der Natur der Sache, dass bei ihnen die Speicher schneller voll und die Akkus schneller leer sind. Daher entsteht die besondere Anfälligkeiten für Stress, Leistungsdruck und Zeitknappheit, wodurch hochsensible Aktivist*innen besonders von Burnout gefährdet sind. Diesen Nachteilen stehen verschiedene Vorteile gegenüber wie das Vermögen, tiefere Analysen in größeren Zusammenhängen zu denken und starke Empathie und Gerechtigkeitssinn zu empfinden, was auch zu einem ausgeprägten Altruismus führt.

Wenn du hochsensibel bist, wird es deine Herausforderung sein, zu lernen, mit negativen Emotionen wie Zurückweisungen, Frustrationen und Enttäuschungen wie auch mit positiven Gefühlen wie Stolz und Zufriedenheit umzugehen, ohne davon aus der Bahn geworfen zu werden. Es gilt, deine intelligente Gefühlsregulation zu stärken, um so deine Freiheit zu erweitern. Primär geht es jedoch darum, sich der eigenen Besonderheit bewusst zu sein, und sie immer ein bisschen mitzudenken, wenn man alltägliche Entscheidungen darüber trifft, was man tut und wie man lebt. So kannst du dann angemessenene Orte, Rollen und Aufgaben innerhalb von sozialen Bewegungen und den verschiedensten Bereichen des politischen Aktivismus finden, die sehr von deinen besonderen Fähigkeiten bereichert werden können.

→ **Lesetipp:** Parlow, Georg: Zart besaitet. Selbstverständnis, Selbstachtung und Selbsthilfe für hochsensible Menschen. 4., neu überarbeitete Aufl. Wien: Festland Verlag 2015.

h.) Negativität

Eine negative Grundeinstellung kann an sich schon Resultat eines Burnoutprozesses sein und kann Aktivist*innen auf verschiedene Arten und Weisen sabotieren. Wenn Menschen auf Dauer eine negative Grundeinstellung haben, schränkt dies ihre Urteilsfähigkeit ein. Es geht nicht um naiven Optimismus. Aktivist*innen sind mit der Herausforderung konfrontiert, die persönliche und politische Situation möglichst objektiv einzuschätzen. Natürlich ist Objektivität relativ und im Fluss, dennoch gibt es umfassendere und reflektierte Sichtweisen, die Situationen realistischer einschätzen als einseitige Annahmen. Oft wird die Definition von Erfolg von Aktivist*innen mit negativer Grundeinstellung zu eng gefasst. Hierdurch entmutigen sie sich selbst und andere und tragen dazu bei, dass sie selbst ebenso wie ihr Umfeld ausbrennen.

Ebenso hat Negativität eine isolierende Tendenz. Aktivist*innen mit einem Hang zur Negativität meinen oft, sie seien ›pragmatisch‹ oder ›realistisch‹, doch Freund*innen oder Genoss*innen mit einem gewissen Abstand nehmen die Negativität oft als das wahr, was sie ist – ein Zeichen von Unsicherheit und eine destruktive Kraft – und fliehen vor ihr. Wenn dies geschieht, vertieft dies oft die Unsicherheit der Aktivist*in und verstärkt so weiter ihre negative Grundeinstellung und Isolation.

Ein wesentlicher Baustein, um aus dieser Abwärtsspirale herauszukommen, liegt im Selbstbild der Aktivist*innen begründet. Aktivist*innen mit negativen Tendenzen sehen nicht nur ihre Umwelt negativer als andere, sondern gehen auch sehr harsch mit sich selbst um. Die Anerkennung und Wertschätzung der eigenen Stärken ist ein wichtiger Schritt, um die eigenen negativen Tendenzen abzuschütteln. Hillary Rettig empfiehlt weiter, um die Negativität zu überwinden, dysfunktionale (negative) Gedanken und Verhaltensweisen durch funktionale, in der Regel wertschätzendere Gedanken zu ersetzen[53]. Dies ist ein langfristiger Prozess der viel Achtsamkeit erfordert.

Für Bill Moyer ist »the Negative Rebel« als Bewegungsarchetyp ein wichtiger Faktor, der Bewegungsburnout, das Beenden des Aktivismus und Verlust verursacht. Während für ihn positive Energie sich selbst reproduziert und Bewegungswachstum hervorruft, verursacht die Energie der negativen Rebell*innen das Gegenteil. Um auf der Persönlichkeitsebene besser mit dieser Energie umzugehen, rät er uns zu persönlichen Reifungsprozessen u. a. durch persönliche Transformation und bessere Selbstkenntnis, um unseren Aktivismus effektiver auszufüllen[54].

i.) Abhängigkeiten

Eine Abhängigkeit ist eine Anhaftung, die so stark ist, dass wir sie fortsetzen trotz unseres Verständnisses ihrer potentiell destruktiven Natur. Die klassischen Abhängigkeiten sind Drogen – in unserem Kulturkreis insbesondere Alkohol –, Essen und Sex. Generell können sich alle möglichen Verhaltensweisen zu Abhängigkeiten entwickeln, ebenso wie Handlungen bei denen Adrenalin ausgeschüttet wird und außerdem Arbeit bzw. Überarbeitung. Um unseren Abhängigkeiten auf die Spur zu kommen, kann es

---

53 Siehe Rettig, Hillary: *The Lifelong Activist*, a.a.O., S. 183-191.
54 Siehe Moyer, Bill: Doing democracy. the MAP model for organizing social movements. Gabriola Island, BC: New Society Publishers 2001, S. 38-41.

hilfreich sein, uns zu fragen: Was hat bei mir das größte Suchtpotential? Worauf kann ich mich verlassen, um abzuschalten bzw. mich zu betäuben? Wogegen würde ich bedeutenden Widerstand leisten, wenn ich dieses Verhalten in meinem Leben aufgeben sollte? Abhängigkeiten können ein Anpassungsmechanismus auf Druck von Außen sein (z. B. Stress) oder ein Ausdruck, um sich von inneren Botschaften abzulenken und sich zu betäuben, wie im Falle von traumatischen Erinnerungen. Trotz ihrer potentiellen Destruktivität können sie in manchen Situationen, z. B. als Reaktionen auf Traumata, wenn wir über keine anderen Ressourcen verfügen, temporär lebensrettend sein. Sie tragen auf verschiedenen Ebenen zu einem Burnout bei. Durch Wiederholungen können die potentiell destruktiven Anpassungsmechanismen selbstzerstörerisch werden und das Verhalten, das ursprünglich für psychologische und emotionale Entlastung sorgen sollte, wird nun zu einer Quelle von zusätzlichem Schmerz und Leid. So kann exzessiver Alkohol- oder sonstiger Drogenkonsum unsere physische und psychische Gesundheit ruinieren, unsoziales Verhalten fördern und unsere Wahrnehmungsfähigkeit einschränken. Bei sexsüchtigen Menschen treten oft schwere Partnerschaftsprobleme auf und bei Neigungen zu ›risikoreichen‹ Sexpraktiken steigt die Gefahr, sich mit Geschlechtskrankheiten zu infizieren. Diese und andere Süchte können eine Abwärtsspirale anstoßen, an deren Ende womöglich ein Burnout steht.

Indirekt können Abhängigkeiten zu einem Burnout beitragen, indem sie als Fluchtmechanismus verhindern, dass wir lernen, auf unsere tiefer liegenden Probleme mit nachhaltigeren Anpassungsmechanismen zu reagieren. Wenn wir dann irgendwann an den Punkt kommen, dass die Barriere, die wir mit der Sucht gegen das Fühlen von unseren Emotionen aufgebaut haben, nicht mehr ausreichend wirkt, drohen wir zusammenzubrechen.

Strukturfaktoren

Strukturfaktoren sind äußere Faktoren, die zu einem Burnout beitragen können. Sie lassen sich in bewegungsinterne und gesamtgesellschaftliche Faktoren einteilen. Zunächst gehe ich auf gesamtgesellschaftliche Faktoren wie die kapitalistischen Verhältnisse und Diskriminierungen durch Patriarchat, Rassismus und Neo-Kolonialismus ein, die die gesamte Gesellschaft einschließlich der aktivistischen Sphäre durchdringen. Anschließend beschreibe ich Faktoren, die zusätzlich spezifisch bei Aktivist*innen zum Burnout beitragen.

a.) Kapitalistische Verhältnisse

Prekarität

Prekäre Lebens-, Wohn- und Arbeitsverhältnisse produzieren Stress, während die neoliberale Politik eben diese Prekarität immer weiter ausdehnt. Von Burnout und Erschöpfungsdepressionen sind mittlerweile große Teile der bundesdeutschen Bevölkerung betroffen und auch weltweit nimmt dieses Phänomen stark zu. So fühlen sich laut der Stress-Studie 2016 der Techniker-Krankenkasse[55] 31 % der Befragten oft ausgebrannt, mehr als jede*n Fünfte*n (22 %) hat Stress schon einmal krank gemacht und der Job ist der größte Stressfaktor der Menschen in Deutschland. Vor diesem Hintergrund können auch ökonomische Faktoren auf verschiedene Weise für Burnout von Aktivist*innen verantwortlich sein. Hierbei muss zwischen freiwilliger Prekarität (›Aussteiger*innenlebensstil‹) und verordneter Prekarität (Hartz IV & Ausdehnung des Niedriglohnsektors) unterschieden werden. Aktivist*innen neigen dazu, unter prekären Umständen zu leben und haben oft weniger Geld. Bewegungsjobs sind oftmals schlecht bezahlt und andere Jobs, die mit Aktivismus vereinbar sind (Kneipenjobs etc.), ebenso. Die Kurzsichtigkeit vieler NGOs, die mit ihren oft viel zu kurzen Projektlaufzeiten nicht in dauerhafte Beziehungen investieren, tut ein Übriges. Engagierte und mitfühlende Menschen haben es in unserer rein am Profit orientierten Leistungsgesellschaft schwerer, in der Arbeitswelt zu ›funktionieren‹, und geraten deswegen leichter in Konflikte mit Vorgesetzten. Daraus resultieren betriebliche und ökonomische Nachteile. Aus emotionalen und ethischen Gründen sind zahlreiche besser bezahlte Jobs für

---

55 Die Techniker Krankenkasse: Entspann dich, Deutschland. TK-Stressstudie 2016. https://www.tk.de/centaurus/servlet/contentblob/921466/Datei/3654/TK-Stressstudie%202016%20Pdf%20barrierefrei.pdf (Zugriff 6.3.2019).

Aktivist*innen ungeeignet. Ihre ›echte‹ Arbeit ist für viele der unbezahlte Aktivismus und sie leben mit dieser Doppelbelastung. Andere Aktivist*innen führen einen ›Aussteiger*innenlebensstil‹ um sich ganz dem Aktivismus zu widmen. Dies führt u. a. dazu, dass sie teilweise nicht einmal über eine Krankenversicherung verfügen. Es fehlen Altersvorsorge und langfristige materielle Sicherheiten. Durch weniger Geld ist es schwieriger, dauerhaft eine gesunde und ausgewogene Ernährung sicherzustellen und sich unterstützende Angebote wie Yoga-, Meditations- oder Selbstverteidigungskurse ›leisten‹ zu können. Gleichzeitig fehlt das Geld für geeignete Aus- und Weiterbildungen, die eine alternative Perspektive eröffnen könnten.

Ökonomische prekäre Situationen erhöhen oft die Abhängigkeit von der Familie. Dies kann zu Konflikten führen wenn z. B. die Lebens- und Wertvorstellungen der Aktivist*in und ihrer Familie auseinander klaffen und ökonomische Unterstützung an Bedingungen wie z. B. ein erfolgreich abgeschlossenes Studium geknüpft wird.

Leistungszwang

Ein stetig erhöhter Leistungszwang – ob autoritär oder durch flache Hierarchien – sowie Selbstoptimierung – ob in Schule, Studium oder Beruf – schränkt die Möglichkeiten für politisches Engagement dauerhaft ein. Die Menschen werden immer mehr zweckrational zugerichtet, wodurch es den Individuen oft an Kraft und innerem Freiraum fehlt, sich mit weiterführenden Problemen und Verhältnissen jenseits der eigenen Existenz zu beschäftigen. Der Verwertungszwang, also der Zwang, Lohnarbeit anzunehmen, ist ein wesentlicher Faktor, der gesellschaftliches Engagement und die Zeit von Aktivist*innen einschränkt.

Beschleunigte Gesellschaft

Eine verdichtete Aufmerksamkeitsökonomie im digitalen Kapitalismus produziert Stress und führt zu verminderter Konzentrationsfähigkeit. Der Fortschrittsmythos lautet: Je mehr Bildschirm- und Onlinezeit, desto besser, und je mehr Bandbreite, das heißt Informationen pro Zeiteinheit, desto besser! Ausbau von Breitbandinternet, Zunahme von Wlan-Hotspots, Laptops, mobiles Internet im Smartphone, 3G, 4G, LTE, ... Je intensiver wir medial verbunden sind, desto mehr hängen wir von der Außenwelt ab, welche uns suggeriert, wie wir zu denken und zu leben haben. Dabei brauchen wir nach psychologischen Studien paradoxerweise Abgeschiedenheit, um Empathie zu entwickeln.

Uns fehlen Schutzmechanismen, damit wir nicht immer von negativen Nachrichten komplett erfüllt werden. Das gilt insbesondere für hochsensible Menschen. Die Anzahl der negativen Nachrichten, die auf uns einprasseln, hat sich vervielfacht. Verglichen mit den 1920er Jahren, als das Hauptmedium die Tageszeitung, größtenteils ohne Fotos, war oder den 1970er Jahren, als bebilderte Tageszeitung, Radio und das Fernsehen (drei Programme) mit der Hauptnachrichtensendung um 20 Uhr den Informationsaufnahmerhythmus bestimmt haben, hat sich dies heutzutage durch die Vielzahl der Nachrichtensender, Internet und Smartphones entgrenzt und ist immer näher an uns herangerückt. Die Nachrichtenkanäle, die zu einem großen Teil mit negativen Nachrichten von Terroranschlägen, Rassismus, Übergriffen, Sozialabbau ... angefüllt sind, dringen viel häufiger in unser Bewusstsein und auch die Intensität durch erhöhte audiovisuelle Qualität hat sich massiv gesteigert. Gleichzeitig sind traditionelle Schutzmechanismen weggefallen, welche früher einen inneren Raum geschaffen haben. Solche traditionellen Schutzmechnismen, die immer weiter verloren gehen, sind strukturierte Tagesabläufe bzw. in den Alltag eingeflochtene Rituale, wie beispielsweise das Gebet, die durch ihren wiederkehrenden Charakter auch äußere Sicherheit (Schutz, Verlässlichkeit) boten.

Die zunehmende Kommunikationsgeschwindigkeit führt zu einer Abnahme der Reflexionstiefe von Gedanken und Analysen. Es herrscht ein Mangel an Muße und Tiefe, was zum Verlust von Sinnhaftigkeit führen kann.

Die Social-Media-Welt fordert zunehmend, verschiedene Sachen gleichzeitig zu erledigen. Dabei ist das Gehirn aufgrund seiner Struktur gar nicht fähig, echtes Multitasking zu betreiben. Die Illusion von Multitasking entsteht dadurch, dass das Gehirn in schneller Taktfolge von Aufgabe zu Aufgabe hin- und herspringt. Gleichzeitig sind sich Expert*innen einig, dass das Gehirn Ruhepausen braucht, um Aufgaben optimal bewältigen zu können[56].

Unser ›Steinzeitreflex‹: Der Mensch als Informationsjäger

Ein Problem der digitalen Medien liegt nach Meinung der Buchautor*innen Günter Weick und Wolfgang Schur darin, dass sie eine Art ›Steinzeitreflex‹ aktivieren. »»Neue Informationen, das hat uns die Evolution gelehrt, sind lebenswichtig. Wir können deshalb nicht anders, als beim Auftauchen einer neuen Nachricht den Eingangskanal automatisch ein- und alle anderen Prozesse auf Standby zu schalten.‹ Der Wunsch, an eine neue Informa-

---

56 Siehe Tenzer, Eva: *Permanent online: Wie die neuen Medien das Leben verändern.* In: Psychologie Heute 1/2010 (2010), S. 32-35.

tion zu gelangen, sei so beherrschend, dass alles andere unbewusst zurückgestellt werde, meint Weick, der sich intensiv mit Technologieakzeptanz beschäftigt.«[57] Dabei kann man sich den menschlichen Geist aber auch als einen Affen vorstellen, der von Baum zu Baum springt. Wenn das Gehirn auf eine neue Information reagiert, wird ein Belohnungssystem aktiviert. Anschließend springt unsere Aufmerksamkeit zur nächsten Information auf der Jagd nach der Belohnung. Der Blogger Leo Babauta[58] spricht sogar von einer Informationssucht. Diese wird u. a. auch durch positive Feedbackschleifen genährt, indem wir positives Feedback von Anderen bekommen.

b.) Diskriminierungen
Es gibt vielfältige Diskriminierungserfahrungen, die zum Ausbrennen der betroffenen Menschen beitragen, da ihr Umgang damit (und ihre Bewältigung) viel Zeit und Energie kosten kann. So können Menschen von gesellschaftlichen Ausschlüssen und Benachteiligungen aufgrund des Geschlechts, der sozialen Klassenherkunft, der Hautfarbe bzw. der Ethnizität, des Alters, der sexuellen Orientierung, der Religion und spirituellen Orientierung, sowie aufgrund von Behinderung, der Staatsangehörigkeit oder der indigenen Herkunft[59] betroffen sein. Die dahinterstehenden Systeme sind das Patriarchat, Rassismus, Neo-Kolonialismus und der Kapitalismus.

Konkrete Beispiele von Menschen, die von Diskriminierung betroffen sind, sind Geflüchtete, die um ihren Aufenthaltsstatus kämpfen müssen und denen dabei elementare Grundrechte wie Bewegungsfreiheit oder das Recht zu arbeiten verwehrt werden. Oder der Bewerber mit dem türkisch klingenden Namen, der bei gleicher Qualifikation wesentlich schlechtere Chancen auf dem Arbeitsmarkt hat. Oder die kinderlose Frau, die sich auf einen Job bewirbt und abgelehnt wird, weil der Personalchef vermutet, dass sie noch Kinder bekommen möchte. Frauen verdienen in Deutschland laut Statistischem Bundesamt 21 % weniger als Männer. Fakten wie diese könnten hier noch endlos aneinandergereiht werden. Metaphorisch könnte gesagt werden, dass während manche Menschen mit Rückenwind Fahrrad fahren, sich andere mit angezogener Handbremse abmühen müssen – immerhin verfügen in der heutigen Zeit schon mehr Menschen über ein Fahrrad.

---

57   Ebd.
58   Siehe Babauta, Leo: Focus. A Simplicity Manifesto in the Age of Distraction. West Valley City, UT: Waking Lion Press 2011.
59   Siehe Hays. P. A.: Addressing Cultural Complexities in Practice. A Framework for Clinicans and Counselors. Washington, D.C: American Psychological Association 2001.

Da unser gesellschaftliches System so strukturiert ist, dass ein Teil der Bevölkerung Privilegien genießt, müssen Menschen, die von Diskriminierung betroffen sind, deutlich mehr Energie aufbringen, um mit sozialen Barrieren und Begrenzungen der Bewegungsfreiheit sowie unnötigem Leiden, welches von regelmäßigen abschätzigen Botschaften herrührt, umzugehen. Dabei sind die diskriminierenden Botschaften manchmal offen und andere nicht, manche absichtlich und wiederum andere unbeabsichtigt. Von Diskriminierung Betroffene müssen ebenfalls die Energie aufbringen, um mit verinnerlichten Unterdrückungsmechanismen wie internalisierten Visionen von Barrieren, Restriktionen und Abwertungen umzugehen.

Sozialisierung führt dazu, dass von Diskriminierung Betroffene so konditioniert werden, dass sie privilegierte Menschen immer bewusst wahrnehmen und ihnen gefällig sind. Diese Extraenergie, die es braucht, um durch den Tag zu kommen, einen Job zu bekommen und ein außerordentliches Level zu leisten, entzieht Lebensenergie und trägt zu einem möglichen Burnout mit bei. Ebenso wie freiwillige Rekrut*innen den Offizier*innen in der Armee Respekt zollen müssen, leben von negativer Diskriminierung Betroffene unbewusst oder bewusst untergeordnet, während privilegierte Menschen unverdiente Vorteile von Ungleichheit genießen. Dieser komplexe Prozess wird später noch weiter erläutert. Konkrete Kategorien, Menschen die Privilegien erfahren, sind weiß, männlich, heterosexuell, christlich, haben die deutsche Staatsangehörigkeit, sind Teil der Mittelschicht bzw. der besitzenden Klassen mit Zugang zu akademischer Bildung, nicht behindert (körperliche/kognitive Uneingeschränktheit/Gesundheit) und erwachsen (18-64 Jahre). Von unserer Psychobiologie her nehmen wir durch die *Amygdala* (Angst- und Alarm-Zentrum des Gehirns) viel leichter Einschränkungen unserer selbst wahr, als dass wir uns unserer Vorteile, die wir genießen, bewusst werden. Deshalb brauchen wir Trainings- und Bewusstseinsarbeit, um unsere blinden Flecken besser wahrnehmen zu lernen und einen kollektiven Umgang mit Privilegien und Diskriminierung zu entwickeln, welcher einen entwicklungspsychologischen Raum öffnet, in dem wir lernen können, Stück für Stück befreiter miteinander umzugehen. Neben der mirkopolitischen Ebene in unserem direkten Umgang müssen wir weiter für makropolitische Ziele wie gleiche Bezahlung für Frauen, Rentenansprüche für Kindererziehungszeit usw. streiten und Egalität in einem postkapitalistischen Gesellschaftsentwurf fest verankern.

→ **Lesetipp:** Nieto, Leticia: Beyond Inclusion, Beyond Empowerment. A Developmental Strategy to Liberate Everyone. Washington: Cuetzpalin 2010.

c.) Repression & Trauma

Repression ist ein komplexes Thema und wirkt sich auf verschiedensten Ebenen bei Aktivist*innen, ihrem Umfeld und der allgemeinen Bevölkerung aus. Auch wenn es nicht immer zu traumatischen Erfahrungen bei Aktivist*innen durch Repression kommt, kann sie in Form von juristischer Repression ebenfalls zum Burnout beitragen. Lange gerichtliche Prozesse, die über Jahre Aufmerksamkeit und Energie verlangen und teilweise hohe Kosten durch Strafen, Zivilklagen, Anwalts- und Gerichtskosten nach sich ziehen, sind strukturelle Faktoren. Natürlich kann ein emanzipatorischer und kollektiver Umgang mit Repression auch Kraft schenken, doch gerade der vereinzelte Umgang mit Repression birgt ein großes Risiko, Aktivist*innen zu entmutigen.

Wenn es keine emotionale Aufarbeitung gibt, können Polizeirepression und Gewalterfahrungen bei Aktionen, physische Angriffe von politischen Gegner*innen, Hausdurchsuchungen, Bedrohung und Verfolgung, Verleumdungen und Beschimpfungen, sexuelle Misshandlungen, Gewahrsamnahmen und längere Haftzeiten traumatisieren und zu Posttraumatischen Belastungsstörungen (PTBS) führen. Posttraumatische Stressreaktionen sind wahrscheinlicher, wenn eine Verletzung oder ein Schock im Zusammenhang mit Gefühlen von Hilflosigkeit und Ohnmacht erfahren oder bezeugt wurden. Hilflosigkeit im Angesicht von Gefahr für uns selbst oder andere schafft eine widersprüchliche Situation für unseren Körper. Die Sinne schreien: ›DIES IST EIN NOTFALL!‹ und das Nervensystem bereitet den Körper auf eine Flucht- oder Kampfreaktion vor, doch für den Körper ist in dieser Situation nichts zu tun. Das Nervensystem bringt weiter den Körper auf Hochtouren, aber es gibt keine Verwendung für all die Energien und Emotionen. Wenn eine solche Situation länger andauert oder oft genug wiederholt wird, kann der Organismus dauerhaft Schaden nehmen. Dabei müssen traumatische Erfahrungen, die PTBS auslösen, nicht nur einzelne Ereignisse sein, sondern es können auch einzelne stressende aber nicht traumatisierende Erfahrungen in ihrer Summe zu einem Trauma führen.

Die sogenannten Symptome von Posttraumatischen Belastungsstörungen (PTBS) sind faktisch normale physische und emotionale Reaktionen auf außergewöhnlich beängstigende oder desorientierende Erfahrungen.

Nach Pratice Jones lassen sich die charakteristischen Merkmale von posttraumatischem Stress wie folgt zusammenfassen: Wiedererleben der traumatischen Erfahrung, Vermeidung von Erinnerungssituationen der Erfahrung, gesteigerte Alarmbereitschaft und emotionale Taubheit. »Solange wir unter posttraumatischen Belastungsstörungen leiden, bedeutet das, dass unser Körper und unser Geist nach wie vor Schauplätze des Traumas sind«, so David Emerson, einer der Pioniere des traumasensiblen Yoga. Sekundäre Traumatisierung (siehe auch ➜ S. 66) von Unterstützer*innen z. B. von Geflüchteten, Aktivist*innen, Betroffenen von Naturkatastrophen und Klimawandel sind ein weiterer struktureller Faktor, der in der politischen Arbeit begründet liegt und zu unserem Ausbrennen beitragen kann. Bei einer stellvertretenden Traumatisierung verändert sich das Bewusstsein von Unterstützer*innen dadurch, indem sie den Erzählungen anderer Menschen von ihren traumatischen Erfahrungen ausgesetzt sind.

➜ **Lesetipp:** Jones, Pattrice: Aftershock. Confronting Trauma in a Violent World. A Guide for Activists and Their Allies. New York: Lantern Books 2007, S. 65–95.

d.) Interne Machtkämpfe

Eine wichtige Ursache von Burnout ist es, wenn Gruppen/Menschen sich entzweien und ihre Energien in internen Machtkämpfen verbrauchen. Interne Machtkämpfe werden oft von Menschen unter Stress ausgelöst, welche andere Menschen beschuldigen und zum Sündenbock machen. Es liegt in unserer Psychobiologie begründet, dass wir unter Stress zu mehr Konflikten, kurzfristigem Schwarz-Weiß-Denken und Gruppendenken neigen, bei dem abweichende Stimmen unterdrückt werden. Dies kann sich in Misstrauen, Mobbing, Einschüchterungen, Schmähungen und übler Nachrede ausdrücken. Seid achtsam bei diesen gefährlichen Gruppendynamiken. Seid aufmerksam, wenn Menschen bösartige Gerüchte und schlechte Gefühle verbreiten; sie sind entweder hypergestresst oder zwielichtig. Misstrauen, Spaltung und Konflikte zu schüren, ist eine allgemeine Taktik, welche gezielt von Undercover-Agent*innen international eingesetzt wird, um oppositionelle Gruppen zu destabilisieren. Dies ist gut im Kontext von sozialen Bewegungen in den USA durch das COINTELPRO (Counter Intelligence Program) des FBI[60] und in GB belegt und gehörte zum Standardvorgehen der Stasi in der DDR. In der BRD werden

---

60 Siehe »COINTELPRO«, *Wikipedia*, https://de.wikipedia.org/wiki/COINTELPRO (Zugriff 21.7.2017).

verdeckte Ermittler*innen (VE) oder sogenannte Beamt*innen für Lage-aufklärung (BfL) benutzt, die bei langfristigen Einsätzen eher Informationen sammeln. Destabilisierend wirkt sich dabei insbesondere das geschürte Misstrauen aus, das nach Enttarnungen berechtigterweise entsteht. So wurden in Hamburg 2015/2016 gleich drei verdeckte Ermittler*innen in der linken Szene enttarnt. Im Südwesten Deutschlands hatte der Spitzelfall Simon Bromma für Aufsehen gesorgt. Konflikte schüren Polizist*innen als Agents Provokateurs eher bei Großveranstaltungen, wie z. B. beim Widerstand gegen das G8-Treffen in Heiligendamm oder dem G20-Treffen in Hamburg belegt wurde.

Bevor du misstrauisch wirst, versuche mit der Person zu reden, um zu sehen, ob es überhaupt eine Grundlage für die Anschuldigungen gibt, die diese Person verbreitet. Paranoide Hexenjagden helfen niemandem. Und vor allem: Geht gut miteinander und euch selbst um. Wertschätzt einander.

Neben Konflikten, die u. a. durch gestresste Menschen verursacht werden, tragen auch ein zu hohes Konfliktlevel beziehungsweise eine mangelnde oder kompromisslose Konfliktkultur zum Ausbrennen von Aktivist*innen bei. Beispiele hierfür sind die Auseinandersetzung in der Autonomen Szene um Antisexismus in den 1980er und 1990er Jahren und Definitionsmachtdebatte, die Antideutsch-/Antiimperialismus-Debatte um die Deutung(en) des Israel-Palästinakonflikts oder die jüngsten Auseinandersetzungen um die Bedeutung des Konzepts von Critical Whiteness. In der anarchistischen Bewegung führten u. a. die nichtbewältigten Konflikte in der WESPE (Werk selbstverwalteter Projekte und Einrichtungen) in Neustadt an der Weinstraße zum Scheitern dieses großen Projekts.

e.) Mangelndes Bewusstsein für Privilegien, Macht- und Ausbeutungsstrukturen

»Wir gehen zu Demonstrationen, wir organiseren Veranstaltungen und dies wird der Höhepunkt unseres Kampfes. Die Analyse, wie wir diese Bewegungen reproduzieren, wie wir uns selbst reproduzieren ist nicht im Zentrum der Organisierung von Bewegungen. Es sollte aber so sein.« – Silvia Federici

Unbewusste Privilegien, Macht und Ausbeutung innerhalb linker Strukturen können den darin aktiven Menschen sehr viel Kraft rauben, insbesondere weil gerade diese Erfahrungen in selbstbestimmten Strukturen doppelt schmerzen. Es ist immer wieder ein notwendiger Schritt, für Sexismus, Rassismus, Homophobie und Klassismus (Diskriminierung aufgrund von Klassenzugehörigkeit) zu sensibilisieren, um unsere eigenen Strukturen zu reflektieren und befreiter zu gestalten. Dadurch, dass wir bei uns und unseren Strukturen mit positiver Veränderung anfangen, durchbrechen wir den Zyklus der Reproduktion von Ausbeutungs- und Unterdrückungsverhältnissen und befähigen uns gleichzeitig bessere Unterstützer*innen für von Diskriminierung Betroffene zu sein, was unsere politische Interventionsfähigkeit stärkt.

Im Folgenden möchte ich beispielhaft auf die Diskriminierungsverhältnisse Sexismus und Klassismus innerhalb der aktivistischen Sphäre eingehen, ohne jedoch eine Wertung aufzumachen und beispielsweise Diskriminierung aufgrund von Hautfarbe als weniger wichtig erscheinen zu lassen.

So spiegelt sich die Dominanz von Männern ebenfalls in aktivistischen Strukturen als Teil der Gesellschaft wider. Wie David Graeber in seiner Bewegungsethnografie *Direct Action* aufzeigt,[61] ist die Gleichheit von Geschlechtern auch innerhalb von sozialen Bewegungen längst nicht Alltag, sondern oftmals bauen Frauen immer noch die Bühnen, auf denen sich Männer präsentieren. Viel Reproduktions- und Care-Arbeit wird innerhalb (Gemeinschaftspflege, Protokollieren, Moderieren, ...) und außerhalb (Betreuung von Kindern, Pflege von alten und kranken Menschen) aktivistischer Strukturen in der Mehrzahl von Frauen geleistet. Es wird oft auch vergessen, wie wichtig emotionale Arbeit als unterstützender und nährender Bereich für Gruppen ist, wodurch sich die Menschen in Gruppen gesehen fühlen und deswegen wiederkommen. Die Arbeit in vielen Schlüsselaspekten des Nachhaltigen Aktivismus wird überproportional von Frauen geleistet. Diese ungleiche Arbeitsverteilung schränkt die Beteiligungsmöglichkeiten von Frauen an Bewegungen ein. Auch die Zusammensetzung von vielen Aktionsgruppen und die Philosophie und Theoriebildung sind immer noch von Männern dominiert. Die Auseinandersetzungen um gerechtere und ausgewogenere Beteiligungsmöglichkeiten innerhalb von Gruppen bzw. die zähen Veränderungsprozesse sind ein Beispiel, wie das Patriarchat zum Burnout von Aktivist*innen beträgt.

Nachhaltiger Aktivismus bedeutet die Wiederentdeckung der Selbstverständlichkeiten durch eine höhere Wertschätzung von Care- und Reproduktionsarbeiten und dessen gerechtere Verteilung. Feministische Politik ist integraler Bestandteil des Nachhaltigen Aktivismus, darf dabei jedoch nicht in Identitätspolitik stecken bleiben.

---

61 Graeber, David: Direct Action. An Ethnography. Edinburgh: AK Press 2009, S. 334ff.

Unterdrückung aufgrund von Klassenherkunft ist in deutschsprachigen sozialen Bewegungen kein großes Thema. Doch die Selektivität des deutschen Bildungssystems spiegelt sich auch in der Zusammensetzung der akademisch dominierten Linken wider. Die Herkunft bzw. das Bildungsniveau der Eltern ist oftmals entscheidend, ob ihre Kinder studieren. Ich selbst komme aus einem katholischen Arbeiter*innenmilieu und für meine Biografie war ein Studium nicht vorgesehen. In verschiedensten Politgruppen war ich oftmals der einzige, dessen Eltern keinen akademischen Hintergrund hatten. Wirklich theoretisch und sprachlich in Bewegungen anzukommen hat mich Jahre gekostet, was auf meine Vorbildung zurückzuführen ist. Bei uns gab es nicht die FAZ auf dem Küchentisch, sondern die Münsterländische Tageszeitung. Ich bin tief dankbar für meine lieben den Eltern und es hat mir materiell an nichts gemangelt. Gleichzeitig habe ich einen starken Arbeitsethos von meinen Eltern übernommen, der mir viel ermöglicht hat, aber auch eine Gefahr darstellt. Mein Vater, tief vom gesellschaftlichen Leistungsdruck geprägt, konnte nach 47 Lohnarbeitsjahren in Frührente einfach nicht seinen Fabrikrhythmus abstellen und ist mit 63 Jahren am Herzinfarkt gestorben. Er hat sich für mich gefühlt zu Tode gearbeitet.

Eine Unsicherheit im Umgang mit akademisch geprägtem bürgerlichen Milieu oder Menschen z. B. aus der Unternehmerschaft habe ich immer subtil gespürt. Erst Jahre später habe ich dieses Unbehagen und Gefühl der Minderwertigkeit für mich theoretisch als ›Klassenbewusstsein‹ fassen können, welches mich im Sinne der Rangmaschine unterordnet und nichts mit meinen Fähigkeiten, sondern meiner Klassenherkunft zu tun hat. Im Austausch mit anderen Aktivist*innen mit ähnlicher Biografie habe ich eine Wut über die Arroganz der Szene und ihre mangelnde Fehlerfreundlichkeit gespürt, die ich sehr gut verstehen kann. Hinter dieser Wut steht dieses Gefühl der Minderwertigkeit, was subtil durch die Gesellschaft gefördert und auch in sozialen Bewegungen reproduziert wird.

Wenn wir wirklich tiefgreifende soziale Veränderungen erreichen wollen, ist es notwendig, Ausschlüsse Aufgrund von Klassenherkunft innerhalb der Gesellschaft wie auch in sozialen Bewegungen zu reflektieren und in breiten Mobilisierungen eine weniger akademische Sprache zu verwenden. Es ist die Notwendigkeit für ein universalistisches linkes Projekt der Gerechtigkeit, welches sich nicht allein über (sub)kulturelle Codes Zusammenhalt schafft, und uns entlang von Klasse, Bildungsmilieu, Herkunft, Geschlecht oder Hautfarbe spaltet, sondern durch eine egalitäre Vision für Alle inspiriert.

Hoffnungsvoll stimmen mich die neuerlichen Auseinandersetzungen innerhalb der Linken um die Rolle der Klassen. Ein Beispiel hierfür ist die Popularität des autobiografischen Romans *Rückkehr nach Reims* des Soziologieprofessors Didir Eribon, der sich mit seiner Herkunft aus dem Arbeiter*innenmilieu in Frankreich beschäftigt und dabei alltägliche, aber nur selten thematisierte Aspekte von Klassenherrschaft offenlegt.

Aktivist*innenkultur

Aktivist*innenburnout wird oft hervorgerufen, weil Menschen sich selber unrealistisch hohe Ziele setzen, welche sie nie völlig erreichen können, egal wie hart sie arbeiten. Das Gewicht der Welt auf den Schultern zu tragen und sich selbst keine Ruhe zu gönnen, bis die Probleme der Welt gelöst sind, ist ein sicherer Weg, um auszubrennen.

Was für eine Art von Kultur bringt letztendlich solch eine verbreitete persönliche Einstellung hervor? Akzeptieren wir als Bewegung Zeiten von geringer Motivation indem wir Menschen respektieren, die sich eingestehen, dass sie eine Pause brauchen, um ihre Batterien aufzuladen? Respektieren wir Aktivist*innen, die sich den Fakt eingestehen, dass sie nicht die Zeit oder Energie haben ihre Aufgaben zu beenden, die sie angenommen haben? Oder bekommen wir eher Respekt und Ansehen innerhalb unserer Gemeinschaft durch eine Art Widmung der Sache, die unendlich viele persönliche Opfer verlangt?

Gibt es eine Gefahr, dass durch den oft dringenden und existentiellen Charakter der Aktivist*innenarbeit eine Arbeitsethik forciert wird, welche selbst hochgradig schädigend sein kann? Auch wenn dies vielleicht verständlich ist, kann eine Kultur, die hohe persönliche Opfer akzeptiert, letztendlich nachhaltig oder effektiv sein?

Die Schattenseiten einer Aktivist*innenkultur der einseitigen Hingabe sind, dass soziale Bewegungen kontinuierlich einige ihrer engagiertesten Akteure verlieren, während gleichzeitig an den Bewegungen Interessierte tendenziell entmutigt werden, in die aktivistische Arbeit einzusteigen.

Wenn wir selbst die Veränderung werden wollen, die wir in der Gesellschaft sehen möchten, dann ist es an der Zeit, dass wir akzeptieren, dass es weder nachhaltig noch wünschenswert ist, uns und unser Umfeld schonungslos anzutreiben. Wir müssen uns daran erinnern, dass die Welt zu verändern ein Marathon und kein Sprint ist. Wir müssen unsere Kräfte einteilen.

Eine Gruppenkultur wie auch eine Gruppenstimmung kann uns sehr stark beeinflussen. Eine schlechte Stimmung kann sich genauso wie eine Viruserkrankung innerhalb einer Gruppe von Menschen verbreiten. Der Unterschied zur Viruserkrankung ist, dass wir mit einer Gruppen-Kultur oder kollektiven Stimmung selbst bestimmen können, was wir weitergeben. Und das, was wir verbreiten, wird sehr wahrscheinlich in unserer Richtung zurückkommen. Wenn wir Werte wie Prekarität als Lebensstil oder eine verlangte hohe Opferbereitschaft und mangelnde Wertschätzung des Individuums – die Sache ist Alles! – weitergeben, hat das Konsequenzen. Positiv gewendet können wir die Kraft des sozialen Kontexts mit folgenden (anonymen) Worten beschreiben:

»Der Weg, respektiert zu werden, ist zu respektieren.
Der Weg, Vertrauen zu bekommen, ist zu vertrauen.
Der Weg, gemocht zu werden, ist zu mögen.
Der Weg, geliebt zu werden, ist zu lieben.
Was herumgeht, kommt zurück,
Selbst wenn es nicht direkt passiert.
Was wir in die Welt geben
Atmen wir wieder ein.«[62]

Das Prinzip der unterstützenden Spiegel nach Julia Cameron (an uns glaubende Freund*innen, die uns unterstützen) ist die Bewusstwerdung der Wichtigkeit unseres sozialen Umfeldes. Wenn wir Menschen um uns herum haben, die an uns glauben und uns unterstützen, werden wir wie Pflanzen durch Sonnenschein wachsen. Für Chris Johnstone ist der beste Weg ›unterstützende Spiegel‹ in unseren Leben zu entwickeln, selbst einer zu werden.

→ **Lesetipp:** Johnstone, Chris: *Changing Group Culture*. In: Ders.: Find Your Power. A Toolkit for Resilience and Positive Change. Hampshire: Permanent Publications 2010, S. 246ff.

f.) Anspruchsvolle Aktionsformen

Direkte Aktionen und ziviler Ungehorsam können sehr bereichernd und ermächtigend sein, aber auch emotional, ökonomisch und stressbezogen einen hohen Preis fordern. Direct Action kann die stärksten Gefühle hervorrufen. Du kannst außergewöhnliche Dinge sehr schnell erleben. Viele

---

62 Johnstone, Chris: Find Your Power. a.a.O., S. 246.

Menschen finden, dass eine Direct-Action-Kampagne eines der wichtigsten, lebensverändernden und ermächtigenden Dinge in einem Leben sein kann. Aber einige Menschen sagen auch, dass insbesondere, wenn die Kampagne verloren und das, was sie bewahren wollte, zerstört wurde, es die schrecklichsten Erfahrungen waren, die sie je erlebt haben, und dass sie nicht noch einmal durch so einen Schmerz gehen können. Kurz gesagt kann Direct Action zeitweilig sehr traumatisch für Menschen sein. Der beste Weg, mit all diesem Stress umzugehen, ist, sich gegenseitig zu helfen und zu unterstützen. Stressreaktionen beginnen mit der Ausschüttung von Adrenalin, welches uns kurzzeitig einen Schub von Energie gibt. Indem wir uns kontinuierlich härter antreiben, können wir auf dem Hoch verbleiben, aber dies kann nicht dauerhaft so sein. Es sollte gefolgt sein von Entspannung und Erholung. Wenn wir uns nicht erholen und die Nachricht, dass etwas falsch läuft, ignorieren, dann werden unser Körper und unser Geist zu etwas Schmerzvollem oder Dramatischem greifen, um unsere Aufmerksamkeit zu bekommen. Das ist Burnout. Deshalb müssen wir, wenn wir mit anspruchsvollen Aktionsformen agieren, Entspannungs-, Regenerations- und Aufarbeitungszeiten mit einplanen.

g.) Auszehrendes soziales Umfeld
Auf einer Veranstaltung zu Nachhaltigem Aktivismus gab ein Teilnehmer zu bedenken, dass der einzige Faktor, der ihn ausbrennen lässt, das unsoziale Verhalten von anderen in dem Projekt ist. Es muss dazu gesagt werden, dass es sich dabei um einen besetzten offenen Raum mit hoher Fluktuation handelt.

Das schwierige an solchen Orten ist, dass es keine Regeln gibt, außer dass es keine Regeln gibt. Aufgrund des individualanarchistischen Hintergrunds gibt es keine kollektiven Entscheidungsstrukturen und somit keine Möglichkeit der Gruppe, auf unsoziales Verhalten zu reagieren. Dies führt dazu, dass solche Orte sehr stark von Individuen und Stimmungen beeinflusst werden können und Menschen, die ein Problem mit unsozialem Verhalten haben, nur die offene Konfrontation oder der Rückzug als Reaktion darauf bleibt. Dies kostet die Individuen in jedem Fall viel Kraft.

Ein Mangel an Respekt und gegenseitiger Anerkennung gehört ebenfalls zu den Charakteristika eines auszehrenden sozialen Umfeldes. Andere Aspekte sind zum Beispiel ein erhöhter Alkohol- oder Drogenkonsum oder eine Machokultur, die Streetfighter-Militanz zum Nonplusultra des Aktivismus stilisiert. Dieses Verhalten kann auch Ausdruck von Traumatisierungen durch Repressions- oder andere Gewalterfahrungen sein und als *trauma-organized communities* das ganze soziale Umfeld prägen.

h.) Zu viel bzw. ungenügende Kommunikation

Die Überforderung durch die Menge der Kommunikationsarbeit bei der Selbstverwaltung in allen Lebensbereichen (politische Kampagne, soziales/autonomes Zentrum, Arbeitskollektiv, Wohnprojekt) bzw. mangelhafte Kommunikation allgemein kann Menschen situativ ausbrennen lassen.

Die Überforderung durch die schiere Menge an Kommunikationsarbeit, die geleistet werden muss, kann an verschiedenen Faktoren liegen. So kann die Grenze der Selbstverwaltung erreicht sein bzw. die Notwendigkeit zur Priorisierung in der Selbstverwaltung. Wir müssen nicht überall mitreden. Es ist wichtig, dass wir uns bewusst machen, wo wir unsere Fähigkeiten am Besten einsetzen können und wir uns wohl fühlen. Neben der Beschränkung bzw. Fokussierung bei der Selbstverwaltung ist aber auch ein reflektierter Umgang mit digitalen Medien und Smartphones wichtig, um die Menge der Kommunikationsarbeit zu kontrollieren. Auch hier gilt: Wir müssen nicht auf allen Mailinglisten sein, Echtzeitmedien wie Chats und dauerhaft bei Facebook online sein sind Gift für unsere Konzentrationsfähigkeit.

Mangelhafte Kommunikation als Burnoutursache drückt sich z. B. in schlecht oder gar nicht moderierten Treffen aus, was ein wesentlicher Frustfaktor in der politischen Arbeit darstellt. Aber auch der mangelhafte Umgang mit Konflikten (siehe auch ➜ Interne Machtkämpfe S. 98), die Aktivist*innen ausbrennen lassen, drücken Kommunikationsdefizite aus. Die Verbesserung unserer kommunikativen Fähigkeiten nach innen und außen kann wesentlich dazu beitragen, uns resilienter zu machen.

i.) Unklare Ziele von Kampagnen, Netzwerken, Organisationen

Viele aktivistische Gruppen wissen ganz genau, was sie nicht wollen, aber es fällt ihnen schwer zu artikulieren, was sie wollen bzw. wie sie feststellen können, dass sie ein Ziel erreicht haben. Gemäß ihrer oft idealistischen Motivation werden schon Bestrebungen genannt wie ›Abschaffung des Kapitalismus‹, ›umfassende Geschlechtergerechtigkeit‹ oder der ›sofortige Kohleausstieg‹. Diskursiv in die Offensive zu gehen ist wichtig, ebenso wie eine Orientierung an Visionen und Werten, aber trotzdem ist es für die eigene Motivation notwendig, konkrete kurz- und mittelfristig erreichbare

Ziele mit zu berücksichtigen. Durch schwammige Zielformulierungen lassen sich keine kurz- und mittelfristigen Ziele erreichen, die evaluiert werden können und es stellt sich das Gefühl ein, erfolglos zu sein. Gleichzeitig können Gruppen ohne klare Ziele leicht vom Pfad abkommen und handeln weniger strategisch und eher reaktiv. Dies mindert die Chancen auf erfolgreiche politische Interventionen, was sich negativ auf die Motivation und Moral von Aktivist*innen auswirkt.

j.) Strukturlosigkeit und Entgrenzung
Strukturlosigkeit in nicht-hierarchischen Gruppen und Organisationen kann bestehende informelle Machtstrukturen maskieren und Einbindung und Partizipation von Menschen be- bzw. verhindern und so frustrieren. Parallel steigt dadurch der Arbeitsdruck auf die dominanten Menschen in der Gruppe, die deshalb nicht durch gelungene Kooperation und Delegation entlastet werden. Die Feministin Jo Freeman argumentiert in ihrem Bewegungsklassiker *die Tyrannei der Strukturlosigkeit*, dass durch die Behauptung, Hierarchie und Führung vermeiden zu wollen, Aktivist*innen sich einseitig ›entwaffnen‹, wenn es um die Identifizierung und Beseitigung von Hindernissen für effektive kollektive Aktionen geht. Sie betont, dass es so etwas wie eine strukturlose Gruppe nicht gibt.

Neben Strukturlosigkeit kann Entgrenzung bei der Selbstverwaltung bzw. in Organisationen zu moralischer Überforderung führen und Aktivist*innen auszehren. Gerade bei größeren Projekten und Kampagnen kann der Anspruch in horizontalen Gruppen, dass Alle für Alles verantwortlich sind, überfordern. Dagegen helfen eine klare Arbeitsteilung und transparente Arbeitspakete, um Überlastung zu vermeiden.

→ **Lesetipp:** Freeman, Jo: Die Tyrannei der unstrukturierten Gruppen. https://www.anarchismus.at/anarcha-feminismus/feminismus/807-joreen-die-tyrannei-der-unstrukturierten-gruppen (Zugriff 11.3.2019).

3. Die erste Säule: Reflexionen zu sozialer Veränderung und strategisches Handeln (Theorie & Analyse)

Um erfolgreich ein Ziel verfolgen zu können, ist es wichtig, Klarheit darüber zu haben und die Grundannahmen für dessen Erreichen zu klären. Das Ziel des Nachhaltigen Aktivismus ist die soziale Veränderung, die die Gerechtigkeit auf ihrer Seite hat und Machtverhältnisse und Privilegien kritisch reflektiert. Dies bedeutet innere und äußere, ökologische und soziale Veränderung, um individueller wie kollektiver Befreiung Stück für Stück näherzukommen. Befreiung ist ein Prozess, kein Ankommen, sondern ein Aufbruch. Es geht nicht nur um eine Bewusstseinsveränderung, sondern um eine Verhaltensveränderung der Menschen und um das Verschieben der Machtverhältnisse hin zur Basis. Verkürzte Vorstellungen von sozialer Veränderung sind eine Quelle von Resignation und Enttäuschung. Strategisches politisches Handeln ist eine Grundlage für Nachhaltigen Aktivismus. Es gibt einen politischen Aktivismus, der sich mehr durch Aktionismus, Feuerwehrpolitik und einen krisenbasierten Organisationsansatz auszeichnet. Doch Aktivismus, der nur reaktiv bleibt und keine eigene Agenda und Ziele formuliert, läuft Gefahr langfristig auszutrocknen. Nachhaltiger Aktivismus braucht Reflexion, strukturelles Denken und strategisches kollektives Handeln.

Nachhaltiger Aktivismus erweitert klassische Resilienzkonzeptionen um die Erfahrungen über Bedingungen und Methoden, die bei sozialer Veränderung relevant sind. Die Reflexionen über dieses Erfahrungswissen sind aus der Sicht des Nachhaltigen Aktivismus elementar wichtig, da sie uns helfen 1.) politisch erfolgreicher zu sein, 2.) politische Arbeit als sinnvoll zu erleben, 3.) radikal inklusiver zu sein, mehr Menschen Zugänge zu sozialen Bewegungen zu ermöglichen und sie dahingehend zu verändern und 4.) die Gefahr eines Burnouts wesentlich zu verringern.

Die Erfahrungen und Reflexionen zu sozialer Veränderung lassen sich in zwei große Bereiche unterteilen: erstens die innere persönliche Veränderung und zweitens die äußere gesellschaftliche Veränderung. Innere persönliche Veränderung ist kein Widerspruch zum kollektiven politischen Handeln, sondern ist ihm vorgelagert. Hier findest du wichtige Kraftquellen und die Klarheit über deine Positionen, Privilegien und Prägungen, die für gelungene und emanzipatorische Kooperationen eine wichtige Grundlage sind. Du musst dich selbst gut kennen, um gut mit anderen zusammenzuarbeiten, die sich von dir unterscheiden.

Bei der Reflexion über die äußere gesellschaftliche Veränderung geht es um strukturelles Denken mit dem Ziel eines systemischen Wandels. Durch strategisches kollektives Handeln in Form von Kampagnen und Bewegungsstrategien können wir diesem Wandel Stück für Stück näherkommen. Ich möchte hier keine konsistente Social-Change-Theorie darlegen, sondern verschiedene Konzepte mit jeweils ihren speziellen Wirkungsbereichen, Stärken und Begrenzungen aufzeigen. Es wäre schon reizvoll sie weiter aufeinander zu beziehen und insbesondere den Movement-Action-Plan strategisch heterogener und doch ethisch-empathisch geerdet weiterzuentwickeln, aber das kann hier nicht geleistet werden. Auch können die Konzepte nicht in Gänze und voller Tiefe dargestellt werden, sondern nur im Überblick, um Impulse für weiteres Nachlesen, Forschen und Reflektieren zu geben.

Hinzu kommen Thesen zu sozialer Veränderung, die nicht als Kanon verstanden werden sollen, sondern einige meiner eigenen Erfahrungen meines 20-jährigen Engagements zusammenfassen, welches ich teilweise mit historischen Beispielen aus sozialen Bewegungen und wissenschaftlichen Studien unterfüttert habe. Weitere ›Golden Nuggets‹ des Wissens über soziale Veränderung findet ihr in dem Buch *Beautiful Trouble. Handbuch für eine unwiderstehliche Revolution*[63] und in der umfasseneren englischsprachigen Ausgabe *Beautiful Trouble. A Toolbox for Revolution*[64] wie auch auf der Webseite: https://beautifultrouble.org

Ein weiteres wichtiges Projekt ist *Beautiful Rising*, das versucht die Kapazität, Kreativität und Effektivität von sozialen Bewegungen, Aktivst*innengruppen und zivilgesellschaftlichen Organisationen zu stärken, um langfristigen sozialen Wandel zu erreichen. Dies ist lebendiger Teil von Nachhaltigem Aktivismus und diese Art von Wissen baut unmittelbar Resilienzen auf.

---

63 Boyd, Andrew / Dave Oswald Mitchell (Hrsg.): Beautiful Trouble. Handbuch für eine unwiderstehliche Revolution. Freiburg im Breisgau: Orange-Press 2014.
64 Boyd, Andrew / Dave Oswald Mitchell (Hrsg.): Beautiful Trouble. A Toolbox for Revolution. New York: OR Books 2012.

Ausgangspunkte für Befreiung

Warum verschiedene Ausgangspunkte?

Es geht um Befreiung. Um die Frage ›Wie ist deine Freiheit mit meiner verbunden?‹ und um die Selbsterkenntnis, dass wir in einem komplexen Lebensnetz auf dieser Welt wechselseitig eingebunden sind.

Um konstruktiv in unsere Reflexion über soziale Veränderung einzusteigen ist es wichtig, grundlegende Ausgangspunkte für diesen Prozess zu benennen. Die verschiedenen Ausgangspunkte mit ihren verschiedenen kulturellen Hintergründen haben alle ihre Stärken und Schwächen. Die Vielfalt der Ansätze ermöglicht eine genauere Analyse der herrschenden Verhältnisse und das Aufdecken der eigenen blinden Flecken. Es besteht die Notwendigkeit die eigene kulturelle Matrix und die eigenen Standpunkte zu hinterfragen, indem sich unter anderem kritisch mit Macht, Privilegien und Unterdrückungsstrukturen auseinandergesetzt wird.

Wie wichtig diese grundlegenden Reflexionen sind, möchte ich am Beispiel von Gandhi verdeutlichen. Gandhi gilt als epocheprägender Anwalt der Gewaltlosigkeit, der großen Einfluss auf Martin Luther King, Nelson Mandela und verschiedene Befreiungsbewegungen weltweit gehabt hat. Seine Doktrin der Gewaltlosigkeit ruht nach Arundhati Roy[65] auf einem Fundament von dauernder, brutaler, extremer Gewalt in Form des Kastensystems. Seine kulturelle Blindheit ließ ihn als Angehörigen einer hohen Kaste das Kastensystem verteidigen und er sprach mit Verachtung über Frauen, Schwarze und Arbeiter*innen. Diese Sichtweise von Roy bezieht sich im Wesentlichen auf den Gandhi in seiner Frühphase in Südafrika (1893-1914) und verkennt seine persönliche Entwicklung zu einem revolutionären Antikolonialisten mit libertären Anschauungen, der etwa 1945 meinte:»Das Kastensystem ist ein Anachronismus.«[66] Die Rolle von Gandhi im indischen Befreiungskampf kann hier nicht geklärt werden, doch an seiner Biografie zeigt sich die Notwendigkeit zur tiefergehenden Reflexion der herrschenden Verhältnisse und Kultur, deren Teil wir auch sind. Deshalb werden im Folgenden kurz verschiedene kulturelle Befrei-

---

65 Siehe Roß, Jan: *Arundhati Roy: Gandhis vergiftetes Erbe.* In: Die Zeit. 17. Oktober 2014. https://www.zeit.de/2014/40/arundhati-roy-indien-gandhi-kastensystem (Zugriff 6.3.2019)..

66 Zit. n. Marin, Lou: *arundhati roys angriff trifft den falschen!* In: graswurzelrevolution 393/november 2014 (2014). https://www.graswurzel.net/393/roy.php#u8 (Zugriff 1.9.2017).

ungswege vorgestellt, die uns anregen können, über unsere eigenen blinden Flecken nachzudenken.

Die Fragestellung, was Befreiung ist, ist sehr weitreichend und tiefgehend, aber ohne wenigstens Antwortversuche darauf zu geben, ist Nachhaltiger Aktivismus oberflächlich und schal. Ausgehend von einer säkularen Linken und einem humanistischen Weltbild werden in diesem Kapitel verschiedene Befreiungsimpulse kurz angerissen. Es handelt sich nicht einfach um theoretische oder religiöse Befreiungsansätze, sondern eine Priorität liegt auf ihrer realen Einbettung in soziale Bewegungen, dort wo sich Menschen gemeinsam auf den Weg machen, einer kollektiven Befreiung näherzukommen, die das Individuum respektiert. Gleichzeitig ist aus Platzgründen keine umfassendere Zusammenschau der Befreiungsansätze in verschiedensten Kulturen weltweit möglich. Ansätze aus dem Judentum, dem Islam, dem Taoismus, dem Hinduismus habe ich aus Platzgründen nicht aufgenommen. Für Interessierte sei hierfür von Roger S. Gottlieb *Liberating Faith. Religious Voices for Justice, Peace, & Ecological Wisdom*[67] empfohlen. Dies gilt ebenso für eine ausführlichere Darstellung spezifischer Befreiungskämpfe wie z. B. der Arbeiterbewegung, der Tierrechtsbewegung oder der radikalökologischen Bewegung.

Als Erstes zeige ich ein grobes Raster mit einer systemischen Analyse von Macht, Unterdrückung und Privilegien auf und verfeinere dies mit Hilfe der Arbeit von Leticia Nieto zum Umgang mit Unterdrückung und Befreiung. Anschließend stelle ich kurz den klassisch linken Zugang vor und diversifiziere dann die Perspektive mit dem befreiungstheologisch-christlichen Zugang, Zugang des engagierten Buddhismus, der Befreiungspsychologie und Befreiungswissen indigener Traditionen. Doch lasst uns trotzdem behutsam mit den kulturellen Unterschieden umgehen. Alle Theorien wie z. B. die kurz vorgestellten kulturellen Ideen von Befreiung, sind wie eine Art Landkarten zur Orientierung. Sie beschreiben nicht wirklich das Gelände. Sie können nützlich sein, aber nur wenn die Kartenleser*in genug Fähigkeiten und Erfahrung besitzt, die Weisheit der Karte zu entschlüsseln, während die wesentliche Beachtung der unmittelbaren Landschaft geschenkt wird, in der sie sich bewegt.

Die hier vorliegenden Antwortversuche können nicht der Weisheit letzter Schluss sein, aber sie sollten als Motivation verstanden werden, selbst zu suchen.

---

67 Gottlieb, Roger S. (Hrsg.): Liberating faith. religious voices for justice, peace, and ecological wisdom. Lanham, Md: Rowman & Littlefield Publishers 2003.

Systemische Analyse von Macht, Unterdrückung und Privilegien

Als einen Ausgangspunkt möchte ich überblickartig ein Schaubild über die ineinandergreifenden Formen von Unterdrückung voranstellen, welches von der amerikanischen Bewegung *Generation FIVE* entwickelt wurde. *Generation FIVE* hat das Ziel innerhalb von fünf Generationen sexuellen Kindesmissbrauch durch die Einnahme von Führungspositionen durch Überlebende, Community Organizing und öffentliche Aktionen gesamtgesellschaftlich zu beenden.

Ineinandergreifende Formen von Unterdrückung

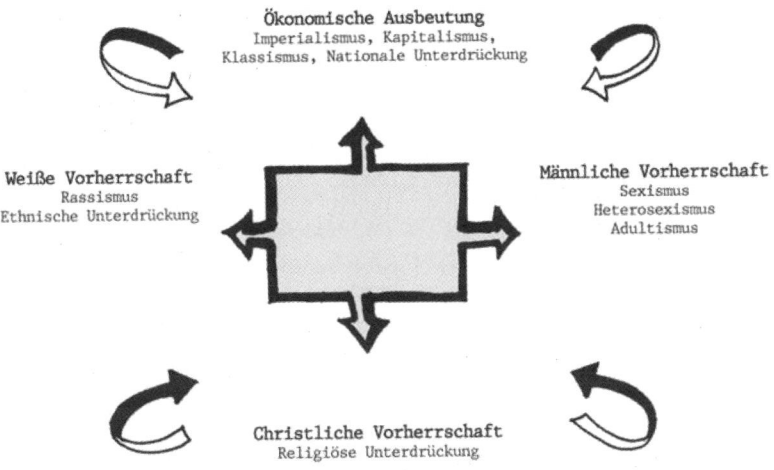

Ökonomische Ausbeutung
Imperialismus, Kapitalismus,
Klassismus, Nationale Unterdrückung

Weiße Vorherrschaft
Rassismus
Ethnische Unterdrückung

Männliche Vorherrschaft
Sexismus
Heterosexismus
Adultismus

Christliche Vorherrschaft
Religiöse Unterdrückung

Nach *Generation FIVE*

Die Grafik beschreibt die vier ineinandergreifenden Formen von Unterdrückung: Die ›ökonomische Ausbeutung‹ besteht aus Imperialismus, Kapitalismus, Klassismus und nationaler Unterdrückung zwischen Ländern. Die ›männliche Vorherrschaft‹ drückt sich in Sexismus, Heterosexismus (Abwertung von Homo-, Bi- und Intersexuellen sowie trans Personen) und Adultismus (Diskriminierung von Kindern und Jugendlichen) aus. ›Christliche Vorherrschaft‹ führt zu religiöser Unterdrückung und Benachteiligung anderer Glaubensrichtungen und säkularer Menschen.

Und ›weiße Vorherrschaft‹ ist ein Sammelbegriff für eine Vielzahl rassistischer ideologischer Systeme und ethnischer Unterdrückung.

Mechanismen der Unterdrückung nach *Generation FIVE*:

✗ Gewalt und Gewaltandrohung
✗ Kooptation (Eingliederung) und Aneignung
✗ Privilegien, Anspruchsdenken und davon profitieren, sich nicht zu
bewegen
✗ Zwang, Angst und Terror
✗ Vertreibung und Gentrifizierung[68]
✗ Soziale Isolation oder die Drohung von Isolation
✗ Verinnerlichte Unterdrückung und die Spaltung der Unterdrückten
✗ Inhaftierung, Überwachung, Militarisierung und Kriminalisierung
✗ Medikalisierung (überflüssige Medikamentierung), Pathologisierung,
Individualisierung
✗ Leugnung von und Neuschöpfung von historischen Fakten

Unterdrückung und Befreiung nach Leticia Nieto und ihrem Team

Um Unterdrückung tiefer zu verstehen, verwende ich im Folgenden die
Entwicklungsstrategie zur Befreiung der us-amerikanischen Theaterpäd-
agogin Dr. Leticia Nieto und deren systematischen Analyse- und Handlungsrahmen. Diese Arbeit halte ich für das präziseste, was ich im Bereich
der Anti-Oppression-Arbeit kennengelernt habe, mit einem warmen Ton
jenseits von Scham- und Schulddynamik. Sie kann den Menschen helfen,
ihr Verständnis von Unterdrückung und ihr Mitgefühl für sich selbst und
andere wachsen zu lassen. Die Methode ist größtenteils eine psychologische Herangehensweise. Sie nutzt eine Sprache der Bilder und Gefühle
und weniger eine der Politik und des Aktivismus. Dr. Nieto und ihre Kolleg*innen gehen davon aus, dass Menschen angemessene und nützliche
Fähigkeiten erlernen können, um mit den Problemen von Unterdrückung
umzugehen, genauso wie andere Fähigkeiten. Dies betrifft uns einerseits
als von Unterdrückung Betroffene, wo es darum geht ein rezentriertes
Bewusstsein zu entwickeln. Anderseits geht es auch darum, als mit Privilegien Ausgestattete ein Verbündetenbewusstsein zu entwickeln. Sie haben
rausgefunden, dass wenn Menschen diese Fähigkeiten für den Umgang

---

68   Siehe Glossar.

mit Unterdrückung entwickelt haben, es ihnen leichter fällt, Unbehagen zu tolerieren, ihr eigenes Verhalten zu ändern und mit Menschen zusammenzuarbeiten, deren Erfahrungen von den eigenen abweichen. Die Ansätze von Leticia Nieto und ihren Kolleg*innen bieten innovative Impulse für die politische Praxis, wenn sie komplementär zu ›klassisch‹ linker Politik gedacht werden, diese aber nicht ersetzen, sodass es nicht ausschließlich zu Individualisierung und Psychologisierung des Problems von Ausbeutung von Unterdrückung kommt.

Der Handlungsrahmen ist ›nur‹ ein theoretisch-praktisches Modell mit seinen Stärken und Schwächen. Er bezieht sich auf soziale Interaktion zwischen Menschen ausgehend von den Besonderheiten der US-amerikanischen gesellschaftlichen Verhältnisse. Die Grundprinzipien und die meisten Kategorien lassen sich aber direkt übertragen, andere Kategorien hingegen, wie beispielsweise die Rolle einer indigenen Herkunft, sind nicht direkt auf den deutschen Kontext übertragbar. Gleichzeitig ist es notwendig, Anfragen an das Modell zu stellen, wie z.B. die Rolle von Minderheiten in Deutschland und hier insbesondere von Sinti und Roma in das Modell einzubeziehen sind.

Unterdrückung

Die amerikanische Aktivist*in Leticia Nieto und ihr Team definieren Unterdrückung als veraltete Vormachtstellung. Vormachtstellung ist die Überbewertung von einigen Gruppen (und das Überbewerten von allem, was mit diesen Gruppen assoziiert wird) und die daraus resultierende Unterbewertung aller anderen (und der Unterbewertung von allem, was mit diesen Gruppen verbunden wird). Innerhalb der Sozialsysteme sind Mechanismen eingebettet, die diese Wertungen verankern. Unterdrückung ist übergreifend, systematisch, konstant und allgegenwärtig. Sie ist extern und intern. Sie kann horizontal sein (indem sie sich direkt gegen meine eigene Betroffenengruppe richtet) und internalisiert (gegen uns selbst gerichtet).

Wir sind von Geburt an darauf konditioniert, an einem Unterdrückungssystem teilzunehmen, wo wir Gruppen überschätzen – inklusive uns selbst, sofern wir zu solchen Gruppen gehören – und andere Gruppen unterbewerten – einschließlich uns selbst wenn wir zu solchen Gruppen gehören. Wir sind ebenso konditioniert, die Existenz von Unterdrückung, Überschätzung und Unterbewertung oder die Rollen, die wir spielen, nicht wahrzunehmen.

Ein weiterer Weg, wie Unterdrückung nach Nieto gesehen werden kann, ist Unterdrückung als unnötiges Leiden zu definieren, welches durch soziale Ungleichheit ausgelöst wird. Beispielsweise beschreibt Allan Johnson[69], dass die Erfahrung, eine Person of Color zu sein, nicht als solche schmerzhaft ist, sondern der Rassismus. Altern kann Unannehmlichkeiten mit sich bringen; zusätzliches Leiden wird durch Ageismus (Diskriminierung aufgrund des Alters) verursacht. Eine Behinderung in Form eines chronischen Leidens kann an sich schon Leiden verursachen; Ableismus (Diskriminierung aufgrund einer Behinderung) bringt ein zusätzliches Maß an Schmerz, ein Maß von zusätzlichen Leiden verursacht durch die Gesellschaft. Einige Behinderungen wie z. B. ein gehörloser Mensch zu sein, verursacht nicht direkt Leiden; das Leiden kommt gänzlich vom Ableismus.[70]

Soziale Interaktionen verstehen

Das folgende Modell nach Nieto ist komplex und es wird im Folgenden stark vereinfacht wiedergegeben, um es hier kurz zu präsentieren.

Wir sind alle Mitglieder von verschiedenen Gruppen. Viele dieser Mitgliedschaften spiegeln unsere Entscheidungen und Leben in einer Art und Weise wider, die neutral oder positiv sind. Einige von uns kommen aus großen Familien und einige sind Einzelkinder. Einige von uns halten Haustiere und viele nicht. Einige sind Basketballfans, Symphonieliebhaber*innen, Vogelkundler*innen oder Filmenthusiast*innen. Wir können viele dieser Zugehörigkeiten genießen und wissen, dass wir deswegen sehr wahrscheinlich keine Diskriminierung erfahren werden.

Andere soziale Mitgliedschaften sind beschwerlich. Wegen unserer sozial eingeschriebenen Mitgliedschaft in bestimmten Gruppen basierend auf Geschlecht, Ethnizität, sozialer Klasse und anderer Gruppen werden wir Unterdrückung oder Privilegien erfahren. Wir haben es uns nicht ausgesucht bei diesen Gruppen Mitglied zu werden, genauso wie wir uns das System von Unterdrückung und Privilegien nicht ausgesucht haben, welches Teil unseres Lebens ist. Leticia Nieto benutzt dem Begriff ›Rang‹ um dieses System zu beschreiben und sie ist davon überzeugt, dass Menschen in jedem von diesen Ranggebieten Zugang zu besseren Fähigkeiten erlangen können, um mit Unterdrückung umzugehen. Im Folgenden kann ich zwei kurze Onlinetexte empfehlen, die diese Fähigkeiten detaillierter beschreiben.

---

69 Siehe Johnson, Allan G: Privilege, Power and Difference. 3. Aufl. New York, NY: McGraw-Hill Education 2017.

70 Weiterlesen: o.A.: *Features of oppression*. Angabe in: Nieto, Leticia: Beyond Inclusion, Beyond Empowerment. a.a.O., S. 256.

Fähigkeitenset für Target-Mitglieder
(von Unterdrückung negativ betroffen):

Erfahrung von Empowerment

| Überleben | Verwirrung | Empowerment | Strategie | Re-Zentrierung |

Entwicklung von Rezentriertem-Bewusstsein

Nach Leticia Nieto: Beyond Inclusion, Beyond Empowerment, a.a.O., S. 145.
https://beyondinclusion.files.wordpress.com/2011/07/ask_leticia_part_2.pdf
(Zugriff 29.3.2019).

Fähigkeitenset für Agent-Mitglieder
(mit Privilegien ausgestattet):

Erfahrung von Verbündeten-Bewusstsein

| Indifferenz | Distanzierung | Inklusion | Bewusstheit | Verbündetenbewusstsein |

Agentzentrierte Fähigkeiten   Targetzentrierte Fähigkeiten

Nach Leticia Nieto: Beyond Inclusion, Beyond Empowerment. a.a.O., S. 103.
https://beyondinclusion.files.wordpress.com/2011/07/ask_leticia_part_3.pdf
(Zugriff 26.3.2019).

Nun werde ich grundlegend kurz darstellen, wie das System funktioniert. In diesem Modell unterscheiden wir drei Begriffe, die manchmal synonym verwendet werden: Status, Rang und Power (Kraft, Macht, Fähigkeit, Vermögen). Ein ›Zwiebel‹-Diagramm zeigt diese als Schichten oder Wege an, um soziale Interaktion zu verstehen.

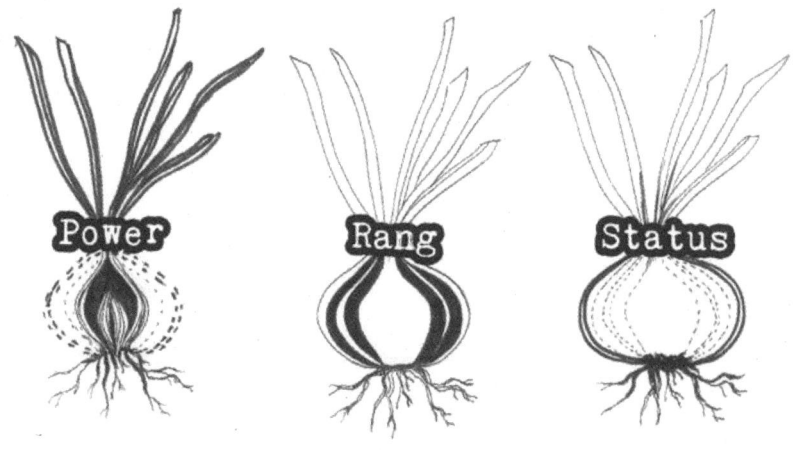

Status ist die äußere Schicht, diejenige die am einfachsten für andere Menschen zu sehen ist und diejenige, welcher wir uns höchstwahrscheinlich bewusst sind. Rang bezieht sich auf ein System der unterschiedlichen Bewertung von Menschen, bezogen auf bestimmte Mitgliedschaften in sozialen Gruppen, und Power ist die innerste Schicht und bezieht sich auf den Kern unseres Seins.

Power bezieht sich auf unsere Verbindung zu dem, was größer ist als wir selbst, welches z. B. mit dem Numinosen/Unsagbaren oder dem Göttlichen beschrieben werden könnte. Es signalisiert unsere Verbindung mit den Ahnen und Vorfahren, zur Natur und zur gesamten Schöpfung. Jede Person kann Zugang zu Power haben; es ist nicht eine Funktion von sozialen Rollen oder weltlichem Erfolg. Wir verbinden uns mit Power durch unsere spirituellen Praktiken und unser kreatives Leben, durch unsere Mentor*innen und geliebten Menschen, und durch alles, was es uns erlaubt, uns von unserem eigentlichen Wesenskern her zu bewegen. In Workshops von Leticia Nieto werden zum Beispiel die Teilnehmer*innen gebeten, sich einWesen vorzustellen, das über diese Art von Kraft verfügt und sich vorzustellen in dessen Fußstapfen zu gehen, als ein Weg, um mit der eigenen persönlichen Kraft in Verbindung zu kommen.

Uns an unsere Power/Kraft zu erinnern, ermöglicht uns, mit den Herausforderungen unseres Lebens umzugehen und die sozialen Konstruktionen von Status und Rang effektiv zu durchschneiden. Normalerweise können andere Menschen unsere Kraft nicht sehen, obwohl sie sie vielleicht in einigen Situationen spüren. Im Gegensatz dazu ist Status die oberflächlichste Ebene der Interaktionen, welche leicht zu beobachten ist. Wir alle wissen, wie wir eine hohe oder niedrige Statusposition einnehmen und wir alle haben darin viel Praxis. Ein hohes Statusverhalten ist gekennzeichnet durch eine dominante oder bestimmende Haltung und verbale Botschaften von Behauptung, Führer*innenschaft, Dominanz oder Wissen. Ein niedriges Statusverhalten ist gekennzeichnet von einer unterwürfigen oder passiven Haltung und verbalen Botschaften von Zustimmung, Einverständnis, Akzeptanz und Unterstützung. Sowohl hohes als auch niedriges Statusverhalten kann in der einen Situation nützlich sein und destruktiv in der anderen – es sind fundamentale Verhaltensmodi, welche an sich nicht gut oder schlecht sind.

Wie andere Tiere auch spielen menschliche Wesen kontinuierlich Statusspiele. Die meisten von uns nehmen über den Tag sowohl hohe als auch niedrige Statuspositionen ein. Mit unseren engen Freund*innen, Partner*innen und Kolleg*innen können Statusspiele sehr flüssig werden, wo beide Parteien abwechselnd beide Positionen einnehmen. Bestimmte soziale Rollen rufen ein bestimmtes Statusverhalten hervor, worauf ich später noch zurückkommen werde.

Es ist leicht, Statusspiele an jeder Bushaltestelle, bei jedem Familienessen oder Geschäftsreffen zu beobachten. Schau wie sich eine Interaktion entfaltet und du wirst wahrscheinlich Menschen sehen, die regelmäßig ihre Statusposition wechseln. Dies ist wichtig, weil Status kein dauerhafter Zustand oder Rolle ist; es ist ein temporäres Verhalten. Im Gegensatz zu einer Rangmitgliedschaft, welche im Allgemeinen stabil ist, sind Statusspiele mobil. Hohes Statusverhalten beinhaltet viele positive Aktivitäten: eine Gruppe führen, eine Klasse lehren, das Wort für ein Prinzip erheben, Beziehungen in Anspruch nehmen. Hohes Statusverhalten beinhaltet ebenso das ganze Spektrum von Aggression, von positiven Aktionen zu Konfrontationen bis hin zu Gewalt. Gewalt ist ein Verhalten, das hohem Status entspricht und dies behält seine Wahrheit, ganz egal wer sie ausführt. Wenn eine Person, welche Mitglied einer sozial marginalisierten Gruppe ist, gewalttätig gegen eine Person handelt, die Mitglied einer sozial überbewerteten Gruppe ist, sehen wir dies als ein hohes Statusverhalten. Es ist eine temporäre Situation, ein Schnappschuss einer Interaktion, die

nicht die zugrundeliegenden Dynamiken von gesellschaftlicher und institutionalisierter Ungleichheit verändert.

In gleicher Weise verhält es sich, wenn ein Mitglied einer sozial überbewerteten Gruppe oder Inhaber*in von sozialen Privilegien eine niedrige
Statusposition in einer bestimmten Interaktion einnimmt, so verändert
dies nicht den Rang der beteiligten Menschen. Um ein extremes Beispiel
zu benutzten, eine Sklavenbesitzer*in kann gütig, liebevoll oder demütig
zu einer bestimmten Sklav*in in einer gegebenen Situation sein, aber dies
ändert nicht, wer Besitzer*in und wer Sklav*in ist. Es ist hilfreich, die Diskussion über Status und Rang getrennt zu führen, um besser die Probleme
in beiden Feldern zu verstehen. Oft passiert es, wenn Menschen über Rang
reden, dass Beispiele von Statusspielen in die Unterhaltung einfließen.
Dabei ändert der Fakt, dass einige Mitglieder einer sozial weniger wert-
geschätzten Gruppe Erfolg erleben und hohes Statusverhalten zur Schau
stellen, nicht die zugrunde liegenden Rangdynamiken.

Die mittlere Schicht der Zwiebel, der Rang, ist komplex. Weil Rang
schwierig zu diskutieren ist, benutzt Leticia Nieto eine Reihe von Meta-
phern, um zu versuchen, nachvollziehbar zu machen, wie es funktioniert.
Eine Metapher ist die eines grundlegenden mechanischen Systems, einer
konditionierten Antwort, die jede*r von uns eintrainiert hat, als wir sehr
jung waren. Leticia Nieto und ihr Team nennt sie die Rangmaschine. Sie
funktioniert wie ein altmodisches Uhrwerk oder ein primitives indust-
rielles System, wie ein Fließband vor 100 Jahren, aber es passiert in und
um uns herum. Ein sozialpsychogischer Mechanismus, der die Funktionsweise der Rangmaschine beschreibt, ist das Bilden von Stereotypen, als
unbewusste und teils sogar automatisierte kognitive Zuordnung.

Die Rangmaschine erledigt nur eine Sache: Sie sortiert Menschen in
zwei Stapel, einen kleinen Stapel mit Menschen die überbewertet und
einen großen Stapel, welche unterbewertet sind. Sie werden von Leticia
Nieto *Agents* und *Targets* genannt. Weil die Rangmaschine Teil unserer
tiefen Konditionierung ist, sind wir uns nur selten bewusst, was sie tut
bzw. dass sie überhaupt in Betrieb ist. Die Auswirkungen von Rang müssen
innerhalb von Nanosekunden bemessen werden. Wir treffen eine Person
und die Rangmaschine hat sowohl sie als auch uns oft bewertet und kategorisiert noch bevor wir miteinander reden. Wir haben keine Kontrolle
darüber; es passiert einfach. Worüber wir einiges an Kontrolle haben, ist
unser Bewusstsein über die Rangmaschine und wie wir mit den Kategori-
sierungen, die in uns selbst und anderen ablaufen, umgehen.

Vor dem kulturellen Hintergrund der USA sortiert die Rangmaschine Menschen in neun verschiedene Kategorien. Leticia Nieto und ihr Team nutzt das Akronym ADRESSING, welches von Pamela Hayes entwickelt wurde, um sie sich besser zu merken: Alter, Disability (Behinderung), Religiöse Kultur, Ethnizität, Sexuelle Orientierung, Soziale Klasse, Indigener Hintergrund, Nationale Herkunft und Geschlecht. In diesen neun Kategorien werden Menschen als *Agents* oder *Targets* klassifiziert. *Agents* erhalten Vorteile oder Privilegien, *Targets* hingegen erfahren Belastungen oder Unterdrückung.

Ein Problem mit diesem Rangsystem ist natürlich, dass diese Kategorien irrwitzig und falsch sind. Menschen passen nicht in binäre Ja-oder-Nein-Kategorien. Um ein klares Beispiel aus den USA zu bringen, rassische Kategorien sind nur soziale Konstrukte, und viele Menschen haben Vorfahren von vielen Orten und Verbindungen mit vielen ethnischen Gruppen. Menschen sind nicht entweder ›weiß‹ oder ›people of color‹, sie sind verschiedenartig und komplex. Dies ist die tieferliegende Wahrheit, jenseits der irrwitzigen Kategorien.

Gleichzeitig hat dieses Rangsystem, so absurd wie es ist, enorme Auswirkungen auf unsere Leben. Als männlich oder weiblich, heterosexuell oder homosexuell, oder aufgrund anderer Rangbestimmungen kategorisiert zu werden, kann einen wichtigen Unterschied machen bezogen auf Zugang, Chancen und Annehmlichkeiten in unseren Leben. Dies ist nicht nur die Realität in den USA, sondern auch in Deutschland und überall auf der Welt. Beim Umgang mit dem Handlungsrahmen gegen Unterdrückung, wie er u. a. von Leticia Nieto entwickelt wurde, ist es wichtig, zwei Sachen im Kopf zu behalten: Die Wahrheit ist, dass Rangkategorien absurd und falsch sind, aber es ist die Realität, dass die Rangkategorien sich auf unser Leben auswirken.

Schlüsselbegriffe der Befreiungsarbeit nach Nieto
Die Zwiebel der sozialen Interaktion besteht aus der inneren Schale *Power*, dann kommt *Rang* und die äußere Schale befindet sich auf der Ebene von *Status*. Die Schlüsselbegriffe für die Befreiungsarbeit nach Nieto werden wie folgt definiert:

Power: Metaphorisch drückt sich Power als Verbindung zur Quelle, Ganzheit, dem Heiligen aus. Jede Person kann mächtig/kraftvoll sein, unabhängig von ihrer sozialen Mitgliedschaft, Rolle, Beruf oder anderen äußeren Etiketten. Power ist unser authentisches Zentrum, die Person, die wir sind, wenn wir unsere Rangrollen bewusst und von ihren Begrenzungen frei sind. Sie bedeutet Zugang zu unserem wahren Selbst in den Momenten, wenn wir uns der Rang- und Statusdynamiken bewusst sind und wir fähig sind, auf der antiunterdrückerischen Seite des Agent- und Targetmodells zu handeln.

Status: Beschreibt die Art der Interaktion. Es gibt zwei Spielarten: hoch und niedrig. Unser Status verändert sich ständig, wobei dies in beide Richtungen möglich ist. Jede*r kann hohen oder niedrigen Status spielen. Dies ist einfach zu beobachten.

Rang: System bei dem aus sozial zugeschriebenen Mitgliedschaften Privilegien für die einen und Unterdrückung/Begrenzungen für die anderen entstehen. Obwohl allgegenwärtig, kann es teilweise schwierig sein, Rang wahrzunehmen.

Agents: Mitglieder von Gruppen, welche Vorteile/Privilegien erfahren. Sozial überbewertet. Verfügen eventuell auch über Target-Mitgliedschaft. Beispiele: Männer, weiße Menschen, Heterosexuelle.

Targets: Mitglieder von Gruppen, welche Unterdrückung/Begrenzungen erfahren. Sozial unterbewertet. Verfügen eventuell auch über Agent-Mitgliedschaft. Beispiele: Frauen, People of Color, Schwule/Lesben/Bisexuelle.

Unterdrückung: (1) Überbewertung von einigen Gruppen (und das Überbewerten von allem was mit diesen Gruppen assoziiert wird) und die daraus resultierende Unterbewertung aller anderen (und der Unterbewertung von allem, was mit diesen Gruppen verbunden wird). (2) Unnötiges Leiden welches durch soziale Ungleichheit verursacht wird.

Privilegien: Die unbewussten Nutzen und unverdienten Vorteile von Mitgliedern einer Agent-Gruppe.

Klassisch linker Zugang

Ein klassisches Politikverständnis der Linken ist geprägt von einem egalitären Menschenbild. Daraus resultiert gemäß den Idealen der Französischen Revolution »Freiheit, Gleichheit, Brüderlichkeit« (liberté, égalité, fraternité) die Gleichberechtigung als anzustrebendes politisches Ziel, unabhängig von nationalen, ethnischen, geschlechtlichen und anderen Gruppenzugehörigkeiten. Daraus folgt der notwendige Kampf gegen jegliche Diskriminierung und Unterdrückung.

Aus diesem Menschenbild abgeleitet wurde und wird bis heute eine Politik der Chancengleichheit für alle Bevölkerungsgruppen und schließlich die Forderung nach gleichem Zugang zum gesellschaftlichen, gerade auch materiellen, Reichtum. Das Prinzip der sozialen Gerechtigkeit führte und führt bis zu Forderungen nach einer gleichen Wohlstandsverteilung, Vergesellschaftung oder Verstaatlichung der Produktionsmittel und – in der Idealvorstellung des Kommunismus wie Anarchismus – zum Ziel einer klassenlosen Gesellschaft, die herrschaftsfrei und nicht staatlich strukturiert ist[71].

Linke Bewegungen waren häufig zum großen Teil Interessenbewegungen, das heißt Betroffene organisierten sich und kämpften für ihre Rechte. Gleichzeitig waren innovative Teile der Bewegung immer auch Ideenbewegungen, das heißt, dass sie von Ideen wie z. B. universellen Menschenrechten, einer klassenlosen bzw. herrschaftsfreien Gesellschaft geleitet sind.

Die radikaldemokratischen und größtenteils antimonarchistischen liberalen Strömungen im Parlament wurden historisch als links bezeichnet, wegen ihres Sitzplatzes im Parlament. Parteien sind ein Ausdruck für Integration von Interessengruppen im Politiksystem der jeweiligen bürgerlichen Staaten. Linke Parteien wie sozialistische und kommunistische Parteien waren geschichtlich oft von Parlamenten ausgeschlossen. Innovationen und Befreiungsbewegungen kamen und kommen ebenfalls häufig von der Basis der Gesellschaft. Wenn Parteien als integrierte Institutionen im Politiksystem etabliert sind, haben sie oft ihre systemsprengende Kraft eingebüßt.

Linke Politik drückt sich nicht nur in Parteien und Wahlen als Vehikel der Veränderung aus, sondern insbesondere auch in sozialen Bewegungen und ihrer Vielzahl von Möglichkeiten, wirkmächtig zu werden. Im Kampf um wirtschaftliche Gleichberechtigung und der Auflösung von Klassen, dem Klassenkampf, spielte die Arbeiterbewegung historisch eine zentrale

---

71 Siehe Marx, Karl und Friedrich Engels: Werke. Band 19. Friedrich Engels – Karl Marx, März 1875-Mai 1883. Berlin: Dietz 1974, S. 344.

Rolle. Linke Opposition hat sich geschichtlich in sehr unterschiedlichen Bewegungen ausgedrückt von der Frauenbewegung, Schwulen-, Lesben- und queerfeministischen Bewegungen, antikolonialen und antirassistischen Kämpfen hin zu Bewegungen für Klima- und Umweltgerechtigkeit. Antikapitalismus spielt dabei links von der Sozialdemokratie eine verbindende Rolle.

Die Linke ist ein Kind der Aufklärung und besitzt in ihren Ursprüngen ein materialistisches Weltbild. Materiell meint im historischen Materialismus nicht physikalische Materie, sondern eine materiell wirksame historische Situation, z. B. die materielle Situation der Lohnabhängigen als Ausgangspunkt zu nehmen und nicht das bürgerliche Ideal vom fleißigen Arbeiter. Ihr Ziel ist eine vernünftig eingerichtete Gesellschaft und ihr Politikverständnis ist sehr kopf- und logiklastig, was eine Stärke und Schwäche zugleich ist. So ist z. B. die Ideologiekritik ein intellektuelles Werkzeug aus der marxistischen Tradition, zur Aufdeckung ideologischer Motive in der Gesellschaft, die die mangelnde Übereinstimmung von Denken und Sein aufzeigt und die Ursachen der Entstehung dieser Diskrepanz analysiert. Ernst Bloch nannte dies den detektivischen »Kältestrom« des Marxismus, der aber insgeheim nicht ohne einen utopischen »Wärmestrom« der humanistischen Zielsetzung auskommen kann[72]. Eine Herausforderung besteht darin, nicht in der Totalität der notwendigen Kritik steckenzubleiben, sondern vom Sehen und Kritisieren ins Handeln zu kommen.

Das Schisma der Linken, die große Spaltung in kommunistische und anarchistische Bewegungen im 19. Jahrhundert, und die autoritären Entwicklungen der großen kommunistischen Bewegungen in der Sowjetunion, Kambodscha, des Leuchtenden Pfads in Peru usw. haben sehr viel Leid gebracht – sowohl über die Bevölkerungen als auch durch politische ›Säuberungen‹ über die Bewegungen selbst. Kritik an orthodoxen und autoritären Strömungen innerhalb der Linken wie die des Leninismus, Stalinismus und Maoismus ist eine Grundlage für emanzipatorische linke Politik. Das uneingelöste Versprechen der Linken ist ein freiheitlicher Sozialismus, der Respekt vor dem Individuum mit einer gerechten Vergesellschaftung und kollektiven Sicherheit im Rahmen einer sozial-ökologischen Transformation verbindet. Innovative Ansätze der neuen Linken sind z. B. der libertäre Kommunalismus von Murray Bookchin, welcher anarchistische und kommunistische Elemente beinhaltet und verschie-

---

72 Vgl. Neupert-Doppler, Alexander: *Utopie als Konkretion von Möglichkeiten und Tradition bei Ernst Bloch.* In: Ders.: Utopie. vom Roman zur Denkfigur. Stuttgart: Schmetterling Verlag 2015, S. 61ff.

dene soziale Bewegungen wie die kurdische Bewegung für einen demo-kratischen Konföderalismus oder die rebellischen Städte in Spanien[73] ins-piriert hat.

Befreiungstheologisch-christlicher Zugang

Als Geburtsstunde der Befreiungstheologie kann die zweite Bischofskon-ferenz von Amerika 1968 in Medellin/Kolumbien angesehen werden. Dort wurde die Befreiungstheologie mit einer Auslegung der Exodusgeschichte begründet, die Glaube und soziale Befreiung vereint und die politische Dimension des Evangeliums zurückerobert. Befreiungstheolog*innen formulierten als zentralen Ansatz die sogenannte Option für die Armen, Unterdrückten und Ausgeschlossenen. Aus befreiungstheologischer Sicht ist Sünde die Abwesenheit von Geschwisterlichkeit und Liebe in unseren Beziehungen mit anderen, also auch mit Gott. Sünde wurde synonym für Ausbeutung und Beherrschung von anderen. In den folgenden 45 Jahren entwickelten sich weltweit eine Vielzahl von verschiedenen Befreiungs-theologien, die sich auf bestimmte Unterdrückungsaspekte konzentrier-ten (feministische Befreiungstheologie) und kulturelle und geschichtliche Kontexte berücksichtigten (schwarze Befreiungstheologie in den USA und Südafrika, indigene Befreiungstheologie, Minjung-Theologie in Süd-Ko-rea, Dali-Theologie in Indien, ...)

Befreiung wird im befreiungstheologischen Sinne in wechselseitiger Abhängigkeit gedacht. Die Befreiung des Einzelnen ist unauflösbar mit der Befreiung aller verbunden; jede Beteiligung verändert den Prozess. Befrei-ung impliziert eine Vernetztheit zwischen persönlicher, sozialer, ökono-mischer und politischer Befreiung, wobei viele eine spirituelle Befreiung ebenfalls miteinbeziehen. Der Befreiungstheologie geht es auch um Befrei-ung des Selbst von der Objektivierung durch die Begierden anderer, so dass alle für sich selbst das Zentrum ihrer Welt sein können, ohne durch andere fremdbestimmt zu werden. Gleichzeitig besteht Perfektion nicht in der »Realisierung meines ›potentiellen Seins‹, sondern in der Liebe, die als Erstes den Anderen liebt: Liebe-in-Gerechtigkeit«.[74]

---

73   *Fearless Cities – International Municipalist Summit.* https://fearlesscities.com/ (Zugriff 9.1.2017).

74   Goizueta, Roberto S.: Liberation, Method and Dialogue. Enrique Dussel and North American Theological Discourse. Atlanta: Scholars Press 1988, S. 72. Über-setzung Timo Luthmann.

Zugang des engagierten Buddhismus

Vertreter*innen des engagierten Buddhismus wie z. B. der vietnamesische Mönch Thích Nhất Hạnh lehren, dass Befreiung beziehungsweise Emanzipation bedeutet, den Ursachen von Leid und Elend durch ihre Transformation ein Ende zu setzen. Dabei haben engagierte Buddhist*innen genauso wie Befreiungstheolog*innen erkannt, dass es einer strukturellen Analyse der Ursachen des Leidens bedarf, um die Probleme an der Wurzel zu packen. »Durch die Abwesenheit einer scharfen sozialen Kritik, kann eine buddhistische Praxis leicht dazu benutzt werden, um den Status quo zu rechtfertigen und zu stabilisieren, und wird so zu einer Verstärkung des Konsumentenkapitalismus«, warnt Bhikkhu Bodhi, einer der bekanntesten US-amerikanischen Mönche.[75]

Nach der klassischen buddhistischen Lehre entsteht Leiden durch die drei Geistesgifte Gier, Hass und Verblendung. David Loy, amerikanischer Professor für Religion und Ethik, hat eine buddhistische Sozialtheorie entwickelt, bei der die Geistesgifte sich nicht nur im Individuum manifestieren, sondern sich ebenfalls in der Gesellschaft als strukturelle Gewalt und Verblendung institutionalisieren. In dieser Sozialtheorie beschreibt er die kapitalistische Wirtschaftsweise, die aus Kapital mehr Kapital machen möchte, als institutionalisierte Gier. Kollektive Aggression und Militarismus bezeichnet er als institutionalisierten Hass und das Festhalten an kollektiven Identitäten, welche eine Dualität zwischen den Menschen aufmacht, als Verblendung. So sieht er Nationalismus als eine mächtige institutionalisierte Form von Verblendung und gesellschaftliche Wurzel des Leidens.

Der thailändische Soziologe und Laienvertreter des engagierten Buddhismus Sulak Sivaraksa beschreibt vier miteinander verbundene Ebenen von Freiheit, die er für die Entwicklung von Frieden und Glück als unerlässlich ansieht: die physische, die soziale, die emotionale und die intellektuelle Ebene.

Genauso wie die Befreiungstheologie ist der engagierte Buddhismus als eine Antwort auf den globalen Kapitalismus entstanden, lehnt dessen Bedingungen ab und sucht seinen eigenen Weg in Richtung Gleichheit, Liebe, Freiheit und Frieden. Der engagierte Buddhismus allgemein und Dhammasozialismus nach Bhikkhu Buddhadasa begegnet dem kapitalistischen Individualismus mit dem Konzept des dependent co-arising, welches mit ›gemeinschaftlichem Entstehen‹ übersetzt werden könnte und die gegensei-

---

75 Siehe Loy, David: A new Buddhist path. Enlightenment, evolution, and ethics in the modern world. Boston: Wisdom Publications 2015, S. 35. Übersetzung Timo Luthmann.

tige Abhängigkeit von persönlicher, kommunaler/gemeinschaftlicher und ökologischer Befreiung betont. Es geht um das Erkennen und die Realisierung unserer ureigensten Natur, wobei es in buddhistischen Kulturen, im Gegensatz zu christlichen, nicht so etwas wie eine Ursünde bzw. Sündenfall von Adam und Eva gibt, sondern analog dazu die Ignoranz der Buddhanatur in uns und anderen gesetzt wird. Die Realisierung unserer ureigensten Natur bringt eine Entfernung mit sich in Kategorien eines unabhängigen Ichs und ›meins‹ zu denken und schafft Aufmerksamkeit für die Realisierung des Potentials ›der Anderen‹. Das Konzept des *dependent co-arising* nimmt an, dass alle Wesen in einem Prozess wechselseitiger Innovation entstehen.

Im engagierten Buddhismus wird die Praxis der vier unermesslichen Geisteshaltungen, liebende Güte für einen selbst und andere (*Metta*), Mitgefühl (*Karuna*), Mitfreude (*Nudita*) und Gleichmut (*Upekkha*), in der Achtsamkeitsmeditation und in der Beziehung zu anderen und der Gemeinschaft kultiviert. Das Erwachen des Individuums ist verbunden mit dem Erwachen der Gemeinschaften (*sanghas*) und Gesellschaften. Es wird verstanden, dass ohne soziale Befreiung die persönliche Befreiung begrenzt bleibt und umgekehrt.

Befreiungswissen indigener Traditionen

Indigene Traditionen weltweit sind Träger vielfältigen Befreiungswissens, von nachhaltigen Landmanagementmethoden zu Heilungswissen über ihren Widerstand gegen Landraub, Kolonialismus, Völkermord und rücksichtslose Ausbeutung der Umwelt. So befinden sich Indigene in Nord, Mittel- und Südamerika seit mehr als 500 Jahren im Widerstand gegen Kolonialismus. Dabei eint sie mit den Adivasi in Indien, den Gemeinschaften in West-Papua bis zu den Sami in Finnland die Frontstellung in der sie sich bei der Verteidigung der natürlichen und kulturellen Lebensgrundlagen sowie der lokalen wie globalen Ökosysteme befinden.

Verwurzelt ist ihr Widerstand in einer anderen Kosmologie (Weltsicht) in der der Mensch Teil der belebten Mitwelt ist, von der er wechselseitig abhängig ist, und nicht an der Spitze einer Herrschaftspyramide steht. Als ›Frontline-Communities‹ und Widerstandsgemeinschaften, die in verschiedenste Kämpfe verwickelt sind, haben sie jeweils eigene kreative Lösungen entwickelt, die von Neurodekolonisierung[76], über soziale Inno-

---

76 Siehe Yellow Bird, Michael: *Neurodecolonization. Using Mindfulnes Practices To Delete The Neural Networks of Colonialism.* In: Ders./Angela Cavender Wilson (Hrsg): For indigenous minds only. A decolonization handbook. Santa Fe: School for Advanced Research Press 2012, S. 57ff.

vationen in Bereichen wie Rechtsprechung/Wiedergutmachung bis zu indigenen Landmanagementmethoden reichen. Die Herausforderungen für uns im globalen Norden sind die Entkolonisierung unserer imperialen Lebensweise und Kultur, sowie das Aufbrechen unseres Eurozentrismus. Dies bedeutet auch, Wege einer aufrechten Wertschätzung indigener Kulturen zu finden und ihnen ohne eine panternalistische Romantisierung solidarisch in ihren Kämpfen beiseite zu stehen. Entwürfe indigenen Wissens haben auch Eingang in linke Politikkonzepte gefunden wie z. B. das *buen vivir,* ein Konzept vom ›guten Leben‹ aus den lateinamerikanischen Andenstaaten und sie können der Anlass sein, über unser eigenes individuelles wie gesellschaftliches Naturverhältnis zu reflektieren.

➜ **Lesetipp:** Wenderlich, Michelle: *Perspektiven verschieben. Was die Linke vom Widerstand in Standing Rock lernen kann.* In: arranca! #51 (2017). https://klimakollektiv.org/de/2018/01/30/perspektiven-verschieben (Zugriff 11.3.2019).

Dein eigener Zugang

»›Würdest Du mir bitte sagen, wie ich von hier aus weitergehen soll?‹, fragte Alice. ›Das hängt zum großen Teil davon ab, wohin Du möchtest‹, sagte die Katze.« – Lewis Carroll

Welcher Ausgangspunkt oder welche Ausgangspunkte sind für dich und deine Analyse wie politische Veränderung und soziale Emanzipation funktioniert, wichtig? Welche kulturellen, philosophischen und politischen Strömungen, Ideen und Analysen haben dich beeinflusst? Sich solche Fragen zu stellen ist eine notwendige Voraussetzung, um die eigenen blinden Flecken zu vergegenwärtigen und dadurch die Analyse zu schärfen und das Entwicklungspotenzial auszuschöpfen.

Die neuere Hirnforschung hat belegt, dass wir sehr stark in unserer Wahrnehmung in unseren eigenen geistigen und emotionalen Bildern gefangen sind: »Das Gehirn des Menschen wiegt nur zwei Prozent seines Körpergewichts, verarbeitet jedoch ungeheure Mengen an Informationen, die über insgesamt vier Millionen Nervenfasern ein- und ausgehen. Dieser großen Zahl von Verbindungen des Gehirns mit der Welt steht eine noch größere Zahl innerer Verbindungen gegenüber. Setzt man die Zahlen der Verbindungen der Neuronen des Gehirns und der Verbindungen zur Außenwelt ins Verhältnis, so ergibt sich, dass auf jede Faser, die in die Großhirnrinde hineingeht oder sie verlässt, zehn Millionen interne Verbindungen kommen. Kurz: Wir sind, neurobiologisch gesprochen, vor allem mit uns selbst beschäftigt. (...) Was wir erleben, wenn wir die Augen schließen, ist nicht die neuronale Informationsverarbeitung, sondern ihre ›Benutzeroberfläche‹«[77]. Daraus folgt die große Bedeutung von Philosophien, Ideen und Werten die unsere Sichtweise prägen, wie auch allgemein die größere Wertschätzung unserer inneren Wahrnehmung und der daraus resultierenden konstruierten Realität. Im Sinne des Konstruktivismus liefert unsere Wahrnehmung kein Abbild einer bewusstseinsunabhängigen Realität, sondern Realität ist für jedes Individuum immer eine Konstruktion aus Sinnesreizen und Gedächtnisleistung. Diese Erkenntnisse sind wichtig, wenn wir über Zugänge für Befreiung nachdenken. Um Befreiung näherzukommen, müssen wir gegen den Strom unserer eher auf uns selbst bezogenen Natur schwimmen und unsere Perspektive erweitern, um unsere blinden Flecken zu schrumpfen. Gleichzeitig besitzen die jeweiligen Befreiungsansätze alle ihre eigenen Stärken.

Innere politische Veränderung

Innere und äußere Veränderung bedingen einander und sind beide notwendig

»Achtsamkeit ist der Mut, die Dinge so zu sehen, wie sie wirklich sind.«
– Scott Hunt

Persönliche und soziale, innere und äußere Veränderung müssen zusammen angegangen werden, ansonsten wird die angestrebte Befreiung unvollständig bleiben. Wir verkörpern unsere sozialen Bedingungen und Ausbeutungs- und Unterdrückungserfahrungen lassen uns darauf mit Überlebensstrategien wie Abstumpfung, Gefühlsarmut, übermäßiger Rationalität und Dissoziationprozessen wie Persönlichkeitsspaltungen reagieren. Diese Mechanismen sichern zwar unser Überleben und haben ihre individuelle Berechtigung, eignen sich jedoch nicht für einen tiefgreifenden emanzipatorischen Wandel. Der Bewegungsforscher Bill Moyer sieht in den Entwicklungen während seiner aktiven Arbeit in den 1960er bis 1990er Jahren im politischen Aktivismus charakteristische kritische strategische

---

77   Spitzer, Manfred: Lernen. Gehirnforschung und die Schule des Lebens. München: Spektrum Akademischer Verlag 2007, S. 54.

Begrenzungen, die überwunden werden sollten, wenn soziale Bewegungen im 21. Jahrhundert erfolgreich sein wollen. Dazu zählt für ihn, dass die Anstrengungen zu einseitig gemacht wurden, um unterdrückerische und ungerechte Sozialsysteme und Institutionen zu ändern, ohne dabei parallel Anstrengungen zu unternehmen, das Bewusstsein von Individuen zu ändern. Dazu zählen auch die Aktiven in den sozialen Bewegungen oder die Kultur von Aktivismus selbst. Einstein paraphrasierend bemerkt er: »Wir können nicht eine neue partnerschaftliche Gesellschaft erschaffen mit derselben Mentalität, die die gegenwärtige Herrschaftsgesellschaft erschaffen hat. Wenn wir uns nicht selbst verändern, können wir die Welt nicht verändern.«[78] Es gibt eine wechselseitige Abhängigkeit zwischen Körper, Geist und Seele und unseren Beziehungen zu unserem kollektiven Bewusstsein und dem sozialen und historischen Kontext, in dem wir leben. So können noch Traumata von unseren Eltern und Großeltern in Form von intergenerationellen Traumata an uns weitergegeben werden. Uns selbst zu verändern beinhaltet auch die Heilung von individuellen und systemischen Traumata. Politisiertes und kollektives Heilen und verkörperte Transformationsarbeit sind Strategien, um mit diesen Traumata konstruktiv umzugehen.

Gleichzeitig müssen wir die gesellschaftlichen Verhältnisse verändern und die strukturelle Gewalt aufheben, ansonsten werden sich dieselben Unterdrückungsdynamiken und Überlebensmechanismen in der nächsten Generation wieder verkörpern und so reproduziert.

Von innen statt von außen geleitete Motivation

Unsere Motivation sollte nicht in erster Linie von außen geleitet sein z. B. durch die Suche nach Anerkennung, sondern sich von innen heraus aus Empathie und dem Willen zur Veränderung speisen. Das eigene Interesse und die Suche nach Anerkennung können kraftvolle Motivationsquellen für Veränderung sein, die jedoch mit Vorsicht genossen werden müssen. Sie können leicht instrumentalisiert werden. Auch ist die Gefahr groß, bei Bewegungsrückschlägen schnell enttäuscht zu werden und sich von der Bewegung abzuwenden. Oberflächliche Motivationen bieten eine ungenügende Grundlage für ein langfristiges Engagement. Der natürliche Impuls, die eigene Unterdrückung, ist sie erstmal erkannt, abzuschütteln, ist natürlich positiv. Doch nur auf das Eigeninteresse der Menschen zu setzen muss

---

78 Moyer, Bill: Doing democracy. The MAP model for organizing social movements. Gabriola Island, BC: New Society Publishers 2001, S. 198. Übersetzung Timo Luthmann.

nicht zwangsläufig zu einer freieren Gesellschaft führen, weil dieser Ansatz die ungleichen Machtverhältnisse in unserer Gesellschaft nicht reflektiert. So kann es durchaus das verkürzte Eigeninteresse von beispielsweise weißen Männern sein, weiterhin von Rassismus und Patriarchat zu profitieren. Persönliche Betroffenheit ist etwas anderes als reines Eigeninteresse. Die Selbstbetroffenheit spiegelt zwar auch ein gewisses Eigeninteresse wider, doch schwingt bei der Betroffenheit ›das hat etwas mit mir zu tun‹ auch ein empathisches Element mit, das über mich hinausgehen kann und Solidarität möglich macht. Zur Förderung dieser tiefergehenden Motivationen wie Empathie und Selbsterkenntnis, die in Solidarität mündet, ist die Kultivierung einer eigenen Spiritualität sehr hilfreich (siehe auch ➜ ›Der individuelle Resilienzprozess‹ 4. Balance b) Entwicklung einer eigenen Spiritualität S. 265).

Von Selbstverwirklichung, Selbstbegrenzung und Selbstüberwindung

Die Arbeit für soziale Veränderung sollte Teil von positiver Selbstverwirklichung werden und zu unserem Lebensglück beitragen. Schlechtgelaunte Menschen, die Aufgaben aus Pflichtbewusstsein erfüllen und nicht ihrem inneren Willen entsprechend, scheinen mir keine sehr aussichtsreiche Basis nachhaltigen Engagements. Sie inspirieren weder andere Menschen, es ihnen gleich zu tun, noch ist es angenehm, mit ihnen zusammenzuarbeiten. Positive Selbstverwirklichung bietet hierzu eine Alternative. Damit meine ich Selbstverwirklichung nicht im Sinne des neoliberalen Individualismus, sondern die Entfaltung unseres tieferen Potentials. Dabei ist unser Selbst als Diva, deren Wünsche ihr immer von den Augen abgelesen werden, kein guter Ratgeber für Glück, genauso wie Partyhedonismus alleine uns nicht dauerhaft tragen wird. Haben wir Angst etwas zu verpassen, wenn wir uns aus Solidarität selbst begrenzen? Was brauchen wir, um glücklich zu sein? Oft fühlen wir uns unzufrieden, unheil und unsicher. Wir brauchen eine kreative Selbstverwirklichung, die sich nicht auf das Materielle fokussiert, sondern eine, die, nachdem die wesentlichen materiellen Bedürfnisse befriedigt sind, durch eine materielle (fossile) Selbstbegrenzung und die Ausdehnung der Selbstverwirklichung in die immaterielle Welt besticht. Dabei ist für mich positive Selbstverwirklichung das Entwickeln der eigenen Potentiale, um diese letztendlich in einer horizontalen Selbsttranszendenz (nach T. Schnell) münden zu lassen. So kann Arbeit für soziale Veränderung uns aus unserem kleineren

Ego herausführen und uns mit anderen Menschen, Lebensrealitäten usw. verbinden, wobei uns das Erkennen unseres erweiterten Selbst Sinn und Halt schenken kann. Wenn wir erkennen, dass unsere Befreiung mit der Befreiung unseres Gegenübers zusammenhängt, dann wird der Kampf für die Befreiung des Gegenübers auch Teil unserer Selbstverwirklichung und umgekehrt. So kann der Kampf für soziale Veränderung zur Glücksvermehrung aller beitragen.

Ich glaube, dass jeder Mensch einzigartig ist und seinen Lebenssinn, seine Aufgabe finden sollte, was ein wichtiges Konzept für mehr ganzheitliches Lebensglück darstellt. Der Sinnbegriff selbst wurzelt im althochdeutschen *sin* mit der Bedeutung ›Weg, Gang, Reise, eine Fährte suchen, eine Richtung nehmen‹. Dabei möchte ich in diesem Zusammenhang den Unterschied zwischen dem kurzfristig und in der Gegenwart spürbaren Glück und dem langfristigeren Sinn hinweisen. Sinn ist auch unter widrigen Umständen spürbar und wir finden ihn häufig in der Aufgabe, anderen zu helfen, wogegen Glücksempfinden eher davon abhängt, was andere für uns tun. Glück empfinden wir in der Regel nur im Augenblick. Einen Sinn im Leben zu finden, verlangt dagegen, eine Brücke aus der Vergangenheit in die Zukunft zu schlagen – die augenblickliche Befindlichkeit ist dabei irrelevant. Die Sinnforscherin Tatjana Schnell bemerkt hierzu:»Man wird sein Leben als umso sinnstiftender erfahren, je stärker man es in einen das Ich überschreitenden übergeordneten Zusammenhang einbetten kann und Verantwortung übernimmt. Am sinnproduktivsten ist dabei die Generativität, die wichtigste Sinnquelle überhaupt: etwas von bleibendem Wert tun oder schaffen, seine Erfahrungen, sein Wissen und Können weitergeben, sich den kommenden Generationen und der Menschheit im Allgemeinen verpflichtet fühlen – und entsprechend handeln.«[79]

Sinngestiftete Zufriedenheit ist das langfristigere Lebensglück. Und durch eine erhöhte Achtsamkeit als Schlüsselkompetenz sind wir sensibler für das unmittelbare Glück im Augenblick. Egal wo wir hinreisen oder was wir machen, wir nehmen uns selber mit und wenn wir nicht achtsam sind, können wir am schönsten Strand der Welt sein und sehen dessen Schönheit nicht. Für das Einüben und Stärken unserer Fähigkeit zur Achtsamkeit kann uns Selbstdisziplin helfen, so zu werden, wie wir sein möchten. Die Basis dafür sind Wiederholung und Übung, was in einem gemeinschaftlichen Kontext leichter geht.

---

79   Schnell, Tatjana: *Beim Sinn geht es nicht um Glück, sondern um das Richtige und Wertvolle.* In: Psychologie Heute 2 (2014), S. 37.

Das Ziel ist es, eine Balance zu finden zwischen kreativer Selbstverwirklichung und solidarischer Selbstbegrenzung durch Selbstdisziplin, die in die Freiheit der Selbstüberwindung mündet.

→ **Lesetipp:** Keine systemkritischen Inhalte und neoliberalismuskompatibel, aber sinnvolle Einsichten zur Funktionsweise unserer Willenskraft: Baumeister, Roy F. / John Tierney: Die Macht der Disziplin. Wie wir unseren Willen trainieren können. 5. Aufl. München: Goldmann 2014.

Radikale Politik und das Ego

Um wirklich radikale, im wörtlichen Sinne an die Wurzel der Verhältnisse gehende Politik zu machen, ist es zwingend notwendig, sich tiefergehend mit unserem Persönlichkeitsverständnis und dem Konstrukt des Egos auseinanderzusetzen. Einerseits geht es bei linken Bewegungen um Subjektwerdung und den Aufbau von Partikularidentitäten wie Frauen, Arbeiter*innen, ..., um Ausbeutung und Unterdrückung entgegentreten zu können. Anderseits klammern sich in Zeiten der kapitalistischen Krise immer mehr Menschen an die tödlichen Identitäten wie Nationalismen oder patriarchale Geschlechterbilder. Diesen Tendenzen muss auf verschiedensten Ebenen Einhalt geboten werden, sei es in dem Prozess, die kapitalistische Wirtschaftsunordung zu überwinden, oder auch die psychischen Bedingungen für solche Verblendungen zu hinterfragen. Dazu zählt die Konstruktion des Egos.

Was ist das Ego? Für den marxistischen Philosophieprofessor Roger S. Gottlieb ist»das Ego nicht nur eine Quelle einer enormen Menge von individuellem Leid, weil es spontan zu Wettbewerb, Hierarchie, Egoismus und institutionalisierter Herrschaft und Ausbeutung führt, es ist es auch unvereinbar mit den Zielen einer sozialistischen, feministischen und befreiten Gesellschaft. [...] Aus Menschen, die vom Ego geplagt sind, entstehen größenwahnsinnige Führer*innen oder passive, dogmatische Anhänger*innen.«[80] Viele Konflikte innerhalb der linken Bewegungen werden immer wieder vom Ego und institutionalisierten Formen des Egos in Form von Identitätspolitik angeheizt.

So erklärt der buddhistische Sozialwissenschaftler David R. Loy,»unser Verständnis von Ego oder Selbst ist eine psychologisch-sozial-linguistische Konstruktion; psychologisch, weil Ego-Selbst ein Produkt unserer menta-

---

80 Gottlieb, Roger S.: Marxism, 1844-1990. Origins, betrayal, rebirth. New York: Routledge 1992, S. 205. Übersetzung Timo Luthmann.

len Konditionierung ist; sozial, weil ein Verständnis von Selbst in Beziehung mit anderen konstruierten Selbsts entsteht; und linguistisch, weil das Entstehen eines Verständnisses von Selbst bestimmte Namen und Pronomen beinhaltet wie ich, mich mein/e, mir, was die Illusion erschafft, dass da etwas sein muss, auf das es sich bezieht.«[81] Das Ego ist das Verständnis und Gefühl, dass das Selbst unabhängig von der Welt in der wir leben existiert. Es ist faktisch die gefährlichste Verblendung unserer Zeit. Dabei lässt es sich, wie es sich gegenwärtig als historisch und sozial konstruiert präsentiert, nicht befrieden und ist eine bedeutende Quelle der chronischen Unzufriedenheit in unserer Gesellschaft. Unter Ego versteht Roger S. Gottlieb die zeitgenössische Erfahrung und Praxis von Persönlichkeit, ein Persönlichkeitsverständnis strukturiert durch ›Individualismus‹ und ›Besitz/Leistung‹. Individualismus ist das Verständnis von Selbstidentität basierend auf Ausschluss von und in Opposition zu anderen. Dabei kann sich Individualismus wörtlich auf eine bestimmte Person beziehen oder auf die Gruppe der Person (Religion, Nation, Ethnizität, Geschlecht), Kernfamilie oder enge persönliche Beziehungen. Das individualistische Verhalten ist gekennzeichnet durch Wettbewerbsorientierung, Ausschluss von Anderen, den kontinuierlichen Wunsch zur Selbstoptimierung und Selbstsicherung, Feindschaft zu Differenz, emotionale Überabhängigkeit in Bezug auf wenige Beziehungen und Schwierigkeiten, Intimität herzustellen. Die andere fundamentale Dimension des Ego ist ›Besitz/Leistung‹. Weil das Ego einen konstanten Mangel spürt, muss es immer und immer wieder seinen Wert beweisen. Um dieses Unvollkommenheitsgefühl zu überwinden versuchen wir unser Leiden mit messbaren Phänomenen wie Reichtum, Konsum oder Erfolg zu übertönen.

Als Lösung, um aus der Egofalle herauszukommen, haben verschiedene Bewegungen, Religionen und Philosophien unterschiedliche Ansätze entwickelt. Roger S. Gottlieb ist skeptisch, dass das Ego selbst komplett aufgelöst werden kann, sieht aber Möglichkeiten, es in eine umfassendere persönliche Identität zu integrieren, die auf der Verbindung mit anderen jenseits des individuellen Selbst und Quellen der Wertschätzung jenseits von dem, was wir besitzen oder produzieren basiert.

Der buddhistische Pfad setzt auf Selbsterkenntnis. Dabei muss das Verständnis vom Selbst als Ego dekonstruiert werden, indem durch tiefe Meditationspraxis erfahren wird, dass es am tiefen Grund unseres Seins kein statisches, abgeschlossenes Ego gibt, sondern ein ver-

---

81 Loy, David: Money, sex, war, karma. Notes for a Buddhist revolution. Boston: Wisdom Publications 2008, S. 16f. Übersetzung Timo Luthmann.

bundenes dynamisches Sein. Das Erwachen aus unserer Konstruiertheit des Egos ist nach David R. Loy die einzig wahre Lösung zu unserer tiefsitzenden Existenzangst. Ein anderes Wort für buddhistische Erleuchtung ist Befreiung: Freiheit von der Täuschung des Egos und den davon bedingten Tendenzen, welche es größtenteils bildet.

→ **Lesetipp:** Das Kapitel *Marxism and Spirituality* In: Gottlieb, Roger S.: Marxism, 1844-1990. Origins, betrayal, rebirth. New York: Routledge 1992.

Emotionale Grundlagen für politischen Aktivismus

Emotionen spielen in unseren Leben als Aktivist*in wie auch für soziale Bewegungen eine zentrale Rolle und doch findet selten ein achtsamer und bewusster Umgang mit ihnen statt, noch wird ihnen gebührend Aufmerksamkeit geschenkt. Warum ist dies so?

Der Körper-Geist-Dualismus und die Herrschaft über die Natur
Im Sinne der Herrschaft des Geistes über die Materie, die philosophisch auf René Decartes und die Mechanisten zurückgeht, ist auch die Abwertung von Gefühlen tief in linken Kulturen verankert. Es ist die Anwendung des linearen Denkens als Herrschaftsmechanismus auf lebendige Systeme wie menschliche Individuen, Gruppen und Gesellschaften, Tiere, Ökosysteme bis hin zu unserer Erde, die sowohl gesellschaftlich als auch ökologisch eine Verwüstungsspur auf dem Planeten hinterlassen hat. Dieses Herrschaftsverhältnis über die Natur, welches sich im ersten Schritt in der Herrschaft über den Körper bzw. der Entfremdung von unserer Körperlichkeit ausdrückt, setzt sich fort durch die patriarchale Abwertung von Emotionen. Gefühle sind körperlich und Ausdruck von unserem tierischen Erbe, bzw. dessen, dass wir als Menschen auch Tiere sind. Für die Domestizierung des Menschen in der modernen industriellen Massengesellschaft durch Schule, Militär und Lohnarbeit spielte geschichtlich gesehen die Unterdrückung von Impulsen und Emotionen durch die Abrichtung des Körpers eine wichtige Rolle.[82] Diese körperliche Entfremdung ist die Grundlage, die überwunden werden muss, um unsere Gefühle wieder

---

82 Siehe Scheidler, Fabian: Das Ende der Megamaschine. Geschichte einer scheiternden Zivilisation. Wien: Promedia 2015, S. 105 ff.

besser wahrnehmen zu können und Zugang zu unserer emotionalen Intelligenz in Gestalt von Intuition und Instinkt zu bekommen. Eines der großen Hindernisse im 21. Jahrhundert zur Überwindung unser körperlichen Entfremdung ist dabei unser ›disembodied‹ Lifestyle, bei dem die direkte Erfahrung des Lebens immer weiter durch eine Welt von Symbolen, Ideologien, virtuellen Realitäten, unreflektiertem Materialismus und Informationsflut verdrängt und überlagert wird.

Achtsame Aneignung unserer Körperlichkeit und den damit verbundenen Emotionen

Gefühle sind körperlich. Dies bedeutet, dass wir sie uns nicht wegwünschen können. Gefühle sind unsere Freund*innen, weil sie uns helfen zu überleben. Deshalb sollten wir sie nicht verdrängen. Wenn sie ›stecken bleiben‹ oder ›kaputtgehen‹, müssen wir sie wieder in Ordnung bringen, anstatt sie zu ignorieren. »Das Einzige, wovor wir Angst haben sollten, ist die Angst vor Gefühlen. Wie Flüsse, sind Gefühle am gefährlichsten, wenn sie gestaut oder unangemessen kanalisiert werden. Wie Flüsse, werden sie so oder so fließen und werden vielleicht unberechenbar destruktiv, wenn es ihnen nicht möglich ist, ihren natürlichen Weg zu nehmen«[83], so die linke Therapeutin Pattrice Jones. Wege um einen besseren Zugang zu unseren Gefühlen zu bekommen sind z. B. Achtsamkeitsmeditation bzw. Meditation allgemein, die unseren ›Achtsamkeitsmuskel‹ stärken, und verschiedene Arten von ganzheitlicher Körperarbeit sei es Yoga, Taiji oder Kampfkünste.

Kollektiver Umgang mit Gefühlen

Ein weiterer wichtiger Aspekt der achtsamen Aneignung unserer Gefühle ist die soziale Dimension. Gefühle sind sozial, das heißt sie entwickeln sich im Kontext von Beziehungen. Fühlen wie auch Heilung sind transpersonale Ereignisse. Dies bedeutet, dass verletzende Gefühle nicht in Isolation in Ordnung gebracht werden können.

---

83 Jones, Pattrice: Aftershock. Confronting Trauma in a Violent World. A Guide for Activists and Their Allies. New York: Lantern Books 2007, S. 15. Übersetzung Timo Luthmann.

Intelligente Emotionsregulation

In Anlehnung an den Psychologen Daniel Kahneman gibt es grob gesagt zwei Stile mit unseren Emotionen umzugehen. Nach dem ersten Stil neigen bestimmte Menschen dazu, Probleme und Konflikte in emotional aufgeladene Situationen ›aus dem Bauch heraus‹ zu regulieren, sie vertrauen auf ihre Intuition und lassen sich von ihren Gefühlen leiten. Beim zweiten Stil der Gefühlsregulation regeln Menschen, die eher kognitiv, durchdacht wirken und vernünftig erscheinen, ihre Gefühle primär über den Verstand. Für den Psychologen Prof. Sven Barnow kann nur eine Gefühlsregulation, die eine Balance zwischen Emotionalität und Rationalität herstellt, längerfristig Gesundheit und Wohlbefinden gewährleisten. Diese Art des Umgangs nennt er intelligente Emotionsregulation. Der Begriff Intelligenz kommt aus dem Lateinischen und bedeutet wörtlich ›zwischen den Dingen auswählen zu können‹.

In Bezug auf politischen Aktivismus sind beide Stile notwendig und eine einseitige Ausprägung kontraproduktiv. Verschiedene politische und philosophische Ideologien gewichten die Bedeutung von Emotionen für Befreiung unterschiedlich stark. So betonen insurrektionalistische, situationistische und primitivistische Philosophien die Bedeutung von Emotionen, insbesondere von Wut, und marxistische Philosophien eher die Notwendigkeit der rationellen Dominanz gegenüber den Emotionen. Einerseits kann ein beherzter Aufstand zur richtigen Zeit Räume für Emanzipation öffnen, doch ist Wut alleine nicht ausreichend, um eine emanzipatorische Gesellschaft aufzubauen. Andererseits kann die vernunftsgeleitete Reflexion und die daraus folgende Beherrschung unserer Gefühle uns bündnisfähig machen und destruktive Eskalationen verhindern. Gleichzeitig aber schneidet uns die vernunftsgeleitete Beherrschung unserer Gefühle von wichtigen emotionalen Dimensionen unseres Lebens ab und kann uns depressiv machen.

Prof. Barnow und sein Team haben rund 500 wissenschaftliche Studien ausgewertet[84], um hilfreiche und kontraproduktive Strategien im Umgang mit Gefühlen ausfindig zu machen. Hilfreiche Strategien sind Neubewerten, Akzeptanz, Problemlösen, körperbezogene Strategien wie etwa Atemtechniken sowie Strategien, die dem Erkennen von Emotionen dienen. In diesem Zusammenhang können achtsamkeitsbasierte Strategien als sehr hilfreich angesehen werden. Folgende Strategien wurden als nicht zielführend oder sogar problematisch beschrieben, weil sie unter anderem

---

84 Siehe Barnow, Sven / Christina Reichenbacher: Gefühle im Griff! Wozu man Emotionen braucht und wie man sie reguliert. Berlin: Springer 2014.

Depressivität und Angst erhöhen: erstens Grübeln, zweitens das Unterdrücken von Gedanken oder des Emotionsausdrucks und drittens Vermeidung sogenannter negativer Gefühle, die vielleicht besser als dunkle Gefühle beschrieben werden können.

Zentral ist ein achtsamer Umgang mit Gefühlen, wodurch eine intelligente Emotionsregulation möglich wird. Die daraus resultierende Überwindung des Körper-Geist-Dualismus macht den Weg für die Entwicklung einer integralen Persönlichkeit frei und eröffnet wichtige neue politische Spielräume.

a.) Wut

Wut ist fester Bestandteil linker Identität. Wut ist eine gute Sache und rechtschaffene Wut ist eine natürliche und angemessene menschliche Reaktion, wenn wir mit Realitäten von Ungerechtigkeit, Unterdrückung oder der tragischen Zerstörung unserer belebten Mitwelt konfrontiert sind. Sie kann uns einen ermächtigenden Schritt raus aus der Opferhaltung und Hilflosigkeit befördern. Um Gandhi zu paraphrasieren: Ein Bewusstsein von kollektiven Leiden und die Wut, die typischerweise daraus resultiert, ist besser als Passivität, Selbstvorwürfe, Isolation oder das Baden in den eigenen Sorgen. Sie ist viel besser als die Lügen zu glauben, die über unterdrückte Menschen erzählt werden, und sie kann eine wesentliche Rolle dabei spielen, die politisch lähmenden Effekte von Unterdrückung zu überwinden.

Doch wenn selbstgerechte und z. T. unreflektierte Wut zu einem festgefahrenen Verhaltensmuster wird, entsteht eine begrenzende Sichtweise. Wenn ›schikaniert zu werden‹ unser Schicksal definiert, dann versuchen wir die ganze Zeit Situationen unter dem Blickwinkel der Unterdrückung zu verstehen. Ein solches Bezugssystem ist für einige Situationen angemessen, aber schwer für alle. Dabei ist Wut ein Notfallbrennstoff, der uns mit Energie versorgt, um in Konfrontation zu unterdrückerischen und bedrohlichen Situationen zu gehen. Die Energie der Wut kann Räume öffnen, aber nicht dauerhaft offen halten. Wir können nicht dauerhaft wütend sein, da uns dies körperlich und emotional ausbrennen lässt. Chronische Wut kann unsere Hoffnung, unsere Fähigkeit zu träumen und zu lieben minimieren und sich in Bitterkeit und Depression wandeln. Wenn wir zu lange wütend sind, werden wir zynisch. Die meisten Menschen können sich durch Wut allein nicht länger als ein Jahr motivieren und Aktivist*innen, die jahrelang ausschließlich von dieser Emotion getrieben werden, laufen Gefahr, eine Belastung für die Bewegung zu werden. Sie treffen in diesem Zustand schlechte Entscheidungen, entfremden unnötigerweise Verbündete, begeben sich oft in eine immer weiter ansteigende Eskalationsspirale bis sie sich selbst ins selbstmörderische letzte Gefecht begeben. Bewegungen gehen auf diese Art oft zu Grunde, wenn wir z. B. an die Roten Brigaden in Italien, die Rote Armee Fraktion im Deutschen Herbst 1977 oder den Weather Underground in seiner ›Days of Rage‹-Periode denken. Unser wütendes Verhalten kann sich zu leicht gegen uns selbst richten.

Oftmals wird in der Linken geschaut, wer am meisten unterdrückt ist, wessen Wut am ehesten gerechtfertigt ist, welche ›Zeugnisse‹ des Leidens am authentischsten sind. Wenn sich dieses Verhalten entwickelt, verschwindet parallel dazu die Solidarität. Roger S. Gottlieb beschreibt dieses Phänomen anhand seiner eigenen jüdischen Geschichte. Für ihn ist zum Teil die Identifikation mit dem Leiden und die Wut, die sie begleitet, eine der Ursachen warum viele Jüd*innen nicht nur den grenzenlosen Horror, sondern die Einzigartigkeit des Holocausts betonen. So notwendig und unvermeidlich Trauer und Wut über den Holocaust sind, so hat dies, Gottlieb zufolge, zuweilen Jüd*innen für das Leiden anderer entsensibilisiert. Dies ist für ihn wenigstens ein Element im endlosen Nahostkonflikt, genauso wie die Anhaftung der Palästinenser*innen an ihr Elend. Andauernd wütende Personen, die ihre Wut auf eine Gruppengeschichte des Leidens zurückführen, sind weniger flexibel bei Verhandlungen oder wenn es darum geht, Kompromisse zu schließen.

Das Rezept linker Bewegungen, aus dem Elend die Wut der Menschen zu mobilisieren, ist sehr ineffektiv, um dauerhafte Koalitionen zu bilden, die wir für eine tiefgreifende Transformation der Gesellschaft brauchen. Nur wenn wir es schaffen, die Menschen in einer großen Regenbogenkoalition zu vereinen, die vielfältige Gründe haben, wütend zu sein, sei es über Armut, Rassismus, Sexismus, Homophobie, Antisemitismus usw., gibt es eine Hoffnung auf dauerhaften sozialen Wandel. Doch wenn es Wut alleine ist, welche jede einzelne Farbe des Regenbogens mobilisiert, wie wird diese Koalition zusammenhalten?

Wut alleine ist keine Energie, die ausreicht, um eine freie Gesellschaft aufzubauen. Dies alleine sind Mitgefühl und Solidarität. Wir brauchen einen achtsamen Umgang mit Wut, damit wir nicht durch ihr maßloses entgrenztes Ausleben einerseits, noch durch ihre Leugnung und Unterdrückung andererseits, zu Schaden kommen, weil sie sich schließlich gegen uns selbst richtet. Reflektierte Wut kann mit ihrer begrenzten Kraft katalytisch emanzipatorische Kämpfe unterstützen und voranbringen. Es ist ein langer Weg, von radikal-individueller Selbsterkenntnis zum kollektiven Handeln der Regenbogenkoalition zu gelangen.

Als ein Beispiel für den reflektierten Umgang mit Wut kann die Arbeit der radikalökologischen Organisation Sea Shepherd gelten, die sich mittels direkter Aktionen wie das Versenken von Walfängern und Medienkampagnen kompromisslos für den Schutz der Meere einsetzt, ohne jedoch Menschen dabei zu verletzten. Der Dalai Lama hat der *Sea Shepherd Conservation Society* eine kleine Statue eines pferdeköpfigen Dämons namens *Hayagriva* geschenkt, die ihre Strategie auf den Punkt bringt.»*Hayagriva* ist der Aspekt des Mitleids im Zorn der Buddhisten. Mit anderen Worten, Sie wollen keinen Schaden anrichten, aber manchmal, wenn die Menschen sich der Erkenntnis verweigern, müssen Sie sie erschrecken, damit sie das Licht sehen. Einschüchterung ohne Verletzung. Manchmal ist es die einzige Möglichkeit«,[85] so der Dalai Lama.

Einen anderen inspirierenden Umgang mit Wut erzählt Robert Gass in *What is transformation?* über Nelson Mandela[86]. Mandela hatte Botha, den vorherigen Präsidenten, der ihn einsperren ließ, eingeladen, mit ihm die Bühne bei den Unabhängigkeitsfeierlichkeiten zu teilen. Jahre später fragte ihn Bill Clinton:»Erzähl mir die Wahrheit. Warst du nicht wieder total wütend?« Mandela antwortete,»Ja, ich war wütend. Und ich war ein bisschen ängstlich. Schließlich war ich ja auch noch nicht so lange frei.« »Aber«, sagte er,»als ich diese Wut in mir aufkommen fühlte, realisierte ich, dass wenn ich sie hasste, nachdem ich aus dem Knast herausgekommen war, würden sie mich immer noch beherrschen.« Und er lachte und sagte:»Ich wollte frei sein und so ließ ich es bleiben.«

b.) Scham
Es gibt ein Wort als Antwort auf die Frage, was bei dem Versuch, ausbrennende unterdrückerische Dynamiken zu verändern, im Weg steht: Scham. Scham ist schwer zu erkennen, weil wir uns beschämt fühlen, wenn wir sie fühlen. Deshalb verstecken wir dieses Gefühl häufig z. B. hinter Wut oder wir vermeiden den ganzen Themenkomplex, indem wir das Thema wechseln oder Situationen meiden, in denen wir damit konfrontiert werden könnten. Dabei sind Schuld und Scham nicht das gleiche. »Der Schuld geht ein Ambivalenzkonflikt voraus, denn das Gebot, die Norm kann res-

---

85 Watson, Paul/Barbara Schaden: Ocean warrior. Mein Kreuzzug gegen das sinnlose Schlachten der Wale. München: Ehrenwirth 1995, S. 218.
86 Gass, Robert: *What is Transformation? And How Advances it Social Change?* 2014, S. 5. http://stproject.org/wp-content/uploads/2012/03/What_is_Transformation. pdf/ (Zugriff 6.3.2019).

pektiert oder übertreten werden; die Folge des zweiten Falls ist dann eben die Schuld. Bei der Scham fehlt diese Ambivalenz, weshalb es auch keine Sühne und keine Wiedergutmachung gibt – sie erfasst als Missachtung und Ablehnung tendenziell die gesamte Person, nicht bloß deren Taten, und ist deshalb existenziell bedrohlich.«[87]

Scham ist oft ein großes Hindernis, das Opfer von Gewalt oder den herrschenden Verhältnissen davon abhält, ihre Situation nicht als persönliches Problem und Versagen zu sehen, damit das Persönliche politisch wird. Die Aussage ›das Persönliche ist politisch‹ bedeutet im Kern, dass bestimmte persönliche Probleme nicht wirklich persönlich sind, sondern strukturelle Probleme, zu deren Lösung es der kollektiven Handlung bedarf. Scham ist deshalb ein handfestes Organisierungsproblem. So war es z. B. während der Immobilienkrise 2008 für betroffene Hausbesitzer*innen schwer, sich der Occupy-Homes-Kampagne anzuschließen, und sie mühten sich deshalb vielfach alleine ab. In der ›American-Dream‹-Erzählung ist es ein zentraler Wert und Quelle eigenen Stolzes, sein eigenes Haus zu besitzen, weswegen das Gefühl von Scham die Opfer der Immobilienkrise vereinzelte. »Das größte Hindernis war es, Eigenheimbesitzer*innen dazu zu bewegen zu kämpfen – zu glauben, dass es richtig und gerecht für sie ist, zu kämpfen, anstatt nur alleine im Hintergrund zu leiden«, so Tim Franzen, der Organizer von Occupy Homes Atlanta[88].

Ein großes Problem, um patriarchales Verhalten oder rücksichtsloses Konsumverhalten zu verändern, entsteht, wenn in diesem Zusammenhang viel mit Schamzuweisung und Anschuldigungen gearbeitet wird. Dies funktioniert z. B. bei Imageverschmutzung-Kampagnen von großen Konzernen, kann zu Fundraising-Zwecken genutzt werden und stärkt die gemeinsamen Feindbilder der eigenen Aktivist*innencommunity, hilft aber nicht zur persönlichen Transformation.

Anschuldigungen motivieren die Privilegierten oftmals nicht, tiefgreifende Veränderungen vorzunehmen und neue Fähigkeiten zu lernen.[89] Vielmehr tritt oftmals entweder die aggressive Leugnung durch Wut oder Vermeidung und Lähmung ein. Deswegen sind politisch schuld- und schambasierte Kampagnen und Veränderungsstrategien, die viel mit Anschuldigungen arbeiten, sehr mit Vorsicht zu genießen, wenn es darum geht, dass Menschen ihr Verhalten ändern sollen. Für das Verschieben von

---

87 Bastian, Till: *Scham*. In: Psychologie Heute 8 (2014), S. 84.
88 Smucker, Jonathan Matthew: Hegemony How-to. A Roadmap for Radicals. Chico, CA: AK Press Distribution 2017, S. 74. Übersetzung Timo Luthmann.
89 Siehe Cooney, Nick: Change of Heart. What Psychology Can Teach Us about Spreading Social Change. New York: Lantern Books 2010, S. 134f.

Kräfteverhältnissen innerhalb der Gesellschaft können diese Strategien aber durchaus funktional sein. Sich Scham von emotional verbundenen Menschen oder wenigstens sich selbst gegenüber einzugestehen, ist Teil von persönlicher Veränderung und notwendig für die Transformation. Ein weiterer schwieriger Schritt liegt darin, sich die Dimension der Scham beim politischen Gegner bewusst zu machen und ihn so tiefer zu verstehen.

c.) Mitgefühl

»Die Wurzel für Mitgefühl ist Mitgefühl mit sich selbst.« – Pema Chödron

Mitgefühl als Emotion ist eine der stärksten Motivationen, sich für soziale Veränderung einzusetzen, die auch über einen langen Zeitraum tragen kann. Viele Langzeitaktivist*innen, die außergewöhnliches bewegt haben, wurden von dieser Emotion getragen.

Verschiedenste Vertreter*innen des engagierten Buddhismus wie z. B. Thích Nhất Hạnh halten als Motivation einzig Mitgefühl für sicher und nachhaltig anwendbar.»Durch Mitgefühl wird Ihre Energie aus Einsicht geboren; es ist keine blinde Energie. Nur Mitgefühl zu empfinden ist aber nicht genug, wir müssen lernen, es auszudrücken. Aus diesem Grund sollten Liebe und Verstehen stets Hand in Hand gehen. Verstehen und Einsicht zeigen uns, wie man handelt.«[90]

Gleichzeitig ist ein achtsamer Umgang auch mit dem Gefühl ›Mitgefühl‹ notwendig. Sich um andere zu kümmern, kann nämlich ebenfalls verletzen. Wenn Pflege-, Bezugspersonen oder Aktivist*innen sich auf andere fokussieren, ohne Selbstfürsorge zu betreiben, können destruktive Verhaltensweisen hochkommen. Apathie, Isolation, unterdrückte Emotionen und Substanzmissbrauch stehen auf einer langen Listen von Symptomen, die mit einer psychosomatischen Traumatisierung verbunden werden, die als *Compassion Fatigue* oder Mitgefühlsmüdigkeit bezeichnet wird.

Mitgefühl als treibende Kraft für Emanzipation muss ebenfalls Mitgefühl für uns selbst beinhalten und stellt die Basis da. Oftmals vergessen christlich sozialisierte Menschen die Selbstfürsorge und das »...wie dich selbst« im Gebot der Nächstenliebe,[91] weil sie es mit Egoismus assoziieren. Spannend ist auch die Frage, wie wir es schaffen können, unsere Fähigkeit zur Empathie, zum Mitgefühl, zur Solidarität zu steigern. Hier hat die linke Tradition außer verbalen Aufrufen und ›erkenne deine Klasseninteressen‹

---

90 Nhất Hạnh, Thích: Die Welt ins Herz schließen. Buddhistische Wege zu Ökologie und Frieden. Bielefeld: Aurum 2009, S. 86.

91 Mk 12,31.

oberflächlich gesehen nicht viel zu bieten. Beim genaueren Hinsehen sind Ansätze von linker Psychotherapie von der Psychoanalyse Freuds bis zu den von Wilhelm Reich inspirierten Körperpsychotherapien spannend. In der christlichen Tradition sind die Lebens- und Tischgemeinschaften, die sich an der Jesusbewegung orientieren z. B. wichtige Lernorte der Empathie. Ich denke auch, dass Gebet und Kontemplation zur Empathiefähigkeit beitragen können, wobei ich jedoch keine wissenschaftlichen Studien darüber kenne. Die umfassensten Werkzeuge zur Steigerung unserer Empathiefähigkeit sind in der buddhistischen Tradition zu finden. Zum einen erhöht allgemein Achtsamkeitsmeditation unsere Fähigkeit zur Empathie, was wissenschaftlich gut belegt ist. Außerdem gibt es noch eine speziellere Methode, welche dezidiert zur Steigerung unseres Mitgefühls für uns selbst und andere entwickelt worden ist, die sogenannte *Metta* oder *Liebende Güte*-Meditation.

d.) Angst

»Das Bild vom furchtlosen Helden täuscht. Er ist ein Fantasieprodukt. Ein Held, der keine Angst hat, braucht keinen Mut. Die Angst ist eine ständige Begleiterin. Ohne Angst lebt kein Grenzgänger lange. Die Angst ist die andere Hälfte von Mut.« – Reinhold Messner

Wir leben in einer Gesellschaft der Angst, wie der Soziologe Heinz Bude sehr treffend die bundesdeutsche Gesellschaft beschrieben hat. »Angst kennzeichnet eine Zeit, in der in Europa Populisten von rechts im Anmarsch sind, in der sich unter ganz normalen Leuten Erschöpfungsdepressionen ausbreiten und in der der Kapitalismus von allen als Krisenzusammenhang erlebt wird. Angst ist der Ausdruck für eine Gesellschaft mit schwankendem Boden. Die Mehrheitsklasse fühlt sich in ihrem sozialen Status bedroht und im Blick auf ihre Zukunft gefährdet. Man ist von dem Empfinden beherrscht, in eine Welt geworfen zu sein, die einem nicht mehr gehört.«[92] Gleichzeitig ist die Vermeidung von Angst der bestimmende Weg der Mainstreamkultur. Es fehlt den Menschen der Raum, die Angst ohne Scham auszudrücken und anerkannt zu werden, was eine tiefere Kontextualisierung der Angst zur rationellen Bearbeitung verhindert und irrationale Bewegungen wie Pegida mit ihren kruden Argumenten von der Islamisierung des Abendlandes befördert. Es ist nicht Angst, son-

---

92 Bude, Heinz: Gesellschaft der Angst. 1. Aufl. Hamburg: Hamburger Edition 2014, Klappentext.

dern die Vermeidung von Angst, die zu Phobien wie z. B. die Angst vor dem Fremden (Xenophobie) führt.

Die Vermeidung von Angst ist jedoch nicht nur in der Mehrheitsgesellschaft, sondern auch in verschiedenen Subkulturen wie der HipHop-, Punk- oder Hardcore-Szene und in antifaschistischen und autonomen Zusammenhängen präsent. Angst ist nicht cool, Angst ist demütigend. Doch weil wir Menschen und nicht einfach nur Säugetiere sind, ist die Wahrnehmung von Angst sowohl durch unseren Glauben, kulturelle Werte, Normen und Zivilisation als auch von unseren Subkulturen geprägt. Wir lernen in unseren Familien, unserem Umfeld und unseren verschiedenen Kulturen, wovor wir Angst haben, wie wir mit unserer Angst umgehen, wie wir handeln und nicht handeln. In linken Bewegungen fehlt es an bewussten Räumen und Ritualen, um mit Angst kollektiv umzugehen. Aus aktivistischer Sicht ist Angst vor Repression, Naziübergriffen, dem Klimawandel oder sexualisierter Gewalt nicht sinnlos, sondern gibt uns überlebensnotwendiges Feedback über die herrschenden Verhältnisse. Entfremdung von unserem eigenen Körper, »a disembodied life«, wie Richard Strozzi-Heckler es nennt[93], ist hierbei ein Hindernis. Wir haben den Weckruf von authentischer Angst mit einer Menge von ›Angststörungen‹ ersetzt, die heutzutage so weit verbreitet sind. Das Problem mit Angst ist nicht, dass wir sie fühlen, sondern dass wir sie nicht bewusst fühlen bzw. die Angst davor Angst zu fühlen. Wir können nicht heilen, was wir nicht bewusst fühlen und können nicht daraus lernen. Wir haben vergessen, dass Angst tiefere Gründe hat, denn wie Hannah Arendt meinte, ist Angst für das Überleben unverzichtbar.

Es gibt einen engen Zusammenhang zwischen dem Patriarchat und unserem Umgang mit Angst. Für die linke Therapeutin Miriam Greenspan ist die Abwertung von Angst, wie die Abwertung von Emotionen allgemein, ein Schlüsselcharakteristikum patriarchaler Kultur. »Ein Kernproblem mit Angst im Patriarchat ist, dass Angst grundlegend mit Weiblichkeit verbunden und wie viele andere feminisierte Eigenschaften (Abhängigkeit, Verletzlichkeit, Emotionalität) abgewertet wird.«[94] Von Kindesbeinen an werden Jungen rücksichtslos konditioniert, ihre eigene Verletzlichkeit zu leugnen und sich gegen Angst zu panzern. Während Frauen, traditionell das ›schwache Geschlecht‹, sozialisiert werden, die Angst, die die männli-

---

93 Strozzi-Heckler, Richard: The art of somatic coaching. Embodying skillful action, wisdom, and compassion. Berkeley, California: North Atlantic Books 2014, S. 10.

94 Greenspan, Miriam: Healing through the Dark Emotions. The Wisdom of Grief, Fear, and Despair. Boston, Mass.: Shambhala Publications 2004) S. 181. Übersetzung Timo Luthmann.

che Kultur verabscheut oder leugnet, zu ertragen. Die Kultur des Patriarchats bestraft ängstliche Männer und angstlose Frauen. In Zusammenhang mit der Entwertung des Weiblichen in unserer Kultur, tendieren Frauen zu einem Ausleben ihrer Ängste in selbstzerstörerischer Art und Weise, während Männer trainiert werden, aggressiv zu sein und ihre Emotionen auf eine Art und Weise auszuleben, die destruktiv für andere ist. Gewalt ist oft eine direkte Konsequenz von geleugneter Angst, Angst die aufgetreten ist, weil die Person die Fähigkeit verloren hat sie authentisch und achtsam zu fühlen und sie ohne Scham auszudrücken. Menschen leben unbewusst ihre Angst aus, weil sie Angst haben zu fühlen, Angst haben zu sprechen, Angst vor ihrer Angst haben.

Sich mit seiner eigenen Angst anzufreunden, ist der erste Schritt für einen weiseren Umgang mit dieser Emotion. Das bedeutet vor allem, uns den Wert von Angst bewusst zu machen und sie über bewusste Körperarbeit im Körper zu lokalisieren, zu spüren und nicht weiter wie auch immer zu betäuben. Angst erzählt dir, dass du ein Mensch bist. Du bist verletzlich. Du bist verknüpft mit anderen im Netz des Lebens. Ein weiterer Umgang ist die Kontextualisierung der Angst und das Freilegen der dahinterliegenden größeren Geschichte. Hier können wir unsere Ängste im Sinne einer intelligenten Gefühlsregulation bewusst durch unsere Vernunft reflektieren.

Und was wir in Bezug auf unsere politischen Aktionen nicht vergessen sollten: Lass dich von deiner Angst nicht stoppen, sondern lerne von ihr, um so besser zu handeln. Politische Handlungen können dabei eine heilsame Wertschätzung unserer Angst sein. Wie produktiv es sein kann, sich der eigenen Angst zu stellen, hat die Künstlerin Georgia O`Keeffe gezeigt, welche zu den bekanntesten Frauen der Kunst des 20. Jahrhundert zählt. »Ich bin zu jedem Zeitpunkt meines Lebens völlig verängstigt gewesen aber habe mich davon nicht von einer einzigen Sache abhalten lassen, die ich tun wollte.«[95]

e.) Trauer

Trauer ist ein Ausdruck unserer wechselseitigen Verbundenheit. Im hektischen Leben vieler Aktivist*innen scheint erstmal relativ wenig Platz für diese Emotion zu sein. Trauer mehr wertzuschätzen und ihr befreiendes Potential zu erkennen, ist für viele Aktivist*innen eine Herausforderung, da die Anlässe dafür Verlusterfahrungen sind. Warum macht dann trauern

---

95 O'Keeffe, Georgia: »*I've been absolutely* …«. https://www.goodreads.com/quotes/59275-i-ve-been-absolutely-terrified-every-moment-of-my-life-and (Zugriff 10.1.2018). Übersetzung Timo Luthmann.

noch Sinn? Oftmals geht es viel zu schnell weiter im Kampagnenrhythmus oder auf zur Wiederbesetzung.

Das Geschenk, welches Trauer uns anbietet, ist die Fähigkeit, tiefer zu sehen, wie die Dinge sind. Das Leben ist begrenzt. Wir sind hier für eine kurze Zeit. Dabei sorgt Trauer dafür, dass wir dies nicht nur als ein abstraktes Konzept in unserem Gehirn wahrnehmen, sondern zutiefst als körperliches Gefühl in unseren Knochen spüren. Für Miriam Greenspan ist Trauer ein psychospiritueller Prozess. »Wenn das konventionelle Ego beginnt, Platz zu machen, kann der Geist seine Trauerarbeit leisten. Trauerarbeit ist nicht die Wiederkehr zum Status quo vor dem Verlust. Menschen gehen nicht einfach zum ›Normalzustand‹ über, nachdem ein Kind gestorben ist oder nach irgendeinem anderen tiefgreifenden Verlust. Trauer ist nicht die Gelegenheit für ›Loslösung‹, wie im populären Sprachgebrauch, sondern für Transformation: ein komplett neues Bewusstsein von Realität, Selbst, den Geliebten und der Welt.«[96] Dabei gibt es beim Trauerprozess keine Abkürzung. Die Trauer bricht oft unerwartet über uns herein, durch äußerliche Verlusterlebnisse, wodurch wir die Kontrolle verlieren. Beim Betrauern eines gerodeten Waldes, des geräumten Hauses oder des verlorenen Kampfes gegen eine Abschiebung bricht das Ego im Angesicht seiner Begrenztheit auf. Wenn sich in diesem Prozess unser Herz öffnet und wir die Verbundenheit spüren, beginnt die Reise des Egos raus aus der Isolation, ironischerweise in einer Situation, in der es am meisten infrage gestellt ist. Die physische Verbundenheit weicht einer geistigen Verbundenheit, die uns transformiert.

Unverarbeitete Trauer beinhaltet eine Vielzahl von Gefahren sowohl für das Individuum als auch für die Gesellschaft. Sie wird von Generation zu Generation weitergetragen und bewirkt, dass verschiedenste individuelle, zwischenmenschliche und soziale Leiden, die aus unverarbeiteter Trauer entstehen, weitergehen. Wir müssen einen emotionalen Ausdruck dafür finden, wenn Menschen auf ihrer Flucht im Mittelmeer sterben oder tagtäglich eine Vielzahl von Arten ausgerottet werden. Unser größtenteils geleugneter und nicht anerkannter Schmerz über die stille Zerstörung der Erde produziert ebenfalls mehr und mehr Symptome. Dies beinhaltet das dokumentierte höhere Auftreten von Depressionen, Ängstlichkeit, Einsamkeit, Langeweile, Gewalt, Drogenmissbrauch und Malaise bei Menschen, die in unserer Zeit erwachsen werden. Davon sind Aktivist*innen nicht ausgenommen.

---

96 Greenspan, Miriam: Healing through the Dark Emotions. a.a.O., S. 93. Übersetzung Timo Luthmann.

f.) Demut

Demut ist ein nicht existierendes Wort in linker Sprache. In linker Tradition geht es um Subjektwerdung, das heißt das Aufrichten unserer Persönlichkeit jenseits von Unterdrückung und Ausbeutung. Durch den Subjektwerdungsprozess können wir erst Teile unserer Persönlichkeit voll entfalten. Gleichzeitig liegt dem Prozess auch die Gefahr inne – durch intellektuelle Überheblichkeit und Arroganz – neue Barrieren zwischen den Menschen aufzubauen. Hier ist eine selbstbewusste Demut, die nicht in Unterwürfigkeit und einem Gefühl von Schwäche wurzelt, eine wichtige Möglichkeit uns persönlich und politisch weiterzuentwickeln. Sehr gut hat dies für mich Dr. Leticia Nieto, die wichtige Grundlagenarbeit beim Umgang mit Unterdrückungsmechanismen geleistet hat, auf den Punkt gebracht: »Ein Fundament von Kraft und effektiver sozialer Veränderung ist Demut – die Bereitschaft zuerst zuzuhören und erst als Zweites zu bilden und aufzuklären. Wenn wir jede Person wahrhaftig respektieren, wo sie ist, werden wir nicht in die Falle tappen, dieses zu benutzen, um die Menschen zu entwerten. Wir können diese Art von tiefer Arbeit für soziale Gerechtigkeit nur tun, wenn wir mit unserer wechselseitigen Verbundenheit in Berührung sind.«[97]

g.) Freude

In den ersten Jahren meines politischen Aktivismus habe ich mich, abgestoßen von unserer sinnlosen Gesellschaft, maximal sinnsuchend in politische Kämpfe gestürzt, wobei ich hart gegenüber mir selbst war. Dieses ausschließlich auf Sinn zentrierte Leben hat mich aber von anderen Menschen entfremdet, mich härter werden lassen und selbstgerechte Tendenzen in mir verstärkt. Mir war die Freude abhandengekommen. Erst nach einigen Jahren habe ich begriffen, dass eine Sinnorientierung im Leben essenziell ist, aber mit Freude in Balance gebracht werden muss.

Freude wirkt als Gegengift zum Ausbrennen und gleichzeitig ist es ein Symptom von Burnout-Prozessen, wenn wir die Fähigkeit zur Freude verlieren. Befreiung und befreiende Momente sind unmittelbar mit Freude verbunden. Mit Taktiken wie der Spaßguerilla über *Carnival against Capitalism* oder *Reclaim the Streets*-Partys werden, wie mit vielen anderen kreativen Straßenprotestformen eine Mischung von Aufstand, Kunst und Humor zelebriert, die den Verhältnissen trotzt. Freude nährt uns und ist Selbstzweck. Gleichzeitig haben diese Taten der subversiven Freude

---

97 Nieto, Leticia: Beyond Inclusion, Beyond Empowerment. a.a.O., S. 282. Übersetzung Timo Luthmann.

Ausstrahlungskraft. Die bewaffnete Freude oder eine klammheimliche Freude – Freude ist ansteckend. Die Freude an der Subversion, der Überwindung von Hierarchien und Herrschaft. Die unmittelbare Freude wenn kollektiv Räume geöffnet, erobert und angeeignet werden, sei es bei einer Hausbesetzung, dem Sturm eines Tagebaus oder im Fluss einer *Critical Mass*-Fahrraddemo.

Auch Soziale Bewegungen brauchen ihre Feste und sind Ausdruck von Freude und Spaß. Dabei besteht die Gefahr, dass linke Feierkultur – wie hedonistischer Partyaktivismus oder der ›Ferienkommunismus‹ – des Fusion-Festivals sich nahtlos in den Konsumismus unserer Gesellschaft einreiht. Und trotzdem wird in verschiedensten Partykollektiven schon vieles anders gemacht, von Gendersensibilität, dem unkommerziellen Anspruch bis zur Schaffung alternativer Räume für Begegnungen. Auch sind in diesen Subkulturen starke persönliche soziale Netzwerke entstanden, die durch gegenseitige Hilfe viele alternative Projekte und Infrastrukturen tragen.

Exzessive Feierei kann schon destruktive Züge annehmen und das Vergnügen kann auch Fluchtreaktion sein vor den großen Problemen unseres Lebens und der Welt. Doch manchmal brauchen einige Menschen auch einfach diese Flucht und Leichtigkeit, um ihren inneren Freiraum zurückzugewinnen.

Welche Freude brauchen wir um unser Lebensglück zu nähren? Diese Frage wird in sozialen Bewegungen sehr unterschiedlich beantwortet. (Kontrollierter) Exzess, festliche Nüchternheit oder etwas dazwischen?

Sicher ist, dass Lachen wesentlich zu unserer Freude beiträgt. »Wir sind das Lachen« stand auf einem riesigen Transparent vom größten X-tausend-mal-quer-Camp 1997 beim Castortransport. Bei den indischen ›Laugh Parades‹ werden die Herrschenden öffentlich verlacht und unter dem Motto »Wir lachen das Militär aus« fanden verschiedene antimilitaristische Spaßumzüge statt, die entlarvend die gesellschaftlichen Verhältnisse parodierten. Neben der aufklärenden Funktion wirkt Lachen auf verschiedensten Ebenen mit kurz- und langfristigem Nutzen. Es versorgt uns kurzfristig mit mehr Sauerstoff, stimuliert Herz, Lungen und Muskeln und vertreibt Sorgen und Ängste, indem Endorphine und Dopamin freigesetzt werden. Unser *parasympathisches Nervensystem* wird aktiviert und unser *sympathisches Nervensystem* beruhigt, wodurch wir klarer denken und Probleme als Möglichkeiten sehen können, um zu wachsen und neuen Sinn im Leben zu finden, anstatt mit angstbasierten Stressreaktionen wie mit Kampf, Flucht oder Erstarrung zu reagieren. Langfristig stärkt Lachen unser Immunsystem. Freude zu kultivieren auch in düsteren Zeiten ist eine essenzielle Überlebensstrategie. Neben den flüchtigen Freuden des Augenblicks gehören auch die tieferen Freuden, die uns Sinn schenken und uns langfristig tragen, wie widerständige Alltagspraktiken oder dauerhafte Politikzusammenhänge dazu. Eine weitere wichtige Quelle von dauerhafterer Freude sind Selbsterkenntnis und Achtsamkeit zu kultivieren, die uns unabhängiger von persönlicher oder gesellschaftlicher Situation Zufriedenheit schenken können und eine stabile Basis für weitere Emanzipationsbewegungen bilden. Dazu zählt auch die tiefe Freude, die sich einstellt, wenn Ängste überwunden bzw. durchlebt werden.

h.) Hoffnung

»Hoffnung ist der Samen der Befreiung.« – Jon Sobrino

Kapitalismus, Patriarchat und industrielle Zivilisation haben an sich traumatisierende Elemente. Unter den 16 Warnsignalen von Traumatisierungsreaktionen im *Trauma Stewardship* von Laura van Dernoot Lipsky ist das Gefühl von Hilflosigkeit und Hoffnungslosigkeit als erstes aufgeführt. Traumaerfahrungen und negativer Stress minimieren systematisch unsere Fähigkeit, hoffnungsvoll gestimmt zu sein.

Hoffnung ist tief in der kulturellen Matrix der von den abrahamitischen Religionen (Judentum, Christentum, Islam) geprägten Kulturkreise verankert. In buddhistischen Kulturen wird Hoffnung kritisch gesehen, da sie uns aus dem Augenblick herausführt und zu Illusionen führen kann.

Hoffnung hat in aktivistischen Kreisen derzeit keinen guten Stand. So hat Obamas Wahlkampagne, welche viel mit den Themen ›Hope‹ und ›Change‹ gearbeitet hat, viele falsche Erwartungen geweckt. Für Derrik Jensen als einflussreiche aktivistische Stimme ist »Hoffnung das, was uns an das System kettet, dem Konglomerat von Menschen und Ideen und Idealen, welches die Zerstörung der Erde verursacht. […] All diese falschen Hoffnungen führen zu Inaktivität oder wenigstens zu Ineffizienz. […] Falsche Hoffnungen binden uns an unlebenswerte Situationen und machen uns blind für echte Möglichkeiten.«[98] Dabei versteht Jensen unter Hoffnung das Sehnen nach einer Zukunftsbedingung, auf die wir keinen Einfluss haben. Ihm geht es nicht nur um die Kritik falscher Hoffnungen,

98 Jensen, Derrik: *Beyond Hope.* https://orionmagazine.org/article/beyond-hope/ (Zugriff 9.2.2017).

sondern um die Überwindung von Hoffnung insgesamt, damit wir uns so nicht länger verwundbar für die Kooption durch die Rationalität und Angst der Herrschenden machen.

Für den Psychologen und Umweltwissenschaftler Bob Doppelt ist Hoffnung hingegen ein Element einer guten mentalen und psychischen Gesundheit in Sinne der *Salutogenese* und ein kraftvoller Motivator. »Hoffnung ist ein Geisteszustand, begründet in dem Glauben, dass die Zukunft besser sein kann und dass wir eine Rolle darin spielen können, diese Veränderungen hervorzubringen. Hoffnung ist eine psychologische Ressource, die uns inspiriert, in die Zukunft zu sehen, indem gleichzeitig ein Ziel und die Motivation für den Beginn der Reise dorthin etabliert wird. Hoffnung ist ein mentaler Rahmen, der uns hilft durch die Höhen und Tiefen zu navigieren und uns motiviert, auch in schwierigen Zeiten dranzubleiben.«[99] Für ihn ist Hoffnung kein Wunschdenken. »Zu glauben, dass du immun sein wirst gegen die Auswirkungen der Klimazerrüttung, ist eine Illusion, keine Hoffnung. Im Kontrast dazu ist Hoffnung der Glaube, dass du Wege für ein sinnvolles und erfüllendes Leben finden kannst, selbst inmitten klimawandelverstärkter Widrigkeiten.«[100]

Das Konzept der Aktiven Hoffnung nach Joanna Macy und Chris Johnstone ist das Gegenteil einer vulgären Hoffnung, wie Jensen sie sieht, die ausschließlich die Problemlösungskompetenz im Außen sieht und sich selbst keiner Rolle bei der positiven Veränderung der Verhältnisse beimisst. Bei der Aktiven Hoffnung geht es darum, eine aktive Teilnehmer*in zu werden, bei dem Hervorbringen dessen, worauf wir hoffen. Aktive Hoffnung ist eine Praxis und etwas, was wir tun anstatt etwas, was wir haben. Der Prozess der Aktiven Hoffnung gliedert sich in drei Schritte: Erstens, nehmen wir einen klaren Blick auf die Realität, zweitens identifizieren wir das, worauf wir hoffen, in Form der Richtung, wie wir Sachen verändert sehen möchten, oder Werten, die wir ausgedrückt sehen möchten, und drittens, unternehmen wir Schritte, um uns selbst oder unsere Situation in diese Richtung zu bewegen. Das kraftvolle dabei ist, dass wir entscheiden, was wir hervorbringen, wofür wir handeln oder was wir ausdrücken wollen. Statt uns nur vom Abwägen unserer Chancen leiten zu lassen oder nur zu handeln, wenn wir uns hoffnungsvoll fühlen, fokussieren wir uns auf unsere Intention. Dieses Handeln ist selbst dann möglich, wenn wir uns hoffnungslos fühlen, und braucht keinen Optimismus.

---

99 Doppelt, Bob: Transformational Resilience. a.a.O., S. 187. Übersetzung Timo Luthmann.

100 Ebd. Übersetzung Timo Luthmann.

Gleichzeitig schafft und erneuert es Hoffnung, indem wir durch konkrete Aktionen und bewusstes Handeln unsere eigenen Heiler*innen der Traumata werden. Echte Heilung impliziert die Verbesserung der Lebensbedingungen anderer Menschen, der natürlichen Mitwelt und für dich selbst. Sie verlangt jenseits der Behandlung von Symptomen zu gehen, und adressiert die Grundursachen der kapitalistischen, patriarchalen und industriellen Traumakultur, in der die Menschen so entfremdet voneinander, ihren Gefühlen und ihrer eigenen Empathie für sich selbst sind, dass sie wahrhaft nicht spüren oder selbst wahrnehmen, welchen Einfluss ihr Handeln auf andere hat.

Hoffnung ist einerseits etwas tief Persönliches. Sich mit der eigenen Sehnsucht zu verbinden und diese zu spüren, bedeutet auch wieder hoffen zu können, so sinngemäß ein*e Teilnehmer*in bei einem Nachhaltigen Aktivismusseminar. Darüber hinaus kann Hoffnung aber auch interaktiv sein und bedarf der Einbeziehung von Anderen und besitzt eine kollektive Dimension. Gerade der beziehungshafte Aspekt macht Hoffnung so ansteckend. Wenn eine genügende Anzahl an Menschen hoffnungsvoll gestimmt ist, folgen viele andere automatisch, bis selbst die Pessimist*innen sich anschließen. Eine verschüttete linke Tradition, Hoffnung kollektiv zu kultivieren, sind Utopien. »Utopien sind der kritisch zu prüfende und politisch umzusetzende Ausdruck von Hoffnung auf eine Zukunft, die mehr sein soll als die Verlängerung einer Gegenwart, die Utopien hervorbringt«[101], so der Politikwissenschaftler Alexander Neupert-Doppler. Damit Utopien, die gerade wieder immer mehr Konjunktur haben, eine breite kollektive Sehnsucht nach Veränderung entfachen, ist es wichtig, dass sie in einer kritischen Masse von Individuen authentisch verkörpert werden.

Eine transformative Hoffnung beschreibt eine aktive Hoffnung mit der kollektiven Vision der Utopie, deren Verkörperung der Vision in Form von Embodyment im Individuum lebt. Theologisch gesprochen geht es um die Transzendenz in der Immanenz (Dorothee Sölle) oder politisch gesprochen, die gelebte Utopie im Hier und Jetzt.

→ **Lesetipp:** Solnit, Rebecca: Hope in the Dark. Untold Histories, Wild Possibilities. 3. Aufl. Chicago, Illinois: Haymarket Books 2016.

---

101 Neupert-Doppler, Alexander: Utopie. Vom Roman zur Denkfigur. Stuttgart: Schmetterling Verlag 2015, S. 180.

Äußere gesellschaftliche Veränderung

»Ohne innere Veränderung, kann es keine äußere Veränderung geben, ohne kollektive Veränderung, macht keine Veränderung einen Unterschied.« – Rev. Angel Kyodo Williams, Sensei

Modelle sozialer Veränderung: der liberale und der radikale Ansatz

Verschiedene Veränderungsmodelle basieren auf verschiedenen Grundannahmen und philosophischen Ansätzen (siehe Ausgangspunkte für Befreiung). Unter dem Gesichtspunkt der gesellschaftlichen Veränderung möchte ich die Perspektive des liberalen und des radikalen Ansatzes kurz erläutern und ihre jeweiligen Stärken und Schwächen herausarbeiten.

Der liberale Ansatz betont die Bedeutung des Individuums als grundlegende soziale Einheit. Der philosophische Hintergrund ist der Idealismus, wobei persönliche Einstellungen als Ursache und Lösung von Unterdrückung gesehen werden. Das Denken spielt in diesem Ansatz als wesentliche Triebfeder des Sozialen eine zentrale Rolle und rationale Argumente und Bildung sind die Zugpferde der sozialen Veränderung. Das Veränderungsmodell ist dialogorientiert mit dem bestehenden System und besticht durch Aufbau von Alternativen und Transformation von Institutionen. Zum Beispiel folgt das Veränderungsmodell der weltweiten *Transition Town*-Bewegung zur lokalen Transformation jenseits des fossilen Zeitalters eher dem liberalen Paradigma. Ebenso folgen die meisten Nicht-Regierungs-Organisationen (NGO) dem liberalen Paradigma. In Bezug auf den Klimawandel und Umweltzerstörung, wenn es darum geht, die faktischen Emissionen und die fortschreitende Zerstörung von Ökosystemen, Artensterben etc. zu stoppen, kann ihr totales Versagen festgestellt werden. Es gibt große mitgliederstarke Umweltorganisationen seit vielen Jahrzehnten, doch der Zustand der Erde verschlechtert sich tagtäglich. Als Praxisbeispiel könnte die deutschsprachige Klimabewegung dienen, die bis zum Aufkommen der Anti-Kohle-Bewegung von NGOs dominiert und konsensorientiert war und die auf dem Lobbyweg zwar Kohlekraftwerksneubauten verhindern konnte, doch keine Erfolge im Sinne von nötigen Emissionsreduktionen durch Schließung von bestehenden Anlagen hatte, weil ihr der Biss fehlte[102]. Es besteht einfach die Notwendigkeit von einem systemischen Wandel. Doch systemischen Wandel gibt es nur mit Druck, strategischen und machtkritischen Analysen und langfristigen Plänen und nicht mit kurzfristigem Lobbyismus, einseitigen Gesprächen und folgenlosen Absichtserklärungen der Industrie.

Der radikale Ansatz sieht die Gruppe oder Klasse als grundlegende soziale Einheit. Personen sind sozial konstruiert und es geht um eine aktive und kritische Aneignung von Gruppen. Der philosophische Hintergrund ist der Materialismus, konkrete Machtsysteme sind Ursachen und Lösungen von Unterdrückung. Gedanken und Ideen sind nur ein Teil des sozialen Lebens und organisierter politischer Widerstand wird als Motor sozialer Veränderung gesehen. Das Veränderungsmodell ist konfliktorientiert gegenüber dem bestehenden System und zum Teil konsensorientiert innerhalb der Bewegung. Klassische linksradikale Strategien basieren auf Gegenmacht und Konflikt mit den Werten von Autonomie und Solidarität. Beispiele hierfür sind die Anti-AKW-Bewegung, der demokratische Konföderalismus in Kurdistan, die mexikanischen Zapatistas und die *Zone A Défendre* (ZAD) in Frankreich wie gegen den Flughafenbau in Nantes oder im Testet. Eine radikale Analyse führt zu der Einsicht, dass Gerechtigkeit nur durch Kampf erreicht werden kann.

Ich schlage im Folgenden einen synthetischen Ansatz von liberaler und radikaler Perspektive vor. Wir brauchen eine systemische Analyse, notwendigerweise eine kollektive Organisierung und eine konfliktorientierte Komponente, um soziale Veränderung zu erstreiten. Ebenso bedarf es des Aufbaus und Erhalts alternativer autonomer Strukturen und der Schaffung kreativer Lösungen. Die Schwäche des Liberalismus ist seine fehlende Machtanalyse. Eine seiner Stärken liegt in der Wertschätzung der persönlichen Transformation.

Liberale und radikale Ansätze könnten auch komplementär funktionieren, wenn sie sich gegenseitig Raum lassen, um ihre Stärken auszuspielen.

---

102 Siehe Meier, Jürgen: Es gibt gar keine Klimapolitik. http://www.klimaretter. info/meinungen/standpunkte/19648-qes-gibt-gar-keine-klimapolitik (Zugriff 24.9.2015).

Verschiedene Machtkonzeptionen

Die folgenden drei Machtkonzeptionen gehen auf Starhawk und ihr Buch *Truth or Dare: Encounters with Power, Authority and Mystery*[103] zurück. ›Macht über‹ ist verbunden mit Herrschaft und Kontrolle und ›Macht mit anderen‹ ist soziale Macht, der Einfluss, den wir unter Gleichen ausüben. ›Macht von innen heraus‹ beschreibt das Erwecken unserer tiefsten Fähigkeiten und Potentiale.

›Macht über‹

Dieses Konzept von Macht ist – im Sinne des Politikwissenschaftlers Robert Dahl – die Fähigkeit, andere Menschen dazu zu bewegen, etwas gegen ihren Willen zu tun. Mittel hierfür sind Belohnung, Strafe und Manipulation.

Gewalt und Kontrolle können viele verschiedene Formen annehmen. Die ›Macht über‹ durchzieht alle Institutionen unserer Gesellschaft. Sie wird am Arbeitsplatz, in der Schule, in den Gerichten oder in der Arztpraxis ausgeübt. Manchmal herrscht die ›Macht über‹ mit Waffen die physisch sind oder durch die Kontrolle von Ressourcen, die wir zum Leben brauchen, wie Geld, Essen, medizinische Versorgung oder durch die Kontrolle von subtileren Ressourcen wie Informationen, Anerkennung oder Liebe.

›Macht mit anderen‹

Sie ist die Fähigkeit, sich mit anderen Menschen zu vereinen, Einfluss zu nehmen und zu handeln. Diese Macht basiert auf Gemeinschaft, Solidarität und Kooperation. Sie drückt sich aus in der Macht von starken Individuen in einer Gruppe von Gleichgestellten, die nicht befiehlt, sondern vorschlägt und gehört wird, um etwas zu beginnen. Die Quelle dieser Kraft ist die Bereitschaft der Anderen, unseren Ideen zuzuhören. Diese Bereitschaft könnte auch ›Respekt‹ genannt werden, nicht vor der Rolle sondern vor jeder einzigartigen Person.

In der herrschenden Kultur wird die ›Macht mit anderen‹ oft mit der Vorstellung von ›Macht über‹ verwechselt. Wenn wir versuchen, neue Strukturen aufzubauen, die nicht auf Hierarchie für ihre Wirkmächtigkeit beruhen, müssen wir die ›Macht mit anderen‹ bewusst wahrnehmen, damit wir mit ihr arbeiten können. Ein Ziel ist diese Beziehungsmacht zu teilen, zu verbreiten und zu bewahren.

---

103 Starhawk: Truth or Dare. Encounters with Power, Authority, and Mystery. New York, N.Y: HarperOne 2011.

›Macht von innen heraus‹

Die Fähigkeit, basierend auf Intention, Klarheit der Vision oder Charisma Einfluss zu nehmen und zu handeln. Daw Aung San Suu Kyi erklärt: »Wenn du Vertrauen hast in das, was du tust, und du gestützt wirst von dem Glauben, dass das, was du tust, richtig ist, dies konstituiert in sich schon Macht und diese Macht ist sehr wichtig, wenn du versuchst, etwas zu erreichen.«[104] Starhawk bezeichnet die ›Macht von innen heraus‹ auch als Empowerment und ihre Stärke kommt von unserem Willen zu handeln. Gleichzeitig ist diese Kraft auch ein Ausdruck von etwas Tieferem. Sie entsteht durch das Gefühl der Verbundenheit, die wir mit anderen Menschen und unserer Mitwelt spüren.

»Obwohl die ›Macht über‹ das System regiert, in dem wir leben, nährt die ›Macht von innen heraus‹ unsere Leben. Wir können diese Macht in Akten der Schöpfung und Verbundenheit spüren, wenn wir pflanzen, bauen, schreiben, reinigen, heilen, beruhigen, spielen, singen, lieben. Wir können sie im gemeinschaftlichen Handeln mit anderen spüren, die sich der Herrschaft entgegensetzen.«[105] Der psychologische Hintergrund dieser Kraft liegt in der Selbstwirksamkeit bzw. Selbstwirksamkeitserwartung, die wir als Individuum als auch als soziale Bewegungen kultivieren können und die wesentlich unsere Resilienz stärkt.

Neben diesen drei Konzepten von Macht gibt es die Bewegungsstrategie der Gegenmacht, welche ich weiter unten ausführlicher erläutern werde. Sie hebt, vereinfacht gesagt, die ›Macht über‹ der wenigen Herrschenden durch die ›Macht mit anderen‹ und der ›Macht von innen heraus‹ der vielen Beherrschten auf. Für ein vollständigeres Bild müssen natürlich noch die internalisierten Herrschaftsmechanismen, Rang- und Rollenverhalten berücksichtigt werden, die uns alle betreffen.

(siehe auch → Systemische Analyse von Macht, Unterdrückung und Privilegien S. 111)

104 Training for Change: *Chair Power. Three Types of Power.* https://www.training
forchange.org/tools/chair-power-three-types-power/ (Zugriff 6.3.2019). Übersetzung Timo Luthmann.
105 Starhawk: *Sacred Lands – Definitions of Power.* 1989. http://www.sacredlands.org/
power.htm (Zugriff 6.3.2019). Übersetzung Timo Luthmann.

Ebenen der Veränderungen

Gesellschaftliche Veränderung und Emanzipation finden auf den verschiedensten Ebenen statt, wobei die Ebenen teilweise fließend ineinander übergehen und sich gegenseitig durchziehen.

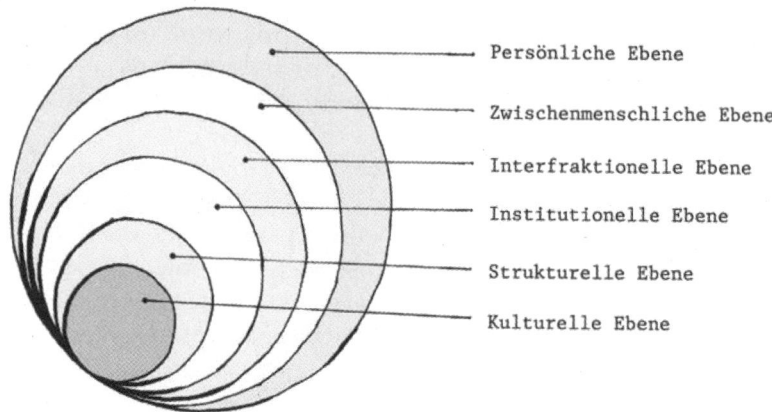

- Persönliche Ebene
- Zwischenmenschliche Ebene
- Interfraktionelle Ebene
- Institutionelle Ebene
- Strukturelle Ebene
- Kulturelle Ebene

Nach Move to End Violence und Movement Strategy Center

Persönliche Ebene: Individuelle Transformation hin zu mehr ganzheitlicher Entwicklung unser Persönlichkeit (Ratio und Gefühl) und unserer transpersonalen Fähigkeiten wie Empathieempfinden und Altruismus.

Zwischenmenschliche Ebene: Partner*innen, Familie und intimes Netzwerk (Freundschaft), lokale und translokale Gemeinschaft. Hier wirken (freie) Vereinbarungen und gegenseitige Hilfe.

Interfraktionelle Ebene: Die Ebene zwischen Gruppen, welche in sozialen Bewegungen stark betont wird.

Institutionelle Ebene: Nichtregierungsorganisationen (NRO), aber auch Parteien, Kirchen und Gewerkschaften, auch staatliche Institutionen wie Behörden, Universitäten, Schulen usw.

Strukturelle Ebene: Beschreibt die Beschaffenheit der Gesellschaft in dem Sinne, ob etwas gesamtgesellschaftlich präsent ist wie z.B. Kapitalismus oder Patriarchat. Dabei basiert strukturelle Diskriminierung auf institutioneller Diskriminierung und deswegen muss Befreiung auch die Institutionen ändern, um übergeordneten Zielen wie der Überwindung des Patriarchats näherzukommen.

Kulturelle Ebene: Kultur durchzieht alle Ebenen mit ihren sozialen Normen und Werten und wird transportiert durch das Verhalten der Menschen und durch Symbole wie gesprochene Sprache, Schriftsprache in Büchern und Texten, Musik, Mode, Bilder und komplexe Medien.

Allgemeine Akteure der Veränderung aus der Sicht sozialer Bewegungen sind das Individuum, Gruppen, Organisationen und Netzwerke, sowie soziale Bewegungen und Bewegung von Bewegungen. Das Ziel ist eine tiefgreifende gesellschaftliche Veränderung, die intersektional organisiert ist, das heißt, dass sie verschiedene Kämpfe zusammendenkt und sich so organisiert.

Dabei gibt es ein Spannungsfeld und manchmal auch eine politische Leerstelle bei Bewegungsakteure, welche Rolle verschiedenste Institutionen, also auch der Staat, spielen und ob alternative Institutionen geschaffen werden sollen wie es z. B. die Zapatist*innen tun oder der libertäre Kommunalismus von Murray Bookchin vorschlägt. Häufig werden solche Diskurse leider dogmatisch, d.h. unabhängig von der konkreten, gesellschaftlichen Situation und der Frage nach sich darin bietenden Gelegenheiten geführt.

Werkzeuge der Veränderung, die auf die verschiedenen Veränderungsebenen wirken, sind (vom Allgemeinen zum Konkreten): Bewegungsstrategien (langfristig), Kampagnen & Aktionsstrategien (mittelfristig) und Taktiken (kurzfristig).

Bewegungsstrategien

a.) Der *Movement Action Plan* von Bill Moyer

Um ein besseres Verständnis davon zu bekommen, wie soziale Veränderung funktioniert, ist es sinnvoll, sich anhand des *Movement Action Plan* (MAP) den Lebenszyklus von sozialen Bewegungen zu vergegenwärtigen. Der Aktionsplan wurde vom amerikanischen Langzeitaktivisten Bill Moyer innerhalb seiner 40-jährigen Praxis entwickelt und bezieht sich auf Erfahrungen u. a. aus der der amerikanischen Bürgerrechts- und Anti-AKW-Bewegung, der Schwulen- und Lesbenbewegung sowie der *Global Justice*-Bewegung.

Der *Movement Action Plan* oder zu deutsch *Aktionsplan für soziale Bewegungen* ist eine Metastrategie zum Aufbau einer partizipativen Demokratie und basiert auf dem *Peoples Power*-Modell von gewaltfreien sozialen Bewegungen.

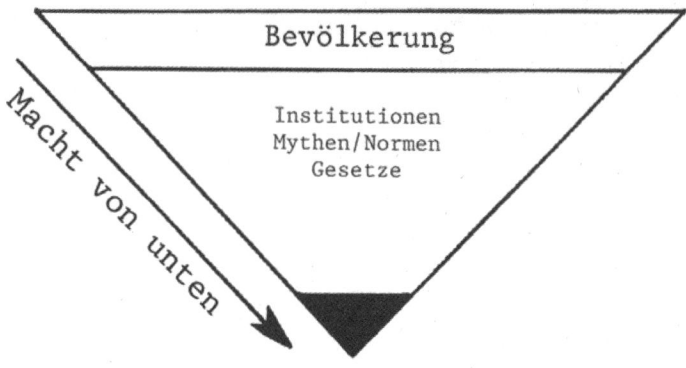

Bevölkerung

Institutionen
Mythen/Normen
Gesetze

Macht von unten

Nach Moyer, Bill: Aktionsplan für soziale Bewegungen. Kassel: Weber & Zucht 1989, S. 11.

Es ist wichtig, sich die wesentlichen Grundannahmen des MAP[106] vor Augen zu führen, um die Stärken und Begrenzungen des Modells einzuschätzen. Ein zentraler Punkt für Moyer ist die Annahme, dass die Machthaber*innen nur so lange herrschen können, wie sie den Konsens und die Unterstützung der Bevölkerung haben. Einer Bewegung kann es daher nicht darum gehen, an die Herrschenden zu appellieren und zu versuchen, Entscheidungsträger*innen direkt zu überzeugen, ihre Politik zu verändern. »Die zentrale Aufgabe sozialer Bewegungen ist es, die Herzen, Köpfe und die Unterstützung der Mehrheit der Bevölkerung zu gewinnen.«[107] Diese Annahme führt zu der Idee, dass ein zentraler Fokus von sozialen Bewegungen darin liegt, die Mehrheit der Öffentlichkeit zu bilden, aufzurütteln, zu inspirieren und letztendlich miteinzubinden. Dies kann durch strategische Aktivitäten wie Proteste, Aktionen zivilen Ungehorsams, Blockaden und juristische Auseinandersetzungen unterstützt werden. Dabei sollte nach Moyer diese Aktivität selbst nicht als Hauptzweck gesehen werden. Oft haben aber Unklarheiten über Ziele dazu geführt, dass Aktivist*innen denken, eine ganze Kampagne hänge davon ab, dass sie selbst bestimmte Aktivitäten stoppen, z. B. durch effektive Blockaden einzelner Naturzerstörungen. Diese Einstellung kann die Aktivist*innen und manchmal die Kampagne unter extremen Druck bringen, was zu Burnout,

---

106   Siehe Moyer, Bill: Doing democracy. The MAP model for organizing social movements. Gabriola Island, BC: New Society Publishers 2001, S. 19.
107   Ebd., S. 2. Übersetzung Timo Luthmann.

Verzweiflung und ›gewalttätigen‹ Aktionen führen kann. Für Moyer ist es entscheidend, den Fokus auf die öffentliche Meinung zu legen und wie diese positiv beeinflusst werden kann, um nicht nur kurzfristige sondern auch langfristige Wirkungen zu erzielen.

Der Wert des MAP besteht u. a. darin, dass er zum strategischen Denken und Handeln einlädt. Das Modell hilft Aktivist*innen, die Bewegung, in der sie aktiv sind oder die sie mit aufbauen möchten, zu analysieren und ihre Aktionen und Kampagnen entsprechend des Zustands der Bewegung auszurichten. Damit bietet es die Möglichkeit, die eigenen Aktivitäten aus einer größeren Perspektive als ausschließlich der unmittelbaren Intuitionen und Impulse zu bewerten.

Die vielleicht überraschendste Erkenntnis des MAP liegt darin, dass in Zeiten, wenn viele Aktivist*innen am wenigsten an einen Erfolg glauben (Wahrnehmung des Versagens der Bewegung), die Bewegung oft einen wesentlichen Schritt in Richtung Erfolg gehen kann.

Kritische Anfragen an dieses Veränderungsmodell lauten von meiner Seite:

Durch seinen ideologisch eng gefassten Rahmen von strikter Gewaltfreiheit diskreditiert es alle militanteren Aktionen und besitzt eine eingeschränkte Sichtweise, Gegenmacht u. a. durch direkte Aktionen aufzubauen. Was ist mit Selbstverteidigung in einem gewalttätigen Umfeld? Wer hat welche Privilegien und Handlungsmöglichkeiten? Ein fundamentaler Baustein des MAP-Modells ist u. a. die Erfahrung mit zivilem Ungehorsam der amerikanischen Bürgerrechtsbewegung, wobei es sich ausschließlich auf die gewaltfreien Aktionen bezieht. Der Journalist und Historiker Charles Cobb zeigt jedoch in seinem Buch *This Nonviolent Stuff 'll Get You Killed: How Guns Made the Civil Rights Movement Possible*, dass bewaffneter Widerstand und bewaffnete Verteidigung fundamental für die Bürgerrechtsbewegung waren. Sie beschützten Führungspersönlichkeiten und Organizer*innen, demonstrierten politischen Willen von Teilen der schwarzen Communities und Aktivist*innen und machten gewaltfreien zivilen Ungehorsam in einem feindlichen Umfeld praktikabel[108].

Selbstverständlich ist die Situation der 1960er Jahre in den Südstaaten der USA nicht mit der bundesdeutschen Realität heutzutage zu vergleichen. Und trotzdem gibt es auch andere gesellschaftliche Realitäten wie beispielsweise in der Türkei oder Mexiko. Eine strategische Gewaltfrei-

---

108 Siehe Cobb, Charles E: This nonviolent stuff 'll get you killed. How guns made the civil rights movement possible. New York, NY: Basic Books 2014.

heit[109] als Bewegungsmainstream schafft die Möglichkeit für maximale Partizipationschancen in sozialen Bewegungen. Doch ergänzend dazu kann eine strategische Militanz, die nicht nur taktisch, sondern auch bewegungsstrategisch agiert und ethisch geerdet im Individuum lebt, Sinn machen. Damit meine ich nicht eine *Anything goes*-Attitude und unreflektierte Straßenmilitanz, die sich mit dem Gewalterlebnis selbst begnügt. Das MAP-Modell konstruiert soziale Bewegungen als Zentrum der Gesellschaft und soziale Bewegungen sollten auf breit getragenen universellen Werten basieren. Durch diese Homogenisierung von Erfahrungen besteht die Gefahr, dass Widerstandserfahrungen an den Rändern der Gesellschaft nicht ernst genommen werden. Der soziale Bewegungs-Mainstream isoliert die zum Teil militanteren *Margins* (Ränder) und die radikalisieren sich durch diese Erfahrungen weiter, was die Spaltung von sozialen Bewegungen vorantreibt. Es geht um Kontext, Strategie und Dialog innerhalb der sozialen Bewegungen, die trotz nötiger Distanz zwischen den Akteuren auch Solidarität wagt. In diesem Zusammenhang formuliert Bill Moyer eine scharfe Kritik am politischen Vorgehen der sogenannten negativen Rebell*innen, deren individualistische Militanz der Bewegung schade, mit der sich eine kritische Auseinandersetzung lohnt.[110]

Das Modell ist unterkomplex, was die Rolle der Medien angeht. Wie gehen soziale Bewegungen beispielsweise clever mit bürgerlichen Medien um, wenn sie auf den gesellschaftlichen Mainstream abzielen? Was resultiert aus der Abhängigkeit von den bürgerlichen Medien, in denen es teilweise, aufgrund ihrer Konzern-, Politik- und Polizeihörigkeit nicht möglich ist, ausgewogen über den Widerstand zu berichten?

---

109 Siehe Starhawk: *Strategic nonviolence*. In: Beautiful Trouble 2012. https://beautifultrouble.org/tactic/strategic-nonviolence/ (Zugriff 6.3.2019).
110 Siehe Moyer, Bill: Doing democracy. a.a.O., S. 32-38.

Im Folgenden möchte ich nun die acht Phasen des MAP skizzieren:

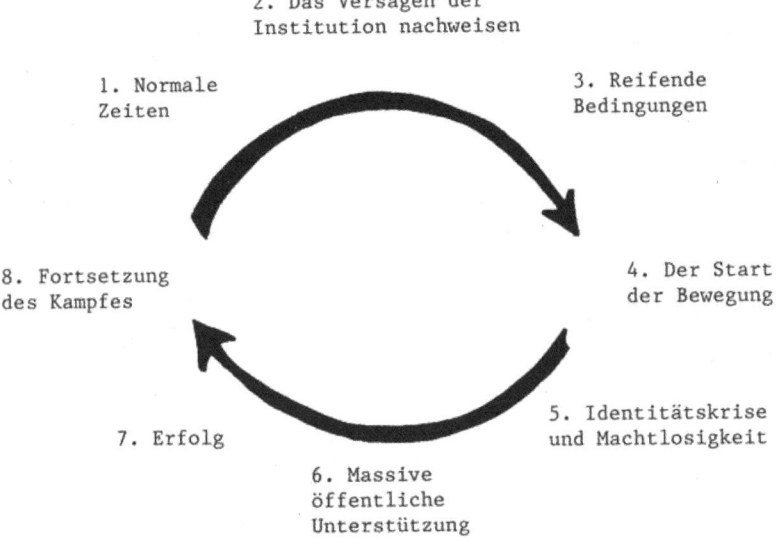

2. Das Versagen der
Institution nachweisen

1. Normale
Zeiten

3. Reifende
Bedingungen

8. Fortsetzung
des Kampfes

4. Der Start
der Bewegung

7. Erfolg

5. Identitätskrise
und Machtlosigkeit

6. Massive
öffentliche
Unterstützung

Nach Ricketts, Aidan: The Activists' Handbook. New York: Zed Books 2012, S. 29.

1. Normale Zeiten

Normale Zeiten sind politisch ruhige Zeiten. Die große Mehrheit der Gesellschaft weiß entweder nicht, dass ein bestimmtes Problem existiert und/oder unterstützt die Praxis institutioneller Politik, die das Problem verursacht. Betroffenengruppen und einzelne Organisationen führen bereits kleinere Aktionen und Kampagnen durch[111].

2. Das Versagen der Institution nachweisen

Die Intensität der öffentlichen Stimmung – Meinungen und Unzufriedenheit –, die anfangs von sozialen Bewegungen benötigt wird, kann sich nur entwickeln, wenn die Öffentlichkeit realisiert, dass die herrschende Politik breit verankerte Meinungen, Prinzipien und Werte verletzt und sich auf etablierten Wegen ein gesellschaftliches Problem nicht lösen lässt.

111 Siehe ebd., S. 43.

3. Reifende Bedingungen

Die Bewegung ist schon sichtbar, aber noch relativ klein. Es bilden sich neue Gruppen und Netzwerke, die vor allem durch Bildung zum Thema arbeiten, weitere Aktionen finden statt. In der Bevölkerung wachsen das Bewußtsein und die Unzufriedenheit.[112]

4. Der Aufbruch der Bewegung

Oft (nicht immer) beginnt diese Phase mit einem auslösenden Schlüsselereignis (z. B. technische Katastrophe oder aufsehenerregendes Protestereignis). An vielen Orten finden Aktionen statt, viele neue Gruppen entstehen. In der öffentlichen Wahrnehmung wird diese Phase mit ›Sozialer Bewegung‹ gleichgesetzt. Wenn sie vorher nicht die anderen Phasen durchlaufen hätte, wäre sie aber nicht in diese Phase eingetreten. Die öffentliche Aufmerksamkeit und das Problembewußtsein nehmen weiter zu.[113]

5. Identitätskrise und Machtlosigkeit

Dieser Hochphase folgt normalerweise als fünfte Phase bei einem Teil der Aktiven das Empfinden von Versagen, Machtlosigkeit, Identitätskrise. Diese hatten während der relativ kurzen Startphase geglaubt, die Herrschenden in direkter Konfrontation stoppen zu können, was aber normalerweise nicht gelingt. Die Beteiligung an Aktionen nimmt ebenso ab wie die mediale Präsenz. Interessanterweise läuft diese Phase meistens parallel mit der sechsten Phase, dem Gewinnen der Mehrheit der Bevölkerung.[114]

6. Massive öffentliche Unterstützung

Größere Koalitionen werden möglich und Mainstream-Institutionen nehmen das Thema auf. Mehrere Sub-Ziele und Kampagnen laufen nebeneinander her. Kleinere Reformen werden verabschiedet. Aufgabe der Bewegung muss es sein, die Sympathien, Meinungen und v. a. aktive Unterstützung eines immer größer werdenden Teils der Bevölkerung zu gewinnen und in den Prozess des Widerstands und der Veränderung einzubeziehen. Lösungsmöglichkeiten und Alternativen müssen bekannt gemacht und die Angst davor abgebaut werden.[115]

---

112 Siehe Ebd., S. 51.
113 Siehe ebd., S. 54.
114 Siehe ebd., S. 58.
115 Siehe ebd., S. 64.

7. Erfolg

Diese Phase ist ein langer Prozess, kein Ereignis! Weniger Menschen sind aktiv, aber sie haben mehr Macht. Erfolg der Bewegung ist zu erwarten, wenn sich in einem (oft jahrelangen!) Prozess ein neuer gesellschaftlicher Konsens im Sinne der Ziele und Alternativen der Bewegung herausgebildet hat. In dieser Phase geht es darum, sich nicht mit Teillösungen zufrieden zu geben, sondern einen grundlegenden gesellschaftlichen Paradigmenwechsel zu erreichen. Verschiedene Varianten: dramatischer Showdown mit Massendemonstrationen etc., stiller Showdown (die Bewegung setzt langfristig ihre Arbeit fort, bis der Erfolg erreicht ist), Zermürbung (wird oft nicht als Erfolg wahrgenommen, Erfolge der Bewegung werden durch Eliten vereinnahmt und nach außen kommuniziert).

8. Fortsetzung des Kampfes

Die öffentliche Wahrnehmung der Bewegung lässt nach. Erfolge müssen verankert und gegen Rückschritte verteidigt werden. Mit neuen Zielen und neuen Kampagnen wird im Sinne einer Spirale ein grundlegender sozialer Wandel weitergeführt.

Die vier Rollen des Aktivismus

Das zweite zentrale Konzept im *Movement Action Plan* sind die vier Rollen des Aktivismus. Soziale Bewegungen können nach Moyer nur dann erfolgreich sein, wenn verschiedene Akteure (Individuen und Organisationen) in unterschiedlichen Rollen innerhalb der sozialen Bewegung konstruktiv zusammenarbeiten. Jede dieser Rollen hat ihre eigene Bedeutung, wobei diese sich innerhalb verschiedener Phasen der Bewegung verschieben kann. Dabei kann eine Rolle effektiv und ineffektiv ausgeführt werden.

Die Rebell*innen sind die Art von Aktivist*innen, mit der sich viele Menschen innerhalb von sozialen Bewegungen identifizieren. Durch öffentlichkeitswirksame Aktionen und öffentliches ›Nein‹ Sagen heben die Rebell*innen das Problem auf die politische Agenda. Aber sie können ineffektiv sein, indem sie sich selbst als einsame Stimme am Rand der Gesellschaft stilisieren und die militanten, selbstgerechten Radikalen spielen. Rebell*innen sind wichtig in der Phase 3 und 4 und nach dem Schlüsselereignis. Oft ziehen sie dann weiter zu anderen Themen.

Reformer*innen werden meistens wenig wertgeschätzt in sozialen Bewegungen, aber sie sind diejenigen, welche das Versagen der existierenden

Kanäle beweisen oder alternative Lösungen vorschlagen. Jedoch neigen sie oft dazu, an Institutionen zu glauben oder Reformen vorzuschlagen, die zu klein sind, um den Bewegungserfolg zu konsolidieren.

Bürger*innen stellen sicher, dass die Bewegung nicht den Kontakt mit der Mehrheitsgesellschaft verliert. Sie zeigen, dass die Bewegung im Zentrum der Gesellschaft agiert (Lehrer*innen, Physiker*innen und Bäuer*innen, die sich z. B. in Gorleben beteiligen) und schützen sie gegen Diskreditierung und Repression. Sie können ineffektiv sein, solange sie davon überzeugt sind, dass die Machthaber*innen dem öffentlichen Interesse dienen.

Die *Change Agents* bzw. Innovator*innen fördern Bildung und überzeugen die Mehrheit der Gesellschaft. Sie organisieren Graswurzelnetzwerke und treiben Langzeitstrategien voran. Sie selbst können nach Bill Moyer ebenfalls ineffektiv sein, indem sie zu unrealistische Visionen propagieren und nur einseitige Methoden vertreten. Sie haben oft die Tendenz, persönliche Probleme und Bedürfnisse von Aktivist*innen zu ignorieren.

Viele Aktivist*innen und Gruppen identifizieren sich in erster Linie nur mit ein oder zwei der vier Rollen, weil jede von ihnen verschiedene Emotionen und Einstellungen, Überzeugungen, Ideologien, Geldquellen, politische und oft organisatorische Arrangements mit einbezieht. Aktivist*innen können sich kritisch bis sogar feindlich zu denjenigen verhalten, die andere Rollen einnehmen. Dabei haben Aktivist*innen die Tendenz, die Rolle die sie selbst spielen, als die wichtigste und politisch korrekte zu betrachten, während die anderen Rollen als naiv, politisch unkorrekt, ineffektiv oder sogar als feindlich gesehen werden.

Während es verschiedenste Spannungen zwischen den verschiedenen Rollen gibt, ist es doch notwendig anzuerkennen, dass jede Rolle ihren eigenen Wert innerhalb von sozialen Bewegungen hat, damit diese erfolgreich sein können.

b.) Verschiebe das Spektrum der Verbündeten

»Soziale Bewegungen erzielen ihre Erfolge selten, indem sie ihre Gegner überwältigen, sondern eher indem sie ihnen die gesellschaftliche Zustimmung entziehen.« – Joshua Kahn Russel

Spektrum der Verbündeten

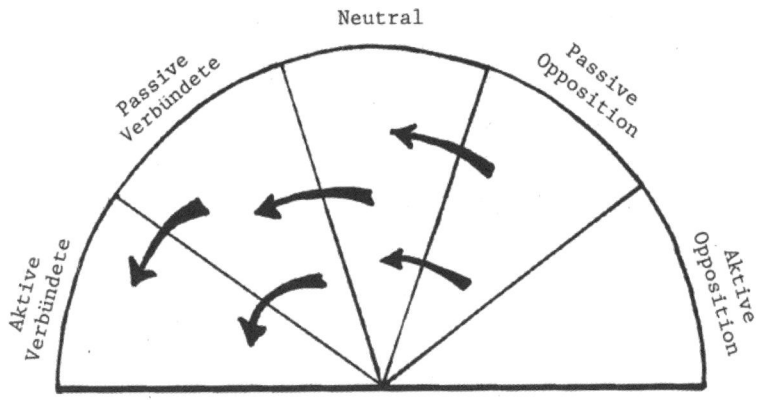

Nach Moore, Hilary / Joshua Kahn Russel: Organizing Cools the Planet. Oakland: PM Press 2011, S. 49.

Eine Gefahr für Aktivist*innen besteht darin, die Bevölkerung nur in Menschen einzuteilen, die ihren Standpunkt teilen oder dagegen sind. Durch diese vereinfachte Sichtweise verlieren sie die Fähigkeit, bestehende Interessengruppen und Netzwerke, die strategisch mobilisierbar sind, genauer zu erkennen. Für erfolgreiche soziale Bewegungen ist aber genau das der Schlüssel. Der erste Schritt auf dem Weg zu einer breiteren Mobilisierung besteht darin, die Standpunkte von Personen und Gruppen differenzierter zu betrachten. Hierbei hilft eine Verbündeten-Analyse.

Der zweite Schritt besteht darin, Menschen, Gruppen und Organisationen Stück für Stück für die eigene Sache zu gewinnen und sie vom passiven Verbündetenstatus, einer neutralen Position oder passiven oder gar aktiven Gegnerschaft schrittweise in die eigene Richtung zu bewegen. Dabei sind letztendlich diese schrittweise erreichten Standpunktveränderungen der Faktor, der den Gegner*innen die Zustimmung entzieht und so prozesshaft zu einer Machtverschiebung beiträgt.

So führte z. B. das *Student Nonviolent Coordinating Committee* (SNCC) – als wichtige Triebfeder der Bürgerrechtsbewegung in den Südstaaten der USA – eine Verbündetenanalyse durch. Dabei fanden sie heraus, dass sie unter den Studierenden im Norden des Landes viele passive Verbündete hatten:»Diese Studierenden waren auf ihrer Seite, hatten allerdings keine Verbindung zu ihrer Bewegung«[116], so Joshua Kahn Russel. Das SNCC nutzte diese Erkenntnis geschickt und organisierte unter dem Slogan »Freedom Summer« Busse vom Norden in den Süden und machte so passive Verbündete zu aktiven Verbündeten. Die Studierenden radikalisierten sich im Zuge der Auseinandersetzungen mit den gewalttätigen rassistischen Verhältnissen im Süden und schrieben ihren Familien Briefe darüber. Über diese persönlichen Beziehungen wurden viele Familien im Norden passive Verbündete und eine weitere gesellschaftliche Verschiebung fand statt. Nachdem die Student*innen wieder im Norden waren und sich dort weiter organisierten führte dies zu weiteren kaskadenartigen gesellschaftlichen Verschiebungen an Arbeitsplätzen, in sozialen Netzwerken usw. und veränderte so die politische Landschaft der USA. Entscheidend ist, dass diese Veränderungen nicht spontan entstanden, sondern das Ergebnis einer überlegten Bewegungsstrategie waren.

Der vielleicht entscheidendste Schritt beim Aufbau einer Bewegung ist das Herüberziehen *passiver* Verbündeter auf die Ebene *aktiver* Verbündeter, weil dies zu einem signifikanten Zulauf an Freiwilligen und Ressourcen führt und damit direkt die Möglichkeiten für kollektive Aktionen erweitert.

c.) Diskontinuierliche gesellschaftliche Veränderung

»Was können wir jetzt tun, um morgen fähig zu sein, das zu tun, wozu wir heute unfähig sind?«– Paulo Freire

Auf der anderen Seite gibt es über einen langen Zeitraum betrachtet eine kontinuierliche Entwicklung hin zu mehr individuellen Freiheitsrechten, die von sozialen Bewegungen erkämpft wurden. Beispiele hierfür sind der Acht-Stunden-Tag von der Arbeiterbewegung, das Wahlrecht für Frauen von der Frauenbewegung oder die rechtliche Gleichstellung von Homosexuellen von der Bewegung für Gendergerechtigkeit.

Dabei laufen soziale Veränderungen prozesshaft ab, aber nicht ausschließlich linear. Neben Phasen kontinuierlicher Veränderung gibt es Punkte in der Geschichte, sogenannte Krisen, die Kipppunkten ähneln, wo Elemente von einem in den anderen Aggregatzustand wechseln. An diesen Kipppunkten können relativ kleine Ereignisse diskontinuierliche gesellschaftliche Veränderungen auslösen, bei der die Veränderung nicht einfach kontinuierlich verläuft, sondern es sich um einen qualitativen Sprung

---

116 Russell, Joshua Kahn: Beautiful Trouble 2012. a.a.O., S.173. Übersetzung Timo Luthmann.

handelt, der das ganze auf eine neue Ebene hebt. Im *Movement Action Plan* kann dieser Punkt mit dem Durchstarten von sozialen Bewegungen beim Übergang von Phase 3 in Phase 4 beschrieben werden, wo die Bewegung in relativ kurzer Zeit eine Massenbasis gewinnt.

Ein zentraler Aspekt diskontinuierlicher gesellschaftlicher Veränderung ist die Möglichkeit relativ schneller Veränderungen, zu einem Zeitpunkt, an dem die meisten Menschen diese Veränderung nicht für möglich gehalten haben. Entscheidend ist, dass die nötige Vorarbeit geleistet wurde und wir uns in krisenhaften Zeiten befinden. So haben z. B. die spanischen Anarchist*innen eine ca. 70-jährige Vorbereitungsphase durch intensive Bildungsmaßnahmen u. a. mit den *Escuela Moderna* nach Francisco Ferrer unternommen, bis es zur Spanischen Revolution 1936 kommen konnte. In diesem Fall konnte kontinuierlich eine breite organisatorische Massenbasis aufgebaut werden.

Dabei muss gesagt werden, dass die diskontinuierliche gesellschaftliche Veränderung nicht ausschließlich in emanzipatorischer Richtung stattfinden kann, sondern dass auch Backlashs und Konterrevolutionen möglich sind. So zeichnet z. B. Naomi Klein in ihrem Buch *Die Schock-Strategie* nach, wie die neoliberalen Theorien Milton Friedmans dazu genutzt wurden, grundsätzlich nach wirtschaftlichen Schocks, militärischen Niederlagen oder Naturkatastrophen umfangreiche Privatisierungsmaßnahmen durchzusetzen.

Ebenso können das Erreichen von Kipppunkten im Ökosystem der Erde z. B. durch den Klimawandel oder durch andere (teilweise) Zusammenbrüche von Ökosystemen für sehr viele Menschen die Lebensbedingungen massiv verschlechtern. Es ist oftmals ein Kampf gegen die Zeit.

Gerade vor diesem Hintergrund ist jede noch so kleine Anstrengung für gesellschaftliche Emanzipation so wertvoll. Auch lassen sich die vielfältigen Graswurzelprozesse für soziale-ökologische Gerechtigkeit kaum überblicken. Sie alle subsumieren sich und wenn sie erstmal einen Durchbruch im Bewusstsein der Menschen bei einem gewissen Teil der Gesellschaft erreicht haben, kann gesellschaftliche Veränderung sehr schnell gehen. Jede noch so kleine Veränderung macht den Unterschied. Und doch liegt es auch mit an uns, durch strategisches Gespür und ebenso strategisches Handeln positive Veränderungen in Richtung sozialer Revolution wahrscheinlicher werden zu lassen. Die großen sozialen Veränderungen wurden nicht nur durch sich Stück für Stück verändernde Individuen erreicht, sondern die Sprünge oder Kipppunkte entstanden durch sogenannte Blockrekrutierung, bei der eine Bewegung wuchs, indem eine gesamte

Gruppe von Menschen auf einmal aktiviert wurde. Dies ist für Jonathan Matthew Smucker eine der größten Organisierungslektionen der us-amerikanischen sozialen Bewegungen in den 1960er Jahren:»Wenn soziale Bewegungen schnell an Größe und Kapazität wachsen, ist dies meistens nicht auf den Aufbau einer eigenen Infrastruktur von Grund auf zurückzuführen, sondern auf Organisierung innerhalb von bestehenden sozialen Netzwerken und Institutionen, bis ihre Mitglieder sich mit der Bewegung identifizieren. Die schon zuvor existierende Infrastruktur und Ressourcen dieser Institutionen werden für die Ziele der Bewegung genutzt. Die Bürgerrechtsbewegung verbreitete sich wie ein Lauffeuer und weitete dramatisch ihre Kapazitäten aus, als schwarze Kirchen und traditionell schwarze Schulen anfingen, sich als Teil der Bewegung zu identifizieren.«[117]

d.) Gegenmacht aufbauen – vorstellungsbezogen, ökonomisch und physisch

»Freiwillig gibt ein Unterdrücker niemals die Freiheit; sie muss von den Unterdrückten eingefordert werden.« – Martin Luther King Jr.

Gegenmacht ist essenziell, da Ausbeutungsverhältnisse in den wenigsten Fällen allein durch einen Bewusstseinswandel der Herrschenden beendet werden. Menschen profitieren auf verschiedenste Arten und Weisen von der strukturellen Gewalt und den Ausbeutungsverhältnissen in unserer Gesellschaft oder sind von ihnen materiell abhängig. Daher sind sie meist nicht oder nur sehr eingeschränkt durch Argumente oder Mitgefühl für die Ziele gesellschaftlicher Veränderung zu gewinnen.

Gleichzeitig müssen strukturelle Gewaltverhältnisse wie beispielsweise Konzernstrukturen verändert werden, welche in ihrer eigenen innewohnenden Logik (Profitmaximierung) handeln, in der die individuelle Handlungsfreiheit stark eingeschränkt ist. Je größer, komplexer und hierarchischer die ökonomische oder gesellschaftliche Struktur ist, die gewandelt werden soll, desto geringer ist der Einfluss des individuellen Gewissens. Dissidenz innerhalb der Machteliten ist die Ausnahme, da das System (Erziehung, Schule, Studium, Arbeitswelt) nach funktionalen Menschen im Sinne des Systems filtert.

Nach einer klassischen Definition des Politikwissenschaftlers Robert Dahl ist Macht»die Fähigkeit von A, B dazu zu bewegen, etwas zu tun,

---

[117] Smucker, Jonathan Matthew: Hegemony How-to. A Roadmap for Radicals. Chico/Oakland/Edinburgh/Baltimore: AK Press Distribution 2017, S.181f. Übersetzung Timo Luthmann.

was B sonst nicht tun würde.«[118] Für den Aktivisten Tim Gee dreht das Konzept von Gegenmacht diese traditionelle Vorstellung von Macht auf den Kopf:»Gegenmacht ist die Fähigkeit von B, die Macht von A aufzuheben.«[119] Er sieht das Konzept von Macht allgemein als eine ›Macht über‹, wenn nur wenige über viele herrschen und Gegenmacht, wenn viele der Herrschaft weniger widerstehen. In seinem Buch *Counterpower. Making Change Happen* (2011) beschreibt Gee drei grundlegende Kategorien: vorstellungsbezogene, ökonomische und physische Gegenmacht. Die vorstellungsbezogene Gegenmacht ist die Macht der Ideen und Bilder. Um sich zu legitimieren, braucht Macht Sprache, Kultur, Bilder und Geschichten, die darüber erzählt werden und wodurch sich die Menschen in Sinne der Mächtigen verhalten. In diesem Zusammenhang nennt der Philosoph Antonio Gramsci die Fähigkeit der herrschenden Eliten, den Menschen ihre Weltsicht aufzudrängen, zu normalisieren und zu verbreitern, kulturelle Hegemonie. Dabei liegt die Macht der kulturellen Hegemonie in ihrer Unsichtbarkeit, da sie von innen heraus als internalisierte Werte, Ideen und Bilder regiert. Er beschreibt den Widerstand gegen die herrschenden Ideen als ›ideologische Gegenhegemonie‹. Vereinfacht könnten wir sagen, dass Menschen die vorstellungsbezogene Gegenmacht nutzen, indem sie Ideen entwickeln, die den Status quo herausfordern und sie dann kommunizieren. Ein Beispiel für vorstellungsbezogene Gegenmacht ist das Konzept der *Media Mind Bomb* von Greenpeace-Mitgründer Bob Hunter. Seine Vision war es, medienfreundliche Bilder zu produzieren, die nicht nur die Aufmerksamkeit auf bestimmte Probleme und Ereignisse ziehen, sondern ebenso das Bewusstsein der Welt verändern. Widerstandssymbole wie das gelbe X aus dem Anti-AKW-Widerstand oder Lieder und Musik sind ebenso Teil von einer vorstellungsbezogenen Gegenmacht und deren Kommunikation. Zu diesem Auseinandersetzungsfeld gehören auch Taktiken der Kommunikationsguerilla und des *Adbustings*, also der subversiven Verfremdung von Kommunikation und Werbung, wodurch die herrschende Logik dekonstruiert wird. Ein umfassendes Konzept, wie die Macht der Erzählungen, des *Storytellings*, für Kampagnenarbeit genutzt werden kann, wurde von Patrick Reinsborough und Doyle Canning erarbeitet. In ihrem Buch *Re:Imagining Change. How to Use Story-based Strategy to Win Campaigns, Build Movements, and Change the World* legen sie praktisch dar, wie eine erzählungsbasierte Strategie entwickelt wird. Nicht

---

118 Zit. n. Gee, Tim: Counter Power: Making Change Happen. Oxford: World Changing 2011, S. 17. Übersetzung Timo Luthmann.

119 Ebd. Übersetzung Timo Luthmann.

mehr nackte Fakten und Zahlen, sondern inspirierende und überzeugende Geschichten verändern die Welt. Nur mit diesen Geschichten können wir unsere faktenbasierten Kampagnen erfolgreich einer breiteren Bevölkerung vermitteln.

Die ökonomische Macht kommt von Besitz, Geld, Arbeit und Land. Sie kann am deutlichsten in der Fähigkeit gesehen werden, Menschen für etwas zu bezahlen, was sie sonst nicht tun würden. Ökonomische Gegenmacht ist die Verweigerung zu arbeiten oder zu bezahlen. Der Aufbau einer alternativen ökonomischen Machtbasis, wie zum Beispiel in Form von Gewerkschaften, Kooperativen, progressiven Unternehmen, Nichtregierungsorganisationen, öffentlichen Dienstleistungen und kostenlosen Grundversorgungen kann ebenso als eine Form von ökonomischer Gegenmacht gesehen werden.

Die klarste Form von ökonomischer Gegenmacht stellt der Streik dar. Ein Streik besteht darin, seine Arbeitskraft zu verweigern, nachdem Verhandlungen über Arbeitslohn und -bedingungen gescheitert sind, oder um überhaupt als Verhandlungspartner*in anerkannt zu werden. Die Geschichte der Arbeiterbewegung ist die Geschichte dieser ökonomischen Kampfform. Die Streiks der *Solidarność*, der Gewerkschaft, die das Streikrecht und demokratische Wahlen in Polen erkämpft hat, über die Streiks der Gebäudereiniger*innen in der *Justice for Janitors*-Kampagne in den USA bis hin zu den Streiks der *Gewerkschaft Deutscher Lockführer* (GDL), sind Beispiele für effektive Formen ökonomischer Gegenmacht. Eine besondere Form des Streiks, der Generalstreik, bei dem die gesamte Arbeiter*innenschaft eines Landes oder einer Region streikt, um ökonomische oder politische Ziele durchzusetzen, spielt in der Geschichte von sozialen Bewegungen oftmals eine Schlüsselrolle. Neben der Weigerung zu arbeiten stellt die Weigerung zu bezahlen eine weitere Form von ökonomischer Gegenmacht dar. Eines der berühmtesten Beispiele ist der Montgomery Bus Boykott in der amerikanischen Bürgerrechtsbewegung. Durch einen mehr als ein Jahr andauernden Busfahrstreik gewann die Bewegung die Aufhebung der Segregation (Trennung von Schwarzen und Weißen) in Bussen, was das Startsignal für die landesweite Bürgerrechtsbewegung war, die für die Rechte von afroamerikanischen Menschen kämpft. Ein weiteres Beispiel für die Weigerung zu zahlen waren die Mieter*innenstreiks in Glasgow 1915 gegen die stark steigenden Mieten, die erfolgreich die Mietsteigerungen bekämpften. Auch beim Kampf gegen die sogenannte ›Poll Tax‹ oder Kopfsteuer in Großbritannien von 1987 bis 1990, war ökonomische Gegenmacht durch den Boykott der Steuerzahlungen eine Kernstrategie. Im Rahmen dieser erfolgreichen Kampagne wurde, wie bei vielen anderen Kampagnen, neben der vorstellungsbezogenen Gegenmacht in Form von öffentlichen Treffen, einer massenhaften Tür-zu-Tür-Mobilisierungkampagne und öffentlichen Ankündigungen, Zahlungen zu verweigern, auch auf die dritte Form von Gegenmacht zurückgegriffen: physische Gegenmacht. Dies geschah u. a. dadurch, dass sich Menschen massenhaft Vollzugsbeamten körperlich in den Weg gesetzt haben, die Pfändungsurteile vollstrecken wollten.

Physische Gegenmacht besitzt eine große Bandbreite von Taktiken: von revolutionärer Gewalt antikolonialer Kämpfe wie dem irischen Unabhängigkeitskrieg oder der kenianischen Mau Mau-Rebellion bis zu gewaltfreier physischer Gegenmacht in Form von *Non Violent Direct Action*, bei der es darum geht, sich in Form von Festkettaktionen, Blockaden und (Baum-)Besetzungen aktiv der Zerstörung in den Weg zu stellen. So sind Sitzblockaden in der Friedensbewegung und in der Anti-AKW-Bewegung als eine Form von physischer Gegenmacht eine der populärsten Aktionenformen gewesen und auch in der jungen Klimabewegung spielen Blockaden von Kohlezügen, Baggern und Infrastruktur der Tagebaue eine wichtige Rolle.

Entscheidend für den Erfolg von sozialen Bewegungen ist es, angemessene Taktiken (kurzfristig) und Strategien (langfristig) für die jeweilige Veränderungsebene und Situation im Bewegungszyklus anzuwenden. Gesellschaftliche Emanzipation und ein radikaler Frieden sind in diesem Zusammenhang unvereinbar mit militaristischen Strategien und es besteht die Notwendigkeit, so wenig Gewalt wie möglich einzusetzen. Das beinhaltet jedoch auch das Recht, dass Menschen sich selbst und die lebensnotwendigen Ökosysteme verteidigen. Eine tiefgreifend pazifistische Strategie schaut nicht nur einseitig darauf, dass keine ›gewalttätigen‹ Taktiken eingesetzt werden wie z. B. körperliche Gegenwehr, sondern sieht auch z. B. das Recht des Individuums auf Unversehrtheit, welches angegriffen wird, oder die Rechte zukünftiger Generationen und die strukturelle Gewalt in der Gesellschaft.

Grenzen müssen übergriffigen Individuen und Gruppen aufgezeigt werden, bei gleichzeitigen Rehabilitierungsmöglichkeiten und deeskalierendem Verhalten. Wir dürfen nie zu dem werden, was wir an unseren Gegener*innen bekämpfen. Wir müssen im Widerstand unsere Menschlichkeit bewahren. Deswegen sind beispielsweise Rachestrategien unakzeptabel und kontraproduktiv. Wahrhaft altruistische Strategien können

169

nicht von oben verordnet werden, sondern nur authentisch von Individuen gelebt werden. Heilungsstrategien müssen dabei mitgedacht werden.

→ **Lesetipps:** Gee, Tim: Counter Power. Making Change Happen. Oxford: World Changing 2011.

Reinsborough, Patrick / Doyle Canning: RE:imagining change. How to use story-based strategy to win campaigns, build movements, and change the world. 2. erweiterte Aufl. Oakland, CA: PM Press 2017.

e.) Kapazitätenaufbau von sozialen Bewegungen, Wachstumsperspektive und der Kampf um die gesellschaftliche Hegemonie

Im großen Ganzen beinhaltet der *Movement Action Plan* (MAP) von Bill Moyer schon den Kampf um die gesellschaftliche Hegemonie. Dabei fokussiert der MAP die diskursive bzw. vorstellungsbezogene Hegemonie in der Gesellschaft, die öffentliche Meinung. Im Folgenden möchte ich, basierend auf Jonathan Matthew Smuckers Arbeit *Hegemony How-To. A Roadmap for Radicals*, noch ein paar Schwachstellen von sozialen Bewegungen aufzeigen, die dazu führen, dass Bewegungen in gewissen Phasen stecken bleiben. Smucker sieht beim Kampf um eine tiefgreifende gesellschaftliche Veränderung zwei Herausforderungen, die soziale Bewegungen für sich entscheiden müssen, wenn sie erfolgreich sein wollen: den *symbolic contest* und den *institutional contest*. Beim symbolischen Wettkampf geht es darum, gegen die herausfordernden Eliten die vorstellungsbezogene Hegemonie und ihre Deutungshoheit mit erfolgreichen vereinigenden Narrativen und Symbolen zu gewinnen. Diese vorgestellte Vereinigung bildet einen wichtigen Teil der Ausrichtung und Aktivierung verschiedenster sozialer Kräfte in der Gesellschaft (z. B. soziale Blöcke, Organisationen oder politische Parteien), was die notwendige Grundlage beinhaltet, um den institutionellen Wettkampf zu gewinnen. Der *institutional contest* konsolidiert den Erfolg auf symbolischer Ebene in Politik, Gesetzen und strukturellen Veränderungen.

Dieser institutionelle Wettkampf ist oft die Schwachstelle der sozialen Bewegungen. Um diese Herausforderung zu bestehen und tiefgreifenden Wandel zu erreichen, brauchen wir einen Kapazitätenaufbau in sozialen Bewegungen. Folgende Aspekte sind wichtige Grundpfeiler wie dies erreicht werden kann:

1. Entwickle einen starken Kern von sozialen Bewegungen durch hochmotivierte ›Vollzeit‹-Aktivist*innen und gleichzeitig eine breitere soziale Basis, die Alltagsheld*innen.

2. Baue eine Kultur und ein System auf, welche neue Aktivist*innen und Unterstützer*innen sinnvolle Rollen finden und so die Organisationen und Bewegungen insgesamt wachsen lassen.

3. Behalte in Bezug auf die Gesellschaft eine Außenorientierung mit Wachstumskurs und verrenne dich nicht im Szenesumpf, wo die Bewegung Gefahr läuft, auf einer gesellschaftlich weniger bedeutenden Ebene zu bleiben. Vermeide Selbstbezogenheit und Engstirnigkeit.

4. Nimm existierende Infrastruktur durch sogenannte Blockrekrutierung in Anspruch, anstatt immer alles selbst von Grund auf neu aufzubauen.

5. Schaffe Räume und Anlässe, die der Persönlichkeitsentwicklung von möglichst vielen Menschen in der sozialen Bewegung gewidmet sind, dass diese ihre vielfältigen Fähigkeiten entwickeln und später als Vorbilder demokratisierte Leitungsrollen einnehmen können. (siehe auch
→ Mehr bzw. klarere Gruppenstrukturen S. 333)

→ **Lesetipp:** Smucker, Jonathan Matthew: Hegemony How-to. A Roadmap for Radicals. Chico/Oakland/Edinburgh/Baltimore: AK Press 2017.

Aktionsstrategie und Taktik

Innerhalb einer geteilten Bewegungsstrategie können unsere Organisationen, Netzwerke und Gruppen einen sinnvollen Platz finden, um mit Kampagnen zu intervenieren und die Herrschenden unter Druck zu setzen, damit Forderungen erfüllt werden. Dass wir Forderungen haben, bedeutet keinen Kniefall vor den Herrschenden, sondern ist eine Notwendigkeit für eine klare Strategie. Eine Kampagne ist ein spezifischer Kampf, in dem wir versuchen, unseren Kontrahent*innen die Erfüllung gewisser Forderungen abzuringen. Eine Kampagnenstrategie ist der Plan wie wir von unserem derzeitigen Ausgangspunkt zum Kampagnenziel kommen. Unser Ziel ist der Aspekt, den wir erreichen können, um ein Problem zu lösen. Die besten Ziele sind ›SMART‹, – Spezifisch, Messbar, Achievable (erreichbar), Realistisch und Terminiert – und strategisch, das heißt dass sie ein Etappenziel auf dem Weg zu einer größeren Vision darstellen. Wenn unsere Ziele nicht SMART sind, haben wir keine Grundlage unseren Fortschritt zu bewerten und daraus folgt, dass wir uns keinen Plan machen können. Wenn unsere Ziele uns nicht klar auf dem Weg unserer größeren gesellschaftlichen Vision weiterbringen, sind wir gefangen im Status quo. Unsere Vision ist der Weg, wie wir denken, wie die Welt sein sollte. Visionen sind große Entwürfe, transformativ, überzeugend und tief. Taktiken sind Zwischenziele innerhalb dieses Plans. Taktiken reichen von bildenden Maßnahmen wie Teach-ins bis zu konfrontativen Handlungen wie Sit-ins, Blockaden und Sabotage. Dabei eskalieren unsere Taktiken und die meisten Kampagnen besitzen kurz- und mittelfristige Ziele, die auf ein langfristiges Ziel hinarbeiten.

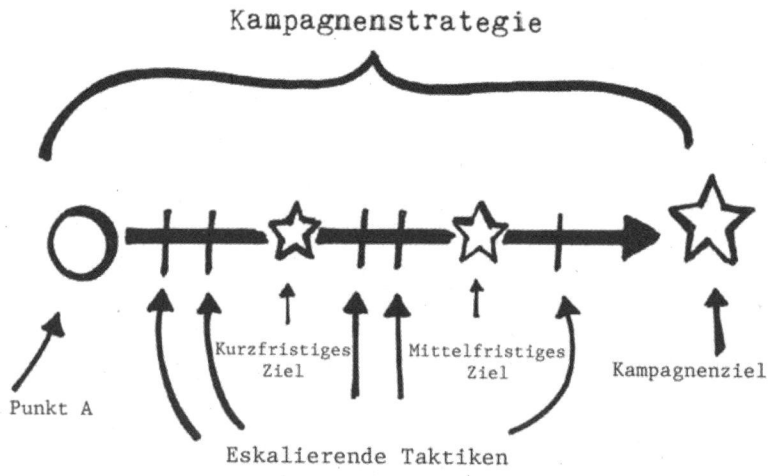

Nach Russel, Joshua Kahn / Hilary Moore: Organizing Cools the Planet. a.a.O. S. 50.

Es gibt eine große Bandbreite von verschiedenen Taktiken. Die breitangelegtesten Kategorien sind instrumentelle und expressive Taktiken.

Eine Taktik ist zu dem Grad instrumentell, wie wir mit ihr spezifisch quantifizierbare Zielsetzungen erreichen wollen. Zum Beispiel soll eine Kohlezuglinie zwischen einem Tagebau und einem Kraftwerk blockiert werden. Wir wissen ungefähr, wie lange der Kohlebunker direkt am Kraftwerk ausreicht, bis es zur Abschaltung von Kraftwerksblöcken kommt. Wir haben eine spezifische ökonomische Auswirkung auf unser Zielobjekt und einen Weg, um Erfolg zu bewerten.

Eine Taktik ist in sofern expressiv, inwieweit sie Weltansichten, Werte und Identität ausdrückt. Eine Großdemo als Antwort auf Ungerechtigkeiten kann in diese Kategorie fallen. Dies kann vielleicht nützlich sein zur

›Bespaßung‹ unserer Basis, um Netzwerke oder Kapazitäten aufzubauen oder ein Medienspektakel zu erschaffen, aber normalerweise besitzt sie kein SMARTes Ziel, auf das wir verweisen können: ›Wir haben eine konkrete Veränderung als Resultat dieser Taktik erreicht.‹ Eine Taktik kann beides sein, instrumentell und expressiv. Beides können wichtige Elemente sein. Aber wenn es keine instrumentelle Qualität gibt, haben wir keine Kriterien, woran wir unsere Anstrengungen messen können. Gleichzeitig wäre ich vorsichtig dabei, eine zu große Obsession zu entwickeln, alles in Zahlen zu bewerten und möchte hier darauf hinweisen, dass oft auch expressive Qualitäten – wie das Gemeinschaftsgefühl bei Aktionen oder ungehorsamen Handlungen – den gesellschaftlichen Diskurs verschieben können und nicht unterschätzt werden sollten.

Einen wichtigen taktischen wie auch strategischen Ansatz, dem ich mich als Klimaaktivist verpflichtet fühle, ist der der sogenannten *Direct Action*, welcher sowohl instrumentell als auch expressiv je nach Anwendung genutzt werden kann. Die US-amerikanische *Ruckus Society* definiert diesen Ansatz wie folgt: *Direct Action* ist der strategische Nutzen von unmittelbar effektiven Handlungen, um ein politisches oder soziales Ziel zu erreichen und bestehende ungerechte Herrschaftsverhältnisse herauszufordern.

Arten von *Direct Action*:
Protest: Die Sichtbarmachung unserer Dissidenz (Demonstrationen, Märsche, Menschenketten, Briefe schreiben, Petitionen, Postkarten, Straßentheater)
Verweigerung der Zusammenarbeit: das Zurückziehen von Ressourcen aus dem System, welches sein Funktionieren schwierig macht (Boykott, Streiks, Steuerboykott)
Intervention: Direkter Eingriff in das Funktionieren des Systems (Blockade von Straßen, Gebäuden oder anderen Verkehrswegen, Stören von Treffen oder ›Business as usual‹).
Kreative Lösungen: Entwicklung von Alternativen, gemeinschaftsbasierte Systeme die Ungerechtigkeiten herausfordern (Gemeinschaftsgärten, Food not Bombs, Hausprojekte)

★ Der taktische Stern

Zur Reflexion über den Einsatz von verschiedensten Taktiken hat die *Social Justice*-Organisation *Beyond the Choir*, den taktischen Stern entworfen, der uns hilft auch unter stressigen Situationen des Organisierens über unsere Taktiken nachzudenken.

Neuaufstellung
Wie planen wir unsere Aktion
zu feiern, wenn wir sie
durchgeführt haben?
Was ist unser Plan für die
Auswertung unserer Aktion?
Wie sieht ein Erfolg aus?
Was wollen wir messen bzw.
bewerten?

Beziehungen
Wie werden unsere Beziehungen
mit den 'Schlüsselstakeholdern'
beeinflusst?
Werden sie sich voraussichtlich
unseren Anschauungen nähern
oder sich mehr davon entfernen?
Werden wir neue Beziehungen
aufbauen?
Mit wem sollten wir kommunizieren, wen zu Rate ziehen, wessen
Befürwortung suchen oder mit
wem zusammenarbeiten?

Organisation
Wie wird unsere Gruppe davon
beeinflusst?
Wie wird sich diese Taktik auf
den Mitgliederzuwachs, die
bestehenden Mitglieder und das
Erlernen von neuen Fähigkeiten
auswirken?
Wird diese Taktik innerhalb der
Organisation Vertrauen schaffen
oder Spannungen verschärfen und
Burnout-Prozesse verstärken?

Ton
Was ist der Ton der Aktion?
Ernst, witzig, wütend, ruhig?
Wie werden Menschen, die wir
erreichen wollen (Teilnehmer*innen, Zuschauer*innen,
Medien) auf diesen Ton
reagieren?

Ziele und Strategie
Ist die Aktion Teil einer Kampagne
mit SMARTen Zielen?
Wie wird die Aktion uns helfen
unsere Ziele zu erreichen? Welche
Ziele wird sie uns helfen zu
erreichen?
Bleibt diese Taktik innerhalb
unserer Strategie?
Was wurde vorher unternommen und
was wird danach getan werden?
Beinhaltet diese Taktik die
Erfahrungen, die wir in vorherigen
Kämpfen gelernt haben?

Ressourcen
Ist die Aktion die begrenzte
Zeit, Energie und Ressourcen
unsere Gruppe wert?
Haben wir Kapazitäten, sie
umzusetzen?
Können oder sollten wir sie
ausdehnen oder zurückschrauben?

Zielobjekt/Gegner*in
Wer ist das Zielobjekt oder
die Gegner*in?
Welchen Einfluss hat die
Gegner*in auf das Ziel?
Welche Auswirkungen wird die
Taktik auf die Gegner*innen
haben?
Wie wird die Gegner*in
reagieren?
Sind wir auf die Reaktion der
Gegner*innen vorbereitet?

Interventionsort
Wo wird die Taktik
stattfinden?
Zeigt der Ort das
Problem und enthüllt er
die Gegner*innen?
Ist der Interventionsort
der Punkt der Konsums,
der Zerstörung oder der
Entscheidung?

Message
Was wird die Taktik unserer
Zuhörer*innenschaft,
Gegner*innen oder Verbündeten
kommunizieren?
Ist sie verständlich und
überzeugend?

Zeitpunkt
Wann sollten wir die Aktion
machen?
Warum?
Beinhaltet das Timing
Potential für uns oder
Verwundbarkeit für unsere
Gegner*innen?
Können wir einen Vorteil
bekommen durch die aktuellen
Ereignisse oder neue
Entwicklungen?

Quelle: https://www.wri-irg.org/en/story/2014/tactic-star (Zugriff 1.4.2019). Übersetzung Timo Luthmann

Politische Praxis und der Aktions-Reflexions-Zyklus

»Theorie ohne Aktion produziert ›Sesselrevolutionäre‹. Aktion ohne Reflexion produziert ineffektiven oder kontraproduktiven Aktivismus. Das ist der Grund, warum wir eine Praxis aus einem Zyklus von Theorie, Aktion und Reflexion haben, welche uns hilft, unsere Anstrengungen zu reflektieren und so unsere Ideen zu verbessern.« – Joshua Kahn Russell

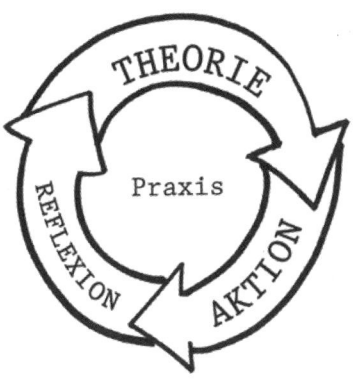

Nach Russel, Joshua Kahn / Hilary Moore: Organizing Cools the Planet. a.a.O., S. 55.

Effektiver Aktivismus folgt einem Zyklus. Wir starten mit unserer Theorie wie für uns Veränderung funktioniert, wobei dies nicht nur mit komplexen Theoriegebäuden wie dem Marxismus, Anarchosyndikalismus oder der Wertkritik gleichzusetzen ist, sondern schon bei unseren Plänen und Zielen ansetzt. Dann handeln wir basierend auf unserer Theorie. Anschließend gehen wir einen Schritt zurück und reflektieren darüber, wie die Aktion gelaufen ist, was wiederum in unsere Theorie einfließt und sie neu gestaltet. In Wesentlichen geht es bei Praxis darum zu lernen. Dies scheint sehr offensichtlich und einfach zu sein, aber wenige Aktivist*innen tun dies bewusst.

Praxis verlangt von uns, Student*innen unserer eigenen Erfahrungen und unseres eigenen Kontextes zu sein. Dabei geht es nicht nur darum, dass wir ›smart‹ und reflektiert sind. Es geht ebenso darum, spezifische *Verhaltensweisen* und *Gruppennormen* aufzubauen und die Gewohnheiten von Strategie, Auswertung und Neuausrichtung zu fördern. Es geht um unsere Art der Gruppentreffen, Organisationsstruktur und *Leadership*-Dynamiken.

Im folgenden Beispiel möchte ich zeigen, wie Praxis einen Unterschied machen kann. Nehmen wir das Beispiel einer neuen Student*innengruppe an einer Universität. Wenn es unserer Gruppe an Praxis mangelt, sagen wir vielleicht: ›Lasst uns mit Autor*in Y eine Lesung organisieren.‹ Wir denken, dass es eine ›gute‹ Veranstaltung wird. Dann führen wir sie durch und sie ist zwar gut besucht, aber es gibt anschließend gemischte Gefühle darüber. Wir entscheiden uns weiterzumachen und organisieren eine weitere Veranstaltung. Dies ist ein bisschen richtungslos. Es gibt in diesem Fall keine eigentliche Theorie im weiteren Sinne und keine Basis für Reflexion. Lasst uns stattdessen mit einer ›Theorie‹ beginnen. Wir starten unser Gruppentreffen und sagen: ›Wenn wir die radikale Intellektuelle Y in die Universität bringen, wird dies unserer Kampagne helfen. Sie kann inspirierend darüber erzählen, warum Aktivismus mächtig ist, und sie wird neue Menschen erreichen, die bis jetzt noch nicht in unserer Kampagne involviert sind. Lasst uns auch Werbung machen in Lieblingskneipen und Cafés. Hundert Menschen werden kommen, 30 Menschen tragen sich in unseren Newsletter ein und vielleicht kommen drei neue Menschen zu unserem Gruppentreffen.‹

Dies ist eine praktische ›Theorie‹. Sie hat eine explizite Logik, einen Prozess, *wie* du eine Aktion machen möchtest und konkret messbare *Resultate*, die erwartet werden.

Die Veranstaltung findet statt. Nur 40 Menschen schlagen auf, mit den meisten von ihnen arbeitet ihr schon zusammen, so dass sich nur wenige in euren Newsletter eintragen und niemand neues kommt zu euren Gruppentreffen.

Nun habt ihr eine reale Basis für Reflexion. Ihr könnt eure Veranstaltung auswerten. Anstatt subjektiv darüber zu reden, ob es eine gute Veranstaltung war oder nicht, könnt ihr ein Gespräch darüber führen, warum sie nicht eure Erfolgsindikatoren erfüllt hat und was ihr für das nächste Mal daraus lernt. Darum geht es.

Organizer*innen sollten die ganze Zeit einen Praxiszyklus in ihrem Kopf laufen haben. Wir lernen die ganze Zeit von den Dingen die um uns herum passieren. Doch ein weiterer wesentlicher Schritt ist es, eine Kultur von Praxis in deiner Gruppe zu entwickeln, damit deine gesamte Gruppe lernt und nicht nur ein paar Organizer*innen. Wenn du deine Theorie, das heißt u. a. deine Pläne und Ziele, gemeinsam mit deiner Gruppe entwickelst, und dann nach Aktionen eine richtige Auswertung machst, sind die Erfahrungen zugänglich für alle. Wenn du dir nicht wirklich Zeit nimmst, deine Theorie (Pläne & Ziele) zu benennen, um anschließend gemeinsam darüber zu reflektieren, sie neu auszurichten und von den Erfahrungen zu lernen, wirst du übrig bleiben, das Rad am Laufen zu halten, da immer weniger Menschen in deiner Gruppe wissen, wie die Arbeit bei euch läuft. Eine solche Dynamik schwächt die Gruppenresilienz und dies gilt es auf jeden Fall im Sinne des Nachhaltigen Aktivismus zu vermeiden.

20 Schlüsseleinsichten

Es folgen nun 20 Schlüsseleinsichten aus vergangenen Massenbewegungen wie der Frauenrechtsbewegung und der Bewegung zur Abschaffung der Sklaverei, aber auch eher jungen sozialen Bewegungen wie der Klimabewegung und anderen.

1. Alles startet klein

Bewegungen starten nicht nur klein, sondern meistens auch lokal, und sie beginnen häufig mit Menschen, die persönlich betroffen sind von legalen Ungerechtigkeiten der existierenden Strukturen. Sie beginnen mit Gesprächen unter Gleichgesinnten und weiten sich dann schrittweise aus.

2. Soziale Veränderung ist kein Sprint, sondern ein Marathon

Die Geschichte hat an vielen Beispielen gezeigt, dass soziale Bewegungen ein wesentlicher Motor sozialer Veränderung sind, sei es die Frauen-, die Arbeiter*innen-, Umwelt- oder Bürgerrechtsrechtsbewegung. Dabei sind ein langer Atem und verwurzelte Basisbewegungen für erfolgreiche Veränderung entscheidend, da Massenbewegungen langsam beginnen und signifikant Zeit für ihren Aufbau benötigen, wobei die Organisationszeiten sich heutzutage durch Social Media enorm verkürzt haben. Diese schnellen Medien ersetzen jedoch keine soliden Basisstrukturen, in denen Bewegungen sich schulen und lernen können und die das Rückgrat der Bewegungen darstellen.

Oft unterschätzen Aktivist*innen die Zeiträume, die es braucht, um erfolgreich gesellschaftliche Verhältnisse zu verändern. Tiefgreifender struktureller Wandel kommt weder leicht noch schnell. Es braucht ein Langzeitengagement und einen Fokus, um wirklich soziale Verhältnisse zu verändern. Unsere Erwartungen von unmittelbaren Ergebnissen ist kulturell bedingt und wir müssen diesem Einfluss mit einer anderen Erzählung begegnen. Es ist im Wesentlichen die Funktion von Werbung, uns glauben zu machen, dass es eine unmittelbare Lösung gibt für Dinge, die uns plagen, und die verkürzten Onlinekampagnen von Avaaz und anderen suggerieren dies ebenfalls. Diese falschen Annahmen resultierten aber auch von der mangelnden Kenntnis der Geschichte und Natur von sozialen Bewegungen. In diesem Zusammenhang ist es sinnvoll, sich die 40-jährige Arbeit des Bewegungsforschers und Aktivsten Bill Moyer zu vergegenwärtigen, dessen Erfahrungen besagen, dass soziale Veränderung Dekaden benötigt und soziale Bewegungen in diesem Zeitraum verschiedenste Stufen durchleben (siehe auch → Der *Movement Action Plan* von Bill Moyer S. 159).

→ **Lesetipps:** Moyer, Bill: Doing democracy. The MAP model for organizing social movements. Gabriola Island, BC: New Society Publishers 2001.

3. Niederlagen sind Teil unseres Weges

Eine unpopuläre Kerneinsicht lautet, dass Bewegungen von klassischen Misserfolgen geprägt sind. Die Suffragetten und die Anti-Sklaverei-Aktivist*innen des 18. und 19. Jahrhunderts verstanden, dass die herrschenden Institutionen sie daran hindern wollten, ihre Bewegung aufzubauen und dass zwischenzeitliche Niederlagen ein unvermeidliches Nebenprodukt des Bewegungsaufbaus sind. Sie verstanden, dass sie Wege finden mussten, diese Verluste nicht als Selbstzweck zu begreifen, sondern als ein Mittel, um langfristigen strukturellen Wandel zu erreichen und so die kurzfristigen Verluste abzumildern. Aus der Perspektive eines Nachhaltigen Aktivismus ist die Frage der Sinngenerierung aus unseren Niederlagen eine zentrale Frage. Auch müssen wir die Tendenz zu Opfermythen kritisch reflektieren.

Trotzdem sind Niederlagen ein unvermeidlicher und notwendiger Teil, damit zum einen Aktivist*innen und zum anderen eine breitere Öffentlichkeit zu einer spezifischen Realität des existierenden Systems aufwacht. So können vielleicht bestimmte Zerstörungen wie z. B. die Abholzung eines Waldes nicht gänzlich verhindert werden, aber aus den geführten Kämpfen entsteht das Bewusstsein und die Öffentlichkeit, welche der Bewegung in Zukunft zu anderen Erfolgen verhilft.

4. Akteure, die sich für systemischen Wandel einsetzen, werden diskreditiert

Eine weitere Lektion aus der Erfahrung dieser Bewegungen ist, dass Menschen, die sich für grundlegenden Wandel einsetzen, als verräterisch und ›radikal‹ bezeichnet und ihre Ideen als lächerlich dargestellt werden. Und selbst die Menschen, die mit diesen Anliegen sympathisieren, argumentieren, dass die Veränderungen zu groß und zu schnell anvisiert sind. Wenn wir im Bewusstsein behalten, dass es schon vielen Generationen von Aktivist*innen genauso gegangen ist wie uns selbst, die für Sachen gestritten haben wie z. B. das Frauenwahlrecht oder den Acht-Stunden-Tag, sollte uns dies ermutigen, bei unseren Forderungen und Erkenntnissen zu bleiben und diese nicht aus Bequemlichkeit weichzuspülen. Davon hängen auch langfristig unser politischer Erfolg und letztlich systemischer Wandel ab.

5. Ethisches Konsumieren reicht nicht, sondern es bedarf des Widerstands

Konsumentscheidungen als Veränderungsstrategie haben nur ein begrenztes Potential. Klar helfen alternative Konsum- und Versorgungsangebote, Ideen zu verbreiten, wie es Bioprodukte, vegane und faire Produkte und Strom aus erneuerbaren Energien tun. Auch können sie alternative Wirtschaftsstrukturen und fairere Arbeitsbedingungen im kapitalistischen Rahmen bis zu einem gewissen Grad schaffen und Bewegungsstrukturen materiell stabilisieren.

Zwei Probleme tauchen hierbei aber auf. Das erste ist die Frage, ob die alternativen Angebote halten, was sie versprechen, wie weichgespülte EU-Biozertifizierung oder die Grünstromsparte vom Kohle- und Atomkonzern. Hierbei kann genau auf Zertifizierung geachtet werden, aber es sind trotzdem ungleiche Ausgangsbedingungen, da die Lebensmittel- und Energiekonzerne einfach ihre Marktmacht nutzen, um weichgespülte Produkte in den Markt zu drücken. Das zweite Problem ist, dass die Großstrukturen, die falsch laufen, den Löwenanteil ausmachen. Klar könnten alle Privatverbraucher in Deutschland echten Ökostrom benutzen, doch das wären dann trotzdem nur 25 Prozent,[120] denn ein Großteil der Energie wird weiter industriell als Kohle- und Atomstrom genutzt. Dieselbe Situation zeichnet sich im Bereich Ernährung und Landwirtschaft ab. Die Ernährungsgewohnheiten in Deutschland verschieben sich zunehmend in Richtung eines größeren vegetarisch/veganen und biologischen Anteils und die Verfügbarkeit von veganen Produkten hat sich in stark erhöht. Auf der Ebene des Konsums ist Veganismus immer mehr im Mainstream angekommen. Doch diese Fakten führen nicht dazu, dass weniger Tierfabriken gebaut oder gar welche geschlossen werden. Nun werden die Schweine, Hühner und anderen Tiere einfach mehr für den Export ›produziert‹. Hier laufen u. a. die EU-Agrarsubventionen schief, die ökologische und soziale Belange nicht ausreichend berücksichtigen und Agrarindustrie bevorteilen. Diese Großstrukturen zu ändern und einen *System Change* zu erreichen, wird nicht alleine mit kleinen radikalen Aktionsgruppen umgesetzt, sondern es bedarf der Verbreiterung zu einer Massenbewegung mit einer stärkeren sozialen Basis.

---

120 Siehe Wilke, Sibylle: *Stromverbrauch*. 18. Juli 2013. https://www.umweltbundesamt.de/daten/energie/stromverbrauch (Zugriff 6.3.2019).

6. Dann brich das Gesetz …

Alternativen zu entwickeln, aufzubauen und auf dem Markt anzubieten, wie erneuerbare Energien oder vegane, biologische, lokale und faire Produkte, kann sinnvoll sein, reicht aber nicht für einen Systemwechsel! Ganz im Gegenteil können solche Produkte durch die Erweiterung der Angebotspalette und die Einbindung kritischer Konsument*innen in ein flexibles (Wirtschafts-)System von Ausbeutung und Verwertung, wie das des Kapitalismus, sogar systemunterstützend wirken. Ethisches Konsumieren ist also nicht genug, sondern es bedarf des Widerstands.

Es muss neben dem Aufbau von Alternativen aktiv die Gewalt gestoppt werden, sei es nun ein Tagebau, ein Kohlekraftwerk oder eine Tierfabrik. Dies kann in der ersten Phase mit kleinen Aktionsgruppen geschehen, die durch direkte Aktionen und zivilen Ungehorsam mit der Normalität brechen, Aufmerksamkeit und Diskussionen erzeugen und zeigen, dass Widerstand möglich ist. In der zweiten Phase auf dem Weg zu einem tiefgreifenden Wandel muss anschließend eine Massenbewegung aufgebaut werden, welche ebenfalls durch direkte Aktionen und zivilen Ungehorsam den Widerstand so erhöht, dass die gewalttätigen Verhältnisse nicht mehr aufrechterhalten werden können.

Neben gewalttätigen Produktionsverhältnissen gilt dies auch für juristisches Unrecht. Dies zeigen Erfahrungen aus der Frauenbewegung (Frauenwahlrecht) und der amerikanischen Bürgerrechtsbewegung und es lässt sich perspektivisch auch für bestehendes juristisches Unrecht wie Abschiebungen formulieren: Das Kippen der Rechtslehre, welche die bestehenden Ungerechtigkeiten stützt, verlangt das frontale und direkte Brechen von bestehenden Gesetzen. Dabei ist die Handlung ein bestehendes Gesetz als ungerecht zu bezeichnen der erste Schritt; wenn das öffentliche Brechen eines Gesetzes mit genug Menschen in ähnlicher Notlage mitschwingt, hat es das Potential eine Bewegung zu werden.

7. Wir müssen nicht alle Menschen auf einmal überzeugen

Oftmals sind wir frustriert, wenn wir realisieren, dass unsere Positionen in der Gesellschaft marginalisiert sind. Es gibt Bewegungszyklen, in denen wir auf einer Welle der Sympathie schwimmen, wie es z. B. in der Anti-AKW-Bewegung in Deutschland der Fall war. Doch ist dies im politischen Alltag oft die Ausnahme.

Wir müssen uns klar machen, dass wir nicht alle Menschen auf einmal von unseren Positionen überzeugen müssen, um emanzipatorische Werte in der Gesellschaft zu verankern und soziale Veränderung zu erreichen. Die erste Phase, eine Gesellschaft zu verändern, ist die härteste. So haben Dr. Everett Rogers und seine Mitarbeiter*innen an der University of Southern California in ihren Forschungen gezeigt, dass dann, wenn 5% der Bevölkerung einer Gesellschaft eine Idee akzeptieren, sie in der Gesellschaft ›eingebettet‹ wird. Vor diesem Punkt müssen die Befürworter*innen einer Idee unaufhörlich arbeiten, nur um diese Idee am Leben zu halten. Es braucht nach dem Erreichen der 5% noch zusätzliche und kontinuierliche Arbeit bis die Idee von ungefähr 20% der Bevölkerung akzeptiert wird und die Verbreitung der Idee nicht mehr aufzuhalten ist.[121]

Gleichzeitig müssen wir ein Gespür dafür entwickeln, welche Menschen wir überhaupt durch Argumente erreichen können. Arbeite dich nicht mit deinen beschränkten Ressourcen an den Menschen ab, die für deine Argumente und Werte überhaupt nicht offen sind. Konzentriere dich auf die Menschen, die dir politisch nahestehen und versuche so deine politische Basis zu verbreitern. Besonders effektiv ist es, wenn ihr politische oder kulturelle Meinungsführer*innen wie bekannte Künstler*innen, Journalist*innen oder Wissenschaftlicher*innen für eure Sache gewinnen könnt, da diese einen großen Einfluss haben können. Auch in Dorf-, Kiez- oder Stadtteilgemeinschaften gibt es solche Persönlichkeiten. Eine Vielzahl von Nichtregierungsorganisationen wie PETA nutzen solche Strategien und es gibt viele Beispiele, wie Musiker*innen sich mit den Zielen einer sozialen Bewegung solidarisieren wie z.B. beim ›Kein Mensch ist Illegal‹-Sampler, wo sehr viele bekannte deutsche Musiker*innen vertreten sind, Rock-gegen-Rechts-Konzerte oder Lokalgrößen wie BAP in Köln.

Um neue Bevölkerungsgruppen für unsere Inhalte zu gewinnen, ist es auch strategisch wichtig darauf zu achten, wer die Kommunikator*innen sind. Oftmals ist dies viel wichtiger als der Inhalt, da der Mensch in der Regel darauf achtet, was innerhalb seiner Peergroup oder Gemeinschaft gefragtes Wissen ist. Deshalb spricht eine Katholik*in besser zu Katholik*innen, eine Gewerkschafter*in besser zu Gewerkschafter*innen oder eine Kurd*in besser zu Kurd*innen.

→ **Lesetipp:** Cooney, Nick: Change of Heart. What Psychology Can Teach Us about Spreading Social Change. New York: Lantern Books 2010.

---

121 Siehe Shields, Katrina: In the Tiger's Mouth. An Empowerment Guide for Social Action. Gabriola Island, BC: New Society Publishers 1993, S. 27.

8. Kommunikation ist ein Schlüssel

Zwar ist die Grundlage des ethischen Handelns das Individuum, doch sozialer Wandel kann im größeren Maßstab nur durch (selbst-)organisierte Menschen geschaffen werden, die gemeinsam politisch Druck aufbauen, Widerstand leisten, vorbildlich leben und für Emanzipation streiten. Soziale Veränderung ist eine gemeinschaftliche Leistung durch Organisierung. Organisierung bedeutet Kommunikation und Kooperationen zwischen den Menschen aufzubauen, um letztendlich gemeinsam ggf. arbeitsteilig zu handeln und Gegenmacht herzustellen. Um diesen sozialen Organisationsprozess voranzubringen, sind gute Kommunikationskompetenzen nach innen und außen zentral und ein Schlüsselfaktor für den politischen Erfolg. Nach innen fängt dies mit unserer Selbstwahrnehmung an, als Ausgangspunkt für alle weitere zwischenmenschliche Kommunikation. Danach geht es um gelungene Kommunikation in unseren Gruppen, Kollektiven und Organisationen und zwischen ihnen, zum Beispiel zu Bündniszwecken. Kommunikation nach Außen ist im Wesentlichen durch die Presse- und Öffentlichkeitsarbeit geregelt, kann aber auch Gespräche mit dem politischen Gegner, Behörden, Polizei oder Justiz beinhalten. Unsere Kommunikationsfähigkeiten in den verschiedensten Bereichen ist ein wichtiger Baustein für erfolgreiche politische Kämpfe und hilft dabei, uns und andere nicht zu gefährden, überzeugender aufzutreten und gezielt unsere Botschaften zu kommunizieren. Dabei ist es gut, zu wissen, inwieweit wir alle unsere Realität im Kopf konstruieren und jede*r von uns sich den eigenen Sinn durch Interpretationsrahmen in Form von Erzählungen erschließt. Die meisten Menschen glauben unabhängigen Institutionen weniger, sondern eher den Schlüsselkommunikator*innen ihrer eigenen Bezugsgemeinschaft. Daraus folgt, dass es nicht nur wichtig ist, was gesagt wird, sondern wer etwas sagt und wie, welche Sprache benutzt wird, mit Schlüsselwörtern, die die Werte der jeweiligen Gemeinschaft oder des Milieus repräsentieren.

→ **Lesetipp:** Marshall, George: *Communicator Trust. Why the Messenger Is More Important than the Message.* In: Ders.: Don't Even Think about It: Why Our Brains Are Wired to Ignore Climate Change. New York: Bloomsbury 2014, S. 116ff.

9. Soziale Veränderung braucht eine soziale Basis

Ein entscheidendes Problem der globalisierungskritischen Bewegung im globalen Norden Ende 1990er und Anfang der 2000er Jahre war es, dass ihr eine breitere soziale Basis gefehlt hat. Kampagnenpolitik und Gipfelhopping können durch kurzfristige spektakuläre Aktionen Aufmerksamkeit schaffen und gesellschaftliche Debatten anregen. Die strömungsübergreifende Vernetzung kann interessante Lernprozesse in sozialen Bewegungen in Gang bringen. Aber politische Events alleine sind zu wenig Gegenmacht, als dass diese die sozialen Veränderungen durchsetzen könnte. Es fehlen die Wurzeln, sprich soziale, lokale und gesellschaftliche Verankerung. Von dort aus kann an der weiteren Durchdringung der Gesellschaft gearbeitet werden, um Stück für Stück die Machtverhältnisse zu verschieben.

Der Systemwandel wird nicht alleine mit radikalen kleinen Aktionsgruppen umgesetzt, sondern es bedarf der Verbreiterung zu einer Massenbewegung mit einer stärkeren sozialen Basis. Mit dem Vokabular des *Movement Action Plan* gesprochen brauchen wir nicht nur die Rebell*innen, sondern auch die Bürger*innen, Reformer*innen und Innovator*innen. Die Bewegungsstrategie zur Verschiebung des Spektrums unserer Verbündeten spielt beim Verbreitern der eigenen sozialen Basis eine wichtige Rolle (siehe auch ➜ Verschiebe das Spektrum der Verbündeten S. 162).

10. Soziale Veränderung braucht Kristallisationsorte

Nicht überall können gleich gut gesellschaftliche und ökologische Konflikte verdeutlicht werden und nicht überall gibt es lokal genügend Aktivist*innen, die zusammen mit Betroffenen einen Kampf aufnehmen. Deswegen bedarf es der Kristallisationsorte, wo Kräfte gebündelt und Konflikte zugespitzt und verdeutlicht werden können. An diesen Bewegungsorten können Konflikte exemplarisch sichtbar gemacht werden. Hier findet Vernetzung statt, gemeinsam geführte Kämpfe von überregional zusammenkommenden Menschen lassen die Bewegung wachsen und bieten die Grundlage für ihre Dezentralisierung. Gute Beispiele bietet die Anti-AKW-Bewegung und die Rolle von Gorleben als Bewegungsort und die noch junge Klimabewegung mit ihren Kristallisationsorten wie dem Rheinischen Braunkohlerevier.

11. Wir brauchen mehr Alltagsheld*innen

»Je mehr Bürger*innen mit Zivilcourage ein Land hat, desto weniger Held*innen wird es einmal brauchen.« – Franca Magnani

›Das was XY macht, ist ja bewundernswert, aber das könnte ich nicht‹. ›Gut, dass du dich sich toll engagierst‹ (und beruhigt ihr Gewissen). Im Kern geht es nicht um Stellvertreter*innenpolitik, sondern darum, dass immer mehr Menschen sich in gesellschaftliche Prozesse einbringen und den herrschenden Status quo durch eigenes Handeln hinterfragen.

Wenn viele Menschen ein bisschen machen, erreichen wir wesentlich mehr, als wenn wenige Menschen sich sinnbildlich bis zum Martyrium ausbrennen. Dies ist keine Absage an den Vollzeitaktivismus, jedoch bedeutet dies eine andere Perspektive, dass sich in erster Linie Menschen nicht für andere Menschen aufopfern müssen. Es ist gerade als ›Vollzeitaktivist*in‹ politisch notwendig, auf sich aufzupassen und Selbstfürsorge zu betreiben. Klar kann das selbstlose Handeln eine sehr große Kraft entwickeln, Menschen inspirieren, versöhnen und heilen. Doch dieses altruistische Handeln ist nur langfristig wirksam, wenn es freiwillig aus ganzem Herzen geschenkt wird und nicht moralisch eingefordert wird. Es muss Teil von Selbsterkenntnis und Selbstverwirklichung werden. Gleichzeitig geht es darum, möglichst viele Menschen zu ermächtigen und Veränderungswissen nicht zu zentralisieren oder zurückzuhalten. Je mehr Menschen Alltagsheld*innen werden, desto mehr kann Veränderung wachsen. In diesem Zusammenhang liegt es in der Verantwortung der organisierten Kerne von sozialen Bewegungen, auch niedrigschwellige Partizipationsmöglichkeiten und Arbeitspakete zu schaffen, die jenseits des Vollzeitaktivismus leb- und leistbar sind.

12. Veränderung inspirieren durch positive Vorbilder

Der erste Mensch, den du veränderst, bist du selbst! Hier hast du die Möglichkeit Veränderung zu leben und zu sein. Nichts ist überzeugender als das eigene positive Beispiel. Gleichzeitig übst du direkt einen positiven Einfluss auf dein soziales Umfeld aus. Wir sollten die Kraft, die wir auf unsere direkten sozialen Netzwerke ausüben, nicht unterschätzen[122]. Es gibt sehr erfolgreiche Veränderungsstrategien zur nachhaltigen Verhal-

---

122   Siehe Cooney, Nick: *Change of Heart.* a.a.O.

tensänderung, die schwerpunktmäßig bei unserem sozialen Umfeld und lokalen Gemeinschaften ansetzen.[123]
Die eigene persönliche Veränderung überwindet zwar nicht ad-hoc die strukturellen Gewaltverhältnisse in unserer Gesellschaft, jedoch ist sie die beste Grundlage für glaubwürdiges politisches Handeln, das ansteckend wirkt und so politisch erfolgreicher ist. Außerdem können wir nur langfristig strukturelle Gewaltverhältnisse wie z. B. Rassismus oder das Patriarchat überwinden, wenn wir anfangen, unsere gesellschaftlichen Prägungen in uns selbst zu reflektieren und zu verändern.

13. Trennung von Person und Funktion

Wir müssen intellektuell redlich und hart in der Sache sein und trotzdem warm im Herz und empathiefähig bleiben. Es gilt der Schwarz-Weiß-Logik à la Mao Zedong, »Alles, was der Feind bekämpft, müssen wir unterstützen; alles, was der Feind unterstützt, müssen wir bekämpfen« nicht auf den Leim zu gehen. Dazu zählt auch mit der Freund/Feindlogik nach Carl Schmitt zu brechen, dem begabten Staatsrechtler, politischen Philosophen, der als ›Kronjurist des Dritten Reiches‹ gilt, und dessen Rezeption auch bis in die intellektuelle und politische Linke reicht: »Solange ein Volk in der Sphäre des Politischen existiert, muss es ... die Unterscheidung von Freund und Feind ... bestimmen. Darin liegt das Wesen seiner politischen Existenz.«[124] Vom ›Kampf der Kulturen‹ im Sinne Samuel Huntingtons bis zum sogenannten Islamischen Staat denken alle genau diese Freund-Feind-Bestimmung. Doch um aus dieser Logik auszubrechen und Raum für systemischen Wandel zu öffnen, müssen wir die Person von der Funktion trennen, damit wir einen tiefgreifenden Gesellschaftswandel erreichen können. Im besten Fall schärft das Definieren eines Feindes die Aussagen und macht eine Kampagne effektiver, in schlechtesten Fall missversteht es das Problem und bekämpft den falschen Feind. Die Personifizierung des Gegners geht einher mit der Reduzierung von Komplexität und verschleiert das Hauptproblem, dass das System und seine Kulturen, die es unterstützt, das Bewusstsein der Menschen prägen. Selbst mächtige und privilegierte Menschen sind oft in diesem System gefangen. Die systemischen Probleme unserer Zeit sind nicht das besondere Versagen der

123 Siehe https://cbsm.com (Zugriff 6.3.2019) und McKenzie-Mohr, Doug: Fostering Sustainable Behavior. An Introduction to Community-Based Social Marketing. Gabriola Island, BC: New Society Publishers 2011..

124 Schmitt, Carl: Der Begriff des Politischen. In: Archiv für Sozialwissenschaften und Sozialpolitik. Bd. 58. Tübingen: Mohr Verlag 1927, S. 32.

einen oder anderen Gruppe. Stattdessen: wenn es einen Hauptfeind gibt, ist es das System als Ganzes. Der systemische Wandel, der notwendig ist, verlangt Veränderungen auf vielen verschiedenen Ebenen. Während der Missbrauch von Macht durch bestimmte privilegierte Gruppen, die der systemischen Veränderung widerstehen, ohne Zweifel ein Schlüsselfaktor im System ist, bringt es uns aber nicht allzu weit, die Welt in gute und schlechte Menschen einzuteilen. Es ist wichtig, dass wir lernen, dass wir alle Teil des Systems sind und mit ihm interagieren. Wir müssen lernen, mit Komplexität umzugehen.

Was bedeutet dies für die Kommunikation mit dem Konfliktgegner? Dass nur Kampf uns weiterbringt, reproduziert problematische Werte und verkümmert das strategische Potential von Empathie und Kommunikation. Trotzdem ist als erstes eine Analyse der Machtstrukturen notwendig. Oftmals werden Gespräche und Mediationsverfahren herrschaftsförmig missbraucht, um den Widerstand von sozialen Bewegungen zu brechen. Das Mediationsverfahren von Stuttgart 21 ist dafür ein Beispiel[125]. Die Option für die Armen – befreiungstheologisch gesprochen – bzw. Kämpfe von den Schwächsten und am wenigsten Privilegierten her zu denken, ist eine wichtige Strategie. Gegenmacht, Subversion und eine offene Hand, ein offenes Ohr und ein offenes Herz.

Neben Gegenmacht und Selbstverteidigung brauchen wir trotzdem auch die Fähigkeit zur Kommunikation im Bewusstsein von ›interconnectedness‹. Wir brauchen auch einen Teil der Privilegierten, um mit ihnen die Welt zu verändern, denn die Zerstörungskraft unserer kapitalistischen technischen Zivilisation ist zu gewaltig, als dass alleine autonome Strategien das menschliche Leben auf der Erde bewahren könnten.

14. Horizontale Strukturen und dezentralisierte Entscheidungsfindung

Horizontale Strukturen und sich verteilende Macht schaffen langfristige Veränderung. Dadurch, dass das Veränderungswissen nicht zentralisiert wird, sondern durch Trainings, offene Gruppenprozesse und Publikationen weitergegeben wird, entsteht sich verteilende Macht. Sie vervielfältigt die Möglichkeit zur Veränderung, überwindet die Objektfixierung der Menschen und schenkt Würde. Je mehr Menschen zu veränderndem Handeln aktiviert und ermächtigt sind, desto höher ist die Chance für langfris-

---

125 Siehe Wilk, Michael: *Stuttgart 21 – ein Lehrstück. Mediation als Konfliktbewältigungsstrategie.* In: graswurzelrevolution 374/Dezember (2012). http://www.graswurzel.net/374/s21.shtml (Zugriff 4.9.2017).

tige und tiefgreifendere Veränderungen, die sich auch in der Alltagskultur verankert. Ebenso sind horizontale Strukturen weniger für Korrumpierung anfällig. Das gleiche gilt für Entscheidungsstrukturen. Hierarchische Entscheidungsstrukturen in vielen NGOs sind der falsche Weg, um effektiv mit komplexen systemischen Herausforderungen umzugehen. Wenn die traditionellen mechanischen Modelle von Problemlösung versagen, zufriedenstellende Ergebnisse in Organisationen zu liefern, beginnen die Personen die oben in der Organisation angesiedelt sind (oftmals auch die Gründer*innen und Finanziers) ihrer Belegschaft zu misstrauen und führen mehr Kontrollmechanismen ein (wie mehr Berichte schreiben und neue Ebenen von Hierarchie) als ein Weg, mit dem Misserfolg umzugehen. Diese Befehls-und-Kontroll-Methode entmachtet die Campaigner*innen und Projektleiter*innen. Ein großer Anteil an Energie geht in internen Konflikten verloren und der Erfolg bei der Arbeit der Organisation bleibt auf der Strecke. Mechanische Methoden sind unangebracht – systemische Herausforderungen verlangen exakt das Gegenteil. Wir müssen Risiken eingehen, experimentieren, fragend vorangehen und lernen. Untersuchungen haben gezeigt, dass weder Top-Down-Entscheidungsfindungstrukturen noch Organisationen mit einer starken Kultur der Konsensbildung die Besten sind, um mit systemischen Herausforderungen umzugehen. Die erfolgreichsten Organisationen sind jene mit Strukturen und Entscheidungsfindungsprozessen, die den Teams erlauben autonome Entscheidungen zu treffen. Dies minimiert Bürokratie und schafft ermächtigte Personen, welche sich für die Entscheidungen, die sie treffen, verantwortlich fühlen. Ein zusätzliches Feature, welches eine hohe Qualität der Entscheidungsfindung sicherstellt, ist es, einen Beratungsprozess zu etablieren, in dem jede Person jede Entscheidung treffen kann, sich aber zuvor den Rat von betroffenen Parteien und Menschen mit Erfahrungen einholen muss.[126]

15. Autonome Organisierung

Die eigene Organisierung von Aktivist*innen, seien es Anarchist*innen, Frauen, Migrant*innen oder Tierrechtler*innen, hilft, wichtige Aspekte von Unterdrückung sichtbar zu machen und deren Überwindung in der gesamtgesellschaftlichen Transformation fest zu verankern.

---

126 Siehe Narberhaus, Michael / Aryne Sheppard: Re.imagining Activism: A practical guide for the Great Transition. Ohne Ort: Smart CSO 2015. http://www.smartcsos.org/images/Documents/reimagining_activism_guide.pdf (Zugriff 6.3.2019), S. 68ff.

Die Beispiele hierfür sind vielfältig, sei es die *Federación Anarquista Ibérica* (FAI) im Spanischen Bürgerkrieg, autonome Frauenorganisationen in fast allen sozialen Bewegungen weltweit oder migrantische Organisationen innerhalb der antirassistischen Bewegung. Wichtig ist, dass jenseits der eigenen Organisierung lebendige solidarische Beziehungen zu anderen sozialen Bewegungen gepflegt werden, beziehungsweise, dass das Ganze bestenfalls in eine strömungsübergreifende Transformationsstrategie mündet[127]. So basiert z. B. der *Especifismo*, eine Strömung des sozialen Anarchismus in Lateinamerika, auf der historischen Erfahrung der Notwendigkeit zur eigenen Organisierung von Anarchist*innen, um eigene Debatten zu führen und Strategien zu entwickeln. So können sich in diesem Fall die Anarchist*innen konstruktiv in die breite Bewegung einbringen, ohne befürchten zu müssen, ihr eigenes Profil zu verlieren. Gleichzeitig ist es wichtig, sich bewusst zu machen, dass ohne eine Bündnisfähigkeit autonome Organisierung langfristig zum Scheitern verurteilt ist. So analysiert Bernd Langer in dem Interview *Wir hatten das militante Antifa-Monopol* diese mangelnde Fähigkeit als ein Grund für das Verschwinden der autonomen Antifa-Bewegung Ende der 1980er Jahre: »Stattdessen hat man die Arroganz entwickelt, wir sind stark genug, wir können machen, was wir wollen, und wir ziehen das einfach durch, weil wir die Wahrheit gefressen und sowieso Recht haben und keinen anderen brauchen. Das ist natürlich ein Ansatz, der ziemlich dämlich ist, weil er dazu führt, dass man immer weniger wird. Das haben wir nicht gesehen.«[128] Und Roger Ottenheimer in demselben Interview: »Das war langfristig ein Fehler. Man kann nicht alleine eine Revolution machen, auch wenn man hundertmal Recht hat.«[129]

16. Chancen und Gefahren der Institutionalisierung

Die Chancen und Gefahren von Institutionalisierung spielen sich vor dem Hintergrund zwischen kurzfristigen Mobilisierungen und langfristigem Organizing ab. Die *Professionellen Oppositionsorganisationen* (POO) nach Bill Moyer sind institutionalisierte Formen von sozialen Bewegungen, übernehmen in dem Modell des *Movement Action-Plan* die Rolle des Reformers und können sich effektiv und ineffektiv ausdrücken. Nach Bill Moyer verfügen die Reformer selbst über wenig eigenständige Kraft/

---

127 Siehe Lynd, Staughton: Accompanying: pathways to social change. Oakland, CA: PM Press 2013, S. 66.
128 Langhammer, Felix: *Wir hatten das militante Antifa-Monopol*. In: Neues Deutschland, 01.11.2014. https://www.neues-deutschland.de/artikel/950860.wir-hatten-das-militante-antifa-monopol.html (Zugriff 6.3.2019).
129 Ebd.

Macht, sondern sind abhängig von der Kraft der Graswurzelbewegungen, um soziale Veränderung zu erreichen. Es ist also nicht die Frage, ob Teile der Bewegung sich institutionalisieren sollten oder nicht, da Bewegung die verschiedenen Aspekte und Organisierungsformen braucht, sondern ob die Institutionalisierung sich effektiv als Chance ausdrückt oder ineffektiv als Gefahr verselbstständigt.

Institutionalisierung bietet neue Möglichkeiten, aber auch die Gefahr, dass der Institutionserhalt zum Selbstzweck wird und die eigentliche soziale Veränderung aus dem Fokus gerät. Klassische Beispiele hierfür sind Gewerkschaften mit einer Service-Unionism-Strategie, welche nur die Interessen ihrer Kernbelegschaft im Blick haben und nicht die Perspektive aller Lohnabhängigen bzw. weitergehende gesamtgesellschaftliche Veränderung.

Die US-amerikanischen Sozialwissenschaftler*innen Piven und Cloward haben in ihrem Standardwerk *Aufstand der Armen* (1977) die Einflussmöglichkeiten von armen Menschen untersucht und gezeigt, dass sie wenig durch Wahlen oder Interessenvertretungen verändern konnten. Was den Armen als Schlüsselwerkzeug blieb, um Veränderungen und Zugeständnisse zu erreichen, war die Störung, Zusammenbrüche die daraus resultierten, dass Menschen sich über Regeln und institutionalisierte Routinen, die das normale Leben regierten, hinwegsetzten. Sie wiesen nach, dass es während der großen Depression in den 1930er Jahren Streiks, Demonstrationen und Sit-ins trotz und nicht wegen den Gewerkschaften gab. Ihre Studien zeigen, dass »mit nahezu keiner Ausnahme die Gewerkschaftsführer daran arbeiteten, die Streiks zu begrenzen, nicht sie zu eskalieren.«[130] Genauso war es während der Hochphase der Bürgerrechtsbewegung: »Aufsässige Schwarze erzwangen Zugeständnisse als ein Ergebnis der störenden Auswirkungen von massenhaftem zivilen Ungehorsam«[131], nicht aufgrund ihrer formalen Organisation. Noch wichtiger ist die Erkenntnis, dass die Organizer*innen sich gegen eine Eskalation der Massenproteste entschieden, »weil sie damit beschäftigt waren, zu versuchen, noch nicht ausgereifte formale Organisationen aufzubauen und zu erhalten, in der sicheren Überzeugung, dass diese Organisationen wachsen und schlagkräftig würden.«[132] Die Organizer*innen sahen for-

---

130 Engler, Mark / Paul Engler: *Can disruptive power create new social movements?* 13. Mai 2014. https://www.opendemocracy.net/transformation/mark-engler-paul-engler/can-disruptive-power-create-new-social-movements (Zugriff 6.3.2019). Übersetzung Timo Luthmann.
131 Ebd., Übersetzung Timo Luthmann.
132 Ebd., Übersetzung Timo Luthmann.

male Strukturen als essenziell an, um kollektive Ressourcen aufzubauen, strategische Entscheidungsfindungen zu ermöglichen und institutionelle Kontinuität sicherzustellen. Aber was die Organizer*innen nicht wahrnehmen wollten, war, dass neben den positiven Aspekten von bürokratischen Institutionen auch negative Begrenzungen existieren. Weil Organisationen sich um ihren Selbsterhalt Sorgen machen müssen, werden sie feindlich gegenüber Risikoübernahme. Weil sie in den Genuss kommen, auf die eine oder andere Weise an formalen Machtprozessen teilzuhaben, tendieren sie dazu, zu überschätzen, was sie von innen aus dem System heraus bewirken können. Als ein Resultat vergessen sie disruptive Energie, die sie als Anfangsberechtigung angetrieben hat, und so fangen sie an, eine kontraproduktive Rolle aus Bewegungssicht zu spielen. Wie Piven über die Arbeiterbewegung sagt:»Massenstreiks führen zu Gewerkschaften. Aber Gewerkschaften sind kein großer Auslöser von Massenstreiks.«[133] Dazu muss gesagt werden, dass Aufstände in Form von wilden Streiks, Straßenblockaden und Riots in den Studien von Piven und Cloward immer kurzlebig waren und die temporären Organisationsstrukturen sich größtenteils auflösten, wenn die Menschen die Straßen verlassen hatten.

Die Herausforderung ist es, wie es erreicht werden kann, explosive Kurzzeitmobilisierungen mit Langzeitorganizing zu ergänzen, woduch Erreichtes institutionalisiert und Bewegung nachhaltiger wirken kann. Es ist die Integrierung zwischen Momentum und Struktur, zwischen schnell und langsam, die nur gelingt, wenn es neben dem Organisationsbewusstsein für die Notwendigkeit von Organisierung auch ein Bewegungsbewusstsein gibt mit dem die Wertschätzung der Spontanität der Menschen lebendig bleibt.

17. Bewegung ist Freundschaft

Soziale Bewegungen haben ihre Basis in Freundschaften und sind ein soziales Phänomen, insbesondere in der Aufbauphase. Einer nur von rein materiellem Interesse geleiteten Bewegung fehlt das soziale Gleitmittel. Es ist nicht egal, wie wir zwischenmenschlich innerhalb unserer Bewegung miteinander umgehen, sondern höchst politisch. Ein empathischer und solidarischer Umgang sichert die Motivation der Aktivist*innen, stärkt die emotionale Widerstandskraft und schafft mehr Schutz gegen Repression durch engere soziale Beziehungen. Gleichzeitig sind freundschaftliche soziale Netzwerke in den ersten Jahren des Bewegungsaufbaus der entscheidende Wachstumsfaktor. Neue Menschen stoßen erfahrungsgemäß

---

133 Ebd., Übersetzung Timo Luthmann.

190

höchstwahrscheinlich über freundschaftliche Beziehungen zur Bewegung und weniger aufgrund von visuellem Mobilisierungsmaterial oder Aufrufen. Auch beschreibt Freundschaft viele Qualitäten wie Respekt und Vertrauen, die wir für erfolgreiche Bündnispolitik und den langfristig erfolgreichen Umgang mit Verbündeten brauchen. Dies spiegelt sich in dem Konzept des *Relation-based-Organizing*[134] wieder, das seinen Schwerpunkt auf verbindliche, dauerhafte und authentische Beziehungen legt. Die Politik der ersten Person kann auch begrenzend sein. Klar können wir nicht mit allen Menschen befreundet sein und jeder Mensch kann nur eine begrenzte Anzahl an intimen und freundschaftlichen Beziehungen pflegen. Beim Bewegungswachstum u. a. durch *bloc recruitment*, Ausdifferenzierung und später beim Aufbau von größeren Organisationen und komplexeren politischen Strukturen kommen wir nicht ohne Delegation und Arbeitsteilung einschließlich eines unpersönlicheren politischen Umgangs aus. Aber ein freundschaftlicher Kern bleibt das Rückgrat der Bewegung!

18. Respekt vor der Vielfältigkeit von Widerstand & Verantwortlichkeit

Erfolgreiche Bewegungen brauchen den Respekt vor der Vielfältigkeit von Widerstand. Lasst euch nicht spalten und gegeneinander ausspielen. Von der US-amerikanischen Bürgerrechtsbewegung zur indischen Unabhängigkeitsbewegung über die Bewegung gegen die Apartheid in Südafrika bis zur Anti-AKW-Bewegung sind vielfältige Taktiken eingesetzt worden. Diese vielfältigen Handlungsmöglichkeiten sind für soziale Bewegungen notwendig, um ihr volles Veränderungspotential zu entfalten. Achtet dabei auf eure Motivation, die Vermittlung eurer Taktiken und respektiert die Grenzen anderer. Räumliche und zeitliche Entzerrung verschiedener Aktionskonzepte hat sich z. B. im Wendland bewährt, wo beispielsweise ein Teil der Strecke mit Konzepten wie *Castor schottern* und ein anderer Teil der Strecke mit *widersetzen* blockiert wurde, um Vielfalt im Widerstand zu ermöglichen.

Vielfalt der Taktiken ist wichtig, benötigt aber Verantwortlichkeit, im Englischen die *accountabilitiy*, der Akteure. Gerade bei lokal bzw. regional verwurzelten Gruppen ist es wichtig, dass sie Kontexte und Zusammenhänge an andere Gruppen vermitteln, welche Aktionsformen und Taktiken bei wichtigen lokalen Akteuren vermittelbar sind. Ein Beispiel hierfür ist der Charakter des Lotsen im *The True Costs of Coal*-Banner des

---

134   Siehe Russell, Joshua Kahn / Hilary Moore: Organizing Cools the Planet. Tools and Reflections on Navigating the Climate Crisis. Oakland: PM Press 2011, S 37ff.

Beehive-Kollektivs, welcher den einfliegenden Aktivist*innen einen sicheren Landeplatz aufzeigt, ohne dass sie dadurch den lokalen Widerstand ›sprengen‹.

Zur Spaltung von Bewegungen werden u. a. sogenannte *agent provocateurs* von seiten der Repressionsapparate eingesetzt, um den Widerstand öffentlich zu diskreditieren und Repressionsmaßnahmen zu legitimieren. Den *agent provocateurs* fehlt die Verantwortlichkeit. Als soziale Bewegung können wir uns am besten davor schützen, auf diese Weise diskreditiert zu werden, indem wir das Prinzip der Verantwortlichkeit in allen Spektren stärken.

Im Verhältnis von autonomen sozialen Bewegungen und institutionalisierten NGOs tun beide gut daran, wenn sie das Gegenüber nicht als Konkurrenz oder als diejenigen mit den falschen Analysen sehen. Sich gegenseitig solidarische und ehrliche Kritik zu geben, ist wichtig. Vielmehr ist ein Bewusstsein, dass wir gemeinsam in unserer Unterschiedlichkeit mehr erreichen können, das Rezept für schnellere und tiefgreifendere Veränderung. Moderate und Radikale arbeiten zusammen in einer symbiotischen Beziehung und eine wahrnehmbare Distanz zwischen ihnen gibt der Bewegung Kraft. Soziolog*innen nennen dies den ›Radikalen Flankeneffekt‹. Dazu kommt es, wenn die Präsenz eines radikalen Bewegungsflügels dazu führt, dass Moderate an Glaubwürdigkeit und Einfluss gewinnen, weil die Gegner*innen der Bewegung sie als bessere Verhandlungspartner*innen wahrnehmen. Gleichzeitig gewinnen auch die Radikalen an Aufmerksamkeit und Öffentlichkeit, je mehr Moderate sich mit dem

Bewegungsaspekt beschäftigen. Der Soziologe Herbert Haines argumentiert, dass von einem radikalen Flügel die ganze Bewegung profitiert, weil »Radikale eine militante Kontrastfolie bieten vor der moderate Strategien und Forderungen weiterentwickelt und normalisiert werden – in anderen Worten als ›angemessen‹ behandelt werden. Oder, die Radikalen können Krisen schaffen, welche dann zum Vorteil der Moderaten gelöst werden,«[135] meint, dass Radikale Aufmerksamkeit für Situationen schaffen, die dringendste Aktionen bedürfen. Radikale bringen die Bewegung ebenfalls dazu, auf bestimmte Art und Weise zu eskalieren oder führen den Weg auf ein neues Terrain. Die radikale Flanke hatte einen positiven Effekt in der feministischen Bewegung der späten 1960er und frühen 1970er Jahre, als eine starke Kritik an Geschlechterrollen härtere Gesetze gegen sexuelle Gewalt und Belästigung von Frauen möglich machte, in der Arbeiterbewegung des frühen 20. Jahrhundert, wo die ›Bedrohung‹ des Sozialismus Forderungen nach mehr sozialer Gerechtigkeit realistisch erscheinen ließen und in der amerikanischen Bürgerrechtsbewegung, wo die Aktionen der *Black Panther Party* Martin Luther King Jr. aus der Sicht der US-Regierung zum erwünschten Verhandlungspartner machten.

19. Kenne deine (eigene) soziale Geschichte

»Nur wer die Vergangenheit kennt, hat eine Zukunft!« – Wilhelm von Humboldt

Aktivismus ist gedächtnislos, ohne die eigene Geschichte und ebenfalls die von anderen sozialen Bewegungen zu kennen. Insbesondere soziale Bewegungen sind von Geschichtsvergessenheit bedroht, da sie über weniger Ressourcen und Institutionen verfügen und die vorHERRschende Geschichtsschreibung meistens eine Geschichte der Herrschenden ist. Dabei ereignet sich Befreiung immer in einem geschichtlichen Kontext. Nur so können wir aus vergangenen Fehlern lernen, Menschen und Kulturen besser verstehen und verstehen, wie gesellschaftliche Unterdrückungs- und Ausbeutungsverhältnisse sich institutionalisieren und wie Menschen erfolgreich für Befreiung gekämpft haben. Helft mit, Geschichte zu schreiben und überlasst dies nicht den Herrschenden.

---

135 Haines, Herbert H: Black radicals and the civil rights mainstream, 1954-1970. Knoxville: University of Tennessee Press 1988. Zitiert nach Martin, Melanie Jae: *Three Tactics for a Stronger Climate Movement*. In: YES! Magazine, 19. März 2013. https://www.yesmagazine.org/planet/sierra-club-in-handcuffs-implications-for-climate-justice (Zugriff 6.3.2019). Übersetzung Timo Luthmann.

Der Historiker Howard Zinn hat sich Zeit seines Lebens der Geschichts-schreibung von Unten gewidmet und die Bedeutung von Bewegungsge-schichte für ein anderes Leben herausgearbeitet. »In schlechten Zeiten hoff-nungsvoll zu sein, ist nicht einfach nur töricht romantisch. Es basiert auf dem Fakt, dass die Geschichte der Menschheit nicht nur eine Geschichte von Gewalttätigkeiten, sondern auch eine von Mitgefühl, Opfer, Mut, Güte ist. Was wir in dieser komplexen Geschichte auswählen zu betonen, wird unser Leben bestimmen. Wenn wir nur das Schlimmste sehen, zerstört dies unsere Kapazität, etwas zu tun. Wenn wir an die Zeiten und Orte erinnern – und es gibt so viele davon – wo Menschen großartig gehandelt haben, gibt uns dies die Energie zu handeln und wenigstens die Möglichkeit, diesen Kreisel von einer Welt in eine andere Richtung zu schicken. Und wenn wir handeln, in wie auch immer gearteter kleiner Art und Weise, müssen wir nicht auf eine große utopische Zukunft warten. Die Zukunft ist eine unendliche Abfolge von unmittelbaren Momenten und jetzt zu leben, wie wir denken, dass Menschen leben sollten, ist, in Missachtung all des Schlechten um uns herum, selbst schon ein wunderbarer Sieg.«[136]

20. Die Notwendigkeit zu einer emanzipatorischen Vision

Einpunktbewegungen müssen trotz des notwendigen Fokus einen Bezug zu einer gesamtgesellschaftlichen Transformationsstrategie behalten, um nachhaltige Veränderung zu sichern und nicht einen Pyrrhussieg nach dem anderen zu erringen. Das Ziel muss *System Change* lauten. So hat die Anti-AKW-Bewegung in Deutschland bis heute zur Verdrängung der Ato-menergie geführt, wodurch jedoch der Verbrauch von Braun- und Stein-kohle angestiegen ist. Es geht aber nicht nur darum, Pest durch Cholera zu ersetzten, sondern z. B. im Bereich der Energie einen grundsätzlichen Systemwechsel zu erreichen, was die Auflösung der oligopolistischen Energiekonzerne und eine dezentrale, soziale und ökologische Energie-wende bedeuten würde. Ähnlich verhält es sich in der Bürgerrechtsrechts-bewegung in den USA. Der verkürzte Ansatz eines Teils der Bewegung, sich ausschließlich auf das Erstreiten der konstitutionellen Rechte wie des Wahlrechts für Schwarze zu konzentrieren, hat fast nichts an ihrer ökono-mischen Benachteiligung geändert. Wir brauchen einen intersektionalen Ansatz, das heißt dass wir die verschiedenen Unterdrückungs- und Befrei-ungsmöglichkeiten z. B. von Geschlecht, Klasse und ethnischer Herkunft aufeinander beziehen.

---

136 Zinn, Howard: A power governments cannot suppress. San Francisco: City Lights 2007, S. 270. Übersetzung Timo Luthmann.

Eine lebendige Beziehung zur sozialen Revolution, manche nennen es auch die große Transformation, als Fixstern und Orientierung zu pflegen, sorgt für die nötige Tiefe im Langzeitengagement und hilft, in gezielten Kampagnen über den Tellerrand zu blicken. Sich als Teil der permanenten Revolution zu betrachten, ist wichtig, um im notwendigen fokussierten Kampagnendenken nicht den Bezug zum größeren Ganzen zu verlieren. Dabei sind Utopien natürlich keine Abbilder der Zukunft, sondern Leitbilder ihrer Gegenwart. Sie verändern sich mit der Geschichte und wirken stets in ihrer Zeit. Neben Kritik, in der wir ausdrücken was nicht-mehr sein soll, stellen wir in Utopien den Bezug zu dem her, was noch-nicht ist, aber mögliche wäre. Was Ernst Bloch ›konkrete Utopie‹ nannte, meint nichts anderes als Möglichkeitssinn. Außer der theoretischen Einsicht in objektive Möglichkeiten, haben Utopien aber auch noch einen anderen, unmittelbareren Effekt auf revoltierende Subjekte. »Utopien sind entscheidende Kraftquellen jeder Emanzipationsbewegung.«[137] Die Vorstellung einer besseren Welt von Morgen kann Motivation für das Handeln heute sein, denn anders als beim Fortschrittsglauben ist klar, dass Utopie nichts ist, worauf wir warten können, sondern eine »Möglichkeit, daß es sie geben könnte, wenn wir etwas dafür tun.«[138]

Die berechtigte Kritik an autoritären Gesamtentwürfen, wie wir sie in der Geschichte der Utopien durchaus finden, erfordert die Orientierung an den Utopien, die in sozialen Bewegungen selbst entstehen. Viele »Einpunktbewegungen, wenn man sie so bezeichnen darf, tragen in sich Tendenzen auf eine Gesamtorganisation der Gesellschaft, die sich als Alternative zum Bestehenden begreift.«[139]

Es kommt daher weniger darauf an, sich neue und großartige Utopien auszudenken, sondern vielmehr sich der eigenen Utopien und der in Umwelt und Gesellschaft bewusst zu werden, sich darüber auszutauschen und die Spuren des Möglichen bereits im Wirklichen aufzudecken.[140]

---

137 Negt, Oskar: Nur noch Utopien sind realistisch.: Politische Interventionen. Göttingen: Steidl 2012, S. 13.

138 Bloch, Ernst: Tendenz, Latenz, Utopie. Frankfurt am Main: Suhrkamp 1985, S. 352.

139 Negt, Oskar: Der politische Mensch. Demokratie als Lebensform. Göttingen: Steidl 2010,. S. 536.

140 Siehe Neupert-Doppler, Alexander: Utopie. Vom Roman zur Denkfigur. Stuttgart: Schmetterling Verlag 2015.

21. Reflexion

Alleine wie auch gemeinschaftlich die eigene politische Praxis zu reflektieren, ist eine Grundlage für Nachhaltigen Aktivismus. Die regelmäßige Reflexion verhindert Stagnation in der eigenen politischen Praxis. Gleichzeitig ist dies der Raum, immer wieder die eigenen Entwicklungsmodelle zu hinterfragen und auf der Suche nach eigenen blinden Flecken eine umfassendere Sicht zu kultivieren.

4. Die zweite Säule: Individuelle Resilienzstrategien (Praxis)

»Fürsorge für mich selbst ist nicht Genusssucht, es ist Selbsterhaltung und dies ist ein Akt des politischen Kampfes«, so Audre Lorde, eine der bekanntesten Vertreter*innen eines antirassistischen Feminismus. Die in Burma, Thailand und Palästina aktive Feministin Ginger Norwood schreibt:»Selbstfürsorge ist Widerstand, die Priorisierung unseres individuellen und kollektiven Wohlbefindens als ein Weg, die herrschenden Botschaften herauszufordern, welche versuchen, die Arbeit von feministischen Aktivist*innen und Frauenrechtler*innen weltweit verstummen und unsichtbar werden zu lassen. Gesunde Aktivist*innen in gesunden Bewegungen können nicht zum Schweigen gebracht werden. Selbstfürsorge als Widerstand ist eine Intersektion von spirituellem Aktivismus und gesunden feministischen Bewegungen.«[141] Diese beiden unterschiedlichen feministischen Stimmen stehen stellvertretend für feministische Bewegungen, die viel zur Politisierung der Selbstfürsorge und der individuellen Resilienzstrategien beigetragen haben.

Dieser Teil des Buches beschäftigt sich mit individuellen Resilienzstrategien und ist wie ein kleines Selbsthilfebuch aufgebaut, das viele Übungen enthält. Im Fokus dieses Kapitels stehen das Individuum und seine Handlungsmöglichkeiten.

Welche Grundüberlegung stand am Anfang der Entwicklung einer individuellen Resilienzkonzeption? »Ausgangspunkt für die Entwicklung des Resilienzkonzepts ist die Beobachtung, dass nicht alle Menschen, die widrigen Bedingungen ausgesetzt sind, Schaden nehmen. Etwa jeder dritte Mensch verfügt über so viel Widerstandsfähigkeit, dass er belastende Ereignisse und ungünstige Rahmenbedingungen gut verkraftet.«[142] Ob ein Teil der Resilienzfähigkeit eines Menschen auch genetisch bedingt ist, ist momentan umstritten. Sicher ist jedoch, dass viele der Faktoren, die die eigene Widerstandskraft begünstigen, gefördert werden können. Wir können sie als Potentiale betrachten, die wir aufbauen und pflegen und die uns

141 Norwood, Ginger: *Promoting self care and well-being among feminist activists and women's rights defenders. Reflections from Burma and Palestine.* März 2013. https://www.upaya.org/uploads/pdfs/NorwoodPromotingSelfCare.pdf (Zugriff 6.3.2019), S. 11. Übersetzung Timo Luthmann.
142 Siegrist, Ulrich / Martin Luitjens: 30 Minuten Resilienz. Offenbach: Gabal 2011, S. 28.

in schwierigen Zeiten unterstützen. Die Faktoren wie persönliche Kompetenzen, eine proaktive Grundhaltung, sowie soziale und arbeitsbezogene Ressourcen – wie z. B. einen guten Freundeskreis oder sinnvolle Lohnarbeit – spiegeln sich in den individuellen Dimensionen des Nachhaltigen Aktivismus wider. Um langfristig strategisches politisches Handeln zu ermöglichen, ist es notwendig, die verschiedensten individuellen Lebensdimensionen, wie im Folgenden dargelegt, auszubalancieren. Wackelt eine Säule oder bricht sie weg, erhöht dies den Druck auf die anderen Säulen und es steigt die Gefahr eines Burnouts.

Vier Säulen:

Die individuellen Säulen des
Nachhaltigen Aktivismus

Strategisches
politisches Handeln

Das Bewusstsein

Materielle
Sicherheit/
Einkommen

Gesundheit

Beziehungen

Zeit

Materielle Sicherheit/Einkommen

Auch wenn es vielen Aktivist*innen zuwider ist, sich mit materieller Sicherheit bzw. einem Einkommen zu beschäftigen, ist dies für ein langfristiges Engagement dennoch notwendig. Hier werden wir existenziell mit unseren Abhängigkeiten von unserer Familie, dem Staat und dem industriellen Kapitalismus konfrontiert. Konsumverzicht, freiwillige Armut und Genügsamkeit können den Bewegungsspielraum im Käfig erhöhen, ihn aber nicht abschaffen. Subsistenzstrukturen und solidarische Ökonomie sind sinnvolle Bausteine, um ökonomische Freiheit und eigene Handlungspielräume zu erweitern.

Sozialleistungen in Anspruch zu nehmen oder temporär günstige Lebensumstände auszuleben, wie die Studienzeit, wo trotz steigendem Leistungsdruck und Durchreglementierung noch größere Handlungsspielräume bestehen als in einem normalen *Nine to five*-Job, können eine ›gute‹ Zeit ermöglichen.

Die langfristige Herausforderung besteht meines Erachtens darin, ein ausreichendes Einkommen mit einer sinnvollen Tätigkeit und einer passenden Aufgabenstellung zu erwirtschaften, die weder Menschen noch andere Lebewesen verletzt oder ausbeutet und zudem ausreichend Freiraum und Zeit für politisches Engagement lässt. Dies muss nicht von heute auf morgen geschehen, aber sich diesem Ziel Stück für Stück zu nähern, stabilisiert.

Ein weiterer wichtiger Faktor ist die Wertschätzung von Reproduktionsarbeit. Eine ausgeglichene Verteilung der Hausarbeit ist für Projekte, WGs und Familien notwendig, um allen Menschen gleiche Entwicklungschancen zu lassen. Disbalancen führen zum Ausbrennen von Einzelnen und gefährden letztendlich die Gemeinschaft. Gleichzeitig können diese Alltagsarbeiten – wie Kochen, Gemüse Anbauen, Putzen – uns mit dem Leben verbinden und uns unsere Beziehungsnetze bewusst machen.

Gesundheit

Wir sind unser Körper und eine gute Beziehung zu ihm ist unsere Lebensgrundlage. Dies ist keine Selbstverständlichkeit, denn wir sind zunehmend mit der Entfremdung von unserer Körperlichkeit konfrontiert. So ist aufgrund von verzerrten Schönheitsidealen nicht nur der Modeindustrie die Anzahl von Essstörungen immer weiter gestiegen, wovor auch reflektierte Aktivist*innen nicht gefeit sind.

Wir werden mit unterschiedlichen Gesundheitszuständen geboren, leben unter unterschiedlich guten Voraussetzungen (z. B. was medizinische Versorgung angeht), mit unterschiedlich ausgeprägtem Gesundheitsbewusst-sein. Es ist wichtig, Gesundheit nicht zur Norm zu erheben und Krankheit zu stigmatisieren. Wir brauchen ein ganzheitliches Gesundheitsverständ-nis, in welchem wir Krankheit, Behinderungen und Schwächen nicht von uns abspalten, sondern als Teil von uns betrachten, an dem wir innerlich wachsen können. Dies beinhaltet auch eine Perspektivenerweiterung jen-seits der *Pathogenese*, also des Ansatzes von Gesundheit, der ausschließlich von der Krankheit ausgeht, hin zu einer *Salutogenese*, die die Förderung von Gesundheit und Wohlbefinden jenseits von Krankheit in den Blick nimmt.

Unseren Körper zurückzugewinnen, ihn anzunehmen, zu spüren und zu pflegen – das ist Teil eines Nachhaltigen Aktivismus.

Beziehungen

Ein unterstützendes Umfeld aus Familie (Partner*in/Eltern), Freundes-kreis, Genoss*innen, Mentor*innen kann unsere Widerstandskraft stär-ken und stellt eine wichtige soziale Ressource da. Ebenso können aber auch Spannungen in unseren intimen und sozialen Beziehungen uns stark belasten.

Die Grundlage, um gelungene Beziehungen zu anderen Menschen ein-zugehen, ist eine gute Beziehung zu uns selbst aufzubauen und zu pflegen. Gleichzeitig ist es eine Schlüsselkompetenz, Grenzen setzen zu können, d.h. positive Bedürfnisse zu formulieren und Grenzen zu kommunizieren, die für das persönliche Wohlergehen nicht überschritten werden dürfen. Sich von übergriffigen und destruktiven sozialen Beziehungen zu befreien ist eine wichtige Herausforderung auf dem Weg zum Nachhaltigen Akti-vismus. Ebenso geht es darum, unser unterstützendes und inspirierendes Umfeld auszubauen.

Zeit

»Die Dinge, denen wir Zeit und qualifizierte Aufmerksamkeit widmen, sind die Dinge, in denen wir uns verbessern oder Fortschritte machen. Im Gegensatz dazu sind die Dinge, denen wir keine Zeit oder qualifizierte Aufmerksamkeit schenken, die Dinge in denen wir uns nicht verbessern oder keine Fortschritte machen.« – Hillary Rettig
Unsere Zeit zu wenig wertzuschätzen, ist einer der größten Fehler, die wir machen können. Zeit ist nicht gleich Geld, sondern Zeit ist wesentlich wertvoller als Geld. Wie wir unsere Zeit verwenden, wird im Wesentli-

chen bestimmen, wo wir hingehen werden. Wenn wir viel Zeit und Aufmerksamkeit in unsere Fitness und Gesundheit stecken, werden wir wahrscheinlich fitter und ›gesünder‹. Wenn wir viel Zeit und Aufmerksamkeit in unseren Aktivismus investieren, werden wir sicher dort Fortschritte und Veränderung erreichen. Die US-amerikanische Aktivist*innenberaterin Hillary Rettig hat einen recht leistungsbezogenen Ansatz, was das Zeitmanagement von Aktivist*innen angeht, indem sie auf rigorose Planung setzt.[143] Viele Aktivist*innen stehen solch strikteren Vorgehensweisen skeptisch gegenüber. Trotzdem kann das Einführen eines persönlichen Zeitmanagements, welches dem persönlichen Typ entspricht, ob kreativ oder stringent, digital oder analog, die eigene Freiheit erweitern, denn Freiheit muss achtsam geplant werden, ansonsten verlieren wir in unserer zunehmenden komplexeren Welt den Fokus. Dabei ist es die Kunst im Sinne des Nachhaltigen Aktivismus, uns als Aktivist*innen nicht nur zweckrational im Sinne der Sache auszurichten, sondern einen produktiven Spannungsbogen zwischen Zeitmanagement und Muße zu spannen, der genug Freiraum für ganzheitliche Entwicklung zulässt. Dieses Gleichgewicht muss individuell immer wieder neu gefunden werden. Ein achtsamer Zeitumgang ist ein wichtiges Ziel des Nachhaltigen Aktivismus.

Der grundlegende Bezugspunkt: das eigene Bewusstsein

»Es gibt keine umfassendere Prävention, als sein Bewusstsein zu stärken.«
– Sylvia Kéré Wellensiek

Unser Bewusstsein lässt sich grob in Alltagsbewusstsein und achtsames Bewusstsein unterscheiden. Im Alltagsbewusstsein sind unsere Wahrnehmung und unser Verhalten durch unsere Vorprägung mit Konzepten, Ideen und Erfahrungen bestimmt. Beim achtsamen Bewusstsein hingegen sind wir uns unserem Selbst und unseren Vorprägungen bewusst und verfügen über eine Art Metaebene, bei der wir die Bewusstseinsinhalte vom Bewusstsein an sich unterscheiden können. So können über die eigene Erfahrung Einsichten in die ›Natur‹ des Bewusstseins gewonnen werden, die über einen rein reflektierten und beschreibenden Zugang hinausgehen. Wir verbinden uns direkt mit dem Leben, und erfahren es, ohne den Schleier von Gedanken und Konzepten. Das Konzept der Trennung in Körper und Geist oder Gehirn und Bewusstsein wird als eine Konstruk-

---

143 Siehe Rettig, Hillary: The Lifelong Activist. a.a.O., S. 75.

tion des Denkens erfahren. Dadurch können wir reflektierter handeln und bestimmten Aspekten und Handlungen unsere qualifizierte Aufmerksamkeit schenken.

Bei der Ausbildung einer starken Resilienz spielen unsere persönlichen Kompetenzen eine wichtige Rolle. Dazu zählen unter anderem kognitive Kompetenzen, wie die Fähigkeit zur Selbstreflexion, Neubewertung und Reflexion von Erfahrungen und Lernfähigkeit. Die kognitiven Kompetenzen sind von allgemeiner Intelligenz zu unterscheiden und die Fähigkeit zur Achtsamkeit, also zu einem achtsamen Bewusstsein, ist eine wichtige Voraussetzung für gute kognitive Kompetenzen.

Weitere persönliche Kompetenzen, die unsere Widerstandsfähigkeit stärken, sind Humor, Kontaktfähigkeit und emotionale Stabilität, die sich in einem angemessenen Umgang mit Gefühlen und Selbststeuerung widerspiegeln. Eine proaktive Grundhaltung stellt ebenfalls eine persönliche Kompetenz zur Stärkung unserer Resilienz dar. Sie beinhaltet Selbstverantwortung und Selbstfürsorge, gelebte Sinnkonzepte und Glaubensüberzeugungen, Akzeptanz und Lösungsorientiertheit.

Durch verschiedenste Achtsamkeitspraxen wie Yoga, Zen, (Vipassana-) Meditation, bewusstes Atmen, Kochen oder Gärtnern unsere Achtsamkeitsfähigkeit zu trainieren, stellt einen zentralen Praxisweg im Sinne eines Nachhaltigen Aktivismus dar, um individuelle Resilienzen zu stärken.

Das Dach: strategisches politisches Handeln

Das Ziel des Konzepts vom Nachhaltigen Aktivismus ist es, Menschen bei der Entwicklung eines langfristigen politischen Engagements zu helfen. Strategisches politisches Handeln ist das Gegenteil von rein reaktivem politischen Handeln, dem eigene Analyse und praktische Strategie fehlen, um Ziele zu erreichen.

Nachhaltiger Aktivismus erweitert klassische Resilienzkonzeptionen um die Erfahrungen über Bedingungen und Methoden, die bei sozialer Veränderung relevant sind, um strategisches Handeln zu fördern. Die Reflexion über dieses Erfahrungswissen soll uns helfen

1.) politisch erfolgreicher zu sein
2.) politische Arbeit als sinnvoll zu erleben
3.) als Bewegung inklusiver und attraktiver zu sein und so potentiell mehr wachsen zu können und
4.) damit wesentlich die Gefahr eines Burnouts zu verringern.

Der individuelle Resilienzprozess
des Nachhaltigen Aktivismus

Die Prozesse ›Raum für Bewusstheit schaffen‹, ›Reflexion‹, ›Fokus‹ und ›Balance‹ sind Teil eines intuitiven Lernzyklus, dessen Ziel in der Stärkung der individuellen Widerstandskraft liegt. Sie beinhalten die Klärung von fundamentalen Fragen der Selbstregulierung nach Howard Gardner, wonach effektive Führung der eigenen Person (Selbststeuerung) bzw. ein selbstbestimmtes Leben die Klärung von drei fundamentalen Fragen erfordert:

1). ›Wer bin ich?‹
2). ›Was will ich?‹
3). ›Wie erreiche ich gut meine Ziele?‹

Das Konzept der Selbststeuerung scheint zahlreiche, empirisch belegte positive Auswirkungen auf die Überwindung des Burnout-Syndroms zu haben.[144] Es stärkt die emotionale Stabilität und führt zu einer proaktiven Grundhaltung, die Gefühlen von Ohnmacht und des Ausgeliefert-Seins vorbeugt.

---

144 Siehe Tangney, June P. / Roy F. Baumeister / Angie L. Boone: *High Self-Control Predicts Good Adjustment, Less Pathology, Better Grades, and Interpersonal Success.* In: Journal of Personality 2/72 (2004), S. 271-324; Bandura, Albert: *Social cognitive theory of self-regulation.* In: Organizational Behavior and Human Decision Processes 2/50 (1991), S. 248-87.

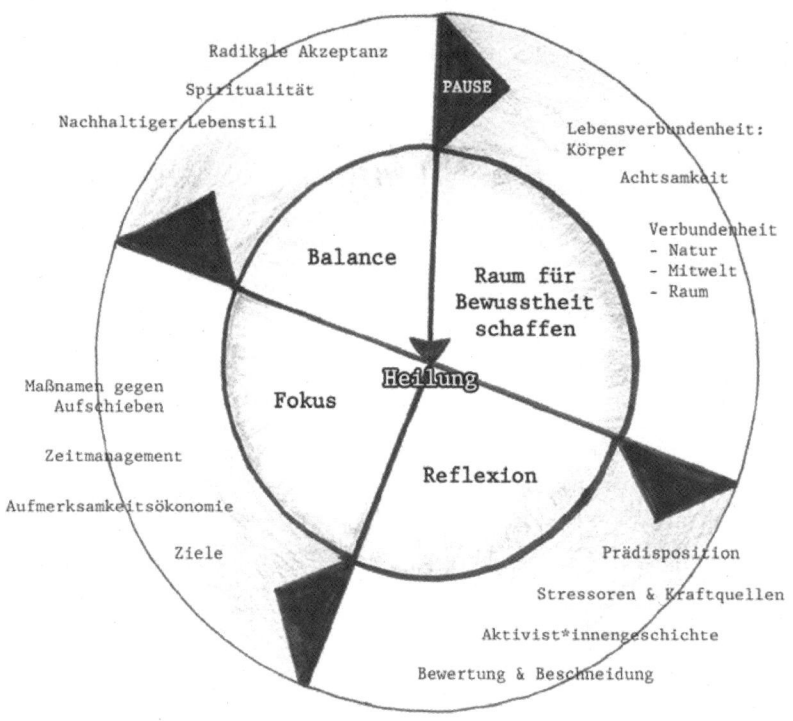

Indiviudeller Resilienzbildungszyklus nach Luthmann.

1. Raum für Bewusstheit schaffen

»Um die Klarheit über jedes System zu bekommen, welches innewohnendes Leiden und Unterdrückung schafft, musst du fähig sein, aus diesem System herauszutreten, um es klar zu sehen. Wenn du inmitten des Systems bist, kannst du nicht wirklich sehen wie das System Unterdrückung unterstützt. Um dies zu tun, musst du einen Weg finden, aus ihm herauszutreten. Das ist es, worum es beim einem kontemplativen Leben geht.«
– Fleet Maul

Um den ersten Schritt im Lernzyklus des Nachhaltigen Aktivismus ›Raum für Bewusstheit schaffen‹ zu verdeutlichen, möchte ich folgende kleine Geschichte erzählen.

Es war einmal ein deutscher Professor, der sich für das Wesen des Zen begeisterte. Er begab sich zu einer Zenmeisterin, damit sie ihm das Wesen des Zen erläutere. Sie bat ihn zum Tee, reichte ihm eine Tasse und schenkte ihm Tee ein, bis die Tasse überzulaufen begann. Der Professor blickte verstört auf und fragte die Zenmeisterin, warum sie das getan habe. Sie antwortete ihm, dass sein Geist so voll sei wie diese Tasse Tee und, um das Wesen des Zen zu begreifen, müsse er leer werden.

Lesepause!

★ **Der ›dreiminütige Atemraum‹**[145]

Die Minimalvariante einer formalen Achtsamkeitsübung ist im Alltag einsetzbar und kann für drei Minuten oder länger praktiziert werden.

1. Bewusst werden: Nimm dir bewusst vor, aus dem Alltagsbewusstsein auszusteigen und wende dich der gegenwärtigen Erfahrung zu, den Gedanken (evtl. benennen), Gefühlen (auch unangenehmen) und Empfindungen (auch Anspannungen).

2. Sich sammeln: Lenke deine Aufmerksamkeit auf deinen Atem und bleibe einige Atemzüge dabei.

3. Ausweiten: Weite dein Gewahrseinsfeld, indem du die Wahrnehmung deines Atems und deines Körpers als Anker nutzt. Öffne dich allem gegenüber, was im Augenblick da ist.

Alles beginnt damit, dass wir unsere Alltagtätigkeiten unterbrechen und nichts machen! Wir müssen aufhören immer weiter Informationen in unseren Geist hineinzuschütten, ohne das wir genug Zeit haben unsere Teetasse auszutrinken. Eine Pause ermöglichst uns erst Informationen und Eindrucke zu verarbeiten. Wir brauchen regelmäßige Pausen im Alltag um immer wieder Kontakt mit uns aufzunehmen, uns zu spüren und bewusst wahrzunehmen. Der vietnamesische Zenmeister Thích Nhất Hạnh sagt: »Sich auszuruhen ist eine Voraussetzung für Heilung.«[146]

---

145 Siehe Williams, Mark/John Teasdale/Zindel V. Segal/Jon Kabat-Zinn (Hrsg.): Der achtsame Weg durch die Depression. Freiburg im Breisgau: Arbor Verlag 2015, S. 231. Zit. n. Weiss, Halko/Michael Harrer/Thomas Dietz: Das Achtsamkeits-Buch. Mehr Lebensqualität durch Entschleunigung. Stuttgart: Klett-Cotta 2015, S. 109f.

146 Nhất Hạnh, Thích: Die Welt ins Herz schließen. Buddhistische Wege zu Ökologie und Frieden. Bielefeld: Aurum 2009, S. 121.

Lebendige und tote Leere

Gerade Menschen, die sich in einem Burnout-Prozess befinden, empfinden oft eine tote innere Leere, die u. a. durch eine Depersonalisierung durch Kontaktverlust zu sich selbst und zu anderen Personen herrührt. Oft versuchen sie, diese Gefühle durch Überreaktionen mit Sex, Essgewohnheiten, Alkohol und anderen Drogen oder exzessivem Internet- und Videospielkonsum oder pausenloser Arbeit zu überspielen. Sie müssen die ganze Zeit etwas machen und ihnen wird sehr schnell langweilig.

Lebendige Leere, das heißt positiv leer und ruhig zu werden, ermöglicht es uns, Kontakt zu uns selbst und unserem Körper aufzunehmen. In der ersten Stufe geht es darum, sich als Person mit eigenen Bedürfnissen und Wünschen wahrzunehmen. In der zweiten Stufe steht die direkte und ganzheitliche Erfahrung des Bewusstseins selbst im Mittelpunkt, indem die personalen und sozialen Identifikationen abgebaut werden. Eine besondere Unterscheidung wird hier zur Bewusstheit getroffen, die ein volles Gewahrsein (awareness) des momentanen Denkens und Fühlens bedeutet. Dieses volle Gewahrsein, welches in lebendiger Leere ruht, kann durch Achtsamkeitsübungen erreicht und kultiviert werden. Poetisch gesprochen ist es möglich, durch Stille ›die Zärtlichkeit des Seins‹ zu erfahren.

a.) Positive Lebensverbundenheit kultivieren: unser Körper

Bevor wir uns daran machen, die Schlüsselkompetenz Achtsamkeit zu kultivieren, ist es sinnvoll, insbesondere für von Traumata Betroffene, die Lebensverbundenheit mit dem Körper zu stärken. Eine Gefahr bei Methoden wie der traditionellen Achtsamkeits-Meditation oder *Mindfulness-Based-Stress-Reduction* (MBSR) ist, dass die Personen abgespalten von der Wahrnehmung ihres Körpers praktizieren und/oder sie einen Kontrollverlust erleiden und dann dissoziieren. Dies bezieht sich auf traumatisierte Menschen, die sich unvorbereitet auf diese Methoden einlassen. Dadurch, dass wir uns eine positive Lebensverbundenheit über unseren Körper kultivieren bzw. als von Trauma-Betroffene überhaupt erst den Körper für uns zurückgewinnen, schaffen wir die Basis, um sicher Achtsamkeit zu kultivieren. Dabei ›verankern‹ wir Bewusstheit als geführte Aufmerksamkeit in unserem Körper, was in der modernen Philosophie und den Kognitionswissenschaft *Embodiment* oder *Grounding* genannt wird und auf Deutsch mit Verkörperung übersetzt werden kann.

Generell ist es wichtig, wenn wir das Gefühl haben, dass eine Methode sich für uns nicht eignet, diesem Gefühl nachzugehen, und uns nicht äußeren Zwängen wie z. B. in einem Übungsumfeld zu unterwerfen. Es ist ein zentraler Lernprozess, dass Praktizierende lernen, auf ihren eigenen Körper zu hören und Entscheidungen zu treffen, bei denen ihr eigenes Wohl an erster Stelle steht.

Eine wichtige und erprobte Methode, um unsere Lebensverbundenheit über unseren Körper zu stärken ist traumasensibles Yoga. Die Praxis und viel Hintergrundinformationen zu Traumata werden in dem Buch *Trauma-Yoga. Heilung durch sorgsame Körperarbeit* von David Emerson und Elizabeth Hopper[147] dargelegt.

★ **Übung: Kultivierung von Lebensverbundenheit nach Bloom**
Der britische Psychologe William Bloom, dessen Arbeit unter anderem von Aktivist*innen in der Anti-Trauma-Arbeit genutzt wird, hat zur Kultivierung von Lebensverbundenheit eine Methode entwickelt, bei der folgende Kernfähigkeiten aufeinander aufbauen:

1. Lege eine Pause ein, sei still und werde achtsam
2. Sei entspannt, zentriert und in deinem Körper geerdet
3. Beobachte mit Mitgefühl und einem inneren Lächeln, was passiert
4. Sinke tiefer in die subtilen Gefühle der Verbindung mit dem Leben ein

Die Prozesse sind intergraler Bestandteil verschiedener Selbsterfahrungswege wie Yoga oder Taiji. Im Folgenden möchte ich kurz ein wenig vertiefend auf diese vier Prozesse eingehen, die William Bloom systematisiert hat.[148]

---

147 Siehe Emerson, David / Elizabeth Hopper / Bessel A. van der Kolk: Trauma-Yoga. Heilung durch sorgsame Körperarbeit. Therapiebegleitende Übungen für Traumatherapeuten, Yogalehrer und alle, die ihren Körper heilen wollen. 2. Aufl. Lichtenau, Westfalen: G.P. Probst Verlag 2014.
148 Siehe Bloom, William: Power of Modern Spirituality. London: Piatkus 2011, S. 75-96.

1. Lege eine Pause ein und sei achtsam

Wir müssen anhalten, aufwachen, mehr gewahr werden. Sei bewusst und erkenne, dass etwas Gutes geschieht. Dies ist für politische Aktivist*innen oft schwierig, weil sie erstens oft im Kopf unterwegs sind und zweitens sich meistens in ihrer Kritik auf negative Dinge wie Naturzerstörung oder kapitalistische Ausbeutung konzentrieren. Der indische Mystiker und Philosoph Abhinavagupta sagte zu seinen Student*innen: »Lausche achtsam. Stopp dein Anhaften an dieses oder jenes, erlebe deine wahre absolute Natur und genieße friedvoll die Essenz, was es heißt, am Leben zu sein.« In diesem Zusammenhang bedeutet, eine Pause einzulegen, nicht zwangsläufig auch, dass wir unsere physischen Bewegungen stoppen müssen. Die Pause ist psychologisch und mental gemeint. Die Pause ist in deinem Bewusstsein. Wenn du deinen Geist beruhigen kannst, indem du z. B. tanzt, kochst oder wanderst ist es kein Problem in Bewegung zu bleiben. Genieße es, aber genieße es bewusst mit Achtsamkeit. Eine mentale Pause zu nehmen, ruhig und gewahr zu sein, ist eine neue Dynamik, eine neue Haltung, eine neue Körperchemie, ein neues Set von neuronalen Verbindungen. Falls es dir schwer fällt, eine mentale Pause einzulegen ist Wiederholung sehr hilfreich. Wenn du die Disziplin hast, regelmäßig eine Pause einzulegen und achtsam zu werden wird die Praxis wesentlich einfacher werden. Es ist, wie einen spirituellen Muskel zu trainieren und aufzubauen. Du baust ein neues Muster in dein Gehirn, bettest mit ihm ein neues und fortlaufendes Verhalten und dazugehörige Einstellungen in dein Gewohnheitsbild ein.

2. Sei entspannt, zentriert und in deinem Körper geerdet

Unser ganzer Körper ist ein Organ, mit dem wir die positive Lebensverbundenheit fühlen können, aber oft sind diese Wahrnehmungen und Gefühle subtil. Diese Subtilität ist ein Problem, denn normalerweise sind unsere anderen Stimulationen in unserem Leben lauter und dominieren unsere Aufmerksamkeit. Wir müssen unser Bewusstsein aus unserem Kopf hinunter in unseren Körper verlagern und den physischen Schwerkraftsmittelpunkt unseres Körpers, welcher sich im Unterbauch befindet, bewusster wahrnehmen. Dies stellt für verkopfte Linke eine besondere Herausforderung dar, ist aber umso heilsamer. Dabei geht es nicht um eine Absage an die Kraft der Analyse und Intellektualität, sondern nur um ein Ausbalancieren der verschiedenen mentalen Zustände und Prozesse. Im eigenen Körper zentriert zu sein, ist ein ausgeglichener und gesunder Zustand. Wenn die mentale Aufmerksamkeit im Unterbauch liegt und wir dort zentriert sind, wird dies in östlichen Kampfkünsten *Hara* genannt. *Hara* ist die Grundlage von verschiedenen östlichen Heilungssystemen, Kampfkünsten sowie von gutem Reiten und Motorrad fahren. Wenn wir nicht in unserem Körper zentriert sind, können wir die spirituelle Erfahrung einer positiven Lebensverbundenheit nicht vollständig spüren. Wenn du entspannt und in deinem Körper geerdet bist, kannst du viel leichter die subtilen Wahrnehmungen deiner spirituellen Erfahrung spüren, anstatt von unendlichen Gedanken und Stimulationen abgelenkt zu werden. Dies bedarf keiner besonderen Erfahrung oder eines besonderen Coachings, sondern ist ein intuitives Wissen, worüber wir alle unbewusst verfügen. Stell dir doch einfach mal vor, wie du es dir nach einem guten Essen entspannt und zufrieden in deinem Lieblingssessel gemütlich machst. Vermutlich bist du in solch einem Moment ›entspannt, zentriert und in deinem Körper geerdet‹.

3. Beobachte mit Mitgefühl und einem inneren Lächeln, was passiert

Um eine positive Lebensverbundenheit zu spüren, ist es wichtig, in einer Stimmung zu sein, die diese subtilen Gefühle nicht sabotiert. Gerade wenn wir uns intellektuell mit vielen Problemen beschäftigen, kommt ein solches Gefühl viel schwieriger zustande. Alles im Leben hat seine Zeit und so gibt es Zeiten intellektueller Reflexion und Zeiten der Kontemplation, der inneren Sammlung, wozu diese Übung zählt. Nachdem wir eine Pause eingelegt haben, achtsam geworden sind und uns entspannt und in unserem Körper zentriert haben, kommt es nun darauf an, in einer nicht bewertenden und auf eine wohlwollende Art und Weise zu schauen, was passiert. Dabei ist eine Übung hilfreich, die in verschiedenen Meditationstraditionen genutzt wird: das sogenannte innere Lächeln. Durch diese Übung werden positive Signale durch unsere neuroendokrinen Netzwerke gesendet, indem wir zum Beispiel Güte und eine liebende Einstellung gegenüber unserem Körper einnehmen und uns ein Symbol innerhalb unseres Körpers vorstellen. Dies könnte zum Beispiel ein Gefäß sein, das wir mit unserem inneren Lächeln füllen. Ein weiteres Bild, das sehr wirksam ist, ist das Bild vom Baum des Lebens, den wir mit unserem inneren Lächeln wachsen lassen.

4. Sinke tiefer in die subtilen Gefühle der Verbindung mit dem Leben ein

Dieser Aspekt der Übung erinnert dich bildlich gesprochen daran, sich in einem warmen Bad zu entspannen. Anstatt die subtilen Gefühle einfach vorbeiziehen zu lassen und wieder schnell das warme Wasser zu verlassen, entscheiden wir uns dazu, ihnen noch mehr Aufmerksamkeit zu schenken und in sie, wie in ein warmes Bad, einzusinken. Diese Gefühle wahrzunehmen und in sie ›einzusinken‹, mag zunächst vielleicht für dich eine komplett neue Erfahrung sein. Dabei ist es jedoch ein ähnlicher Prozess wie bei einer Massage, bei der wir instinktiv spüren, dass wir uns entspannen und der Situation hingeben müssen. Oder du hast dich eine Zeit lang geweigert, z. B. zu einer Party zu gehen, und nach einer Weile merkst du, dass es besser ist, den Widerstand dagegen aufzugeben und die Erfahrung zu genießen.

Ähnliche Prozesse wie bei den zuvor beschriebenen Schritten laufen indirekt auch bei einer sogenannten Bodyscan-Übung ab, die ihren Ursprung in der buddhistischen Vipassana-Meditation hat. Der Bodyscan ist eine Übung, bei der du lernst, deinen Körper achtsam wahrzunehmen. Ziel ist es dabei, mit deiner Aufmerksamkeit ganz bei dir selbst zu bleiben und schrittweise deinen ganzen Körper zu spüren – von den Füßen bis zum Kopf. Dabei begegnest du dir selbst und allen deinen Gedanken, Empfindungen und Gefühlen mit einer wohlwollenden, akzeptierenden Haltung. Die Übung wird in vielfältigen Varianten in Kursen zur Stressbewältigung durch Achtsamkeit in Kliniken und Therapien eingesetzt und gehört zur *Mindfulness Based Stress Reduction* (MBSR) nach Jon Kabat-Zinn. Viele Menschen können dabei tief entspannen oder spüren ihren Körper intensiver und kultivieren so eine positive Lebensverbundenheit.

★ **Tipp:** Bei der Techniker Krankenkasse gibt es einen Bodyscan als MP3-Download in verschiedenen Varianten: http://www.tk.de/tk/enstpannungstechniken/meditation/mp3-body-scan/612168 (Zugriff 11.3.2019).

Ein weiterer Ansatz, um *embodiment* und eine positive Lebensverbundenheit zu kultivieren, zeigt uns die aktivistische Erdungsübung der Trainerin Starhawk, welche uns Zentriertheit in der Mitte des Chaos schenken kann.[149] Sie nutzt Visualisierung und die Bauchatmung, um unser vegetatives Nervensystem zu beruhigen. Atmung und körperliche bzw. psychische Befindlichkeit hängen eng zusammen. Es ist physisch unmöglich, eine langsame, tiefe und ruhige Bauchatmung oder Vollatmung durchzuführen und sich gleichzeitig ängstlich und gestresst zu fühlen. Viele Menschen

---

149 Siehe Starhawk: *Grounding and Centering For Activists.* 31. Juli 2012, https://web.archive.org/web/20120731052122/http://www.starhawk.org/activism/trainer-resources/groundcenter.html (Zugriff 13.3.2019).

atmen heutzutage zu schnell und zu flach (Brustatmung). Visualisierungen als geistige Projektionen werden im autogenen Training als Element der Psychotherapie genutzt. Ebenfalls als psychotherapeutische Methode wird die Visualisierung nach Simonton in der Krebstherapie angewendet. Geistige Projektion wird auch abseits der Esoterik von Spitzensportler*innen angewandt, um Bewegungsabläufe zu optimieren und eine höchstmögliche Leistungsbereitschaft zu erzielen[150].

Für diejenigen, denen diese Übung nicht liegt, habe ich noch eine effektive Atemübung im Anschluss beschrieben.

★ **Übung: Erdungs- und Zentrierungsübung für Aktivist*innen nach Starhawk (10-15 Minuten)**
Bei einer Aktion, wie auch in jeder anderen angespannten Lage in einer potentiell gefährlichen Situation, müssen wir die Fähigkeit bewahren, ruhig zu bleiben, unsere Angst zu spüren, ohne von ihr überwältigt zu werden oder in Panik zu verfallen. Erdung ist eine Technik, die uns helfen kann, wachsam und entspannt zu bleiben, wenn um uns herum die Hölle ausbricht.

Erdung beginnt mit dem Atem. Versuche, wenn du magst, dies: Verkrampfe deinen Magen, spanne deine Muskeln an, atme hoch in deine Brust. Wie fängst du an dich zu fühlen? (Leute sagen oft ›ängstlich‹, ›angespannt‹, ›panikartig‹.)

Nun entspanne deinen Magen, lass deinen Atem tief in deinen Bauch sinken, und dann in den Unterbauch, wenn dein Bauch sich ausdehnt. Fängt es an, sich für dich anders anzufühlen? Für einige von euch ist diese Übung erst einmal schwierig. Zuerst fühlt es sich vielleicht unnatürlich an. Lege deine Hand vor den Bauch und atme so, dass dein Bauch sie nach vorne wegschiebt. Übe diese Bauchatmung, manchmal brauchst du Zeit, um sie einfach und natürlich durchführen zu können.

Nun schließe deine Augen für einen Moment. Stell dir vor, dass dein Atem herunterfließt durch das Innere deiner Wirbelsäule hindurch, durch deine Füße, als wärst du ein Baum der Wurzeln schlägt. Lass diese Wurzeln durch

---

150 Siehe Huang, Al Chung-liang / Jerry Lynch: TaoSport, denkender Körper – tanzender Geist. Außergewöhnliches leisten im Alltag, Beruf und Sport. Freiburg im Breisgau: Bauer 1997.

den Fußboden hindurchdringen, in den Boden unter dir. Stell dir vor, sie können etwas von der Qualität dieser Erde spüren, wie es ist zu wachsen, wie gesund es ist. Dringe tiefer ein durch das Wasser unter der Erde, tiefer durch felsigen Untergrund, hinab in das Feuer unter uns. Wenn immer noch irgendwelche Anspannung oder Angst in dir ist, lass sie in das Feuer gehen und verbrenne sie einfach zu purer Energie.

Stell dir nun vor, du kannst etwas von diesem Feuer mit nach oben nehmen. Fühle es als die lebende, kreative Energie der Erde und bring sie hoch durch das Gestein, das Wasser und den Boden. Bring sie hoch durch deine Füße und Beine und in das Innere deiner Wirbelsäule. Lass es in deiner Wirbelsäule aufsteigen und die Wirbelsäule wie einen flexiblen Baumstamm wachsen, der in den Himmel ragt. Bring einen Teil des Feuers in dein Herz und an jeden Ort in dir, der Heilung oder Zusatzenergie benötigt.

Bring diese Energie hoch durch deine Arme und aus deinen Händen und hoch durch deinen Nacken und Kehle und aus dem Scheitel deines Kopfes wie Äste, die zum Himmel ragen und dich dann wieder umgeben und auf den Boden zurückreichen, um die Erde zu berühren. Sie schaffen einen schützenden Filter um dich herum. Nimm dir einen Moment, schau dir dieses Energienetz an, und nimm wahr, ob es irgendwelche Stellen gibt, die repariert oder gestärkt werden müssen.

Nun fühle die Energie der Sonne, die auf deine Blätter und Äste scheint. Atme tief und nimm diese Energie auf. Atme sie ein durch deine Blätter und Äste, herunter durch dein Herz und deinen Magen und deine Hände. Nimm sie auf und fühle dich genährt wie ein Baum, der durch das Sonnenlicht genährt wird.

Wenn du geerdet bist, wenn deine Energie mit der Energie der Erde verbunden ist, kannst du dich immer noch bewegen. Stell dir vor, deine Füße haben klebrige Wurzeln, die in die Erde einsinken können und dann wieder loslassen wenn du dich bewegst. Gehe eine bisschen umher, fühle tatsächlich den Kontakt mit der Erde, das Gefühl, wenn diese Wurzeln festhalten und loslassen.

Nun wenn du dich bewegst, strecke deine Arme so weit zu den Seiten aus, wie es geht, bis du sie nicht mehr sehen kannst, wenn du nach vorne schaust. Wackel nun mit den Daumen und beziehe langsam die Arme mit ein, bis deine Daumen gerade an der Grenze deines peripheren Sichtfelds sichtbar sind. Nimm wahr wie weit dein Sichtfeld sein kann. Wenn du gehst, tief atmest, geerdet bist oder dein peripheres Sichtfeld aktivierst, wisse, dass du dir bewusst sein kannst, was um dich herum abläuft.

Geh nun ein wenig achtsam herum, lass den Atem fließen, bleib geerdet, lass deine Wahrnehmung weit. Spüre ein wenig nach.

Nun komme zurück in die Stille. Wenn du atmest, fühle, wo in deinem Körper dieser geerdete Platz zu sitzen scheint und berühre diesen Platz. Kannst du ein Bild für diesen geerdeten Zustand finden? Ein Wort oder Satz den du sagen kannst? Wenn du diese drei Faktoren zusammen verwendest, Berührung, Bild und Satz kannst du einen Anker kreieren, um dich schnell in jeder Situation zu erden. Versuch es – benutze es!

Entspanne dich. Wie hat für dich diese Übung funktioniert? Was hast du wahrgenommen? Denk daran, je mehr du das Erden praktizierst, desto automatischer wird es. Selbst wenn du nur ein paar Minuten am Tag praktizierst, wirst du nicht nur eine bessere Energie in deinem Alltagsleben haben, sondern du wirst auch dazu in der Lage sein, dich schnell und unmittelbar zu erden, wenn du in eine angespannte Situation gerätst.

★ Übung: Vier-Punkt-Atmung

Die folgende Atemtechnik beruhigt unser Nervensystem und hilft uns, uns mit unserem Körper zu verbinden. Sie wird Vier-Punkt-Atmung oder auch taktische Atmung genannt und diese Technik wird in verschiedenen Traditionen, wie z. B. in der russischen Kampfkunst SYSTEMA, praktiziert. Sie wird u. a. von Spezialeinheiten genutzt, um sich vor und in Hochrisikosituationen zu beruhigen, den Blutdruck zu senken und Spannungen abzubauen.[151] Die Durchführung dieser Übung dauert weniger als fünf Minuten.

Stelle dich mental auf diese Übung ein und schließe die Augen, wenn es für dich passt. Nimm zwei bis drei langsame tiefe Atemzüge und nimm bewusst Ein- und Ausatmung wahr. Du kannst diese Übung im Stehen, Sitzen oder Liegen machen.

---

151 Siehe Christensen, Loren W.: Meditation for Warriors. Practical Meditation for Cops, Soldiers and Martial Artists. Portland, OR: LWC Books 2013, S. 63f.

Nun kommen wir zur Vierpunktatmung.
▸ Atme tief und langsam durch die Nase in deinen Bauch und zähle dabei bis vier: eins, zwei, drei, vier.
▸ Halte deinen Atem an und zähle dann bis vier: eins, zwei, drei, vier.
▸ Atme langsam zwischen deine Lippen aus und zähle dabei bis vier: eins, zwei, drei, vier.
▸ Halte deinen Atem an und zähle dann bis vier: eins, zwei, drei, vier.
▸ Wiederhole die Übung zwei bis dreimal. Wenn es dir gefällt auch öfter.

b.) Schlüsselkompetenz: Achtsamkeit

»Es fehlt uns nicht an Zeit, sondern an Sammlung.« – Lama Surya Das

Raum für Bewusstheit zu schaffen, bedeutet, achtsam zu werden. Achtsamkeit ist für den Nachhaltigen Aktivismus eine Schlüsselkompetenz, die uns den nötigen inneren Raum für souveräneres Handeln ermöglicht, indem sie Bewusstheit in Handlungen bringt. Sie ist der Gegenpol zum automatischen Funktionieren und Handeln im Alltagsbewusstsein. Bei der Achtsamkeit geht es weniger um die Inhalte, sondern mehr um die Veränderung der Haltung zu unseren Gedanken, inneren Bildern und Erinnerungen. Ziel ist es unter anderem, eine Art ›Inneren Beobachter‹ zu kultivieren, der uns eine Differenzierung von Bewusstseinsinhalten vom Bewusstsein selbst ermöglicht. Die Ärzte und Psychotherapeuten Halko Weiss, Michael E. Harrer und Thomas Dietz nennen in ihrem *Achtsamkeitsbuch* vier Kernbausteine von Achtsamkeit: »Achtsamkeit bedeutet erstens eine bewusste Lenkung der Aufmerksamkeit. Diese Aufmerksamkeit ist zweitens auf den jeweils gegenwärtigen Moment gerichtet, auf den Fluss des Erlebens, das sich ständig verändert. Achsamkeit ist drittens charakterisiert durch eine Akzeptanz dieses Erlebens, ohne zu urteilen, zu kritisieren oder etwas anders haben zu wollen. Viertens: Ein `innerer Beobachter` wird kultiviert, der durch teilnehmendes Beobachten Abstand zum Beobachteten schafft und ermöglicht, aus Identifikationen herauszutreten. Diesen Prozess nennen wir hier Disindentifikation. Diese einzelnen Bausteine überlappen sich, verstärken und bedingen einander zum Teil gegenseitig.«[152] Das Konzept, wie es in dieser Form vorliegt, basiert auf den Erfahrungen der buddhistischen Psychologie, in deren Traditionen es

---

152 Weiss, Halko / Michael Harrer / Thomas Dietz: *Das Achtsamkeits-Buch. Mehr Lebensqualität durch Entschleunigung.* Stuttgart: Klett-Cotta 2015, S. 23.

am gründlichsten und detailreichsten ausgearbeitet wurde. Da Achtsamkeit ein natürliches menschliches Potential ist, haben zum Beispiel auch Taoismus, Sufismus und die mystischen Traditionen im Christentum ihre eigenen Formen der Selbsterkenntnis und der Begegnung der Essenz des Seins kultiviert. In den letzten Jahren hat das Konzept von Achtsamkeit auch eine Fülle von Aufmerksamkeit von Seiten von westlichen Natur- und Geisteswissenschaftler*innen, Ärzt*innen, Psycholog*innen und Psychotherapeut*innen erfahren.

Achtsamkeit ist ein machtvolles Instrument auf dem Weg zu tiefer Einsicht, zu Gelassenheit und Konzentration. Sie fördert Selbstkenntnis, Selbsteinfühlung, Selbstakzeptanz, Selbstführung und Selbstfürsorge. Alle diese Fähigkeiten sind essenziell für einen Nachhaltigen Aktivismus. Sie lassen uns besser mit uns selbst umgehen, stärken unser Mitgefühl für andere und helfen uns Situationen intuitiver und realistischer einzuschätzen. Dadurch sind wir zuverlässigere Genoss*innen, Bündnispartner*innen und klügere Aktivist*innen.

★ **Übung: Klassische Achtsamkeitsübung: Die Atembeobachtung** *Anapanasati*

Zu Beginn muss generell gesagt werden, dass es nicht **die** Meditationstechnik gibt, sondern ganz unterschiedliche Meditationsansätze, hinter denen eine Vielzahl von philosophischen oder religiösen Traditionen stehen. Im Folgenden möchte ich die Grundlagen der Achtsamkeitsmeditation ausführlicher darlegen, wobei ich mich auf die schöne Einführung von Frank Boccio in *Achtsamkeits-Yoga* beziehe.[153] Es geht dabei um *Anapanasati*, die achtsame Beobachtung des Atems, welche eine Grundlagentechnik der Meditation für verschiedene buddhistische Schulen und westliche Achtsamkeitsprogramme darstellt und nach buddhistischer Tradition die ursprüngliche Meditationsunterweisung Buddhas ist.[154]

Ich selbst habe in unterschiedlichen Traditionen praktiziert, wie z.B. dem japanischen Soto-Zen, Achtsamkeitsmeditation nach dem vietnamesische Lehrer Thích Nhất Hạnh und burmesischen Vipassana-Meditation nach S.N. Goenka. Dabei fühle ich mich keiner Schule verpflichtet und möchte unter ihnen keine Hierarchie aufmachen, sondern vielmehr betonen, dass

---

153 Boccio, Frank / Bernd Bender / Georg Feuerstein: Achtsamkeits-Yoga. Freiamt im Schwarzwald: Arbor Verlag 2009, S. 89-97.

154 Siehe *Majjhima Nikaya 118 (KEN)*. https://www.palikanon.com/majjhima/m118n.htm (Zugriff 4. September 2017).

sie alle zu einem befreiteren Leben beitragen können. Viel wichtiger als die Schule finde ich die persönliche Beziehung zu Lehrer*innen und die Möglichkeit der regelmäßigen Teilnahme an der Meditationspraxis in einer sympathischen Gemeinschaft. Für sakuläre linke Aktivist*innen können Traditionen wie die nach S.N. Goenka, welche die Lehren Buddhas jenseits von Religion verorten oder Vertreter*innen des engagierten Buddhismus wie Thích Nhất Hạnh oder Bernard Glassman zugänglicher sein.

Nun zur Sitzmeditation als Teil einer ›formalen Praxis‹, der Achtsamkeitsmeditation, die wir als eine Art Trainingszeit sehen können, in der wir u. a. unsere ›Achtsamkeitsmuskeln‹ trainieren. Das Herz der formalen Praxis besteht darin, die Verpflichtung einzugehen, regelmäßig und konsequent jeden Tag zu sitzen. Wir sitzen, um unsere Achtsamkeit zu entwickeln, sodass wir mit Aufmerksamkeit durch den Tag gehen können. ›Informelle Praxis‹ ist so gesehen der Rest unseres Lebens, welches wir in Achtsamkeit begehen, wie achtsames Essen, Sprechen usw.

Wo soll ich sitzen?

Kurz gesagt an einem schönen Platz bei dir zu Hause. Richte ihn dir angenehm ein z.B. mit einer Decke, Kerzen und vielleicht Räucherwerk, wenn du es magst. So oft es geht auf dem gleichen Platz zu sitzen, unterstützt auf jeden Fall deine Praxis.

Wann soll ich sitzen?

Probiere am Anfang einfach aus, was für dich am Besten ist. Ich persönlich versuche, wann immer es geht, direkt nach dem Aufstehen 20 Minuten zu meditieren. Dies hilft mir sehr, achtsamer durch den Tag zu gehen. Frank Boccio hält auch den frühen Morgen direkt nach dem Aufstehen für die beste Zeit für die meisten Praktizierenden. Manchmal ist es aber auch sehr wohltuend kurz vor dem Schlafengehen nochmals zu meditieren. Dies beruhigt den Geist, hilft Eindrücke zu verarbeiten und loszulassen. Wichtig ist es dabei, die Meditationspraxis organisch wachsen zu lassen.

Wie lange soll ich sitzen?

Hier gibt es keine allgemeingültige Formel, sondern die Zeit, mit der wir anfangen, hängt von unseren individuellen Fähigkeiten ab. Anfangs sitzen die meisten zwanzig bis dreißig Minuten, wobei für andere bereits, fünf bis zehn Minuten zu meditieren, eine große Herausforderung darstellt. Wichtig ist hier achtsam mit sich selbst umzugehen und sich nicht zu quälen. Frank Boccio sind zwei Aspekte wichtig, um festzustellen wie lange wir sitzen sollten. Erstens sollten wir feststellen, wie lange wir bequem sitzen können und dann noch ein paar Minuten dran hängen, um so unsere Freiheit, zu sitzen, zu erweitern. Zweitens sollten wir uns eine Mindestzeit verordnen und diese einhalten. An Tagen wo uns dies nicht möglich ist sollten wir versuchen, mindestens ein paar Minuten zu sitzen. Wichtig ist die Regelmäßigkeit, mit der du dein Kissen, deinen Stuhl oder deine Meditationsbank aufsuchst.

Was soll ich während des Sitzens tun?

Der Kopf ruht balanciert auf dem Ende der Wirbelsäule. Das Genick verlängert sich von der Mitte der Schultern ausgehend. Die Kehle ist offen. Das Kinn ist leicht zurückgezogen. Die Krone des Schädels strebt dem Himmel entgegen.

Atmen: Erlaube dir natürlich zu atmen. Die Konzentration auf die Ausatmung hilft beim Sitzen anzukommen. Aufmerksamkeit auf die Einatmung kann dich neu beleben.

Schultern sind auseinander und fallen leicht zurück. Raum in der Achselhöhle.

Die Hände sollten auf den Beinen oder im Schoß unterstützt werden, so dass das Gewicht der Arme den Körper nicht nach vorne zieht.

Das Körpergewicht wird direkt über die Sitzknochen abgegeben. Dies ermöglicht dem Rumpf sich balanciert und souverän aufzurichten.

Kissenhöhe: Zu hoch verursacht es Rückenschmerzen. Zu niedrig verursacht es zusammensacken im unteren Rücken und damit erfordert es mehr Anstrengung aufrecht zu bleiben.

Egal ob du auf einem Stuhl oder auf dem Boden sitzt, ein guter stabiler Kontakt mit dem Boden ist wichtig. Die Knie sollten wenn möglich unter der Hüfte sein.

In der Meditation gilt es eine Haltung zu entwickeln, die zugleich stabil und bequem ist. Es gibt verschiedene Sitzhaltungen wie die einfache Sitzhaltung mit gekreuzten Beinen (Schneidersitz), den halben und vollen Lotussitz, die burmesische Haltung[155] oder den Fersensitz (jap. *Seiza*). Da wir im Westen meist auf Stühlen sitzen, bereiten vielen die Sitzhaltungen

155 Siehe Boccio, Frank/Bernd Bender/Georg Feuerstein: Achtsamkeits-Yoga. a.a.O., S. 361-364.

Probleme. Hier müssen wir Geduld mit uns haben und uns am Anfang die Position auswählen, die uns möglich ist und von der aus wir uns weiterentwickeln können. Als Hilfsmittel können z. B. Sitzkissen oder beim Seizasitz eine Meditationsbank oder ein Hocker benutzt werden, damit die Hüfte höher liegt als das Knie und sich die Leisten öffnen. Es ist auch möglich, auf einem Stuhl zu sitzen. Achte auf einen ›geraden‹ Rücken, der natürlich gekrümmt ist und der Scheitelpunkt deines Kopfes sollte dich nach oben ziehen, als wolltest du so den Himmel erreichen.

Die Augen kannst du geschlossen oder leicht geöffnet halten. Die verschiedenen Traditionen empfehlen hier Unterschiedliches. Schau einfach, was für dich besser funktioniert. Die Hände kannst du im Schoss ruhen lassen oder sie einfach auf den Knien entspannt ablegen.

Nun richte deine Aufmerksamkeit auf deinen Atem. Wie schon erwähnt, ist *Anapanasati* die aufmerksame Betrachtung des Ein- und Ausatmens. Dabei geht es nicht darum, den Atem zu manipulieren, sondern darum, zu schauen, was ist. Lass den Atem kommen und gehen und sieh wie er sich nuanciert verändert. Was die Stelle des Körpers angeht, wo wir unsere Aufmerksamkeit auf den Atem richten sollen, herrschen zwischen den Schulen unterschiedliche Ansichten. Einige wie z. B. bei der Vipassana-Meditation nach S. N. Goenka empfehlen, die Aufmerksamkeit auf den Bereich um die Nasenlöcher zu konzentrieren und den Atem nicht durch den Körper zu verfolgen, sondern wie ein Kartenabreißer im Kino an den ›Eingangstoren‹ zu verweilen. Dort nehmen wir jeden Atemzug zur Kenntnis, wo die Luft kühl einströmt und warm wieder ausströmt. Andere raten dazu, die Aufmerksamkeit auf den Unterbach zu richten, auf das, was die Japaner*innen *hara* nennen – jenen Bereich, der zwei Fingerbreit unterhalb des Nabels liegt. Beide klassischen Ansätze haben ihre Vorteile: Die ›Nasenloch-Praxis‹ kann zu einer nuancierteren und intensiveren Konzentration führen. Die ›Hara-Praxis‹ hilft dabei vom Kopf in den Körper zu kommen, was verkopften Menschen aus dem Westen entgegenkommt, und soll eine umfassendere Aufmerksamkeit ermöglichen. Frank Boccio schlägt vor, beide Möglichkeiten auszuprobieren und so herauszufinden, welcher Ansatz am Besten zu dir passt. Dabei hilft es, niemals mehrere Ansätze in einer Sitzperiode auszuprobieren.

Wenn du deinen Atem betrachtest, wirst du bestimmt relativ schnell merken, dass Gedanken auftauchen. Das ist nicht schlimm, sondern es liegt in der Natur des Geistes, aktiv zu sein. Wenn die Gedanken sich melden, nimm bewusst wahr, dass du gerade Gedanken hast und kehre mit deiner Aufmerksamkeit zum Atem zurück. In diesem Sinne bist du achtsam, was das Ziel dieser Übung ist. Sei ausdauernd und kehre immer wieder zu deinem Atem zurück, wenn deine Gedanken abschweifen. Das ist ein ganz normaler Prozess und hilft dir, die Fähigkeit deiner Achtsamkeit zu trainieren wie einen Muskel. Habe Geduld mit dir selbst und verurteile dich nicht für deine abschweifenden Gedanken. Eine Charakterqualität, die wir ebenfalls mit dieser Übung stärken, ist Gleichmut, die uns auf unserem Weg zum Nachhaltigen Aktivismus wertvolle Dienste leisten kann.

Zum Messen deiner Meditationsdauer eignet sich ein Timer, Wecker oder ein Handy. Wenn du die Übung beendet hast, weite deine Aufmerksamkeit wieder auf deinen ganzen Körper aus und nimm den Raum wahr, in dem du sitzt. Öffne deine Augen oder lass sie im Raum herumschweifen und sei bereit und wach für das, was als nächstes auf dich zukommt.

Weitere Achtsamkeitsübungen sind u. a. die Technik des ›Benennens‹ oder ›Etikettierens‹, Body-Scan (siehe auch ➜ S. 210), Achtsames Stehen und Achtsames Gehen und die ›Liebende Güte‹-Meditation[156].

➜ **Lesetipp:** Weiss, Halko / Michael Harrer / Thomas Dietz: Das Achtsamkeits-Buch. Mehr Lebensqualität durch Entschleunigung. Stuttgart: Klett-Cotta 2015.

Eine wissenschaftlich fundierte und zugängliche Einführung in das Konzept der Achtsamkeit mit vielen Praxistipps, Übungen und Hintergrundinformationen.

c.) Verbinden mit Natur und Mitwelt: unser erweitertes Selbst

Raum für Bewusstheit zu schaffen und sich mit der Natur zu verbinden, bedeutet das Erkennen der Interdependenz, dass wir mit allem verbunden und verwoben sind. Dabei ist das Erfahren einer erweiterten Identität unseres verbundenen Selbst nicht gleichzusetzen mit dem Verlust unserer Individualität. Wenn Menschen hingegen den Sinn dafür verlieren, zu größeren Kreisen dazuzugehören, verlieren sie nicht nur Motivation für ihre Gemeinschaften und Mitwelt zu handeln, sondern auch wertvolle Quellen von Unterstützung und Resilienz.

---

156 Siehe Weiss, Halko / Michael Harrer / Thomas Dietz: Das Achtsamkeits-Buch. Mehr Lebensqualität durch Entschleunigung. Stuttgart: Klett-Cotta 2015; S. 94-23.

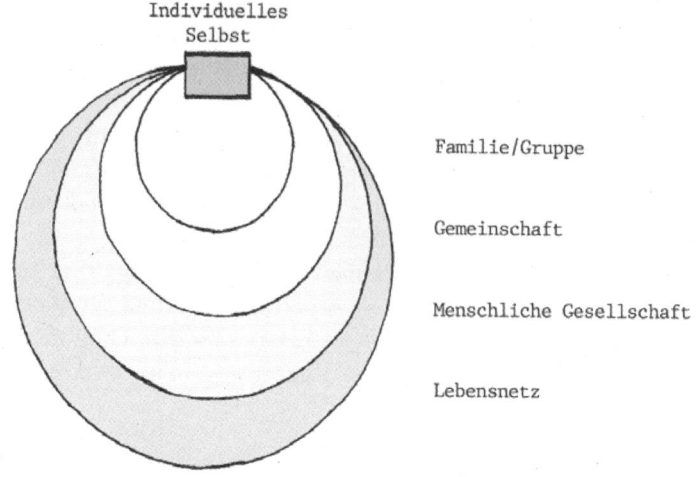

Individuelles
Selbst

Familie/Gruppe

Gemeinschaft

Menschliche Gesellschaft

Lebensnetz

Wir sind Teil von sich erweiterndern Kreisen

Nach Macy, Joanna / Chris Johnstone: Active Hope. a.a.O, S. 90.

Das Gefühl der Naturverbundenheit, einer Einheitserfahrung mit der physischen Mitwelt, die relativ unberührt von menschlichen Eingriffen ist, kann zu einer größeren psychologischen Resilienz beitragen. Die Studie *Connection to Nature and Psychological Resilience* von Keith Ingulli und Gordon Lindbloom legt nahe, dass, wenn Individuen geholfen wird, eine gefühlte Verbundenheit mit der natürlichen Mitwelt aufzubauen, diese ihnen helfen kann, sich besser gegen psychologischen Stress zu behaupten. Daneben gibt es eine weitere Fülle von Studien, die eine Vielzahl von spezifischen Vorteilen durch Naturkontakt bei kognitiven, emotionalen und sozialen Funktionen belegen, wie bessere Kapazität für gezielte Aufmerksamkeit[157], gesteigerte positive Affekte (Gemütsregungen)[158], gestei-

---

157 Siehe Berto, Rita: *Exposure to restorative environments helps restore attentional capacity.* In: Journal of Environmental Psychology 3/25 (2005), S. 249-259.
Kaplan, Stephen: *The restorative benefits of nature. Toward an integrative framework.* In: Journal of Environmental Psychology 3/15 (1995), S. 169-182.
158 Hartig, Terry / Marlis Mang / Gary W. Evans: *Restorative Effects of Natural Environment Experiences.* In: Environment and Behavior 1/23 (1991) S. 3-26.
van den Berg, Agnes E. / Mariette H. G. Custers: *Gardening Promotes Neuroendocrine and Affective Restoration from Stress.* In: Journal of Health Psychology 1/16 (2011), S. 3-11.

gerte Vitalität[159], reduzierte Depression[160], reduzierter psychologischer und körperlicher Stress[161] und nach eigenen Angaben eine bessere Gesundheit[162]. Hingegen können ökologische Zerstörungen die Befriedigung von Bedürfnissen wie Sicherheit, Befähigung, Verbundenheit und Autonomie stören, worin sich ein niedrigeres Wohlbefinden widerspiegelt.

Für Ingulli und Lindbloom ist es an der Zeit, die Art und Weise zu ändern, wie unsere Gesellschaft Natur an sich betrachtet. Statt Natur als eine Annehmlichkeit zu sehen, die beliebig durch größere technologische Errungenschaften ersetzt werden kann, sollte die natürliche Mitwelt als ein essenzieller Bund zwischen den Menschen und anderen lebenden Wesen gesehen werden, für den es keinen Ersatz gibt. Hierbei ist die Bedeutung von Wildnis im weitesten Sinne, das heißt Naturlandschaften, die von menschlichen Eingriffen, so gut es geht, verschont geblieben sind bzw. sich im Prozess der Renaturierung befinden, hervorzuheben.

Um eine stärkere Naturverbundenheit zu kultivieren, sind verschiedene Tätigkeiten wie Gärtnern und allgemein wertschätzende Aktivitäten wie Wandern, Kanufahren oder Skilanglauf geeignet. Um diese qualitative Zeit in der Natur besser für Regeneration zu nutzen und eine tiefere Verbundenheit mit der Natur zu spüren, ist eine Achtsamkeitspraxis wie Yoga, (Geh-)Meditation und Taiji die beste Grundlage. »Achtsamkeit ermöglicht, die Realität immer mehr so wahrzunehmen, wie sie ist, und verstärkt

159 Siehe Ryan, Richard M. / Netta Weinstein / Jessey Bernstein / Kirk W. Brown / Louis Misretta / Marylène Gagne: *Vitalizing effects of being outdoors and in nature*. In: Journal of Environmental Psychology 30 (3. November 2009), S. 159-168.

160 Siehe Gonzalez, Marianne T. / Terry Hartig / Grete Patil / Egil W. Martinsen / Marit Kirkevold: *Therapeutic horticulture in clinical depression. A prospective study*. In: Research and Theory for Nursing Practice. An International Journal 4/23 (2009), S. 312-328;   Maas, Jolanda / Robert A. Verheij / Sjerp de Vries / Peter Spreeuwenberg / François G. Schellevis / Peter Groenewegen: *Morbidity is related to a green living environment*. In: Journal of Epidemiology and Community Health 12/63 (2009), S. 967-973.

161 Siehe Ulrich, Roger S. / Robert F. Simons / Barbara D. Losito / Evelyn Fiorito / Mark A. Miles / Michael Zelson: *Stress recovery during exposure to natural and urban environments*. In: Journal of Environmental Psychology 3/11 (1991), S. 201-230; van den Berg, Agnes E. / Jolanda Maas / Robert A. Verheij / Peter P. Groenewegen: *Green Space as a Buffer between Stressful Life Events and Health*. In: Social Science and Medicine 8/70 (2010), S. 1203–10. doi:10.1016/j.socscimed.2010.01.002.

162 Siehe Maas, Jolanda / Robert A. Verheij / Peter Spreeuwenberg / Peter P. Groenewegen: *Physical Activity as a Possible Mechanism behind the Relationship between Green Space and Health. A Multilevel Analysis*. In: BMC Public Health 1/8 (2008). doi:10.1186/1471-2458-8-206; Mitchell, R. / F. Popham: *Greenspace, Urbanity and Health. Relationships in England*. In: Journal of Epidemiology and Community Health 8/61 (2007), S. 681-683. doi:10.1136/jech.2006.053553.

damit unser Einfühlungsvermögen. Über Einfühlung führt sie zu Mitgefühl mit sich selbst und anderen Menschen und darüber hinaus zu ökologischem Bewusstsein und Handeln.«[163] Gleichzeitig wirkt sich qualitativ verbrachte Zeit in der Natur positiv auf die eigene Achtsamkeitspraxis aus.

Pilgern oder auf Partisanenpfaden zu wandern sind auch exzellente Wege, um unseren Kopf frei zu bekommen, Raum für Bewusstheit zu schaffen und uns mit der Natur verbunden zu fühlen. Mir persönlich tun immer lange Strandspaziergänge sehr gut, bei denen die Elemente aufeinanderprallen und dabei den Geist beruhigen.

2. Reflexion

Im Lernzyklus des Nachhaltigen Aktivismus geht es darum, unseren derzeitigen Ausgangspunkt unserer Reise zu bestimmen. Der Reflexionsprozess beinhaltet die Bewusstwerdung unserer persönlichen Prägungen, Motivationen und Bedürfnisse sowie unserer ›Stressoren‹ (Energiezehrer) und Kraftquellen. Anschließend geht es darum, unser bisheriges Engagement zu bewerten und es ggf. einzugrenzen, um Überbeanspruchung zu verhindern.

a.) Die Realisierung unserer persönlichen Vorprägungen, Motivationen und Bedürfnisse

Dieser Aspekt der Reflexion im individuellen Resilienzbildungszyklus beinhaltet viele existenzielle Fragen. Im Kern geht es um die Fragen: ›Wer bin ich?‹, ›Was brauche ich?‹ und ›Wo liegen meine eigenen Grenzen?‹

Denke nicht, dass du auf jede Aktion gehen musst – wenn es sich nicht gut anfühlt, dann lass es. Dazu hilft es, sich der eigenen Motive bewusst zu sein. Manchmal kommen Menschen zum politischen Aktivismus als Weg, um Wut und Schmerz auszudrücken, welcher ursprünglich aus persönlichen Gründen wie Missbrauch in der Kindheit oder schwierigen Lebenserfahrungen herrührt. Viele Menschen in Bewegungen für soziale Gerechtigkeit hatten Traumata in ihrem Leben, ihren Familien, ihrer Geschichte und der ihrer Vorfahren und sie rennen oftmals davor weg und versuchen, die Welt zu retten. Aber wenn sie nicht ihre eigene Befreiungs- und Heilungsarbeit angehen, können sie eine Menge ›Kollateralschäden‹ verursachen. Die Aufarbeitung von Traumata und das Leisten dieser Bio-

---

163 Weiss, Halko / Michael Harrer / Thomas Dietz: Das Achtsamkeits-Buch. a.a.O., S. 37.

grafiearbeit sind ein wichtiger Teil des Stärkens unserer individuellen Resilienz. Dabei kann eine Achtsamkeitspraxis helfen.

Persönliche Transformation kann soziale Bewegungen stärken, aber politische Analysen und Engagement sind ebenso integral für die individuelle Heilung. Die Evaluator*innen der *Strategy-Organizing-Leadership-Initiative* (SOL) der *National Domestic Workers Alliance* bemerkten in der Auswertung ihrer Kampagne, die u. a. persönliche Transformation und Heilungsprozesse mit Organizingstrategien verknüpft, die Wichtigkeit einer strukturellen Analyse, wie sie individuelle Heilung und Transformation unterstützt, um systemischen Wandel zu befeuern und umgekehrt.[164] Ohne eine strukturelle Analyse durch Makrobewegungen können Mikropolitiken wie persönliche Transformations- und Heilungsarbeit leicht vom kulturellen und institutionellen Status quo absorbiert werden.

Neben der Bewusstwerdung unserer persönlichen Vorprägungen und Motivationen ist auch das Erkennen unserer Bedürfnisse ein essenzieller Schritt. Erkenne deine eigene Menschlichkeit an: Du hast das Recht auf Vergnügen und das Recht auf Entspannung. Akzeptiere und zeige deine Verletzlichkeit. Wir sind keine Maschinen, wenn wir die verletzlichen Aspekte unserer Natur leugnen, können sie leicht auf problematischeren Wegen wieder auftauchen.

⭐ **Übung: Identifiziere deine ›inneren Antreiber‹**

Die folgende Übung basiert auf den Arbeiten des amerikanischen Transaktionsanalytikers Taibi Kahler, der in den 1970er Jahren die ›inneren Antreiber‹ entdeckt hat. Diese ›Antreiber‹ sind ein Modell für innere Steuerungsmuster oder Motivatoren: Sie steuern unser Denken, Fühlen und Verhalten. Wie viele unserer inneren Muster entstehen sie im Kindesalter; im Grunde genommen sind sie die Stimme äußerer Autoritäten (vor allem der Eltern, aber auch prägender Lebensumstände, beispielsweise des Kulturkreises, in dem wir leben), deren Ansprüche und Erwartungen an uns wir so sehr verinnerlichen, dass sie irgendwann integraler Bestandteil unseres Selbst werden.

Die Identifizierung der ›inneren Antreiber‹ wird schon seit über 20 Jahren in aktivistischen Kreisen genutzt, um die Glaubenssätze und inneren Aussagen zu erkennen, denen wir verhaftet sind, und die wir benutzen, um uns innerlich zu motivieren und voranzutreiben. Die interne Logik der Antreiber ist ›Wenn ich dies genug mache, bekomme ich Anerkennung‹.

---

164 Siehe *Transforming Lives, Transforming Movement Building.* http://www.soltransforminglives.org/ (Zugriff 5.9.2017).

Obwohl diese ›Antreiber‹ oberflächlich sozial wünschenswert erscheinen, kann sich ihnen innerlich verpflichtet zu fühlen und ihnen zu gehorchen, ernsthaft deine Fähigkeit begrenzen, auf dich selbst gut aufzupassen, das zu genießen, was du tust, und deine Ziele zu erreichen. Andererseits ist jeder dieser Antreiber auch eine wichtige innere Ressource, ohne die du wahrscheinlich vieles im Leben, was dir gut gelungen ist, nicht geschafft hättest. Es geht also keinesfalls darum, die Antreiber aus deinem Leben völlig zu verbannen, sondern um die Aufhebung ihrer unterbewussten Herrschaft und einen reflektierten Umgang mit ihnen. Dazu ist erstens die Bewusstwerdung vonnöten und zweitens eine Achtsamkeitspraxis hilfreich, die es uns erleichtert, in unserem Alltagsverhalten diese Muster immer wieder aufzudecken und wenn gewünscht zu ändern.

Die Antreiber
›Sei stark!‹ – Dieser Antreiber sagt dir: ›Zeige keine Gefühle.‹ ›Frage nicht nach Hilfe, sondern sei der*diejenige, die Verantwortung übernimmt.‹ Solche Aussagen machen es schwierig, verwundbar zu sein. Immer noch sind es Männer, denen dieser Satz am häufigsten gesagt wird.

›Sei perfekt!‹ – Dieser Antreiber fordert von dir, dass du überall gut bist, selbst wenn du ein*e Anfänger*in bist; mache keine Fehler und strebe kontinuierlich nach der Selbstperfektionierung.

›Mache es allen recht!‹ – Versuche bei allem, die Bedürfnisse der anderen Menschen zu befriedigen, und weniger deine eigenen. Zeige nicht dein Missfallen, vermeide Konflikte und lächele, selbst wenn dir nicht danach zumute ist. Dieses Muster wird immer noch am häufigsten Frauen gelehrt.

›Beeile dich!‹ – Dieser Antreiber ist gegenwärtig, wenn du dich ständig bei zeitlichen Belangen unter Druck setzt. Was immer du tust, du hast das Gefühl, du solltest es schneller machen, was zu Panik führen kann, nicht genug Zeit zu haben. Daraus resultiert für dich, dass es dir generell schwer fällt, Sachen entspannt zu machen.

›Strenge dich an!‹ – Bei dem, was du tust, engagierst du dich mit hohem Leistungsanspruch; du legst den Schwerpunkt mehr auf den Eindruck des harten Versuchens, als des erfolgreichen Erreichens. Du neigst dazu, viel im Kreis zu laufen. Eine typische Aussage ist: ›Wenn ich etwas anfange, bringe ich es auch zu Ende.‹

Findest du bei den Antreibern dir bekannte Verhaltensmuster?

Es ist nützlich, eine subjektive Auswertung der relativen Stärke von jedem ›inneren Antreiber‹ für dich zu machen, um zu verstehen, worauf du insbesondere deine Aufmerksamkeit richten musst, um den Einfluss auf dein Leben zu minimieren. Um einen ›inneren Antreiber‹ zu visualisieren, gibt es die Möglichkeit, eine Säule zu zeichnen, die darstellt, wie stark sein Einfluss auf dich ist.

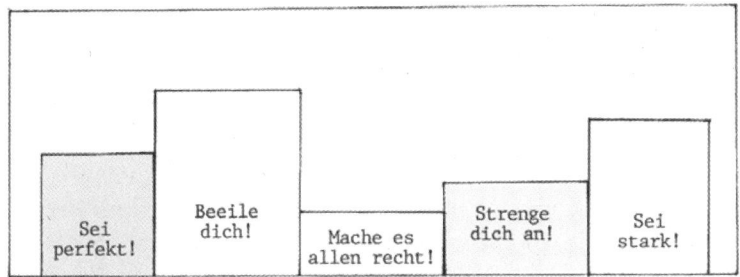

Nach Shields, Katrina: In the Tiger's Mouth. a.a.O., S. 135.

In der nächsten Stufe geht es darum entweder sich selbst alleine oder mit einer Partner*in folgende Fragen zu stellen, um über folgende Aspekte zu reflektieren:

1. Auf welche Art und Weise wirken sich die Antreiber in deinem Leben aus, die du hoch bewertet hast?
2. Welche Auswirkungen haben sie auf deine politische Arbeit?
3. Inwieweit tragen sie zu einem möglichen Burnout bei?
4. Nimmst du wahr, dass du selbst diese Art von Botschaften zu deinen Kindern, Kolleg*innen oder Genoss*innen sendest?
Es braucht kontinuierliche Achtsamkeit, um den Einfluss des ›inneren Antreibers‹ zu mindern, und das Erreichen einer ›objektiveren‹ Position schenkt uns Wahlmöglichkeiten.
5. Was für eine Art ›Erlaubnis‹ würdest du brauchen, um dir selbst zu erlauben, entgegen der Verhaltensweisen des alten Antreibers zu handeln?
Z. B.: Es ist okay, Sachen in meiner Geschwindigkeit zu erledigen.
Irren ist menschlich.

Ärgere dich nicht, wenn du etwas versucht, mache es einfach.
Es ist okay, mir etwas Gutes zu tun.
Viele Menschen würden mir sehr gerne helfen.

Erstelle dir eine individuell angepasste Botschaft in Bezug auf die ›inneren Antreiber‹, deren Vergegenwärtigung dir hilft. Schreibe sie in großen Buchstaben auf Papier und klebe sie an den Kühlschrank, Badezimmerspiegel oder den Bildschirm deines Computers. Erzähle deinen Freund*innen und/oder der Unterstützungsgruppe, wie du versuchst, Dinge zu verändern. Bitte Menschen, dich daran zu erinnern, wenn sie merken, dass du wieder in die alten Muster verfällst. Mache dir Notizen in deinem Tagebuch, um so die Möglichkeit zu haben, in z. B. sechs Monaten deine Situation vergleichen zu können.

★ **Übung: Identifizieren deiner Vorbilder**
Eine weitere Übung zur Reflexion unser persönlichen Einflüsse ist die Identifizierung deiner Vorbilder. Im Folgenden geht darum herauszufinden, wer deine Vorbilder sind, und die Bewertung, ob der Wunsch ihnen nachzueifern für dich ›gesund‹ ist oder nicht. Diese Übung kann alleine oder in kleinen Gruppen von zwei bis drei Menschen durchgeführt werden, wobei in einer Runde sich immer auf eine Person konzentiert wird. Die Partner*innen stellen Fragen und helfen bei der Bewertung der Auswirkungen der Vorbilder. Nehmt euch pro Person 10-15 Minuten Zeit.

▶ Schließe deine Augen, entspanne dich tief und lasse die Bilder von den Menschen aufsteigen, die für dich Vorbilder gewesen sind. Welcher Person wolltest du immer ähneln, insbesondere in Bezug auf deine Arbeit für soziale Veränderung?
▶ Male schnell ein Bild oder schreibe die Namen auf ein kleines Stück Papier und verteile sie an verschiedenen Stellen auf dem Fußboden.
▶ Gehe zu jeder Stelle hin und rede als wärst du diese Person. Wie würde sie stehen? Sei sie selbst für eine Zeit und frage: Was sind meine guten Qualitäten und Stärken? Was sind meine Schwächen? Wie sind die anderen Aspekte in meinem Leben? Ist es z. B. einsam oder anstrengend? Weiß ich Bescheid, wann ich aufhören muss? In welche Verhaltensmuster verfalle ich meistens? Fahre fort mit jeder Person, die du für dich als wichtig identifiziert hast.
▶ Tritt nun einen Schritt zurück, um wieder du selbst zu sein und bewerte Folgendes: Wie erzeugt es für mich Stress, diese Menschen als Vorbilder

zu haben? Ist es ›gesund‹ für mich zu wünschen wie sie zu sein? Was muss sich ändern? In welcher Art und Weise ist es unrealistisch für mich und meine Umstände?

Verstehe deine Motivation

Um irgendeinen bestimmten Ziel näherzukommen sind zwei Dinge notwendig: einen Willen haben und einen Weg finden. Der Wille handelt von Motivation und der Weg von Fähigkeiten. Beide Faktoren beeinflussen einander. Zum Beispiel kann das Entdecken eines besseren Weges, um etwas zu tun, den Enthusiasmus verstärken, es zu tun. Aber es ist unwahrscheinlich, dass du nach besseren Wegen suchst, um etwas zu tun, wenn du nicht auch den Willen hast, es zu tun. Ein Geheimnis von Motivation liegt in den guten Gründen dahinter. Je überzeugender deine Motive sind, desto stärker wird deine Motivation sein. Ein sehr starker Ansatz, welcher aus der Suchtbehandlung kommt und ebenso erfolgreich in aktivistischen Kreisen eingesetzt wird, ist die sogenannte Motivierende Gesprächsführung.[165] Der Kern der Motivierenden Gesprächsführung ist die Idee, selbst deine eigenen Argumente für Veränderung zu geben.

★ **Übung: Motivationserkenntniswerkzeug**

Eine Methode, die auf dem Ansatz der Motivierenden Gesprächsführung fußt, ist das Motivationserkenntniswerkzeug nach Chris Johnstone. Hierzu nimm dir in zufälligen Intervallen über den Tag verteilt eine Pause und frage dich folgende drei Erkenntnisfragen:

▸ Was tue ich gerade?
▸ Warum tue ich es?
▸ Wo führt mich diese Tätigkeit hin?

Eine weitere Möglichkeit, deine Motivation besser zu verstehen, ist, sich die Frage zu stellen, was ich wirklich will. Dabei ermutigt das Wort ›wirklich‹ dazu, unter die Oberfläche zu gehen und die Bereiche anzugehen, die am meisten für dich ausschlaggebend sind.

Zur Klärung unserer Motivation ist die Bewusstwerdung unserer Endlichkeit bzw. unseres Todes ein weiterer katalytischer Weg. Viele Menschen erlebten lebensbedrohliche Situationen oder Krankheiten als Wendepunkte in ihrem Leben. Die berühmte Frage ›Was würdest du tun, wenn du nur noch ein Jahr zu leben hättest‹, wirft uns auf die wirklich wichtigen

---

165 Siehe Miller, William R. / Stephen Rollnick / Rigo Brueck: Motivierende Gesprächsführung. Freiburg im Breisgau: Lambertus 2009.

Dinge im Leben zurück. Für mich persönlich waren plötzliche Todesfälle in der Familie meines Freundes und in meiner Familie wichtige Ereignisse, die mich in letzter Konsequenz stark politisiert haben, aus dem Bedürfnis heraus, ein sinnvolles Leben zu führen. Dabei stand bei mir am Anfang weniger die Frage nach dem Sinn des Lebens im Vordergrund, sondern eher die Suche nach einem Leben mit Sinn. Allgemein haben Menschen zwei unterschiedliche Zugänge zur Motivation. Einige Menschen werden regelrecht vom Sinn angezogen, was oft auf spirituell Suchende oder Anhänger*innen von Religionen oder Ideen zutrifft: ›Ich weiß, was ich will: das Reich Gottes auf Erden oder die herrschaftsfreie Gesellschaft.‹ Andere Menschen werden von einer sinnfernen Existenz abgestoßen, was ich die nihilistische oder Punker-Methode nennen würde: ›Ich weiß ganz genau, was ich nicht will: Ausbeutung, Unterdrückung, ...‹ Dadurch, dass wir wahrnehmen, welche motivierenden Schlüsselreize uns inspirieren, können wir uns Arbeitswissen aufbauen und so unseren Willen stärken.

★ **Übung: ›Inspirierende Unzufriedenheit‹**
Eine erfolgreiche Methode, die u. a. in der globalisierungskritischen Bewegung vom britischen Psychologen Chris Johnstone eingesetzt wurde, ist die der ›Inspirierenden Unzufriedenheit‹. Die Übung lautet wie folgt: Nimm dir zwei leere Blätter Papier und vervollständige folgende Sätze:
✘ Die Dinge, die mich am meisten belasten, sind ...
✘ Meine größten Sorgen für die Zukunft sind ...
Schau, ob du für jeden Satz eine Seite schreiben kannst. Wenn diese Übung als einfache Zuhörübung in Paaren durchgeführt wird, gibt sie den Aktivist*innen die Möglichkeit, ihre Sorgen in einer Art und Weise auszudrücken, die ihre Motivation vertieft. Viele, die an Johnstones Workshop telgenommen haben, haben sich durch diese Übung energetisiert und befreit gefühlt, weil sie realisierten, dass sie mit ihren Anliegen nicht alleine sind. Ein Jahr später wurde in einer Followup-Studie bestätigt, dass über 90 % der Befragten angaben, dass der Workshop sie im Gefühl bestärkt habe, dass sie die Welt verändern können[166].

---

166 Siehe Johnstone, Chris: *Reconnecting with our world*. In: Anna Chesner / Herb Hahn: Creative Advances in Groupwork. London: Jessica Kingsley 2002, S. 186-216.

★ Übung: ›Wie machen wir, was wir tun?‹ von Cristien Storm[167]

Diese sehr interessante Übung kann uns unsere Bedürfnisse bewusst machen und gleichzeitig aufzeigen, wie wir als Aktivist*innen handeln.

Diese Übung untersucht den Mythos, was es heißt, eine ›gute‹ Aktivist*in zu sein, und einige allgemeine Erwartungen in der Kultur von sozialen Bewegungen, die teilweise auf Aktivist*innen und Menschen, die sich für soziale Gerechtigkeit einsetzen, projiziert werden. Zeichne in dieser Übung ein Bild von dir selbst, fülle es aus und ergänze es während du durch die Übung gehst. Wenn du die Zeichnung beendest hast, gibt es eine Reihe von Fragen, die dir helfen deine Schöpfung zu erkunden und zu reflektieren.

1. Zeichne dich auf einem weißen Blatt Papier und lass über dir ein wenig Platz frei. Nachdem du dich gezeichnet hast schreibe am Kopf des Blatts ›Was sind einige der Qualitäten, die vielleicht von guten/effektiven Aktivist*innen erwartet werden?‹ Liste diese innerhalb der Umrandung deines Selbstporträts auf. Einige Beispiele von ›guten‹ Aktivist*innenqualitäten könnten sein: demütig, beredet, engagiert, loyal, hart arbeitend, fähig oder motiviert unter prekären Verhältnissen zu arbeiten, großzügig, Bereitschaft Geld/Zeit zu spenden, liebevoll, beschützend, kümmernd, mitfühlend, risikobereit, intelligent, leidenschaftlich. Dies sind Qualitäten, die wir vielleicht haben oder auch nicht, die wir vielleicht haben wollen oder nicht wertschätzen. Sie sind vielleicht Erwartungen, die wir an uns oder andere stellen, oder Erwartungen, die an uns durch andere Personen oder Arbeitsstrukturen/kulturen herangetragen werden.

2. Wenn du mit der Auflistung der Qualitäten, die du identifiziert hast, fertig bist, beginne sie in zwei Kategorien einzuteilen. In die erste Kategorie passen die Qualitäten, die dir Energie geben, zu einem Gefühl für dich selbst oder Gefühl von Lebendigkeit beitragen, dir helfen, dich mit dir selbst, anderen Menschen und/oder der Arbeit zu verbinden und im Einklang mit deinen Werten sind. Unter der zweiten Kategorie werden die Qualitäten gefasst, die dich auslaugen, deine Zeit/Energie auf eine Art und Weise beanspruchen, die sich nicht gut anfühlt, dazu beitragen, dass du dich zu dir selbst, zu anderen und/oder deiner Arbeit unverbunden fühlst, dein Gefühl für dich selbst und deine Lebendigkeit vermindert und gegebenenfalls nicht zu deinen Werten passt. Dabei wird es Überlappungen

167 Storm, Cristien: Living in Liberation. Boundary Setting, Self-Care and Social Change. a.a.O.

geben und das ist auch in Ordnung. Diese Übung handelt mehr von dem Prozess, die Erwartungen in den Kulturen sozialer Bewegungen zu reflektieren, als davon, welche Qualität in welche Kategorie passt. Nimm dafür zwei verschiedene Farben. Benutze die eine Farbe, um alle Qualitäten zu umkreisen, die in die erste Kategorie passen, diejenigen die dein Wesen nähren. Mit der anderen Farbe umkreise alle Qualitäten, die in die zweite Kategorie passen, weil sie dich auslaugen. Du kannst auch Qualitäten mit beiden Farben umkreisen.

3. Nachdem du alle Qualitäten, die in eine oder beide Kategorien passen, eingekreist hast, nimm dir ein wenig Zeit, um über die Gedanken und Gefühle nachzudenken, die hochkamen, als du die Übung durchgeführt hast. Du kannst die folgenden Fragen zur Unterstützung der Reflexion oder ggf. für ein Zwiegespräch nutzen, falls du diese Übung mit einer Gruppe bearbeitest:

▸ Was kam in dir emotional, körperlich und mental hoch, als du diese Übung durchgeführt hast?

▸ Was für Mythen oder Ideen über eine ideale Aktivist*in werden durch die Qualitäten verkörpert, die du eingekreist hast?

▸ Wenn du einige Qualitäten mit beiden Farben eingekreist hast, wie stellst du eine Balance her?

▸ Sind Dinge aufgekommen, die dich überrascht haben? Warum?

▸ Welche Qualitäten sind nicht innerhalb deiner gezeichneten Körperumrandung, die du gerne einschließen möchtest?

▸ Sind irgendwelche Qualitäten, die du innerhalb deiner Umrandung plaziert hast, die du dort nicht haben möchtest? Warum?

b.) Bewusstwerdung der ›Stressoren‹ und unserer Kraftquellen

»Als Stressoren (auch Stressfaktoren) werden alle inneren und äußeren Reize bezeichnet, die Stress verursachen und dadurch das betroffene Individuum zu einer Anpassungsreaktion veranlassen.«[168] Dabei lässt sich wie schon erwähnt Stress in negativen Stress (Disstress) und positiven Stress (Eustress) unterscheiden. Im Folgenden konzentriere ich mich, wenn von Stressoren und Stress allgemein die rede ist, auf negativen Disstress.

---

168 Siehe»Stressor«, *Wikipedia*, https://de.wikipedia.org/wiki/Stressor (Zugriff 27.4. 2017).

★ Übung: Visualisierung unserer Stressoren und Kraftquellen nach Katrina Shields[169]

Zweck dieser Übung ist es, dein Bewusstsein für deine Stressfaktoren zu wecken. Du brauchst hierfür ein großes Blatt Papier und verschiedene farbige Stifte.

✗ Starte mit dem Wort ›Stress‹, schreibe es in die Mitte des Blatts und umkreise es. Beginne nun schnell und ohne ›Zensur‹ Linien und Blasen hiervon abzweigen zu lassen mit Dingen, die in der letzten Zeit zu Stress in deinem Leben beigetragen haben. Starte mit den großen Faktoren oder den direkten Ursachen. Von hier aus verfeinere das Bild zu den mehr indirekten Ursachen. Ziehe Linien zwischen den Ursachen, um Zusammenhänge und Verbindungen aufzuzeigen.

✗ Nun gehe durch deine Skizze und markiere diejenigen Faktoren, an denen du etwas direkt verändern kannst. Du kannst z. B. die ernsthaftesten rot färben und die weniger schwerwiegenden rosa usw. Bei welchen Stressfaktoren brauchst du zu deren Bewältigung Hilfe oder Kooperationen von Außen? Welche Schritte kannst du unternehmen, um die negativen Auswirkungen der Stressoren innerhalb der nächsten Zeit abzumildern?

Eine Variante dieser Übung bzw. eine gute Ergänzung zur Visualisierung unserer Stressoren ist die Durchführung dieser Übung mit positiven Begriffen wie Ganzheitlichkeit/gutes Lebensgefühl in der Mitte. Zeichne nun ein Netz der Dinge, die als Kraftquellen zu deinem guten Lebensgefühl beitragen.

Die beiden Übungen können auch gut innerhalb einer/s vertrauten Gruppe/Teams durchgeführt werden, indem die Individuen die Übungen durchführen und sich nachher das Ergebnis im Team vorstellen. Dadurch steigt das Verständnis für die anderen Gruppenmitglieder. Es ist auch sehr hilfreich, die Übung über einen längeren Zeitraum mehrmals zu machen und zu schauen, was sich verändert hat. Es ist sehr interessant, wie sich teilweise unser Bewusstsein, was für uns gerade Stress ausmacht, verschieben kann.

---

169 Shields, Katrina: In the Tiger's Mouth. An Empowerment Guide for Social Action. a.a.O., S. 132f.

Beziehungen, Unterstützung und Grenzen setzen

Die sehr ausführliche Übung ›Our Relationship Solar System‹ hilft uns, unsere vielfältigen Beziehungen zu kartieren und anschließend zu reflektieren. Cristien Storm beschreibt sie in *Living in Liberation. Boundary Setting, Self-Care and Social Change*[170].

c.) Reflexion unserer eigenen Aktivist*innengeschichte

Bei den existenziellen Fragen 1.) ›Wer bin ich?‹, 2.) ›Was will ich?‹, und 3.) ›Wie erreiche ich gut meine Ziele?‹ spielt die eigene Aktivist*innengeschichte eine wichtige Rolle. Hier wird es persönlich und konkret. Im Folgenden möchte ich zwei Ansätze vorstellen, um damit produktiv umgehen zu lernen. Die Übung ›Activist Project Histories‹ nach Hillary Rettig verfolgt einen individuellen Ansatz, bei dem wir uns gezielt einen Teil unserer Aktivst*innenerfahrungen mit für uns relevanten Projekten aufschreiben und nur für uns persönlich reflektieren. Dadurch, dass wir diese Reflexionsergebnisse nur für uns behalten, sollen Wahrhaftigkeit und Ehrlichkeit uns gegenüber gestärkt werden, was eine entscheidende Grundlage für diesen Prozess ist. Die Übung ›Fluss des Lebens‹ (siehe ➜ S. 234) hat einen kreativeren und spielerischen Zugang zu unserer Aktivist*innengeschichte und lädt nach individueller Bearbeitung zum gemeinschaftlichen Reflektieren bzw. Teilen von Erfahrung ein.

★ Übung: ›Activist Project Histories‹ nach Hillary Rettig[171]

Wähle dir zwei oder drei deiner wichtigsten Aktivist*innenprojekte aus, an denen du in den letzten Jahren gearbeitet hast, und beantworte die folgenden Fragen so ausführlich wie möglich. Es ist gut, nicht nur Projekte auszuwählen, die du als ›erfolgreich‹ bewertest, sondern auch solche, die du als ›gescheitert‹ betrachtest, weil wir oft mehr von unseren ›Niederlagen‹ lernen als von unseren ›Erfolgen‹, wobei diese Kategorien natürlich relativ sind.

▶ Was war das Ziel des Projekts?
▶ Was war deine Rolle in dem Projekt?
▶ Wie bist du in das Projekt involviert worden?
▶ Was hat dir an dem Projekt gefallen?
▶ Was hat dir an dem Projekt missfallen?

---

170 Storm, Cristien: Living in Liberation. a.a.O., S. 101ff.
171 Rettig, Hillary: The Lifelong Activist. a.a.O., S. 9ff.

- War das Projekt erfolgreich?
- Welche Resultate wurden erreicht?
- Wie hätte das Resultat verbessert werden können?
- Hätte das Resultat leichter erreicht werden können? (Oder schneller und/oder kostengünstiger?) Wenn ja, wie?
- Welche deiner Talente oder Fähigkeiten wurden im Projekt genutzt? Wie wurden sie genutzt?
- Welche deiner Talente und Fähigkeiten wurden nicht genutzt? Warum nicht?
- Was für persönliche Ergebnisse (z. B. Erfahrungen, Informationen, Kontakte, Berufsmöglichkeiten) hat das Projekt für dich gebracht?
- Wie hätten die persönlichen Ergebnisse für dich verbessert werden können?
- Wie hätte deine eigene Arbeit in dem Projekt verbessert werden können?
- Welche Arbeit am Projekt hat dir am meisten Spaß gemacht? Warum?
- Welche Teile am Projekt haben dir weniger bis gar kein Spaß gemacht? Warum?
- Welche Opfer hast du in anderen Bereichen deines Lebens unternommen, um dieses Projekt zu machen?
- Wie hast du dich zu der Zeit gefühlt, als du die Opfer erbracht hast?
- Wie fühlst du heute darüber? Waren es die Opfer rückblickend wert, für das Projekt erbracht zu werden? Hättest du weniger oder mehr opfern sollen?
- Hat dich die Teilnahme an dem Projekt in irgendeiner Weise verletzt? Wenn ja in welcher Art und Weise?
- Würdest du ein Projekt wie dieses nochmal machen? Warum oder warum nicht?
- Wenn ja, welche Veränderungen würdest du entweder innerhalb des Projektes oder außerhalb in deinem Leben machen?

Diese Anzahl von Fragen ist erst einmal ziemlich erschlagend. Lass dir Zeit bei ihrer Beantwortung und setze dich nicht unter Druck. Du wirst merken, wenn du erst einmal im Reflexionsflow bist, dass du sie schneller beantwortet hast, als du denkst. Falls du bei irgendeiner Frage stockst, lass sie zunächst beiseite und bearbeite sie in einem zweiten Durchgang erneut. Es müssen nicht alle Fragen beantwortet werden. Es geht lediglich darum, deinen Wissenspool über deine politische Arbeit für deine persönliche Auswertung zu füllen.

★ Übung: ›Fluss des Lebens‹ nach Ecodharma

Eine gute Übung, die wir erst für unsere persönliche Reflexion nutzen können und die anschließend in kleinen Gruppen von Aktivist*innen gut als Austauschgrundlage genutzt werden kann, ist der ›Fluss des Lebens‹, welche in dieser Form Teil des *Sustaining Resistance*-Kurs des Eco-dharma Centers[172] ist. Bei dieser Übung nehmen wir uns 40 Minuten Zeit, um in Form eines Flusses unsere Aktivist*innenbiografie zu zeichnen. Woher kommen wir und wo geht es hin, was hat uns geprägt positiv wie negativ? Gab es Stromschnellen, Wasserfälle, Zu- oder Abflüsse von unserem Lebensstrom?

Als Materialien benötigen wir große Blätter wie z. B. alte Plakate und bunte Stifte. Hilfreich ist es, wenn eine Person während der Übung zweimal darauf hinweist, wie viel Zeit noch verbleibt, damit Aktivist*innen sich nicht in Details verlieren und es nach der Übung ein grobes großes Ganzes gibt. Nachdem wir unseren Lebensfluss gezeichnet haben, setzen wir uns in Gruppen von ca. drei bis vier Personen zusammen und stellen jeweils in zehn Minuten unsere Zeichnung vor. Der Sinn der Übung liegt einerseits im persönlichen Reflektieren und Teilen der eigenen Aktivist*innengeschichte und anderseits im Zuhören und Bewusstwerden von anderen Lebenserfahrungen, von denen wir ebenfalls viel lernen können und die uns erfahren lassen, dass es ebenso andere Menschen gibt, die ähnliche oder andere schwierige Lebenssituationen erlebt haben.

d.) Bewertung und Beschneidung unseres bisherigen Engagements um Überbeanspruchung zu verhindern

Nachdem du dir durch Reflexion deiner persönlichen und politischen Situation bewusst geworden bist, ist es nun an der Zeit, dein bisheriges Engagement zu bewerten und ggf. zu beschneiden, um Überbeanspruchung zu verhindern. Dafür möchte ich das Bild eines Blumenstraußes, in dem einige Blumen welk geworden sind, als Metapher verwenden. Dadurch, dass du die welken Blumen aussortierst, bekommt der Reststrauß wieder seine Schönheit. Genauso verhält es sich auch mit dem Aktivismus. Je länger du Aktivismus lebst, desto mehr Projekte sammeln sich potentiell bei dir an. Deswegen ist es sinnvoll, in regelmäßigen Abständen zu schauen, wie die Projekte laufen, um ggf. einen Teil nicht mehr aktiver

---

172 Siehe http://www.ecodharma.com/ (Zugriff 5.9.2017).

oder alter Projekte bewusst zu beenden, damit mehr Energie für die aktuellen Hauptprojekte bleibt.

Dabei ist es generell wichtig, dass du, wenn du Aufgaben übernommen hast, sie aber nicht schaffst, dies lieber öffentlich sagst, als dass deine Mitstreiter*innen glauben, dass du sie erledigst, was aber nicht der Fall ist. Nur so kann sich deine Organisation oder dein Umfeld auf die veränderte Situation einstellen. Falsche Scham ist in diesem Fall für dich und die Bewegung kontraproduktiv. Wir müssen an einer Aktivismuskultur arbeiten, die einerseits fehlertoleranter ist, aber gleichzeitig besser und ehrlicher kommuniziert. Durch die Bewertung und Bescheidung deines Engagements schaffst du nun den Raum für eine neue Refokussierung.

3. Fokus

Um einen Burnout zu vermeiden ist die Fokussierung auf unsere Ziele ein wichtiger Faktor. Hillary Rettig nennt uns fünf Gründe, warum Fokussierung so relevant ist:

1. Transitionen/Übergangsbewegungen sind verlustreich. Jedes Mal wenn du zwischen Bewegungen oder Projekten wechselst, verlierst du Zeit und Energie.
2. Das Arbeiten in zu vielen Bewegungen oder zu vielen Arten von Projekten bedeutet, dass du sehr wahrscheinlich eine schwer in den Griff zu kriegende Anzahl von Informationen und Menschen handhaben musst.
3. Durch Fokussierung wirst du weiterreichendes Fachwissen erwerben. Egal welche Art von Aktivismus du betreibst, Fachwissen wird dir dabei helfen, eine noch effektivere Aktivist*in zu sein.
4. Durch deine Expertise wirst du andere ›Expert*innen‹ anziehen. Dadurch wirst du als Spezialist*in sehr wahrscheinlich mehr interessante Kontakte und Verbindungen bekommen, als als Generalist*in.
5. Fokussierung wird dein Stresslevel senken. Dies ist besonders wahr, wenn du bis jetzt in sehr vielen verschieden Projekten aktiv bist und viele Dinge auf einmal versuchst zu tun. Wenn du dich fokussiert hast, wirst du weniger zu tun haben und deswegen mehr Möglichkeiten haben, um Luft zu holen, wenn du sie brauchst.

Ein Freund und Genosse aus der Basisgewerkschaft FAU, in der ich mehrere Jahre organisiert war und organisiert habe, meinte immer zu mir: »Timo, du hast deine Finger immer überall drin stecken, so kannst du keine Faust mehr machen!« Im Kern hat er auf jeden Fall Recht gehabt.

Ich war in vielen verschiedenen sozialen Bewegungen aktiv und teilweise in zwei bis drei Gruppen gleichzeitig. Dabei habe ich viel gelernt, Kontakte geknüpft und Erfahrungen gesammelt, wobei ich diesen Prozess immer als sinnvolle Suche empfunden habe, die es an sich schon wert war. Doch wirklich effektiv war ich immer, wenn ich mich für eine längere Zeit auf einen Kampf oder soziale Bewegung wie z. B. zuletzt die Klimabewegung konzentriert habe. Dabei war und ist es genau dieses Engagement, welches ich am persönlich erfüllendsten erlebt habe.

Der erste Schritt der Fokussierung im individuellen Resilienzbildungsprozess beinhaltet das Erträumen der gewünschten Veränderung und die Bestimmung unserer Ziele. Dann können wir unsere Zeit selbstbestimmt genauer planen. Zur Fokussierung zählt auch, dass wir lernen, Aufgaben zu delegieren, anderen Menschen zu vertrauen, sie zu ermächtigen und nicht alles selbst zu machen. Durch die Kontrolle unserer Aufmerksamkeitsökonomie räumen wir mit Ablenkungen auf, was uns bei der Fokussierung wesentlich hilft.

a.) Kontrolle unserer Aufmerksamkeitsökonomie

›Konzentration heißt, sich von Impulsen zu Emanzipieren‹

Ablenkung lauert heutzutage überall – im Smartphone, am Bürocomputer, einen Klick weiter im Internet oder durch penetrante Werbung im öffentlichen Raum. Gleichzeitig haben wir uns eine ungesunde und ineffiziente Art zu arbeiten angewöhnt – Multitasking. Multitasking bedeutet verschiedene Aufgaben gleichzeitig zu erledigen und ist ursprünglich eine Bezeichnung für Computersysteme mit dieser Fähigkeit. Der Mensch ist aber keine Maschine und biologisch zu echtem Multitasking nicht fähig. Unsere Neuronen springen, wenn genau hingeschaut wird, bei dem Versuch mehrere Aufgaben gleichzeitig zu erledigen, immer von der einen zur anderen Aufgabe (serielles Multitasking). Dies kostet viel Kraft, stresst uns, hindert uns daran, konzentriert und qualitativ gut unsere Aufgaben zu erledigen und dauert letztendlich länger. Hinter diesem Dilemma steckt ein Missverhältnis zwischen unserer Gehirnentwicklung, unserer biologischen Konstante und den Anforderungen des partitionierten modernen Lebens aufgrund immer schnellerer und in immer weitere Alltagsbereiche vordringende Digitalisierung, Technisierung und Beschleunigung, worin die Ursache von vielen Zivilisationskrankheiten liegt.

Um letztendlich zu einem produktiveren Arbeiten und entspannteren Lebensstil zurückzukehren, müssen wir unsere Aufmerksamkeitsökonomie kontrollieren und mit Ablenkungen aufräumen!

1. Limitiere den Infofluss

Je mehr die Menschen online Informationen austauschen und arbeiten, mit um so mehr Ablenkungen werden sie konfrontiert. Früher waren es das Telefon, Bücher, das analoge Fernsehen und simple Tele- oder Computerspiele wie bspw. Solitaire, mit denen sich Menschen im Alltag abgelenkt haben. Heute sind es Email, Facebook, Twitter, Blogs, Apps, SMS und Chatnachrichten, Ebooks ... und vielfaches mehr an Onlineversuchungen und mobiler Kommunikation. Wir versuchen den Informationsstrom aufzunehmen, aber er ist zu voluminös und endlos, als dass wir ihn verarbeiten könnten. Wir müssen den Informationsfluss begrenzen und uns bewusst entscheiden, wie wir digital vernetzt sein wollen und wie viele Informationen wir konsumieren wollen. Dies bedeutet jedoch nicht, dass wir uns den modernen gesellschaftlichen Verhältnissen gegenüber verschließen. Wir brauchen einen klaren Geist und scharfe Analysen, um die gesellschaftliche Befreiung zu stärken. Durch den kontrollierten Nachrichtenkonsum gewinnen wir wieder ein Stück informationelle Selbstbestimmung zurück und können die Nachrichten so dosieren, dass wir sie auch verarbeiten können und sie uns nicht einfach nur lähmen. Hierbei unterstützt uns unsere Achtsamkeitspraxis, da wir durch sie leichter den unbewussten Informationskonsum entlarven. Begrenze deinen Informationsstrom nur auf die essenziellen Informationen und Kommunikationen, um so Zeit für schöpferische selbstbestimmte Arbeit zu schaffen.

Der Blogger und Autor Leo Babauta empfiehlt von Grund auf neu anzufangen: Gehe an die Sache heran, als wenn nichts heilig ist, leere deinen Teller und befülle ihn nur mit den Dingen, die du absolut brauchst oder liebst. Den Rest lass hinter dir. Dies bezieht sich nicht nur auf die digitale Kommunikation. Überlege dir genau, welche Medien du konsumierst. Brauchst du wirklich einen Fernseher, ist die Tageszeitung nötig oder reicht auch eine Wochen- oder Monatszeitung? Wie gehe ich mit Social Networks um? Welche Informationen brauche ich, um strategisch handeln zu können und wie viel Kontextwissen und Allgemeinbildung ist nötig? Das Humboldtsche Bildungsideal muss für digitale Zeiten neu interpretiert werden.

Gleichzeitig ist es sinnvoll, eine mentale Hygiene zu betreiben. Welche Internetangebote wie Pornografie und *Massively Multiplayer Online Role-Playing Games* zerstreuen uns nur, kosten uns nur Zeit und Emotionen?

2. Du musst nicht (sofort) antworten

In unserem Alltag werden wir getrieben von elektronischen und digitalen Nachrichten, sei es SMS, Chatnachrichten, Emails oder Blogkommentare. So kommt es, dass wir teilweise mehr reagieren als wir aufgrund einer bewussten Entscheidung agieren. Oftmals liegt unser Verhalten in Angst begründet z. B. unhöflich zu erscheinen, etwas Wichtiges zu verpassen oder Unterstützer*innen nicht ausreichend zu informieren. Diese Ängste sind bei genauem Hinsehen häufig unbegründet und somit die Intensität unserer Reaktionen. Stell dir vor, wie schön es wäre, wenn du davon frei wärst, immer antworten zu müssen. Schau dir deine Ängste genauer an und sieh, wie viele davon unbegründet sind. Starte damit, dir ›antwortfreie‹ Zeitfenster einzurichten und genieße die innere Distanz von dem Zwang, immer antworten zu müssen.

3. Lass die Vorstellung, immer auf dem neusten Stand sein zu können, hinter dir!

Viele Aktivist*innen verwenden sehr viel Zeit darauf, immer up-to-date zu sein und konsumieren regelmäßig eine Fülle von Medien. Einige von ihnen sind regelrechte Informationsjunkies. Auf dem neusten Stand zu sein, kann eine Menge Zeit des Tages in Anspruch nehmen und ängstliche Gemütszustände fördern. Dabei kann der Zwang, immer die neusten Informationen konsumieren zu müssen, uns daran hindern, unsere wichtigen Projekte umzusetzen und ein Leben zu führen, das wir wollen. Der Grund für diese Obsession ist Angst. Angst davor, etwas Wichtiges zu verpassen oder ignorant zu wirken. Angst davor, eine Gelegenheit zu verpassen oder auf eine schlechte Situation nicht angemessen zu reagieren. Angst davor, dass uns etwas Negatives passiert, weil wir nicht ausreichend gut informiert sind. Wenn wir diese oberflächlich logisch erscheinenden Ängste prüfen, werden wir sehen, dass sie zum größten Teil in nichts anderem wurzeln als gesellschaftlichen Normen oder künstlich von der Medienindustrie geschaffenen Bedürfnissen. Um uns von dieser Informationssucht zu befreien, bedarf es erstens, dass wir uns mit unseren Ängsten konfrontieren und zweitens, dass wir sie prüfen, indem wir kontrolliert darauf verzichten, auf dem immer neusten Informationsstand zu sein, und schauen was passiert!

4. Lebe nicht dauerhaft online!

Dauerhaft online zu leben, verhindert, dass wir fokussiert unsere Projekte voranbringen und das Leben führen, dass wir führen wollen. Dadurch, dass wir konstant immer wieder neue Nachrichten (Email, Chat, Facebook, ...) bekommen, werden wir in unserem produktiven Arbeitsfluss gestört. Wir sind zwar auf dem neusten Informationsstand, aber unsere Aufmerksamkeit ist in alle Winde zerstreut und es hängt von der Gnade Anderer bzw. von ihrem Informationsstrom ab, ob ich zum Arbeiten komme oder nicht. Gleichzeitig ist es sehr schwierig, bei konstant einkommenden Nachrichten, Aufgaben zu priorisieren, was eine Grundvoraussetzung für produktives Arbeiten darstellt. Um aus dieser Zerstreuungsfalle herauszukommen, ist es wichtig, nur zu bestimmten Zeiten digital zu kommunizieren und nicht die ganze Zeit das Email- oder Chatprogramm geöffnet zu haben oder bei Facebook online zu sein. Wir müssen die produktive Arbeitszeit von der Kommunikationszeit trennen bzw. uns feste Zeitfenster für Kommunikation einrichten, die unseren Bedürfnissen entsprechen.

Neben dem produktiven Arbeiten, welches durch dauerhaftes Online-Sein sabotiert wird, verhindert es ebenfalls unsere Fähigkeit zur Kontemplation und minimiert unsere Selbstwahrnehmung. Somit schneidet diese zwanghafte Ausrichtung nach Außen uns von unseren Kraft- und Kreativitätsquellen ab.

5. Stärke deine Schutzmechanismen im Umgang mit negativen Nachrichten

Es ist nicht nur die Anzahl der Informationen, sondern auch ihre Intensität (audiovisuelle Medien) und ihr Inhalt (größtenteils negative Nachrichten), die eine Herausforderung darstellen. Um damit besser umgehen zu können, ist es wichtig, Schutzmechanismen wiederzuentdecken bzw. zu kultivieren. Zu solchen Schutzmechanismen zählen Achtsamkeitsübungen aller Art, die uns wieder in unserem Körper zentrieren. Ein kraftvoller Schutzmechanismus aus der christlichen Tradition ist das Gebet und die Kontemplation, welche sich ebenso in allen Weltreligionen und indigenen spirituellen Wegen wiederfinden. Ich möchte hier im besonderen die Technik des bewussten Atems empfehlen, bei dem wir immer wieder bewusst im Laufe des Tages oder nach dem Nachrichtenkonsum zu unserem Atem zurückkehren und mindestens drei bewusste Atemzüge nehmen. Dadurch stellen wir wieder eine Verbindung zu unserem Körper her und durchbrechen die negative Gedankenkette durch das *Embodyment*. Anschließend können wir mit Ruhe und Zentrierung entscheiden, was wir aus den Informationen lernen und können so besser strategisch handeln, weil die Nachrichten uns nicht dominieren. Wir fühlen einfach, dass es noch mehr gibt als die Negativität der Nachricht(en).

b.) Träumen und persönliche Vision erarbeiten

Obwohl Träume und Realität manchmal als etwas Entgegengesetztes gesehen werden, ist es hilfreicher, sie als zwei Punkte derselben Reise zu begreifen. Die gegenwärtige Realität ist der Startpunkt, an dem wir uns derzeit befinden. Traum, Ziel und Vision sind verschiedene Wörter, die den Platz beschreiben, an den du gelangen möchtest. Deine persönlichen Fähigkeiten helfen dir, dich von dort, wo du bist, dorthin zu bewegen, wo du sein möchtest.

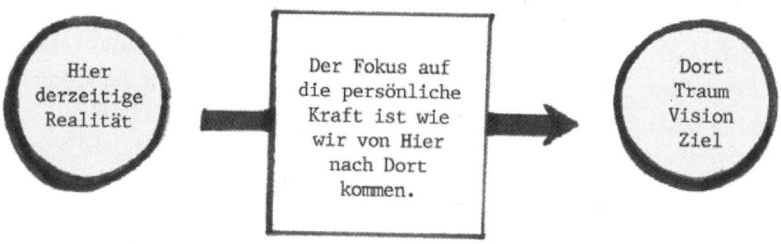

Nach Johnstone, Chris: Find your power. a.a.O., S. 55.

Eine hilfreiche Vorbereitung zum Träumen und Erarbeiten deiner eigenen Vision hast du schon im vorangegangenen Schritt des individuellen Resilienzbildungsprozesses geleistet: die Reflexion. Dadurch bist du dir deiner Situation besser bewusst und hast den Ausgangspunkt deiner Reise klarer bestimmt. Nun kannst du in der Traumphase danach schauen, wo du hingelangen möchtest.

Viele Menschen haben nicht den großen Traum oder die große Vision. Dies ist nicht so schlimm. Es gibt zum Beispiel die Möglichkeit, dir eine Art prozesshaften Traum zu erarbeiten. Die Dinge, die du nicht willst, sagen dir, was du vermeiden möchtest bzw. wovon du dich wegbewegen möchtest. Die Dinge, die du willst, geben dir eine Orientierung, in welche Richtung du dich bewegen kannst. Aus dem Resultat entsteht zwar nicht der ultimative Traum, aber es resultieren praktische Schritte, wodurch wir uns weiterentwickeln können. Es geht letztendlich um Orientierung;

indem wir ein Ziel haben, wohin wir uns entwickeln, schenken wir unserem Leben Sinn und Richtung. Dies fokussiert unsere Energie in einer Art und Weise, die persönliche Fähigkeiten und Kräfte erschließt. Im Folgenden möchte ich zwei einfache Projektionstechniken von Chris Johnstone aufzeigen, die dir dabei helfen können deinen Traum oder Sinn zu finden.

⭐ **Übung: Tagträumen**
Schließe deine Augen und stelle dir vor, du schaust einen Film mit dem Titel ›Die Träume und Ziele die mich am meisten begeistern‹. Was siehst du?

⭐ **Übung: Postkarte von deinem Traum**
Skizziere auf einer leeren Postkarte oder einem Blatt Papier deine Träume und sehnlichsten Wünsche. Du brauchst hier nicht zu viel nachzudenken, lass einfach deine Hand kritzeln und schau, was dabei herauskommt. Benutze verschiedene Farben und erlaube dir, dich vom Prozess aufsaugen zu lassen.

Die Identifizierung von Zielen, die unser Herz berühren, ist von zentraler Bedeutung, um unsere persönliche Kraft und Fähigkeiten zu entfalten. Diese Art von Motivation nennen Psycholog*innen ›intrinsische Motivation‹. In diesem Findungsprozess ist es zumindest zeitweise notwendig, unsere ›innere Kritiker*in‹ zu umgehen, damit wir unsere inspirierenden Energien mobilisieren können. Würden wir zu diesem Zeitpunkt auf unsere ›innere Kritiker*in‹ hören, mit ihren Einwänden, dass das Ganze z. B. ›unrealistisch‹ ist, würden wir dadurch die motivierenden Energien von der Wurzel her abschneiden. Für einen pragmatischen Umgang mit unseren Zielen ist die nächste Planungsphase zuständig.

c.) Bestimmen unserer Ziele bzw. unserer ›Aktivist*innenmission‹

Um Ziele erreichen zu können, müssen wir sie uns zuvor bewusst vorgenommen haben. Ziele ermöglichen es uns, unseren Erfolg zu messen. Im Folgenden wird die Methode von Hillary Rettig vorgestellt, in deren Ansatz so viele Ziele wie möglich konkretisiert, verschriftlicht und mit Teilzielen festgelegt werden sollen. Ihre Methode ist eine striktere, als viele Aktivist*innen es gewohnt sind. Ich persönlich halte es ein wenig organischer und nehme mir zu verschiedenen Zeiten im Jahr Zeit, meine politische Praxis und meine Lebenssituation zu reflektieren und mir neue

Ziele zu setzen bzw. zu schauen, wie ich mit meinen Zielen vorankomme. Gleichzeitig ist ein Notizbuch/Kalender ein wichtiges Werkzeug, um mir meine Ziele, Zwischenziele und Alltagsaufgaben bewusst zu machen. Die striktere Methode nach Rettig kann aber auch für Aktivist*innen heilsam sein, denen es an Struktur mangelt und die dadurch eine mentale Entlastung erfahren.

Auf Basis der ›Activist Project Histories‹ nach Hillary Rettig ist es möglich, eine Aktivist*innenzielliste zu erstellen. Diese soll uns helfen, uns auf die politischen Projekte zu fokussieren, die uns besonders am Herzen liegen. Beantworte folgende Fragen so ausführlich wie möglich, ohne dir jedoch Stress zu machen und den Spaß am Planen deiner Aktivitäten zu verlieren:

* Auf welche Bewegung möchtest du deine Aktivist*innentätigkeit konzentrieren?
* Auf welche Art von Aktivismus möchtest du dich fokussieren?
* Welche Ziele (konkretisiert mit Stichtag) möchtest du als Ergebnis deines Aktivismus sehen?
* In was für einer Art von Organisation möchtest du am liebsten arbeiten?
* Welche Rolle möchtest du dort einnehmen?

Nachdem du diese Fragen für dein politisches Hauptbetätigungsfeld ausformuliert hast, kannst du dies ebenso für dein zweitwichtigstes Aktionsfeld tun, wodurch du interessante Koalitionen aufbauen kannst.

Analog zu deiner Aktivist*innenzielliste solltest du dir nach Rettig ebenso Ziele für deine anderen Lebensbereiche setzen und diese verschriftlichen. Diese umfassen die Ziele in den Bereichen Fitness und Gesundheit, Beziehungen, Geld und ganzheitliche Persönlichkeitsziele. Dabei handelt es sich um ›lebende‹ Dokumente, die regelmäßig wieder gelesen, überdacht und korrigiert werden sollten. Diese ganzen Auflistungen werden abschließend in einem *Personal Mission Statement* zusammengefasst.

→ **Lesetipp:** Für eine ausführliche Beschreibung der Methode samt Reflexionsfragen siehe Rettig, Hillary: The Lifelong Activist. How to Change the World Without Losing Your Way. New York: Lantern Books 2005, S. 30-68.

d.) Zeitmanagement

Freiheit muss achtsam geplant werden, ansonsten verlieren wir in unserer zunehmend komplexeren Welt den Fokus! Für Hillary Rettig ist Zeitmanagement Lebensmanagement und einer der gravierendsten Fehler lautet, Zeit zu wenig wertzuschätzen. Ihre Zeitmanagementprämisse besagt: »Die Dinge, mit denen du Zeit verbringst und ihnen qualifizierte Aufmerksamkeit schenkst, sind die Dinge, wo du dich verbessern wirst und Fortschritte erfährst. Im Gegensatz dazu sind die Dinge, mit denen du keine Zeit verbringst und denen du keine qualifizierte Aufmerksamkeit schenkst, Dinge, wo du dich nicht verbessern wirst bzw. keine Fortschritte erzielst.« Kurz gesagt, wie du deine Zeit verbringst, bestimmt wesentlich, was du erreichen kannst.

Was Zeitmanagement angeht, gibt es eine Fülle von Literatur, Tipps, Software und Methoden. Bei vielen schwingt ein neoliberaler Geist der Selbstoptimierung mit, der Aktivist*innen sauer aufstößt. Dabei kann es durchaus nützlich sein, solche Selbstmanagementliteratur kritisch zu lesen. Der klassische Zeitmanagementprozess lässt sich grob in sechs Schritte aufteilen:

1. Teile deine Zeit gemäß deiner Ziele ein
2. Plane deine Woche basierend auf deinem Zeitbudget
3. Befolge deinen selbstaufgestellten Plan und notiere deine tatsächliche Zeitnutzung
4. Rechne deine aktuelle Zeitnutzung am Ende der Woche zusammen und bewerte deinen Fortschritt
5. Reflektiere, was gut und was schlecht gelaufen ist. Wenn notwendig, korrigiere dein Budget und deinen Plan. Anschließend wiederhole Schritt drei bis fünf in der nächsten Woche und fahre mit diesem Prozess kontinuierlich fort.
6. Schau, wie du selbst produktiver wirst!

Diese strikte Methode[173] ist nicht für alle gleich gut geeignet. Zeitmanagementtipps für nicht so sehr disziplinierte Aktivist*innen finden sich in Cordula Nussbaums Buch *Organisieren Sie noch oder leben Sie schon? Zeitmanagement für kreative Chaoten*. Im Kern geht es beim Zeitmanagement nach Nussbaum[174] um die fünf Strategien 1. Konzepte entwerfen, 2. Prioritäten setzen, 3. Optische Ruhe schaffen, 4. Delegieren und 5. Nein sagen.

---

173 Siehe Rettig, Hillary: The Lifelong Activist. a.a.O., S. 93-132.
174 Nussbaum, Cordula: Organisieren Sie noch oder leben Sie schon? Zeitmanagement für kreative Chaoten. 3., aktualisierte Aufl. Frankfurt/New York: Campus Verlag 2017, S. 87.

e.) Delegieren

Angemessenes Delegieren und Teilen von Aufgaben ist ein wichtiger Weg, um Burnouts vorzubeugen. Wir müssen manchmal unsere Macher*innenattitüde kritisch hinterfragen und schauen, wer in unserer Gruppe nicht auch Aufgaben übernehmen könnte, für deren Erledigung wir uns für unverzichtbar halten. Dies entlastet Einzelpersonen, kann Macht verteilen und Menschen ermächtigen. Soziale Veränderung ist eine kollektive Leistung. Laut der beiden us-amerikanischen Organizern Josh Bolotsky und Andrew Boyd melden sich einige der besten Leute bei Aufgaben nicht freiwillig, sondern neigen von ihrem Charakter her dazu, dass sie lieber gefragt werden wollen. Dabei werden Sachen nur erledigt, wenn die Aufgaben klar definiert und auf einer konkreten To-Do-Liste von einer verantwortlichen Person stehen. Nur weil die Gruppe zum Beispiel einen Konsens zu einem gewissen Bereich erreicht hat, bedeutet dies nicht, dass die Aufgaben sich dadurch von alleine erledigen.

Einige Verantwortlichkeiten sind an einzelne Aufgaben gebunden, wie z. B. einen Raum für das nächste Treffen zu organisieren. Hinter anderen Verantwortlichkeiten steht manchmal ein Bündel von Aufgaben, wie z. B. die Organisation einer Pressekonferenz, mit der viele Menschen mehrere Tage beschäftigt sein können. Für solche Verantwortlichkeiten ist es am Besten, eine*n Prozessverantwortliche*n zu haben. Diese Person erledigt nicht alles selbst, sondern kümmert sich darum, dass die Aufgaben erledigt werden. Wenn Menschen in ihrem Team ihre Aufgabe nicht machen, ist es ihre Aufgabe, jemand anderen zu finden oder es selbst zu tun. Dabei geht es letztendlich nicht darum, wie die Arbeit getan wird, sondern dass sie der Gruppe gegenüber verantwortlich ist sicherzustellen, dass die Arbeit erledigt wird, oder erklärt, warum dies nicht möglich war.

Gute Führungspersönlichkeiten (siehe auch ➜ Von ›No Leader‹ zu ›we are all Leaders‹ S. 339), die auch in horizontalen Organisationen notwendig sind, wissen, wie Aufgaben delegiert werden, wie Prozessverantwortliche ausgewählt und unterstützt werden und wie sichergestellt wird, dass alle ihre Aufgaben kennen. Sei explizit. Die Leute wollen keine vagen Verantwortlichkeiten. Sie wollen genau wissen, was ihre Rolle ist und warum sie wichtig ist. Dabei geht es nicht darum, zu kommandieren, sondern um das Ermächtigen der Personen, die Aufgaben übernehmen.

f.) Maßnahmen gegen Prokrastinieren (›Aufschieberititis‹)

Aufschieben von Aufgaben kostet uns viel Energie, weil wir immer wieder unser Gehirn mit unerledigten Aufgaben beschäftigen, was uns blockiert. Cordula Nussbaum hat hierfür ein schönes Bild gefunden:»Stellen Sie sich vor, unser Gehirn ist ein großes Schubladensystem. In jeder Schublade steckt eine Aufgabe. Ist die Aufgabe unerledigt, bleibt diese Schublade offen und wir stoßen uns ständig daran. Je mehr Schubladen offen sind, desto schwieriger wird es voranzukommen.« Ihr Ansatz, um dem Prokrastinieren ein Schnippchen zu schlagen und die Aufgabenschubladen zu schließen, gliedert sich in zwei Schritte:
1. Aufgaben aufschreiben und prüfen
2. Terminieren oder Tun

Beim ersten Schritt geht es darum, alle größeren Aufgaben auf einen Zettel zu schreiben und diese ernsthaft zu prüfen, ob du sie jetzt, später oder überhaupt nicht machen möchtest. Bei diesem Schritt kannst du schon viele Aufgaben aussortieren und Klarheit gewinnen, die das Gehirn entlastet. Wenn du eine Aufgabe wirklich aus ganzem Herzen erledigen möchtest, geht es darum, sie direkt anzupacken oder zu terminieren, bis wann sie erledigt sein soll. Terminieren bedeutet nicht verantwortungsloses Aufschieben, sondern ist ein organisiertes Verschieben, das sich seiner Motive bewusst ist und aktiv mit Problemen und Widerständen umgeht. Beim Verschieben geht es darum, entsprechend unseren Prioritäten feste Termine zu machen, und ihm liegt eine klare Entscheidung zugrunde. Wenn wir die Aufgabe eigentlich gar nicht erledigen wollen, gibt es verschiedene Möglichkeiten damit umzugehen. Die Aufgabe kann gestrichen werden, vielleicht delegiert oder redefiniert, so dass sie einen Grad der Erledigung erreicht, mit dem du leben kannst. ›Muss-Aufgaben‹ werden früher oder später einen Notfall kreieren und wir können entscheiden, ob wir diesen Notfall brauchen, um die Aufgabe zu erledigen oder ob uns die Konsequenzen so treffen, dass wir die Erledigung der Aufgabe doch schon eher organisieren wollen. Dann gibt es noch Aufgaben, die wir eigentlich schon erledigen wollen, aber ... In diesem Fall lohnt es sich, die Gründe hinter dem Aufschieben freizulegen. Haben wir Angst vor Veränderung, Erfolg oder Niederlagen? Was sind die Bremsklötze, die uns immer wieder daran hindern, in einen produktiven Arbeitsfluss zu kommen? Eine Visualisierung in Form einer Mindmap kann hierfür hilfreich sein. Mit dem Prozess, sich selbst mit den eigenen Ängsten auseinanderzusetzen, die uns immer wieder daran hindern, das zu tun, was wir eigentlich wollen, hat sich Hillary Rettig umfassender beschäftigt. Ihre Ausführungen zu Maßnahmen gegen Prokrastinieren sind eine lohnenswerte Lektüre[175].

Ein weiterer wichtiger Grund hinter dem Prokrastinieren ist das mangelnde Wissen über produktives Arbeitsverhalten. Hierbei geht es darum, Komplexität und Ablenkung zu reduzieren, durch selbstgesetzte Regeln innere Widerstände zu überwinden und in einen selbstbestimmten Arbeitsfluss zu kommen.

Drei Regeln zu produktivem Arbeitsverhalten:

1. Nimm dir vor, wann du arbeiten willst, und erscheine exakt pünktlich zur ›Arbeit‹.
2. Beginne umgehend mit der Arbeit, die gemacht werden muss.
3. Bleibe eine Stunde oder mehr auf die Arbeit fokussiert.

Wenn es dir schwerfällt, so lange fokussiert zu bleiben, hilft die Pomodoro-Technik, ein ursprünglich von Francesco Cirillo entwickeltes Arbeitskonzept. Dafür benötigst du weder teure Software noch ausgeklügelte Zeitplaner, sondern lediglich einen Küchenwecker. Durch die strikte Konzentration auf eine einzige Tätigkeit während kurzer, überschaubarer Arbeitseinheiten (›Pomodori‹) vermeidest du Ablenkungen und gedankliche Abschweifungen. Wenn der Wecker klingelt, kannst du dich mit einer kurzen Pause belohnen und danach erholt mit dem nächsten Pomodoro anfangen.

→ **Lesetipp:** Nöteberg, Staffan: Die Pomodoro-Technik in der Praxis. Der einfache Weg, mehr in kürzerer Zeit zu erledigen. 1. Aufl. Heidelberg: dpunkt 2011.

4. Balance

Der letzte Prozess im Lernzyklus der individuellen Resilienzstrategie des Nachhaltigen Aktivismus ist die Balance. Hierbei geht es darum, die verschiedenen Lebensdimensionen untereinander auszubalancieren und einen eigenen Rhythmus zu finden[176].

Zentral für einen nachhaltigen Lebensstils ist es, sich der wesentlichen Dinge im Leben bewusst zu werden. Die Entwicklung einer eigenen Spiritualität, sowie das Stärken unserer emotionalen Resilienz und radikalen

---

175 Siehe Rettig, Hillary: The Lifelong Activist. a.a.O., S. 139-179.
176 Pigni, Alessandra: The idealist's survival kit. a.a.O., S. 68-70.

Akzeptanz, bringt uns in Kontakt mit unserem tieferen Selbst. Dadurch erschaffen wir uns einen Anker im Alltag, der wesentlich unsere Widerstandkraft in Krisenzeit erhöht und die Fähigkeit zur Sinnerfindung stärkt.

a.) Führen eines nachhaltigen Lebensstils

Die Aneignung eines nachhaltigen Lebensstils ist für viele Aktivist*innen eine große Herausforderung, der wir uns Stück für Stück stellen müssen. Urbaner Lebensstil ohne Naturkontakt, digitale Versuchungen und die Einflüsse aus Subkulturen, die den Widerstandsgeist nähren, aber nicht gerade eine nachhaltige Ausrichtung haben (›Live fast, die young!‹), prägen unsere verschiedenen Aktivist*innenkulturen. Im Zentrum steht die Erkenntnis, dass Selbstfürsorge und ein guter Umgang mit uns selbst nichts Egoistisches an sich hat, sondern eine politische Notwendigkeit darstellt. Nur wenn wir Energie aufgebaut haben und diese kontinuierlich pflegen, in Balance leben, können wir langfristig politisch aktiv sein. Durch dieses langfristige Engagement ist strategischeres Handeln möglich, sowie die Ausschöpfung von Erfahrung, Wissen und Kontakten, was bei kurzfristigem Engagement in sozialen Bewegungen oft nicht vorhanden ist. In Balance lebende Aktivst*innen sind ein Schlüsselfaktor für den Erfolg sozialer Bewegungen.

Im Folgenden möchte ich Faktoren für einen nachhaltigen Lebensstil benennen. Dabei bediene ich mich verschiedener Wissensquellen wie der Resilienzforschung, alternativen Heilsystemen wie dem indischen Ayurveda, sowie Erfahrungen von linken Psychotherapeut*innen. Der Kern eines nachhaltigen Lebensstils liegt im Bewusstwerden der wesentlichen Dinge im Leben wie Schlaf, Ernährung, Ruhe, Bewegung und ein achtsamer Umgang mit uns selbst. Die verschiedenen Faktoren sind für die jeweiligen Aktivst*innen vielleicht temporär unterschiedlich wichtig. Gleichzeitig geht es darum, nicht alles auf einmal ändern zu müssen, sondern uns Schritt für Schritt einem Leben in mehr Balance zu nähern, anstatt uns hier unter Leistungsdruck zu setzen. Wichtig ist, auf unsere Bedürfnisse und Intuition zu achten.

Luft
Ohne Luft können wir nicht überleben. Ein lebensnotwendiger Anteil in der Luft ist der Sauerstoff. Mithilfe von Sauerstoff und Zucker – Glukose – wird in den kleinen Kraftwerken unserer Körperzellen, den Mito-

chondrien, Adenosintriphosphat – das Energiemolekül Nummer eins – produziert. Ein Großverbraucher von Energie in unserem Körper ist das Gehirn, welches sehr sensibel auf Sauerstoffentzug reagiert. Bereits nach sieben Minuten ohne Sauerstoff sterben Gehirnzellen ab. Gleichzeitig steigt die Gedächtnis- und Konzentrationsleistung des Gehirns signifikant bei erhöhter Sauerstoffzufuhr. Wie wichtig diese Erkenntnis für den politischen Alltag ist, lässt sich ganz einfach bebildern, wenn wir uns ein wichtiges Plenum oder Arbeitstreffen in einem stickigen Raum vorstellen, wo ›die Luft raus ist‹. Lüften ist für produktive Treffen essenziell. Frischluft besitzt eine ganz andere Güte als abgestandene Raumluft. Gleichzeitig ist die Qualität der Luft in den Bergen, am Meer oder im Wald spürbar besser als in der Großstadt mit all ihren Abgasen, Feinstoffpartikeln und Umweltgiften. Verbringe deshalb regelmäßig Zeit in der Natur und genieße die Luft beim Spazierengehen, Wandern, Klettern oder Radfahren. Gerade in westlich geprägten Ländern neigen die Menschen zu einer verflachten Atmung. Zur verbesserten Sauerstoffaufnahme und den dadurch verbesserten Stoffwechsel- und Energieprozessen gibt es Atemtechniken, die zu einer vertieften Atmung führen. Die yogische Ujjayi-Atmung, weitere indische Pranayama-Techniken oder die japanische Ki-Atmung können bei regelmäßiger Praxis zu einer bedeutend gesteigerten Vitalität beitragen. Ebenso bauen diese Techniken Stress ab und beruhigen den Geist, da der Geist eng mit der Atmung verknüpft ist.

Trinken

Zu einer ausgewogenen Ernährung zählt auch, ausreichend und das Richtige zu trinken. Unser Körper besteht zu 70 % aus Wasser und durch abatmen, schwitzen bei körperlicher Tätigkeit und urinieren verlieren wir kontinuierlich Flüssigkeit. Um unseren Wasserhaushalt auszugleichen benötigen wir zwischen zwei und zweieinhalb Liter Wasser pro Tag. Ein Teil des Wassers gewinnen wir aus unserer Nahrung, aber zum Ausgleich sollten wir eineinhalb Liter oder besser zwei Liter Wasser pro Tag trinken. Wenn wir zu wenig trinken, wird unser Blut dicker, was den Sauerstofftransport im Körper einschränkt und zu Kopfschmerzen führen kann. Insbesondere bei körperlicher Belastung oder heißem Wetter geht unsere Leistungsfähigkeit schnell stark zurück, wenn wir zu wenig trinken. Das geeignetste Getränk ist Wasser, welches zusätzlich zehn Min. abgekocht in kleinen Schlucken über den Tag verteilt eine entgiftende Wirkung hat. Kräutertees sind ebenfalls hervorragend zur Flüssigkeitsaufnahme geeignet. Hierbei sollte darauf geachtet werden, dass uns der Tee schmeckt und gut tut. Je nach persönlichem Typ und Jahreszeit gibt es kühlende Tees wie Pfefferminze, Fenchel oder Süßholz oder wärmende Tees wie Ingwer, Zimt oder Zitrone. Kaffee sollte nur in Maßen getrunken werden, genauso wie schwarzer Tee und koffeinhaltige Softdrinks (Cola oder auch Mate). Softdrinks sind wegen ihres hohen Zuckergehalts oder künstlichen Süßstoffs eher zu meiden.

Ernährung

Stress und beschleunigter Lebensstil schlagen auf den Magen – Magendruck, Völlegefühle, Blähbauch bis hin zu Magenkrämpfen sind die Folge. Unsere Verdauung und unsere Darmflora bilden neben dem Sauerstoff eine weitere Grundlage für unseren Energiestoffwechsel. Antibiotikaeinnahme und chronischer Stress können unsere Darmflora durcheinanderbringen, was unsere Verdauungsleistung und Energieaufnahme stört. Unser Bauchgefühl trägt wesentlich zum körperlichen und emotionalen Wohlbefinden bei. Deswegen sollten wir unseren Magen und unsere Darmflora mehr wertschätzen und pflegen. Dies können wir machen, indem wir morgens die Verdauung mit einem Glas warmem Wasser mit zwei Esslöffeln Apfelessig oder dem Saft einer halben Zitrone, gesüßt mit Honig vor dem Frühstück in Schwung bringen. Die Einnahme von Lein- oder Flohsamen mit genug Wasser sowie generell ballaststoffreiche Nahrungsmittel wie Trockenobst (Datteln, Feigen, Pflaumen) und Vollkornbrot ist ebenfalls förderlich für die Verdauung.

Generell sollten wir auf eine gesunde, ausgewogene Ernährung mit viel frischen Früchten und Gemüse achten. Verzichte auf Junk Food und lass keine Mahlzeiten aus.

Da Aktivist*innen gesellschaftliche und persönliche Gewaltverhältnisse minimieren wollen, ist der Schritt zu einer vegetarischen und weiter zu einer veganen Ernährung konsequent und aus ethischer Perspektive zu wünschen. Gleichzeitig ist es jedoch auch wichtig, auf die gesundheitlichen Bedürfnisse des Tiers Mensch zu achten. Vegetarische und teilweise auch vegane Ernährung bietet gesundheitliche Vorteile, jedoch einseitig umgesetzt auch gesundheitliche Risiken. Insbesondere wenn Aktivist*innen einen radikalen Konsumverzicht leben und sich größten Teils über einen langen Zeitraum von weggeworfenen Lebensmitteln (›containern‹) vegan ernähren, kann es zu einer Unterversorgung mit Nährstoffen kommen, da oft aus Mangel an Geld nicht die Lebensmittel zur Verfügung stehen, die gerade jetzt gut tun, sondern nur die, die übers Containern verfügbar sind.

Allgemein kommt es öfter vor, dass Aktivist*innen, die sich konsequent vegan ernähren und dabei nicht auf ihre Gesundheit achten, einen Vitamin-B_{12}-Mangel erleiden, was fatale Auswirkungen auf die Gesundheit haben kann. Die ersten Anzeichen von Vitamin-B_{12}-Unterversorgung bei erwachsenen Personen können Kribbeln und Kältegefühl in Händen und Füßen, Erschöpfung und Schwächegefühl, Konzentrationsstörungen und sogar Psychosen sein.

Die Einnahme von B_{12}-Präparaten ist allen konsequent lebenden Veganer*innen, aber auch langjährigen Vegetarier*innen dringend angeraten, um langfristige Gesundheitsschäden und Verlust von Vitalität zu vermeiden. Dabei am besten Methylcobalamin-Präparate einnehmen, welche besser aufgenommen werden und direkt wirksam sind, im Gegensatz zur synthetische Form von B_{12} Cyanocobalamin[177], welches in den meisten B_{12}-Präparaten Verwendung findet. Vom B_{12}-Mangel können übrigens auch fleischessende Menschen betroffen sein. Durch unsere erhöhte Anzahl von Umweltgiften in unserer Nahrung, Luft, Wasser und Lebensraum besitzen Menschen heutzutage einen viel höheren B_{12}-Bedarf als Menschen früher.

Eisenmangel ist ein weiterer Faktor, der deine Vitalität stark einschränken kann, wobei menstruierende Frauen einen erhöhten Eisenbedarf haben und deshalb von Eisenmangel stärker betroffen sind. Weitere Risikogruppen sind Vegetarier*innen und Veganer*innen, Leistungssportler*innen, Kinder und Heranwachsende, ältere und kranke Menschen. Eisenmangel gehört zu den häufigsten Mangelerscheinungen weltweit und ca. 30 % der Menschen sind davon betroffen. Eisen spielt bei der Bildung von roten Blutkörperchen eine zentrale Rolle. Verringert sich nun die Anzahl der sauerstofftragenden roten Blutkörperchen aufgrund von Eisenmangel, so verschlechtert sich die Sauerstoffversorgung der Zellen. Hat der Körper also über längere Zeit zu wenig Eisen, kommt es zu Blutarmut (Anämie) mit den typischen Symptomen: andauernde Müdigkeit, verminderte Leistungsfähigkeit und Konzentrationsschwäche, Blässe, Schwindel und Kopfschmerzen, Kribbeln in Händen und Beinen. Der Organismus wird allgemein anfälliger für Krankheiten. Für eine gute Eisenversorgung sind Vollkornprodukte, Nüsse und Ölsamen, Trockenfrüchte und Hülsenfrüchte wie Linsen oder weiße Bohnen wichtige Quellen. Das pflanzliche Eisen in Brot, Gemüse, Hülsenfrüchte und Vollkornprodukten wird durch gleichzeitige Aufnahme von Vitamin C besser bioverfügbar, weswegen die Kom-

---

177 VEBU – Vegetarierbund Deutschland e.V.: *Vitamin B12: Vorkommen in veganen Lebensmitteln.* 2017. https://vebu.de/fitness-gesundheit/naehrstoffe/vitamin-b12-in-lebensmitteln-und-vegane-ernaehrung/ (Zugriff 15.3.2019).

bination mit einem Glas Orangensaft oder z. B. einer vitamin-C-haltigen Paprika auf dem Brot sinnvoll ist. Falls du zu einer Risikogruppe gehörst oder von Eisenmangel betroffen bist, sind sogenannte Kräuterblutpräparate zu empfehlen. Mit ihnen kannst du auch präventiv eine Kur machen. Es gibt unwahrscheinlich viele Bücher und Philosophien zum Thema Ernährung. Achte darauf, was dir und deinem Körper gut tut, dir schmeckt und ethisch für dich vertretbar ist.

Zusammengefasst ein paar Empfehlungen zu einer Ernährung für mehr Vitalität:

▸ Denke grundsätzlich daran, regionale und saisonale Lebensmittel zu bevorzugen
▸ Wenn es (finanziell) möglich ist, sind biologisch angebaute Nahrungsmittel zu bevorzugen. Sie sind nicht nur gut für dich, sondern auch gut für die Mitwelt und besser für die Arbeiter*innen, die keinen Pestiziden ausgesetzt sind
▸ Genieße viel frisches und saisonales Gemüse und Obst
▸ Baue hochwertige Öle in die Nahrung mit ein wie kaltgepresstes Ölivenöl (aufs Brot oder in die Pasta), Leinöl (viel Omega-3) ins Müsli, Sojajogurt zu Kartoffeln und Hanföl (das gesündeste Öl überhaupt) in Salaten, Dressings, Soßen, Marinaden und Brotaufstrichen.
▸ Nüsse und Kerne liefern viele essenzielle Fettsäuren und Energie
▸ Vollkornprodukte wie Hafer, Dinkel und alte Getreidesorten wie Emmer und Einkorn, Amaranth und Quinoa sind sehr förderlich.
▸ Trockenfrüchte wie Datteln und Feigen liefern viel Mineralstoffe und sind gut für die Verdauung
▸ Pflege deine Verdauung mit verdünntem Apfelessig vor den Mahlzeiten und durch den Verzehr von Leinsamen mit ausreichend Flüssigkeit
▸ Nimm regelmäßig B_{12}-Tabletten, am besten Methylcobalamin-Präparate und evtl. Kräuterblutpräparate zur Prävention von Mangelerscheinungen ein

Zu vermeiden:

▸ Zucker, Weißmehl und Industrieweizen
▸ Künstliche Süßstoffe wie Aspartam und künstliche Geschmacksverstärker wie Natriumglutamat
▸ Gehärtete Fette
▸ Fastfood, gelegentliche Ausnahmen bestätigen die Regel ;-)

Licht

Licht ist essenziell für unsere körperliche Gesundheit. So benötigt unser Körper Sonnenlicht für die Produktion von Vitamin D3, welches zu 80% über unsere Haut gebildet wird und bei einer Vielzahl von Stoffwechselvorgängen eine wichtige Rolle spielt, wie beim Knochen- und Mineralstoffwechsel. Gleichzeitig ist Vitamin D3 wichtig für das Immunsystem, die Regulation des Wachstums, es schützt das Herz-Kreislaufsystem, und ein Mangel scheint bei verschiedenen Krebserkrankungen eine Rolle zu spielen. Man geht davon aus, dass ca. 60 % der deutschen Bevölkerung unter einem Vitamin-D3-Mangel leiden. Ein weiterer Aspekt, wie Licht einen direkten Einfluss auf unsere physische und psychische Gesundheit hat, ist durch die Taktung unserer inneren Uhr, die im Zwischenhirn lokalisiert ist. Von dort werden unser Schlaf-Wach-Rhythmus, unsere Organfunktion, unsere Stimmung und unsere Leistungskurven reguliert. Wie intensiv Licht uns emotional beeinflusst, können wir uns ganz leicht vergegenwärtigen, wenn wir uns einen langen dunklen Winter vorstellen, der unerwartet von einem strahlendblauen Himmel durchbrochen wird. Ein Problem ergibt sich nun daraus, dass sich die meisten von uns zivilisationsbedingt tagsüber in geschlossenen Räumen aufhalten. »Die Helligkeit beträgt dort etwa 500 Lux. Zum Vergleich: Ein schöner Sommertag im Freien bringt es auf 100.000 Lux, er ist also 200-mal heller. Ein bedeckter Wintertag erzeugt immerhin noch 3.500 Lux. Daraus ergibt sich zwingend eine Aufgabe: Gehen Sie jeden Tag für eine Weile ans Licht.«[178] Ein weiteres Problem ist, dass wir nach Einbruch der Nacht zivilisationsbedingt durch elektronische Geräte zuviel blauem Licht ausgesetzt sind, welches nach einer Harvardstudie[179] gesundheitsschädlich ist. Das blaue Licht elektronischer Geräte ist besonders schlecht, da es den Körper dazu bringen kann, die Ausschüttung von Melatonin zu unterdrücken. Dieses Hormon hilft, die Schlaf- und Wachphasen zu regulieren und wird vom Körper ausgeschüttet, sobald es dunkel wird. Das Gehirn erhält das Signal, zu entspannen und sich schlafen zu legen. Dieses Zeichen bekommt der Körper nicht, wenn du bis spät nachts am Computer sitzt. Wenn du abends schlecht einschläfst, könnte es an den Lichtemissionen der elektronischen Geräte liegen. Dagegen hilft am einfachsten, keine elektronischen Geräte nach Einsetzten der Dunkelheit zu benutzen. Für wen dies unrealistisch

---

178 Bauhofer, Ulrich: In Balance leben. Wie wir trotz Stress mit unserer Energie richtig umgehen. München: Südwest 2013, S. 82.
179 *Blue light has a dark side.* In: Harvard Health. 2. September 2015, https://www.health.harvard.edu/staying-healthy/blue-light-has-a-dark-side (Zugriff 15.3.2019).

ist, gibt es Brillen mit Blaulichtfilter oder Software für Computer und Smartphones gegen Blaulichtemissionen wie z. B. *f.lux*.

Zecken, Borreliose und FSME

Gerade Umweltaktivist*innen, die sich zwecks Verteidigung von Ökosystemen und Lebensräumen länger in Wäldern und Wiesen aufhalten, oder Permakulturaktivist*innen, die viel Zeit in ihren Gärten verbringen, sind einem erhöhten Risiko ausgesetzt, von Zecken gestochen und mit Borreliose infiziert zu werden. Mir selbst sind verschiedenste Aktivist*innen persönlich bekannt, die teilweise starke gesundheitliche Einschränkungen durch Zeckenstiche erlitten haben. Mit geschätzten 60.000 bis 100.000 Erkrankungen pro Jahr (Bayerisches Landesamt für Gesundheit und Lebensmittelsicherheit) in Deutschland ist die Borreliose die häufigste von Zecken übertragene Krankheit.

Borrelien sind Bakterien und kommen am häufigsten in Europa und Nordamerika vor, je nach Region bei 15 und mehr Prozent aller Zecken. Die schraubenförmigen Bakterien leben im Darm und den Speicheldrüsen der Zecken und können beim Stich über den Speichel weitergeben werden. Allerdings führt nicht jeder Stich einer infizierten Zecke auch zur Infektion des*r Gestochenen. In manchen Regionen liegt die Quote bei 25 Prozent, es führt also jeder vierte Stich einer mit Borrelien infizierten Zecke zu einer Infektion.

Im Frühstadium äußert sich die Borreliose neben grippeartigen Symptomen oft durch eine Rötung an der Einstichstelle: Ein bis drei Wochen nach dem manchmal unbemerkten Zeckenstich kommt es bei rund 60 Prozent der Betroffenen zu einer runden, mindestens handflächengroßen Hautrötung, die sich über Tage und Wochen noch ausbreiten kann. Dieses Symptom verdient als frühzeitiger Hinweis besondere Beachtung, denn ein Verschwinden der Rötung bedeutet keine Heilung! Ohne Behandlung kommt es nach einigen Wochen im zweiten Stadium der Erkrankung zu Entzündungen des Nervensystems und anderer Organe. Taubheitsgefühle, schmerzhafte Nervenentzündungen und Lähmungen im Gesicht, an Armen und Beinen treten auf. Unter frühzeitiger Behandlung mit Antibiotika gehen die Symptome meist vollständig zurück. Wenn die Borreliose erstmal chronisch ist, ist sie sehr schwierig zu heilen und nicht alle Schäden sind reversibel.

Neben der Borreliose gibt es auch die wesentlich seltenere von Zecken übertragene Frühsommer-Meningoenzephalitis, kurz FSME, eine Hirnhautentzündungen die nach einem Zeckenstich eintritt. Stiche infizierter

Zecken bleiben zu zwei Dritteln folgenlos, bei einem Drittel tritt nach einer Woche eine ›Sommergrippe‹ auf. Danach erleidet ein Teil der Erkrankten Entzündungen von Gehirn, Hirnhäuten und Nerven, die nicht immer folgenlos abheilen, zu 30 bis 40 Prozent Dauerschäden am Nervensystem verursachen und in wenigen Prozent der Fälle zur Angewiesenheit auf einen Rollstuhl (drei Prozent) oder sogar zum Tode (ein bis zwei Prozent) führen.

Aufgrund der bislang in einer Region beobachteten Krankheitsfälle werden regelmäßig sogenannte Risiko- und Hochrisikogebiete für FSME definiert. Neben den ›klassischen‹ FSME-Gebieten in Süddeutschland, Österreich und Osteuropa haben sich die Risikogebiete auch aufgrund der allgemeinen Klimaerwärung in den letzten Jahren kontinuierlich nach Norden ausgeweitet. Allen Menschen, die sich aus aktivistischen, beruflichen oder privaten Gründen regelmäßig in solchen Gebieten in freier Natur aufhalten, wird ein Impfschutz entsprechend den offiziellen Impfempfehlungen empfohlen.

Schutz vor Zeckenstichen

Um Gesundheitsprobleme zu vermeiden, sollte man sich vor Zecken schützen. Dazu gibt es eine Reihe von Empfehlungen: Zeckenbiotope mit Gräsern, Farnen und Büschen sollten im Sommer gemieden, Picknick oder Siesta besser nicht an Waldrändern und auf Wiesen gehalten werden. Die Bekleidung muss dicht schließen, also lange Ärmel und Hosenbeine, die in Socken oder Stiefeln stecken – in der Sommerhitze kein leicht befolgbarer, aber effektiver Rat.

Während und nach einem Aufenthalt im Zeckenbiotop ist die wichtigste Maßnahme das Absuchen der Kleidung und des gesamten Körpers auf Zecken. Besonders ist auf die nur einen Millimeter großen, sehr infektiösen Nymphen zu achten. Erwachsene sollten auf Zecken an den Beinen, in der Leiste und Schambehaarung achten, denn Erwachsene streifen Zecken in der Regel beim Laufen von der niedrigen Vegetation ab.

Zecke entdeckt – was tun?

Zecken müssen so schnell wie möglich entfernt werden, denn das Infektionsrisiko steigt mit der Saugdauer. FSME-Viren werden sofort nach dem Stich, Borrelien mit rund 12 bis 24 Stunden Verzögerung übertragen. Auf keinen Fall dürfen Erstickungsversuche mit Öl, Kleber, Wachs, Creme oder ähnlichem versucht werden: Bei dieser Prozedur gibt das Tier noch mehr infektiösen Speichel ab!

Die Entfernung der Zecke erfolgt mit einer Zeckenkarte, Zecken-schlinge, Zeckenpinzette oder falls nicht zur Hand auch mit Daumen und Zeigefinger. Dazu wird das Tier dicht über der Einstichstelle gefasst, ohne es zu quetschen und dann unter leicht drehenden oder rüttelnden Bewegungen nach hinten-oben herausgezogen. Eventuell muss der Arzt den in der Haut verbliebenen Zeckenkopf entfernen, eine Infektionsgefahr geht von ihm aber nicht mehr aus. Zeckenzangen können problematisch sein, da sie die Zecken quetschen und dadurch die Borrelien aus dem Magen der Zecke übertragen werden können. Entfernte Zecken können auf Erreger untersucht werden. Dazu wird die Zecke mit einigen Grashalmen in ein Röhrchen gegeben und vom Arzt eingeschickt (Kosten ca. 25 €). War das Tier mit Borrelien infiziert und gab es eine längere Saugzeit von mehr als 24 Stunden, ist eine frühzeitige Behandlung mit Antibiotika sinnvoll. Ein schneller Therapiebeginn ist sehr wichtig beim Verdacht auf Borreliose. Verlauf und Prognose werden maßgeblich dadurch beeinflusst, ob die Bakterien Zeit hatten, sich vor Beginn der Behandlung im Körper zu verteilen und zu vermehren. Ob nach der Borreliose Folgeschäden bleiben, hängt außerdem maßgeblich von einem schnellen Therapieerfolg ab.

→ Weitere nützliche Infos: http://www.dieterhassler.de/index.php?id=7 (Zugriff 11.3.2019)

Ruhe

In unserer leistungsorientierten Gesellschaft wird Schlaf, Ruhe und Müßiggang wenig wertgeschätzt. Davon sind auch unsere Aktivist*innenkulturen nicht ausgenommen – es gibt immer (zu) viel zu tun. Durch elektrisches Licht, Unterhaltungselektronik und Computer haben sich unsere Arbeits-und Lebenszyklen im Kapitalismus von dem natürlichen Tag-Nachtrhythmus teilweise entkoppelt, was sich negativ auf die Qualität des Schlafes auswirkt. So belegt eine Studie des Dillenburger Gesundheitsinstitutd und der Uni Marburg, dass viele Jugendliche wegen der Zeit, die sie mit Smartphone, Computer und Fernsehen verbringen, zu wenig und schlecht schlafen.[180] In Europa hat sich im Laufe des letzten Jahrhunderts die durchschnittliche Schlafdauer der Menschen um satte zwei Stunden verkürzt. Dabei kann Schlafmangel zu gravierenden gesundheitlichen Folgen wie Nervosität, Reiz-

---

180 Siehe auch *Jugendliche mit hohem Medienkonsum schlafen schlechter.* In: DZ, Oktober 2013. https://www.ukgm.de/ugm_2/deu/umr_pne/Bilder/2013_DZ_Wiesbaden.jpg (Zugriff 15.3.2019).

barkeit, Konzentrationsstörungen, Gedächnisverlust, depressiven Verstimmungen, Übergewicht, Diabetes und Bluthochdruck führen.

Gerade für Aktivist*innen, die einem hohen Ausmaß an emotional anstrengenden Situationen ausgesetzt sind und eine Vielzahl an Informationen verarbeiten müssen, ist ein guter Schlaf unerlässlich, um nachhaltig ihr Energielevel aufrechtzuerhalten. Stelle sicher, dass du regelmäßige Pausen nimmst, während du ebenfalls eine Abwechselung von verschiedenen Aktivitäten kombinierst – plane ein paar Tage Auszeit vor, während und nach großen Aktionen – mit dem Ziel einer Balance für dich und deine Bedürfnisse.

Ein weiterer wichtiger Aspekt, wie wir Ruhe im Alltag in uns selbst kultivieren können, ist durch (Ki-)Meditation, Qi Gong, Taiji und Yoga. Diese Techniken der Selbstschau und Körpermeditation können Inseln der Ruhe in unserem Alltag schaffen und unsere Widerstandskraft entscheidend stärken. Bei all diesen Techniken wird unser ›Achtsamkeitsmuskel‹ trainiert und unsere Aufmerksamkeit nach innen gerichtet. So wie ein Muskel aufgebaut werden kann, kann er sich auch zurückbilden. Analog dazu verhält es sich mit unserer Achtsamkeitsfähigkeit: ›Use it or lose it.‹

Eine Vielzahl von wissenschaftlichen Studien belegt die Wirksamkeit dieser verschiedenen Erkenntniswege. Darüber hinaus fördern sie Einsicht und kultivieren Empathie, was für Langzeitaktivist*innen eine Schlüsselressource für dauerhaftes Engagement darstellt.

Zeit, Entschleunigung und natürlicher Lebensrhythmus

Wie wir mit unserer Zeit umgehen, spiegelt sehr gut wider, wie wir mit unserem Leben umgehen. In welchen Rhythmen leben wir und wer ist der Taktgeber? Sind wir von Außen oder von Innen geleitet? Gerade als Aktivist*innen kämpfen wir permanent gegen die Zeit, z. B. bei einer drohenden Abschiebung, gegen den Klimawandel und das Erreichen von Kipppunkten in Ökosystemen, gegen das Artensterben, Hunger oder Wohnungsnot. Auf lange Sicht zählt die Qualität der Zeit und nicht die Quantität, also die Menge an Aufgaben, die wir in einer kurzen Zeit erledigen. Nachhaltiger Aktivismus bedeutet langfristiges Engagement, das wesentlich mehr sozial und ökologisch bewirkt, als ein aktionistisches Strohfeuer. Je mehr Aufgaben wir in unsere begrenzte Zeit stopfen, oberflächlich gesehen also Zeit sparen, desto gehetzter werden wir. Diese Hektik steht einem nachhaltigen Lebensstil diametral entgegen und trägt dazu bei, dass wir ausbrennen. Um uns aus diesem Hamsterrad zu befreien, ist es hilfreich, eine Vogelperspektive einzunehmen, um dadurch einen geeigneten Umgang mit dieser Situation zu finden. Der Soziologe Hartmut Rosa hat das Problem gut auf den Punkt gebracht:»Ich finde es wichtig, sich klarzumachen, dass es sich nicht um individuelles Versagen handelt, wenn man nicht in jeder Hinsicht optimiert ist, wenn man ein mittelmäßig erfolgreiches Leben führt und einen Grossteil seiner Aufgaben und Vorhaben nicht schafft. Es liegt nicht am Einzelnen, wenn wir an unsere Grenzen stoßen. Besseres Management oder eine andere persönliche Haltung können das Beschleunigungsproblem nicht lösen, weil es ein strukturelles, kulturelles und kollektives Problem ist.«[181] Diese Erkenntnis hilft uns, unserem eigenen Leistungsdenken etwas entgegenzusetzen. Erst wenn wir unsere inneren Antreiber damit soweit entwaffnet haben, dass wir uns nicht selbst schaden, können wir Strategien entwickeln, um mit der beschleunigten Lebenskultur umzugehen. So ist es in Bezug auf einen nachhaltigen Lebensstil hilfreich, den eigenen Lebensrhythmus wieder mehr den natürlichen Rhythmen von Tag und Nacht anzunähern. Dies bedeutet kurz gesagt, früher schlafen gehen und eher aufstehen. Dadurch kann unser Körper mehr Sonnenlicht tanken, unser Melatoninspiegel wird harmonisiert und wir schlafen tiefer. Weitere Strategien sind z. B. feste Routinen und Zeiten bei Dingen einzuhalten, die uns gut tun. Durch ihren Ritualcharakter kann so z. B. unsere Yogastunde oder Chorprobe ein Ruhepol im beschleunigten und flexibilisierten Alltag sein.

Bewegung & Körperarbeit

Bewegung kann heilsam sein, Stresshormone im Körper abbauen, unsere geistige Leistungsfähigkeit aufgrund besserer Hirndurchblutung erhöhen und unser Selbstbewusstsein stärken. Gleichzeitig müssen wir auch hier aufpassen, nicht in die Leistungsfalle zu tappen. Leistungssport ist eben nicht natürlich und dient nicht dazu, Stress abzubauen, sondern kann ganz im Gegenteil sogar Stress erzeugen. Denke an typengerechte sportliche Betätigung, die zu dir mit deiner körperlichen Konstitution passt, wobei Ayurveda dir eine Orientierung bieten kann. Oder mach einfach das, was dir Spaß macht. Einfache regelmäßige körperliche Ertüchtigungen wie z. B. Schwimmen oder Radfahren bringen schon ziemlich viel. Hier noch ein paar weitere Tipps:

▶ Ohne bewussten Atem keine Stressbewältigung! Lerne einfache Atemübungen (s.o.).

▶ Lass dir eine Massage geben und lerne selbst, wie du Massagen geben kannst. Massagen sind ein großartiger Weg sich zu entspannen und Wohlbefinden zu erreichen.

181 *Interview mit Hartmut Rosa*. In: stern EXTRA»Gesundheit & Achtsamkeit« stern EXTRA 01/2013 (2013).

▶ Beckenbodentraining kann unabhängig vom Geschlecht eine Vielzahl von positiven Auswirkungen haben, wie Prävention von Rückenschmerzen und Harninkontinenz, eine aktivere Libido und gesteigertes Selbstbewusstsein. Ein klassisches Beckenbodentraining ist die Kegelübung.

▶ ›Get up, stand up!‹ Politischer Aktivismus bedeutet heutzutage oft stundenlang vor dem Rechner zu sitzen. Dies reiht sich ein in einen immer weiter zunehmenden sitzenden Lebensstil: Sitzen beim Frühstück, Sitzen auf dem Arbeitsweg, Sitzen während der Lohnarbeit oder beim Studium, Sitzen vor dem Computer, Sitzen beim Abendessen, Sitzen über das Handy gebeugt, Sitzen vor dem Fernseher. Doch soviel zu sitzen ist für unseren Körper und unser Bewegungsgehirn eine Katastrophe und sorgt für körperliche Beschwerden aller Art und kognitive Probleme. Versuche, soviel wie möglich das Sitzen zu vermeiden und wenn du sitzt, dann versuche, dich alle dreißig Minuten für zwei Minuten zu bewegen.

→ **Lesetipp**: Starrett, Kelly / Juliet Starrett / Glen Cordoza: Sitzen ist das neue Rauchen. Das Trainingsprogramm, um Haltungsschäden vorzubeugen und unsere natürliche Mobilität zurückzugewinnen. Übersetzt von Martina Walter. München: riva 2016.

Emotionale Entlastung

Langzeitengagement in emotional herausfordernden Situationen ist einfacher zu verkraften, wenn du Wege hast, die Emotionen auszudrücken, welche durch die Situationen hervorgerufen werden. Zur regelmäßigen emotionalen Entlastung können Unterstützer*innennetzwerke (siehe Unterstützungsgruppe für Nachhaltigen Aktivismus), Ko-Beratungen (z. B. Radikale Therapiegruppen), Sport, Sex, oder Zeit in der Natur zu verbringen, beitragen. Es geht im Wesentlichen um Dinge, die deinen Kopf frei machen und dir helfen, das Beste in dir selbst und anderen hervorzubringen. Tagebuch zu schreiben, ist ebenfalls ein mächtiges Werkzeug, welches zu unserer emotionalen Entlastung beiträgt.

Partnerschaft und Freund*innen (Beziehungen)

Nachhaltiger Aktivismus bedeutet nicht nur Schönwetterpolitik, sondern Bewegung bedeutet Freundschaft und lebt von ihr. Gute Beziehungen innerhalb **und** außerhalb der Bewegungen zu pflegen ist zutiefst politisch. Wir brauchen Möglichkeiten, um über Tod, Ängste, Krankheit, Depression jenseits von unseren Familien zu reden – das Psychische/Existenzielle ist politisch. Gleichzeitig können unsere Familien einer der stärksten Unterstützungsfaktoren sein. Dies wertzuschätzen und zu pflegen, schenkt uns Sinn, Kraft und Freude. Dabei kann nicht jeder Mensch auf eine unterstützende Familie bauen, sondern dysfunktionale Familien, in denen Gewalt herrscht, sind für viele Menschen Realität. Sich ein unterstützendes Beziehungsnetzwerk aufzubauen, ist zentral für ein auf Dauer orientiertes Engagement. Gerade was intime und nahe Beziehungen angeht, ist es wichtig, dass sie unsere Werte unterstützen und teilen oder zumindest respektieren. Wir können sehr schwierig dauerhaft politisch in verschiedenster Form engagiert sein, wenn unser nahes Umfeld dies missbilligt. Sei dir bewusst, mit wem du dich umgibst. Diese Menschen bestimmen zu einem guten Teil mit, ob du dauerhaft politisch aktiv bleibst.

Sich von destruktiven nahen Beziehungen zu befreien, kann sehr wichtig sein. Dafür gibt es keine einfachen Antworten.

Ob selbstgewählte Bezugspersonen, leibliche Familie, Wahlverwandtschaften, Genoss*innen oder politische Opposition, die Qualität mit der wir neue Beziehungen vielfältigster Art aufbauen und alte pflegen wird entscheidend dazu beitragen, wie wir Aktivist*in sein können und was wir bewegen.

Roberto Vargas bemerkt, dass viele Aktivist*innen bei ihrer Leidenschaft für Gerechtigkeit und soziale Veränderung ein für ihn zentrales Konzept vergessen: Die Veränderung, die wir sehen wollen, beginnt in uns selbst und bei unseren Familien und Freundeskreisen. Für ihn beginnt soziale Veränderung zu Hause und er hat ein Konzept namens *Family Activism* entwickelt und verschiedenste gemeinschaftsbildende Institutionen geschaffen. *Family Activism* bedeutet für ihn, mit denen, die dir nahe sind, so zu interagieren, dass sie inspiriert und vorbereitet werden, um in ihren Familien und Gemeinschaften als eine positive Kraft der Veränderung zu dienen.[182]

Mit Kindern zu Leben kann unsere Perspektiven erweitern. Spiele mit Kindern und verbringe Zeit mit ihnen – entdecke deine Spontanität wieder, nimm wahr, wie mühelos Kinder im Moment sein können, schließ dich ihnen an, indem du völlig bei ihren Spielen mitmachst.

→ **Lesetipp:** Vargas, Roberto: Family activism. Empowering your community, beginning with family and friends. San Francisco, CA: Berrett-Koehler 2008.

---

182 **Vargas, Roberto:** Family activism. Empowering your community, beginning with family and friends. San Francisco, CA: Berrett-Koehler 2008, S. 10.

★ Eine interessante Übung zu unserem Beziehungsnetzwerk mit dem Namen *Our Relationship Solar System* findet sich bei Storm, Cristien: *Living in Liberation. Boundary Setting, Self-Care and Social Change.* a.a.O., S. 101ff.

(siehe auch ➜ Politische Unterstützungsnetzwerke aufbauen S. 352)

Musik

Musik ist ein eigener Kosmos und kann uns sehr viel Energie, Motivation und Inspiration schenken. Musik ist Ausdruck von Lebensgefühl, Musik ist Kommunikation, Musik ist ein wesentlicher Bestandteil des täglichen Lebens. Gleichzeitig kann sie auch ein Ausdruck des Feierns von individuellen oder kollektiven Erfolgen sein, was Aktivist*innen häufig viel zu wenig tun. Aber ebenso kann Musik auch zur Obsession werden, bei der wir nichts anders mehr sehen und nur noch in der Welt der Musik und Subkultur eintauchen.

Wie viele Menschen wurden alleine durch die Band *Ton Steine Scherben* politisiert?! Es gibt keine Widerstandsbewegungen ohne Musik und Lieder von afrobrasilianischer Capoeiramusik, HipHop, Yogamusik, Arbeiter*innenliedern und Punk, Folk, Hardcore, Crust, Techno bis zu Drum'n'Bass. Die Herrschenden wussten schon immer um die Bedeutung von Musik. Deswegen bekämpften die Kolonisator*innen Amerikas die traditionelle Musik der Indigenen und verboten sie. Neben Verboten haben sich später im Kapitalismus andere Herrschaftsstrategien wie Kommerzialisierung und Banalisierung von Musik herausgebildet, die oftmals ihr transformatives Potenzial begrenzten. Trotzdem ist Musik lebendig und vielfältiger als je zuvor und durch Computer und Internet existieren heute ganz neue Produktions- und Distributionsmöglichkeiten.

Um deine Widerstandskraft zu stärken und dich zu balancieren, nimm dir Zeit zum bewussten Musik hören. Besuch mal wieder gute Konzerte und genieße Livemusik. Oder noch besser: Mach selber Musik und singe gemeinsam mit anderen. Das befreit.

»Die Kraft der Musik in Bewegungen erscheint für mich magisch. Tatsächlich zusammen zu singen, bringt uns in Harmonie und erinnert uns daran, dass wir Teil von etwas Größerem sind. Diese Art des Empowerments ist essenziell, um uns zu vergegenwärtigen, dass wir mächtig genug sind, große Konzerne und Institutionen herauszufordern. Musik bringt uns aus unserem analytischen Kopf heraus und hilft uns, mächtige Emotionen wie Angst, Freude, Wut und Hoffnung zu verarbeiten, was in dieser

Arbeit unausweichlich ist. Musik erinnert uns an unsere Werte und Prinzipien, während wir für Gerechtigkeit kämpfen. Vielleicht ist das der Grund, weshalb Musik die Seele von so vielen sozialen Bewegungen in unserer Geschichte gewesen ist.«[183] Ein persönliches Erlebnis, welches für mich die Macht von Musik illustriert, geschah bei der Ende-Gelände-Massenaktion 2016 in der Lausitz. Nachdem wir 48 Stunden mit unserer Großgruppe, dem grünen Finger, eine zentrale Kohleverladestation blockierten und unsere Aktion mit dazu beigetragen hatte, dass ein Kohlekraftwerk seinen Betrieb um 80 % drosseln musste, beendeten wir selbstbewusst unsere Aktion und machten uns auf den Rückweg zum Camp. In der Region lag Spannung in der Luft, da extrem Rechte sich an Protestaktionen von Braunkohlebefürwortern beteiligten und vereinzelt Klimaaktivist*innen körperlich angegriffen hatten. Auf dem Rückweg riefen wir die ganze Zeit kämpferisch Parolen wie »A, Anti, Anticapitalista« usw. Als wir erfuhren, dass in dem Dorf, das wir passieren mussten, um zu unserem Camp zu kommen, sich eine kleine Gruppe aufgebrachter Bürger*innen zusammen mit extrem Rechten versammelten, änderten wir die Demogesänge, weil wir eine körperliche Konfrontation mitten in dem Dorf, das unser Anliegen generell unterstützt, für falsch hielten. Wir sangen nun die Liedzeile von Bob Marley »One love, One heart. Let's get together and feel allright«. Unser Auftreten veränderte sich dadurch stark. Wir wirkten immer noch kämpferisch und entschlossen, aber weniger aggressiv. Unsere Ausstrahlung war zuversichtlich, positiv und die Musik schweißte uns zusammen. Im Gegensatz dazu schrien und pöbelten die Braunkohlebefürworter*innen uns an und griffen uns zum Schluss ratlos an, wobei ihr Angriff nicht von Erfolg gekrönt war, da fähige Menschen in den ersten Reihen sie stoppten und dann die Polizei wahllos eingriff. Trotz der gegnerischen Eskalation bewahrten wir durch die Auswahl der richtigen Musik Ruhe und Integrität und sicherten uns die Sympathie der Mehrzahl der Dorfbewohner*innen.

→ **Lesetipp:** Sterneck, Wolfgang: Der Kampf um die Träume. Musik und Gesellschaft. Von der Widerstandskultur zum Punk, von der Geräuschmusik bis zu Techno. 2. Aufl. Hanau: KomistA 1998.

---

183 DeChristopher, Tim: Please Welcome Our New Music Director Bryan Cahall. 8. Juli 2016, http://www.timdechristopher.org/welcome_to_new_music_director_bryan_cahall (Zugriff 15.3.2019). Übersetzung Timo Luthmann. Tim DeChristopher ist Klimaaktivist und Begründer von *peaceful uprising*.

Drogen

Drogenkonsum spielt in sozialen Bewegungen genauso wie in allen anderen gesellschaftlichen Bereichen eine wichtige Rolle. Eine Bewegung, die auf mehr Bewusstheit und Achtsamkeit setzt, kommt ohne ein reflektiertes Verhältnis zu Drogen nicht aus.

Alkohol hat bei der Kolonisierung und Zerstörung indigener Gemeinschaften historisch eine wichtige Rolle gespielt. Von Gewalt durch Alkohol- und Drogenkonsum sind insbesondere Frauen betroffen und Schätzungen zufolge sterben allein in Deutschland jedes Jahr zwischen 42.000 und 74.000 Menschen an den Folgen ihres Alkoholkonsums oder des kombinierten Konsums von Alkohol und Tabak.

Gleichzeitig ist Alkohol das soziale Schmiermittel an vielen Orten, von der proletarischen Fußballkneipe, über das Autonome Zentrum bis zum Schützenfest. Alkohol lässt sich nicht ächten, das Bedürfnis nach ihm scheint zu stark. Und mangels Mitgliedsbeiträgen finanzieren Cocktails und Bier die Mehrheit aller Aktivitäten in der außerparlamentarischen Linken, dies meist auf Soliparties. Stillschweigend ist Alkohol als soziales Fundament politischer Aktivitäten anerkannt worden. Die Bewegungslinke des 21. Jahrhunderts hat damit unausgesprochen eine Erkenntnis nachvollzogen, zu der bereits die Arbeiterbewegung des 19. und frühen 20. Jahrhunderts kam.»Die Forderung nach komplettem Alkoholverzicht als Voraussetzung des Sozialismus wurde aber von einer überwältigenden Mehrheit abgelehnt. Die Zeitschrift ›Der Abstinente Arbeiter‹ hatte um 1913 etwa 5.100 Abos, das Fachblatt der sozialdemokratischen Kneipenbesitzer ›Der freie Gastwirt‹ hingegen 11.000. Denkt man sich zu jedem Wirt eine volle Kneipe, sind die Mehrheiten klar«, so der Historiker Ralf Hoffrogge.[184] Das Ziel in der historischen Arbeiterbewegung war die Mäßigung: vom Schnaps zum Bier.

Dagegen sind gesellschaftliche Bewegungen gegen Alkoholismus und anderen Drogenmissbrauch weit verbreitet. So setzten die zapatistischen Frauen in den indigenen Gemeinschaften in Mexiko – auch gegen den Widerstand ihrer eigenen Genossen – ein Alkohol- und Drogenverbot durch. Das hat die Gewalt in ihren Gemeinden stark reduziert. In den fünf grundlegenden Lebensrichtlinien des Buddhismus gibt es das Gebot, auf Alkohol und andere bewusstseinstrübende Rauschmittel zu verzichten.[185] Eine messianische Bedeutung kommt dem Wein in der jüdischen und

184 Hoffrogge, Ralf: *Vom Schnaps zum Bier.* In: analyse und kritik 555 (19. November 2010). https://archiv.akweb.de/ak_s/ak555/01.htm (Zugriff 15.3.2019).
185 Siehe Buddha, Munish B Schiekel / Thích Nhất Hạnh: Dhammapada. Die Weisheitslehren des Buddha. Freiburg/Basel/Wien: Herder 2007, S. 132.

christlichen Religion zu. Gleichzeitig ist die katholische Lehre gegen Völlerei, also »üppiges und unmäßiges Essen und Trinken«[186] und es gibt verschiedenste christliche Abstinenzvereine oder zum Beispiel die *Anonymen
Alkoholiker*, in deren erfolgreichem Zwölf-Schritte-Programm christliche
Spiritualität eine wichtige Rolle spielt. Und in linker Subkultur entwickelte
sich aus der Hardcore-/Punk-Bewegung gegen die destruktiven Folgen
von Alkohol und anderem Drogenkonsum die *Straight Edge*-Bewegung
für einen drogenfreien und gewaltarmen/veganen Lebensstil.

Deine Balance
Um deine eigene Widerstandskraft zu stärken, ist es wichtig, dir deiner
Einnahme von Drogen wie z. B. Tabak, Alkohol und Cannabis bewusst zu
sein. Welchen Einfluss haben die Substanzen auf dein Bewusstsein und
welches Level von Abhängigkeit erzeugen sie bzw. welche gesundheitlichen
Schäden entstehen dadurch? Dazu zählen auch Arbeitsdrogen wie Kaffee
und andere koffeinhaltige Getränke. Warum brauchst du wieviel Koffein?
Suchtähnlichen Charakter kann auch unser Zuckerkonsum annehmen,
weil ein hoher Zuckerkonsum negative Einflüsse auf unsere Psyche und
unsere physische Gesundheit haben kann.

Vom Exzess zur Mäßigung zum bewussten Konsum und achtsamer
Nüchternheit
Von der historischen ›Brandweinpest‹ zum Bier zum bewussten Konsum
von Drogen ist es keine Einbahnstraße. Das Bedürfnis nach Rausch ist
komplex. Wichtig bei der Bekämpfung von destruktiven Effekten von Drogenkonsum ist jedoch, dass Gruppenzwänge zum Rausch aufgebrochen
werden. Dafür brauchen wir ein Fördern von nüchterner Kultur durch
positive Rollenbilder und rauschfreie Kulturangebote wie non-alkoholi-
sche Getränkeangebote und rauchfreie Räume, sowie Propagierung und
Durchsetzung von nüchternen Standards in Schlüsselsituationen wie kein
Alkohol auf Demos oder während politischer Treffen usw.

Moderater Konsum – es geht darum, eine Balance zu finden
Bei einem Fest einen gepflegten Rausch zu genießen, kann auch Energie
schaffen, und soziale Drogen ermöglichen manchmal Gespräche, die vielleicht sonst so nicht stattgefunden hätten. Prohibition ist nicht sinnvoll,

---

186 Duden Online: »Völlerei«. https://www.duden.de/rechtschreibung/Voellerei
(Zugriff 15.3.2019).

sondern Drogenmündigkeit und bewusster Konsum sind gefragt. Mehr Nüchternheit ist nicht schlecht, bedeutet jedoch nicht automatisch mehr Achtsamkeit, ist aber eine gute Grundlage dafür. Eine gesteigerte persönliche Meditations-, Yoga- und Sportpraxis ist beim Umgang mit Drogen jedoch der Joker, weil sie das Bedürfnis nach Rausch gezielt senken und das Bedürfnis nach Nüchternheit und Klarheit erhöhen kann.

Die Bedeutung von Ritualen

Rituale können wir als wiederholte sinnvolle Handlungen definieren. Gerade viele Aktivist*innen, wie auch immer mehr andere Menschen leiden an einem entgrenzten und unregelmäßigen Alltag, die neoliberalen Arbeits- und Lebensverhältnisse lassen grüßen. Ganz zu Anfang dieser Erfahrung nach Ausbildung, Studium oder geregelterem Job freuen sich viele Menschen über diese Abwechslung, aber auf Dauer empfinden sie diese Situation mehrheitlich als belastend. Sich selbstbestimmt eine lebensunterstützende Struktur im Alltag zu schaffen, ist eine der großen Herausforderungen vor der viele Aktivist*innen stehen. Dabei können uns verschiedenste Formen von Ritualen helfen. Rituale können erstmal alles Mögliche sein vom Frühstück bereiten über Morgengymnastik, Atemübung oder Meditation, bewusstes Essen, Kaffee oder Tee trinken, Atempausen zwischendurch bis zum stehend Telefonieren. Dabei bringen Rituale Achtsamkeit in Alltagshandlungen. Der Kernaspekt von Ritualen liegt in der Wiederholung von Aktivitäten mit einer gewissen Menge an Achtsamkeit, woraus ein katalytischer Prozess entstehen kann, der uns erdet und Verbindung schenkt. Diese Art von Ritualen sind sinnstiftende Aktivitäten. Und was hat es mit der Wiederholung auf sich? Ein Aspekt ist, dass es Disziplin verlangt, um etwas oft auf die gleiche Art zu wiederholen. Es braucht den Willen, es zu tun, egal was passiert. Ob wir uns an einem Tag gut fühlen oder schlecht, wir führen trotzdem die ›sinnvolle‹ Handlung durch, und sie erscheint uns dann noch sinnvoller, weil wir in sie schon ›investiert‹ haben. Gerade in stressigen und unstetigen Zeiten tragen uns dann solche Rituale und schenken uns Ruhe.

Um Anregungen zu bekommen, wie solche Alltagsrituale aussehen können, kann folgendes Büchlein mit einem kritisch-zwinkernden Auge gelesen werden:

→ **Lesetipp:** Küstenmacher, Werner Tiki: Eine Handvoll Glück. 50 einfache Rituale, die das Leben erleichtern. München: Gräfe und Unzer 2013.

b.) Entwicklung einer eigenen Spiritualität

Was ist Spiritualität?

Wenn wir der Spiritualität auf die Spur kommen wollen, ist es notwendig den tiefen Kern von Religion wahrzunehmen, wertzuschätzen und diese Essenz von ihrer Form zu trennen. Manchmal wird dies als Unterschied zwischen Religion und Spiritualität beschrieben – zwischen dem organisierten institutionalisierten Glauben von Religion und der individuellen persönlichen spirituellen Erfahrung. Dabei wird unter Spiritualität viel mehr eine Eigenschaft und eine Qualität inneren Handels verstanden, die sich nicht als eine spezielle Theologie, bestimmte Rituale oder religiöse Institutionen eingrenzen lässt. Sie ist eher eine Synthese von Lehren, die in einer großen Vielzahl von Traditionen zu finden sind und oftmals, aber nicht immer als Minderheitsströmungen innerhalb von organisierten Religionen existieren. Dabei handelt es sich oft um mystische und antiautoritäre Strömungen mit einer größeren inneren Unabhängigkeit von den institutionalisierten Religionen. In den westlichen Ländern hat sich nach dem Ende des Zweiten Weltkriegs eine Art spirituelle Gegenkultur etabliert, die von Menschen getragen wird, die weit abseits der Kirchen und der organisierten Religion einer spirituellen Praxis nachgehen.

Für den britischen Psychologen William Bloom ist Spiritualität eine populäre lebensimmanente Fähigkeit:»Ob es dir bewusst ist oder nicht, du praktizierst Spiritualität einfach dadurch, dass du lebst.«[187] Eine spirituelle Praxis kann hiernach alles Mögliche sein, von Meditation über das Wandern in der Natur zu Permakultur und Gärtnern usw. Im Wesentlichen alles, was unseren Sinn für unseren eigenen innewohnenden Wert und Schönheit und des innewohnenden Wertes und innewohnender Schönheit all des Lebens auf der Erde nährt. Es geht um eine persönliche Beziehung – unsere persönliche Beziehung zum Leben.»Deine Spiritualität ist deine Schöpfung«, so Bloom[188]. Dabei schätzt Spiritualität die Unabhängigkeit und Souveränität des Individuums und weiß gleichzeitig um seine wechselseitige Abhängigkeit und Interdependenz in ökologischer wie sozialer Hinsicht.

Für den deutschen Philosophen und Professor Thomas Metzinger ist eine erfahrungsbasierte Selbsterkenntnis ein wesentlicher Aspekt von Spiritualität:»In den aktuellen, lebendigen Erscheinungsformen von

---

187   Bloom, William: Power of Modern Spirituality. London: Piatkus 2011, S. 7. Übersetzung Timo Luthmann.

188   Ebd., S. 9. Übersetzung Timo Luthmann.

Spiritualität geht es primär um Praxis und nicht so sehr um Theorie, um eine bestimmte Form des inneren Handelns und nicht um Frömmigkeit oder darum, dogmatisch an etwas Bestimmtes zu glauben. [...] Spirituelle Personen wollen nicht glauben, sondern wissen. Es geht um eine erfahrungsbasierte Form von Erkenntnis, die mit innerer Aufmerksamkeit, Körpererfahrung und der systematischen Kultivierung bestimmter veränderter Bewusstseinszustände zu tun hat.«[189] Aus dieser erfahrungsbasierten Selbsterkenntnis entsteht für Metzinger eine ethische Grundhaltung. »Andererseits ist es aber immer ganz klar, dass es bei Spiritualität nicht um Therapie allein oder um eine verfeinerte Form von Wellness geht, sondern in einem sehr starken Sinn um ethische Integrität durch Selbstwissen, um eine radikale, existentielle Form von Befreiung durch Selbsterkenntnis; und in vielen Traditionen ist es auch sehr deutlich, dass es dabei immer so etwas wie eine geistige Schulung, einen Übungsweg, eine innere Form von Tugend oder Selbstvervollkommnung gibt. Man findet also ganz am Anfang einen Wissensaspekt und einen normativen Aspekt, und das bedeutet: Es geht bei der spirituellen Einstellung zur Welt in einem sehr besonderen Sinn gleichzeitig um Erkenntnis und um Ethik. Die spirituelle Einstellung ist eine Ethik des inneren Handelns um der Selbsterkenntnis willen.«[190] In dieser in der Selbsterkenntnis ruhenden Ethik wurzelt die große Bindungskraft und Toleranz von spirituell lebenden Menschen. Anstatt die verschiedenen Religionen im ständigen moralischen Konflikt miteinander zu sehen, betont moderne Spiritualität die ethischen Gemeinsamkeiten und heißt sie willkommen. Der radikal individualistische Zugang zu Ethik bei moderner Spiritualität ist aber nicht vom Ego geleitet und charakterisiert eher einen ›von ihrem Inneren geführten‹ Menschentyp, den ein hohes Maß an individueller Verantwortung prägt. Diese Qualität wird auch vielen spanischen Anarchist*innen im 19. und 20. Jahrhundert nachgesagt.[191]

Das Problem von Sprache und Spiritualität

Die gesuchte Form von Erkenntnis ist nicht propositional, d. h. es geht nicht um wahre Aussagen. Es geht auch nicht um gedankliche Einsichten und die gesuchte Form von Erkenntnis ist deshalb sprachlich nicht kom-

---

189 Metzinger, Thomas: Spiritualität und intellektuelle Redlichkeit. Ein Versuch. Selbstverlag 2013, S. 7. http://www.philosophie.uni-mainz.de/Dateien/Metzinger_SIR_2013.pdf (Zugriff 15.3.2019).
190 Ebd., S. 9.
191 Siehe Barclay, Harold: Völker ohne Regierung. Eine Anthropologie der Anarchie. Berlin: Libertad Verlag 1985, S. 219f.

munizierbar, sie kann höchstens angedeutet oder gezeigt werden. Auch linke Praxis besitzt spirituelle Elemente. Das Problem liegt darin, eine gemeinsame Sprache zu finden, wenn wir uns über Spiritualität austauschen. Viele Begriffe aus religiösen Traditionen wirken auf Linke befremdlich, esoterisch und ein durchaus begründeter anti-klerikaler Reflex wird stimuliert.

Um politisch für Spiritualität zu argumentieren, ist es sinnvoll, ihren möglichen politischen Nutzen zu erörtern. Sachliche Argumente können den Anstoß dazu geben, uns mehr mit spirituellen Themen auseinanderzusetzen oder toleranter und offener für uns befremdliche Praxen zu werden. Und trotzdem lässt sich Spiritualität nicht verordnen wie eine Therapie. Die Entwicklung einer persönlichen Spiritualität gleicht vielmehr einer Liebesbeziehung und ihre Praxis gleicht mehr einer Kunst als einer Wissenschaft (Dorothee Sölle).

Welchen Nutzen hat Spiritualität für Aktivist*innen?

Die bekannte amerikanische Aktivistin, Autorin und Trainerin Starhawk betont, dass aus ihrer Erfahrung Aktivist*innen, welche sich komplett von jeder Form spiritueller Praxis fernhalten, früher oder später von Burnout bedroht sind, wobei im Gegensatz diejenigen, die über eine solche Praxis verfügen, durchweg wissen, wie sie sich neu beleben und ihr Feuer am Brennen halten. Dies sollte nicht dogmatisch verstanden werden, insbesondere weil Spiritualität einen weiten Spielraum bietet, welche Tätigkeiten und Zugänge sie umfasst. Klar ist jedoch, dass Spiritualität als ein Schlüsselfaktor für eine starke persönliche Resilienz gesehen werden kann. Es gibt viele Studien, die die psychischen und physischen Vorteile von spiritueller Praxis für das Individuum belegen. Die folgende längere Auflistung von Vorteilen des Psychologen William Bloom veranschaulicht, was uns Spiritualität bringen kann:

* Verbindung mit den Wundern und der Energie des Lebens
* Werte und die Kraft gut zu sein, gut zu handeln und anderen zu helfen
* Entwicklung unseres Herzens, Mitgefühls und Bewusstseins
* Eine achtsame, solide und inspirierende Stärke, die uns durch gute und schlechte Zeiten trägt
* Ein Gefühl für Sinn, persönliche Integrität und Zweck unabhängig vom materiellen Erfolg und der Meinung anderer
* Ein tragendes Wohlgefühl, welches die physische und psychische Gesundheit unterstützt und

★ Eine tiefe Lebensfreude, die auch präsent ist während Herausforderungen und Leiden.

In der schon erwähnten Kurzstudie *Micropolitics and Collective Liberation: Mind/Body Practice and Left Social Movements* des kanadische Politikwissenschaftlers James K. Rowe, welche auch das Feld der Spiritualität betrifft, veranschaulicht Rowe, dass der Nutzen nicht nur bei Selbstfürsorge und Resilienz, sondern auch bei besserer Vorbereitung für direkte Aktionen liegt, Transformierung von Traumata, Verkörperung von befreienden Werten und Verhaltensweisen und die Verbesserung von organisatorischer Effektivität.

Trotz all der nützlichen Effekte lässt sich Spiritualität nicht mit Nützlichkeitsdenken alleine begreifen, sondern geht darüber hinaus.

➡ **Lesetipp:** Horwitz, Claudia: The Spiritual Activist. Practices to Transform Your Life, Your Work, and Your World. New York: Penguin 2002.

Beten als Kraftquelle und Inspiration

»Bete für die Toten und kämpfe höllisch für die Lebenden!« – Mother Jones

Gebet als Kraftquelle und Inspiration. Dies wirkt auf säkulare linke Aktivist*innen erst mal befremdlich, doch keine Angst, es gibt auch einen Nachhaltigen Aktivismus, ohne Beten zu müssen. Gleichzeitig ist dies für Christ*innen und viele Aktive aus sozialen Bewegungen in Lateinamerika und anderen Ländern des globalen Südens eine Selbstverständlichkeit. Wenn Repression stärker wird und die Auseinandersetzungen der sozialen Bewegungen mit dem Staat, Konzernen oder anderen privatisierten Gewaltblöcken das Gesicht eines sozialen Krieges annimmt, ist Beten ein mächtiges Werkzeug persönlicher Transformation und kollektiver Sinnstiftung. Ebenso ist Beten eine grundlegende Form Trauer auszudrücken.

Aber auch bei linken Christ*innen in Deutschland hat Beten als Kraftquelle und Inspiration für soziale Veränderung Tradition, wie z. B. das Gorlebener Gebet oder das politische Nachtgebet in Köln. Dass kritische Vernunft, radikales Engagement und Frömmigkeit zusammengehen können, haben z. B. die feministische Theologin Dorothee Sölle oder die amerikanische Anarchapazifistin Dorothy Day vorgelebt. Für die Organizerlegende Cesar Chavez von den United Farmworkers in den USA war

Beten eine wichtige Kraftquelle, mit der er sich auf gefährliche Aktionen vorbereitet hat. Die Liste von einflussreichen Persönlichkeiten aus sozialen Bewegungen, für die Beten wichtig war, lässt sich hier beliebig erweitern, von Thomas Münzer, Thomas Merton, über Martin Luther King bis zu Mother Jones.

Was meine ich mit Beten?

»Absolute ungeteilte Aufmerksamkeit ist Gebet.« – Simone Weil

Ich verstehe darunter nicht ein geistloses Verständnis von Beten, welches uns von der Verantwortung für unser Handeln auf dieser Erde freispricht und alles ›nach oben‹ delegiert. Und doch drückt der Akt des Betens unsere Hilfsbedürftigkeit aus und markiert den Punkt, an dem wir erkennen, was wir verändern können und wo wir auf Hilfe von außerhalb unseres Selbst angewiesen sind.

Beten transzendiert unser Ego. Es ist eine geistige Übung, die keinen Theismus erfordert und auch Atheist*innen offensteht. Du musst nicht religiös sein oder an Gott glauben, um zu beten. Du musst nur die Intention haben, dich mit etwas Größeren als deinem Ego zu verbinden. Beten ist eine Äußerung direkt aus dem Herzen in das Universum. Selbst wenn du kein*e Theist*in bist, kannst du beten, solange es dir möglich ist, dein Herz zu öffnen und die ›Spirits‹ einzuladen. Diese Lebensgeister müssen nicht buchstäblich Wesen sein, an die du glaubst; dies kann einfach eine Metapher sein, um sich dem Universum und dem, was es heißt, am Leben zu sein, zu öffnen. Beten ist ein Weg heraus aus der Egopsychologie, indem du aus dir selbst herausgehst und dich von etwas Größerem als dir selbst führen lässt. Dieser Autonomieverlust kann vom linken Ego als Fremdbestimmung aufgefasst werden, ist jedoch eine zutiefst menschliche Erfahrung unserer Interdependenz mit dem Leben und findet seinen Ausdruck in Verlust, Krankheit und Tod. Die feministische Psychotherapeutin Miriam Greenspan, die in einem Flüchtlingscamp in Süddeutschland als von zwei jüdischen Holocaust-Überlebenden geboren wurde, unterscheidet drei grundlegende Gebete: *Help me*, *Thank you* und *I surrender*. Sie sagt, wenn du *hilf mir, danke dir* oder *ich übergebe/überlasse* sagen kannst, dann kannst du auch beten.

→ **Lesetipp:** Mehr dazu in dem wunderschönen Buch von Greenspan, Miriam: Healing through the Dark Emotions. The Wisdom of Grief, Fear, and Despair. Boston: Shambhala Publications 2004, S. 290f.

Stärken der emotionalen Resilienz

Emotionen spielen beim Umgang mit Krisen wie dem Klimawandel eine entscheidende Rolle, ob wir z. B. mit Leugnung oder Abwehr reagieren oder empathisch handeln. In Bewegungsdiskursen, die im Wesentlichen politisch-rational geprägt und somit von unserer linken Gehirnhälfte dominiert sind, ist kein Platz für Emotionen. Einerseits müssen wir, um angemessener auf Krisen reagieren und politisch erfolgreicher sein zu können, Emotionen mehr Platz in unseren gemeinschaftlichen und politischen Leben einräumen. Auf der anderen Seite spielen Emotionen bei der Entwicklung einer persönlichen Widerstandskraft eine bedeutende Rolle. In diesem Zusammenhang möchte ich nun auf die reiche Arbeit von Dr. Carolyn Baker, einer amerikanischen Psychotherapeutin und Dozentin für Geschichte verweisen, die sich intensiv mit emotionaler Resilienz in Krisenzeiten beschäftigt hat. Ausgehend von der sich immer stärker belegenden Hypothese eines Niedergangs der industriellen Zivilisation, beschäftigt sie sich in *Sacred Demise: Walking the Spiritual Path of Industrial Civilization´s Collapse* und *Navigating the Coming Chaos: A Handbook for Inner Transition* mit den inneren Dimensionen der Transformation. Sie sieht dabei den Niedergang der Zivilisation in ihrer jetzigen industriell-kapitalistischen Form als einen Initiationsprozess, wodurch wir unsere kindische Selbstbezogenheit und Narzissmus in eine reifere Weltsicht verwandeln können. Anstatt mit Leugnung, Wut oder oberflächlichem und reflexhaftem Aktivismus zu reagieren, führt uns Baker in Richtung Akzeptanz und Anpassung an die Krise. Sie bezieht sich auf Arbeiten von Eckhart Tolle, Forschungen zum Trauerprozess u. a. von Elisabeth Kübler-Ross, der Jung'schen Psychologie sowie Schriften von Viktor Frankl und auf verschiedenste religiöse und spirituelle Traditionen. In ihrem letzten Buch befindet sich auch ein Aufsatz, den sie im März 2011 anlässlich der Katastrophe von Fukushima geschrieben hat, aus dem ich im Folgenden ihre zehn Wege, um emotionale Resilienz zu entwickeln, darlegen möchte:

Zehn Wege zur Entwicklung von emotionaler Resilienz nach Carolyn Baker
»1. Verstehe, dass industrielle Zivilisation [Kapitalismus, ...] an sich schon traumatisierend ist. Erstelle eine Liste mit Wegen, wie sie dich und jene für die du Zuneigung empfindest, verletzt hat.
2. Wenn du in einer *Transition Town*-Initiative involviert bist, starte oder beteilige dich an einer *Heart and Soul*-Gruppe, wo die Psychologie der Veränderung (siehe Rob Hopkins: Energiewende. Das Handbuch:

Anleitung für zukunftsfähige Lebensweisen) in der Tiefe diskutiert werden kann und wo Gruppenmitglieder ihre Gefühle über den sich beschleunigenden Kollaps teilen können sowie die Möglichkeit haben, zu diskutieren, wie sie sich darauf emotional vorbereiten.

3. Werde vertraut mit deinem emotionalen Repertoire, wie du mit deinen Emotionen umgehst bzw. nicht umgehst. Stelle dir die Art von Emotionen vor, die du und andere wahrscheinlich in einer sich auflösenden Welt fühlen werdet. Wie stellst du dir dich selbst beim Umgang mit diesen Gefühlen vor? Wie würdest du es bevorzugen, mit ihnen umzugehen?

4. Denke darüber nach, wo du dich in einer zunehmend anstrengenden Welt in Acht nehmen musst. Von welchen Stressfaktoren musst du dich zurückziehen? Welche selbstnährenden Aktivitäten musst du ausbauen?

5. Wer ist dein Unterstützer*innensystem? Wenn du in deinem Leben keine Menschen hast, mit denen du das gegenwärtige und kommende Chaos diskutieren kannst, bist du doppelt gestresst. Finde Menschen, mit denen du darüber regelmäßig sprechen kannst.

6. Was tust du, um Freude in deinem Leben zu schaffen? Hast du Plätze in deinem Leben, wo du Spaß haben kannst, ohne dafür Geld auszugeben oder über die Vorbereitungen für die Zukunft reden zu müssen?

7. Was tust du, um Schönheit zu erschaffen? Das Leben wird vielleicht auf vielen Ebenen hässlicher, einschließlich unserer physischen Mitwelt. Wie kannst du mehr Schönheit verströmen? Nutze Kunst, Musik, Poesie, Tanz, Theater, Geschichten oder andere Medien, um die Schönheit in deiner Gemeinschaft oder deiner unmittelbaren Umgebung zu fördern.

8. Erwäge einen regelmäßigen Poesielesesalon zu gründen. Menschen können z. B. monatlich zusammenkommen, um Gedichte und Geschichten zu teilen, die die volle Breite von menschlichen Emotionen ausdrücken. Viele Gemeinschaften haben poesieteilende Veranstaltungen als sehr reiche Orte wahrgenommen, um Verbindungen untereinander und die eigene emotionale Resilienz zu vertiefen.

9. Verbringe soviel wie möglich Zeit in der Natur. Lies Bücher und Artikel über Ökopsychologie. Unternimm kontemplative Wanderungen oder Trekkingtouren und gehe bewusst mit der Natur in Dialog. Margaret Emersons *Contemplative Hiking Along the Colorado Front Range* ist ein exzellenter Reiseführer.

10. Beschäftige dich mindestens zweimal am Tag mit einer Art Achtsamkeitspraxis wie z.B. Meditation, inneres Zuhören, Tagebuch Schreiben oder eine geführte Visualisierung.«[192]

Emotionale Resilienz, wie auch allgemeines Resilienztraining, werden in unserer zunehmend krisenhaften kapitalistischen Gesellschaft immer populärer. Dabei kommt ein verkürztes Verständnis von Akzeptanz zur Anwendung, bei der die emotionale Resilienz ausschließlich dazu benutzt wird, dass wir im Kapitalismus besser überleben und funktionieren. Die gesellschaftlichen Verhältnisse sollen dabei nicht geändert werden. Eine Adaption von emotionaler Resilienz in Bezug auf nachhaltigen Aktivismus bedeutet hierzu ein Gegengewicht zu schaffen und Resilienz mit *Resistance*, gesellschaftlichen Widerstand gegen Unterdrückung und Ausbeutung und für ein befreiteres Leben für Alle, zusammenzuführen.

---

192 Baker, Carolyn: Collapsing consciously. Transformative truths for turbulent times. Berkeley: North Atlantic Books 2013, S. 28f.

c.) Radikale Akzeptanz

»Gib mir die Gelassenheit, Dinge hinzunehmen, die ich nicht ändern kann, den Mut, Dinge zu ändern, die ich ändern kann, und die Weisheit, das eine vom anderen zu unterscheiden.« – frei nach Reinhold Niebuhr

Als Politaktivist*innen haben wir einen hohen Anspruch an uns selbst. Wir glauben daran, die Welt verändern zu können. Autonomie und Selbstbestimmung sind für uns zentrale Werte. Wenn wir in Situationen geraten, in denen wir unsere eigene Machtlosigkeit spüren, stellt dies fundamental unser Selbstbild in Frage, was eine tiefe Ohnmacht und Leere bei uns hinterlassen kann. Außerdem spielt teilweise Leistungsdenken, wenn auch nicht bewusst, eine wichtige Rolle. Wir müssen uns das Glück, Anerkennung, die Freiheit verdienen. Dieses Weltbild kann manchmal recht erbarmungslos sein und hilft uns nicht dabei, persönliche Krisen gestärkt zu meistern. Es geht aber nicht immer nur um Selbstoptimierung, sondern im Kern geht es um bedingungslose Selbstannahme, Selbstliebe, radikale Akzeptanz. Dies betrifft einerseits uns selbst und andererseits Leid in der Welt, welches wir gerade persönlich nicht verhindern können. Dies bedeutet nicht etwa, vor dem Kapitalismus, dem Patriarchat oder unseren eigenen Egoismen zu kapitulieren, sondern dass wir ein menschliches Maß brauchen und Emanzipation und Revolution als prozesshaft begreifen müssen. Die Grundlage von Nachhaltigem Aktivismus liegt in der radikalen Akzeptanz. Von dort aus können wir selbst glücklich sein, Leid minimieren und mit anderen Menschen eine befreitere Welt aufbauen.

Gehe jenseits von Erfolg und Niederlage

Eine burnoutgefährdete Situation entsteht, wenn unser persönliches Wohlergehen von dem Erfolg unserer Kampagne oder politischer Arbeit abhängt. Unser Ego ist stark auf den Erfolg unserer Kampagnen fixiert, aber im Kern sind wir von unseren Werten motiviert. Der beste Weg, um sich einem Leben mit effektiven Aktionen zu widmen, ist die Bewusstwerdung unserer persönlichen Werte und die Ausrichtung unserer Handlungen daran, unabhängig von Erfolg oder Niederlage zu einer bestimmten Zeit. Es ist sehr hilfreich, wenn wir einen Geisteszustand entwickeln, bei dem wir den Ausgang unseres Engagements akzeptieren können und gleichzeitig mit all unserer Leidenschaft für das gewünschte Ergebnis arbeiten. Du erreichst nichts dadurch, dass du dich persönlich im Widerstand auszehrst und dich weigerst, die Welt so zu sehen, wie sie zur Zeit ist, auch wenn sie voll struktureller Gewalt und Ausbeutung ist. Zentral ist es, die Welt erst einmal klar zu sehen, wie sie ist (dies ist auch der Sinn der buddhistischen Vipassana-Meditation) und dann die Wege zu finden, um an ihrer Veränderung zu arbeiten. Dies ist kein einfacher Prozess und verlangt oft ein tieferes persönliches Verständnis von unserem Leben. Eine Meditationspraxis kann in diesem Zusammenhang eine große Hilfe für unser politisches Handeln sein. Achtsamkeits-, Vipassana- oder Zenmeditation stärken unser Bewusstsein für die Komplexität des Lebens und des Universums, und unsere kleine Größe im Ganzen. Deine Rolle ist es, zur Veränderung in dem Maße beizutragen, wie es dir möglich ist, und dich nicht zu foltern, nur weil du eine bestimmte Situation nicht überwinden kannst.

Radikale Akzeptanz in diesem Sinne ist weder Verzweiflung oder Resignation noch bedeutet sie, anderen Dingen zuzustimmen. Zu akzeptieren, dass es Ungerechtigkeit in unserer Welt gibt, ist der wichtigste erste Schritt, um dich zu organisieren, um die Zustände zu verändern. Wir müssen lernen, zu unterscheiden, wie wir innerlich Fakten verarbeiten und wir äußerlich auf diese Fakten durch unser politisches Handeln reagieren. Innerlich ist es das Beste, die Ausgangslage zu akzeptieren, wie die Welt zur Zeit zu sein scheint, äußerlich ist es das Beste, einen konstruktiven Weg einzuschlagen, um die Konditionen von der Wurzel ausgehend zum Besseren zu verändern. Dadurch minimieren wir unser inneres Leiden über den Zustand, den wir verändern wollen, und können diese Energie kanalisieren, um unsere politischen Handlungen effektiver zu machen. Dieses innere Annehmen kann aber auch ein schmerzhafter Prozess sein. Lerne und praktiziere die Kunst des Loslassens – konfrontiere, akzeptiere und arbeite dich auf eine für dich mitfühlende Art und Weise durch deinen Schmerz und deine Ängste, bis du an den Punkt kommst, an dem du sie loslassen und überwinden kannst.

Anerkennung der eigenen Fehler und Schwächen
Neben dem Annehmen der gesellschaftlichen Ausgangslage bedeutet radikale Akzeptanz in Bezug auf das Individuum bedingungslose Selbstannahme und Selbstliebe. Oft gehen wir ziemlich hart mit uns selbst um und diese Härte lässt uns dann auch weniger mitfühlend und herzlich gegenüber unserem Umfeld agieren. Gerade viele Politaktivist*innen mit ihren Idealen haben eine sehr geringe Fehlertoleranz, was Verhalten und Sprache innerhalb der Szene angeht. Dies lässt die Szene exklusiver erschei-

nen und kann ihre Anziehungskraft und Dynamik einseitig für Menschen attraktiv machen, die eine Identität oder Gruppe suchen. Andererseits aber begrenzt dies ihre soziale Wirkmächtigkeit innerhalb der Gesellschaft. Eine wichtige Grundlage von Nachhaltigem Aktivismus ist eine nicht egoistische und leistungsorientierte Selbstfürsorge, welche in radikaler Akzeptanz als bedingungslose Selbstannahme und Selbstliebe wurzelt. Diese tiefgehende Akzeptanz unseres Selbst kann ein langwieriger Prozess sein, der viel Energie kosten kann, aber uns langfristig befreiter leben und handeln lässt.

Vertrauen und Vergebung

Vergebung hat nichts mit Vergessen zu tun. Ganz im Gegenteil ist, das Erinnern und die Wahrheit auszusprechen, wesentlicher Teil von Vergebung, genauso wie Wiedergutmachung. Die Anklage von Unrecht ist der Vergebung vorgelagert. Erst wenn dieser Prozess gelaufen ist, besteht eine Grundlage auf der Vergebung sinnvoll geschehen kann. Ein Beispiel hierfür ist die Wahrheits- und Versöhnungskommission (engl. *Truth and Reconciliation Commission*, kurz TRC), eine südafrikanische Einrichtung zur Untersuchung von politisch motivierten Verbrechen während der Zeit der Apartheid. Nach Desmond & Mpho Tutu sind im Zyklus der Vergebung die erste Phase, die Geschichte zu erzählen und die zweite Phase, die Verletzung beim Namen zu nennen, der Vergebung (dritte Phase) vorgelagert. Vergebung ist in diesem Fall der Aspekt der radikalen Akzeptanz, indem wir die Menschlichkeit des anderen anerkennen.

Vergebung kann befreiend sein. Nicht nur für unser Gegenüber, sondern auch für uns selbst. Wir unterschätzen oftmals, wie Rachegefühle und Hass uns selbst zerfressen können. Für Eva Kor, die als Jüdin unter den Zwilligsexperimenten von Dr. Mengele in Auschwitz und dem Holocaust gelitten hat, ist Vergebung im Kern nichts weiter als ein Akt der Selbstheilung und des ›Self-Empowerment‹. »Ich habe den Nazis nicht vergeben, weil sie es verdienen, sondern weil ich es verdiene.«[193]

---

193 Cantacuzino, Marina: The forgiveness project. Stories for a vengeful age. Philadelphia: Jessica Kingsley Publishers 2016, S 47. Übersetzung Timo Luthmann.

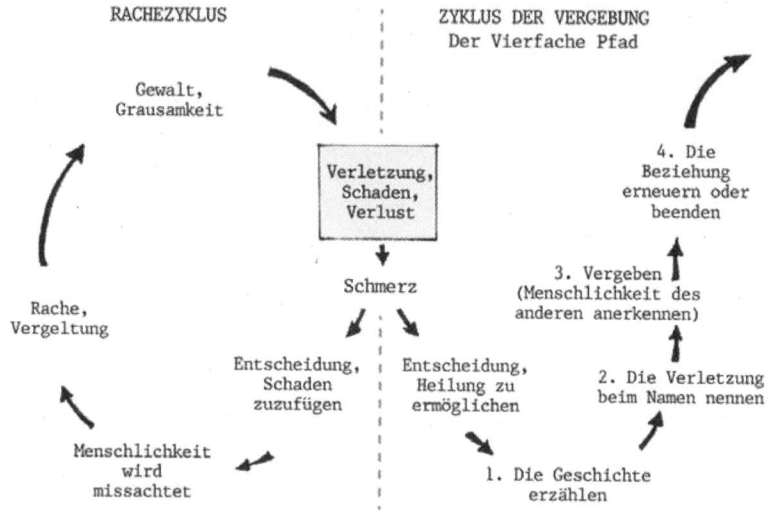

RACHEZYKLUS

Gewalt,
Grausamkeit

Rache,
Vergeltung

Menschlichkeit
wird
missachtet

Entscheidung,
Schaden
zuzufügen

Verletzung,
Schaden,
Verlust

Schmerz

Entscheidung,
Heilung zu
ermöglichen

ZYKLUS DER VERGEBUNG
Der Vierfache Pfad

4. Die
Beziehung
erneuern oder
beenden

3. Vergeben
(Menschlichkeit des
anderen anerkennen)

2. Die Verletzung
beim Namen nennen

1. Die Geschichte
erzählen

Tutu, Desmond / Mpho Tutu: Das Buch des Vergebens. Berlin: Ullstein Taschenbuch 2015, S. 53.

Es geht dabei nicht um einen billigen Frieden, sondern Vergebung erfordert viel Mut und Vertrauen in das Leben und erfordert gleichzeitig eine achtsame Widmung für wiedergutmachende Gerechtigkeit (*restorative justice*). Es geht darum, zu lernen, uns aus entwicklungspsychologischer Sicht zu entfalten und die Verhältnisse zu verändern. In diesem Sinne mündet Vertrauen in Vergebung und ist ein Teilaspekt von radikaler Akzeptanz.

Zusammenfassend: Gewohnheiten vs. Praxis

Beim individuellen Resilienzbildungszyklus haben wir die verschiedenen Dimensionen der persönlichen Veränderung Stück für Stück genauer kennengelernt: Raum für Bewusstheit schaffen, Reflexion, Fokus und Balance. Wenn wir dies nun knackig auf den Punkt bringen wollen: Es geht darum, es anders zu machen, es geht um Praxis.

Gewohnheiten = unbewusste, wiederholende Handlungen
Praxis = kontinuierlich wiederholende Handlungen, die in bewusster Weise für einen bestimmten Zweck durchgeführt werden.

Dieses Konzept der Praxis kommt aus den Kampfkünsten und dem Zen-Buddhismus und wurde u. a. von Ng'ethe Maina, Staci Haines[194] und Norma Wong[195] als Teil einer politischen Praxis in soziale Bewegungen eingebracht. Um unsere individuelle Widerstandskraft zu stärken müssen wir aus unbewussten Gewohnheiten ausbrechen und durch eine eigene Praxis Tag für Tag, Schritt für Schritt bewusst lernen und uns bewegen. Diese individuelle Praxis (des Nachhaltigen Aktivismus) hilft uns, uns selbst zu verändern, damit wir Gruppen, Systeme und Kulturen verändern können. Gleichzeitig können wir auch in Gemeinschaft praktizieren, wodurch Praxis zusätzlich an Veränderungskraft gewinnen kann. Dies wird als kollektive transformative Praxis bezeichnet und darauf gehe ich später noch gesondert im Bereich kollektiver Resilienzbildungsstrategie auf der Gruppenebene ein. Eine eigene Praxis zu entwickeln, halte ich für einen wesentlichen Bestandteil eines Nachhaltigen Aktivismus. Dies kann auf verschiedenen Ebenen geschehen.

Unsere Gewohnheiten können sich gegen uns richten, indem sie innere Weite in unseren Tagen und in unserem Leben minimieren. Das Schaffen von Geräumigkeit – ein Atemzug, ein Moment oder ein Zeitraum innezuhalten ist ein weiteres Schlüsselelement von Selbstfürsorge. Es erlaubt uns, einen langen Atem zu behalten, eine weitere Perspektive einzunehmen, unsere Kreativität zu befreien und mehr zu erreichen.

---

194 Maina, Ng'ethe / Staci Haines: *The Transformative Power Of Practice*. 2008, https://generativesomatics.org/wp-content/uploads/2019/10/Transformative-Power-of-Practice.pdf (Zugriff 15.3.2019).
195 Siehe Movement Strategy Center: *PRACTICE*. 2017, http://movementstrategy.org/practice/ (Zugriff 7.3.2019).

Schaffen von innerer Weite und Raum für Bewusstheit
Genauso wie ein Feuer Platz zum ›Atmen‹ zwischen den Scheiten braucht, brauchen wir eine innere Weite in unseren Tagen, um wirkungsvoll und nachhaltig zu sein. Weiter unten sind einige praktische Tipps aufgelistet, wie wir Weite in unsere tägliche Praxis miteinbeziehen können, die von Norma Wong[196] stammen.

Innere Weite oder Geräumigkeit wird für Nachhaltigkeit und oft auch für Kreativität gebraucht. Spannungen lassen mit Raum nach; Erneuerung und Erholung brauchen Zeit. Wir wissen dies und dennoch löst Geräumigkeit Ängstlichkeit in uns aus. Wenn es ›Extrazeit‹ gibt, versuchen wir oft, sie zu füllen. Wir fühlen uns schuldig anzuhalten, selbst wenn wir sehr müde und ausgebrannt sind.

Indem wir Bewusstsein auf unsere Gewohnheiten richten, können wir absichtliche Praxen kultivieren, welche wiederholte Handlungen sind, die für einen spezifischen Nutzen bewusst ausgeführt und die über einen Zeitraum verbessert werden können. Schau dir deine täglichen Aktivitäten an, welche Gewohnheiten hast du, die deine Selbstfürsorge sabotieren? Packst du dir deinen Kalender zu voll mit Treffen, schaffst du es mittags nicht, regelmäßig warm zu Essen, oder vergisst du, ausreichend zu trinken? Indem du dir diese Gewohnheiten bewusst machst, kannst du leicht Selbstfürsorgepraxen identifizieren. Denke an deine schlechten Angewohnheiten und wie du darauf mit Gegenpraxen reagieren kannst. Frage dich selbst: ›Was mache ich, um auf mich achtzugeben? Mache ich etwas, das mir schaden könnte?‹

Es geht darum, in Handlungen Bewusstheit zu bringen. Im Zen-Buddhismus wird diese Fähigkeit bis zur Perfektion kultiviert. In der Gemeinschaft des vietnamesischen Zenmeisters Thích Nhất Hạnh sind beispielsweise achtsames Reden, Gehen, Essen, Sitzen und Atmen wesentliche Praxen.

Zehn Praxisvorschläge
Hier sind ein paar Wege, wie du eine Praxis für dich selbst aufnehmen kannst. Nimm dir fünf Minuten am Tag um etwas Regenerierendes für dich zu tun, bis es eine Praxis für dich wird und du dich danach sehnst.

---

196 Siehe Wong, Norma: *Creating Spaciousness*. 2015, http://www.movetoendviolence.org/wp-content/uploads/2015/05/creatingspaciousness_final2.pdf (Zugriff 15.3.2019).

Bewusstes Atmen

Praktiziere tiefe Bauchatmung. Der Atem verbindet Körper und Geist. Mit unserer Atmung können wir einerseits bewusst unseren Geist beruhigen und gleichzeitig unseren Körper vitalisieren. Nimm dir einen Moment Zeit, um dir deinen Atem bewusst zu machen. Verlangsame ihn zu einem kontinuierlichen atmen, der sich nicht zu gehetzt oder zu langsam anfühlt, dass der Atem unterbrochen wird. Atme langsam ein und aus und fokussiere die Energie deines Atems unterhalb deines Bauchnabels. Spüre, wie sich deine Bauchdecke hebt und senkt. Fokussiere dich auf einen beständigen, gleichmäßigen Atem mit einem ausgeglichenen Rhythmus, welcher die Energie des Einatmens in den Unterbauch bringt.

Trinken

Trinke genug im Laufe deines Tages. Wasser zu trinken, ist eines der einfachsten und essenziellsten Dinge, die du für deine Selbstfürsorge tun kannst. Wasser zu trinken, schenkt dir Energie und hilft deiner Verdauung. Wusstest du, dass 85 % deines Gehirns aus Wasser bestehen? Wenn du dehydriert bist, dann verhält sich dein Körper und Geist so, als wenn ein Auto keinen Sprit und kein Öl mehr hat. Besorge dir eine geeignete Flasche, die du schön findest und aus der du gerne trinkst, und führe sie immer bei dir.

Goldene Handregel für Individuen

Multitasking ist ein Mythos. Wir können nur eine handvoll Dinge in einer bestimmten Zeit erledigen. Wenn wir wissen, was unsere handvoll Prioritäten sind, erhöht dies Energie, Kreativität und Fokus für das, was wir als Ganzes tun.

1. Identifiziere fünf Prioritäten – nur fünf
2. Mindestens eine der fünf Prioritäten sollte eine Selbstfürsorgepraxis sein.

20-20-20

Wenn du am Computer arbeitest, mache alle 20 Minuten eine Pause und schaue für 20 Sekunden 20 m weiter weg. Dies wird deinen Augen ermöglichen, sich neu durch Wimpernschläge zu befeuchten, und gibt deinem arbeitenden Geist die Chance, sich neu zu sortieren. Keine Angst, du wirst nichts vergessen.

Bildschirmfreie Zeit

Schalte deine elektronischen Geräte für eine Weile ab. Probiere es aus, sie 30 Minuten nicht mehr zu benutzen, bevor du schlafen gehst. Das wird dir helfen, besser zu schlafen. Versuche sie ›abzuschalten‹ während du eine Mahlzeit zu dir nimmst oder ins Badezimmer gehst. Lies deine Emails nicht auf deinem Smartphone. Erwäge wirklich, dich mit einem bildschirmfreien Wochenende zu verwöhnen.

Verlasse das Gebäude

Nimm einen (kurzen) Spaziergang in der Sonne. Ironischerweise kommen Raucher*nnen in den Genuss dieser Praxis, weil sie regelmäßig zum Rauchen nach draußen gehen. Nimm den Nutzen von kleinen Pausen draußen in Anspruch. Norma Wong empfiehlt, sich selbst die Affirmation zu sagen: ›Ich verdiene eine Frischluftpause.‹

Pausen

Plane während intensiver Arbeitsphasen regelmäßige (kurze) Pausen mit ein. Es scheint zuerst kontraintuitiv zu sein, aber wir arbeiten besser wenn wir uns Pausen nehmen. Eine allgemeine Regel besagt, nimm dir mindestens 10 bis 15 Minuten Pause für jede 90 Minuten intensive Arbeit.

Tagebuch oder Morgenseiten schreiben

Tagebuch zu schreiben, kann viel zu unserer inneren Klarheit beitragen. Persönlich habe ich Tagebuchschreiben insbesondere in vielen Lebenssituationen, in denen intime Gesprächspartner*nnen fehlten, als sehr befreiend empfunden. Das Konzept, Morgenseiten zu schreiben, bedeutet assoziatives Schreiben ohne darüber nachzudenken. Dabei wird am Besten handschriftlich direkt nach dem Aufstehen drauflos geschrieben, was gerade in uns ist, egal was. Diese Methode, welche von Julia Cameron zur Entfaltung von persönlicher Kreativität entwickelt wurde[197], wird von verschiedensten Aktivist*innen als ein Weg zu mehr persönlicher Klarheit sehr geschätzt.

Entdecke befreiende Erzählungen

Mache dich auf die Suche nach vom neoliberalen Optimierungswahn befreienden Erzählungen. Beispiele hierfür gibt es im Buddhismus und Christentum oder gönne dir Lektüre von befreienden Philosophien. »Im

---

197 Siehe Cameron, Julia: Der Weg des Künstlers. Ein spiritueller Pfad zur Aktivierung unserer Kreativität. München: Knaur 2009.

Denken Buddhas, Eckharts, Marx' und Schweitzers sind bemerkenswerte Parallelen festzustellen: ihre radikale Forderung nach Aufgabe der Orientierung am Haben, ihre antiautoritäre Position und ihr Eintreten für völlige Unabhängigkeit, ihre metaphysische Skepsis, ihre ›gottlose‹ Religiosität und ihre Forderung nach gesellschaftlicher Aktivität im Geiste der Nächstenliebe und menschlichen Solidarität.«[198] Auch ist Poesie sehr mächtig und kann unseren Kopf mit unserem Herz verbinden.

Faulheit
Gönne dir Zeit für bewusste Faulheit und Muße. Wir brauchen absichtsfreie Zeit. Wir brauchen Zeit zum Sein, Herumsitzen, Tagträumen, Rumdösen, langsamen Flanieren, tief Durchatmen und Ausschlafen.

Praxistipps von burnout-betroffenen Aktivist*innen

Nachhaltiger Aktivismus ist kein Rezept zur Heilung von Burnout, sondern im Wesentlichen ein Präventionskonzept, damit es erst gar nicht so weit kommt. Trotzdem sind viele Werkzeuge, die unsere individuelle wie kollektive Resilienz erhöhen, ebenso sehr heilsam und die Wertschätzung von Heilungsprozessen ist eine wesentliche Erkenntnis des Nachhaltigen Aktivismus. Im Kern geht es darum, heilsamer Politik zu machen und so langfristig für eine tiefgreifende Transformation streiten zu können. Wenn Aktivist*innen ernsthaft von Burnout betroffen sind, kann Nachhaltiger Aktivismus kein Ersatz für professionelle Hilfe sein. Im Folgenden möchte ich noch ein paar persönliche Tipps von einer von Burnout betroffenen Aktivist*in nennen, die sie anderen Aktivst*innen mit auf den Weg geben möchte:

»★   Als extrem wichtig hat sich für mich herausgestellt immer auch Freundschaften außerhalb der aktivistischen Kreise gepflegt und erhalten zu haben. Das wäre mein nachdrücklichster Rat: Verlasst euch nicht darauf, dass Menschen, die ihr hauptsächlich über politische Zusammenhänge kennt, auch dann noch da sein werden, wenn ihr selbst aus diesen Zusammenhängen herausfallt. Menschen, die ihr schon lange kennt und die euch schon in Krisen erlebt haben, sind da oft die viel besseren Ansprechpartner*innen. Oder Menschen, mit denen ihr auch andere Themen besprochen und Erfahrungen geteilt habt, als nur zusammen Aktivist*innen gewesen zu sein. Diejenigen, die bei mir nach

198 Fromm, Erich: Haben oder Sein. Die seelischen Grundlagen einer neuen Gesellschaft. 31. Aufl. München: Dt. Taschenbuch Verlag 2003, S. 156.

einem Jahr noch übrig sind, sind Ex-Partner, Ex-Mitbewohner*innen, Freund*innen, mit denen ich durch dick und dünn gegangen bin (politisch und privat) und Leute, die ich seit dem Zusammenbruch kennengelernt und zu denen ich eine sehr intensive, gegenseitig nährende und stützende Beziehung mit regelmäßigem Co-Counselling aufgebaut habe.

★ Knüpft während/nach eurer Krankheit oder einem Klinikaufenthalt neue Freundschaften und Netzwerke mit Menschen, die in ähnlichen Situationen sind. Ihr werdet sie brauchen, denn Vieles werdet ihr nur mit diesen Menschen teilen können oder wollen. Geht in Selbsthilfegruppen oder gründet selbst eine.

★ Es erscheint mir außerordentlich wichtig, auch selbst nicht so zu tun, als sei nichts gewesen: Ich bin jetzt eine andere. Und das bedeutet, dass ich Vieles anders sehe oder infrage stelle, was mit meiner vorherigen (Polit)arbeit zu tun hat und hatte. Seht das als Riesenchance! Schaut euch an, wie viel von dem, was ihr vorher gemacht habt, tatsächlich auch nach einer Zeit der Krankheit noch Bestand hat. Und habt keine Angst euer Leben wirklich zu verändern.«

→ **Lesetipp:** ›A Letter to an activist‹ von Tooker Boomberg, einem Langzeitaktivisten aus Kanada, ist ein Brief in dem er seine Erfahrungen mit Burnout und Depression teilt. Traurigerweise nach weniger als zwei Jahren als er diesen Brief geschrieben hat, nahm sich Tooker das Leben. https://greenspiration.org/letter-to-an-activist-earth-day-2002/ (Zugriff 7.3.2019).

5. Die dritte Säule: Kollektive Resilienzstrategien (Praxis)

Der kollektive Resilienzbildungsprozess

Nachhaltiger Aktivismus basiert auf der Grundannahme, dass es für gesellschaftliche Emanzipation eine Notwendigkeit zur kollektiven Handlung und Organisierung gibt. Analog zum individuellen Resilienzbildungsprozess gibt es auch einen kollektiven Resilienzbildungsprozess. Dieser betrifft verschiedene Aspekte von Gemeinschaft und hat das Ziel, uns gemeinschaftlich widerstandsfähiger zu machen. Indem wir kollektive Ressourcen aufbauen und zur Verfügung stellen, können wir auf Krisen resilienter reagieren. Im Kern steht unsere politische Gruppe, Organisation, unser politisches Netzwerk oder unser Zusammenhang. Hier geht es darum, unsere Gruppenstrukturen zugänglicher und ermächtigender zu machen, gemeinsame Visionen zu entwickeln, unsere Gruppenkommunikation, Gruppen- und Entscheidungsstrukturen zu verbessern, solidarökonomische Strukturen aufzubauen und auch uns sowie unsere Erfolge gemeinsam zu feiern.

Unsere politische Gruppe ist eingebettet in soziale Bewegungen. Auf dieser Ebene wird im kollektiven Resilienzbildungsprozess unsere Widerstandskraft durch Aktivistentrainer*innen und Bewegungsarbeiter*innen gestärkt. Ferner geht es darum, kollektive Strukturen für einen achtsamen Umgang miteinander aufzubauen, wie Räume für Achtsamkeit und Stille, Moderations- und Mediationsstrukturen, Unterstützungsstrukturen für Traumatisierte und Psychiatrieerfahrene sowie für Nachhaltigen Aktivismus allgemein.

Unsere Gesellschaft als Ganze beeinflusst ebenfalls den kollektiven Resilienzbildungsprozess. Der Abbau von sozialer Repression wie z. B. Hartz IV/Bürgergeld und die Einführung einer sozialen Grundsicherung durch ein bedingungsloses Grundeinkommen würde sich positiv auf die Ressourcen von Aktivist*innen auswirken, genauso wie die Ausdehnung von Gemeingütern. Lebendige gesamtgesellschaftliche Visionen oder Utopien können die Widerstandskraft von Aktivist*innen stärken.

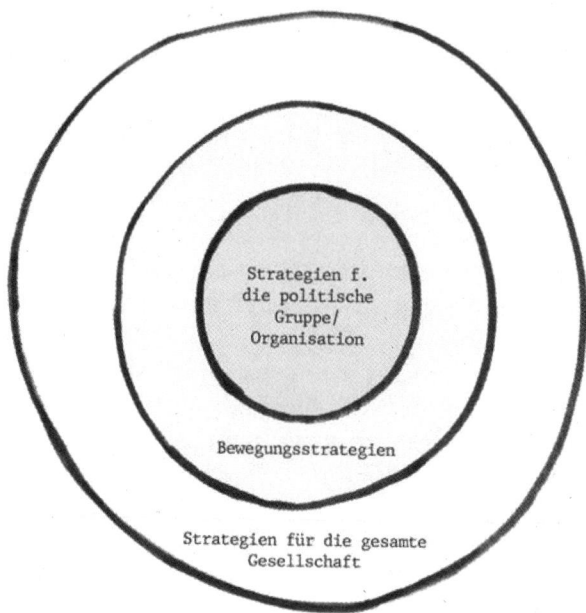

Faktoren, die auf allen Ebenen greifen, sind die öffentliche Debatte über Burnout, soziale Grundsicherung und Nachhaltiger Aktivismus, wie generell auch Antirepressionsarbeit.

Strategisch-politisches Handeln

Mit strategisch-politischem Handeln befasst sich im Wesentlichen die erste Säule des Nachhaltigen Aktivismus, die Reflexionen und Erfahrungen über soziale Veränderung. Darüber war schon viel in diesem Buch zu lesen.

Strategischer zu handeln, ist der erste und beste Weg, wie wir unsere kollektive Resilienz stärken können. Erfolg ist nicht alles, aber Teilerfolge können sehr motivieren und die Resilienz unserer Gruppen und Bewegungen erhöhen. Die sozial-ökologischen Kämpfe dienen nicht nur dem Selbstzweck, sondern wir haben gesellschaftlich politische Ziele, die wir erreichen wollen. Durch die Auswahl der richtigen Strategien und Taktiken können wir uns diesen systematisch nähern. Hierbei können insbesondere Kunst und kreativer Aktivismus als Resilienzfaktor eine befreiende Dynamik entfalten, unsere taktischen Möglichkeiten auffächern und uns helfen, politisch erfolgreich und inspirierend zu sein.

→ **Lesetipp:** Boyd, Andrew / Dave Oswald Mitchell (Hrsg.): Beautiful Trouble. Handbuch für eine unwiderstehliche Revolution. Freiburg im Breisgau: Orange-Press 2014. Siehe auch die umfassendere Webseite https://beautifultrouble.org (Zugriff 11.3.2019)

Öffentliche Debatte über Burnout, Nachhaltigen Aktivismus und unsere Konflikt- und Aktivist*innenkultur führen

Die Debatte über Burnout und Nachhaltigen Aktivismus fängt in unseren eigenen Zusammenhängen und Gruppen an. Eine Grundlage dafür ist ein ehrliches Interesse, wie es unseren Mitstreiter*innen geht. Ein sinnvolles Werkzeug, um uns das Wohlbefinden unserer Gruppenmitglieder bewusst zu machen, sind z.B. Befindlichkeits- oder ›Is-was‹-Runden zu Beginn der Gruppentreffen. Neben der Thematisierung von Burnout und Nachhaltigem Aktivismus in unseren Gruppen können z.B. Infoveranstaltungen lokal und innerhalb unserer Bewegungen Debatten anregen. Artikel in Zeitungen, Blogeinträge oder Radiosendungen sind ebenfalls Wege, diese zu entfachen. Veranstaltungen zu Nachhaltigem Aktivismus auf Kongressen und Camps können dazu beitragen, dass innerhalb unserer Bewegung mehr über nachhaltige Politikstrategien nachgedacht wird.

Auf bundesweiter Ebene ist die Debatte um Nachhaltigen Aktivismus und Burnout eng verknüpft mit der sozialen Frage. Welche Strategien haben wir gegen die soziale Repression im Zusammenhang mit Bürgergeld? Wie schaffen wir eine Ausdehnung von Gemeingütern und was könnten gesellschaftliche Utopien und Visionen sein, die uns helfen, unsere Gesellschaft emanzipatorischer zu gestalten?

Antirepressionsarbeit

Auf allen Ebenen ist Anti-Repressionsarbeit notwendig, um die Spielräume für soziale Bewegungen aufrechtzuerhalten. Sie ist eine fundamentale kollektive Resilienzstrategie. Eine Bewegung, die ihre Gefangenen und von straf- und zivilrechtlicher Repression Betroffenen vergisst, hat keine Aussicht auf nachhaltigen Erfolg. Gleichzeitig ist es für soziale Bewegungen notwendig, Repressionsmaßnahmen beim eigenen Kommunikations- und Organisationsverhalten mitzudenken, um so besser mit ihnen umgehen zu können. Dies bezieht sich auf Infiltration von Bewegungsakteuren genauso wie auf die Sicherheitskultur von Zusammenhängen, Gemeinschaften und Gruppen. Dabei ist eine sogenannte *Security Culture* (siehe auch weiter unten) nicht institutionalisierte Paranoia, sondern ein Weg um ungesunde Paranoia zu vermeiden, indem vorzeitig Risiken minimiert werden. Ein weiteres wichtiges Feld ist der Umgang mit der gesellschaftlich immer weiter ausgedehnten automatischen Überwachung und der Verschlüsselung unserer digitalen Kommunikation.

Solidaritätsarbeit

Wenn Aktivist*innen aufgrund ihres politischen Engagements von Repression bedroht oder betroffen sind, ist es als erstes wichtig, ihre Vereinzelung und Isolation aufzuheben, was die Aufgabe von Solidaritätsarbeit ist. Dabei reicht das Feld der Solidaritätsarbeit von kleinen Schritten direkter persönlicher Solidarisierung mit den Betroffenen durch ein Gespräch oder Brief, über Geldspenden bis zu einer größeren Solidaritätskampagne. Ein kleiner aber sehr wichtiger Aspekt von Solidaritätsarbeit ist nach gemeinsamen Aktionen Aktivist*innen von der örtlichen Wache oder Gefangenensammelstelle (GeSa) abzuholen, um sie emotional aufzufangen und so einer traumatischen Verarbeitung vorzubeugen. Öffentliche Solidaritätsschreiben und Presseerklärungen, Soli-T-Shirts, -Poster und -Sticker, Infoveranstaltungen und Solidaritätspartys, Soli-Musiksampler sowie Onlinemedien können Teil einer umfangreicheren Solidaritätskampagne sein. Ziel ist es aufzuklären, Öffentlichkeit zu schaffen und materielle Unterstützung sowie rechtlichen Beistand zusammen mit den Betroffenen zu organisieren. So ist die organisatorische Nachsorge und Nachbereitung von Aktionen durch Solidaritätsarbeit genauso Teil der politischen Auseinandersetzung und Teil von Aktionen, wie dessen Vorbereitung und direkte Durchführung. Gleichzeitig können Gerichtsprozesse für Öffentlichkeitsarbeit genutzt werden und als politische Bühne dienen, um unsere Kritik, Inhalte und Perspektiven zu kommunizieren.

Für politische Aktivist*innen ist es notwendig, sich Stück für Stück mehr Wissen über die Justiz- und Repressionsapparate anzueignen, um souverän damit umzugehen. Dabei können zum Beispiel Laienverteidiger*innennetzwerke[199] mit Trainings und Wissen eine sinnvolle Hilfe sein. Jenseits von Anwält*innen helfen auch Beratungsstellen wie z.B. Rechtshilfebüros[200]. Ebenso ist es für größere Kampagnen sinnvoll, eine eigene Anti-Repressions-AG aufzubauen. Darüber hinaus sind strömungsübergreifende Rechtshilfegruppen wie die bundesweit organisierte Rote Hilfe wichtig, die kontinuierlich und lokal vor Ort zu diesem schwierigen Thema arbeiten, ansprechbar sind und finanzielle Hilfe im Ernstfall leisten können.

Umgang mit Infiltration

Infiltration von sozialen Bewegungen und linken Gruppen durch Spitzel ist eine klassische Form von Repression, die auf vielfältige Weise die Vitalität von emanzipatorischen Akteuren beeinträchtigt. Um souveräner mit dieser schwierigen Situation umgehen zu können und die kollektive Resilienz von Zusammenhängen zu stärken, ist es wichtig, gewisse Regeln beim outen von realen Spitzeln einzuhalten, damit Verleumdungen und irrtümliche Beschuldigungen verhindert werden. Im Folgenden möchte ich Richtlinien zum Outing von Spitzeln in linken Zusammenhängen dokumentieren, die das Ziel haben, Spitzeln und Gerüchten keinen Raum zu geben und über politische Unterschiede hinweg ein Netzwerk des Vertrauens zu schaffen.

I. Spitzelouting und Spitzelverdacht

Spitzel sind eine uralte Begleiterscheinung von Herrschaft und Opposition. Linke Gruppen, Aktivist*innen und soziale Bewegungen, die der Obrigkeit lästig werden, müssen damit rechnen, bespitzelt zu werden. Spitzel können viel Schaden anrichten, im Extremfall zerstören sie Individuen und ganze Gruppen. Als Linke müssen wir uns bewusst mit dem Thema Spitzel auseinandersetzen – aber ohne Verfolgungswahn und Panikmache. Um einerseits reale Spitzel outen zu können, andererseits Verleumdungen und irrtümliche Beschuldigungen (von wem und aus welcher Motivation heraus auch immer) zu verhindern, ist es wichtig, gewisse Regeln einzuhalten.

Eine Person als Spitzel oder Polizist*in zu bezeichnen oder gar zu outen, ist eine verdammt ernste Angelegenheit. Vermutungen über angebliche Spitzel dürfen auf keinen Fall leichtfertig in die Welt gesetzt und verbreitet

---

199 Siehe Bergstedt, Jörg: *Rechtstipps gegen Recht-Extremisten.* http://www.projektwerkstatt.de/antirepression/kobra/laien.html (Zugriff 6.9.2017).
200 Siehe Jänicke, Holger Isabelle: *Rechtshilfe gewaltfreie Aktionen.* http://www.rechtshilfebuero.de/ (Zugriff 6.9.2017).

werden, denn solche Gerüchte erzeugen Unruhe, Misstrauen und politische Spaltungen. Ohnehin besteht die ernstzunehmende Gefahr, dass die Gegenseite ungesicherte Verdächtigungen benutzt oder sogar gefälschte Outings produziert, um politische Zusammenhänge zu schwächen, zu spalten und unbedachte Reaktionen und Informationen hervorzulocken. Wer dies nicht berücksichtigt, läuft Gefahr, zum nützlichen Idioten von Staatsschutz- und Geheimdienstinteressen zu werden.

II. Richtlinien

Die folgenden Richtlinien entsprechend weitgehend den *IMC Northern England Guidelines: Reporting an Infiltrator or Informer* und beziehen sich auf alle Beschuldigungen gegen Personen oder Gruppen, wonach diese vorsätzlich mit polizeilichen oder geheimdienstlichen Stellen, den Medien oder Sicherheitsfirmen zusammenarbeiten, um Informationen weiterzuleiten, die die Sicherheit und das Wohlergehen von Aktivist*innen gefährden und/oder die Effektivität politischer Arbeit beeinträchtigen. Es geht um folgende Fälle: a) verdeckte Ermittler*innen, die absichtlich eine Gruppe/eine Kampagne unterwandert haben, um Informationen zu sammeln und/oder zerstörerisch zu wirken (in der Regel Polizist*innen, die unter falschen Namen und erfundenen Biografien operieren; in diese Kategorie fallen auch international agierende Spitzel/Bullen wie Mark Stone/Kennedy); b) Informant*innen, also (ehemalige) Mitglieder einer Gruppe/Kampagne, die Informationen weitergeben (Spitzel, die vom VS, LKA oder BKA angeworben werden); c) Privatdetektiv*innen und nicht als solche auftretende Journalist*innen, die heimlich Informationen sammeln und an Medien und Firmen verkaufen.

III. Empfehlungen und Bedingungen

Damit politische Gruppen und Aktivist*innen das Outing einer verdeckten Ermittler*in oder einer Informant*in als zutreffend akzeptieren, müssen folgende Bedingungen erfüllt sein:

1. Das Outing muss von einer bekannten und etablierten Gruppe bestätigt werden.
Der Bericht sollte auf deren eigener Website erscheinen. Die Gruppe muss bereit sein, sich Nachfragen zu stellen. Sie sollte sichere Kontaktmöglichkeiten anbieten. (Der Grund dafür: Nachvollziehbar zu machen, wie es zum Outing kam, damit andere diesem Bericht vertrauen können – so lassen sich Rufmorde und staatliche Desinformation vermeiden.)

2. Ein Outing muss eindeutige und nachvollziehbare Beweise enthalten. Diese Beweise müssen den von dem Spitzelfall betroffenen Gruppen und Personen zugänglich gemacht werden, damit die zu einer eigenen Einschätzung in der Lage sind. Aussagen von Hörensagen und Behauptungen Dritter reichen in keinem Fall. Die für das Outing verantwortliche Gruppe sollte einen zumindest formalen Bericht über ihre Recherchen vorlegen. Darin sollte auf jeden Fall stehen, ob die beschuldigte Person mit den Anschuldigungen konfrontiert wurde und ob sie den Spitzelvorwurf eingeräumt hat.

3. Alle Gruppen, die von dem Spitzelfall betroffen sind, müssen umgehend informiert werden. (Das ist wichtig für eine schnelle Schadensbegrenzung.)

4. Der Bericht muss ein Foto und eine genaue Personenbeschreibung enthalten. (Um zu verhindern, dass die Person zukünftig Zugang zu anderen Strukturen erhält.)

Es kann sein, dass das oben beschriebene Verfahren nicht in allen Fällen angebracht ist und nicht immer alle Kriterien erfüllt werden können, z.b. wenn diejenigen, die die Untersuchung machen, nicht einer etablierten Gruppe angehören oder es nur eine begrenzte Freigabe der Beweise geben kann, aufgrund der vorrangigen Notwendigkeit, einzelne Betroffene zu schützen. In einem solchen Fall ist die sorgfältige Nachprüfung und Beglaubigung des Spitzelvorwurfs durch eine bekannte und etablierte Gruppe erforderlich, die dann auch das Outing verantworten muss.

➜ **Lesetipp:** Antifaschistische Linke Berlin (ALB): *Schöner leben ohne Spitzel. Ein Ratgeber.* September 2011. https://anarchistischelinkekoeln. noblogs.org/files/2021/05/schoener_leben_ohne_spitzel.pdf (Zugriff 7.3.2019).

➜ **Filmtipps:** *Confessions of an Undercover Cop*, Dokumentation über den Polizisten Marc Kennedy, der 7 Jahre lange verschiedene Bewegungen wie die antifaschistische und umweltpolitische infiltriert hat. Sehenswert! https://vimeo.com/32210258 (Zugriff 7.3.2019).
Im inneren Kreis. Ein Dokumentarfilm über die Spitzel in Hamburg und Heidelberg. http://www.iminnerenkreis-doku.de/ (Zugriff 7.3.2019).

Security Culture

Im Folgenden möchte ich kurz das Konzept der *Security Culture* umreißen, welches in den letzten 20 Jahren maßgeblich in der radikalen Umweltbewegung und der Tierbefreiungsbewegung in den USA entwickelt wurde. Soziale Bewegungen besitzen eine Vielzahl von Taktiken und Aktionsformen. Auch der sogenannte Hochrisikoaktivismus ist ein Teil davon, wie z. B. das Befreien von Tieren aus Versuchslaboren oder die Sabotage von Maschinen, die Urwälder zerstören, ohne dass Menschen gefährdet werden. Vor dem Hintergrund der sogenannten *Green Scare*[201], der massiven Verfolgung von netzwerkartigen Organisationen wie der *Earth Liberation Front* (ELF) und der *Animal Liberation Front* (ALF) als ›terroristische‹ Organisationen durch die US-Regierung, haben Aktivist*innen Sets von Verhaltensweisen entwickelt, die von der Aktivist*innencommunities geteilt werden, um ihre Mitglieder, die vielleicht an Hochrisikoaktivismus beteiligt sind, zu schützen. Diese Sets von Verhaltensweisen, die *Security Culture*, ist nicht nur für den Hochrisikoaktivismus relevant, sondern kann auch für Aktivist*innen wertvolle Dienste leisten, die weniger riskante Aktionen durchführen, wie andere Formen von *Non-Violent-Direct-Action* beispielsweise Bannerdrops, Festkettaktionen oder die Organisation von massenhaftem zivilen Ungehorsam. Wenn wir uns vergegenwärtigen, dass die Klimacampbewegung im UK von Spitzeln wie Marc Kennedy/Stone[202] infiltriert war, dessen Informationen eine Reihe von Massenaktionen vereitelt hat und welcher auch in Deutschland aktiv war, sind Aktivist*innen gut beraten eine eigene *Security Culture* zu entwickeln, um so ihre Gruppen, Netzwerke und Bewegungen resilienter zu gestalten.

Eine *Security Culture* in den eigenen Zusammenhängen etabliert zu haben, erspart den Individuen die Anstrengung, immer wieder Sicherheitsmaßregeln von Grund auf neu zu entwickeln, kann dabei helfen, Paranoia und Panik in gestressten Situationen zu kompensieren und im Ernstfall sogar Leute vor dem Gefängnis bewahren. Dabei ist der Unterschied zwischen einer Sicherheits(ver)ordnung und einer Sicherheitskultur, dass Kultur unbewusst, instinktiv und mühelos wird. Wenn das Sicherheitsverhalten für alle innerhalb deiner Kreise zur Gewohnheit wird, brauchst du weniger Energie, es aufzubauen, dir Sorgen zu machen, es nicht zu haben, oder Gedanken zu machen, dass du in Gefahr bist, weil du weißt, dass du

---

201 Siehe »Green Scare«. *Wikipedia*, https://de.wikipedia.org/wiki/Green_Scare (Zugriff 12.10.2016).
202 Siehe »Mark Kennedy (Police Officer)«. *Wikipedia*, https://en.wikipedia.org/wiki/Mark_Kennedy_(police_officer) (Zugriff 4.9.2017).

gerade alles tust, um vorsichtig zu sein. Wenn du dir ein Verhalten ange-
wöhnst, keine sensiblen Informationen über dich persönlich weiterzugeben, kannst du mit Fremden leichter zusammenarbeiten, ohne dich die
ganze Zeit zu fragen, ob sie Spitzel sind. Wenn alle genau wissen, worüber
nicht am Telefon geredet wird, können die Geheimdienste und die Polizei das Telefon abhören, soviel sie wollen: Sie werden darüber dann keine
relevanten Informationen erhalten. Das gleiche gilt für das konsequente
Verbannen von Handys in Räumen, wo Plena stattfinden. Es folgen nun
verschiedene Prinzipien von *Security Culture*, welches ich mit dem Begriff
der Sicherheitskultur übersetze.

Das zentrale Prinzip der Sicherheitskultur ist es, dass Menschen nie in
sensible Informationen eingeweiht werden sollten, die sie nicht zu wissen
brauchen. Je mehr Menschen etwas wissen, was Individuen oder Projekte
gefährdet, desto größer ist die Chance, dass dieses Wissen in die falschen
Hände gerät. Gleichzeitig versetzt das Teilen von sensiblen Informationen
mit Menschen, die diese Informationen nicht brauchen, sie in eine missli-
che Lage. Sie können nun durch einen einzigen Fehler andere Menschen
der Repression ausliefern. Im Falle eines Verhörs haben sie nun etwas zu
verbergen und sie können in diesem Fall nicht mehr ehrlich Unwissenheit
behaupten, was vorher eine komfortablere Situation war. Ein ergänzender
Ansatz ist es, generell keine Aussagen zu machen.

Frage nicht und erzähl es nicht weiter. Dies gilt auch für dich. Frage selbst
nicht nach sensiblen Informationen, wenn du sie nicht brauchst, und
erzähle diese vertrauenswürdigen Informationen nicht weiter.

Du kannst zu jeder Zeit und allen gegenüber bezüglich allem ›Nein‹ sagen.
Beantworte keine Fragen, wenn du es nicht möchtest. Dies bezieht sich
nicht nur auf Polizeibeamt*innen, sondern auch auf andere Aktivist*innen und sogar enge Freund*innen: Wenn etwas sich nicht sicher genug
anfühlt, um es zu teilen, teile es auch nicht. Dies bedeutet ebenfalls, selbst
zu akzeptieren, wenn es auch mit dir geschieht. Nimm es nicht persönlich,
wenn Menschen unter sich bleiben wollen oder dich bitten, nicht an einem
Treffen oder Projekt teilzunehmen. Es geht um das Wohl aller, und deshalb
haben sie die Freiheit, sich khin so zu entscheiden.

Gib zu keinem Zeitpunkt Informationen Preis, die deine Freund*innen
gefährden können. Merke dir den Spruch »Nobody talks, everybody

walks⁻, was soviel heißt wie: Wenn niemand Aussagen macht bzw. Informationen preisgibt, geht auch niemand ins Gefängnis.

Lass dich nicht zu stark von den Sorgen leiten, dass deine Gruppe infiltriert sein könnte. Wenn deine Sicherheitsmaßnahmen effektiv ausgewählt und implementiert sind, könnte es dir sogar egal sein.

Security Culture ist eine Form von Etikette, ein Weg, um unnötige Missverständnisse und potentiell gefährliche Konflikte zu vermeiden. Sicherheitsanliegen sollten nie eine Entschuldigung sein, warum sich Menschen ausgeschlossen oder nicht gleichberechtigt fühlen. Dies ist keine einfache Aufgabe, genauso wie den Menschen klar zu machen, dass sie nicht ein ›Recht‹ darauf haben, bei allem dabei zu sein, wenn andere Menschen sich besser dabei fühlen, etwas für sich zu behalten. Auf Verstöße gegen die Sicherheitskultur einer Gruppe oder Gemeinschaft sollte zuerst nicht zu harsch reagiert werden, wobei der Person unmissverständlich sofort klar gemacht werden sollte, dass sie durch ihr Verhalten Menschen gefährdet und was die Konsequenzen sind, wenn sie mit diesem Verhalten fortfährt. Ein verständnisvoller Umgang miteinander ist hilfreich. Arrogante Rechthaberei ist völlig fehl am Platz.

Lass dich nicht von Bluffs einschüchtern. Polizeiaufmerksamkeit und Überwachung sind nicht notwendigerweise ein Hinweis darauf, dass sie irgendetwas über deine Aktivitäten und Pläne wissen. Oft ist dies gar nicht der Fall und ihre Maßnahmen zielen nur darauf ab, dich einzuschüchtern, damit du z. B. Fehler machst, die sie ausnutzen können. Ich bin selbst schon von Hausdurchsuchungen betroffen gewesen, die einfach nur den Zweck hatten, unsere Arbeit und die Szene einzuschüchtern.

Sei immer auf die Möglichkeit vorbereitet, dass du unter Überwachung stehst, aber mach nicht den Fehler, dich für effektiv zu halten, nur weil du überwacht wirst.

Security Culture beinhaltet einen Kodex der Verschwiegenheit, aber es ist kein Kodex der Sprachlosigkeit. Du solltest immer die Waage halten zwischen dem Bedürfnis von den Repressionsorganen nicht gefasst zu werden und dem Bedürfnis zugänglich für deine potentiellen Freund*innen zu sein. Auf lange Sicht kann uns Geheimhaltung nicht schützen, sondern werden Repressionsorgane wie Polizei und Geheimdienste uns früher oder später identifizieren. Dann kommt es auf eine informierte und sympathisierende kritische Öffentlichkeit an. Es ist letztendlich der Kampf um die Köpfe und Herzen der Menschen und als solche müssen deine und eure Aktionen vermittelbar sein.

Wenn du dabei bist, Aktionen zu planen, solltest du damit beginnen, ein Sicherheitslevel zu etablieren welches der Aktion angemessen ist, und von nun an entsprechend handeln[203].

Weiter lesen:
Eine kurze Einführung, die viele der hier genannten Aspekte vertieft, findest du in CrimethINC Workers' Collective: Recipes for Disaster. An anarchist cookbook. 2. Aufl. Salem, OR: Selbstverlag 2012, S. 299–306.

→ **Lesetipp:** Für Menschen, die sich ernster mit dem Thema *Security Culture* beschäftigen möchten, sei das einleitende Kapitel ›Security Culture‹ im *Earth First! Direct Action Manual* (DAM) 3. Aufl. empfohlen. Online: https://issuu.com/earthfirstjournal/docs/dam_3rd_edition (Zugriff 7.3.2019).

→ **Filmtipp:** *If a Tree Falls. A Story of the Earth Liberation Front* von Marshall Curry. Erhältlich z. B. bei Roots of Compassion oder iTunes. http://www.ifatreefallsfilm.com (Zugriff 7.3.2019).

Verschlüsseln & digitale Selbstverteidigung
Der Umgang mit unserer digitalen Kommunikation hat sehr viel mit Antirepressionsarbeit und individuellen wie kollektiven Resilienzstrategien zu tun. Es geht im Kern um ein vorausschauendes Kommunikationsverhalten, welches die umfassende gesellschaftliche Überwachung reflektiert und die passenden Kommunikationswerkzeuge und Wege auswählt.

Internet-, Computer- und Smartphonenutzung haben sich bei vielen von uns tief in unseren Alltag gegraben und sind zentrale Arbeitswerkzeuge auch für politische Arbeit geworden. Dabei sind sie ein zweischneidiges Schwert. Einerseits ermöglichen sie im großen Maßstab horizontale Organisation ohne organisatorisches Management, direktes Publizieren im Netz ohne das Nadelöhr einer journalistischen Kontrolle und Kollaboration bei der Wissenssammlung und Produktion. Sie sind quasi die digitalen (Kommunikations-)Produktionsmittel in unserer Hand und

---

203 Siehe CrimethINC Workers' Collective: Recipes for Disaster. An anarchist cookbook. 2. Aufl. Salem OR: Selbstverlag 2012, S. 205f.

die Bedeutung von digitalen Öffentlichkeiten nimmt stetig zu. Anderseits öffnen sie aufgrund der neuen Möglichkeiten der digitalen Überwachung auch den Repressionsorganen Tür und Tor. Durch automatisiertes Speichern – Stichwort *Big Data* – und Überwachung entsteht heute von uns Menschen ein viel engmaschigeres Bild, eine Art digitale DNA, als es sich die Stasi je erträumt hätte. Wir alle stehen unter Generalverdacht und der Prism-Überwachungsskandal und die Enthüllungen von Edward Snowden bezüglich der Arbeit des US-Geheimdienstes NSA haben die schlimmsten Befürchtungen von Internetexpert*innen bestätigt.

Wenn wir bedenken, wie lange wir in unseren Leben noch digitale Kommunikationswerkzeuge und Computer benutzen werden, sind wir gut beraten mit unserer digitalen Selbstverteidigung jetzt zu beginnen und unsere Medienkompetenz und digitale Mündigkeit Stück für Stück zu erweitern. Diese Fähigkeiten erhöhen individuell wie kollektiv unsere Resilienz, wobei in Zukunft die strategische Bedeutung von Medienkompetenz für unsere Widerstandskraft und dem souveränen Umgang mit Krisen noch zunehmen wird. Wir brauchen Geduld mit uns selbst und müssen jetzt anfangen, uns auf diesen Weg zu begeben. Dabei ist es nicht nötig, uns gleich mit den Technikeliten zu vergleichen, sondern wir können auch für uns Stück für Stück mit kleinen Maßnahmen ein höheres Sicherheitsniveau erreichen. Wenn wir (digitale) Sicherheit als einen Prozess begreifen, der nie endet, und wir langfristig dieses Thema mitdenken, uns weiterbilden und es in unser politisches Handeln integrieren, haben wir die richtige Einstellung, die uns resilienter macht. Generell ist Technologie nicht unpolitisch und es spielt auf lange Sicht gesehen eine wichtige Rolle, welches Betriebssystem ihr beispielsweise verwendet. Gleichzeitig sind die Technikeliten wie Systemadministrator*innen, Hacker*innen und insbesondere die von Richard Stallmann initiierte Freie-Software-Bewegung mit ihrer ethischen Ausrichtung für die kommunikative Freiheit der sozialen Bewegungen von strategischer Wichtigkeit.

Im Folgenden werde ich weniger viele Werkzeuge vorstellen, sondern mehr Prinzipien, die für unsere informationelle Selbstbestimmung wichtig sind, da die technische Entwicklung oftmals schnelllebig ist.

Wichtige Grundprinzipien:
1. Nutze freie Software, deren Quellcode offen ist und von vielen Menschen auf Fehler, versteckte Hintertüren und Schadcode geprüft werden kann. Dies bedeutet, zum Beispiel ein Linux-Betriebssystem wie Ubuntu statt Apple oder Windows, LibreOffice statt Microsoft Office, Firefox

statt Internet Explorer oder Thunderbird statt Outlook zu benutzten. Dabei spielt insbesondere die Wahl des Betriebssystems für die Endgerätesicherheit eine entscheidende Rolle. Unter https://prism-break.org/de/ findest du für eine Vielzahl von proprietärer Software freie und sichere Alternativen.

2. Nutze Verschlüsselung, sei es für das Betriebssystem, die Festplatte, die E-Mail oder den Chat. Auch wenn die Geheimdienste einen omnipotenten Eindruck vermitteln, kann geeignete Verschlüsselung, insbesondere wenn sie massenhaft eingesetzt wird, sinnvollen Schutz bieten. Die Verschlüsselungstechnik ist zunehmend benutzer*innenfreundlich geworden und ist nicht nur was für Profis.

3. Vermeide große (US-amerikanische) Dienste sowie generell möglichst ›kostenfreie‹ Dienste. Sei dir bewusst, dass du dort mit einer anderen Währung bezahlst, nämlich mit deinen Daten und deiner informationellen Selbstbestimmung. Nutze hingegen kleine europäische IT-Dienstleister*innen und IT-Kollektive und unterstütze sie finanziell.

4. Hinterfrage deine digitalen Handlungen. Stelle dir immer die Frage: Wenn ich das jetzt mache, wer hat außer mir einen Nutzen davon? Möchte ich das wirklich? Und warum ist das so schwer zu erkennen?

5. Behalte die Kontrolle über deine Daten. Speichere sie auf deinem eigenen Datenträger, deiner Festplatte oder deinem Heimserver, statt in der ›Cloud‹.

6. Sei immer vorsichtig: Hundertprozentige Sicherheit wird es nie geben.

Konkrete Anleitungen, wie du E-Mail sicher nutzt, sicher chattest, suchst und anonym und sicher im Internet surfst, findest du z. B. unter https:// digitalcourage.de/support/digitale-selbstverteidigung. Eine weitere gute Seite, die sich digitaler Sicherheit und Privatsphäre von Aktivist*innen beschäftigt ist https://securityinabox.org.

Aber es geht nicht nur um individuell kryptotechnisch einwandfreies Verhalten, sondern auch um kollektives Handeln. Wichtig ist der Erhalt von kollektiver IT-Infrastruktur und die Schaffung von organisierten Netzwerken im sozialen Sinne, die von der Zivilgesellschaft z. B. in Form von Vereinen oder Genossenschaften autonom jenseits des Profitmotivs betrieben werden. Hierbei geht es um unabhängige Mail-Server, Tor-Server zum anonymen Surfen, Server zum Hosten von Webseiten und anderen Services wie dezentraler Social Networks sowie das Betreiben von Mesh-Netzwerken wie z. B. Freifunknetzwerke. Das Ziel ist es, eine weitere

Zentralisierung zu vermeiden und eine dezentrale, zensurresistente und resiliente IT-Infrastruktur zu stärken und weiter auszubauen. Hierzu zählt auch finanzielle Unterstützung von IT- und Medienaktivist*innenkollektiven, die sich dieser Aufgabe annehmen, sowie die Förderung und Entwicklung von freier Software als digitale Gemeingüter.

Ein weiteres Feld für kollektives Handeln zur digitalen Selbstverteidigung ist Bewusstseinsbildungsarbeit und Vermittlung von Medienkompetenz für Aktivist*innen und Menschen der Zivilgesellschaft. Auch darf das tagespolitische Geschehen sowie das Parlament nicht den Überwachungsfreund*innen oder Konzernen als politisches Handlungsfeld überlassen werden. Neben den Strategien der sozialen Bewegungen wie Selbstorganisation, Bildung, autonomer Strukturen und öffentlicher Mobilisierung sind auch linke bzw. emanzipatorische netzpolitische Forderungen und linke Politik zur Stärkung bürgerrechtlicher Positionen im Parlament und Parteien nötig.

Ein ganzheitlicher Ansatz für Sicherheit, der über Antirepressionsarbeit hinausgeht, ist der der *holistic security*, welcher viele Aspekte des Nachhaltigen Aktivismus beinhaltet. Er wurde von *tactical tech* aus Berlin aufbauend auf verschiedenen Sicherheitspraxen für Menschenrechtler*innen entwickelt. Er beinhaltet das Wohlbefinden der Aktivist*innen, welches als subversiv und politisch gesehen wird, das Erhalten unseres soziopolitischen Raumes zum Arbeiten, die Kontrolle über unsere Informationen und Strategien zur Stärkung von Resilienz und Agilität. Dieser umfassende Ansatz kann hier aus Platzgründen nicht vorgestellt werden, jedoch ist die Website https://holistic-security.tacticaltech.org/ mit dem dazugehörigen Handbuch als strategische Ressource mit vielen Praxistipps sehr zu empfehlen.

→ **Lesetipp:** https://holistic-security.tacticaltech.org/ (Zugriff 7.3.2019).

Kollektive Resilienzstrategien auf Gruppenebene oder im Zusammenhang

Praktische Solidarität mit von Burnout, Trauma oder Krankheit betroffenen Aktivist*innen

Einleitend möchte ich die Erfahrungen einer Aktivist*in voranstellen, die selbst von Burnout und Erkrankung betroffen ist:

»Meine Erfahrung und die von vielen von Burnout, Traumata oder anderen Krankheiten Betroffenen ist, dass Freundschaften wegfallen, weil Leute weiter Aktivismus priorisieren..., was bleibt, ist Familie (wenn man Glück hat) und Isolation von politischen Zusammenhängen. Zudem ein höherer wirtschaftlicher Druck durch andere Bedürfnisse (eigener Ruheraum, gutes Essen, Medikamente...). Dadurch, dass man zu schwach ist, zu politischen Treffen zu fahren oder mitzuwirken, ist man oft auch gänzlich ausgeschlossen, politische Freunde machen Aktionen, man ist isoliert, muss zurück zur Familie und ist dann oft in einem Umfeld, das das vorherige politische Leben eher kritisch sieht und Druck ausübt, ›normal‹ zu werden. Und zurück zur Familie zu können ist ein Privileg, was machen die, die das nicht können? [...] Oder sind die gar nicht erst in politischen Bewegungen zu finden, weil sie zuerst für ihre Sicherheit sorgen?

Ich habe über diese Problematik mit recht vielen Leuten gesprochen, und die Erfahrungen sind echt ähnlich und recht häufig, egal ob es einem schlecht geht wegen Trauma, Burnout oder anderen Krankheiten. Da muss sich an der Wertschätzung für Unterstützungsaufgaben echt was ändern, und meiner Meinung nach auch an der Priorisierung. Aktion wichtiger als Freunde unterstützen? Ist keine starke Bewegung und ich hab leider von vielen gehört, dass sie diese Erfahrung gemacht haben.«

Diese Erfahrungen zeigen, wie wichtig die konkrete Unterstützung, Solidarität und gegenseitige Hilfe für betroffene Aktivist*innen ist. Diese Unterstützungsaufgaben mehr wertzuschätzen, ist ein zentrales Anliegen des Nachhaltigen Aktivismus. Im Folgenden möchte ich darauf eingehen, wie wir Aktivist*innen Unterstützung anbieten können, die unter Burnout leiden, wobei ich diese Frage nur holzschnittartig beantwortet kann, da viele Faktoren im Individuum liegen. Hier folgen einige Unterstützungsmöglichkeiten, aber es kann nur eine begrenzte Auswahl sein:

* Der wichtigste Aspekt, um Burnoutgefährdeten beizustehen, ist, sich für sie als Gesprächspartner*innen Zeit zu nehmen und ein offenes Ohr zu haben.

* Erwartet von dem*der Genoss*in/Freund*in nur kleine Schritte und setzt sie nicht unter Druck.

* Gebt dem*der Genoss*in/Freund*in nicht zu viele Ratschläge, das kann sie*ihn erdrücken und belasten. Denkt an das Sprichwort ›Ratschläge sind auch Schläge‹. Hört, wie gesagt, ihr*ihm lieber zu und zeigt Verständnis.

* Respektiert die Eigenständigkeit der betroffenen Person auch während der Krankheit.

* Redet gemeinschaftlich darüber, wie die Aufgaben von der ausgebrannten Person gemeinsam übernommen werden können und sie emotional entlastet werden kann. Keine Aufgabe kann so wichtig sein, dass daran Menschen ausbrennen müssten.

* Erwägt ökonomische Unterstützung, falls es euch möglich ist und es sinnvoll für die Person erscheint.

* Bestärkt die betroffene Person darin, sich professionelle Hilfe zu holen, wenn es akut erscheint und helft ihr dabei, diese zu finden. Es ist auch wichtig, als Gruppe oder Bewegung unsere Grenzen der Unterstützung zu sehen, wenn Menschen professionelle Hilfe brauchen.

* Achtet unbedingt auf eure eigenen Bedürfnisse. Wenn ihr zwischendurch Abstand zur betroffenen Person benötigt, zieht euch abwechselnd zurück, so dass die Betroffene nicht alleine ist. Es ist niemandem geholfen, wenn am Ende ihr auch noch ausbrennt.

In Gesprächen mit betroffenen Personen habe ich danach gefragt, was sie sich von ihren Freund*innen/Genoss*innen gewünscht hätten. Das hat mir geholfen, die überstehende Liste mit ihren Erfahrungen zu ergänzen. Auch haben sie mir folgende Tipps für Unterstützung mitgegeben:

* Siehe die Kraft und Stärke der Person und reduziere sie nicht auf die Krankheit. Frage die Person selbst, was sie machen kann, und schenke ihr das Vertrauen, das zu tun. Erzähle Menschen nicht, was sie nicht machen dürfen. Dies schmerzt doppelt, weil Autonomie ein wichtiger Wert für viele Aktivist*innen ist.

* Frage, was die Person braucht und wie ihr in einer unterstützenden Art zusammenarbeiten könnt. Nimm der Person nicht ihre Entscheidungsgewalt und respektiere ihre Grenzen. Die Person kann sich besser öffnen, wenn sie keine Angst haben muss, dass jemand anderes versucht,

zu entscheiden, was sie machen darf und kann. Wenn die Person sich traut, selbst ihre Grenzen aufzuzeigen, müssen andere auch nicht auf ihren Zehenspitzen laufen, weil sie wissen, dass sie auf sich selbst achtet.

★ Offene Kommunikation ist sehr wichtig! Dieses Vertrauen ist die größte Unterstützung, weil der*die Betroffene dann mehr teilen kann. Er*sie braucht sich nicht länger zu schämen und erfährt somit weniger Einsamkeit oder Isolation.

★ Auch praktische Hilfe ist willkommen, aber das Vertrauen, dass echte Freund*innen zu ihm*ihr halten ist das Wichtigste. Zu wissen, dass gute Freund*innen sie*ihn als Person sehen und nicht ihre Diagnose oder Krankheit in den Vordergrund stellen, hilft enorm.

★ In einer politischen Gruppe ist es wichtig, dass die betroffene Person Willkommen geheißen wird, auch dann wenn sie länger abwesend war.

★ Eine Klimaaktivistin:»Es ist wichtig, nicht einfach so zu tun, als sei nichts passiert, weil mensch denkt, die ›kranke‹ Person könne es nicht vertragen, gefragt zu werden, wie es ihr geht, als müsse das Thema Burnout oder Krankheit um jeden Preis vermieden werden. Das ist ähnlich wie bei Sterbefällen: Wir Linken haben oft keine Traditionen, keine Skripte für den Umgang mit Tod, Trauer, Krankheit. Kann sein, dass es Leute gibt, die lieber gar nicht gefragt oder kontaktiert werden wollen. Aber grundsätzlich würde ich nach meiner eigenen Erfahrung sagen: Ich habe mich auch in der Klinik und ebenso davor und danach gefreut, wenn Leute etwas über meine Erfahrungen wissen wollten. Wenn es gerade nicht ging, konnte ich das sagen und dann war es okay. Ich war manchmal ein wenig traurig, dass so wenige Menschen sich bei mir gemeldet haben und es gibt Leute, von denen ich weiß, dass sie dachten, das sei besser für mich – nicht mit den alten aktivistischen Kontakten konfrontiert zu sein. Das stimmt aber in meinem Fall nicht. Vorsichtig nachzufragen, kann meiner Meinung nach nicht falsch sein und hilft dem/der Kranken sich nicht so isoliert zu fühlen.«

★ Sei da, zeig der betroffenen Person, dass du an ihr interessiert bist, auch wenn sie vielleicht nicht in der Lage ist, weiter an den Aktivitäten teilzunehmen, die ihr gewöhnlich geteilt habt. Wenn eine Person krank ist, und sie sich nicht örtlich bewegen kann, ist es gut, sie zu besuchen, anstatt sie alleine zu lassen.

★ Hilf ihr bei praktischen Angelegenheiten wie Ämter- oder Arztbesuchen, und insgesamt beim Umgang mit den stressigen oder lebenserschöpfenden Situationen.

* Frage sie, was sie braucht und wie du helfen kannst, anstatt zu versuchen, an Lösungen ohne ihre Beteiligung zu denken.
* Zeige der Person Wertschätzung für das, was sie schon gemacht hat, während sie lernt, mit ihrer Krankheit zu leben.
* Beurteile Menschen nicht daran, wie sie gerade aussehen. Einige Krankheiten sind von außen nicht zu erkennen, andere Menschen blühen in Gemeinschaft anderer Menschen auf, aber sind eigentlich wesentlich kranker als sie erscheinen. Es ist zusätzlich belastend für eine Person, die wirklich leidet, wenn sie fühlt, dass Menschen ihr nicht glauben oder denken, dass sie übertreibe.
* Es hilft schon eine Menge, einfach nur als Freund*innen da zu sein und bspw. zusammen zu kochen. Dazu brauchst du weder besonderes Spezialwissen noch musst du mehr tun als das, was sich für dich gut anfühlt oder wozu du Energie hast.
* Sei nicht zu ängstlich, Sachen falsch zu machen, denn ein Mensch, der versucht für eine andere Person da zu sein, und trotzdem noch Fehler macht (aber gewillt ist zu lernen), ist um ein vielfaches besser als eine Person, die einfach verschwindet.
* Nimm Verdrießlichkeit und andere Dinge nicht persönlich. Bevor dein Ego reagiert, du dich verteidigst usw., sei dir bewusst, dass es mehr im Zusammenhang mit der Krankheit als mit dir stehen könnte und es normalerweise abflauen wird, wenn du eher ruhig und mitfühlend als defensiv oder wütend reagierst. Aber sei auch bereit zuzuhören, in dem Fall, dass dein Verhalten die betroffene Person stört oder beeinträchtigt (wenn eine Person bspw. stechende Kopfschmerzen hat, wird sie mit Sicherheit ziemlich sensibel auf Lärm reagieren).
* Passt auch auf die Menschen auf, die sich um andere kümmern und hört darauf, was sie brauchen könnten, wie z. B. eine Auszeit von der Pflege oder ob sie eine Person zum Teilen ihrer Erfahrungen benötigen.
* Inklusivität bedeutet, dass Orte für Menschen zugänglicher werden, die weniger Energie haben.
* Lass es die betroffene Person wissen, dass es okay ist, dass sie da ist, wie auch immer sie krank oder gesund ist und dass du verstehst, dass sie nur das macht, was sie kann und dass alle damit einverstanden sind. So beteiligte sich z. B. eine von Krankheit und Burnout betroffene Aktivist*in im Trainer*innenteam eines längeren Nachhaltigen-Aktivismus-Seminars und wurde willkommen geheißen mit der Ansage, dass sie nichts tun brauche, sondern einfach ihre Anwesenheit eine Bereicherung sei, was von der Betroffenen als wohltuend empfunden wurde.

★ Stelle sicher, dass Menschen, die krank sind, nicht unter Druck gesetzt werden, Dinge zu tun, damit sie akzeptiert/wertgeschätzt oder gemocht werden. *Allgemein braucht es mehr Bewusstsein für die Kultur der Hierarchie ›wer tut am meisten‹.*

★ Rufe Betroffene an und halte den Kontakt.

Zentral ist auch, auf das Individuum mit seinen spezifischen Bedürfnissen einzugehen. Um diese besser zu erkennen, sind tiefere Beziehungen in einer Gruppe oder einem Zusammenhang hilfreich. Wenn sich Betroffene in einer Krisensituation befinden, kann es sein, dass es ihnen schwer fällt, zu sagen, was sie brauchen. Eine Übung, um sich besser kennenzulernen ist die ›Bedürfnisampel‹.

★ **Übung: ›Bedürfnisampel‹**
Schreibe dir einfach drei Sachen auf, die dich unterstützen, wenn es dir gut geht, damit es so bleibt, für die Farbe grün. Dann notiere die drei Sachen, die dir helfen, dich wieder in Balance bringen, wenn es anfängt, dir schlechter zu gehen, für die Farbe orange. Und schließlich schreibe drei Aspekte auf, die du brauchst, wenn es dir schlecht geht und du von deinem Pfad abgekommen bist, für die Farbe rot. Du kannst das Ergebnis mit anderen in deiner Bezugs- oder Politgruppe teilen und die ›Bedürfnisampel‹ kann auch als Grundlage für einen Selbstfürsorgeplan benutzt werden.

(siehe auch → Bewegung ist Freundschaft S. 187)

Schaffen von ermächtigenden Gruppen

Das Schaffen von ermächtigenden und gut funktionierenden Gruppen ist ein weiterer Schlüssel, um unsere kollektive Resilienz zu stärken. Im Folgenden möchte ich auf die Qualitäten von Gruppen eingehen, die nach Beobachtungen von Katrina Shields[204] ihre Mitglieder stärken.

1. Zugehörigkeit und Wertschätzung: Gib den Menschen das Gefühl, dass sie dazugehören und schätze ihren Beitrag. Ein Aspekt davon ist es, neue Mitglieder willkommen zu heißen und ihnen am Anfang eine gute Orientierung zu schenken. Schaffe eine positive Atmosphäre, in der sich Menschen bestätigt fühlen und positive Impulse leicht und oft gegeben

---

204 Siehe Shields, Katrina: In the Tiger's Mouth. An Empowerment Guide for Social Action. Gabriola Island, BC: New Society Publishers 1994, S. 80-82.

werden. Bestätigungen sind ein kraftvoller Motivator. Leider ist es meist allgemeine Praxis, sich gegenseitig kein Feedback zu geben oder nur die negativen Dinge zu erwähnen. Eine Kultur der Dankbarkeit zu entwickeln und zu pflegen, ist wichtig.

2. Seid klar bei den Aufgaben: Wenn dem Planen, den Strategien und Taktiken, den Methoden und Rollen konsequent Aufmerksamkeit geschenkt wird, ist klar, was getan werden muss, warum und von wem. Ein Mangel an Klarheit in diesen Bereichen ist eine große Quelle von Frustration und schwächt Graswurzelgruppen.

3. Einen sicheren Rahmen schaffen: Dies hilft Mitgliedern dabei, aneinander zu denken und sich gegenseitig zu ermutigen, um ihre inneren Ressourcen weiterzuentwickeln, Vertrauen aufzubauen, Begrenzungen zu überwinden und Gefühle auszudrücken. In solch einem Umfeld werden Gefühle nicht einfach als irrelevant zur Seite gedrängt, egal ob sie sich auf das Problem oder auf andere Leute in der Gruppe beziehen. Um einen sicheren Rahmen zu schaffen, zählt auch der reflektierte Umgang mit entspannenden Drogen wie z.B. Alkohol oder Cannabis bzw. der Verzicht darauf im direkten Gruppenkontext.

4. Zuhören und befragen: In Gruppen, wo den Menschen zugehört wird und die über die Dinge befragt werden, die sie betreffen, wird Macht geteilt und Partizipation gefördert. Obwohl es zeitweise angemessen sein kann, eine selbstbestimmte Leitung zu haben (z.B. bei Aktionen, wo sehr schnell Entscheidungen getroffen werden müssen), bedeutet dies nicht auf genaues Zuhören und Befragen zu verzichten, außerdem bedarf es der Aufmerksamkeit für die Integrität des Entscheidungsprozesses.

5. Vielfalt und Einzigartigkeit respektieren: Besonders in selbstorganisierten und ehrenamtlichen Basisgruppen hat es sich als angemessen herausgestellt, eine Vielzahl von verschiedenen Rhythmen, Levels des zeitlichen Engagements und Arbeitsstilen zu haben. So weit wie möglich sollten die Menschen ermutigt werden, die Dinge zu finden, die sie lieben zu tun und die sie einzigartig anbieten können. Die verschiedenen kulturellen, ethnischen, alters- und klassenbezogenen Hintergründe und Lebensperspektiven werden so wertgeschätzt und respektiert.

6. Bewusstsein für Unterdrückung: Erkennt an, dass wir in Strukturen groß geworden sind, die wir versuchen zu verändern, und deshalb dieselben Probleme wahrscheinlich im Mikrokosmos unserer Gruppe zum Vorschein kommen. Sexismus, Rassismus, Klassismus, Abelismus (Diskriminierung aufgrund von Beeinträchtigungen), Ageism (Diskriminierung aufgrund des Alters) werden immer in der Gruppe präsent sein

und spiegeln so die Werte der Gesellschaft wider. Dies kann verändert werden, indem Mitglieder einerseits konfrontiert und anderseits unterstützt werden, um unterdrückerische Verhaltensweisen und Muster abzulegen. Strategien von bejahendem positivem Handeln helfen, um der strukturellen Befangenheit entgegenzuwirken.

7. Konfliktlösung verpflichtet sein: Gruppen, die Konflikte als Entwicklungsmöglichkeit sehen und weniger als etwas Schlechtes, das es zu vermeiden gilt, florieren voraussichtlich mehr. Diese Einstellung aufrechtzuerhalten, bedeutet, vorbereitet zu sein, um Feedback zu geben sowie an dem Problem dranzubleiben, bis es gelöst ist. Wenn diese Art von Engagement geleistet wird, ermöglicht dies, ein viel höheres Niveau an Zusammenhalt und Befriedigung in der Gruppe zu erreichen, als in Gruppen, die Konflikte überspielen.

8. Ermutigen und Unterstützen von Leitungsrollen: Jede Person in der Gruppe wird als potentielle Leitungspersönlichkeit gesehen und die Leitungsrolle wird geteilt, demokratisiert und demystifiziert.

9. Training und Entwicklung von Fähigkeiten: Menschen werden ermutigt, Gebiete für die eigene Entwicklung zu finden, um ihnen so zu ermöglichen, die Dinge, die sie tun, zu verbessern. Dies kann zum Beispiel die Vorbereitung von Aktionstrainings, Kommunikationssicherheit und Softwarekenntnissen, Konfliktlösungsmethoden oder Moderationsfähigkeiten beinhalten.

10. Visionen teilen und sich gegenseitig in seinen Träumen ermutigen: Sich die Zeit zu nehmen, zusammen nach einer gemeinsamen Vision zu schauen, wird die Kreativität und Motivation der Gruppe erhöhen.

11. Raum schaffen für Spaß und Humor: Wie großartig ist es, mit Menschen zusammenzusein, für die Arbeiten nicht der Verzicht auf Spielen bedeutet. Oftmals geschieht die beste Arbeit, wenn die Menschen auch eine sehr gute Zeit zusammen haben.

Kollektive transformative Praxen

Bei diesem Thema ist es wichtig, sich ins Bewusstsein zu rufen, dass das, was hier als transformative Praxen beschrieben wird, nicht wirklich neu ist. Mariko Ryono (Coordinating Director, *Mobilize the Immigrant Vote*) bemerkt in einem Bericht des *Seasons Fund For Social Transformation*: »Basisbewegungen für Demokratie, populäre Bildungsbewegungen, die feministische Bewegung, die Bürgerrechtsbewegung und Bewegungen der

Dritten Welt überall auf der Welt beziehen (alle) persönliche Achtsamkeit und Glauben mit ein.«[205] Obwohl Bewegungen für soziale Veränderung die Sprache und Praxen von persönlicher und spiritueller Transformation zurückerobern müssen, scheint es so, dass in der letzten Zeit diese Arbeit eine erneuerte Unterstützung innerhalb von progressiven sozialen Bewegungen erfährt.

Darüber hinaus ist diese Arbeit kein ›Anhängsel‹ oder Extra zur Arbeit der sozialen Veränderung, sondern eine kritische Antwort auf Zwietracht, Spannungen und Unbehagen, die mit der Zeit die Integrität und Effektivität von vielen Organisations- und Bewegungskulturen kompromittiert hat. Transformative Praktiken sind eine Antwort auf das Problem, dass gutmeinende Menschen innerhalb von progressiven Bewegungen und Organisationen, die sich für systemischen Wandel einsetzen, trotz allem auch unterdrückerisches Verhalten reproduzieren, daneben Spaltung und Misstrauen in unseren Bewegungen verbreitet sind. Soziale Bewegungen werden meistens ausschließlich im Paradigma des Kampfes ›geframed‹, was dazu führt, dass Initiativen, die sich mit Aspekten von Heilung beschäftigen, schnell als bürgerlich abgestempelt werden. Doch gerade in diesen nährenden Praxen liegt das Potential, die Wunden von Gewalt in uns zu heilen, und so den Kreislauf des ewigen Reproduzierens von Unrecht zu brechen.

Die Frage lautet: Wie sehen kollektive Methoden zur Transformation aus? Claudia Horowitz, die fast 20 Jahre ein Retreatzentrum für Aktivist*innen in den USA geleitet hat, beschreibt das Bedürfnis danach wie folgt: »Diese Generation von Aktivist*innen, diese Ära, versucht ihre eigenen Methoden zu definieren. Es ist eine andere Art des Bewegungsaufbaus als das, was in den 60er, 70er, 80er und 90er Jahren passiert ist. Wir leben in einer Zeit in der mehr innere Arbeit gemacht wird ... Diese Arbeit, die bis jetzt individuell gemacht wurde, hat eine kritische Masse erreicht. Ich weiß nicht, ob wir einen Kipppunkt erreicht haben, aber wir bewegen uns darauf zu. ... Was allgemein verbreitet ist, ist die Wahrnehmung

---

205 »Popular democracy, popular education, (the) feminist movement, the civil rights movement, and third world movements across the world ... (all) incorporate personal awareness and faith.« The Seasons Fund for Social Transformation: *Transformative Practices for Social Change. Lessons from the Field.* Mai 2009. http://techforpeople.net/~hiddenleaf/wp-content/uploads/2010/06/ TransPracticesforChangeSeasons.doc (Zugriff 7.3.2019), S. 3.

der Möglichkeiten, ein Hunger und Interesse an Transformation auf der Gruppenebene.«[206]

Verschiedenste Gruppen wie z.B. *Asian Communities for Reproductive Justice, Move to End Violence* und *Forward Together* sowie Bewegungen wie #blacklivesmatter aus den USA beantworten diese Frage mit dem Konzept *collective transformative practice* oder kollektive transformative Praxen. Das *Movement Strategy Center* (MSC) aus Oakland/Kalifornien definiert kollektive transformative Praktiken als vorsätzlich und kontinuierlich wiederholte Handlungen, die als Gruppe unternommen werden, um neue Wege des Seins und Denkens in der Gruppe und darüber hinaus zu kultivieren. Diese Praxen müssen fürs MSC verwurzelt sein, in unserer individuellen wie kollektiven Vision einer transformierten Welt, den Kernwerten dieser neuen Welt und unserem Teil der Erschaffung dieser, indem wir sie selbst verkörpern. Für einige der Menschen des MSC geht es hierbei um die Fortsetzung und Stärkung der Lebensart, die von den Ältesten und Ahnen übertragen wird (indigene Tradition); für andere Menschen des MSC geht es darum, etwas zu kultivieren, das sich sehr neu anfühlt.[207]

Kollektive transformative Praxen helfen Gruppen eine neue Ebene von wachem Bewusstsein zu kultivieren und die Ausrichtung und Synergie zwischen den Menschen zu erhöhen. Dadurch katalysieren und fokussieren sie unser Bewusstsein dafür, wie Wandel passiert, oft indem sie die Veränderung, die innerhalb der Individuen und der Gruppe passiert, beschleunigen und hilft ihnen gemeinsam ›irgendwo‹ hinzugehen.

Die große Bandbreite von transformativen Praxen unter progressiven politischen Organisationen in den USA bildet sich sehr gut in einer Umfrage (2009)[208] des *Seasons Fund For Social Transformation* ab. Dabei stammten ein Teil der Praxen aus indigenen Kulturen und nicht alle Praxen werden kollektiv genutzt. Die Zahl in Klammern gibt die Häufigkeit der Nennung der Praxen in der Umfrage wieder:

▸ Gebete, Momente der Stille und Rituale, inklusive das Teilen von dazugehörigen religiösen und kulturellen Traditionen (26)

---

206   Zimmerman, Kristen / Julie Quiroz: Love with Power. Practicing Transformation for Social Change. Hrsg. von Movement Strategy Center, Mai 2016, http://movementstrategy.org/b/wp-content/uploads/2016/07/MSC-Love_With_Power.pdf (Zugriff 7.3.2019), S. 17.

207   Siehe ebd., S. 18.

208   The Seasons Fund for Social Transformation: Transformative Practices for Social Change. Lessons from the Field. Mai 2009. http://techforpeople.net/~hiddenleaf/wp-content/uploads/2010/06/TransPracticesforChangeSeasons.doc (Zugriff 7.3.2019).

- Aufmerksamkeit für rücksichtsvolle(s) Partnerschaft, Management, Kollaboration, Supervision, Organisationskultur. (23)
- Konzil, Reflektive Kreise, tiefer Dialog; Heilungskreise und Traditionen, ›restorative‹ Sprache um ›die Gruppe auszugleichen, während Vielfalt wertgeschätzt wird‹ (21)
- Achtsamkeit, Selbstreflexion, Bewusstheit über das Ego, Innere Balance, Selbsteinschätzungswerkzeuge (21)
- Aufmerksamkeit für Selbstfürsorge und persönliche Balance: Gesundheit, Ernährung, Schlaf, Übungen, Zeit alleine (20)
- Leadership Retreats (20)
- Peer support und Unterstützungsgruppen (18)
- Storytelling, Träume teilen, ›truth-telling‹ (17)
- Professionelles Training und Moderationspraxis (15)
- Meditation/ Atemarbeit / morgendliche Sitzpraxis (14)
- Singen, Chanten, Improvisationsmusik, Trommeln, schamanische Kunst, Kunst/Klang-Therapie (14)
- Lesen und Schreiben (Poesie, Zitate, Tagebuch schreiben) (14)
- Yoga, Tanz, spazieren gehen, wandern, Taiji, Ji Gung, Kampfkunst, Sport, und kreative Bewegung (14)
- Intergenerationelle Kollaboration/ Miteinbeziehen der ›Weisheit, Lektionen und dem Vermächtnis‹ der Ältesten und Vorfahren (12)
- Achtsames Zuhören (12)
- Arbeitsplatzvereinbarungen zu Elternzeit, Urlaub, Management und Supervision, Krankenversicherung (10)
- Verbinden mit dem Land, der natürlichen Welt und seiner Zyklen (9)
- Essen teilen (9)
- Somatische Zentrierungspraktiken und Energiearbeit / Workshops die Wohlbefinden von Körper, Geist und Seele kombinieren (9)
- ›Check-in‹ während Treffen (8)
- Spirituelle Mentorenschaft (5)
- Alleine verfügbare Zeit für religiöse und kulturelle Traditionen (5)
- Hochgradige Supervision / umfassendes Leistungsfeedbackwerkzeug (›360 Grad Review‹) (5)
- Altar bauen, Schwitzhütten, Totems (6)
- Indigene Spiritualität (z. B. Sonnentanz Zeremonie, Huwipi Heilungszeremonie) (4)
- Individuelle und/oder Gruppenpsychotherapie (3)
- Verhaltenskodex und Eid (3)
- Naturheilkunde und ganzheitliche Therapien (3)

Im Folgenden möchte ich insbesondere auf zwei **kollektive** transformative Praxen eingehen, die in sozialen Bewegungskontext neu entwickelt wurden: *Generative Somatics* nach u. a. Staci Haines und *Forward Stance* von Norma Wong. Dadurch, dass wir individuelle Praxen als regelmäßig bewusst durchgeführte Handlungen in Gemeinschaft praktizieren werden, gestalten sie kollektive transformative Praxen. Insgesamt geht es darum, eine gemeinsame Sprache, Konzepte und Praxen zu schaffen, die Bewegungsaufbau stützen.

Generative Somatics (gs)

Der Begriff *Somatics* wurde das erste Mal 1972 von Thomas Hannah verwendet. ›Soma‹ kommt aus dem Griechischen und steht für ›der lebende Organismus oder der Körper in seiner Gesamtheit‹. Dies ist der Ansatz, der das menschliche Sein als ein integriertes biologisches, psychologisches, soziales und energetisches Ganzes versteht und ebenso einen Paradigmenwechsel weg von einem mechanistischen Weltbild vollzieht. Die somatische Körperarbeit im Westen hat ihre Anfänge, wie schon im ersten Kapitel erwähnt, bei der Berliner Gymnastiklehrerin Elsa Gindler. Auch die großen Body-Mind-Systeme des Ostens wie Yoga, Taiji, Kampfkünste wie Aikido usw. können als somatisch bezeichnet werden.

Richard Strozzi-Heckler, 7. Dan in Aikido und PhD in Psychologie, brachte *Somatics* von seinem primären Einsatz im Bereich der Heilung in Bereiche des transformational Leaderships und des politischen Handelns in der Welt. Seine Leitfrage war: Was heißt es, ein verkörperter, moralischer (empathischer und verantwortlicher) Mensch zu sein?

Staci K. Haines, Gründerin von *Generation FIVE* und Schülerin von Richard Strozzi-Heckler, entwickelte einen Transformative-Justice-Ansatz, um sexuellen Kindesmissbrauch zu beenden, weiter[209] und brachte die Integration von Traumaanalyse und der wechselseitigen Abhängigkeit von persönlicher und systemischer Transformation in die Bewegungsarbeit ein. Außerdem entwickelte sie den *Somatics & Trauma*-Kurs (2002), welcher einen somatischen Ansatz für die Heilung von persönlichen und systemischen Traumata verfolgt. Sie brachte diese Methoden in Bewegun-

---

209 Staci K. Haines arbeitete mit an der Herausgabe des Grundlagenwerks *Toward Transformative Justice* http://www.generationfive.org/wp-content/uploads/2013/07/G5_Toward_Transformative_Justice-Document.pdf (Zugriff 7.3.2019), schrieb das Buch *Healing Sex* und produzierte die DVD selbigen Namens. Der deutsche Buchtitel lautet: Staci Haines: Ausatmen. Wege zu einer selbstbestimmten Sexualität für Frauen, die sexuelle Gewalt erfahren haben. (Berlin: Orlanda Frauenverlag 2016).

gen für soziale Gerechtigkeit ein. Aus dieser Arbeit entstand *Generative Somatics* (gs).

Generative Somatics ist eine integrative Methode, welche somatisches Bewusstsein, somatische Körperarbeit und somatische Praktiken verwendet, um dauerhafte Veränderung zu erreichen. Der Ansatz von *Generative Somatics* bei Traumata ist, die individuelle wie auch die kollektive Erfahrung zu sehen. Bei dieser Arbeit wird sowohl die individuelle Erfahrung von Trauma, als auch der soziale Kontext, in welchem wir leben, adressiert, um zu verstehen, zu heilen und zu transformieren. *Generative Somatics* wird sowohl in Zweier-Sitzungen und Gruppen als auch in der sozialen Bewegungsaufbauarbeit und Gemeinschaftsbildungsprozessen angewendet.

Generative Somatics fügt der Somaticsarbeit eine soziale Herrschaftsanalyse und einen historischen Kontext hinzu und politisiert so zielgerichtet dieses Erbe. Gs nutzt Somatics, um der Politik und Vision von sozialer Gerechtigkeit, tranformativer Gerechtigkeit und Befreiung zu dienen. Zielbewusst bringt sich gs ein, in breitere, mehr diversere Gemeinschaften analog zu Gender, Race, Class, mit dem Ziel ihnen Zugang zu Somatics-Praxen zu ermöglichen. Ebenso bildet gs somatische Heiler*innen und Coaches aus, welche die breitere Bewegung für soziale Gerechtigkeit unterstützen wie z. B. bei den Aufständen von Fergusson. Ein weiteres Aufgabenfeld von gs ist das Verwenden von Somatics für Leadership- und Organisationsentwicklung in Bewegungsorganisationen.

Somatics in seiner politisierten Variante ist ein Pfad von verkörperter Transformation. Verkörperte Transformation ist ein grundlegender Wandel, der sich in unseren Handlungen, Arten des Seins, Beziehens und Wahrnehmens ausdrückt und sich über die Zeit erhält. Somatics unterstützt praktischerweise unsere Werte und unsere Handlungen, die dementsprechend nach ihnen ausgerichtet werden. Sie helfen uns, Tiefe zu entwickeln und die Kapazität in uns selbst, uns gegenseitig und das Leben um uns herum zu fühlen. Somatics stärkt in uns die Fähigkeit, ausgehend von Strategie und Empathie zu handeln, und lehrt uns, fähig zu sein, die Umstände und das ›was ist‹ klar einzuschätzen. Somatics ist eine praktikable Veränderungstheorie, die uns in Richtung individueller, gemeinschaftlicher und kollektiver Befreiung bewegen kann. Somatics arbeitet durch unseren Körper und bringt uns mit unserem Denken, unseren Gefühlen, unserem Commitment und unseren Visionen und Taten in Verbindung.

Somatics ist eine ganzheitliche Veränderungstheorie, die ein Verständnis von persönlicher wie auch kollektiver Transformation von einem radikal anderen Standpunkt her hat. Es versteht das Persönliche wie auch Kollektive als eine Kombination von biologischen, evolutionären, emotionalen und psychologischen Aspekten, welche durch soziale und historische Normen gestaltet werden und anpassungsfähig im Rahmen von widerstandsfähigen, wie auch unterdrückerischen Kräften sind. All dies wird durch Resilienz- wie auch Überlebensstrategien verkörpert. Soziale und kulturelle Praktiken werden zu ›Gestalt‹ oder verkörperten Weltsichten, Verhaltensweisen, Beziehungsweisen und automatischen Handlungen und Nicht-Handlungen. Somatics zu praktizieren, hilft uns, unsere konditionierten Tendenzen wahrzunehmen und uns darüber hinauszubewegen, neue Formen von Macht/Kraft und Resilienz zu verkörpern.

Siehe auch: https://www.generativesomatics.org/ und https://somatics4activism.noblogs.org (jeweils Zugriff 7.3.2019).

Forward Stance (Vorwärtshaltung)
Forward Stance wurde von der Zenmeisterin Norma Wong spezifisch für Bewegungsaufbauarbeit auf Basis von *60/40 Stance* adaptiert. *60/40 Stance* ist eine Technologie und ein Curriculum, welches innerhalb des *Applied Program* vom *Institute of Zen Studies* (IZS) in Hawaii entwickelt wurde. *Forward Stance* und *60/40 Stance* wurde aus Trainingsprinzipien entwickelt, die sowohl im Zentraining als auch in vielen traditionellen Kampfkünsten und Meditationspraktiken gefunden werden können.
Es ist eine Technologie, welche einen Körper-Geist-Ansatz zum Bewegungsaufbau nutzt. Eine Technologie ist in diesem Zusammenhang ein Korpus an Wissen. *Forward Stance* ist eine Technologie mit physischen und konzeptuellen oder intellektuellen Prinzipien, die auf individueller, organisations- und bewegungsspezifischer Ebene angewendet werden kann. Es ist keine Praxis. Praxis sind bewusste und wiederholende Handlungen, die spezifische Qualitäten und Kapazitäten kultivieren. Dafür wird in Verbindung mit *Forward Stance* Mu-I Taiji eine Zehn-Stufenform von Taiji gelehrt. Es ist zu bemerken, dass Mu-I Taiji nicht als traditionelles Taiji gesehen werden kann, denn sein spezifischer Zweck ist es, bei der Erhellung des Verständnis und der Beziehung der Praktizierenden zu den vier Grundprinzipien Haltung, Energie, Rhythmus und Bewusstheit zu helfen.

▶ **Haltung** ist, wie wir uns durch die Welt bewegen. Wir können eine gehende, stehende, sitzende oder liegende Haltung haben. Wenn wir in

Forward Stance stehen oder sitzen, haben wir 60% unseres Körpers nach vorne gelehnt. Dies ist eine Haltung, in der wir in einem Zustand der Bereitschaft sind und fähig, Handlungen durchzuführen.

▸ **Energie** gibt dem Leben Haltung. Die Energie von *Forward Stance* ist tief, stark und aufsteigend und kann über längere Zeit und durch schwierige Umstände gehalten werden.

▸ **Rhythmus** ist das Tempo unserer Handlungen. Individuen, Organisationen und die Welt um uns herum haben ihre innewohnenden Rhythmen und Tempi. In *Forward Stance* haben wir ein Bewusstsein des Rhythmus und wir sind uns über unser Tempo bewusst.

▸ **Bewusstheit** ist eine klare, breite Wahrnehmung von dem, was um uns herum passiert. Zu oft haben wir einen Tunnelblick – wir sehen nur, was direkt vor uns ist – die Projekte, an denen wir arbeiten, die Aktionen die wir planen. Das Bewusstsein von *Forward Stance* gibt uns Kontext sowie die Fähigkeit, zu sehen, was aktuell um uns herum geschieht.

Forward Stance betont proaktive und strategische Aktionen, um erfolgreiche und nachhaltige Bewegungen aufzubauen. Es bringt körperliche und experimentelle Elemente in die Bewegungsaufbauarbeit und stellt einen Weg dar ›aus unserem Kopf zu kommen‹. Es baut auf den Grundsatz auf, dass Körper und Geist auf die Art miteinander verbunden sind, dass körperliche Erfahrungen die Wege verbessern und verschieben, wie der Verstand verstehen, aufnehmen, lernen und vorstellen kann.

Indem wir unsere Fähigkeit, nach innen zu sehen, neu bestimmen, lernen wir unsere Macht/Kraft in einer besonderer Weise zu halten und zu kanalisieren, die beziehungshaft zu anderen ist, uns erlaubt, umfassender zu sehen, was um uns herum ist, anstatt nur das, was sich in unserem Sichtfeld befindet. Egal ob wir in einer herausfordernden Kampagne mit unseren Verbündeten arbeiten oder bei einer Aktion Veränderung von unser Opposition einfordern, *Forward Stance* stellt uns Werkzeuge zur Verfügung, die uns ermöglichen, proaktiv und strategisch durch schwierige Situationen mit Klarheit zu schreiten.

Siehe auch: https://forwardtogether.org/forward-stance (Zugriff 7.3.2019).

Partizipativere Gruppenstrukturen schaffen

Partizipativere Gruppenstrukturen zu schaffen ist ein wichtiger Aspekt des Konzepts vom Nachhaltigen Aktivismus. Die zugrundeliegende Frage lautet: Was hindert Menschen an der aktiven Teilnahme an unserer politischen Arbeit? Ist der Zeitpunkt unserer Treffen auch möglich für Menschen in Lohnarbeitsverhältnissen? Hindert Menschen mit Kindern die mangelnde Unterstützung bei der Kinderbetreuung am politischen Engagement? Ist der örtliche Zugang für Menschen mit Behinderungen möglich? Oder sind es unsere hochgeschraubte intellektuelle Sprache oder unsere subkulturellen Codes, die Menschen daran hindern sich bei uns zu engagieren?

Wir sind in unterschiedlichen Gruppen, Zusammenhängen oder Organisationen aktiv, die über sehr unterschiedliche Ressourcen verfügen. Auch macht bei allen Gruppen je nach Aufgabe und politischem Betätigungsfeld radikale Inklusion z. B. aus dem Blickwinkel der Sicherheitskultur betrachtet, nicht immer Sinn. Trotzdem ist der Anspruch, möglichst vielen Menschen die Möglichkeit einer aktiven Teilnahme zu ermöglichen, ein wichtiger Leitwert für einen Nachhaltigen Aktivismus.

Machtausgleich in Gruppen fördern: Step up – Step down

In jeder Gruppe, besitzt sie auch noch so egalitäre Werte, etablieren sich nach einer Zeit automatisch Machtstrukturen, sei es durch unterschiedliche Wissensstände, Erfahrungen, Anerkennung und Glaubwürdigkeit oder unbewusste Faktoren wie Status und Rangdynamiken (siehe Leticia Nieto 2010) und die unterschiedlichen Ausgangspositionen und Privilegien der Gruppenmitglieder. Diese Dynamik bewusst zu reflektieren und ihr mit aktiven Maßnahmen zu begegnen, kann mehr Menschen Teilhabe an der politischen Arbeit ermöglichen und ein Korrektiv zu den bewussten und unbewussten Unterdrückungsstrukturen in unserer Gesellschaft, Zusammenhängen und Gruppen darstellen. Wichtige Reflexionsfragen sind: ›Wer leistet welche Arbeit?‹ und ›Wer bekommt wieviel Anerkennung, Geld und Status?‹

Die Menschen, die viel Arbeit leisten, können bewusst von einem Teil ihrer Arbeit absehen, zugunsten derjenigen, die leise sind und nicht so im Mittelpunkt stehen. Gleichzeitig können diese ermutigt und ermächtigt werden, sich neue Arbeitsbereiche zu erschließen. Ein wichtiger Aspekt dabei ist die Frage, wie die Wissens- und Erfahrungsweitergabe in der

Gruppe organisiert wird. Hier ist Teambildung von erfahrenen mit weniger erfahrenen Aktivist*innen eine Handlungsmöglichkeit.

Generell müssen die Gruppen individuelle Lösungen finden. Manche Zusammenhänge finden strikte Lösungen wie Quotierung und Rotation gut, um der Machtakkumulation von Personen in der Gruppe vorzubeugen. Andere wählen eher organischere Verfahren wie Supervision, um Disbalancen in ihrer Gruppe zu begegnen.

Es geht nicht darum, dass alle das Gleiche machen, sondern darum, dass alle die gleichen Möglichkeiten zur Entfaltung ihrer Person und Zugang zu Ressourcen haben. Wichtig ist die Bereitschaft, mit Disbalancen bewusst umzugehen. Dies muss nicht zu jedem Zeitpunkt sinnvoll sein und spiegelt auch nicht immer die Realität in den politischen Gruppen wider, weil zwar der Wunsch besteht, dass Aktivist*innen weniger machen wollen (Step down), aber es keine Aktivist*innen gibt die mehr Arbeit verrichten wollen (Step up).

★ **Übung: Sichtbar machen von Rang und Privilegien**

Eine einfache und trotzdem tiefe, kurz durchzuführende Übung, um uns über unseren Rang und unsere Privilegienverteilung in der Gruppe bewusst zu werden, ist das *Power Shuffle* von *Training for Change*:
Siehe https://www.trainingforchange.org/tools/power-shuffle

Der Reflexionstext in der Übung bezieht sich auf US-amerikanische Privilegien- und Unterdrückungskontexte und muss natürlich situationsbezogen angepasst werden. Das *Power Shuffle* kann z. B. im Rahmen eines Gruppenrückzugswochenendes eingebaut werden, ist aber auch, gut platziert in Workshops, ein interessanter Impulsgeber, der unser Bewusstsein für Diversity und Privilegien schärft.

Um Machtverteilung und Unterdrückung tiefergehend zu verstehen und darüber in Gruppen und Zusammenhängen zu reflektieren, empfehle ich den Anti-Unterdrückungshandlungsrahmen von Dr. Leticia Nieto.

→ **Lesetipp:** Nieto, Leticia: Beyond Inclusion, Beyond Empowerment. A Developmental Strategy to Liberate Everyone. Washington: Cuetzpalin 2010.

Unterstützung von Familien in sozialen Bewegungen und Gemeinschaften

Gerade aktivistische Kreise sind dominiert von Menschen ohne Kinder. Viele aktivistische, politische oder sich als radikal verstehende Eltern bekommen oft viel zu wenig Unterstützung von ihrem umgebendem Zusammenhang, ihrer Gemeinschaft oder Szene. Oftmals sind sie deshalb gezwungen, Mainstreamangebote für ihre Kinder anzunehmen, die weder all ihren Bedürfnissen noch ihren Werten entsprechen. Im Sinne eines Nachhaltigen Aktivismus ist es für Gruppen und Bewegungen wichtig, Belange von Müttern, Vätern, Bezugspersonen und Kindern zu thematisieren und darüber hinaus Wege zu finden, Familien zu unterstützen. Andernfalls werden die Eltern Stück für Stück aus ihrer Bewegung gedrängt. Gerade dadurch, dass wir gute Unterstützer*innen von Eltern, Bezugspersonen und Kindern sind, schaffen wir kollektiv eine starke, alle Altersgruppen einbeziehende Kultur des Widerstandes, die im wahrsten Sinne des Wortes resilient ist.

Im Folgenden möchte ich das Papier *Concrete Things You Can Do to Support Parents and Children in Your Scene* übersetzen, welches als Brainstorming auf der *La Rivolta!, Anarcha-Feminist Conference* in Boston 2006 entstanden ist. Es ist Teil des interessanten Buches *Don't Leave Your Friends Behind* von Victoria Law und China Martens[210].

Konkrete Dinge, die du tun kannst, um Eltern und Kinder in der Szene zu unterstützen!

★ Gib Kindern Aufmerksamkeit. Sag etwas zu ihnen. Sei einfach du selbst, was immer du denkst, sie sind offen dafür. Kinder verhalten sich besser, wenn sie Aufmerksamkeit bekommen. Zu Beginn eines Treffens, wenn eine Gruppe den Kindern etwas Aufmerksamkeit schenkt, sind sie oft glücklicher und verhalten sich weniger unruhig für den Rest des Treffens.

★ Entwickle Kinderbetreuung als eine fortlaufende Beziehung mit einem Kind. Es braucht Zeit, um das Kind kennenzulernen, bis es sich bei dir wohlfühlt, ohne bei seinen Eltern zu sein.

★ Biete ein Zeitfenster an, in dem du Zeit mit einem Kind auf wöchentlicher Basis verbringen kannst.

---

210 Law, Vikki / China Martens (Hrsg.): Don't leave your friends behind. Concrete ways to support families in social justice movements and communities. Oakland: PM Press 2012.

* Integriere Kinder und Erwachsene. Es ist viel angenehmer zu sehen, wie sich Kinder mit Erwachsenen unterhalten; es ist viel angenehmer für die Kinder zu sehen, wie Erwachsene die Gegenwart genießen und sie nicht wie eine Belastung für sie erscheinen.

* Beziehe Kinder in die Planung von jeder Aktivität mit ein. Du unternimmst etwas kinderfreundliches? Frage ein Kind, ob es mitkommen möchte. (Lizxnn hat Siu Loong drei Jahre lang zu Critical Mass Fahrraddemos mitgenommen und sie hat es geliebt.) Kinder können aus Aktivitäten, an denen ihre Eltern nicht teilnehmen, Nutzen ziehen und die Eltern können davon profitieren, Zeit für sich zu haben.

* Wenn ein Baby schreit, weil es z. B. getragen werden möchte und das Elternteil alle Hände voll zu tun hat, biete an, das Baby zu halten.

* Wenn ein Kind Störungen verursacht, biete an, mit dem Kind nach draußen zu gehen, so dass das Elternteil nicht die Veranstaltung verlassen muss.

* Triff Eltern auf ihrer Ebene. Besuche sie zu Hause oder was auch immer ihr Raum ist. Lass Eltern darüber reden, wie es ist, Eltern zu sein.

* Beachte Kinder. Behandle sie nicht, als ob sie unsichtbar seien.

* Bei Treffen und Veranstaltungen, die wir kinderfreundlicher gestalten möchten, kündige an, dass wir damit einverstanden sind, wenn Kinder Lärm machen, dass wir weiterreden können und dass wir es schätzen, wenn Mütter und Kinder anwesend sind. Die Ankündigung kann helfen, Mütter zu entlasten und ihnen die Nervosität zu nehmen.

* Schenke Eltern und Kindern ein Lächeln!

Wenn ihr eine Kinderbetreuung bei einer politischen Veranstaltung anbietet (und jede Veranstaltung sollte eine Kinderbetreuung haben!):

* Besucht die Kinder und die Kinderbetreuer*innen am Kinderbetreuungsort. Die Kinderbetreuer*innen können sich isoliert von den anderen der Veranstaltung fühlen. Trinke eine Tasse Tee mit ihnen! (vorgeschlagen von Siu Loong, fünf Jahre alt)

* Eltern mit verschieden alten Kindern haben unterschiedliche Bedürfnisse. Eltern mit jüngeren Kindern oder Kinder, welche es noch nicht gewohnt sind, ihre Eltern zu verlassen, würden von einer Kinderbetreuung im selben Raum profitieren. Eltern mit älteren oder unabhängigeren Kindern würde eine Kinderbetreuung in einem anderen Raum zugutekommen. So oder so muss die Kinderbetreuung zugänglich sein.

★ Eltern müssen den Kinderbetreuer*innen mehr über ihre Kinder und deren Bedürfnisse während der Planungsphase der Veranstaltung erzählen, damit sie die Kinder besser unterstützen können. Erzähle wenigstens, dass ihr kommt und teile das Alter der Kinder mit.

★ Es ist ein gutes Gefühl für Eltern, zu wissen, dass Kinderbetreuung verfügbar ist, auch wenn sie die Betreuung nicht nutzen.

Und zum Nachdenken:

★ Wie viel Arbeit ist es und wie anstrengend, 24 Stunden und sieben Tage die Woche Elternteil zu sein. In den Anfangsjahren ist es schwer, selbst einfach nur klar zu denken, da mensch noch in der Findungsphase steckt, ein Elternteil zu sein, und die Bedürfnisse junger Kinder sehr intensiv sind.

★ Bedenke, dass radikale Eltern sich oft nicht in konventionellen Einrichtungen wie z. B. Kindergärten wiederfinden. In diesem Zusammenhang denke darüber nach, wie es sich anfühlt, wenn sie zu einem anarchistischen/radikalen Treffen kommen und sich von ihrer eigenen Kultur nicht unterstützt fühlen, weil es z. B. keine Kinderbetreuung gibt.

Gemeinsame Visionen entwickeln

›Erträume dein Leben und lebe deinen Traum.‹ Unsere gemeinsamen Träume und Visionen sind essenziell, um uns durch das Leben zu navigieren, weil sie uns die Orientierung schenken, in welche Richtung wir uns im Sinne eines erfüllten Lebens bewegen sollten. Gleichzeitig hilft uns unsere Vorstellungskraft dabei, kreative Lösungen für bestehende Herausforderungen zu finden. Einfach nur gegen ein Problem zu arbeiten und es zu beseitigen bedeutet nicht, dass automatisch emanzipatorische gesellschaftliche Verhältnisse eintreten. Ohne eine angemessene Vision einer besseren Zukunft kann es sein, dass einfach andere Probleme das Vakuum füllen. So hat z. B. in Deutschland der Atomausstieg nicht zu einer Entmachtung der Energiekonzerne geführt, mit der Folge, dass die Kohlekraft weiter ausgebaut und temporär gefestigt wurde. Der Hintergrund ist u. a. auch das Festhalten am alten wachstumsbasierten Industriemodell und das Weiterbestehen der alten Machtcliquen.

Die Fähigkeit, eine inspirierende Vision zu ›erarbeiten‹, ist ein Schlüssel, um langfristig motiviert zu bleiben. Dies gilt für Individuen genauso wie für Gruppen. Gleichzeitig können positive Visionen anziehend auf neue Menschen wirken, euch in eurem Kampf zu unterstützen. Arbeiten mit Visionen und Zukunftsbildern ist ein Schlüsselprinzip in der *Transition Town*-Bewegung.

Im Folgenden möchte ich kurz auf die Grundlagen für kreatives Denken und Vorstellungskraft beim Individuum eingehen, auf denen auch die schöpferische Vorstellungskraft von Gruppen basiert, um dann auf die Entwicklung einer gemeinsamen Vision bei Gruppen zu kommen. Ein Grundproblem bei der Entwicklung kreativer Visionen liegt darin, dass wir durch unsere Erziehung nur sehr einseitig vorgebildet sind. In der Gehirnforschung wurde herausgefunden, dass unsere beiden Gehirnhälften für unterschiedliche Funktionen zuständig sind. Die linke Seite denkt in Begriffen wie Wörtern und rationaler Logik und die rechte Seite arbeitet mehr mit Bildern und Mustern, um uns dabei zu helfen, komplexe Informationen zu integrieren und ein Gefühl für das größere Bild zu bekommen. Leider wird in unserem Bildungssystem fast ausschließlich die linke Gehirnhälfte trainiert. Auch können wir sagen, dass linke Bewegungen generell durch die Sicht der linken Gehirnhälfte dominiert sind.

Ein Designprinzip um unsere Phantasie freizusetzen ist es, erst herauszuarbeiten, **was** wir an Veränderung sehen wollen, um im zweiten Schritt uns auf das **Wie** zu konzentrieren. Dadurch, dass wir die kreative Phase von der Umsetzungsphase trennen, verhindern wir, dass wir uns im Vorhinein schon begrenzen und die Schere schon im Kopf haben. Ein Ziel unserer kreativen Phase liegt darin, eine inspirierende Vision zu entwickeln, die uns emotional berührt. Um während schwieriger Zeiten motiviert zu bleiben, ist es wichtig, das wir wirklich wollen, dass unsere Vision Wirklichkeit wird. Um an einer inspirierenden Vision festzuhalten, müssen wir uns selbst dabei stoppen, sie innerlich zu demontieren, bevor die Vision überhaupt auch die Möglichkeit bekommt, Wirklichkeit zu werden. Hierfür kann die Unterscheidung zwischen statischem und prozesshaftem Denken eine Hilfe sein, wie sie in *Active Hope* von Joanna Macy und Chris Johnstone getroffen wird.

Statisches Denken nimmt an, dass die Realität starr, solide und resistent gegenüber Veränderungen ist. Wenn Menschen Sachen behaupten, wie ›Du kannst das System nicht verändern‹, ›Es ist die Natur des Menschen ...‹ oder ›There is no Alternative (TinA-Prinzip)‹, dann wählen sie diesen Denkansatz. Sie sehen Situationen wie ein Bild, das an der Wand hängt:

Wenn eine neue Idee oder ein neuer Weg, Dinge zu tun, nicht auf dem Bild zu finden ist, wird es als unrealistisch gesehen. Auf diese Weise wird unsere Sicht der Dinge begrenzt. Wenn nichts Inspirierendes am Horizont erscheint, können wir leicht in Apathie und Resignation verfallen. Prozesshaftes Denken sieht Realität mehr als einen Fluss, bei dem sich alles von einem Zustand in den nächsten wandelt. Jeder Moment ist wie ein Mikrobild/Frame in einem Film, nur leicht verändert im Vergleich zu dem vorangegangenen Moment. Diese kleinen Veränderungen von Frame zu Frame generieren größere Veränderungen über die Zeit. Wenn gerade etwas nicht im Bild erscheint, bedeutet dies nicht, dass es nicht noch später auftauchen kann. Dieser Weg, Realität wahrzunehmen, sieht unsere Existenz als eine sich entwickelnde Geschichte, nicht als eine vordefinierte. Weil wir nie wissen werden, wie die Zukunft aussehen wird, macht es am meisten Sinn uns auf das zu fokussieren, was wir sehen wollen, und dann unseren Teil dazu beizutragen, dass sich die Möglichkeit erhöht, dass die gewünschte Zukunft eintritt.

Neben dem prozesshaften Denken gibt es noch weitere Praktiken, um Inspiration ›einzufangen‹. Die erste Technik ist uns auch schon vom individuellen Resilienzprozess bekannt, Raum für Bewusstheit zu schaffen, psychisch und physisch. Durch Ruhe schaffen wir den inneren Raum, um unsere inspirierenden Gedanken und Visionen bewusst wahrzunehmen. Solche kreativen Pausen können sehr produktiv sein: Viele bedeutende Erfindungen der Weltgeschichte gehen auf solch entspannten Momente zurück wie z.B. die Erfindung der Glühbirne von Edison, als er sich auf seinem Sofa ausruhte. Generell kann gesagt werden, dass unsere Kreativität leidet, wenn wir mental beunruhigt und durcheinander sind. »Ja, man könnte sogar sagen, dass Stress und Kreativität sich ausschließen, denn jedes schöpferische Denken, in und aus dem etwas Neues entsteht, beruht auf einem Geisteszustand hoher Vernetztheit zwischen den einzelnen neuronalen Netzwerken«, so die Yogalehrerin Anna Trökes[211].
Eine zweite Technik ist Intention und Aufmerksamkeit. Durch das willentliche und konzentrierte Wahrnehmen unserer Gedanken erhöhen wir die Chancen für kreativen Output, indem wir wie die Katze vor dem Mäuseloch gespannt warten. Eine dritte Technik ist das Dokumentieren unserer kreativen Einfälle z.B. am einfachsten mit Zettel und Stift. Dadurch, dass wir unsere Gedanken aufschreiben, haben wir die Möglichkeit, unsere

211 Trökes, Anna / Nike Schenkl: Anti-Stress Yoga. Freiburg/Basel/Wien: Herder Verlag 2015, S. 66.

inspirierenden Gedanken und Visionen zu pflegen. Damit Visionen Wirklichkeit werden, müssen wir sie uns immer wieder vergegenwärtigen, weiterentwickeln und uns mit ihnen auseinandersetzen. Dies können wir nur tun, wenn wir uns an sie erinnern. Ein Teil davon, eine Vision ›einzufangen‹, besteht darin, einen Weg zu finden, an ihr festzuhalten. Im Kern geht es bei all diesen Techniken darum, nicht einfach nur passiv auf Inspiration zu warten, sondern aktiv diesen Prozess einzuleiten. Wenn wir eine Vision gefunden haben, ist der beste Weg, an ihr festzuhalten, sie Teil unseres Lebens werden zu lassen und entsprechend zu handeln. Für die individuelle Visionssuche fasse ich hier noch einmal die Kernfragen nach Macy/ Johnstone[212] zusammen:

1. Was?
Wenn du dir eine spezifische Situation anschaust, was möchtest du, dass geschieht?

2. Wie?
Wie denkst du, kann dies geschehen? Diese Phase beinhaltet die Beschreibung der Schritte, die für das Erreichen einer größeren Vision notwendig sind, sowie der möglichen Zwischenschritte.

3. Meine Rolle?
Im dritten Schritt identifizieren wir unsere Rolle in dieser Geschichte: Was kann ich tun, damit die Vision Wirklichkeit wird?

Diesen individuellen Prozess können wir auch in einer Gruppe durchführen. Das Ziel ist hier, von der ›Weisheit der Vielen‹ zu profitieren. Wir alle sehen nur einen Bruchteil der möglichen Zukunft. Indem wir unsere Puzzlestücke zusammenfügen, können wir leichter das große Bild erkennen. Dieser Prozess kann auch als Co-Intelligenz beschrieben werden. Eine Möglichkeit, diese Kraft zu nutzen, ist z.B. ein progressives Brainstorming in unserer Gruppe durchzuführen. Dabei wird im ersten Schritt ein Ziel festgelegt. Alle Gruppenmitglieder tagträumen hierzu und die Ergebnisse werden auf einem Blatt Papier gesammelt. Als nächstes wählt die Gruppe eines von diesen Zielen aus und führt einen Brainstormingprozess mit der Fragestellung ›Was ist hierfür nötig?‹ durch. In diesem Prozess geht es um die Förderung des kreativen Denkens, bei dem folgende Regeln beherzigt werden: als allererstes keine Zensur, Erklärung oder Rechtfertigung für unsere Ideen; zweitens, bewerte oder kritisiere nicht die Ideen oder Vorschläge von anderen; und drittens, die Diskussion kommt später. Wir schaffen Möglichkeiten und bearbeiten sie nicht! Wenn durch diesen

---

212 Macy, Joanna / Chris Johnstone: Active Hope. a.a.O., S. 169.

Brainstormingprozess nun eine Liste mit Notwendigkeiten erstellt wurde, picken wir uns in einem weiteren Schritt eine Option heraus und wiederholen den Prozess mit der Fragestellung ›Was muss geschehen, damit dies geschieht?‹. Jedes Mal wenn wir diesen wiederholen, sind die Schritte, die wir identifizieren, näher an uns dran und leichter für uns umzusetzen.

Generell kann gesagt werden, dass so wie wir im Garten die jungen Setzlinge ausdünnen, wir uns ebenso entscheiden müssen, welche Vision wir unterstützen wollen, um so den Raum zu schaffen, damit sie sich entwickeln und florieren kann. Wie auch schon beim individuellen Resilienzbildungsprozess angesprochen, ist die Fähigkeit, sich zu fokussieren, dafür entscheidend. Ohne uns zu fokussieren, verteilen wir unsere Energie und Anstrengungen derart, dass es sehr schwierig werden wird, eine Vision zur vollen Blüte gelangen zu lassen und wir bleiben immer im Anfangsstadium stecken.

➡ **Weiterführende Lesetipps:**
Starhawk: *The circle of Vision*. In: Dies.: The Empowerment Manual. A Guide for Collaborative Groups. Gabriola Island, BC: New Society Publishers 2011, S. 25-42.

Johnstone, Chris: *Combining Vision with Pragmatism*. In: Ders.: Find Your Power. A Toolkit for Resilience and Positive Change. East Meon, Hampshire: Permanent Publications 2010, S. 54-80.

Eine geeignete formale Organisationsform wählen

Um die kollektive Resilienz zu erhöhen, ist es wichtig, eine geeignete formale Organisationsform zu wählen, die zu euren Zielen, Ressourcen und eurer Gruppengröße passt. Dabei ist es notwendig, sich der Machtstrukturen in der Gesellschaft bewusst zu sein, um diese nicht blind zu reproduzieren. Einige große Verbände – wie z. B. Greenpeace haben Entscheidungsstrukturen, die sich von wirtschaftlichen Konzernen nicht wesentlich unterscheiden. Zu den Grundüberlegungen des Nachhaltigen Aktivismus zählt es, horizontale Strukturen zu stärken und Macht als eine sich verteilende Kraft zu denken, die die Basis ermächtigt.

Generell kann es auch Situationen geben, wo eine (zeitweise) zentralisierte Kontrolle oder geschlossene Struktur sinnvoll sein kann z. B. aus Schutz vor Repression, was jedoch nur ihr selbst angemessen entscheiden könnt. Ansonsten gibt es neben dem zentralisierten Organisationsmodell, das lose Netzwerkmodell, sowie etwas dazwischen, wo die Organisationen, die in vielen (kon)föderierten Untergruppen (Regionalgruppen oder Zellen) aufgebaut sind, die alle ihre lokale Autonomie besitzen.

Ein allgemeiner Fehler ist die Annahme, dass Gruppen einen Vereinsstatus haben müssen, um politisch wirkmächtig, offiziell oder real zu sein. Es gibt Umstände, in denen ein Vereinsstatus durchaus Vorteile haben kann z. B. wenn es darum geht Eigentum zu erwerben, in eigener Sache juristisch tätig zu werden oder um Zugang zu Förderprogrammen und steuerlich absetzbaren Spenden zu bekommen.

Staatlich anerkannte Strukturen wie z. B. Vereine haben meistens formale Entscheidungsstrukturen, die eine starke Geschäftsführung und weitere mächtige Funktionen etablieren. In großen Gruppen, die sich unregelmäßig treffen, kann dies ein Vorteil sein. Aber in kleinen, lokalen oder eng vernetzten Gruppen kann dies eine Verschwendung von Zeit und Ressourcen sein oder im schlimmsten Fall ersetzen diese formalen Strukturen die viel organischeren und basisdemokratischeren Strukturen. Rechtsfähige Strukturen benötigen einen signifikanten Teil ihrer Zeit bei Treffen dafür, ihre formale Struktur am Laufen zu halten, was vom Campaigning ablenken und für ihre Mitglieder*innen durchaus langweilig und entfremdend sein kann. Ein weiteres potentielles Problem von formalen Gruppen liegt darin, dass einige Menschen die Leitungsfunktionen oder die Nutzung der internen Konstitution und Prozeduren als Weg missbrauchen, um ihre eigenen Ansichten zu verbreiten. Dies kann zu bedeutenden Verwerfungen innerhalb der Kampagne führen.

Das Bündnismodell ermöglicht es Gruppen, mit einem Minimum an formaler Struktur zu funktionieren und ebenso andere Organisationen und Individuen in das Netzwerk des Bündnisses mit einzubeziehen. So können Menschen leicht dem Bündnis beitreten und es wieder verlassen. Auch formelle wie informelle Gruppen können sich dem Bündnis anschließen. Das Bündnismodell hat normalerweise einen klaren Kampagnenfokus, aber organisiert seine Unterstützungsbasis mehr aufgrund der Werte und Ziele des Bündnisses, als nach formalen Konzepten wie z. B. Mitgliedschaft. In bündnisähnlichen Gruppen ist jedes Treffen ein Kampagnentreffen, weil die Organisation effektiv keine andere Existenz jenseits von der Kampagne hat.

Ein Schlüsselvorteil einer fließenden Form von Mitgliedschaft, wie sie im Bündnismodell Verwendung findet, ist, dass Mitgliedschaft keine statische oder passive Rolle bedeutet; fortlaufendes Mitwirken und Engagement ist die einzige Basis für die Beteiligung an dem Bündnis. Oberflächlich gesehen scheint es merkwürdig zu sein, dass so einer Gruppe nicht einfach nur formal beigetreten werden kann, sondern dass sich in ihr Menschen oder Gruppen nur involvieren können, aber in der Praxis dient dies dazu, eine aktive Gruppendynamik zu produzieren, weil es keinen Raum für passive Mitgliedschaften bietet. Ein gutes Beispiel für eine solche Gruppenstruktur ist die Gruppe *ausgeCO$_2$hlt*, welche sich von einem breiteren Bündnis zu einer kontinuierlich arbeitenden Gruppe entwickelt hat. Es gibt keinen Verein, keine Mitgliedschaften und trotzdem eine hohe persönliche Verbindlichkeit.

Loses Netzwerk/Bündnis vs. Gruppe: Verbindlichkeit, Gruppenkonsens und Strategie

Formale und weniger formale Gruppen im juristischen Sinn können gut in strategischen Kooperationen zusammenarbeiten. Formale Gruppen können in breiteren Bündnissen aktiv sein oder umgekehrt als Mantelorganisation für eine Vielzahl von Bündnissen und Netzwerken dienen, um deren Arbeit zu unterstützen. Ein Beispiel hierfür wäre ein strategisches Modell für Fundraising, wenn eine nicht-staatlich anerkannte Gruppe sich an eine formal anerkannte Gruppe angliedert. So haben viele autonome Zentren und Projektwerkstätten offiziell anerkannte Trägervereine, die Spendenquittungen ausstellen, Anträge stellen können usw., wobei jedoch die politische Arbeit in Selbstverwaltung unabhängig vom Verein geschieht. So können die Vorteile von beiden Organisationsformen genutzt werden.

Aufbau und Unterstützung autonomer digitaler Kommunikationsinfrastuktur

Als Ende 2016 die Nachricht herumgegangen ist, dass das amerikanische Bewegungskollektiv *Riseup* seine Server nicht unter seiner vollen Kontrolle hat bzw. es gezwungen wurde, Daten herauszugeben, hat dies viele Aktivist*innen wieder daran erinnert, wie verwundbar digitale Bewegungskommunikationsinfrastruktur ist. Die Services des amerikanischen Kollektivs werden von sehr vielen linke Gruppen und Einzelpersonen genutzt, die dort ihre Emailadressen, Emaillisten usw. haben, Pad-Funktionen oder die Eigenentwicklung Crabgrass nutzen. Später hat sich zum Glück herausgestellt, dass die Herausgabe von Daten verlangt wurde, Riseup dem aber nicht nachgekommen ist. Mit anderen Worten: Riseup ist weiterhin sicher. Riseup hat immer zugesichert, eher die Server abzuschalten, als

Daten herauszugeben. Trotzdem hat dieser Vorfall auf ein wichtiges Problem hingewiesen: Ein Resilienzprinzip ist es, Zentralisierung zu vermeiden und eine Vielzahl von Anbietern, Kollektiven usw. zu haben, was Überwachung erschwert und Abhängigkeiten vermindert. Deswegen ist es gut, wenn nicht einseitig viele Menschen bei dem unterstützenswerten Projekt Riseup sind, sondern dass Menschen auch ihre Emailadressen, Listen usw. bei anderen vertrauenswürdigen Anbietern wie Posteo, JP-Berlin und kleinen Kollektiven wie austiciti oder ähnlichen[213] einrichten und diese finanziell unterstützen.

Wir brauchen resiliente eigene digitale Kommunikationsinfrastruktur als Bewegung, wenn wir auf Dauer unsere Unabhängigkeit nicht verlieren wollen. Wir brauchen Weitsicht, wie wir kommunizieren und welche Anbieter wir unterstützen in einer kurz- und schnelllebigen Zeit. Es ist wichtig, als Individuen – aber auch als Gruppen, Organisationen und Bewegung – kleinste, kleine und mittlere IT-Unternehmen und Kollektive zu unterstützen, die Services anbieten, welche auf Freier Software und offenen Standards basieren und einen transparenten Umgang mit Behördenanfragen haben. Wir brauchen eine Vielzahl von Strukturen die Hosting von Servern allgemein sicherheitssensibel betreiben, um Mailserver (für Email), Torserver (für Anonymisierung), Jabberserver (für Chat) und Webspace zum Hosting von Webseiten zu haben. Gleichzeitig ist es wichtig, als Bewegung mehr in die Entwicklung und den Betrieb zukunftsfähiger dezentraler Kommunikationstechnologien wie Meshnetzwerke, Freifunknetze und dezentrale Soziale Netzwerke zu investieren. Neben der Bereitstellung von Geldmitteln ist es auch eine wichtige Frage, dafür geeignete Rechtsformen zu finden, um die Services kollektiv zu betreiben.

Entscheidungsfindung in Gruppen

Die kollektive Resilienz, Langlebigkeit und der Erfolg eurer Gruppe wird zu einem wichtigen Teil davon abhängen, wie gut es euch gelingt, Entscheidungen zu fällen, insbesondere in Situationen, in denen es verschiedene Meinungen gibt. Es gibt eine Reihe von verschiedenen Entscheidungsfindungstechniken und welche Methode für euch am geeignetsten ist, hängt stark davon ab, wie eure Ethik in Bezug auf Umgang mit Macht aussieht sowie der Größe der Gruppe und der Charakter der Organisation als Ganzes. Aus der Sicht des Nachhaltigen Aktivismus, dem es u. a. um die

---

213 Siehe riseup collective: *Radical Servers*. https://riseup.net/en/security/resources/
radical-servers (Zugriff 7.3.2019).

Verbesserung der Qualität des politischen Handelns geht, haben sowohl die konsensorientierte Methode, als auch autonome Aktionen mittels Bezugsgruppen den Vorteil, dass sie Hierarchien vorbeugen und zum persönlichen und teilweise auch zum kollektiven Wachstum beitragen.

Unsere Psychobiologie als Basis

Oft wird unsere körperlich-kognitive Verfassung und die unserer Gruppe bei Entscheidungsfindungen nicht berücksichtigt. Entscheidungen zu treffen kostet mentale Energie und Willenskraft, die uns nicht unbegrenzt zur Verfügung steht. Wir brauchen diese Kraft für Impulskontrolle, z. B. um Menschen aktiv zuzuhören und uns in andere Menschen einzufühlen, für kreative Lösungsvorschläge und ähnliches. »Die Fähigkeit, Kompromisse einzugehen, ist eine fortschrittliche und besonders schwierige Form der Entscheidungsfindung, weshalb wir sie als Erstes einbüßen, wenn unser Wille erlahmt.«[214] Wenn wir uns durch einen Kampagnenvorbereitungstag mit anstrengenden Diskussionen ermüdet haben und alle hungrig sind, ist es keine gute Idee, vor dem Essen noch ein paar wichtige Konsensentscheidungen in einer großen Gruppe treffen zu wollen. Das kann nur schief gehen.

Gleichzeitig neigen Menschen bei einer Entscheidungsmüdigkeit dazu, Kräfte zu sparen. Sie suchen nach Entschuldigungen, eine Entscheidung aufzuschieben oder zu vermeiden. Oder sie wählen die einfachste und sicherste Option, wobei dies oftmals der Status quo ist.[215] Deswegen ist es schwierig, im mental ausgelaugten Zustand visionäre oder mutige Entscheidungen zu treffen.

Für strategisch wichtige Entscheidungen wählt wenn möglich einen Zeitpunkt, an dem ihr ausgeruht seid, genug geschlafen und gegessen habt, damit ihr von eurer Psychobiologie her leichter in der Lage seid, gute Entscheidungen zu treffen.

Entscheidungsfindung im Konsens

Konsens ist eine progressive Methode, die es ermöglicht, dass alle Mitglieder einen aktiven Part in der Gestaltung eines neuen Vorschlags spielen können, bevor er von einer Gruppe angenommen wird. Sie passt offensichtlich sehr gut zu relativ kleinen Gruppen, die ein klar artikuliertes Ziel

---

214 Baumeister, Roy F. / John Tierney: Die Macht der Disziplin. Wie wir unseren Willen trainieren können. Übersetzt von Jürgen Neubauer. München: Goldmann 2014, S. 130.
215 Siehe ebd., S. 125f.

haben. Die Methode funktioniert auch in größeren Gruppen, so werden z. B. viele internationale Abkommen mit dieser Methode ausgehandelt.

Entscheidungsfindungen im Konsensverfahren ist, wie der Name schon andeutet, eine Methode, bei der die Gruppe das Ziel hat, eine Entscheidung zu treffen, die akzeptabel für die ganze Gruppe ist. Normalerweise bedeutet dies, dass ein Vorschlag in einer rohen Form beginnt und dann in der Gruppe so ausgearbeitet wird, dass er für alle akzeptabel ist. Konsensuale Entscheidungsfindung ähnelt im idealen Fall einer sozialen Plastik, an der Menschen die Möglichkeit haben, Veränderungen vorzunehmen und Teile des Ganzen zu modifizieren, um so das Ganze akzeptabler zu machen. Eine weitere passende Metapher für konsensuale Entscheidungsfindung ist der Weg, wie Open-Source-Software entwickelt wird, indem eine Gemeinschaft von Entwickler*innen gemeinsam daran arbeitet, kontinuierlich einen Prozess zu verbessern.

Konsensbasierte Entscheidungsfindung ist meistens langsamer, wobei es oftmals überraschend ist, wie anfängliche Bedenken, die Individuen zunächst bezüglich eines Vorschlags gehabt haben, beseitigt werden können, wenn der Vorschlag sich weiterentwickelt. Manchmal, wenn es nicht möglich ist eine komplette Zustimmung zu erreichen, z. B. wenn es zwei oder mehr gleichwertige Aktionsverläufe gibt, kann ein Konsens erreicht werden, indem einige Mitglieder sich dafür entscheiden, ein Ergebnis zu akzeptieren, welches nicht genau das ist, was sie sich gewünscht haben, vorausgesetzt, dass sie keine fundamentalen Bedenken gegenüber diesem Vorschlag haben. Dies wird oftmals als ›Arbeitskonsens‹ bezeichnet.

Einer der großen behaupteten Vorteile der Entscheidungsmethode im Konsens liegt darin, dass sie oft zu sehr ausgewogenen und sehr intelligenten Entscheidungen führen sollen. Dies kann daran liegen, dass die kollektive Kreativität der gesamten Gruppe zum Tragen gekommen ist. Verschiedene Individuen haben verschiedene Einsichten, Intuitionen und kreative Fähigkeiten. All dies kann Auswirkungen auf die Ausgestaltung der Entscheidung haben. Die Konsensentscheidungsmethode hat nur das Potential, die beste verfügbare Entscheidung hervorzubringen, wenn alle Teilnehmenden von ähnlichen Werten motiviert sind, was innerhalb einer Kampagnengruppe oft der Fall ist. Es kann auf der anderen Seite zu einem kleinsten gemeinsamen Nenner führen, was wahrscheinlicher ist, wenn zu viele verschiedene Eigeninteressen die Teilnehmenden motivieren. Dies ist ein Problem, dass sich insbesondere bei internationalen Verhandlungen zu Umwelt- und Klimaabkommen gezeigt hat. Für Kampagnengruppen hilft es meistens einen klaren Blick auf die Kampagnenziele zu haben, um die Gruppe für die gemeinsame Gestaltung eines Vorschlags zusammenzubringen.

Ein weiterer Vorteil der Entscheidungsfindung im Konsens für Kampagnengruppen liegt darin, dass die Entscheidungen, die im Konsens gefällt wurden, eine weite Akzeptanz innerhalb der Gruppe genießen. Das führt auch zu einer höheren Motivation bei der Umsetzung.

Umgang mit Dissens

Während konsensuale Entscheidungsfindung Vorteile hat, gibt es auch ein paar Stolpersteine, auf die geachtet werden muss, insbesondere wenn es einen signifikanten Dissens innerhalb der Gruppe gibt. Wenn ein Konsens nicht erreicht werden kann, besteht die Gefahr, dass die Dissident*innen dazu gedrängt werden, dennoch zuzustimmen oder ihnen vorgeworfen wird, einen Konsens zu blockieren. Wir müssen die Reife und Weisheit haben, eine Vielfalt von Meinungen zu respektieren und zu akzeptieren, auch wenn zeitweise ein Individuum innerhalb der Gruppe eine stark abweichende Sichtweise hat. Wenn dieser Dissens nicht innerhalb des normalen Prozesses der konsensualen Entscheidungsfindung aufgelöst werden kann, ist es wichtig, einen würdigen Weg für die Person und die Gruppe zu finden, den Dissens wahrzunehmen und zu respektieren, aber trotzdem auch fortfahren zu können. Wenn das Konsensverfahren zu weit getrieben oder unachtsam angewendet wird, kann ironischerweise die Gefahr bestehen, dass auf dissidente Minderheiten großer Druck ausgeübt wird, damit sie zustimmen (um den Konsens nicht zu blockieren), als einfach ihre dissidente Meinung zu respektieren.

Neben den ›reinen‹ Konsensverfahren gibt es auch noch verschiedene Übergangsmodelle die dem Konsensprinzip einen hohen Stellenwert beimessen, aber auch (Ausnahme)Regelungen der Mehrheits-Entscheidung eingebaut haben, die diese ergänzen oder kombinieren. Einige Gruppen haben eine Ausweichregelung vorgesehen, wobei sie zuerst das Ziel eines Konsenses verfolgen und deshalb erneut am Arbeitskonsens feilen, aber letztendlich auf eine Abstimmung zurückgreifen, bei der es einen fest verwurzelten Dissens gibt, der wahrgenommen und respektiert werden muss. In der Kommune Niederkaufungen haben sich die Menschen laut einer ehemaligen Kommunardin öfter in wichtigen Situationen durch das herkömmliche Konsensverfahren mit Veto blockiert, weswegen sie im kollektiven Saatgutunternehmen Dreschflegel eG das Konsensverfahren in fünf Stufen weiterentwickelt haben. Eine Übersicht der verschiedenen

Übergangsmodelle, wie es z. B. bei der *Freien ArbeiterInnen Union* (FAU), *attac Deutschland* oder der *Föderation Gewaltfreier Aktionsgruppen* (FöGA) gehandhabt wird, findest du in *Konsens – Handbuch zur gewaltfreien Entscheidungsfindung*[216].

Mehrheitsentscheidung

Mehrheitsentscheidungen sind wesentlich üblicher in unserer ›demokratischen‹ Gesellschaft als das Konsensmodell. Sie haben ihre Vorteile, insbesondere für sehr große Organisationen, aber es ist wichtig, sich ihre ernsten Begrenzungen bewusst zu machen.

Bei reinen Mehrheitsentscheidungen besteht das Risiko, eine substanzielle Minderheit zu entfremden, deren Sichtweisen sinnvollerweise hätten mit einbezogen werden können. In einer sozialen Bewegung gibt es die Notwendigkeit, ein hohes Level von Gruppenübereinstimmung zu erreichen. Dies wird nicht mit durchgepeitschten Mehrheitsentscheidungen verwirklicht, die im Extremfall für 49% der Gruppe unakzeptabel sind.

Auf einer tieferen analytischen Ebene schaffen Mehrheitsentscheidungen normalerweise eine künstliche Dichotomie zwischen komplexen Ideen, indem zwei Vorschläge in einer Entweder-Oder-Entscheidung vorgestellt werden. Menschen können dabei zur Wahl zwischen zwei diametral entgegengesetzten Vorschlägen gedrängt werden, z. B. Aktionen zu unternehmen oder keine Aktionen zu machen, wobei es faktisch gesehen eine Vielzahl von anderen Möglichkeiten gibt, die gar nicht erst erarbeitet oder präsentiert wurden. Wenn eine komplexe Situation auf eine Entweder-Oder-Entscheidung reduziert wird, kann das Problem leider vorzeitig auf einem suboptimalen Weg entschieden werden.

Wir haben schon gesehen, wie das Konsensmodell sehr hilfreich sein kann, um einen Vorschlag aufzuarbeiten, so dass er ein Maximum an möglicher Unterstützung innerhalb der Gruppe genießt. Einige Gruppen bevorzugen eine Pattregelung, die eine Mehrheitsentscheidung ermöglicht, wenn ein Konsens nach einer gewissen Zeit nicht erreicht wurde, indem der schon wesentlich aufgearbeitete Vorschlag von einer substanziellen Mehrheit (oftmals mehr als 50 %, wie z. B. zweidrittel oder sogar dreiviertel) gewählt wird. Diese Methode hat eine Reihe von Vorteilen:

▶ Der Vorschlag kann zuerst breit aufgearbeitet werden.

---

216 Werkstatt für Gewaltfreie Aktion Baden: Konsens. Handbuch zur gewaltfreien Entscheidungsfindung. Karlsruhe: Werkstatt für Gewaltfreie Aktion Baden 2004, S. 87ff.

▸ Es wird vermieden, dass eine sehr kleine Gruppe eine Entscheidung blockiert.
▸ Es ermöglicht den Dissident*innen, dass ihr Dissens wahrgenommen wird.

Gewichtetes Wählen

Eine weniger bekannte Methode, zu wählen, ist ein gewichtetes Wahlsystem einzurichten, bei dem die Mitglieder wählen oder sich enthalten können und zudem eine Wertung ihrer Wahl anhängen können. Dies wird oft in Form von Fragebögen getan, bei dem die Teilnehmer*innen angehalten sind, ihre Einzelentscheidung von starker Ablehnung zu neutraler Position hin zu starker Zustimmung zu gewichten. Als ein Wahlsystem ist es ein wenig komplexer, aber es kann sowohl dazu benutzt werden, die Bandbreite der Gefühle zu gewichten, als auch die schiere Anzahl der Menschen, die für oder gegen einen Vorschlag sind. Dies ermöglicht z. B. eine starke Ablehnung wahrzunehmen, die mehr ist als ein mildes Bedenken. Diese Methode wird manchmal in internationalen Gemeinschaften angewendet, wenn sie sich entscheiden, ob sie ein neues Mitglied akzeptieren wollen.

Entscheidungfindung: Bezugs- bzw. Affinitätsgruppen

Ein Grund, warum manchmal Gruppen Probleme haben, bestimmte Entscheidungen zu treffen, liegt daran, dass in manche Entscheidungen nicht zwangsläufig die ganze Gruppe involviert sein muss. Bezugsgruppenprozesse sind besonderes effektiv in lose vernetzten Aktivist*innenorganisationen, wo individuelle Bezugsgruppen die Möglichkeiten haben, sich von der Hauptgruppe zu trennen, um eine vereinbarte Aktion durchzuführen und dann auch über die Entscheidungsgewalt bezüglich dieser Aktionen verfügen.

Dieses System kann ein nützlicher Weg sein, um die Macht unter Menschen zu dezentralisieren, die am meisten von einem speziellen Aspekt einer Kampagne betroffen sind. Wenn z. B. eure Gruppe eine komplexe Kampagnenstrategie hat, die z. B. Öffentlichkeitsarbeit, juristische Auseinandersetzungen und digitalen Aktivismus beinhaltet, ist es möglich, die Hauptaspekte der Kampagne durch den kompletten Gruppenprozess koordinieren zu lassen, um dann den letztendlichen Planungs- und Implementierungsprozess der einzelnen Aktivitäten zur jeweiligen Gruppe zu dezentralisieren, die die Aufgabe ausführt, wie die ›Jura-Arbeitsgruppe‹, die ›Online-Arbeitsgruppe‹ usw. Klar muss es eine Grundkoordination aller Bezugs- und Arbeitsgruppen geben, damit die Kampagne als Ganzes kohärent bleibt, aber dies ist ein großartiger Weg, um die praxisbezogenen Entscheidungen der Kampagne zu effektivieren. Für die Koordination haben sich sogenannte Prozess-Arbeitsgruppen bewährt. Bezugsgruppenprozesse sind sehr nützlich für komplexere direkte Aktionen. Sie könnten als übertragene Form der Konsensentscheidungsfindung beschrieben werden. Das ermöglicht der gesamten Gruppe, zu entscheiden, ob sie eine Aktion machen möchte, und die konkrete Ausgestaltung wird in die Bezugsgruppen delegiert, die sie umsetzt. Dies kann verhindern, dass aktive Menschen durch endlose Debatten über Aktionsdetails von anderen Menschen zurückgehalten werden, die sowieso an der Aktion nicht beteiligt sind.

Die Wege, wie soziale Bewegungen es möglich gemacht haben, die verschiedensten Modelle von Entscheidungsfindung zu erkunden, unterstreicht ihre kreative Rolle über die mehr passiven, mehrheitsbestimmten oder repräsentativen Modelle von modernen Nationalstaaten hinauszugehen und neue Wege der Ermächtigung von Teilnehmer*innen in demokratischen Strukturen zu erkunden. In diesem Sinne ist der Weg, wie eine Organisation Entscheidungen trifft, ein starker Indikator für die Wertschätzung (basis)demokratischer Teilhabe generell.

Eine Kritik von aktivistischer Seite an dem Konsensprinzip ist von John Michael Greer in dem Buch *Decline and Fall. The End of Empire and The Future of Democracy in 21st Century Amerika* formuliert worden, in dem er den Niedergang der Occupy Bewegung u. a. dem Zwang zuschreibt, alle Entscheidungen im Konsens fällen zu müssen bzw. dass es durch die Konsensmethode zu keiner Entscheidung kommt.[217] Nach Monaten von sich im Kreis drehenden Debatten, die nicht in sinnvollen Aktionen resultierten, sind laut seinen Aussagen viele Aktivist*innen frustriert zu Hause geblieben. Diese Kritik wird u. a. von wichtigen Keyorganizer*innen von *Occupy Wallstreet* wie Jonathan Matthew Smucker geteilt.[218] Für Greer ist dies symptomatisch für viele Proteste in den USA seit den 1980er Jahren, die die aktivistische Linke organisiert und wo sie die Konsensmethode zum Maß aller Dinge genommen hat. Interessant in diesem Zusammenhang ist, dass Gründungsmitglieder von *Movement of a New Society* (MNS) wie George Lakey, welche pioniermäßig dazu beigetragen haben, das Konsens-

---

217 Vgl. Greer, John Michael: Decline and fall. The end of empire and the future of democracy in 21st century America. Gabriola, BC: New Society Publishers 2014, S. 208.
218 Siehe Smucker, Jonathan Matthew: Hegemony How-to. A Roadmap for Radicals. Chico/Edinburgh: AK Press 2017, S. 104f.

verfahren in sozialen Bewegungen seit den 1980er in den USA zu etablieren, ein ambivalentes Verhältnis zum Nutzen von Konsens besitzen. Lakey kritisiert, dass die Menschen angefangen haben, zu rigide über Konsens als einzige Entscheidungsfindungsmethode zu denken, und dass die Nachteile des Verfahrens u. a. ein Grund gewesen seien, warum die MNS nicht mehr existiere[219]. Dabei lässt sich die Heterogenität der Occupy-Bewegung oder anderer sozialer Bewegungen jedoch nicht mit tendenziell eher homogeneren Kampagnengruppen vergleichen, wo sich Konsens leichter produktiv einsetzen lässt. Auch steht und fällt die Entscheidungsfindung im Konsens mit einer guten Moderation, woran auch ein Mangel in der Occupy-Bewegung geherrscht haben könnte.

Greer favorisiert eine parlamentarische Verfahrensweise zur Entscheidungsfindung wie z. B. die *Robert Rules of Order*, welche in ca. 90 % der demokratischen Institutionen in den USA eingesetzt werden und die sich über einen Zeitraum von 150 Jahren entwickelt haben.»Parlamentarische Verfahrensweisen versuchen, zwei sehr unterschiedliche Ziele unter einen Hut zu bekommen: Fairness und Effizienz. Einerseits dienen sie dazu, die Mitbestimmungsrechte des Einzelnen zu gewährleisten; andererseits darf dies nicht dazu führen, dass der Entscheidungsprozess gelähmt wird oder gar ganz zum Erliegen kommt. Parlamentarische Verfahrensweisen müssen sicherstellen, dass die Geschäfte in angemessener Zeit erledigt werden. Sie müssen eine Balance zwischen den Rechten ihrer einzelnen Mitglieder sowie den Ansprüchen der jeweiligen Gruppe als Ganzes herstellen«, so Henning Graener in einem Artikel über demokratische Schulversammlungen[220]. Grob funktionieren die *Robert Rules of Order* wie folgt: Jede Person hat gleiches Rede- und Stimmrecht, aber das Recht teilzunehmen ist daran gebunden, die Regeln zu akzeptieren, wobei Mitglieder, die missbräuchliches Verhalten an den Tag legen, ausgeschlossen werden können. Die vorsitzende Person des Treffens und die anderen handvoll Menschen, die benötigt werden, damit das Ganze funktioniert, werden als unparteiische Gewährsmenschen für den Prozess gewählt und sie können überstimmt und abgesetzt werden, wenn sie ihre Position missbrauchen. Nur eine Person spricht und die Vorsitzende bestimmt, wer als nächstes spricht; besonders ausufernde Redner*innen können von der Vorsitzen-

---

219 Siehe Cornell, Andrew: Oppose and Propose! Lessons from Movement for a New Society. Hrsg. von Institute for Anarchist Studies. Edinburgh: AK Press 2011, S. 67f.
220 Graner, Henning: *Schulversammlungen in Demokratischen Schulen. Warum parlamentarische Verfahrensweisen wichtig sind.* http://www.unerzogen-magazin.de/download/?b=false&artID=146 (Zugriff 9.6.2017).

den oder durch Stimmen der Teilnehmenden abgebrochen werden. Wenn eine Abstimmung zu einem Problem stattgefunden hat, kann das Problem nicht wieder zur Debatte gestellt werden, außer es gibt eine zweidrittel Mehrheit dafür, damit eine Minderheit das Treffen nicht in ›Geiselhaft‹ nehmen kann. Schlussendlich ist es das Ziel des Treffens und jedes Teils des Prozesses, zu einer Entscheidung zu kommen, danach zu handeln und nach einer angemessenen Zeit nach Hause zu kommen.

Welche Entscheidungsfindung ihr in welchen Zusammenhängen und zu welchem Zweck einsetzt, solltet ihr euch gut überlegen. Es geht um eine bedürfnisgerechte Entscheidungsfindung. ›One size fits all‹ funktioniert nicht. Wie viel Zeit könnt ihr für die Entscheidungsfindung aufbringen? Wie wichtig ist eine starke Kohärenz unter den Entscheidungsfindenden? Wie viel Ressourcen habt ihr zur Verfügung, die jeweilige Entscheidungsfindungsmethode auch gut umsetzen zu können? Nicht überall wo Konsens drauf steht, ist Egalität und Emanzipation drin. Halbwissen und schlecht angewandter Konsens können das Potential dieser Methode verspielen. Konservativere Entscheidungsfindungsprozesse wie z. B. parlamentarische Verfahrensweisen müssen nicht unbedingt progressiven Werten wie Egalität im Wege stehen und können erfolgreich in der außerparlamentarischen Arbeit sozialer Bewegungen genutzt werden. Mut und Lust zum Experimentieren kann neue Räume öffnen und vielleicht kreativere Lösungen erarbeiten, jedoch eventuell länger dauern und nicht so effizient sein wie konservativere Methoden. Genauso wie soziale Bewegungen eine Vielfalt von Taktiken brauchen, sind ebenso verschiedene angepasste Entscheidungsmodelle nötig. Erfolgreiche Entscheidungsfindungsprozesse können den Unterschied zwischen Frust und Resilienz ausmachen. Die Maßstäbe dessen, was für euch erfolgreich ist, müsst ihr selbst entscheiden und dabei für euch angepasste Lösungen finden!

→ **Ausführliche Lesetipps:** Werkstatt für Gewaltfreie Aktion Baden: Konsens. Handbuch zur gewaltfreien Entscheidungsfindung. Karlsruhe: Werkstatt für Gewaltfreie Aktion Baden 2004.

Seeds for Change: *A Consensus Handbook. Cooperative decision-making for activists, coops and communities.* 2013. https://www.seedsforchange.org.uk/downloads/handbookweb.pdf (Zugriff 7.3.2019).

https://www.kurvewustrow.org/sites/default/files/media/file/2022/aktionstrainings-handbuch-von-skills-action_0.pdf (Zugriff 1.4.2019).

Intelligente und wichtige Kritik an Konsens: Kaufmann, L.A: *The Theology of Consensus*. In: *Berkeley Journal of Sociology* 59 (2015), S. 8-13. https://berkeleyjournal.org/2015/05/the-theology-of-consensus (Zugriff 13.3.2019).

Verbesserung unserer Gruppenkommunikation durch Gewaltfreie Kommunikation (GfK)

Die Einführung von *Gewaltfreier Kommunikation* (GfK) nach Marshall Rosenberg in unsere Gruppenkommunikation kann dazu beitragen, die kollektive Resilienz von unseren Gruppen und Zusammenhängen zu erhöhen. Das Konzept soll Menschen ermöglichen, so miteinander umzugehen, dass der Kommunikationsfluss zu mehr Vertrauen führt und wir effektiver unsere Emotionen teilen können. Im Vordergrund steht nicht, andere Menschen zu einem bestimmten Handeln zu bewegen, sondern eine wertschätzende Beziehung zu entwickeln, die mehr Kooperation und gemeinsame Kreativität im Zusammenleben ermöglicht. Manchmal werden auch die Bezeichnungen ›Einfühlsame Kommunikation‹, ›Verbindende Kommunikation‹, ›Sprache des Herzens‹ oder ›Giraffensprache‹ verwendet. Es werden Ich-Aussagen verwendet, um auszudrücken, was wir beobachten, fühlen und brauchen in einer nicht-beschuldigenden Sprache, gefolgt von einer Bitte und nicht einer Forderung:

Grundlegende Schritte des GfK-Modells sind:

1.) Drücke aus, was du beobachtest.
2.) Beschreibe die Auswirkungen (emotional, materiell, körperlich usw.).
3.) Beschreibe deine Bedürfnisse.
4.) Formuliere eine Bitte.

Sei darauf gefasst auch ein ›Nein‹ zu hören und weiterzugehen.

Es ist wichtig die ›Giraffensprache‹ von der sogenannten ›Wolfssprache‹ zu unterscheiden, womit der Begründer Marshall Rosenberg die beiden unterschiedlichen Kommunikationsstile bildlich beschreibt. Es gilt den Unterschied zwischen Beobachtungen und Urteilen, zwischen Gefühlen und als Gefühle getarnten Bewertungen, zwischen Bitten und Forderungen zu lernen. Die folgende Tabelle kann uns dabei helfen, wobei bestimmte Sätze als Stützräder dienen können, da in ihrer Struktur die Unterscheidung fest verankert ist.

Die vier Schritte der Gewaltfreien Kommunikation[221]

1. Beobachtungen	vs.	Bewertung, Urteil, Auslegung, Diagnose
Aufmerksamkeit, Bewusstsein, Annahme		Über Geschehenes nachdenken, Analyse
Was passiert ist, was der Fall ist, Fakten		Moralische Wertungen, richtig/ falsch, gut/schlecht
2. Gefühle	vs.	Gedanken, Ansichten, Meinungen, Vorstellungen
Emotion, Körpergefühl		'Ich fühle mich wie/als ob ... '
Feedback (Rückkopplung) unserer Gefühle		'Ich fühle mich im Stich gelassen/ zurückgewiesen /verraten ... '
3. Bedürfnisse (Universalität)	vs.	Strategien, konkretes Verhalten (Diversität)
Das Leben leben, allgemeine Qualitäten		Handeln, um Bedürfnisse zu befriedigen
Sprache verbindet mit Lebensenergie		Sprache richtet sich nach Personen, Zeit und Ort
Innere, von Äußerlichkeiten unabhängige Erfahrungen		Oft bedingt durch kulturelle Erfahrungen Hintergründe und Gewohnheiten -
4. Bitten (um Handlung)	vs.	Forderungen (Zwang/Machtausübung) und unklare Wünsche
Bereitwillig, großzügige Reaktion		Ablehnung von Alternativen: muss, sollte, kann nicht
Bitten als Geschenke der Bedürfniserfüllung		Einsatz von Angst, Scham, Schuld- und Pflichtgefühlen
Klare gegenwartsbezogene, positive und aktive Sprache		Konzept von Bestrafung oder Belohnung. Unklare, abstrakte, zukunftsbezogene Sprache

---

221 Lasater, Judith Hanson / Ike K. Lasater: Weil Worte wirken ... Gewaltfreie Kommunikation praktisch anwenden. Paderborn: Junfermann 2011, S. 28.

Dabei ist das zentrale Prinzip der *Gewaltfreien Kommunikation* die Konzentration auf die Verbindung zwischen sich selbst und anderen sowie darauf, aus dieser Verbindung heraus die eigenen Bedürfnisse und die der anderen zu befriedigen.

Es gibt eine Vielzahl von Institutionen, die Kurse und Fortbildungen zum Thema GfK anbieten. Kostengünstige Kurse werden z. B. oft an Universitäten angeboten. Trainingskollektive bieten Kurse und Workshops an, die an die Lebenswelt von Aktivist*innen anknüpfen.

Eine interessante Kritik[222] an *Gewaltfreier Kommunikation* wurde im Blog https://realsocialskills.org geäußert. Der Autor, welcher selbst Autist ist, kritisiert, dass *Gewaltfreie Kommunikation* insbesondere für marginalisierte Menschen oder Überlebende von Missbrauch schädlich sein kann. Gewaltfreie Kommunikation kann gut funktionieren, wenn die Menschen sich wohlgesonnen sind, aber in Fällen, in denen Menschen andere Menschen absichtlich verletzten wollen oder ihnen die Konsequenzen ihres Handelns egal sind, weiß der Handlungsrahmen von Gewaltfreier Kommunikation keine Lösung. Für den Autor des Artikels lehrt GfK in diesem Fall sogenannte Anti-Skills, da das Individuum sich nicht vor missbrauchenden Menschen schützen kann, ohne sie zu verurteilen, und so die Fähigkeit untergräbt, Ungerechtigkeit und Missbrauch zu überleben und zu bekämpfen. Auch besteht die Gefahr, GfK dazu zu missbrauchen, mit erbsenzählerischem Verhalten gegenüber Kommunikationsarten von unliebsamen Gruppenmitglieder*innen ihnen so den Mund zu verbieten.

GfK kann eine kraftvolle Methode sein, um die Kommunikation innerhalb euer politischen Zusammenhänge zu verbessern, wenn sie von euch reflektiert und achtsam eingesetzt wird und ihr euch ihrer Grenzen bewusst seid.

Mehr bzw. klarere Gruppenstrukturen

Je nach geteilten Werten bezüglich der Verteilung von Macht und der Größe von Organisationen gibt es spezifische Probleme, die Menschen ausbrennen lassen. In Basisgruppen, die sich horizontal organisieren und die Verteilung von Macht wertschätzen, ist die Tyrannei der Strukturlosigkeit ein Problem. Durch Strukturlosigkeit in der Gruppe werden Macht-

---

222 Siehe Social skills for autonomous people: *Nonviolent communication can hurt people.* https://www.realsocialskills.org/blog/2014/7/12/nonviolent-communication-can-hurt-people (Zugriff 7.3.2019).

strukturen maskiert und die Teilhabe von neuen Menschen erschwert. Der Mangel an Verbindlichkeit und strukturierter Berücksichtigung von Feedback ist fatal für eine langfristige Kampagne.[223] Der beste Weg, um mit Strukturlosigkeit in Gruppen umzugehen ist Prävention: Etabliert wenn möglich von Beginn an einen klaren Prozess. Aber wenn ihr schon in einem solchen Prozess gefangen seid und wünscht, dass sich eure Organisationskultur hin zu mehr Partizipation und Basisdemokratie verschiebt, ist nicht per se Hierarchie, sondern *accountability*, die Verantwortlichkeit, ein Schlüsselkonzept hierfür.

Verantwortlichkeit gibt Demokratie ihren Biss und unterscheidet sie von folgenlosen Wahlritualen. Sie beinhaltet die Etablierung von realen Konsequenzen, wenn der ausgedrückte Wille der Menschen nicht wie versprochen umgesetzt wird. Wer dieses Konzept der Verantwortlichkeit z. B. effektiv umsetzt, sind die mexikanischen Zapatist*innen mit ihrem Prinzip des *mandar obedeciendo* (›gehorchend befehlen‹). Im Gegensatz dazu erlaubt die Strukturlosigkeit eine Fülle von Wegen, die kollektiven Präferenzen wahrzunehmen, aber sehr wenig angemessene oder effektive Wege, um sicherzustellen, dass entsprechend gehandelt wird. Hierarchie ist eine spezifische Vision, wie Verantwortlichkeit umgesetzt wird, aber für die Hierachiekritischen ist es auf keinen Fall die einzige.

Es gibt so viele Organisationsstrukturen wie es Philosophien vom kollektiven Handeln gibt. Aber fast alle haben eins gemeinsam: mal besser, mal schlechter, sie erkennen alle ihre eigene Struktur an, anstatt sich hinter unwahrscheinlichen und verwirrenden Behauptungen der Strukturlosigkeit zu verstecken. Diese Anerkennung und die daraus resultierende Verantwortlichkeit ist der einzige Weg, um eine effektive und gleichberechtigte Entscheidungsfindung sicherzustellen.

Moderation

Neben der Klarheit bei Gruppen- und Entscheidungsstrukturen kann ebenso eine bessere Moderation bzw. überhaupt die Einführung einer Moderation bei Treffen die Gruppenresilienz stärken. Eine gute Moderation kann einen entscheidenden Betrag dazu leisten, ob Treffen erfolgreich ablaufen oder nicht. Der Erfolg eines Treffens kann an zwei Dimensionen abgelesen werden: der Aufgabe und der Durchführung.

---

223 Siehe Freeman, Jo: *Die Tyrannei der unstrukturierten Gruppen.* https://www. anarchismus.at/anarcha-feminismus/feminismus/807-joreen-die-tyrannei-der-unstrukturierten-gruppen (Zugriff 1.9.2017).

Aufgabe: Was wurde geschafft? Habt ihr die nötigen Ergebnisse bekommen? Sind Probleme gelöst und Dinge geplant worden, um die Ziele zu erreichen?

Durchführung: Wie wurde es gemacht? Wie fühlen die Menschen darüber und wie wird sich dies auf die Gruppenmoral und den Gruppenzusammenhalt auswirken? Hat das Treffen die versammelten Talente gut genutzt? War es genussvoll?

Eine der wichtigsten Rollen, die mindestens eine Person bei einem Treffen spielen kann, ist die Rolle der Moderator*in. Einen Mangel an Moderation oder schlecht moderierte Treffen tragen wesentlich zur Erhöhung des Frustrationsniveaus innerhalb der Gruppe bei. Diese Rolle kann gelernt werden. Sie kann ebenso unter Gruppenmitgliedern rotieren, damit mehr Menschen diese Fähigkeiten erwerben und die Gruppe nicht abhängig von einigen Individuen wird, um effektiv zu funktionieren. Es ist sehr lohnenswert Trainings jenseits der normalen Gruppentreffen durchzuführen, um Moderationsfähigkeiten zu praktizieren.

Es gibt andere Leitungsfunktionen, in welchen ebenso rotiert werden kann.

Es kann nützlich sein, wenn es Co-Moderator*innen gibt, die übernehmen kann, wenn Moderator*innen ihre Rolle abgeben möchten, um selbst an der Diskussion teilnehmen zu können, oder sie eine Pause oder mehr Unterstützung benötigen, wenn eine aufgebaute Spannung, ein Konflikt oder Verwirrung vorherrscht.

Die Qualitäten einer guten Moderation (nach Shields[224])

1. Neutralität: Obwohl sie vielleicht zur Diskussion beiträgt und Vorschläge macht, sollte sie nicht das Treffen manipulieren, um ein bestimmtes Ergebnis zu erreichen.
2. Gute Fähigkeit zum Zuhören beinhaltet reflektiertes Zuhören und strategisches Fragen.
3. Respekt vor den Teilnehmer*innen und das Vertrauen, dass ein Konsens erreicht und gute Lösungen gefunden werden.
4. Interesse an dem, was die Menschen zu bieten haben.
5. Durchsetzungsvermögen, welches nicht zu dominierend ist – zu wissen, wann bestimmt interveniert werden muss, um dem Treffen eine Richtung zu geben.

---

224 Siehe Shields, Katrina: In the Tiger's Mouth. An Empowerment Guide for Social Action. Gabriola Island, BC: New Society Publishers 1994, S. 95.

6. Klares Denken und Beobachten der ganzen Gruppe. Dies verlangt eine geteilte Aufmerksamkeit einerseits zum Inhalt der Diskussion und zum Prozess (z. B. wie die Gruppenmitglieder ihn erleben).

7. Ein Verständnis der allgemeinen Ziele der Gruppe.

Die Rolle der Moderation bei Treffen (nach Shields[225])

1. Sieh, dass eine Tagesordnung aufgestellt und sich darauf geeinigt wird, am Besten mit Zeitkontingent für jeden Punkt und einer realistischen Abschlusszeit. Wenn der volle Konsensprozess durchlaufen wird, muss Extrazeit berücksichtigt werden, um tiefer in die Problempunkte hineingehen zu können, wenn dies nötig wird.

2. Sorge dafür, dass andere Rollen wie Protokollschreiber*in, Zeitnehmer*in usw. abgedeckt sind.

3. Reguliere den Fluss der Diskussion, sodass er offen und ausgeglichen ist und gleiche Teilnahmemöglichkeiten für alle bestehen. Es ist hilfreich zu einer Pause zu ermutigen, um über ein Problem nachdenken zu können oder weniger artikulierenden Menschen Raum zum Sprechen zu ermöglichen.

4. Halte die Gruppe auf einen Aspekt fokussiert, bis sie eine Entscheidung getroffen hat – selbst wenn es nur die Entscheidung ist, den Punkt auf einen anderen Zeitpunkt zu verschieben. Entscheidungen zu Aktionen sollten beinhalten was, wie, wer, wann und wo.

5. Stelle sicher, dass die Teilnehmer*innen die effektivsten Methoden zur Erreichung ihrer Aufgaben und Entscheidungsfindung nutzen, z. B. Brainstormingmöglichkeiten, Kleingruppen zur Diskussion gründen, Delegierung in Arbeitsgruppen, Vorschlag einer Runde, etc.

6. Fasse zusammen und ermögliche einen befriedigenden Abschluss des Treffens evtl. mit einem Ritual.

7. Habe im Sinne des Nachhaltigen Aktivismus das Energieniveau der Gruppe im Blick, sorge dafür, dass es genug Pausen gibt, führe evtl. Auflockerungsspiele durch.

---

225 Ebd., S. 96.

Weitere (Leitungs-)Rollen, die Menschen übernehmen können, um Treffen produktiv zu strukturieren sind:

Stimmungsbeobachter*in
Die Aufgabe besteht darin, auf das Energieniveau der Teilnehmenden zu achten, wenn es zu tief oder zu hoch wird und Interventionen anzubieten, indem z. B. eine Pause, Dehnübungen oder ein Spiel angeboten wird.

Protokollant*in
Diese Rolle ist wichtig, um getroffene Entscheidungen festzuhalten, ein Protokoll zu schreiben, Berichte zu sammeln und ebenso zu realisieren, welche Entscheidungen noch nicht getroffen und welche Aufgaben noch nicht vergeben sind.

Zeitnehmer*in
Diese Rolle achtet darauf, dass der vereinbarte Zeitplan eingehalten wird und verhandelt eine Ausweitung, wenn diese benötigt wird.

Koordinator*in
Diese zusätzliche Rolle unterstützt die Moderation, sodass sie sich auf sich und den Prozess konzentrieren kann. Der*die Koordinator*in kümmert sich um den Tagungsort, schaut, dass es genug Stühle, Moderationsmaterialien, Getränke gibt und schaut, dass die Menschen pünktlich zum Anfang da sind.

Zuhörer*innenkomitee
Bei großen Treffen, die über einen längeren Zeitraum gehen, stellt diese kleine Gruppe sich insbesondere in Pausen zur Verfügung, um sich Beschwerden anzuhören und Vorschläge und Feedback aufzunehmen. Das Komitee versucht, so gut es geht, die Situation zu lösen, oder gibt die Informationen an die Organisator*innen und Moderator*innen weiter. Dies ist ein konstruktiver Weg, um mit unterschwelligen Unzufriedenheiten umzugehen und macht es leichter für Teilnehmer*innen ihre Anliegen vorzubringen, anstatt vor einer großen Gruppe sprechen zu müssen.

→ **Lesetipp:** Wolf, Peter: besser treffen _ version 3.0. Eine Handreichung für bessere Sitzungen und Treffen. Februar 2011. http://www.wiredwings. com/documents/bessertreffen-vers_3_0.pdf (Zugriff 7.3.2019).

Klare Ziele und Prioritäten

Wie schon unter den Situationsfaktoren für Burnout erwähnt, tragen unklare Ziele zum Ausbrennen von Aktivist*innen bei und schwächen die kollektive Resilienz von Gruppen, Netzwerken und Organisationen. Durch unklare, schwammige Ziele oder Ziele, die erst in Generationen erreicht werden können – wie bspw. ›Kapitalismus abschaffen‹ – haben die Aktivist*innen ein nebulöses Gefühl von kontinuierlichem Versagen. Der Erfolg ist schwer fassbar.

Ein ›Gegengift‹ hierzu ist strukturiertes Planen, um qualitativ und systematisch sozialen Wandel zu erreichen. Langzeitziele lassen sich in klare und realistische mittel- und kurzfristige Ziele herunterbrechen. Dann können Vereinbarungen über Prioritäten getroffen werden, was für Klarheit sorgt und als Grundlage für Strategie- oder Aktionsplanung dient. Ein Vorgehen in dieser Weise senkt stressigen Druck und, noch wichtiger, gibt individuellen Aktivist*innen eine Struktur, um sich eigene Grenzen setzen zu können.

Klare Erwartungen, Zuständigkeiten und transparente Strukturen

Wenn eine Organisation, ein Netzwerk oder eine Gruppe keine klaren Ziele und Prioritäten hat, ist es für die einzelnen Aktivist*innen schwer, selbst welche zu entwickeln. Unklarheit von Rollen oder Rollenkonflikte sind ein wesentlicher Faktor, der Aktivist*innen ausbrennen lässt. Wenn es bezahlte Stellen in eurer Organisation gibt, ist es wichtig, dass die Arbeitsplatzbeschreibung angemessen ist. Zu viel und zu wenig Autonomie kann ein wesentlicher Stressfaktor für Arbeiter*innen und Freiwillige in Organisationen sein und dies gilt auch für viele Aktivist*innen in selbstorganisierten Gruppen. Menschen haben verschiedene Bedürfnisse je nachdem wie viel Erfahrung und derzeitiges Können sie haben, je nach Persönlichkeitstyp und aktuellen Anforderungen bei der jeweiligen Aufgabe.

Klare Zuständigkeiten und eine Arbeitsgruppenstruktur senken das allgemeine Stressniveau in der Gruppe und erhöht ihre Resilienz. Transparente Strukturen, da wo sie in den aktivistischen Organisationen kein Repressionsrisiko darstellen, erleichtern Integration bzw. aktive Teilhabe von neuen Aktivist*innen und helfen Arbeit und Aufgaben besser zu verteilen. Dies beugt Überforderungen vor und erhöht die Gruppenresilienz.

Von ›No Leader‹ zu ›we are all Leaders‹ – Herrschaftskritische Führung, Selbstentfaltung und die Kraft des positiven Vorbilds

»Wir müssen das Konzept von Führung neu denken. [...] Ich denke, wir müssen uns die Idee zu eigen machen, dass wir die Führungspersönlichkeiten sind, nach denen wir gesucht haben.«[226] – Grace Lee Boggs

Was ist der Unterschied dabei, zu sagen, ›niemand von uns ist eine Führungspersönlichkeit‹ und zu sagen ›wir alle sind Führungspersönlichkeiten‹? Auf den ersten Blick scheinen die beiden Aussagen zwei verschiedene Wege zu sein, dasselbe auszudrücken, was wesentlich ist: ›Wir glauben daran, uns in einer mehr horizontalen Art und Weise als einer vertikalen zu organisieren. Wir glauben an gleichberechtigte Teilhabe und widerstehen sozialen Hierarchien.‹ Aber das Wort ›Führung‹ kann eine Vielzahl von Bedeutungen haben und nicht alle beziehen sich auf das Erschaffen von Hierarchien und Herrschaft. Eine Führungsposition einzunehmen, kann bedeuten, die Initiative zu ergreifen, z. B. um ein Projekt zu starten oder eine Aufgabe voranzubringen. Es kann bedeuten Verantwortung für Wahrgenommenes, das notwendig ist, zu übernehmen oder nach vorne zu treten, um diese Dinge zu tun. In anderen Worten: Es ist wichtig, zwischen horizontaler Organisierung und Desorganisation zu unterscheiden und Modelle von verteilter Führung zu fördern, die Verantwortung, Verantwortlichkeit und Effektivität voranbringen.

Dies ist nicht nur eine semantische Frage. Wenn wir Teil einer Gruppe sind, die sich damit rühmt, keine Führer*innen zu haben, werden Mitglieder vielleicht übermäßig vorsichtig darin sein, hervorzutreten und die Initiative zu ergreifen, aus Angst als ›Führer*in‹ identifiziert zu werden, was als schlechte Sache gilt. »Jeder Sieger braucht Verlierer. Nur Idioten brauchen Führer«, heißt es in einem bekannten Song der Punkband *But Alive*, in dem ein autoritärer Charakter beschrieben wird, der nach oben buckelt und nach unten tritt. Doch hier darf nicht das Kind mit dem Bade ausgeschüttet werden, indem mit einem antiautoritären Reflex autoritärer Charakter und Autorität gleichgesetzt wird. Erich Fromm bezeichnet die Autorität des Lehrers im Lehrer-Schüler-Verhältnis als Beispiel für eine rationale Autorität, gegenüber der irrationalen Autorität des Herrn

---

226 »We have to rethink the concept of leader. [...] I think we need to appropriate, embrace the idea that we are the leaders we've been looking for.« – Grace Lee Boggs. Übersetzung Timo Luthmann.

in der Herr-Knecht-Beziehung, die vom autoritären Charakter geprägt ist. Da das Wort ›Führer‹ mit seiner nationalsozialistischen Geschichte in Deutschland sehr stark vorbelastet ist, wird z. b. auch das Wort Checker*innen umgangssprachlich benutzt, um Menschen zu beschreiben, die Führungsqualitäten haben. Aufgrund der Geschichte von autoritären und totalitären Strömungen wie Nationalismus, Militarismus und Nationalsozialismus in Deutschland und des Einflusses von antiautoritären und anarchistischen Bewegungen auf soziale Bewegungen, die kein positives herrschaftskritisches Führungsbild kennen, kommt es vor, dass Führungspersönlichkeiten aufgrund ihrer Rolle stark angefeindet werden. Diese horizontale Feindlichkeit gegenüber Menschen, die als Führungspersönlichkeiten auftreten, gibt es jedoch nicht nur in Deutschland, sondern z. B. auch in Australien. Katrina Shields berichtet vom ›tall poppy syndrome‹, bei dem viele Menschen, die ein stark sichtbares Profil entwickeln, Gegenstand von intensiver Kritik und Entmutigung werden. Im britischen und US-amerikanischen Raum gibt es dafür das geflügelte Wort der ›circular firing squad‹-Mentalität, bei der Mitglieder einer politischen Partei oder Gruppe, welche eine gemeinsame Gegenspieler*in hat, sich an Verhalten beteiligen, welches letztendlich ihnen als Gruppe mehr schadet als der Gegenspieler*in. Lierre Keith, die in der US-amerikanischen radikalen Umweltbewegung aktiv ist, beklagt, dass radikale Gruppen die Tendenz haben, ihre Führungspersönlichkeiten durch Kritik, welche oft persönlich und bösartig ist, zu zerstören. Aber wenn wir wirklich die Welt verändern wollen, brauchen wir mehr Menschen, die aus der Masse hervortreten und die Initiative ergreifen, nicht weniger. Je mehr Initiative wir alle gemeinsam in unserer Arbeit ergreifen, desto größer wird unsere kollektive Kapazität sein. Der Aufbau unser kollektiven Handlungsmacht/Stärke ist eine der wichtigsten Herausforderungen des Grassroots-Organizing. Für Lierre Keith von *Deep Green Resistance* verstehen die Regierungen etwas, was viele zeitgenössische Radikale tendenziell ablehnen: »Bewegungen ohne Führungspersönlichkeiten sind keine Bewegungen, sondern wahllose Individuen die unfähig sind, eine dauerhafte Kampagne für Gerechtigkeit zu führen.«[227] In Brasilien wurden z. B. immer wieder Führungspersönlichkeiten der Landarbeitergewerkschaften und Indigenen erschossen, was oftmals die Bewegungen sehr stark schwächte. Als Reaktion darauf hat die Landlosenbewegung *Movemento do trabalhadores rurais sem terra* (MST) eine kollektive Führung etabliert, die rotiert. Es geht hier nicht darum,

---

227 McBay, Aric / Lierre Keith / Derrick Jensen: Deep green resistance. Strategy to save the planet. New York: Seven Stories Press 2011, S. 172.

autoritären Organisationsformen das Wort zu reden, sondern um eine angemessene strategische Würdigung von Führungs- oder Leitungsrollen in sozialen Bewegungen. Über Führungsrollen in sozialen Bewegungen und Basisorganisationen im deutschsprachigen Raum zu sprechen, wo ›der Führer‹ die Singularität der Führung und die komplette Verfügungsgewalt totalitär innehatte, ist besonders problematisch. Wenn von Führung geredet wird, sitzt der antifaschistische, anarchistische und antiautoritäre Reflex wie gesagt tief. Aber gerade in der Reflexion über das faschistische Führerprinzip liegt eine große Chance, gute Führung zu erkennen und manipulierende, missbräuchliche und menschenverachtende Formen von Führung zu verhindern. Das Führerprinzip ist eine irrationale und faschistische Zuspitzung von autoritärer Führung. Der Asymmetrie des Führerprinzips, welche ›Autorität jedes Führers nach unten und Verantwortlichkeit nach oben‹ fordert, steht die Symmetrie in der herrschaftskritischen Führung durch ein Bewusstsein von Interdependenz oder wechselseitig bedingter Abhängigkeit entgegen. Es geht darum, eine innere Führung in jedem von uns zu entwickeln. Hier trifft sich die herrschaftskritische und partizipative Art, mit Führungs- und Leitungsrollen umzugehen, wieder mit der antiautoritären Idee. Die Transition vom patriarchalen und autoritären Modell von Führung und seiner faschistischen Zuspitzung hin zu einer herrschaftkritischen, partizipativen und geteilten Leitung, die ihre Privilegien reflektiert, ist das Ziel.

Was bedeutet es eigentlich, eine Führungs- oder Leitungsrolle zu übernehmen? Katrina Shields definiert Führung als die Bereitschaft über die Gruppe als Ganzes nachzudenken, eine Richtung anzubieten und Einfluss auszuüben, damit die Gruppe ihre Ziele erreicht. Dabei sind Führungs- und Leitungsrollen in gewisser Form notwendig und entstehen unausweichlich in Gruppen, ganz egal wie egalitär ihre Ideologie ist, insbesondere unter gefühltem Zeitdruck. Wenn Führungs- und Leitungsrollen nicht öffentlich anerkannt werden, entstehen sie unausweichlich verdeckt und indirekt. Dies hat jedoch zur Folge, dass analog zur ›Tyrannei der Strukturlosigkeit‹ verdeckte Herrschaftsmechanismen wirken und die positive Gestaltungs- und Einflussmöglichkeiten der Gruppe auf die Leitungsrollen beschränkt werden. Gerade auch Menschen in diesen Rollen brauchen Feedback und ein klares Mandat von der Gruppe, um die Initiative zu ergreifen und Entscheidungen treffen zu können.

Wir müssen eine Kultur aufbauen, in der wir alle eingeladen sind hervorzutreten. Dies bedeutet, in einer Art hervorzutreten, in der auch für andere der Platz zum Hervortreten entsteht – wo sich andere dazu eingeladen fühlen, ebenfalls ihr Engagement zu intensivieren und die Initiative zu ergreifen. Unser Engagementlevel anzuheben, kann bedeuten, aktiv zuzuhören und von anderen zu lernen. Es kann bedeuten, sich Zeit zu nehmen, um die verschiedenen Formen von ›Führung‹ in der Gruppe zu erkennen und wertzuschätzen. Und es kann bedeuten, nach potentiellen Führungsqualitäten in anderen Ausschau zu halten und bei denen zu pflegen, die sich vielleicht nicht von alleine ermächtigt fühlen, uneingeladen und nicht unterstützt hervorzutreten. Eine Kultur, die einen partizipativen Führungsstil wertschätzt, ist eine, die Verantwortlichkeit hoch würdigt, wodurch wir verantwortlich füreinander und gegenseitig rechenschaftspflichtig werden. Aber dieser Fokus auf Verantwortlichkeit muss Hand in Hand gehen mit einer Gruppenkultur die Führungsrollen wertschätzt. Ansonsten laufen wir Gefahr, eine Art ›Knieschuss‹-Mentalität zu entwickeln, mit der wir unsere Energie verschwenden und uns gegenseitig begrenzen, wenn wir die Initiative ergreifen.»Wir brauchen eine Bewegung, wo wir alle uns konstant gegenseitig ermutigen, unser volles Potential zu ergreifen und als Kollektiv von Führungspersönlichkeiten zu glänzen, die für eine bessere Welt zusammenarbeiten. Lasst uns alle Führungspersönlichkeiten sein. Lasst uns führungsvoll sein, nicht führungslos«[228], so Jonathan Matthew Smucker, ein Langzeitteilnehmer und Organizer in amerikanischen sozialen Bewegungen.

Eine Ergänzung zum Führungsrollendiskurs ist meines Erachtens die Idee von Selbstentfaltung. Um Führungsrollen zu demokratisieren, ist Selbstentfaltung eine Grundlage. Deshalb sollten unsere Bewegungen darauf mehr wert legen, Raum dafür bieten und sie wertschätzen. Der Vision, dass wir in sozialen Bewegungen unser volles menschliches Potential entfalten können, liegt eine demokratisierte Form von Führungsrollen zugrunde. Hier liegt ein enormes Potential, um unsere Bewegungen resilienter zu machen, indem wir mehr Raum für Diversität und Selbstentfaltung bieten, um so authentische Führung von innen und Kreativität auf breiter Basis zu ermöglichen.

---

228 Siehe Boyd, Andrew / Dave Oswald Mitchell: Beautiful Trouble. A Toolbox for Revolution. New York: OR Books 2012, S. 203. Übersetzung Timo Luthmann.

Arbeiten mit Konflikten

Um unsere Resilienz als Gruppe oder Zusammenhang zu stärken, ist ein konstruktiver Umgang mit Konflikten essenziell. Schlecht ausgetragene und ignorierte interne Konflikte sind ein wesentlicher Burnoutfaktor, können Gruppen lähmen und sehr viel Kraft kosten, die uns dann bei anderen Aspekten in der politischen Arbeit fehlen. Mit Konflikten kann auf verschiedene Weise umgegangen werden.

Als Erstes kann ein Konflikt ignoriert werden, wobei er weiterbesteht und offen oder verdeckt die Gruppe negativ beeinflussen kann. Einen Konflikt konsequent zu vermeiden, kann damit verglichen werden, ein kleines Kind zu ignorieren, das auf die Toilette muss. Das kann nur schief gehen! Dabei haben Menschen die verschiedensten Konfliktvermeidungsstrategien entwickelt. Temporär kann es bedingt sinnvoll sein, einen Konflikt erstmal beiseitezustellen, wenn z. B. die Gruppe sich auf dem Höhepunkt einer Kampagne befindet und zu diesem Zeitpunkt über keine Ressourcen für eine konstruktive Bearbeitung verfügt. Hierbei droht jedoch die Gefahr der Verschleppung des Konflikts, was zu weitreichenden Konsequenzen führen kann und unterm Strich wesentlich mehr Energie kostet, als eine zügige Bearbeitung. Langfristig ist Konfliktbearbeitung unausweichlich und Nachhaltiger Aktivismus ist ohne sie nicht zu denken.

Zum Zweiten kann auf einen Konflikt unreflektiert reagiert werden. Diese Konfliktbearbeitung könnte mit einem Bauern verglichen werden, der industrielle Landwirtschaft betreibt und auf einen Insektenbefall mit dem Einsatz von Pestiziden reagiert. Die nützlichen Insekten werden ebenso getötet, wie die ›Schädlinge‹, das Bodenleben stirbt immer weiter ab und der Bauernhof gleicht schließlich einem Schlachtfeld. In Bezug auf unsere Konfliktbearbeitung schaffen wir durch einen unreflektierten Umgang unabsichtlich Bedingungen, die Menschen, die zu destruktiven Formen des Konfliktaustragens neigen, unterstützen. Wenn wir versuchen, die Situation zu lösen, indem wir den ›Schädling‹ Konflikt beseitigen, tun wir dies oft mit Methoden, die gute Gefühle und unterstützende Impulse der Gruppe mit auslöschen.

Drittens kann jedoch auch versucht werden, auf einen Konflikt reflektiert zu reagieren. Diese Konfliktbearbeitung könnte mit einer Bäuerin verglichen werden, die ökologischen Landbau betreibt. Sie weiß: Um gesunde Pflanzen anzubauen, muss sie ein gesundes Bodenleben kultivieren. Wenn Pflanzen von ›Schädlingen‹ befallen werden, fragt sie sich ›Was ist aus der Balance geraten? Welche Information gibt mir der Schädling? Was kann ich im Ganzen ändern?‹ In diesem Sinne können wir auch eine bewusste und konstruktive Konfliktbearbeitung sehen. Indem wir die richtigen Grundbedingungen und Strukturen schaffen, unserer Kommunikation Aufmerksamkeit schenken und die positiven Aspekte unserer Gemeinschaft pflegen, entwickeln wir eine stärkere Resilienz. Konflikte werden weiter auftreten, aber anstatt destruktiv zu wirken, können sie dazu dienen, die Gruppe zu stärken. Konflikte sind wertvolle Informationen, die uns erzählen wo etwas fehlt und wo etwas aus der Balance geraten ist. Wir können Konflikte als kraftvolle Möglichkeit sehen, um als Gruppe zu lernen und zu wachsen. Wenn wir Konflikte annehmen, kann unsere Gruppe lebendiger, dynamischer und effektiver werden. Der Konflikt ist eine normale Phase in einer Gruppenentwicklung.

Gut vs. Gut und der Kampf der Werte
Wir sind es kulturell bedingt gewohnt, Konflikte als Gut gegen Böse zu deuten, wir gegen Nazis, Sexist*innen oder Umweltzerstörer*innen. Dieses Schwarz-Weiß-Deutungsmuster, welches an sich schon viele Probleme mit sich bringt, weil es uns z. B. für verinnerlichte Unterdrückungsmechnismen blind macht, verschärft den Umgangston auch bei internen Konflikten. Eine Möglichkeit dieses Deutungsmuster aufzubrechen, besteht darin, den internen Konflikt als Gut gegen Gut zu interpretieren und sich bewusst zu machen, dass oftmals hinter dem Konflikt konkurrierende Werte stehen. Dabei sind alle diese Werte von Bedeutung und wichtig, es ist oft bloß in der Praxis schwierig alles auf einmal umzusetzen. Die Aktivist*innentrainerin Starhawk empfiehlt im Falle eines Gruppenkonfliktes sich folgende Fragen zu stellen:
Was für Werte sind hier vertreten? Sind es zwei oder mehrere Werte, denen wir im Konflikt bei uns einen hohen Stellenwert einräumen? Wenn ja, wie finden wir eine Dynamik, um zwischen ihnen eine Balance herzustellen?

Missverständnisse
Viele Konflikte, die in kollaborativen Gruppen entstehen, sind Missverständnisse: verletzte Gefühle, Konflikte darum, was jemand gesagt bzw. nicht gesagt hat, Verstimmungen und Irritationen. Die meisten Missverständnisse sind Folge eines Mangels an Kommunikation und durch bessere Entscheidungsstrukturen, klarere Gruppenstrukturen insgesamt, wie auch die Anwendung von gewaltfreier Kommunikation lassen sich viele dieser Konflikte vermeiden. Aber selbst die achtsamste Gruppe wird gele-

gentlich Kommunikationspannen erleben. Eines der am häufigsten vorkommenden Probleme ist, dass Menschen, bewusst oder aufgrund von komplexer Gruppenstruktur unbewusst, übergangen werden oder dass sich Ärger aufgrund fehlender Feedbackmöglichkeiten und verletzender Worte aufstaut.

Konfliktmediation

Mediation ist in Fällen von Missverständnissen oder Fehlkommunikation angemessen, um mit verletzten Gefühlen und verletzenden Wechselbeziehungen aufzuräumen. Mediation impliziert, dass wir eine gewinnbringende Lösung für beide Seiten finden können, dass keine der Parteien komplett falsch oder richtig liegt und sie beide teilnehmen, weil sie ein wechselseitiges Interesse daran haben.

Mediation ist nicht angemessen in Fällen, in denen Menschen ernstes Fehlverhalten vorgeworfen wird, wie z. B. physische Gewalt, Diebstahl, sexuelle Übergriffe oder Verfolgung, Kindesvernachlässigung oder Missbrauch oder andere Gewalttaten. Mediationsverfahren wurden in gesellschaftlichen Konflikten, in denen sich Widerstandsbewegungen und Großindustrieprojekte unversöhnlich gegenüber standen, oft herrschaftsförmig missbraucht, um Widerstandsbewegungen zu spalten und zu lähmen wie z. B. bei Stuttgart 21 oder beim Ausbau des Frankfurter Flughafens.

Es gibt vielfältige Mediationsprogramme, Methoden und professionalisierte Dienstleister*innen. Einerseits ist es gut, wenn Menschen sich auf diese Fähigkeiten spezialisieren und solidarisch Bewegungen und NGOs zur Seite stehen (siehe als Bewegung → Mediationsstrukturen S. 380). Gleichzeitig stärkt es unsere kollektive Resilienz, wenn wir als Individuen über ein gewisses Basiswissen zur Mediation von Konflikten verfügen. Im Folgenden möchte ich kurz einige Grundlagen anreißen, um mit einem Lesetipp zum Thema zu schließen. Generell ist es leichter, anderen bei der Lösung ihrer Konflikte durch Mediation zu helfen, als unsere eigenen Konflikte, in die wir verwickelt sind, zu transformieren. Eine wichtige Fähigkeit für Mediation liegt darin, den Text und Subtext eines Konflikts zu entschlüsseln. Dies bedeutet durch genaues Zuhören den exakten Text, also sowohl das, was in dem Konflikt genau gesagt wurde, als auch die dahinterliegenden non-verbalen Botschaften benennen zu können und sich ihrer zu vergewissern. In unseren persönlichen Beziehungen und unseren Gruppen schafft die Fähigkeit, diese Gefühle zu benennen, Sicherheit. Ein weiteres Schlüsselkonzept von Mediation ist das Erkennen von Rollenmustern, die uns geprägt haben und Geschichten, die wir uns erzählen. Diese mentalen ›Filme‹, die unsere Wahrnehmung prägen, können die Transformation eines Konflikts erschweren oder behindern, weil die Konfliktparteien in so unterschiedlichen Realitäten leben und deshalb nicht auf einen Nenner kommen. Wenn wir uns die Geschichten bewusst machen, die wesentlich unsere Wahrnehmung prägen, ist es leichter, aus ihnen auszusteigen und sich auf ein alternatives Bild einzulassen.

→ **Lesetipp:** Mindell, Arnold: Mitten im Feuer. Gruppenkonflikte kreativ nutzen. München: Hugendubel 1997.

Ernstes Fehlverhalten

Wie schon erwähnt, ist bei ernstem Fehlverhalten wie z. B. der Unterschlagung von Spenden, sexueller Verfolgung oder Missbrauch, physischer Gewalt, Lügen, Spionieren oder anderer Formen von Verhalten, das Individuen oder die Gruppe gefährdet, Mediation in den meisten Fällen keine angemessene Antwort. So kann Mediation in solchen Fällen z. B. Verhalten dadurch stillschweigend dulden, indem impliziert wird, dass die Täter*in und die negativ betroffene Person zu gleichen Anteilen Fehler begangen hätten.

Wenn wesentliche Grenzen überschritten wurden, sind andere Prozesse nötig. Oftmals werden diese Grenzen nicht diskutiert, solange sie nicht überschritten wurden. Es wird einfach angenommen, dass diese Grenzen klar sind. Dabei macht es Sinn, sie innerhalb von Gruppengründungsprozessen zu diskutieren und auch darüber hinaus öfter bewusst zu machen. Einige grundlegende Grenzen nach Starhawk sind[229]:

Menschen haben das Recht auf körperliche Unversehrtheit
Niemand verdient es, angegriffen oder körperlich verletzt zu werden. Es ist niemals gerechtfertigt, dass dir persönliches Leid zugefügt wird, du vergewaltigst oder verletzt wirst. Egal ob du eine nervende Persönlichkeit hast, du Menschen irritierst oder einen angeblich ›zu kurzen‹ Minirock trägst.

Ja meint Ja, Nein meint Nein und Stopp meint Stopp
Menschen haben das Recht, JA zu sagen, das Recht, jederzeit NEIN oder STOPP zu sagen, und das Recht, dass ihre Wünsche respektiert werden.

---

229 Starhawk: The Empowerment Manual. A Guide for Collaborative Groups. Gabriola Island, BC: New Society Publishers 2011, S. 189. Übersetzung Timo Luthmann.

Menschen haben das Recht ihre eigenen Grenzen zu setzen
Und diese Rechte sollten respektiert werden – egal ob sie die Person, ihre
Zeit, ihre Ressourcen oder ihr Geld betreffen.

Rechtsstaatlichkeit
Unser Rechtssystem hat verschiedene Mechanismen, um die Rechte von
Angeklagten zu wahren. Viele Aktivst*innengruppen, die sich für soziale Gerechtigkeit, Antifaschismus oder die Mitwelt einsetzen, gehören
zu Recht zu den schärfsten Kritiker*innen unseres Rechtssystems, das in
nicht wenigen Fällen einseitig zur ›Klassenjustiz‹ verkommt. Trotz des kritischen Verhältnisses zu unserer Rechtsstaatlichkeit ist es wichtig, im Falle
von ernstem Fehlverhalten nicht hinter bürgerliche Standards zurück-
zufallen. Menschen haben Jahrhunderte dafür gekämpft, um sich von
Gerichten hinter verschlossenen Türen, geheimen Tribunalen, korrupten
Richter*innen und unbegrenzten Verhaftungen zu befreien. Die Mindest-
standards, wie z. B. dass eine Person unschuldig ist, bis ihre Schuld bewie-
sen ist, dass sie ein Recht auf Verteidigung hat und von einem neutralen
Gericht verurteilt zu werden, das persönlich nicht involviert ist, müssen
gewahrt werden. Einfach Gerüchte und Anklagen innerhalb der Szene
weiterzugeben, ohne sie selbst überprüft zu haben, ist fahrlässig und steht
unseren Bestrebungen, die Verhältnisse gerechter und weniger autoritär zu
gestalten, entgegen.

Umgang mit sexualisierter und intimer Gewalt
Eine antisexistische Praxis, die seit den 1990er Jahren in deutschsprachigen autonomen Zusammenhängen praktiziert wird, ist das Definitionsmachtskonzept. »Definitionsmacht bedeutet, dass es alleine in der Macht
der betroffenen Person liegt, zu definieren, ob eine Grenzüberschreitung
vorgelegen hat.«[230] Es fordert Parteilichkeit mit der negativ von Gewalt
Betroffenen ein und das Ziel ist beim Umgang mit einem Fall sexualisierter
Gewalt, den Betroffenen ein Leben mit möglichst wenig Einschränkungen
zu ermöglichen und Retraumatisierungen zu vermeiden. Eine gute Übersicht zu den Thesen der Definitionsmachtsdiskussion wurde von einem
Mitglied der Gruppe *Kommunikationskollektiv* zusammengestellt[231]. Eine

---

230 N., Navina: Kompass. *Gegen sexualisierte Gewalt – für einen besseren Alltag!*
     Hamburg 2013. https://www.asta-uhh.de/3-publikationen-downloads/reader/
     reader-kompass.pdf (Zugriff 7.3.2019), S. 17.
231 Siehe Kommunikationskollektiv: *Thesen zur Definitionsmacht bei KoKo.* Juli 2014.
     http://www.kommunikationskollektiv.org/wp-content/uploads/2014/07/The-
     sen-zur-Definitionsmachtsdiskussion-bei-Koko.pdf (Zugriff 7.3.2019).

Kritik am Konzept der Definitionsmacht hat die Gruppe *Les Madeleines* geäußert, die es für frauenverachtend und anti-feministisch hält[232]. Zu den Hintergründen des Definitionsmachtskonzepts sagt die amerikanische feministische Aktivistin Starhawk: »In der feministischen Bewegung der 1970er und 1980er Jahre haben wir in Reaktion auf die jahrhundertelange Praxis, Frauen totzuschweigen, eine starke Position bezogen, Opfern von Vergewaltigung, Missbrauch und sexuellen Übergriffen zu glauben. Bevor die feministische Bewegung die Aufmerksamkeit auf Vergewaltigung und Missbrauch als soziales Problem und nicht nur als persönliche Tragödie gelenkt hat, wurden Vergewaltigungsopfer regelmäßig im Umgang mit Polizei und Gerichten beschämt und traumatisiert.

Weil wir so hart dafür kämpfen mussten, dass Frauen überhaupt geglaubt wird, vertraten wir oft die Position, dass jede Anklage von Vergewaltigung oder sexuellem Übergriff wahr sein muss. Mit der Zeit begannen viele von uns, zu realisieren, dass diese Position manchmal zu anderen Formen von Missbrauch führen kann.« Die Konflikte um Definitionsmacht innerhalb der linksradikalen Szene können als sehr energiezehrend angesehen werden. Die Auseinandersetzungen, meist ausgehend von konkreten Vorfällen, haben teilweise zu größeren Spaltungen innerhalb der Szene geführt, wie anlässlich einer Debatte zu ›Vergewaltigung‹ in der Tierrechtsbewegung in den 1997er Jahren und einem Vorfall wie etwa 1999/2000, anlässlich eines Vergewaltigungsvorwurfs gegenüber einem Mitglied der *Antifaschistischen Aktion Berlin* (AAB). Sie kosteten sehr viel Energie und Blockbildungen und Spaltungen führten zu Frust und trugen zum Ausbrennen von Aktivist*innen bei. Ebenso ist auch der Frust von Aktivist*innen zu sehen, die immer wieder Geschlechtergerechtigkeit einfordern und durchboxen mussten und müssen. Dabei kann gesagt werden, dass gewisse Auseinandersetzungen einfach geführt werden mussten, um ein Problembewusstsein bei Männern zu schaffen und um Dominanzstrukturen und Privilegien zu hinterfragen, aufzubrechen und Macht und Kontrolle egalitärer auch in sozialen Bewegungen zu verteilen.

Ein zentrales Problem, aufgrund der Schnelllebigkeit von Aktivist*innenbiografien und ihrem immer kürzer werdenden Verbleib in sozialen Bewegungen, ist die allgemeine Geschichtsvergessenheit. Daraus resultiert, dass zahlreiche Debatten immer wieder von vorne beginnen, ohne Berücksichtigung der in der Vergangenheit bereits gemachten Fehler oder

---

232 Siehe les madeleines: *Kein Kavaliersdelikt. Warum Definitionsmacht frauenverachtend und anti-feministisch ist.* In: JungleWorld 12. August 2010. http://jungle. world.com/artikel/2010/32/kein-kavaliersdelikt (Zugriff 15.3.2018).

Errungenschaften. Dies schafft Frust, unnötige Konflikte und vergeudet Kraft und Energie. Analog dazu kann beobachtet werden, wie sich teilweise das Definitionsmachtskonzept, wie auch der Umgang mit dem Konzept der *Critical Whiteness*, von seinem ursprünglichen Zweck entfernt hat. So hat die Ausweitung des Definitionsmachtskonzepts auf andere Unterdrückungsverhältnisse unter dem Schlagwort ›erweiterter Gewaltbegriff‹, bei dem die Prinzipien von Definitionsmacht auf andere Diskriminierungserfahrungen übertragen werden, zu autoritären Auswüchsen wie auf dem Nobordercamp 2012 in Köln geführt[233], welches Spaltungen, politische Lähmung und heftige Debatten provozierte.

Gerade vor diesem Hintergrund ist ein refokussiertes und differenziertes Verständnis von Definitionsmacht nötig, um unsere kollektive Resilienz zu stärken und sich nicht ständig im Kreis zu drehen. Ein solches Verständnis von Definitionsmacht liefert die Gruppe *NoLager Bremen* in der Broschüre *Wie ist deine Freiheit mit meiner verbunden? Stichworte zu gemischter Organisierung, Definitionsmacht und Critical Whiteness*, die sehr zu empfehlen ist. Ich finde die Positionen in dem Artikel ›Definitionsmacht neu ausbuchstabiert‹[234] so wichtig, dass ich die wesentlichen Aspekte davon hier zitieren möchte.

»Entstanden ist dieses differenzierte Verständnis von Definitionsmacht aus der Praxis transnationaler Organisierung, indem Flüchtlingsaktivist*innen ihre Unterdrückungserfahrungen mit staatlicher und gerichtlicher Willkür eingebracht haben. Die Absicht ist es, einerseits der Komplexität und Widersprüchlichkeit vielfältiger Herrschaftsverhältnisse gerecht zu werden und anderseits den Geltungsbereich bzw. die Grenzen von Definitionsmacht deutlich zu markieren.

Das Ziel von Definitionsmacht ist eine parteiliche und empathische Unterstützung von Betroffenen von sexualisierter, rassistischer und anderer Gewalt, damit sie ihre Handlungsfähigkeit und Selbstbestimmung wiedererlangen, nachdem sie zunächst eine mehr oder weniger große Ohnmachtserfahrung erlitten haben. Dabei sollte allerdings nicht aus dem Blick geraten, dass sich Betroffene in ihren Wahrnehmungen und Gefühlen oft alles andere als sicher sind. Spätestens vor diesem Hintergrund dürfte also deutlich werden, weshalb die in nahezu allen Texten zu Definitionsmacht

233 Siehe Bernau, Olaf: *In der Autoritäts- und Identitätsfalle. Stichworte zur Debatte um Critical Whiteness anlässlich des diesjährigen No Border Camps in Köln.* In: Phase 2. Zeitschrift gegen die Realität 44 (2012). https://www.phase-zwei.org/hefte/artikel/in-der-autoritaets-und-identitaetsfalle-578 (Zugriff 7.3.2019).

234 No Lager Bremen: *Definitionsmacht neu ausbuchstabiert.* In: transact 6/11 (2014), http://transact.noblogs.org/files/2014/02/transact6_de.pdf (Zugriff 7.3.2019).

aufgestellte These keineswegs präzise ist, wonach Definitionsmacht impliziere, dass die Definition, wann eine Grenzüberschreitung stattgefunden habe, allein bei der betroffenen Person liege. [...] Praktisch bedeutet dies, dass in der Beratung bzw. Unterstützung von Betroffenen sexualisierter und anderer Gewalt Rückfragen geradezu zwingend sind. Dies bedeutet, dass Definitionsmacht auf keinen Fall gleichbedeutend damit sein sollte, der betroffenen Person die Entscheidung über etwaige Konsequenzen alleine aufzubürden.

In diesem differenzierten Definitionsmachtverständnis stellen Flüchtlingsaktivist*innen unter Verweis auf ihre eigenen Erfahrungen mit staatlicher und gerichtlicher Willkür den im Rahmen von Definitionsmacht üblicherweise praktizierten Umgang mit Täter*innen in Frage, insbesondere den Umstand, dass als Täter*innen beschuldigte Personen kaum eine Möglichkeit haben, zu den Vorwürfen inhaltlich Stellung zu beziehen. Auf der einen Seite ist es wichtig, dass im Kontext von Definitionsmacht immer auch ein konkreter Umgang mit dem Täter stattfindet und er nicht einfach aus linken Zusammenhängen verschwindet. [...] Auf der anderen Seite ist es in unseren Augen absolut zentral, dass Menschen, denen etwas vorgeworfen wird, das Recht erhalten, gehört zu werden bzw. ihre Sicht der Dinge darzulegen.

Dieses Recht stark zu machen, heißt allerdings nicht, die Definitionsmacht der betroffenen Person in irgendeiner Form einzuschränken. [...] Hieraus leitet sich auch ab, dass das Recht, gehört zu werden, nicht öffentlich ausgeübt werden darf, sondern nur im kleinen Rahmen, vorzugsweise im direkten Kontakt mit Menschen aus der Unterstützungsstruktur. Insofern lehnen wir den in vielen Texten zur Definitionsmacht formulierten Grundsatz ausdrücklich ab, wonach keine Benennung des konkreten Vorwurfs erfolgen müsse.

Die Unterschiede zwischen sprachlichen, psychischen und körperlichen Gewalt- und/oder Diskriminierungserfahrungen sollten auf keinen Fall verwischt werden. Bei sprachlichen Diskriminierungen sollte die mit Definitionsmacht eng verknüpfte Sanktionsmacht nicht greifen – egal um welches Herrschaftsverhältnis es geht.«

Alternative bzw. ergänzende Umgangsformen wie mit intimer Gewalt und Konflikten umgegangen werden kann, bietet das in den USA entwickelte Konzept der *Transformative Justice* (Transformative Gerechtigkeit). *Tranformative Justice* nimmt die Prinzipien und Praxen des Konzepts von *Restorative Justice* (Wiederherstellende Gerechtigkeit) und wendet sie jenseits des Strafjustizsystems an. Die Restorative-Justice-Bewegung hat seit

den 1970er Jahren Alternativen zum Strafjustizsystem mit dessen Fokus auf Bestrafung und Vergeltung entwickelt, indem Kriminalität als Verfehlung gegen die Gemeinschaft gesehen wird und Maßnahmen das Ziel haben, Sicherheit, Vertrauen und Wohlbefinden der Gemeinschaft wiederherzustellen. Schlüsselprinzipien von *Restorative Justice* sind:
»1. Verbrechen verursachen Leid und Gerechtigkeit sollte darauf fokussiert sein, dieses Leid wiedergutzumachen.
2. Die Menschen, die am meisten von dem Verbrechen betroffen sind, sollten an diesem Prozess beteiligt sein.
3. Es ist die Verantwortung der Regierung Rechtstaatlichkeit bzw. Ordnung aufrechtzuerhalten und die der Gemeinschaft, Frieden zu schaffen.«[235]

Schlüsselpraktiken von *Restorative Justice* sind die Möglichkeiten einer Gegenüberstellung auf vielfältige Weise, die Betonung von Wiedergutmachungen, das Ziel der Wiederintegrierung von Opfern und Täter*innen und die Inklusion von Opfern und Täter*innen in das Programm.

Der kapitalismuskritische systemische Ansatz von *Transformative Justice* versucht, die Probleme nicht nur im Beginn des Fehlverhaltens zu sehen, sondern auch die Ursache für das Fehlverhalten. Dabei wird angestrebt, das Vergehen als eine transformative, beziehungshafte und bildende Möglichkeit für Opfer, Täter*innen und allen anderen Mitgliedern der betroffenen Gemeinschaft zu sehen.

→ Folgende deutschsprachige Broschüre, die auf Prinzipien von *Transformative Justice* beruht, sei empfohlen: Berliner Übersetzungsteam: *Gedanken über gemeinschaftlicher Hilfe in Fällen von intimer Gewalt.* o.J. https:// www.transformativejustice.eu/wp-content/uploads/2010/11/TransformativeHilfe.pdf (Zugriff 7.3.2019).

→ **Lesetipp:** Seeds for Change Oxford: *Working with Conflict in our Groups. A guide for grassroots activists.* September 2012. http://www.seedsforchange.org.uk/conflictbooklet.pdf (Zugriff 7.3.2019).

---

235 Centre for Justice and Reconciliantion: *Lesson 1. What Is Restorative Justice?* In: Restorative Justice 2017, https://restorativejustice.org/restorative-justice/ about-restorative-justice/tutorial-intro-to-restorative-justice/lesson-1-what-is-restorative-justice/ (Zugriff 7.3.2019). Übersetzung Timo Luthmann.

Gemeinsam Projekte auswerten und ggf. beenden

Blinde Betriebsamkeit ohne Reflexion als dauerhaftes Engagement und nicht nur als jugendliche Phase ist ein klassischer Fehler des politischen Aktivismus. Eine wichtige Grundlage, um Projekte auswerten zu können, ist es, sich vorher Ziele gesteckt zu haben, damit überhaupt bewertet werden kann, ob Ziele erreicht wurden oder nicht. Anders als für formelle Organisationen wie z. B. Parteien und Gewerkschaften, die ihren (vermeintlichen) Erfolg an Stimmenanteilen oder Tarifabschlüssen festmachen, fehlt aktivistischen Gruppen häufig der Maßstab für das Erreichen von ereignishaften Zwischenzielen, die aber für die dauerhafte politische Praxis unerlässlich sind.

Neben der Rückkopplung mit den eigenen Zielen geht es auch um unsere eigenen Ressourcen. Es mag sein, dass die Kampagne, die ihr gerade führt, politisch total notwendig ist, aber euch einfach von den Ressourcen her zurzeit überfordert. Sich derartige Fehlplanungen und Fehleinschätzungen einzugestehen, ist keine Schwäche, sondern zeigt unsere Fähigkeit, flexibel auf Situationen zu reagieren. In diesem Fall ist es wichtig, nicht so lange zu warten bis einzelne Mitglieder die Gruppe aufgrund von Überbelastung verlassen, sondern gemeinsam zu schauen, wie wir da herauskommen. Es geht nicht nur darum, immer neue Projekte gut zu starten, sondern auch bestehende Projekte und Kampagnen gut zu beenden. Dies fördert unsere kollektive Resilienz.

Gemeinsam Projekte auszuwerten und ggf. Projekte zu beenden, wenn sie zu viel Energie kosten oder nicht mehr politisch/strategisch sinnvoll sind, ist ein kreatives Spannungsfeld. Einerseits gilt es, uns bewusst zu machen, dass soziale und ökologische Veränderung Zeit braucht, um zu wachsen und breiter zu werden, also die Notwendigkeit zur politischen Ausdauer und einem langen Atem besteht. Anderseits gilt es, flexibel zu sein, zu erkennen, wo sich strategische Rahmenbedingungen verändern und sich neue Chancen auftun. Strategisches Denken ist immer auch ein Denken in Gelegenheiten. Hierbei kann identitäres Anhaften an Projekten auch Bewegungsfortschritt verhindern. Gerahmt werden muss der ganze Prozess mit einer realistischen Einschätzung der eigenen Ressourcen.

Politische Unterstützungsnetzwerke aufbauen

Sich als Gruppe oder Zusammenhang politische Unterstützungsnetzwerke aufzubauen, stärkt auf verschiedenen Ebenen die Widerstandskraft und erweitert Handlungsfähigkeit. So ist soziale Veränderung von ihrer Natur aus eine soziale Anstrengung; es gibt Unterstützung da draußen, aber du musst sie finden und dabei ist es wichtig, inklusiv zu sein und Mitstreiter*innen an ungewöhnlichen Orten zu suchen. Ein nützlicher Prozess, um potentielle Verbündete zu entdecken, ist eine soziale Kartierungsübung durchzuführen, wie z. B. die Kartierung von Verbündeten und Gegenspieler*innen am Ende dieses Kapitels.

Oftmals denken Menschen, dass sie bei ihrer Kampagnenarbeit auf sich alleine gestellt sind: sie gegen den Rest der Welt. Dies ist ein sehr entmutigender Ansatz. Der Umweltaktivist Aidan Ricketts hat mit vielen verschiedenen Gruppen Konfliktkartierungsübungen durchgeführt und in den allermeisten Fällen fühlten sich die Gruppen erleichtert, zu sehen, wie viel potentielle Unterstützung tatsächlich möglich war. Wenn eine Verbündeten- und Gegenspieler*innen-Karte erstellt wird, offenbart sich meist, dass die Opposition viel stärker isoliert ist als die Graswurzelkampagne. Dies sollte nicht überraschen, denn die sozialen Bewegungen führen meistens Kampagnen im Sinne des öffentlichen Interesses gegen private Interessen, z. B. der Konzerne, durch.

Eine der wertvollsten Ergebnisse einer kompletten Durchführung einer sozialen Kartierung von Verbündeten und Gegenspieler*innen ist die Eröffnung von neuem Potential zur Vernetzung mit anderen Gruppen und zur Bildung von neuen Allianzen. Oft haben etablierte Gruppen sehr nützliches Wissen über frühere Phasen von Kampagnen und Kämpfen oder andere Ressourcen, Verbindungen und Kontakte. Diese Art des Netzwerkens ist wichtig, weil es eure Gruppe davor bewahren kann, sich alles von Grund auf neu zu erarbeiten und das Rad neu zu erfinden. Aidan Ricketts benutzt zur Beschreibung einer neuen Gruppe das Bild eines Jugendlichen der voller Leidenschaft ist, aber nicht zwangsläufig viel Erfahrung hat. Alte Gruppen und Netzwerke, so Ricketts, könnten mit älteren Menschen verglichen werden, die vielleicht schlätrig wirken, aber wenn man ihnen den Raum lässt, viel Weisheit und Erfahrung vermitteln können. Eure Gruppe ist vielleicht in einen viel spezifischeren oder lokaleren Kampf verwickelt, als die Gruppe, mit der ihr euch vernetzt, aber ihre Erfahrung und Möglichkeiten können sehr nützlich für eure spezifische Kampagne sein. So ist z. B. die Gruppe *ausgeCO₂hlt* schwerpunktmäßig im Rheinland und NRW organisiert, um gegen den Energiekonzern RWE und das Rheinische Braunkohlerevier als größte CO_2-Quelle Europas zu kämpfen. Gleichzeitig war aber *ausgeCO₂hlt* auch aktives Mitglied des Klimabewegungsnetzwerks (K!BN) und ist heute auch in Kampagnen wie *Ende Gelände* involviert,

welche bundesweit agieren, wodurch sich für *ausgeCO$_2$hlt* wie auch für
K!BN oder *Ende Gelände* neue Handlungs- und Unterstützungsmöglichkeiten ergeben.

Eines der Haupthindernisse bei der Zusammenarbeit von verschiedenen Gruppen liegt in der Konkurrenz zwischen den Gruppen oder in der
Unfähigkeit, verschiedene Herangehensweisen bei einem ähnlichen Problem zu akzeptieren. Diese Falle gilt es zu vermeiden und sie kann vermieden werden durch eine klare Artikulation der Ziele eurer Gruppe und eine
Verhandlung der Bedingungen jeder strategischen Partnerschaft.

Es kann ein strategisch-politischer Vorteil sein, sich mit anderen Gruppen zusammenzutun. Insbesondere wenn z.B. ein spezifisches Problem
eine ganze Reihe von Gruppen aus verschiedenen Spektren oder Bewegungen betrifft, entschließen sich Gruppen zu gemeinsamen Presseerklärungen oder einem gemeinsamen offenen Brief. Im Falle von staatlicher
Repression sind solche Allianzen sehr wichtig, da sie die Spielräume aller
verteidigen.

★ **Übung: Wer kann uns helfen?**
Die Verbündete- und Gegenspieler*innenkartierung
Die Idee einer Verbündeten- und Gegenspieler*innenkartierung ist einfach. Du startest am Besten mit einem leeren Poster und listest auf der
linken Seite alle Verbündeten auf (alle Menschen/Organisationen, die
euch voll unterstützen) und auf der rechten Seite Menschen/Organisatio-
nen, die nachweislich gegen euch arbeiten. Alle anderen besetzen auf die
eine oder andere Weise den mittleren Bereich. In der Mitte ist der neut-
rale/unparteiische Linie. Nun denkt bei eurem Treffen mit eurer Gruppe
darüber nach, welche relevanten Akteure von jeglicher Bedeutung es gibt
und wie sie sich in Bezug auf euer Problem positionieren. Wenn ihr keine
Ahnung habt, wo ihr sie einordnen sollt, sortiert sie erst mal in die Mitte.
Generell geht es nicht um strikte Kategorien wie ›dafür‹ oder ›dagegen‹.
In dieser Karte gibt es die schrittweise Abstufung von ›definitiv unterstüt-
zend‹ zu ›unbekannt‹ und ›neutral/unparteiisch‹ zu ›definitiv gegnerisch‹.
Ein häufiges Ergebnis einer solchen Karte ist, dass meistens mehr Hilfe
und Unterstützung verfügbar ist, als ihr realisiert habt.

Der Begriff ›Verbündete und Gegenspieler*innen‹ legt nahe, dass eurer
Problem einen Konflikt oder eine Opposition beinhaltet, was nicht immer
der Fall ist. Manchmal ist eine Kampagne komplett proaktiv und es gibt
keine Opposition dazu, außer vielleicht die generelle Apathie. Dies ist z.B.
der Fall wenn eure Kampagne sich für bessere Einrichtungen für Men-

schen mit Behinderungen einsetzt. Es wird euch niemand ernsthaft entgegentreten, aber ihr müsst vielleicht die Apathie der Gemeinschaft überwinden. Bei dieser Art von Kampagnen ist eine ›Verbündete- und Gegenspieler*innenkarte‹ vielleicht unpassend, aber ihr könnt denselben Prozess dafür nutzen, eine Kartierung von Akteuren zu erstellen, welche sich in starke Unterstützer*innen und solche die noch aktiviert werden müssen unterscheidet.

(siehe auch ➜ Verschiebe das Spektrum der Verbündeten S. 162)

Nachhaltige Finanzierungskonzepte

Nachhaltige Finanzierungskonzepte für unsere politische Kampagnenarbeit zu finden, ist eine klassische Archillesferse. Die finanzielle Ausstattung von Basiskampagnen ist meistens prekär und selbst etablierte Umweltorganisationen, Gewerkschaften und Kirchen befinden sind in einem harten Konkurrenzkampf um Spenden und Mitglieder. Dabei haben unterschiedliche Akteure der Zivilgesellschaft von institutionalisierten NGOs bis zu autonomen sozialen Bewegungen unterschiedliche Möglichkeiten zur Finanzierung. Ein zentraler Aspekt von nachhaltigen Finanzierungskonzepten ist es, Wege zu finden, die notwendigen Mittel für die politische Arbeit zur Verfügung zu stellen (denkt auch langfristig über die Bedürfnisse der Aktivist*innen nach), ohne dass Aktivist*innen davon korrumpiert werden. Es gibt zig Beispiele wie Gruppen und Organisationen nicht das politisch, sozial und ökologisch notwendige getan haben, wie beispielsweise zu zivilem Ungehorsam aufzurufen, damit ihr Gemeinnützigkeitsstatus nicht gefährdet wird. Oder Organisationen haben im Nachhinein große Probleme bei drohender Aberkennung des Gemeinnützigkeitsstatus, weil sie dann eine Summe Geld aus abgesetzten Spenden ans Finanzamt zurückbezahlen mussten.

Grob können Geldmittel in Projektmittel, die nur gezielt für ein Projekt verwendet werden können und dafür auch immer wieder neu akquiriert werden müssen, und Strukturmittel, die die politische Arbeit eurer Gruppe, Organisation oder Kampagne als Ganzes finanzieren, unterschieden werden. Eine weitere grobe Unterscheidung der Geldmittel kann zwischen aktivistischen Fonds und bürokratischen Fonds- und Stiftungen gemacht werden. Aktivistische Fonds sind meistens eher kleiner, fördern eher auch radikalere Projekte, können unbürokratisch und schnell beantragt werden und stellen meistens Projektmittel bereit, wobei ein paar aktivistische Fonds auch Strukturmittel bereitstellen. Bürokratische große Fonds- und Stiftungen wie auch Landes-, Staats- und EU-Mittel, deren Beantragung meistens mit wesentlich größerem bürokratischen Aufwand verbunden ist, fördern in der Regel eher weniger direkt aktivistische Projekte und Kampagnen, sondern z. B. Bildungsprojekte und Institutionen. Projektmittel können am einfachsten akquiriert werden. Die Gefahr beim Projektfunding ist, dass sich Aktivist*innen von der Finanzierung zu stark politisch leiten lassen und es ist wichtig, sich dieser Gefahr bewusst zu sein. Außerdem können Projektmittel nervig sein, da die Projekte sich oft immer wieder als neu, innovativ usw. darstellen müssen, um im Wettbewerb um Mittel Erfolg zu haben. Dabei geht es oft einfach auch nur um die Finanzierung von nicht so spektakulärer Basisarbeit, die effektiv und notwendig ist, aber nicht so gute Chancen hat, sich effektheischerisch darzustellen. Vorfeldorganisationen und befreundete etablierte Projekte/ Gruppen, die einen Gemeinnützigkeitsstatus haben, können eine wichtige Rolle spielen, um Projekt- und Strukturmittel für autonome soziale Bewegungen zu akquirieren. Beispielsweise haben Jugendverbände einen rechtlichen Anspruch auf strukturelle Förderung und verfügen daher über Ressourcen, die sie als Bündnispartner*innen attraktiv machen. Sie und andere Institutionen haben als steuerlich anerkannte und etablierte Strukturen auch viel mehr Möglichkeiten, von staatlichen Stellen oder Stiftungen Geld zu beantragen. So können teilweise vielleicht Mittel kreativ ›umgewidmet‹ werden. Die Ausgliederung von ›förderwürdiger‹ Arbeit und organisatorischer Trennung von der offensiven Kampagnenarbeit, die oftmals schwieriger zu finanzieren ist, ist eine weitere Strategie. Dadurch können Mittel z. B. für die notwendige Bildungs- und Aufklärungsarbeit leichter akquiriert werden, den Aktivist*innen ein finanzielles Auskommen sichern und Kampagnenarbeit flankieren.

Crowdfunding ist ein interessanter neuer Weg, um online Projektmittel zu akquirieren. Dafür gibt es verschiedene Onlineplattformen wie Start-Next, Gemeinschaftscrowd.de oder weitere Plattformen auf https://www.crowdfunding.de/plattformen. Gleichzeitig handelt es sich hierbei meist um Projektmittel, die eher kurzfristiger finanzieren und die Entwicklung, Durchführung und Abwicklung einer Crowdfundingkampagne kann trotz Onlineplattformen durchaus sehr aufwendig sein. Hierbei muss auf die Balance zwischen investierten Ressourcen und akquirierten Mitteln geachtet werden.

Das nachhaltigere Finanzierungskonzept basiert in der Regel auf Strukturmitteln. Sie geben den Aktivist*innen mehr Flexibilität und Planungssicherheit. Ebenso kann gesagt werden, dass die kleinen Fonds in ihrer Gesamtheit im Bezug auf Beantragen und Berichte schreiben mehr Arbeit machen, als die größeren Fonds, welche insgesamt dadurch effizienter und nachhaltiger sind. Die Herausforderung ist es, an die großen Töpfe heranzukommen und einen angemessen Weg für die Last des Berichteschreibens zu finden. Dies ist eine Herausforderung, da Aktivismus oftmals und leider nur kurzfristig plant (wenn überhaupt) und an Strukturmittel und große Töpfe zu kommen ein mittel- bis langfristiger Ansatz ist.

Der Schlüssel, um an solche nachhaltigen Finanzierungsmittel zu kommen, liegt darin, Beziehungen aufzubauen. Fördervereine, bei denen Unterstützer*innen einen kleinen oder wenn möglich auch größeren Betrag monatlich zahlen ist eine konservative und etablierte Form der Finanzierung, die für viele Vereine, Institutionen oder autonome Strukturen eine sichere Strukturfinanzierung liefert. Hier geht es insbesondere um die Beziehungspflege zu den Unterstützer*innen, der lokalen Gemeinschaft usw., worin auch viele politische Vorteile liegen und die insgesamt eure Kampagne oder Organisation schlagkräftiger werden lässt. Was für die Förder*innen-Struktur gilt, gilt auch für die Mitglieder. Regelmäßige kleine Beiträge machen einen großen Unterschied. In Organisationen wie der *Interventionistischen Linken* (IL) oder der *Freien ArbeiterInnen Union* (FAU) spenden die Mitglieder z. B. 1 % ihres Einkommens.

Solipartys und Feste zugunsten eines politischen Zwecks oder einer bestimmten Kampagne sind in Deutschland die typische Bewegungsfinanzierung. Meist finden sie in autonomen Zentren oder alternativen Kneipen oder Cafés statt. Menschen organisieren sie ehrenamtlich und der Gewinn geht an den vorher bestimmten Zweck. Gleichzeitig finanzieren Stände beim Hafengeburtstag in Hamburg, der kulturellen Landpartie im Wendland oder auf dem Fusion Festival eine Reihe von autonomen politischen Projekten. Der Vorteil dieser Mittel liegt u. a. darin, dass keine Anträge und Verwendungsnachweise geschrieben werden müssen und die Gelder im Rahmen des Zwecks frei eingesetzt werden können, also Strukturmittel sind. Gleichzeitig sind Solipartys soziale Events, welche Gemeinschaft aufbauen und pflegen können.

Ein wichtiges nachhaltiges Finanzierungskonzept ist es, wenig Geld zu benötigen. Dadurch können problematische Abhängigkeiten minimiert werden. Ein erster Schritt hierzu ist, transparent zu machen, wie deine Gruppe/Organisation/Zusammenhang unterstützt werden kann. Dies kann eine Liste mit benötigten Sachspenden beinhalten über eine genaue Liste an Tätigkeiten, die den Widerstand oder die aufzubauende Alternative unterstützen. Durch kreatives Recycling können in unserer bundes-deutschen Überflussgesellschaft viele Arbeits- und Produktionsmittel für unsere Kampagnenarbeit organisiert werden. Gleichzeitig können freiwil-lig engagierte Menschen viel Arbeit erledigen, die, wenn sie als Lohnarbeit gemacht werden würde, enorm viel Geld kosten würde. Das ist die Kraft von Basiskampagnen. Trotzdem ist es auch wichtig, zu realisieren, dass es auch nicht nachhaltig ist, an der falschen Ecke zu sparen, wenn z. B. bei einer Aktion alles krampfhaft mit dem Fahrrad gemacht wird, anstatt sich für einen Transport gezielt ein Auto zu leihen. Die Kraft, die darin liegt, Alternativen vorzuleben ist sehr wichtig, und trotzdem ist es auch wich-tig, zu schauen, wie viel persönliche Ressourcen es kostet und was in dem Moment Sinn macht.

Langfristig muss sich sowohl die Funding- und Stiftungskultur als auch die größere Bewegungskultur ändern. Wir reproduzieren als Akti-vist*innen und Bewegungsorganisationen in verschiedensten Bereichen problematische Werte der Mainstreamgesellschaft, die im Kern im Gegen-satz zu unserer Arbeit für soziale Gerechtigkeit stehen. In diesem Land wird sehr viel Wert auf Produktivität und Effizienz gelegt. Unsere gegen-wärtige Arbeitskultur in der Leistungsgesellschaft hat wenig Geduld mit Aktivist*innen, die die mühselige Arbeit leisten, gemeinsam mit anderen Menschen die Lebensbedingungen für uns alle zu verbessern. Unsere Gesellschaft scheint die vitale Wichtigkeit derjenigen zu ignorieren, die lehren, heilen und befähigen, so Susan Wells[236]. Wir müssen eine veral-tete und destruktive Arbeitsethik durchbrechen, die nicht die menschli-chen Bedürfnisse ihrer ureigensten Protagonist*innen wahrnimmt. Wenn Geldgeber*innen und Nicht-Regierungsorganisationen die Selbstaufop-ferung von Aktivist*innen und ihren Mitarbeiter*innen billigen und sie durch unrealistische Erwartungen und mangelnde Unterstützung opfern, wird sich die Kehrseite der Medaille zeigen. Wenn Aktivist*innen nur ihre Leidenschaft haben, um ihre Arbeit anzutreiben, ist der Endpunkt das Märtyrertum oder in der heutigen Sprachweise der Burnout. Beides bezieht sich auf ein Commitment, das sich gegen sich selbst richtet und das Individuum auffrisst.

Es wird häufig auch von Aktivist*innenseite, aus Angst den Ansprüchen der Geldgeber*innen nicht zu genügen, mehr versprochen, als realistisch mit den gegebenen Ressourcen möglich ist. Dies verschiebt negativ den Diskurs bezüglich dessen, was als Orientierung gilt, wie viele Ressourcen

---

236 Siehe Wells, Susan / Sally Lehrman: Changing course. Windcall and the art of renewal. Berkeley: Heyday Books 2007, S. 132ff.

für die jeweiligen Veränderungsprojekte gebraucht werden. Diese Unehrlichkeit muss auch von Aktivist*innenseite durchbrochen werden. Effektiver sozialer Wandel kann am besten mit Strukturförderung erreicht werden. Aktivist*innen mit bürokratischen Antrags- und Berichtsformularen zu gängeln ist eine Verschwendung von Ressourcen auf beiden Seiten. Hier muss das richtige Maß gefunden werden. Wir müssen unsere aktivistische Kultur humanisieren. Geldgeber*innen können diesen Kulturwandel einleiten, indem sie ihre eigene Praxis verändern und mehr langfristige Strukturmittel vergeben, die die viel zu kurzen Jahresvergabezyklen durchbrechen und so die Finanzierung von gesellschaftlichem Wandel an dessen Tempo anpassen, denn soziale Veränderung zu initiieren braucht Vertrauen, und Vertrauensaufbau braucht Zeit.

→ **Lesetipp:** INCITE! (Hrsg.): The revolution will not be funded. Beyond the non-profit industrial complex. Cambridge, Mass: South End Press 2007.

Netzwerk Selbsthilfe e.V. (Hrsg.): Fördertöpfe für Vereine, selbstorganisierte Projekte und politische Initiativen. 13. Aufl. Berlin: Netzwerk Selbsthilfe e.V. 2017.
Anmerkung: Enthält auch Stiftungen von großen Konzernen, die aus aktivistischer Sicht nicht tragbar sind wie z.B. die RWE Stiftung.

Insgesamt sollte sich vor diesem Hintergrund im Sinne von Privilegienabbau und solidarischer Umverteilung gefragt werden: Wer hat eigentlich das Wissen und die Fähigkeiten, Anträge zu stellen z.B. aufgrund von Sprachkenntnissen und hat Zugang z.B. zu Vereinen, die Gemeinnützigkeitsstatus haben? Hier gilt es, einerseits Hürden zum Beispiel durch Wissenstransfer abzubauen. Anderseits sollten wir nicht vergessen, wie viel leichter es im Verhältnis zu anderen Ländern in Deutschland ist, Geldmittel zu organisieren und deswegen, wenn möglich entlang einer sinnvollen Strategie, einen Teil umverteilen.

Umverteilen

Umverteilen ist ein Mechanismus, der zur kollektiven Resilienz beiträgt, indem Menschen, die über mehr Geld und materielle Ressourcen verfügen, denen, die weniger haben, etwas zur Verfügung stellen und dadurch eine breitere politische Teilhabe ermöglichen. So ist Umverteilen ein Weg, um auf Klassismus zu reagieren und Teilhabebarrieren abzubauen.

In der politischen Kampagnenpraxis ist die solidarische Umlage der Fahrtkosten bei bundesweiten oder internationalen Treffen ein Beispiel für das Umverteilen. Ein internationalistisches Beispiel für Umverteilen wäre die Kampagne *Afrique-Europe-Interact*, die u. a. malische Menschenrechtsaktivist*innen mit Geld unterstützt, damit diese unter den ökonomisch sehr harschen Bedingungen politisch aktiv sein können. Im der amerikanischen *Movement for a New Society* wurde ebenfalls Umverteilen praktiziert, um Klassismus innerhalb der Organisation abzubauen, indem z. B. Fahrkosten zu Treffen und Verdienstausfälle wegen politischer Arbeit bei Menschen, die ökonomisch schlechter gestellt waren, solidarisch getragen wurden.

Umverteilung ist auch in Kommunen ein wichtiger Aspekt. So wird »in heutigen Kommunen [...] der Lebensunterhalt bestritten nach dem urkommunistischen Prinzip, dass alle das an Arbeit leisten, was sie können, und das zum Leben bekommen, was sie brauchen. Die Entkoppelung von Lohn und Leistung ist Ausdruck der Akzeptanz individueller Unterschiede in der Leistungsfähigkeit, die keine Unterschiede im Lebensstandard begründen soll.«[237] Diese Umverteilung wird in Form einer gemeinsamen Ökonomie in Kommunen wie z. B. Lutter, Niederkaufungen oder der Stadtkommune Alla Hopp (Bremen) praktiziert und zeichnet viele Kommunen im politischen Kommuja-Netzwerk aus.[238]

Ein praktisches Beispiel für Umverteilen aus dem Bereich der solidarischen Ökonomie ist der Solidarfonds des *Mietshäuser Syndikat*. Hierbei wird ein fester Teil der Miete aus allen bestehenden Wohnprojekten zum Aufbau neuer Wohnprojekte gegeben. Dieses fest verankerte Grundprinzip im Syndikat ermöglicht eine Ausbreitung seines Organisationsmodells Häuser Stück für Stück dem Wohnungsmarkt zu entziehen und die solidarische Sphäre auszudehnen. Damit ist jede Bewohner*in strukturell solidarisch und an Umverteilung beteiligt, auch wenn sie individuell vielleicht nur schöner wohnen möchte.

---

237 Siehe Voß, Elisabeth: Wegweiser solidarische Ökonomie. Anders wirtschaften ist möglich! Neu-Ulm: AG-SPAK-Bücher 2010, S. 34.
238 Siehe Kommuja-Netzwerk: Das Kommunebuch. utopie.gemeinsam.leben. Berlin: Assoziation A 2014.

Solidarische Ökonomie

Solidarische Ökonomie ist ein Sammelbegriff für verschiedenste Formen wirtschaftlicher Selbsthilfe, die auf vielfältigste Weise die Widerstandskraft von Individuen, Gruppen und Zusammenhängen stärken kann. Wichtige Aspekte solidarischen Wirtschaftens sind Nutzen- und Bedürfnisorientierung statt Fokussierung auf den Gewinn, es geht um die Arbeit und nicht das eingesetzte Kapital, kollektives Eigentum und Demokratisierung der Wirtschaft sowie lokal soziales und ökologisches Handeln. In fast allen Lebensbereichen existieren solidarökonomische Projekte, angefangen von selbstverwalteten Betrieben und Kooperationen, Hausprojekten, Einkaufskooperativen für ökologische Lebensmittel (Foodcoops), über Frauenprojekte, Bürger*innenenergiegenossenschaften, Projekte der solidarischen Landwirtschaft und *Community Supported Agriculture* (CSA), Transition-Town-Initiativen bis hin zu Kinderläden, selbstverwaltete Schulen und autonome Zentren. »Diese Ansätze, die konkreten Lebensbedingungen hier und jetzt zu verbessern, beziehen ihre Stärke daraus, dass Menschen nicht in der ihnen zugedachten Rolle als Opfer gewalttätiger Verhältnisse verharren, sondern in diesen Vorhaben mit ihrer Praxis dagegen aufbegehren und eine eigene materielle Realitäten schaffen.«[239]

Ein wichtiger Faktor zur Stärkung der Resilienz ist das Erleben der eigenen Handlungsfähigkeit im Angesicht von struktureller kapitalistischer Gewalt. Solidarökonomische Projekte setzen dem neoliberalen Diktum ›There is no Alternative‹ etwas entgegen und stärken Eigeninitiative, Autonomie und selbstbewusstes Handeln. Durch die Deglobalisierung und Relokalisierung von Energieversorgung, Ernährung und Wirtschaften im Allgemeinen bekommen die Menschen wieder mehr Kontrolle über ihr Leben und durchbrechen die Opfermentalität bezogen auf die kapitalistischen Verhältnisse.

Gleichzeitig schaffen die Projekte ökonomische Perspektiven für Aktivist*innen, die sonst aufgrund ihrer ökonomischen Prekarität und mangelnder ökonomischer Perspektive innerhalb der sozialen Bewegung oder zivilgesellschaftlichen Organisationen spätestens nach der Ausbildung oder dem Studium gezwungen wären, in normalkapitalistische Lohnarbeitsverhältnisse abzuwandern.

Ein weiterer Faktor, wie solidarökonomische Projekte die Resilienz von Aktivist*innen stärken können, ist durch Abfederung von Prekarität.

---

239 Voß, Elisabeth: Wegweiser solidarische Ökonomie. Anders wirtschaften ist möglich! Neu-Ulm: AG-SPAK-Bücher 2010, S. 9.

Wohnprojekte, Wagenburgen und Kommunen senken die Wohnkosten, die gemeinschaftliche Beschaffung von Lebensmitteln senkt die Lebensmittelkosten bei gleichzeitiger Sicherstellung von hoher (ökologischer) Qualität. Autonome und soziokulturelle Zentren sorgen für erschwingliche Kulturangebote und Umsonstläden stellen Kleidung zur Verfügung. Dadurch, dass so eine gewisse materielle Grundversorgung gewährleistet wird, sinkt der Anpassungsdruck auf das Individuum und das Ausmaß notwendiger Lohnarbeit in ausbeuterischen Verhältnissen. Die gewonnenen zeitlichen Spielräume stehen so den Aktivist*innen für ihre politische Arbeit zur Verfügung. Dass solidarische Ökonomie nicht nur die Verwaltung von Prekarität ist, sondern durchaus sehr erfolgreich sein kann, zeigt das Mietshäusersyndikat mit über 200 Wohnprojekten und Immobilien als ein gutes Beispiel für kollektive Resilienz. Ein weiteres Beispiel für die Kraft solidarischen Wirtschaftens ist die ursprünglich aus dem Baskenland stammende *Mondragón Corporación Cooperativa* (MCC), welche mit 62.710 Mitarbeiter*innen die größte Genossenschaft und das siebtgrößte Unternehmen Spaniens ist.[240] Ein weiteres herausragendes Beispiel aus Spanien ist die *Cooperativa Integral Catalana* (CIC), in der mittlerweile über 5.000 Kollektive und Kooperativen in ganz Spanien organsiert sind, die u. a. mit einer eigenen Währung wirtschaften und zugleich aktive Kampagnenpolitik betreiben.[241]

Gleichzeitig besteht natürlich die ›Gefahr‹, dass das Engagement in solidarökonomischen Projekten soviel Energie zerrt, dass nicht mehr viel für aktuelle Kampagnen- oder Bewegungsarbeit übrig bleibt. Es ist wichtig, sich dessen bewusst zu sein. Gerade am Anfang der Etablierung von solidarökonomischen Projekten können diese sehr viel Energie und Zeit kosten. Wenn sie jedoch laufen, bedeuten sie oft eine langfristige Entlastung und Steigerung der kollektiven Resilienz, die sich positiv auf das Individuum auswirkt. Der Aufbau von solidarökonomischen Strukturen ist an sich eine Form von politischem Aktivismus und diese Projekte sind oft die Grundlage für die Gründung resilienter Widerstandsgemeinschaften.

→ **Lesetipp:** Voß, Elisabeth: Wegweiser solidarische Ökonomie. Anders wirtschaften ist möglich! Neu-Ulm: AG-SPAK-Bücher 2010.

---

240 Die MCC hat auch eine deutschsprachige Website: https://www.mondragon-corporation.com/de/ (Zugriff 1.4.2019).
241 Die CIC hat auch eine deutschsprachige Website: https://cooperativa.cat/de/que-es-la-cic (Zugriff 7.3.2019).

Gründung widerständiger Gemeinschaften

Geschichtlich gesehen spielten widerständige Gemeinschaften in Befreiungsbewegungen immer eine Schlüsselrolle, da sie auf lokaler Ebene in Opposition zu den gewalttätigen herrschenden Verhältnissen gezeigt haben, dass ein befreiteres Leben möglich ist. Die Quilombos in Brasilien waren Gemeinschaften entkommender Sklav*innen. Das größte Quilombo, Quilombo dos Palmares umfasste fast 20.000 Menschen und überstand verschiedenste Kriege mit dem kolonialen System bis es letztendlich militärisch besiegt wurde. Analog zu den Quilombos gab es die Maroons, Gemeinschaften von geflohenen schwarzafrikanischen Sklav*innen in Jamaika, Kolumbien, Suriname, Sierra Leone und den Vereinigten Staaten von Amerika, die ebenfalls in Befreiungsaktionen von Sklav*innen und kämpferischen Auseinandersetzungen mit den verschiedensten Kolonialmächten verwickelt waren. Beispiele für widerständige Gemeinschaften in neuerer Zeit sind die Sarvodaya-Dorferneuerungsbewegung in Sri Lanka, die zapatistischen Caracoles in Mexiko oder die Assentamentos der Landlosenbewegung MST in Brasilien, welche nach ihrem Motto ocupar, resistir e produzir (besetzen, widerstehen und produzieren) auf besetztem Land einer kooperativen Praxis nachgehen. Wichtig ist es, diese Projekte nicht idealistisch zu verklären und anzuerkennen, dass es dort auch materiellen Mangel und Unterdrückungsfaktoren gibt. Trotzdem wohnt ihnen allen ein grundsätzlicher Befreiungsimplus inne, der kultiviert werden sollte und der Vernetzung mit anderen Befreiungsbewegungen bedarf.

Durch die Globalisierung des Kapitals lösen sich Familien, Nachbarschaften und Gemeinschaften immer weiter auf. Dort, wo Menschen voneinander entfremdet sind, ist es notwendig, Orte eines gemeinschaftlichen oder öffentlichen Zuhauses, ein ›public homeplace‹ neu zu schaffen. Wir brauchen Plätze an denen wir uns vorstellen können, dass die Welt auch anders aussehen kann. ›Safer spaces‹, sichere Rückzugsräume, sind wichtig, um eine Kultur des Widerstands aufzubauen und Selbstbefähigung zu ermöglichen und uns gegen die Verobjektivierung und vorherrschende Ideologie zu wehren. Das Konzept von ›Safer Spaces‹ oder Schutzräumen wird speziell in queerfeministischen Bewegungen benutzt, damit Frauen, Lesben, trans Personen, Intersexuelle (FLINTA*) sich zu gewissen Zeiten Räume aneignen wie z.B. eine FLINTA*-Kneipe oder ein FLINTA*-Wochenende in einem autonomen Zentrum, um eigene Diskurse zu führen und Gemeinschaft zu pflegen, als Grundlage für widerständiges und befreiteres

Sein. Die dahinter stehende Idee lässt sich jedoch auf andere gesellschaftliche Bereiche übertragen. Beim Widerstand geht es um die Heilung von uns selbst und unseren Gemeinschaften, um wieder fähig zu sein, klar zu sehen. Solche lokalen Anstrengungen von Erneuerung sind entscheidend für die Regeneration von Solidarität und die Arbeit der Transformation. Der Philosoph Kelly Oliver definiert einen Aspekt von Unterdrückung als »die Kolonialisierung des psychischen Raums, die aus einem Mangel an sozialer Unterstützung herrührt«. Sie »reduziert den psychischen Raum und führt Krieg gegen die Wahrnehmung von uns selbst als aktive handelnde Person«[242]. Damit eine psychische Dekolonisierung stattfinden kann, müssen wir verschiedenste Arten von widerständigen Gemeinschaften wiederherstellen oder neu erschaffen. Eine der Schlüsseleinsichten der Befreiungspsychologie ist, dass die Befreiung des psychischen Raums Schritt für Schritt mit dem Aufbau von sozialen Räumen einhergeht, die die Entwicklung eines kritischen Bewusstseins unterstützen, Dialoge stärken, mit fantasievollen Praktiken Geschichte repräsentieren und die Zukunft dabei ersinnen. Die Diversität von widerständigen Gemeinschaften spiegelt sich in der zeitlichen Dimension (temporär oder dauerhaft) und dem Umfang der Kollektivität wider.

Kurzfristige Gemeinschaften in Form von politischen Camps wie z. B. den Klimacamps, anarchistischen Sommercamps oder queer*feministischen Wer-lebt-mit wem-Camps schaffen eine temporäre Gemeinschaftsresilienz, die uns jenseits unseres Alltags inspirieren kann. Dabei entstehen durch diese zeitlich begrenzten Events aus den organisierten Kernen oftmals auch dauerhafte Zusammenhänge und Freundschaften.

Melanie Jae Martin argumentiert in ihrem spannenden Artikel *Three Tactics for a Stronger Climate Movement*[243] u. a. für die Vertiefung von Bewegungsstrategien wie der direkten Aktion, der Besetzung von kurzfristigen, eher symbolischen Besetzungen, wie in der Occupybewegung, zu mehr dauerhaften Besetzungen wie den *Caracoles* in Mexiko oder den *assentamentos* in Brasilien. »Besetzungen, eine der direktesten Taktiken im radikalen Werkzeugkasten, können vertieft werden, bis das eigene Leben untrennbar von der eigenen politischen Arbeit wird. An diesem Punkt

242 Oliver, Kelly: *Psychic space and social melancholy.* In: Dies. / S. Edwin (Hrsg.): Between the psyche and the social. Psychoanalytic social theory. Lanham, MD: Rowman and Littlefield 2002, S. 49. Zitiert nach Watkins, Mary / Helene Shulman: Toward Psychologies of Liberation. Basingstoke: Palgrave Macmillan 2010, S. 210. Übersetzung Timo Luthmann.

243 Martin, Melanie Jae: *Three Tactics for a Stronger Climate Movement.* In: YES! Magazine. 19. März 2013. https://www.yesmagazine.org/planet/sierra-club-in-handcuffs-implications-for-climate-justice (Zugriff 7.3.2019).

wird die Kampagne wahrhaft nachhaltiger sein, weil Menschen weniger in der Gefahr sind, sich durch den Kampf, sich selbst mit einem Job außerhalb zu unterstützen, zu erschöpfen – ihr politisches Leben selbst wird ihnen helfen, sich zu tragen. Außerdem wird diese Arbeit die zu wünschende Welt klarer in den Fokus bringen, einerseits für Beobachter*innen als auch für Teilnehmende, und mehr und mehr Menschen in die Bewegung hineinziehen durch die Verkörperung der gewünschten Veränderung.«

Eine Möglichkeit, die kollektive Resilienz zu steigern, liegt in der Verschränkung von Protestaktivitäten mit resilienzbasierten Anstrengungen wie gemeinschaftsbasierten Wegen, Essen, Wohnen und sozialen Austausch zu organisieren. Kürzliche Beispiele, bei denen ökologische und soziale Resilienz zusammenfallen und sich dadurch eine größte Kraft entwickelt, sind Projekte aus der *Urban Gardening*-Bewegung, die *Transition Towns*, in denen lokale Initiativen an der Überwindung der Abhängigkeit von fossilen Brennstoffen arbeiten und bestimmte freie Schulen, welche freies, selbstbestimmtes Lernen und alternative Pädagogikkonpete mit ökologischer Ausrichtung kombinieren.

In Nordamerika gibt es diesen resilienzbasierten Widerstand z. B. in dauerhaften Camps von indigenen Gemeinschaften wie das des Unis'tot'en Clans der Wet'suwet'en Nation in British Columbia und die Red Lake Nation in Minnesota, welche ihr Land gegen die Enbridge Pipelines verteidigen. Ein neues Kapitel in Sachen nachhaltigen Widerstands haben die Proteste gegen den geplanten Bau einer unterirdischen Erdölpipeline in der Standing Rock Reservation aufgeschlagen. Dem Protest schlossen sich Angehörige von rund 200 US-amerikanischen und kanadischen indigenen Stämmen sowie zahlreiche nichtindigene Unterstützer*innen an. Zeitweise lebten bis zu 5.000 Menschen in dem Protestcamp *Oceti Sakowin* (›Sieben Ratsfeuer‹).

In Europa ist die Vereinigung von Resilienz und *Resistance* im großen Stil in der ZAD (*Zone a Defendre*) einer großen Besetzung bei Nantes (Frankreich) gegen ein Flughafenprojekt zu finden. In Italien hat der Widerstand gegen die Zerstörung der Landschaft und der Dörfer im Tal Val di Susa im Nordwesten Italiens wegen einer geplanten Schnellzugstrecke sehr resiliente Wesenszüge. Ebenfalls können die mehrjährigen Besetzungen in und am Hambacher Forst als widerständige Gemeinschaften dazu zählen. *Reclaim the Fields*, eine junge europäische Bewegung, die sich zum Ziel gesetzt hat, eine soziale Bewegung mit dem Thema Ernährungssouveränität aufzubauen arbeitet ebenfalls an der Verschränkung von ökologischer und sozialer Resilienz mit politischem Widerstand.

Neben der Vertiefung der Strategien ist ein weiterer Aspekt des Nachhaltigen Aktivismus zur Stärkung der kollektiven Resilienz die Verschiebung von Ein-Punkt-Kampagnenpolitik hin zum Aufbau widerständiger Gemeinschaften durch Freundschaft und Verbindlichkeit. Stabile soziale Beziehungen sind ein entscheidender Faktor sozialer Bewegungen. Wichtig ist, dass die Menschen sich verstehen und wohl fühlen. Dies motiviert Menschen, sich auch langfristig zu engagieren. Sozialer Bewegungsaufbau funktioniert im Wesentlichen über echte soziale Netzwerke und den Aufbau und die Vertiefung von Freundschaften. Dadurch entsteht das Vertrauen, welches eine entscheidende Handlungsgrundlage von sozialen Bewegungen darstellt. Vertrauen ist politisches Kapital. Deshalb hat die Arbeit von V-Personen und verdeckten Ermittler*innen unter anderem zum Ziel, dieses Vertrauen zu untergraben. Ein Ansatzpunkt gegen diese repressive Strategie ist der Aufbau tragfähiger sozialer Beziehungen, die auch jenseits von Partys belastbar sind, oder, wie es so schön heißt, in guten wie in schlechten Zeiten oder beim Hungern und beim Essen füreinander einstehen.

Ausdruck dieser verbindlicheren sozialen Beziehungen, die eine Gemeinschaftsresilienz schaffen, sind z. B. Kommunen, Ökodörfer und selbstorganisierte Lebensgemeinschaften. Der Grad der Verbindlichkeit und Widerständigkeit, die Motivation und die Ausgestaltung variiert jedoch bei den verschiedenen Lebensformen.

Die Mitglieder des Kommuja-Netzwerkes, das Netzwerk politischer Kommunen in Deutschland, besitzen alle eine gemeinsame Ökonomie. Ein Leitmodell hierfür ist, dass Häuser, Land und Produktionsmittel allen gehören, die Einkommen in einen gemeinsamen Topf gehen und das Geld den Kommunard*innen bedürfnisorientiert zusteht. Innerhalb des Netzwerks gibt es jedoch auch unterschiedliche ›gemeinsame‹ Ökonomien und Töpfe. Vor dem Hintergrund der Anti-AKW-Widerstandsgeschichte des Wendlands ist dort ein Netzwerk von derzeit zehn politischen Kommunen entstanden, die sich gegenseitig unterstützen und die Region im Sinne von widerständigen Gemeinschaften bereichern[244]. Ausgehend von der ›Mutter‹ aller deutschsprachigen Kommunen, der Kommune Niederkaufungen, haben sich in und um Kassel vier weitere Kommunen gegrün-

---

244 Ein Modell hierfür ist z. B. das Kaskadensystem: Alle geben ihre Überschüsse in eine gemeinsame Schale, alle können sich bei Bedarf aus der Schale nehmen. Was dann noch übrig bleibt, fließt in die nächste Schale. Aus dieser werden dann Projekte aus dem direkten Kaskaden-Umfeld unterstützt. Auch von hier kann Geld in die nächste Schale für Projekte in weiterer Entfernung zur Kaskade fließen. Siehe https://ich-tausch-nicht-mehr.net/de/33/ (Zugriff 7.3.2019).

det, die im Rahmen des Gemeinschaftsnetzwerkes Interkomm-Region Kassel solidarisch wirtschaften. Hierbei entsteht eine neue Form von kollektiver Resilienz, die über das einzelne Projekt hinausgeht. Ökodörfer wie z. B. das *Ökodorf Sieben Linden* sind meistens spiritueller und weniger kommunistisch ausgerichtet und besitzen aber durch ihre Größe eine starke kollektive Resilienz. Sie sehen ihre alternative und kommunitäre Lebensform als politischen Aktivismus und sind in der Tendenz weniger an konfrontativer Kampagnenpolitik beteiligt. Ökodörfer, spirituelle Lebensgemeinschaften und andere Initiativen sind im *Global Ecovillage Network* zusammengeschlossen und im Eurotopia-Buchverzeichnis sind Gemeinschaften und Ökodörfer in Europa katalogisiert.

Insgesamt lässt sich Gemeinschaftsresilienz in Form von widerständigen Gemeinschaften nicht von oben planen, sondern ist ein partizipatorischer und dialogischer Prozess.

→ **Lesetipp:** Anspruchsvoll und erhellend: Watkins, Mary / Helene Shulman: *Communities of Resistance. Public Homeplaces and Supportive Sites of Reconciliation*. In: Dies.: Toward Psychologies of Liberation. Basingstoke: Palgrave Macmillan 2010, S. 209-225.

Gemeinsam feiern, meditieren, Urlaub machen!

Oftmals betont politische Arbeit das Ernste, den Kampf und die Anstrengung. Politischer Aktivismus darf jedoch nicht nur Spannungsaufbau und negativer Stress (Disstress) sein. Dabei geht es nicht darum, politische Arbeit auf hedonistischen Wohlfühlaktivismus zu reduzieren, sondern anzuerkennen, dass Spaß, Spiel und Entspannung natürliche menschliche Bedürfnisse sind, die sich auch in unserem politischen Aktivismus angemessen widerspiegeln müssen. Wenn die Kampagne lebendig gehalten ist und Spaß und Spiel eine wichtige Rolle spielen, inspiriert dies Menschen, an der Kampagne teilzunehmen und hilft so, dem Burnout von anderen vorzubeugen. Eine Kampagne von Menschen, die auch gemeinsam Spaß haben, wird eine nachhaltige, erfolgreiche und wachsende Kampagne sein.

Es ist ein Kernaspekt des Nachhaltigen Aktivismus, kollektive Entspannungsmomente in unseren politischen Alltag fest zu integrieren. Dies stärkt unsere kollektive Resilienz bedeutend. Stress kann zum Beispiel durch folgende Aktivitäten abgebaut werden:

★ Gemeinsam nichts tun. Es gab z. B. beim Klimacamp 2017 das Out-of-Orga-Zelt, wo sich Aktivist*innen halböffentlich ausruhen konnten und in dessen Raum nicht über Orga-Tätigkeiten geredet werden sollte. Ferner war das Zelt schön gemütlich eingerichtet und es gab Snacks und Getränke. Diese Art des öffentlichen Ausruhens schafft ein Bewusstsein, dass es ›okay‹ ist, sich auszuruhen und Ausruhen zum politischen Organisieren dazugehört. So fällt es besonders leistungsorientierten oder pflichtbewussten Aktivist*innen leichter, diese Pause auch für sich in Anspruch zu nehmen.

* Spiele, wettbewerbsorientiert und kollaborativ
* Gruppenaktivitäten, wie z. B. gemeinsam in der Natur zu wandern oder schwimmen zu gehen
* Lockerung von zuvor geltenden strikten Regeln oder Anforderungen
* Nachbesprechungen, in denen Erfahrungen nacherzählt und das Erlebte integriert werden kann
* Formale Prozesse für internes Feedback, welche Reflexion und Klärung ermöglichen
* Gemeinsame kontemplative Praxis wie Yoga und Meditation
* Gemeinsame Feiern wie geteilte Essen, Konzerte oder Partys

Ein weiterer wichtiger Aspekt ist das Feiern unserer gemeinsamen Erfolge. Schenkt der Wahrnehmung von noch so kleinen Erfolgen durch Unterstützer*innen und Aktivist*innen Beachtung. Dies beugt einer ›Wahrnehmung des Versagens‹ entgegen. Das gemeinsame Feiern ist ein Ausdruck des sozialen Charakters des politischen Aktivismus, der von einer lebendigen Gemeinschaft lebt. Erfolgreiche soziale Veränderung wird in den allermeisten Fällen nämlich nicht durch übermenschliche Opfer von Einzelpersonen erreicht, sondern ist ein kollektives Unterfangen. Der organisierte Aufbau von lebendigen Gemeinschaften zur sozialen Veränderung unterstützt das individuelle wie auch das Gruppenüberleben.

Kollektive Resilienzstrategien
auf Bewegungsebene

Gesundheitliche Unterstützungsstrukturen

Wir brauchen alternative Gesundheitsversorgungsstrukturen und Wege, wie wir Menschen unterstützen können, wenn sie kein Geld haben. Andernfalls kann es passieren, dass erkrankte Aktivist*innen nicht länger in der Bewegung bleiben können und stattdessen wieder zurück ins System gedrängt werden, um ihre Grundbedürfnisse befriedigen zu können. Im Moment passiert dies zu oft in unseren Aktivist*innencommunities. Wir können uns gegenseitig unterstützen und echte solidarische Gemeinschaften aufbauen, wenn wir beginnen, langfristig zu denken. Damit unsere Träume aufblühen können, brauchen wir eine Vision, die anerkennt, dass ein großer Teil der Arbeit darin liegt, im Hier und Jetzt Gemeinschaften, Allianzen und Unterstützungsstrukturen aufzubauen. Beispiele hierfür sind gut sortierte gemeinschaftliche Heilkräuterapotheken, das Teilen von Wissen über grundlegende natürliche Gesundheitsfürsorge und Solidarfonds, um Menschen mit besonderen Bedürfnisse für Medizin, höheren Kosten für Ernährung oder höheren Kosten für Mobilität zu unterstützen. Besonders für Aktivist*innentreffen wie sogenannte *Skillshares* (wo in Workshops sich gegenseitig gebildet wird) oder Camps, wofür Menschen von weiter weg anreisen, ist es gut auch an die Menschen zu denken, die gerne teilnehmen möchten, aber aus Krankheitsgründen oder was auch immer sich die Fahrtkosten nicht leisten können. Ebenso können in solidarischen Gemeinschaften kranke Aktivist*innen Unterstützung bei täglichen Aufgaben bekommen, wenn sie dieser bedürfen.

Die Gemeinschaftsorte, wo Aktivist*innen sich ausruhen und wieder heilen, können auch von anderen Aktivist*innen aus der Bewegung besucht werden, z. B. wenn Hilfe benötigt wird, oder einfach um Zeit mit den Menschen dort zu verbringen. Dies kann vorteilhaft für alle sein, weil so die Besuchenden eine Menge von den Erfahrungen der ausgebrannten und kranken Menschen lernen können. Dazu gehören die Erfahrungen mit allgemeinen Aspekten von Aktivist*innenkultur wie Stress und Überarbeitung, welches auch große Faktoren sind, die dazu geführt haben, dass sie krank geworden sind und/oder sie daran hindert, wieder von ihrer Krankheit zu gesunden. Durch die Wertschätzung der Erfahrungen derer, die auf dem harten Weg gelernt haben, können hoffentlich unsere Bewegungen es vermeiden, immer wieder in dieselben Gruben zu fallen.

Diese tiefe Heilungsarbeit ist aus meiner Sicht genauso wichtig, wie all die anderen Aspekte des täglichen Kampfes. Ohne die Netzwerke der Gemeinschaft zu knüpfen, werden wir nie dazu in der Lage sein, gänzlich mit dem unterdrückerischen System zu brechen. Aber je autonomer wir von dem System sind, desto leichter wird es für uns sein, einen verwurzelten Widerstand und mitfühlende Gemeinschaften aufzubauen und interessierte Menschen zu motivieren, daran teilzunehmen.

In Deutschland gibt es sogenannte Medinetze, die sich für die medizinische Versorgung von Menschen ohne geregelten Aufenthaltsstatus einsetzen. Analog dazu gab und gibt es die verschiedensten sozialen Bewegungen, die über Netzwerke von solidarischen Ärzten verfügen und so medizinische Hilfe bekommen, wenn sie gebraucht wird. Aber auch solidarische Alternativen zu Krankenkassen wie Solidargemeinschaften z. B. *SOLID-AGO*[245] können ein Baustein für eine selbstbestimmte, gemeinschaftliche und gerechtere Gesundheitsversorgung sein.

In den letzten Jahren hat aus verschiedenen sozialen Bewegungen wie queerfeministischen, antikolonialen und indigenen Bewegungen eine Wiederaneignung traditionellen Heilungswissens, Pflanzenheilkunde und alternativer Medizin stattgefunden. Auf sogenannten *Skillshares* zu Gesundheitsthemen findet ein horizontaler und selbstorganisierter Austausch von Wissen und Fähigkeiten statt und auch darüber, wie mit Gesundheitsproblemen gemeinschaftlich umgegangen werden kann. Größere Treffen zu diesen Themen heißen *Radical Herbalism Gatherings* und fanden z. B. in Großbritannien, Schottland und Deutschland statt.

Die Kultivierung von Heilkräutergärten um Häuser/Dörfer der Heilung, um dort die spezifische Medizin anzubauen, die dort gebraucht wird, ist eine weitere fruchtbare Idee. Inspirierende Projekte wie die *Rhizome Community Herbal Clinic* in Bristol machen Heilpflanzenbehandlungen auf hohem Niveau auch für Menschen mit wenig Geld zugänglich, veranstalten Kurse zu Pflanzenheilkunde und Frauengesundheit und betreiben einen Heilpflanzengarten. Ähnliche horizontale Gesundheitsprojekte aus sozialen Bewegungen sind *Grassroots Remedies*, eine Gesundheitskooperative aus Edinburgh in Schottland oder *thirdroot community health center* in New York, die dort eine große Anzahl an verschiedenen Behandlungen den Menschen zugänglich machen. In Mexiko haben populäre Gesundheitsgruppen von geringverdienenden Frauen und Frauen aus der Arbeiter*innenklasse auf den Niedergang des öffentlichen Gesundheitssystems mit dem Aufbau von Gemeinschaftskliniken, Trainingsprogrammen für

---

245 https://solidago-bund.de/ (Zugriff 12.9.2017).

Gesundheitspromoter*innen und der Öffnung von Naturmedizinapotheken reagiert.[246]

Herbalists Without Borders International hat weltweit Chapter, u. a. in England, Griechenland, Australien, aber auch in Kenia, Uganda und Südafrika, um Pflanzenheilkunde Individuen und Gemeinschaften zugänglich zu machen, die über wenig Ressourcen verfügen. *Herbalists without Borders* im UK unterstützen z. B. verschiedene Projekte für Geflüchtete.

Auch in Frankreich gibt es HWB und es hat schon verschiedenste kollektive Erntetage für medizinische Pflanzen gegeben, um Heilpflanzenmedizin für Orte wie das Flüchtlingslager Calais zu produzieren. In La ZAD, der besetzten Region in Frankreich bei Nantes, wurden nun eine Kräuterklinik und eine Kräuterapotheke eingerichtet und es gibt den Plan, Trainings in Kräuterheilkunde und Kräuterspaziergänge zu veranstalten und die Medizin herzustellen, die die Menschen für ihre Heilung benötigen.

In den USA beginnt derzeit, analog zur *Community Supported Agriculture* (CSA) bzw. der solidarischen Landwirtschaft, das Konzept von *Community Supported Herbalism* (CSH) Fuß zu fassen, um gemeinschaftlich den Heilpflanzenanbau zu organisieren und Ausschlüssen aufgrund von Einkommen entgegenzuwirken[247].

Die Kernanstrengung liegt darin, wie Heilpflanzenwissen, Heilpflanzen und alternative Heilungsmethoden, aber auch schulmedizinische Behandlungen, für die zugänglich gemacht werden können, die sie in sozialen Bewegungen brauchen – gendersensibel, antikolonial und klassenbewusst. In diesem Feld der radikalen Gesundheitsvorsorge und der gesundheitlichen Unterstützungsstrukturen blühen viele bekannte und unbekannte Pflanzen und noch mehr Samen sind gesät – will heißen, hier wird sich noch viel entwickeln und wachsen.

→ **Linktipps:** Radical Herbalism Camp in Deutschland: https://herbalism. blackblogs.org (Zugriff 7.3.2019).
Siehe auch das ältere Original: Radical Herbalism Gathering: http://www.radicalherbalism.org.uk (Zugriff 7.3.2019).

---

246 Siehe Schneider, Suzanne D.: *Radical Remedies. Women, Health, and the Micropolitics of Grassroots Organizing in Mexico.* In: Medical Anthropology Quarterly 3/23 (2009), S. 235-256. http://grassrootsremedies.co.uk/wp-content/uploads/2012/02/Radical-remedies.pdf (Zugriff 1.4.2019).
247 Siehe Stafford, Lindsay: *The Community Supported Herbal Medicine Movement.* http://cms.herbalgram.org/heg/volume7/09September/HerbalCSAsv2.html (Zugriff 12.9.2017).

Aktionsküchen, Voküs und KüfAs

›Ohne Mampf kein Kampf‹. Von der *Vokü Nordeifel* über größere Aktions-
küchen wie *Le Sabot* oder das *Kollektief Rampenplan* aus den Niederlanden, *Maulwürfe* aus Freiburg bis zu *Grenzenlos Kochen* aus Hannover, es
gibt keine kollektive Struktur, die den Widerstand mehr nährt. Aktions-
küchen sind ein Hort des Widerstands. Das gemeinsame Kochen schafft
positive Energie und in den Küchen wurden schon viele kreativ-wider-
ständige Ideen geboren. Außerdem sind sie ein Vernetzungsknotenpunkt,
an dem viele Informationen zusammenlaufen und Menschen sich schon
beim gemeinsamen schnibbeln kennengelernt haben. Wir müssen uns
bewusst machen, dass den großen Camps, Massenaktionen und Protesten ohne die Kochprojekte der Biss fehlen würde. Auch lokal sind Voküs
(Volxsküchen) oder politisch korrekt gesprochen KüfAs (Küchen für Alle)
wichtige Treffpunkte der Szene. Das gemeinsame Kochen und Essen verbindet und schafft neue Verbindungen.

Die Kochkollektive sind Mitmachprojekte, die darauf angewiesen sind,
dass Leute beim Schnibbeln und Abwaschen helfen, spenden und ggf. bei
der Besorgung der Lebensmittel das Kollektiv unterstützen. Das Essen auf
freiwilliger Spendenbasis ist für alle und allermeistens wird vegan gekocht,
da dies die meisten Menschen essen können. Das Essen ist dann auch ohne
Kühlung, im Gegensatz zu Tierprodukten, unbedenklicher zu handhaben
und ethisch/ökologisch positiv zu bewerten.

Wie wir die Reproduktionsarbeiten organisieren, kochen und die Verarbeitung von Lebensmitteln gestalten, befindet sich im Kern dieser Tätigkeiten. Es ist keine Nebensächlichkeit, sondern es spiegeln sich darin viele
unserer Werte wider. Wenn wir eine egalitäre und nachhaltige Welt schaffen wollen, müssen wir bei unserem Essen anfangen und damit, wie wir es
organisieren. Wenn wir die Widerstandskraft unserer Bewegungen stärken wollen, ist die Unterstützung dieser Kochprojekte durch Schnibbeln,
Kochen, Spülen, Geld und Lebensmittel Organisieren und Transportieren
ein unmittelbarer Weg.

Antirepressionsgruppen & Demosanis

Wie schon erwähnt muss Antirepressionsarbeit auf allen Ebenen bei unserer politischen Arbeit mitgedacht werden. Darüber hinaus gibt es Gruppen
die sich in verschiedenster Art und Weise ausschließlich mit Repression
und Solidarität beschäftigen. Damit unterstützen sie in einer strategisch
sensiblen Situation, nämlich im Falle von staatlicher und zivilrechtlicher

Repression, Aktivist*innen, Gruppen und letztendlich die verschiedensten sozialen Bewegungen. Mit finanzieller Unterstützung, Beratung, Trainings und Öffentlichkeitsarbeit sichern gerade Antirepressionsstrukturen den langen Atem einer Bewegung, weswegen die Unterstützung und der Ausbau dieser Strukturen eine Schlüsselrolle für resiliente Bewegungen darstellt. Dazu zählen große strömungsübergreifende Organisationen wie die *Rote Hilfe*, das kleinere *Anarchist Black Cross* (ABC), Bunte Hilfen, lokale Antirepressionsfonds oder spezifische Gruppen wie z. b. die *Antirepressionsgruppe Rheinisches Revier* (AntiRRR), die Klimaaktivist*innen zur Seite stehen. Demosanitäter*innen sind Teil der Antirepressionsstruktur, indem sie auf Aktionen, Demos usw. für eine medizinische Versorgung sorgen, ohne jedoch wie herkömmliche Rettungsdienste mit Repressionsorganen wie der Polizei zusammenzuarbeiten und z. B. Daten weiterzugeben.

Awarenessgruppen zum Umgang mit Diskriminierung und sexualisierter und rassistischer Gewalt

Awarenessarbeit, von englisch *awareness* für Aufmerksamkeit, beschäftigt sich mit der Unterstützung von Betroffenen von sexualisierter und rassistischer Gewalt und Diskriminierung allgemein. Teilweise leistet sie, je nach Konzeption auch Aufklärung und Bewusstseinsarbeit zum Thema. Awarenessarbeit findet auf verschiedensten Ebenen statt, von Awarenessteams bei Partys und anderen öffentlichen Veranstaltungen in kollektiven Räumen bis zu Awarenessarbeit bei großen Camps oder auf Kongressen. Sie beschäftigt sich mit Sprach- und Diskussionsverhalten, Nutzung von öffentlichen Räumen bis zum Umgang mit physischer Gewalt. Wie alle Konzepte, die sich mit Macht und Privilegien beschäftigen, ist das Konzept von Awareness politisch umkämpft. Eine Definition mit der verschiedene Gruppen arbeiten, ist die folgende: »Unter Awareness verstehen wir ein machtkritisches Bewusstsein für die eigene Position. Unsere gesellschaftliche Position wird von strukturellen Machtverhältnissen mitbestimmt. In sozialen Gefügen wirkt sich das auf die Teilnehmenden aus. Menschen, die gesellschaftlich privilegiert sind, haben es häufig(!) leichter; andere, die öfter Diskriminierung erleben, haben es häufig(!) schwerer. Die unterschiedliche Positioniertheit muss sichtbar gemacht werden, wenn eine Veranstaltung möglichst angenehm für alle Beteiligten ablaufen soll. Awareness versucht, das Bewusstsein für Ungleichheiten zu schaffen/zu schärfen und produktiv mit diesen umzugehen. Awareness-Arbeit hat also das Ziel mit allen Beteiligten diskriminierungsfreie(re) soziale Räume herzustellen.«[248]

Diese Arbeit ist komplex und kann emotional sehr fordernd sein. Im Sinne des Nachhaltigen Aktivismus ist es daher sinnvoll, dass sich Menschen, die Awarenessarbeit leisten, sich ebenso emotionale Unterstützung holen, um die emotionalen Belastungen dieser Arbeit besser verarbeiten zu können.

Eine gelungene Awarenessarbeit stärkt die Bewegungsresilienz durch eine erhöhte Sensibilität von Ausschlüssen, ausgewogeneren Kommunikationsverhalten und einen besseren Umgang mit Diskriminierung. Dadurch wird die Vielfalt in der Bewegung gestärkt. Gleichzeitig macht diese Arbeit für die Betroffenen von Diskriminierung auf individueller Ebene den entscheidenden Unterschied.

Es gibt verschiedenste Ansätze für diese Arbeit, die hier nicht umfassend dargelegt werden können. Eine Sichtweise auf Awareness-Arbeit mit umfassenden Lesetipps und Ressourcen findest du unter: http://awareness. blogsport.eu

→ **Lesetipp:** Wiesental, Ann: Antisexistische Awareness. Ein Handbuch. 3. Aufl., Münster: Unrast 2024.

Kollektive Strukturen zur Unterstützung von Traumatisierten

Repression und Polizeigewalt können Menschen traumatisieren und zu Posttraumatischen Belastungsstörungen (PTBS) und Depressionen führen. Ein wichtiger Faktor, wie potentiell traumatisierende Repressionserfahrungen von Aktivist*innen verarbeitet werden, ist eine schnelle und kompetente Hilfe. Auf Bewegungsebene fokussieren sich Anti-Traumagruppen auf diese Arbeit, um z. B. bei Camps oder Aktionstagen Aktivist*innen emotionalen Beistand zu leisten und über Traumatisierung aufzuklären. In Deutschland gibt es *Out of Action*-Gruppen[249] mit einer spezifischen Methodik, die oftmals fälschlicherweise synonym mit Antitraumagruppen genannt werden. Es gibt Gruppen in Hamburg, Berlin, Köln und eine Gruppe West (Einzugsbereich Duisburg, Wuppertal, Dortmund), die Gesprächsangebote machen für Menschen, die von Repression betroffen sind. Bei der Massenaktion *Ende-Gelände* 2016 gab es ein unterstützendes

---

248 *Awareness is awesome. texte und gedanken zu awareness.* http://awareness.blogsport.eu/ (Zugriff 12.9.2017).

249 Out of Action: *Emotional First Aid.* https://outofaction.blackblogs.org/ (Zugriff 12.9.2017).

Angebot in der Form eines niedrigschwelligen ›Welcome Back‹-Zelts für Aktivist*innen, die gerade von Aktionen kommen, um ihnen Gesprächsmöglichkeiten zu bieten, welches der spezifischen Anti-Trauma-Struktur wie dem Out-of-Action-Zelt vorgelagert war.

Anti-Traumagruppen zu gründen oder zu unterstützen ist ein wichtiger Weg, um die Resilienz sozialer Bewegung zu stärken, Repressionsauswirkungen abzumildern und die Burnoutgefahr aufgrund von aktionsbezogener Traumatisierung zu verringern.

Link: https://outofaction.blackblogs.org (Zugriff 7.3.2019):

Übersetzungskollektive

Übersetzungskollektive wie das Bla-Kollektiv, die auf Camps, Kongressen, internationalen Kampagnentreffen und Massenaktionen Übersetzungsarbeit leisten, stärken soziale Bewegungen durch ihre Arbeit, indem sie es Menschen ermöglichen, sich in ihrer Muttersprache auszudrücken oder sich überhaupt am Kommunikationsgeschehen zu beteiligen. Dies baut Hierarchien und Ausschlüsse aufgrund von Sprache ab, vertieft Partizipation und radikale Inklusion in unseren Strukturen. So ist Übersetzung für eine gemischte Organisierung von Menschen mit und ohne Flucht- oder Migrationsgeschichte zentral. Derartige Strukturen zu unterstützen bzw. neue Kollektive zu gründen ist ein Weg, die Internationalisierung und Vielfalt innerhalb von sozialen Bewegungen zu erhöhen, und sie dadurch kreativer und widerstandsfähiger zu machen.

Aktivistentrainer*innen und Bewegungsarbeiter*innen

Auf Bewegungsebene können Aktivistentrainer*innen und Bewegungsarbeiter*innen in vielfältiger Weise zur Stärkung unserer kollektiven Resilienz beitragen. Aktivistentrainer*innen organisieren Trainings als emanzipatorische Bildungsarbeit und Selbstermächtigung. Bewegungsarbeiter*innen als Konzept sind bezahlte Vollzeitaktivist*innen, die als Rückgrat von Bewegungen in bewegungsarmen Zeiten fungieren können und Erfahrungen sowie Wissen erhalten.

Aktionstrainings haben in der Geschichte von sozialen Bewegungen eine wichtige Rolle gespielt und sind heute integraler Bestandteil von verschiedensten erfolgreichen sozialen Bewegungen. Angestoßen von den Erfahrungen und Ansätzen der indischen Unabhängigkeitsbewegung, wurden seit den 1930er Jahren auch in den USA Aktionstrainings durchgeführt.

In der Bürgerrechtsbewegung der USA, seit den 1950er Jahren, bereiteten sich Aktivist*innen mit Hilfe von Trainingskollektiven in Übungen und Rollenspielen auf Verhalten in rassistischen oder repressiven Situationen vor. Die Erfahrungen und Methoden aus den erfolgreichen Bürgerrechtskämpfen bildeten einen Grundstock an strategischem Handwerkszeug für die große Aktionen der Anti-AKW-Bewegung und den Massenaktionen der Friedensbewegung gegen die nukleare Aufrüstung wie z. B. Bauplatzbesetzungen und Blockaden. Aus diesen Bewegungen sind Trainingskollektive entstanden, die bis heute noch aktiv sind, wie z. B. *KURVE Wustrow* und *Werkstatt für gewaltfreie Aktion Baden*. Neben der Friedens- und Anti-AKW-Bewegung wurden Aktionstrainings später auch bei Straßen- und Bauplatzbesetzungen in der radikalen Umweltbewegung und bei Genfeldzerstörungen der Kampagne *Gendreck-Weg* 2005 bis 2009 genutzt. Seit den Vorbereitungen der Kampagne *Block G8* auf den G8-Gipfel in Heiligendamm im Jahr 2007 gehören Aktions- und Blockadetrainings auch zu einem festen Bestandteil von Kampagnen und Aktionen, die nicht aus der traditionell gewaltfreien Szene kommen. Bündnisfähigkeit für begrenzte spektrenübergreifende Aktionen sowie taktisches Vorgehen stehen hier im Mittelpunkt des Interesses. Gegenseitiger Respekt der Protestkulturen, solidarisches Miteinander und Entschlossenheit sind Grundlagen für Aktionskonsense im Bewegungsspektrum der *Interventionistischen Linken* (IL). Aus der Kampagne *Block G8* bzw. den *Trainings-for-G8* entstand 2008 das Netzwerk *skills for action* (s4a), welches sich im ›linken, undogmatischen und bewegungsorientierten‹ Spektrum verortet. Die Leistung dieses Netzwerkes ist es, Aktionstrainings auch für andere Spektren und soziale Bewegungen fruchtbar gemacht zu haben, wie z. B. bei Blockaden gegen Naziaufmärsche u. a. in Dresden. Neben dem Trainer*innennetzwerk *skills for action* gibt es auch noch das *ZUGABe Netzwerk*, dessen Akronym für ›Ziviler Ungehorsam Gewaltfreie Aktion und Bewegung‹ steht und das aus der Kampagne *X-Tausend-mal-quer* hervorgegangen ist.

Ziele von Aktionstrainings sind, in diesem Fall am Beispiel von *skills for action*:

▸ Individuelle und kollektive Handlungsfähigkeit erhöhen
▸ Motivation und Selbstvertrauen stärken
▸ Konkrete organisatorische, körperliche, mentale Vorbereitung auf Aktionen
▸ Fähigkeit zu Selbstermächtigung und Eigenverantwortung erhöhen
▸ Individuelle und kollektive Auseinandersetzung mit Zielen, Erwartungen, Hoffnungen, Ängsten, Grenzen hinsichtlich der Aktionen

▸ Zuwachs an Erfahrung und konkretem Wissen (Aktionstechniken, juristische Fragen,...)
▸ Gruppengefühl und Gruppenkompetenzen entwickeln

Zur Stärkung der kollektiven Resilienz kommt somit den Aktionstrainings eine wichtige Rolle zu. Die Trainer*innen von s4a verstehen sich dabei im Wesentlichen als Moderator*innen, die einen Erfahrungsaustausch organisieren. Zentral ist das gegenseitige Lernen. Folgende Trainingsformen werden angeboten:

▸ Kurztrainings, auch mehrfach im Laufe eines Tages durchgeführt, z. B. zur Vorbereitung von Massenblockaden wie in Heiligendamm oder für Ende Gelände
▸ Öffentliche Trainings mit demonstrativem Charakter, vor allem für die Medien, wie etwa 2010 vor dem Protest gegen die Jahreshauptversammlung von RWE in Essen.
▸ Aktionstrainings mit einer konkreten Aktionsplanung, wie etwa im Widerstand gegen Stuttgart 21 oder auch die Castor-Transporte.
▸ *Train-the-Trainers*, eine (Kurz-)Ausbildung, um selbst Trainings durchführen zu können und methodisches Handwerkszeug kennenzulernen.

➜ **Lesetipp:** Skills for Action: *Handbuch für Aktionstrainings.* https://skillsforaction.files.wordpress.com/2018/12/s4a_trainigs_handbuch_20173.pdf (Zugriff 1.4.2019).

Neben Aktionstrainings gibt es eine weitere Fülle von Möglichkeiten, zu denen Trainings zum Erfahrungs- und Wissensaustausch genutzt werden können, um so Aktivist*innen zu ermächtigen und dadurch die Bewegung resilienter zu gestalten. Einen wichtigen Bereich hierbei nehmen Kommunikationstrainings ein, welche inhaltlich von Kommunikationstraining innerhalb der Gruppe bis zu Kommunikation nach außen in Form von Pressearbeit reichen können. Ein Trainingskollektiv für Aktivist*innen, welches sich mit Kommunikation innerhalb von Gruppen und Gruppendynamiken beschäftigt, ist z. B. das *Kommunikationskollektiv* (KoKo).[250] Um Wissen und Erfahrungen innerhalb der Aktivist*innenszene zu teilen, gibt es jenseits von Veranstaltungen mit Aktivistentrainer*innen noch die Praxis von selbstorganisierten *Skillshare*-Treffen, bei denen Aktivist*innen untereinander ihr Wissen teilen.

---

250 http://www.kommunikationskollektiv.org/ (Zugriff 7.3.2019).

Das Konzept der Bewegungsarbeiter*innen wurde vom Umfeld der *Bewegungsstiftung* entwickelt. »Für den Erfolg sozialer Bewegungen sind VollzeitaktivistInnen von großer Bedeutung. In ihrem langjährigen Engagement bauen sie Erfahrungen und Kompetenzen auf, die für die politische Arbeit unschätzbar wertvoll sind. Wir nennen diese Menschen BewegungsarbeiterInnen. Sie bilden das Rückgrat der Protestbewegungen in Zeiten der Flaute und helfen Menschen, sich zu engagieren, wenn sich ein politisches Thema zuspitzt, aufgrund dessen sie aktiv werden wollen. [...] Seit ihrer Gründung unterstützt die Bewegungsstiftung eine Reihe von BewegungsarbeiterInnen. Mittlerweile gehen Jahr für Jahr etwa 50.000 Euro direkt an Menschen, die eine besondere Rolle in Protestbewegungen spielen. Der Fördertopf für die Projekte wird dadurch nicht geschmälert. Aus einem einfachen Grund: Die BewegungsarbeiterInnen werden streng genommen nicht durch Gelder der Stiftung unterstützt, sondern jeweils von einem Kreis von PatInnen, die sich der Arbeit der jeweiligen Aktiven besonders verbunden fühlen und dafür regelmäßig Geld zur Verfügung stellen. In der Regel suchen sich die BewegungsarbeiterInnen ihre UnterstützerInnen in ihrem eigenen Umfeld.«[251] Es gibt aber auch komplett selbstorganisierte Varianten, dass z. B. Menschen einen Förderverein gründen, um so eine Stelle für Aktivist*innen zu schaffen, wie etwa im Fall des antimilitaristischen Büchelcamps.

Durch bezahlte Vollzeitaktivist*innen in Bewegungen können einerseits Kontinuitäten und somit Kontakte, Wissen und Erfahrungen gesichert werden, es besteht jedoch auch ein ambivalentes Verhältnis zu den sozialen Bewegungen. Die Gefahr liegt darin, dass bestehende Hierarchien vertieft werden und sich durch Hauptamtliche eine Art Dienstleistungs- und Konsummentalität unter Aktiven in der Bewegung breit macht.

Je nachdem wie die Finanzierung funktioniert, ob z. B. staatliche Fördermittel beteiligt sind, besteht die Gefahr, sich nicht mehr im wesentlichen an der strategischen Bewegungsentwicklung zu orientieren, sondern am Erhalt der bezahlten Stellen und Institutionen. Durch Professionalisierung und entstehende Nichtregierungsorganisationen gibt es die Tendenz, mehr auf Expertise, Lobbyarbeit und Verhandlungen zu setzten, anstatt auf Protest sowie Druck von unten. Der Professionalisierung darf keine Entpolitisierung folgen.

---

251 Bewegungsstiftung. Anstöße für soziale Bewegungen: https://www.bewegungs-stiftung.de/gut-zu-wissen/foerderungen/bewegungsarbeiterinnen (Zugriff 12.9.2017).

Dies ist keine Ablehnung einer Professionalisierung, jedoch ist ein behutsamer Umgang damit nötig. Bewegungsarbeiter*innen und anderweitig finanzierte Vollzeitaktivist*innen und selbstorganisierte Basisbewegungen müssen kein Widerspruch sein. Sie können sich ergänzen und zusammen mehr erreichen. Doch dies passiert nicht automatisch. Es muss reflektiert angegangen werden, was es für eine Bewegung heißt, dass in ihr auch bezahlte Vollzeitaktivist*innen tätig sind. Wichtig für einen produktiven Umgang mit bezahlten Vollzeitaktivist*innen ist, dass dies nicht zur Befriedung und Entdynamisierung von sozialen Bewegungen führt, dass sie ihr Wissen nicht zentralisieren und die Unabhängigkeit der Bewegungen weiter erhalten bleibt.

Auf die Frage, wie sich langjährige Aktivist*innen finanzieren, gibt das Konzept der Bewegungsarbeiter*innen einen möglichen Lösungsbaustein an die Hand und kann so die Resilienz der Bewegung stärken.

Stiftungen gründen

Die materielle Ausstattung von Kampagnen und insbesondere die materielle Sicherung von Aktivist*innen ist eine klassische Achillesferse von sozialen Bewegungen. Projektmittel für Kampagnen lassen sich noch leichter besorgen, hingegen lässt sich am schwierigsten strukturelle Förderungen fundraisen, die Aktivist*innen und Kampagnen mehr Planungssicherheit gibt.

Stiftungen können hier eine Möglichkeit sein, Bewegungen langfristig u. a. mit Geldmitteln zu unterstützen und so ihre Resilienz zu stärken. Sie sind so angelegt, dass sie nur die Zinsen bzw. die Renditen von ihrem Stiftungskapital ausschütten, aber das Stiftungskapital konstant bleibt. Mit diesem Geld können die Stiftungen dann strategisch entscheiden, ob sie gemäß ihres Stiftungszwecks Kampagnen finanzieren wollen, Bewegungen strukturell unterstützen oder selbst operativ tätig werden, indem sie eigene Projekte und Kampagnen durchführen. Die *Bewegungsstiftung* z. B. fördert einerseits mit einmaliger Kampagnenförderung, aber darüber hinaus auch mit einer Basisförderung Organisationen strukturell und langfristig.

Neben der Kampagnenfinanzierung und struktureller Förderung von Aktivist*innen können Stiftungen auch zur Sicherung von Eigentum und Immobilien als langfristiges Bewegungsgut dienen. Ein Beispiel hierfür ist die *Stiftung FreiRäume*, die verschiedenen Projekten, wie der *Projektwerkstatt Saasen-Reiskirchen* oder der *Werkstatt für Aktionen & Alternativen* (WAA), als rechtliche Absicherung und Schutz gegen Privatisierung dient[252].

---

252 Siehe https://www.stiftung-freiraeume.de/ (Zugriff 12.9.2017).

Einen Überblick über verschiedene emanzipatorische Stiftungen findest du hier: http://www.wandelstiften.de

Ich plane langfristig eine Stiftung für Nachhaltigen Aktivismus einzurichten. Die Idee der Stiftung für Nachhaltigen Aktivismus ist es, in Phase eins der Stiftung Bildungsarbeit und Medien zu finanzieren, in der Phase zwei Aktivist*innen kostengünstig bzw. umsonst Bildungsretreats anbieten zu können und in der Phase drei einen Bildungs- und Retreatort für Aktivist*innen zu schaffen. Menschen, die mich dabei auf welche Art auch immer unterstützen möchten, können sich gerne an mich wenden.

Mediationsstrukturen zur Vermittlung und Lösung von Konflikten

Sei es im Hausprojekt, in der politischen Basisgruppe oder der NGO, unbearbeitete oder schlecht ausgetragene Konflikte fressen viel Energie und sind ein wichtiger Burnout-Faktor. Um mit Konflikten konstruktiv umzugehen, reichen oft die Gruppenressourcen nicht aus und es ist sinnvoll, sich professionelle Hilfe von außen zu holen. Mediationsstrukturen sind eine solche Art von Hilfe, die im besten Fall von Bewegungsaktivist*innen begründet wurden, die die Diskurse, Werte und Konfliktlinien innerhalb von Bewegungen kennen, aber trotzdem genügend Distanz zu ihnen haben. Solche Strukturen können einen gewichtigen Beitrag zur Steigerung der Resilienz von Bewegungen und Organisationen leisten. Beispiele für solche Mediationsstrukturen sind der *Arbeitskreis Konfliktunterunterstützung* (AkKu)[253] Berlin, das *Prosys* Beratungskollektiv[254] ebenfalls Berlin oder *ModeM* Kollektiv für Gruppenprozessbegleitung[255] Leipzig.

Orte und Räume für Rückzug und Erholung, für Achtsamkeit und Stille

Orte für Rückzug und Erholung haben verschiedenste soziale Bewegungen geschaffen und hatten schon immer eine strategische Bedeutung für Reflexion und zum Kraft schöpfen. In der Frauenbewegung gab es das *Mice Castle* in England, wo sich die Suffragetten von ihren Strapazen der Hungerstreiks und Gefängnisaufenthalte erholten. In den Niederlanden haben anarchistische Jugendgruppen 1933 ein Kartoffelfeld gekauft, was seit dem ein Zeltplatz für die Bewegung ist. Bis heute findet dort das jährliche anarchistische Treffen *Pinksterlanddagen* statt. Der am Naturschutzgebiet gelegene Campingort ›Kampeerterrein Tot vrijheidsbezinning‹ (Zeltplatz

---

253 http://akku.blogsport.eu/ (Zugriff 7.3.2019).
254 http://www.prosys-beratungskollektiv.de/ (Zugriff 12.9.2017).
255 https://modemkollektiv.wordpress.com/ (Zugriff 7.3.2019).

zur Freiheitsbesinnung) ist bis auf heute traditionell alkohol- und drogenfrei. Im deutschsprachigen Raum gibt es eine reiche Geschichte von Orten in der Natur, wo Menschen aus der sozialistischen, kommunistischen und anarchistischen Bewegung sich fernab vom Konsum- und Verzehrzwang treffen und erholen konnten. Auch wurde hier viel debattiert, reflektiert und wichtige Entscheidungen getroffen. Historisch gesehen sind die Naturfreunde mit ihren Berg- und Wanderhütten, den sogenannten Naturfreundehäusern, als eine der bedeutendsten sozialistischen Arbeiterkulturorganisationen interessant. Mit seinen kostengünstigen Wanderaktivitäten ermöglichte der Verein erstmals vielen Arbeiter*innen, eine echte Urlaubsfahrt zu erleben. In der anarchistischen Bewegung gab es z.B. die Bakuninhütte[256] der FAUD zwischen Thüringer Wald und Rhön bei Meiningen, wo überregionale Veranstaltungen, Seminare, Feste und Zeltlager stattfanden. Im Stuttgarter Raum gab es die Waldheimbewegung[257] mit dem Clara-Zetkin-Haus und anderen Waldheimen aus der linkssozialistischen Arbeiter- und proletarischen Frauenbewegung.

Die Landschaft mit Rückzugsorten für Aktivist*innen ist in ihrem Charakter und ihren Möglichkeiten divers, doch für Aktivist*innen mit geringem oder gar keinem Budget gibt es sehr wenige Orte. Die neuen Sozialen Bewegungen verfügen nicht über so viele Ressourcen und Orte wie etablierte Strukturen aus der Gewerkschafts- und Arbeiterbewegung, sowie den Kirchen mit ihrer reichen Tradition von Rückzugsorten. Aus der zweiten deutschen Frauenbewegung entstanden Orte wie das Frauenbildungs- und Tagungshaus Zülpich[258] oder das Frauenbildungs- und Tagungshaus Altenbrücken und ein neuerer Ort der queerfeministischen Bewegung ist zum Beispiel die Arruda in Falkenberg/Brandenburg. Die Räume der politischen Kommunen des Kommuja-Netzwerkes, welche oft mit einem Tagungshausbetrieb verbunden sind, haben häufig auch die Rolle von Rückzugsorten für politische Gruppen eingenommen. Das gleiche gilt nur in geringerem Maß für die Ökodörfer und Gemeinschaften des *Global Ecovillage Network* (GEN), da dort noch mehr ökonomische Aspekte die Teilhabe bestimmen.

---

256 *Wanderverein Bakuninhütte e.V.* – »Freies Land und freie Hütte / Freier Geist und freies Wort / Freie Menschen, freie Sitte / Zieht mich stets zu diesem Ort«. https://bakuninhuette.de/ (Zugriff 12.9.2017).

257 »Stuttgarter Waldheime«. *Wikipedia*, https://de.wikipedia.org/wiki/Stuttgarter_Waldheime (Zugriff 5.1.2017).

258 Nach fast 40 Jahren feministischer Bildungsarbeit wird nun das Frauenbildungshaus Zülpich von einer queer-feministischen Gruppe weitergeführt. http://lilabunt-zuelpich.de (Zugriff 11.3.2019).

Moderne Versionen von Retreatcentern, welche buddhistisch inspiriert und ebenso aus sozialen Bewegungen kommen und auf die Werte und Bedürfnisse von Aktivist*innen aus neuen sozialen Bewegungen eingehen, wie das Ecodharma-Center in den spanischen Pyrenäen[259] oder den Rocky Mountains[260] sind rar gesät. Windcall, eine Ranch in Montana/USA, welche seit 1989 als Rückzugsort für Organizer*innen aus verschiedensten sozialen Bewegungen mit ihrem Programm längere Auszeiten ermöglicht, ist eine inspirierende Bewegungsbesonderheit[261].

Wir brauchen mehr Orte wo ›Frontline‹-Aktivist*innen, die oftmals nicht über viel Geld verfügen, sich ausruhen, stärken und strategisch bilden können. Während der monatenlangen Räumungen in der ZAD bei Nantes in Frankreich gab es Unterstützer*innen, bei denen Aktivist*innen unterkommen und sich ausruhen konnten. Wenn so etwas für große Kampagnen funktionieren soll, müssen diese Kontakte zu Unterstützer*innen am Besten vorher organisiert, gepflegt und wertgeschätzt werden.

Es fehlt insbesondere auch an Orten wo Aktivist*innen längere Rückzugszeiten vornehmen können und die nicht ökonomisch ausgerichtet sind. Zum Beispiel wo Stadtaktivist*innen aufs Land gehen können und gegen Mitarbeit im Garten länger bleiben und in einem guten Umfeld gesunden können. Vielleicht kann ja im Rahmen der Auseinandersetzung mit Nachhaltigem Aktivismus in sozialen Bewegungen solch ein Unterstützer*innennetzwerk für Aktivist*innen geknüpft werden?!

Es gilt, neue Orte aufzubauen, alte Traditionen wiederzubeleben und neue Allianzen zu knüpfen. Die Frage ist, welcher Ort ist wie zugänglich, wie offen und repräsentiert welche Werte? Orte und Räume schaffen wörtlich Raum für Auseinandersetzung, Training und Praxis für einen anderen Umgang mit sich selbst und anderen. Physische oder temporäre Räume, die einem Aspekt gewidmet sind, stehen für eine Art Gradmesser, inwieweit in sozialen Bewegungen ein Thema Wertschätzung erfährt und es für die eigene Weiterentwicklung als wichtig erachtet wird.

Jenseits größerer Orte sind kleinteiligere Räume ebenfalls wichtig. Die Erschaffung von dauerhaften oder temporären Räumen für Achtsamkeit

---

259 http://www.ecodharma.com/ (Zugriff 5.9.2017).
260 https://rockymountainecodharmaretreatcenter.org/ (Zugriff 13.9.2017).
261 Siehe Wells, Susan/Sally Lehrman: Changing course. Windcall and the art of renewal. Berkeley: Heyday Books 2007; Windcall Institute: *Windcall Residencies and Mindful Breathers Program.* http://windcall.org/our-work/residency/ (Zugriff 13.9.2017).

und Stille in selbstorganisierten Strukturen, sozialen Zentren, Camps oder dem NGO-Büro kann dabei helfen, achtsame Praxen in der Bewegungskultur zu verankern und zudem die Bewegung dadurch resilienter zu gestalten. So wie bei Aktionscamps Out-of-Action-Zelte eine wichtige Rolle spielen, um traumatisierenden Erfahrungen durch kompetente Unterstützung ihren Schrecken zu nehmen, können Räume der Achtsamkeit dazu beitragen, dass die Menschen durch Körperarbeit entspannter sind und so stressfreier miteinander umgehen. Auch können Stille und Meditation dazu beitragen, innere Klarheit zu gewinnen, wodurch die Menschen die Möglichkeit haben, ihre eigenen Grenzen besser zu setzen und so Überbeanspruchung verhindern. Diese innere Klarheit ist wichtig, um in ethisch schwierigen Fragen autonom jenseits von Gruppenzwängen zu entscheiden. Sie fördert die innere Souveränität.

Unterstützungsgruppen für Psychiatrieerfahrene

Psychische Leiden nehmen nicht nur in der Gesellschaft, sondern auch unter Aktiven in sozialen Bewegungen zu. Obwohl viele selbst oder durch Freunde*innen/Bekannte schon Lebenskrisen erfahren haben, die sie in Kontakt mit dem psychiatrischen System brachten, steht das Thema weit außerhalb alltäglicher Diskurse in den Bewegungen. Die Herausgeber*innen der Broschüre *Game over? Lieber nicht! Politisch aktiv, ohne kaputtzugehen* sehen gerade in der linken Szene großen Bedarf für mehr Erfahrung im Umgang mit Menschen mit psychischen Leiden.»Viele aus der linken Szene bewegen sich unserer Meinung nach im Spannungsfeld zwischen Selbsterhaltungstrieb und ›Verrückt-Sein‹ als gesunde Reaktion auf eine kranke Gesellschaft. Wir kennen einige Leute, die außerhalb der Szene als ›verrückt‹ bezeichnet werden oder das selbst tun. Einige von ihnen haben innerhalb ihrer Polittätigkeit traumatische Erfahrungen, beispielsweise mit Polizeigewalt, gemacht und leiden noch heute darunter. Andere gehörten schon seit ihrer Kindheit zu denen, die in der Schule als ›seltsam‹ wahrgenommen wurden. Sie haben in der linken Szene einen Ort gefunden, in dem sie weitgehend akzeptiert werden als außerhalb [sic]. Obwohl diese Akzeptanz vorhanden ist, gibt es dennoch in den alltäglichen Einzelfällen große Unsicherheiten.«[262]
Nicht die Ausschlüsse der bürgerlichen Gesellschaft von gesund/leistungsfähig und ›krank‹ zu reproduzieren, sondern im Fall von psychi-

262 Workshop Radical Peer Support mit Sascha vom Icarus Project in Gruppe X: *Game over? Lieber nicht! Politisch aktiv, ohne kaputtzugehen. Dokumentation einer Veranstaltungsreihe*. https://berlin-brandenburg-syndikat.org/wp-content/uploads/2022/09/game-over.pdf (Zugriff 13.9.2017).

schen Leiden und Lebenskrisen nach Formen von gegenseitiger Hilfe und Solidarität zu suchen, ist ein wichtiger Weg, um die kollektive Resilienz von Bewegungen zu stärken. Eine Möglichkeit besteht darin, Unterstützungsgruppen für Psychiatrieerfahrene zu gründen. Ein erfolgreiches Beispiel hierfür sind die *Radical Peer Groups* des *Icarus Project*. Es handelt sich dabei um ein sich als politisch radikal verstehendes und künstlerisch aktives Unterstützungsnetzwerk aus den USA von und für Menschen, die mit dem kämpfen und leben, was in der Regel als ›psychische Krankheit‹ bezeichnet wird. Das *Icarus Project* setzt sich für eine Kultur und Sprache ein, die unsere tatsächlichen Erfahrungen widerspiegelt und nicht versucht, unser Leben in vorgefertigte Boxen zu packen.

Die Prinzipien, nach denen die *Radical Peer Groups* ihre Gesprächsrunden organisieren, sind Moderation und Selbstmoderation, Inklusion und Selbstbestimmung, Gegenseitige Hilfe sowie Fürsprache und Diskretion. Als weitere methodische Grundlagen der *Radical Peer Groups* wären zu nennen:

▸ Menschen, die ein Problem haben, wissen selbst am besten, was im Umgang damit hilft

▸ Radikal in *Radical peer support* bedeutet: von der Wurzel bzw. von der Praxis ausgehend

▸ Im Bezug auf Struktur/Organisation spielt Freundschaft eine zentrale Rolle

▸ Treffen sind zeitlich zur Hälfte in gegenseitige Unterstützung und zur Hälfte in Aktionsplanung und Vorbereitung geteilt

▸ Es gibt methodische Anregungen von den *Anonymen Alkoholiker* und anderen gemeinschaftlichen Selbsthilfegruppen, wobei entlang der Bedürfnisse der Betroffenen die Form der Selbsthilfegruppe gewählt wird.

▸ Der Name ist nicht geschützt. Es wird sogar dazu aufgerufen, weitere Icarus-Gruppen zu gründen und sich zu vernetzen.

Erfolgreiche praktische Beispiele und wertvolle Erfahrungen aus dem *Icarus Project*:

▸ ›Owl-Vision‹ (Eulen-Sicht): auf die Person achten, die spricht, aber gleichzeitig auch alle anderen im Blick behalten

▸ ›Mad maps‹ (Krisenplan)/›Wellness maps‹: Aufschreiben, was ich brauche, wenn es mir mies geht; wie ich weiß, wann es mir gut geht (damit ich weiß, wann es mir nicht gut geht); was ich brauche, wenn es mir gut geht, damit es mir weiter gut geht.

▶ Diese Liste wird an Freund*innen gegeben (Peer-Ansatz), wodurch das Leben/psychische Leiden dann nicht mehr so bedrohlich wirkt.

▸ Freund*innen helfen dabei, Betroffenen ihre Situation zu spiegeln und unterstützen sie bei einem stabilisierenden Lebensstil. Beispielsweise sagen die Freund*innen, dass der*die Betroffene verdammt noch mal schlafen soll, wenn sie sehen, dass es ihm*ihr nicht gut geht, da Schlaf nicht nur für Menschen mit manisch-depressiven Phasen essenziell ist, um im Gleichgewicht zu bleiben.

▶ Beispiel für inhaltliche Arbeit (mehr Anregungen in *Friends Make the Best Medicine*): Gruppen diskutieren Fragen wie ›Wo ist die Gesellschaft krank, wo sind es die Einzelpersonen?‹

➡ **Lesetipp:** Die hervorragende Einführung in die Methode des *Icarus Project*, die auch viele allgemeine Anregungen durch Durchführung von gelungenen Treffen enthält. The Icarus Project: *Friends Make the Best Medicine. A Guide to Creating Community Mental Health Support Networks.* 2013. https://nycicarus.org/images/fmtbm.pdf (Zugriff 7.3.2019).

Neben dem Beispiel der *Radical Peer Groups* kann es auch sehr aufschlussreich sein, in der Geschichte der Anti-Psychiatriebewegung im deutschsprachigen Raum zu schauen, welche Modelle von Selbsthilfe und Selbstorganisation von Psychiatriebetroffenen es gegeben hat und welche alternativen Unterstützungsstrukturen es in Deutschland aktuell noch gibt. Zu nennen wäre da an bestehenden Selbsthilfestrukturen z. B. die *Bundesarbeitsgemeinschaft Pychiatrieerfahrener e. V.* und die Landesverbände *Psychiatrieerfahrener e. V.*

In den 1970er Jahren gab es die sehr bewegte Geschichte des *Sozialistischen Patienten Kollektivs* (SPK), einer Therapiegemeinschaft in Sinne der Antipsychiatrie aus Heidelberg. Seit 1980 kämpft die Irren-Offensive als eine Bewegungsorganisation der Antipsychiatriebewegung für die Menschenrechte von Psychiatrieerfahrenen. Sie hat an der *PatVerfü*, einer Patientenverfügung, die vor psychiatrischem Zwang und Entmündigung schützt, ebenso mitgearbeitet, wie auch an der Konzeption des Weglaufhauses. Das Weglaufhaus, die Villa Stöckle in Berlin, ist ein Zufluchtsort für Menschen, die psychiatrische Behandlungen meiden wollen oder eine Alternative zur herkömmlichen psychiatrischen Behandlung suchen. Neben Weglaufhäusern gibt es auch noch weitere alternative Behandlungseinrichtungen, die im Zuge der Antipsychiatriebewegung entwickelt wurden, wie die Soteria (altgriechisch: Wohl, Bewahrung, Rettung, Heil).

Dies ist eine alternative stationäre Behandlung von Menschen in psychotischen Krisen, d. h. weniger Zwangsmaßnahmen, zurückhaltender Umgang mit neuroleptischer Medikation, wohnliche Einrichtung und offene Stationsführung. Im deutschsprachigen Raum gibt es das Soteria-Netzwerk[263] mit der Soteria-Klinik in Leipzig und anderen Soteria-Einrichtungen bspw. in Zwiefalten, Köln, Bern und Berlin.

Unterstützungsgruppen für einen Nachhaltigen Aktivismus
Die Kernidee einer Unterstützungsgruppe für Nachhaltigen Aktivismus ist ein unterstützendes Umfeld aufzubauen. Wenn man etwas ganz bewusst tun will, gehört dazu, dass man sich eine Umgebung schafft, die es fördert. Einer der bekanntesten Yogameister Paramahansa Yogananda sagt nachdrücklich:»Die Umgebung ist stärker als der Wille.« Du wirst dein Ziel nicht erreichen, solange du dich nicht mit Menschen umgibst, die aktiv ein ähnliches Ziel verfolgen. Der Mitbegründer des engagierten Buddhismus Thích Nhất Hạnh nennt dieses Prinzip»Sangha (Gemeinschaft) aufbauen«:»Einen Sangha aufzubauen, ist entscheidend. Wenn Sie ohne einen Sangha sind, verlieren sie sehr bald Ihre Praxis. In unserer Tradition sagen wir, dass man ohne Sangha wie ein Tiger ist, der seine Berge verlassen hat und ins Flachland gezogen ist – er wird von Menschen gefangen und getötet. Wenn Sie ohne Sangha praktizieren, verlassen Sie ihre Praxis.«[264]

Co-Counselling
Co-Counselling ist eine Psychotherapie ohne Therapeut*innen, die in der Regel in Form von Selbsthilfegruppen stattfindet. Viele Selbsthilfegruppen haben es zu verschiedensten Themen vorgemacht, ein unterstützendes Umfeld aufzubauen und sich durch gegenseitige Hilfe persönlich selbstbestimmt zu transformieren. Von den *Anonymen Alkoholikern*, Icarus-Gruppen, über feministische FORT-Gruppen (übersetzt aus dem Niederländischen: Frauen üben Radikale Therapie) und MRT-Gruppen (Männer üben Radikale Therapie) einer Neuentwicklung des FORT-Konzeptes für Männergruppen. Analog hierzu können wir uns eine Unterstützungsgruppe für einen Nachhaltigen Aktivismus als Institutionalisierung einer Gruppe vorstellen, die Aktivist*innen in der Entfaltung eines langfristigen und befriedigenden gesellschaftlichen Engagements stärkt.

---

263 https://www.soteria-netzwerk.de/ (Zugriff 7.3.2019).
264 Siehe Nhất Hạnh, Thích: Friedlich miteinander leben. Handbuch für harmonische Gemeinschaft. München: Lotos 2005, S. 26f.

In Australien und anderen englischsprachigen Ländern gibt es in sozialen Bewegungen sogenannte *Support und Accountability Groups*, die ich von ihrer Zielsetzung und Struktur mit einer Unterstützungsgruppe für Nachhaltigen Aktivismus gleichsetzen würde. Solch eine Gruppe fokussiert sich auf dich als Individuum, deine politische Arbeit und diskutiert weniger gemeinsame politische Projekte und Aktionen. Mit der Unterstützung und dazu der Aufmerksamkeit von zwei bis sechs anderen Aktivist*innen schafft diese Ausrichtung eine einzigartige Gelegenheit, um Blockaden für effektive Aktionen aufzulösen. Es ermutigt dich, dein eigenes Potential zu verwirklichen. Diese Art von Gruppe kann dir auch helfen, deine Ausrichtung selbst zu bestimmen und Strategien zu planen. Ihre Methode ist ein ganzheitlicher Ansatz, welcher es ermöglicht, alle Dimensionen unseres Lebens zu reflektieren, seien sie emotional, politisch, spirituell oder materiell. Dabei wählen die Gruppenmitglieder, was für sie selbst am wichtigsten ist, um sich darauf zu fokussieren und drücken aus, was sie vom Rest der Gruppe brauchen. Viele Aktivist*innen stöhnen bei dem Gedanken, noch ein weiteres Treffen in ihren vollen Terminkalender zu pressen, laut der Aktivistentrainerin Katharina Shields hat sich dieses Format jedoch bewährt, indem es sowohl die eigene Effektivität erhöht hat, als auch das eigene Wohlbefinden und die Verbundenheit mit anderen. Vergegenwärtigt euch, dass diese Art von Gruppe im wesentlichen zur Unterstützung eurer politischen Handlungen da ist, was paradoxerweise bedeutet, Aktivist*innen darin zu unterstützen, eine Weile nicht zu handeln! Bedenkt dabei, dass das Potential der Gruppe als Werkzeug sozialer Veränderung verwässert, wenn es eine kontinuierliche Richtung hin zur Therapie persönlicher Probleme (obwohl dies sehr sinnvoll ist, kann es vielleicht nicht der richtige Kontext sein), allgemeiner Gespräche oder einer Menge von intellektueller Theoretisierung gibt.

Der Aufbau einer Unterstützungsgruppe fängt mit der Entscheidung an, eine Gruppe haben zu wollen. Um sie ans Laufen zu bringen, ist es zunächst wichtig, gleichgesinnte Menschen zu finden, die ähnliche Bedürfnisse, politische Ansichten und Erfahrungen haben. Wichtig ist zudem, dass die Chemie untereinander stimmt und so eine vertrauensvolle Atmosphäre herrscht. Wenn du zwei bis drei Menschen mit ähnlichen Bedürfnissen und Wünschen gefunden hast, könnt ihr anfangen. Eine Gruppengröße von vier bis fünf Menschen ist gut. Wenn die Gruppen größer sind, bedeutet dies weniger ›Fokuszeit‹ für die einzelne Person. Falls die Gruppe noch wächst, kann sie ggf. in kleinere Gruppen aufgeteilt werden, um für die Individuen mehr ›Fokuszeit‹ zu haben.

Beim Gründungstreffen ist es hilfreich, eine Art Gruppenübereinkunft zu erarbeiten (eine gute Grundlage hierfür ist das *Meeting Agreement* der *Radical Peer Groups*), Spiele sowie Übungen zu machen, wodurch ihr euch besser kennenlernt und Vertrauen aufbaut (➜ eine gute Übung hierzu ist z. B. der Fluss des Lebens, S. 234) und sich eine Struktur zu geben. Eine Struktur zu haben, auf die sich die Gruppenmitglieder geeinigt haben und woran sich gehalten wird, ist wesentlich effektiver als die ›Wir gucken mal was da kommt‹-Methode. Im Folgenden möchte ich die Struktur dieser Gruppen nach Katrina Shields[265] als ein praktisches Beispiel einer Unterstützungsgruppe für Nachhaltigen Aktivismus darlegen:

▶ Treffen alle zwei Wochen für zwei bis drei Stunden.

▶ Kommt 15 Minuten vor dem Treffen zusammen, um z. B. einen Tee zu Trinken und eine kurze Unterhaltung zu führen.

▶ Am Anfang des Treffens eine fokussierende Aktivität für ca. fünf Minuten, wie z. B. eine Meditation, das Vorlesen eines inspirierenden Zitats oder das Singen eines Lieds.

▶ Startet mit einer Befindlichkeitsrunde: Wir teilen uns unsere Einschätzungen mit, wie die (politische) Arbeit läuft, wie es uns generell seit dem letzten Treffen ergangen ist und wie es uns jetzt geht; oder wir teilen etwas Neues und Gutes. (Haltet es kurz und knackig – Maximum drei bis fünf Minuten pro Person.)

▶ Teilt euch eure Fokuszeit auf. Dies kann z. B. bei vier Menschen je 30 Minuten sein oder zwei kurz, zwei lang, indem zwei Menschen jeweils 20 Minuten Zeit haben und zwei Menschen 40 Minuten, wobei beim nächsten Treffen gewechselt wird.

▶ Kurze Pausen für Dehnung oder ein schnelles Spiel können bei Bedarf gemacht werden

▶ Wertet das Treffen für euch aus: Was war befriedigend? Sind Änderungen bei der Gruppenvereinbarung oder Struktur nötig? Mach eine Verabredung fürs nächste Treffen.

▶ Wählt ein passendes Schlussritual: Ein Lied, eine gemeinsame Fußmassage, einen guten Witz ... Benutzt eure Phantasie.

Variationen: Dieses Format kann ausgedehnt werden, wenn ihr mehr Zeit habt, z. B. mit einer Entspannungsübung, eine kreative Visualisierung, verschiedenste Gruppenübungen oder eine gemeinsame Mahlzeit. Andere Möglichkeiten sind: Legt eine Zeit für eine allgemeine Diskussion

---

265 Shields, Katrina: In the Tiger's Mouth. a.a.O., S. 106.

zu einem bestimmten Thema fest oder nutzt die Zeit zum gemeinsamen Lesen. Es könnte sich auch z. B. zu einem Picknick oder einem Tagesprogramm ausweiten.

Kollektive Selbstverständigung (KSV)

Die Kollektive Selbstverständigung ist eine noch junge Praxis, bei der Menschen gemeinsam über ihre Lebensproblematiken reflektieren, um Klarheit über ihre je eigenen Handlungsgründe zu erlangen. Die Besonderheit der KSV liegt darin, dass in dem Versuch, die Problematiken zu verstehen, die Grundbegriffe der Kritischen Psychologie als gemeinsame Grundlage genutzt werden. Der Zweck der Kritischen Psychologie ist die »Selbstaufklärung des Menschen über seine gesellschaftlichen und sozialen Abhängigkeiten«[266]. Für ein besseres Verständnis der Problematiken werden vielfältige unterstützende Methoden herangezogen. Es gibt in Deutschland lokale Gruppen die KSV betreiben, als auch Online-Gruppen. Die Praxis der KSV birgt ein Potential für Aktivist*innen als Unterstützungsgruppe zu fungieren.

Netzwerk Kollektive Selbstverständigung: https://selbstverstaendigung.de (Zugriff 7.3.2019).

---

266 Holzkamp, Klaus: *Die kritisch-emanzipatorische Wendung des Konstruktivismus.* In: Zeitschrift für Sozialpsychologie 1 (1970), S. 109-141.

Kollektive Resilienzstrategien auf Gesellschaftsebene

Richtungsforderung bedingungsloses Grundeinkommen

Die Entkoppelung von Lohnarbeit und sozialer Sicherung in Form eines Bedingungslosen Grundeinkommens (BGE) wäre in Hinblick auf Nachhaltigen Aktivismus eine entscheidende Richtungsforderung. Für viele Aktivist*innen bestimmt die Frage nach der sozialen Grundsicherung das Maß, in dem sie ihren politischen Aktivismus betreiben können. Die soziale Repression durch die Bürgergeld-Gesetzgebung, die Ausweitung des Niedriglohnsektors, die Zunahme des Leistungsdrucks im Studium usw., all dies wirkt sich auf die Möglichkeiten aus, politische Arbeit zu leisten. Je älter die Menschen werden, desto größer ist der Zwang zur Lohnarbeit, der die Möglichkeiten für Aktivismus systematisch einschränkt. Gleichzeitig wird die politische Arbeit, die die Aktivist*innen für zukünftige Generationen und die Gesellschaft als Ganze leisten, meistens gesellschaftlich nicht anerkannt, außer sie verfügen über einen NGO-Job. Die Möglichkeiten ›auszusteigen‹, sind als Individualstrategie auch nur teilweise umsetzbar und ziehen wiederum andere Faktoren nach sich, die auch zum Ausbrennen beitragen können, wie prekäre Lebens- und Wohnverhältnisse. Ein Teilausstieg durch das Senken der Lebenshaltungskosten kann Freiheit zurückgewinnen, aber ein Komplettausstieg aus dem Lohnarbeitssystem lässt sich nur bedingt realisieren. Zugang zu Land, Kosten für Mobilität, Wohnen, Bildung oder Krankenversicherung sind Nadelöhre, bei denen wir zumindest teilweise auf Geld und/oder Eigentum angewiesen sind.

Deswegen wäre hier ein bedingungsloses Grundeinkommen der fehlende Baustein, um Aktivist*innen eine soziale Grundsicherung zu ermöglichen und die Freiheit zu haben, langfristig politischen Aktivismus selbstbestimmt zu leisten. Die soziale Frage, die mit einem bedingungslosen Grundeinkommen solidarisch beantwortet werden könnte, hat Auswirkungen auf alle Lebensbereiche. Eine solidarische Grundstruktur der Gesellschaft minimiert den Konkurrenzkampf innerhalb der Gesellschaft, senkt rassistische Ressentiments durch Wegfall von Existenzängsten und untergräbt die Basis für Aggression nach Außen (Militarismus). Gleichzeitig besteht die Herausforderung, die soziale Frage und die ökologische Frage zusammenzudenken. Durch ein bedingungsloses Grundeinkommen wäre auch der soziale Spielraum gegeben, durch den sich viel mehr Menschen mit subsistenten Lebensweisen beschäftigen können. Ebenso würde so der Raum für soziale und ökologische Innovationen geschaffen, um resilientere Gemeinschaften auf den Weg zu bringen, die weniger abhängig von einer globalen Ökonomie sind.

Generell ist es wichtig, dass wir sozialstaatliche Errungenschaften nicht kampflos aufgeben, radikale Reformen, wie das bedingungslose Grundeinkommen vorantreiben und uns natürlich auch über deren systemstabilisierende Auswirkungen bewusst sind.

→ **Lesetipp:** Rätz, Werner / Thomas Seibert: *Fünfzehn Thesen zur vorläufigen Beantwortung der Frage, wie man in nahezu aussichtsloser Lage wenigstens eine andere Richtung einschlägt.* In: Exner, Andreas / Judith Sauer / Pia Lichtblau / Nora Hangel / Veronika Schweiger / Stefan Schneider / Attac (Hrsg.): Losarbeiten, arbeitslos? Globalisierungskritik und die Krise der Arbeitsgesellschaft. Münster: Unrast 2005, S. 254-262.

Commons und Gemeingüter

Je mehr Gemeingüter den Menschen einer Gesellschaft zur Verfügung stehen, über desto mehr Ressourcen verfügen auch Aktivist*innen, um auf Krisen reagieren zu können. Unter Gemeingütern oder Kollektivgütern im engeren Sinne werden Güter verstanden, die allen potentiellen Nachfrager*innen zugänglich sind. Im weiteren Sinne geht es um kollektive Infrastruktur wie z. B. Kultur-, Bildungs- und Gesundheitseinrichtungen und die Verteilung des gesellschaftlichen Reichtums. Der Kampf um Gemeingüter betrifft aber auch den Zugang und Umgang mit unseren Lebensgrundlagen, wie sauberer Luft und sauberem Wasser, fruchtbarem Land, Artenvielfalt und die Meere. Es ist der Kampf gegen Privatisierung, die den gemeinsam erarbeiteten Reichtum enteignet und den Reichtum unseres Planeten rücksichtslos ausbeutet, ohne zukünftige Generationen mitzubedenken. Gemeingüter oder Commons brechen mit der Logik der Privatisierung. Von der landbasierten Allmendewirtschaft wie Weide-, Wasser-, Fischerei-, und Holzrechten zur digitalen Allmende wie Freier Software, freiem Wissen und Kulturgütern, die unter Creative Commons-Lizenzen stehen, werden alte bzw. neue Wege solidarischen Handelns aufgezeigt. Für Aktivist*innen kann dies u. a. bedeuten, an den Früchten eines Gemeinschaftsgartens zu partizipieren, die digitalen Werkzeuge in die Hand zu bekommen, die sie für ihre politische Arbeit brauchen und in Freiräumen und Projektwerkstätten eine organisatorische Basis zu haben. Gemeingüter erhöhen dabei generell die Resilienz von Gemeinschaften und Gesellschaften, wenn der Schutz vor Übernutzung des Gemeinguts geregelt wird.

Gesellschaftliche Vision oder Utopie

Eine gesellschaftliche Vision oder Utopie kann eine Ressource sein, die soziale Veränderung antreibt und Bewegungen widerstandsfähiger und resilienter macht. Es ist schwer, für etwas zu kämpfen, was du dir nicht vorstellen kannst. Um langfristig für gesellschaftliche Veränderung aktiv zu sein, reicht es nicht, nur zu wissen, was du nicht willst, es reicht auch nicht, einfach nur endlos gegen den Status quo zu protestieren. Dabei handelst du kontinuierlich im reaktiven Modus, was anstrengend, demoralisierend und unkreativ ist. Es scheint dabei so, als würden wir das Spiel der anderen spielen.

Gesellschaftliche Visionen und utopisches Denken können uns helfen, den Status quo zu delegitimieren, uns vom realpolitischen Alltagsgeschäft zu lösen und sie fungieren wie ein Fixstern am Horizont. Utopien unterstützen uns dabei, auf Kurs zu bleiben, obwohl wir sie scheinbar niemals physisch erreichen werden. So ist die Gefahr der Korrumpierung im politischen Alltagsgeschäft viel höher, wenn wir über keine utopischen Ressourcen verfügen, die uns in schwierigen Situationen Halt und Orientierung schenken. Gesellschaftliche Visionen sind notwendig, um unsere Sinne und Vorstellungskraft auszuweiten und so unsere Strategien zu verbessern, um von hier nach dort zu kommen.

Eine weitere wichtige Funktion, die gesellschaftliche Visionen und Utopien zukommt, ist das stiften von Sinn. Sinn ist eine entscheidende, nicht-materielle Schlüsselressource beim Kampf um soziale und ökologische Gerechtigkeit. Ohne Sinn würden viele Aktivist*innen die Entbehrungen und Anstrengungen des politischen Alltags nicht so gut ertragen, wobei natürlich das Leben der Aktivist*innen viele Freuden bereihält. Aber über Sinn im Leben zu verfügen, macht glücklich und ist ein wesentlicher Bestandteil des guten Lebens. Sinn ist das Gegengift zu unserer materialistischen Konsumgesellschaft, die auf Konkurrenz und Ausbeutung beruht. Gesellschaftliche Visionen und Utopien können wie ein Sinngenerator funktionieren, indem sie das politische Handeln im Hier und Jetzt einordnen und als sinnvoll erlebbar machen. Sie helfen uns, auf diese Weise einen langen Atem zu entwickeln.

Es gibt verschiedenste Visionen und Utopien, die mit der Motivation entwickelt wurden, das Leben auf unserer Erde nachhaltiger, gerechter und friedlicher zu gestalten, deren Sprache, Bilder und Orte variieren. So schlägt die Vision von Permakultur nach Bill Mollison und David Holmgren mit ihren zwölf Gestaltungsprinzipien[267] einen konkreten Pfad der Transformation vor. Die Vision der Erd-Charta[268] greift ein weltweites Bedürfnis auf, neben den beiden klassischen Säulen der UN-Charta und der UN-Menschenrechtskonvention, eine dritte Säule zu finden, die sich der Suche nach weltweit geteilten Werten und dem Verhältnis des Menschen zu seiner Mitwelt widmet. Matthieu Ricard, Wissenschaftler und Buddhist, entwickelte eine Vision[269] auf der Basis jahrelanger persönlicher Erfahrung und zahlreicher wissenschaftlicher Studien. Er präsentiert uns die tiefe Bedeutung des Altruismus für jeglichen sozialen, erzieherischen, wirtschaftlichen und politischen Wandel.

Gleichzeitig steht die Linke vor der Herausforderung, das politische Erbe des Sozialismus, Anarchismus und Kommunismus reflektiert, kreativ und selbstkritisch anzutreten und die Kraft der politischen Imagination wieder zu nutzen: Es gilt Revolution wieder neu zu denken! Produktive Ideen dafür finden sich z. B. bei Murray Bookchin *Die nächste Revolution: Libertärer Kommunalismus und die Zukunft der Linken*[270] und komplementär dazu gedacht Erik Olin Wright *Reale Utopien – Wege aus dem Kapitalismus*[271].

Wir brauchen Visionen und Utopien, die individuelle und kollektive Transformation zusammendenken und damit ein neues Kapitel linker Bewegungsgeschichte aufschlagen, um uns im Geist der Freiheit einem solidarischen Gesellschaftsentwurf näherzubringen. Eine Vision, die Wissenschaft/Aufklärung und Spiritualität nicht als Antagonismus sieht, sondern Kopf, Herz und Hand vereint, kann die Kraft entfalten, uns nicht nur ethisch im Individuum geerdet selbst zu transformieren, sondern die Transformation auch kollektiv zu organisieren. Darin liegen die Glaubwürdigkeit und Ausstrahlungskraft, die sowohl ansteckend wirken, um gesellschaftliche Mehrheiten bzw. die kritische Masse zu erreichen, als auch einen tiefgreifenden kollektiven Systemwandel lostreten können: die soziale Revolution.

267 Holmgren, David / Declan Kennedy: Permakultur. Gestaltungsprinzipien für zukunftsfähige Lebensweisen. Übersetzt von Matthias Fersterer. Klein Jasedow: Drachen Verlag 2016.
268 *Erd-Charta: Home*. https://erdcharta.de/ (Zugriff 13.9.2017).
269 Ricard, Matthieu: Allumfassende Nächstenliebe. Altruismus – die Antwort auf die Herausforderungen unserer Zeit. Hamburg: Blumenau 2016.
270 Bookchin, Murray: Die nächste Revolution. Libertärer Kommunalismus und die Zukunft der Linken. Münster: Unrast 2015.
271 Wright, Erik Olin / Michael Brie: Reale Utopien. Wege aus dem Kapitalismus. Berlin: Suhrkamp 2017.

Wie ich oben schon bemerkte: Darüber hinaus geht es darum, die schöpferische Kraft der Utopien als orientierende Kraft zu nutzen. Der Philosoph Ernst Bloch, der ein solches Unterfangen bezüglich der historischen Utopien, des subversiven Christentums und Sozialismus unternommen hat, betont auch die aktivistische Bedeutung des Utopischen:»Sobald ein Mensch, wenn er um höheren Lohn kämpft, nicht auch im Willen hat, daß die Gesellschaft verschwindet, die ihn dazu zwingt, überhaupt nur um Lohn kämpfen zu müssen, wird er auch im Lohnkampf nichts gründliches erreichen.«[272] Erst die Aussicht auf Solidarität, ihre Antizipation, trägt dazu bei, das naheliegendere Konkurrenzverhalten zu überwinden. Utopische Ideen, als Ausdruck von Kritik und Bedürfnissen, als Sinn für unverwirklichte Möglichkeiten und Motivation zum Handeln, können eine starke Kraftquelle aktivistischen Handelns sein[273].

Wir brauchen eine Vision von Heilung der traumatisierten Gesellschaft durch Handeln in der Gegenwart und der Kooperationen zwischen den Menschen und Kooperationen mit der Natur. Eine Vision der Widerständigkeit der Welt gegen den Blick der Macht, der das Lebendige kontrollieren und seiner linearen Logik unterwerfen möchte.

Dabei sind Utopien natürlich keine Abbilder der Zukunft, sondern Leitbilder ihrer Gegenwart. Sie verändern sich mit der Geschichte und wirken stets in ihrer Zeit. Neben Kritik, in der wir ausdrücken was nicht-mehr sein soll, stellen wir in Utopien den Bezug zu dem her, was noch-nicht ist, aber möglich wäre. Was Ernst Bloch ›konkrete Utopie‹ nannte, meint nichts anderes als Möglichkeitssinn. Außer der theoretischen Einsicht in objektive Möglichkeiten haben Utopien aber auch noch einen anderen, unmittelbareren Effekt auf revoltierende Subjekte.»Utopien sind entscheidende Kraftquellen jeder Emanzipationsbewegung.«[274] Die Vorstellung einer besseren Welt von Morgen kann Motivation für das Handeln heute sein, denn anders als beim Fortschrittsglauben ist klar, dass Utopie nichts ist, worauf wir warten können, sondern »noch nicht im Sinne einer Möglichkeit, daß es sie geben könnte, wenn wir etwas dafür tun.«[275]

Die berechtigte Kritik an autoritären Gesamtentwürfen, wie wir sie in der Geschichte der Utopien durchaus finden, erfordert die Orientierung

272 Bloch, Ernst: Das Prinzip Hoffnung – Band 3, 1953-1959. Werkausgabe (Frankfurt am Main: Suhrkamp, 1985), S. 1510.
273 Siehe Neupert-Doppler, Alexander: Utopie. Vom Roman zur Denkfigur. Stuttgart: Schmetterling Verlag 2015.
274 Negt, Oskar: Nur noch Utopien sind realistisch. Politische Interventionen. Göttingen: Steidl 2012, S. 13.
275 Bloch, Ernst: Werkausgabe. Erg.-Bd. Tendenz, Latenz, Utopie. Frankfurt am Main: Suhrkamp 1985, S. 352.

an den Utopien, die in sozialen Bewegungen selbst entstehen. Viele »Einpunktbewegungen, wenn man sie so bezeichnen darf, tragen in sich Tendenzen auf eine Gesamtorganisation der Gesellschaft, die sich als Alternative zum Bestehenden begreift.«[276] Es kommt daher weniger darauf an, sich neue und großartige Utopien auszudenken, sondern vielmehr sich der eigenen Utopien und der in Umwelt und Gesellschaft bewusst zu werden, sich darüber auszutauschen und die Spuren des Möglichen bereits im Wirklichen aufzudecken[277].

---

276 Negt, Oskar: Der politische Mensch. Demokratie als Lebensform. Göttingen: Steidl 2011, S.536.
277 Siehe Neupert-Doppler, Alexander: Utopie. Vom Roman zur Denkfigur. Stuttgart: Schmetterling Verlag 2015.

6. Die Essenz - anstelle eines Nachworts

Alle möglichen politischen Ideen, Philosophien und Religionen wurden schon missbraucht, um Ausbeutung und Unterdrückung zu legitimieren oder den Status quo aufrechtzuerhalten. Doch werden wir politischen Ideen wie dem Marxismus oder Anarchismus, Religionen wie dem Christentum oder dem Buddhismus gerecht, indem wir diese allein an ihrer vulgären Auslegung messen oder wofür sie schon überall missbraucht wurden? Ich denke nicht.

An ihren leuchtenden Beispielen zeigt sich, wozu Menschen positiv fähig sind, was für mich ein Gradmesser dafür ist, ob diese Wege und Ideen brauchbar sind: die Häuser der Gastfreundschaft der *Catholic Worker*-Bewegung oder die Basisgemeinden in Lateinamerika, der indigene Widerstand in *Standing Rock*, der Kampf um Befreiung der Unberührbaren/*Dalits* in Indien oder die radikale Neugestaltung zwischen 1936 und 1939 während der Spanischen Revolution.

Wenn wir uns und die Welt positiv verändern wollen, müssen wir als erstes das Vertrauen in den Menschen zurückgewinnen, indem wir uns im Kopf entwaffnen und die neoliberale Ideologie mit ihrem sozialdarwinistischen Menschenbild entsorgen. Das menschliche Dasein speist sich nicht aus einem *Survival of the Fittest*, sondern wir sind soziale Wesen, die einander bedürfen. Die Herausforderung liegt darin, wieder Vertrauen in die befreiende Kraft verschiedener Traditionen zu entwickeln und gleichzeitig auch in die eigene Kraft zu vertrauen, diese notwendigerweise kritisch zu hinterfragen, um die befreienden Aspekte von den unterdrückerischen Elementen zu unterscheiden. Es gibt keinen Ersatz für selbstständiges Denken. Indem wir nicht nur in einer Tradition aufgehen, besitzen wir einen größeren Weisheits- und Reflexionspool, den wir brauchen, um nicht so leicht blind zu sein. Natürlich ist es schon, wenn Menschen ihr politisches, philosophisches oder spirituelles Zuhause gefunden haben. Gleichzeitig brauchen wir den Blick über den Tellerrand, um Unterdrückungsgeschichte nicht zu wiederholen.

Wir alle haben das innere Potential, uns zu befreien und diesen Weg gemeinschaftlich mit anderen Menschen zu gehen. Historisch gesehen sind sehr viele Menschen sehr unterschiedliche Wege auf der Suche nach Befreiung gegangen. Ob nun mit oder ohne Gott, mit Meditation, Gebet oder mit Psychoanalyse, Körpertherapie und *Generative Somatics* im

Kampf für die soziale Revolution, wir alle haben eine tiefe Sehnsucht nach Befreiung. Nach Auschwitz und in Zeiten des sich beschleunigenden Klimawandels zu leben, gibt uns wichtige Überlebensinformationen. Es sind aber nicht die Alpträume, sondern die Träume, die uns für den Aufbau einer neuen Welt inspirieren. Die Alpträume taugen nur als Ratgeber für notwendige Abwehrkämpfe. Doch darin steckenzubleiben, reicht heutzutage ebenso wenig aus, wie damals. Die Alternativen, um es mit Rosa Luxemburg zu sagen, sind die gleichen: »Sozialismus oder Barbarei«. Und Erich Mühsam formuliert in diesem Zusammenhang treffend, »die Erfolglosigkeit aller bis jetzt geführten Kämpfe um gesellschaftliche Freiheit hat also ihre Ursache darin, daß sie nie für die Erringung wahrhaft freien Lebens, für einen positiv von Freiheit durchdrungenen sozialen Zustand geführt wurden, sondern ihren Ausgang nahmen von der Unerträglichkeit des Bestehenden und ihr Ziel begrenzen auf die rein negative Befreiung von dieser Unerträglichkeit«[278].

Und genau deshalb macht es Sinn, über Bedürfnisse nachzudenken. »Wir können wahre und falsche Bedürfnisse unterscheiden«[279], sagt Marcuse. Falsche Bedürfnisse sind die, deren Befriedigung auf Kosten von uns selbst, unserer Umwelt und anderen geht, weil sie »es nötig machen, die Hetzjagd fortzusetzen, um mit seinesgleichen und dem eingeplanten vorzeitigen Verschleiß Schritt zu halten«[280]. Zwar bringt auch der Sieg in der permanenten Konkurrenz Wohlstand und Anerkennung, aber der Preis, der im Extremfall mit Burnout zu zahlen ist, geht auf Kosten unterdrückter Bedürfnisse, mit deren Artikulation das utopische Denken beschäftigt ist. Marcuse nennt hierzu z. B. Bedürfnisse nach ›Ruhe‹, nach ›Alleinsein, mit sich selbst oder dem selbstgewählten anderen‹, nach ›dem Schönen‹, nach ›unverdientem Glück‹ und das Bedürfnis nach »Frieden, das heute [...] kein vitales Bedürfnis der Majorität ist«[281]. Die Erfüllung dieser Bedürfnisse ist die Perspektive der sozialen Utopie, in der die Grundbedürfnisse Aller und die Erweiterungsbedürfnisse befriedigt sind. Nicht nur Hunger, Durst und Kälte, auch Angst, Stress und Langeweile sind körperlich erfahrbar,

278 Mühsam, Erich: *Die Freiheit als gesellschaftliches Prinzip*. In: Fanal. Organ der anarchistischen Vereinigung 12/4 (1930). https://www.anarchismus.at/anarchistische-klassiker/erich-muehsam/160-erich-muehsam-die-freiheit-als-gesellschaftliches-prinzip (Zugriff 7.3.2017).
279 Macuse, Herbert: Bd. 7, Der eindimensionale Mensch. Studien zur Ideologie der fortgeschrittenen Industriegesellschaft. Springe: zu Klampen 2004, S. 25.
280 Ebd., S. 252.
281 Marcuse, Herbert: Das Ende der Utopie. Vorträge und Diskussionen in Berlin 1967. Frankfurt am Main: Verlag Neue Kritik 1980, S. 15.

ebenso wie Frieden, Ruhe, Schönheit und Glück[282]. Letztere sind in kapitalistischer Konkurrenz nicht zu gewinnen. Sie sind auch in den Industrieländern kein gesellschaftlicher Maßstab für Produktion und Verteilung. Die Artikulation dieser Bedürfnisse ist daher für Marcuse eine Funktion utopischen Denkens, wobei gilt:»Was wahre und was falsche Bedürfnisse sind, [muß] von den Individuen selbst beantwortet werden«[283]. Auf eigene Bedürfnisse zu achten, ohne sie zum alleinigen Maßstab zu machen und sich nur noch um Selbstfürsorge zu kümmern, ist wesentlicher Bestandteil des Nachhaltigen Aktivismus. Hierbei ist die Kultivierung von Achtsamkeit gepaart mit einem kritischen Bewusstsein eine zuverlässige Begleiterin auf dem Weg hin zu mehr Befreiung.

Die Essenz ist eher ein kritischer Prozess, kein Ausruhen auf starren Ideologien oder Konzepten, sondern ein beständiges Hinterfragen, ein Blick hinter unsere Bedürfnisse, hinter unsere Emotionen, unser Selbstbild mit seinen Philosophien oder religiösen Konstruktionen. Auf diesem Weg ist es erhellend, zu sehen, dass eine dahinterliegende Struktur oder ein Muster in verschiedenen Befreiungswegen gefunden werden kann und sich auch in der Matrix des Nachhaltigen Aktivismus widerspiegelt: Erstens Verkörperung von Befreiung durch Lehrer*innen und uns selbst, zweitens Befreiungserfahrungen sowie Befreiungswissen und drittens eine Gemeinschaft von Praktizierenden. Dies kann als eine säkulare Adaption des buddhistischen Prinzips der drei Schätze Buddha, Dharma und Sangha gesehen werden. Der Buddha ist in diesem Fall nicht nur die historische Person Siddhartha Gautama, sondern bezieht alle erwachten Personen mit ein und vergegenwärtigt uns, dass alle Buddhanatur besitzten: Das Potential aufzuwachen und sich vom Leiden zu befreien. Dharma ist die Lehre des Buddhas vom Befreiungsweg und Sangha ist die Gemeinschaft der Praktizierenden. In einer diesseitigen befreienden Christentumsinterpretation gibt es dieselben Elemente: Jesus und die Heiligen als Verkörperung des heiligen Geistes und der Aspekt, dass das Königreich in dir ist (Lukas 17:20-21). Befreiungserfahrungen sind z. B. die Exoduserfahrung des Auszugs des jüdischen Volkes aus der Sklaverei Ägyptens und das Evangelium bzw. die Bibel als geschichtliche Befreiungserfahrungen mit Gott. Die Kirche ist die Gemeinschaft der Nachfolgenden Jesu.

---

282 Vgl. Neupert, Alexander: *No_body should starve. Die Erfüllung körperlicher Bedürfnisse als Ethos der Utopie.* In: Goll, Tobias / Daniel Keil / Thomas Telios (Hrsg.): Critical Matter. Münster: edition assemblage 2014.

283 Macuse, Herbert: Bd. 7, Der eindimensionale Mensch. Studien zur Ideologie der fortgeschrittenen Industriegesellschaft. Springe: zu Klampen 2004, S.26.

Aus traditionslinker Sicht ist die Verkörperung von Befreiung einerseits durch Persönlichkeiten wie Rosa Luxemburg, Emma Goldman, Buenaventura Durruti oder Herbert Macuse und viele andere versinnbildlicht und andererseits durch die radikale Einsicht der Politik der ersten Person, dass das Private politisch ist, und »Die Befreiung der Arbeiterklasse muß das Werk der Arbeiterklasse selbst sein«[284] in uns selbst verortet. Befreiungswissen und Befreiungserfahrungen sind in politischen Theorien einerseits ›was falsch läuft‹ – die Kritik – und andererseits strategisches Wissen und Erfahrungen, wie die Verhältnisse zu ändern sind. Quellen hier sind sehr vielfältig: von politischen Theoretiker*innen und Historiker*innen bis hin zum Wissen zur Befreiung, welches in unseren Alltagserfahrungen liegt. Gemeinschaften der Praktizierenden für Linke sind die Bezugs- und Politgruppe, Organisationen und Netzwerke, die kämpfende Bewegung, für einen Teil der kommunistischen Bewegung die Partei oder für den Linkskommunismus und Anarchismus die Räte.

Auch die drei Säulen des Nachhaltigen Aktivismus lassen sich innerhalb dieser Struktur wiederfinden.

Die erste Säule, die Reflexion unserer politischen Praxis ebenso wie die Erfahrungen aus den sozialen Bewegungen, stellt das Befreiungswissen und die Befreiungserfahrungen dar. Quellen dieser Erfahrungen sind die Verkörperung von Befreiung durch Lehrer*innen und uns selbst (zweite Säule, individuelle Resilienzstrategien und Selbstentfaltung) und eine Gemeinschaft von Praktizierenden (dritte Säule, kollektive Resilienzstrategien).

Grundlegend für Nachhaltigen Aktivismus ist auch das Verständnis von Zeit. Soziale Veränderung ist kein Sprint, sondern ein Marathon, also nur in langen Zeiträumen zu denken. Dem entspricht die Orientierung an Utopien, die auch als Fernziele Motivation und Energiequelle sein können. Andererseits geht es immer auch darum, aus früheren Erfahrungen zu lernen, den Kämpfen der Vergangenheit zu gedenken und sich mit der gemeinsamen Geschichte zu verbinden. Weder die Hoffnung auf das, was noch nicht ist, noch die Kritik an dem, was endlich nicht mehr sein soll, dürfen allerdings vergessen machen, dass wir als Menschen immer im Hier und Jetzt leben. Achtsamkeit für die gesamtgesellschaftliche Lage und auch die eigene Situation können uns sowohl vor lähmender Resignation, als auch vor stressendem Dauer-Aktivismus schützen. Anders als bürgerliche Geschichtsbilder uns Glauben machen wollen, ist historische Zeit keine rein quantitative Größe, es gibt keinen automatisch sich voll-

---

284 Marx, Karl / Friedrich Engels: Werke. Band 19. Friedrich Engels – Karl Marx, März 1875 – Mai 1883. Berlin: Dietz 1974, S. 165.

ziehenden Fortschritt in dessen Dienst wir uns stellen müssen. Vielmehr besitzen Zeitpunkte ihre eigenen Qualitäten, die sie aus dem Strom der Zeit hervorheben. Der Theologe und Philosoph Paul Tillich nannte dies, in Anlehnung an griechische Philosophie und christlichen Messianismus, das Kairos-Prinzip. Kairos bezeichnet im Griechischen, im Gegensatz zum Chronos, die nicht-linerare Zeit, die gute Gelegenheit, Aufmerksamkeit für Augenblicke. »Nicht jedes ist zu jeder Zeit möglich, nicht jedes zu jeder Zeit wahr, nicht jedes in jedem Moment gefordert.«[285] Gerade für Aktivist*innen, die angesichts der drohenden Gefahren für Mensch und Mitwelt heutzutage die Pflicht spüren, permanent dagegen aktiv zu sein, um der Linearität der Katastrophe Widerstand entgegenzusetzen, wäre das, was Tillich »Kairosbewusstsein«[286] nennt, eine überlebenswichtige Geisteshaltung. Wir müssen achtsam mit uns selbst sein und durchaus nicht fern aller Gelegenheiten immer aufs Ganze gehen. Letztlich geht es darum, in unserer Zeit zu wirken und sie dabei zu überholen – nicht aber die herrschende Beschleunigung bloß aktivistisch widerzuspiegeln.

Auch die hier vorgestellten Ideen des Nachhaltigen Aktivismus können von Menschen adaptiert und verkürzt verwendet werden. Doch damit würden sie dem Konzept seine Essenz rauben. Dies hält mich jedoch nicht davon ab, das Konzept des Nachhaltigen Aktivismus als eine Stärkung für unsere unterschiedlichen Befreiungswege zu propagieren. Indem ich empathisch und offen bleibe und gleichzeitig meinen kritischen Verstand gebrauche, kann mich dies vor ideologischer Erstarrung einerseits und kapitalistischer Vereinnahmung andererseits schützen. Indem ich mein Herz, meine Empathiefähigkeit, schule, wächst, angefangen mit ehrlicher Selbstliebe, mein Potential zur Solidarität. Abschließend bleibt die Frage, wo die verbindenden Befreiungserfahrungen sind, die uns sowohl als Individuen als auch als Bewegung weitergebracht haben. Was sind Ereignisse und Begegnungen, die Biografien prägen? Dieses Wissen und diese Erfahrungen zu systematisieren, ist das Grundgerüst des Nachhaltigen Aktivismus. Hieran können wir das Konzept des Nachhaltigen Aktivismus messen: Hilft es uns, individuell wie kollektiv befreiter zu leben? Das ist der Maßstab.

---

285 Tillich, Paul: *Kairos 1* (1922). In: Ders.: Gesammelte Werke. VI, Der Widerstreit von Raum und Zeit. Schriften zur Geschichtsphilosophie. Stuttgart: Evangelisches Verlagswerk 1963, S. 10.
286 Ebd., S. 14.

7. Anhang

Danksagungen

Ohne eure Unterstützung hätte ich es nicht geschafft:

André, Alexander Neupert-Doppler, *ausgeCO$_2$hlt*, Bekka, Danti, Danju, Diana, Dhjana, die Ex-m.a.g.i.e.-Gang, Elli, Frieda, G, Lu, Alex, Carol und Drew vom *Ecodharma*, das ORH und die zweite Etage fürs squatten des Gästezimmers, Gesine, Jael und das Kommunikationskollektiv, Jo, Naïma, Lina, Loki und Delila, Marc Amann, Mara, Mona, Suus, Tina, Wilm und Yasmin. Die Teilnehmer*innen unserer Nachhaltigen Aktivismusworkshops und meiner Vorträge. Und meine Familie aus Cloppenburg.

I. Glossar

Ableismus: Ableismus bezeichnet eine Diskriminierungspraxis gegenüber Menschen, denen körperliche und/ oder geistige »Behinderungen« und/ oder Einschränkungen zugeschrieben werden. Auf gesellschaftlicher Ebene werden soziale Ausgrenzungstendenzen und Vorurteile durch institutionalisierte Formen untermauert und gefestigt.

Achtsamkeit: Achtsamkeit ist ein Konzept aus der buddhistischen Psychologie, welches jedoch auch säkular u. a. in der medizinischen Stressprophylaxe breite Anwendung findet. Es ist im Kern aus vier Bausteinen zusammengesetzt: Achtsamkeit bedeutet erstens eine bewusste Lenkung der Aufmerksamkeit. Diese Aufmerksamkeit ist zweitens auf den jeweils gegenwärtigen Moment gerichtet, auf den Fluss des Erlebens, der sich ständig seinen Lauf ändert. Achtsamkeit ist drittens charakterisiert durch eine Akzeptanz dieses Erlebens, ohne zu urteilen, zu kritisieren oder etwas anders haben zu wollen. Viertens: Ein »Innerer Beobachter« wird kultiviert, der durch teilnehmendes Beobachten Abstand zu Beobachteten schafft und es ermöglicht, aus Identifikationen herauszutreten und so eigenständiger zu handeln.

Adultismus: Adultismus bezeichnet die Diskriminierung von Kindern und Jugendlichen auf Grundlage eines bestehenden Ungleichgewichts zwischen Erwachsenen und Kindern/Jugendlichen. Die bestehende Machtungleichheit zwischen Kindern und Erwachsenen ist ein Phänomen der Alltagsdiskriminierung: Häufig stellen sich Erwachsene über Kinder und behandeln sie auf eine Weise, die unter Umständen dem Alter des Kindes nicht gerecht wird und aus Bequemlichkeit und Dominanz der Erwachsenen resultiert.

Ageismus: Ageismus beschreibt Altersfeindlichkeit als Form sozialer und ökonomischer Diskriminierung. Die negative Wahrnehmung des Alters und die damit zusammenhängende Stigmatisierung des Alterungsprozesses, des Altseins und der davon betroffenen Menschen führen zu gesellschaftlichen Ausgrenzungs- und Diskriminierungspraxen.

Agents: Mitglieder von Gruppen, welche Vorteile/Privilegien erfahren. Sie sind sozial überbewertet und verfügen eventuell auch über *Target*-Mitgliedschaft. Beispiele: Männer, weiße Menschen, Heterosexuelle.

Aktivismus: Aktivismus bezeichnet das gezielte (strategische) Aktiv-Werden zur Veränderung der gesellschaftlichen Verhältnisse.

Anarchismus: Anarchismus ist eine politische Ideenlehre und Philosophie, die Herrschaft von Menschen über Menschen und jede Art von Hierarchie als Form der Unterdrückung von Freiheit ablehnt. Dieser wird eine Gesellschaft entgegengestellt, in der sich Individuen auf freiwilliger Basis selbstbestimmt und föderativ in Kollektiven verschiedener Art wie Kommunen als kleinsten Einheiten des Zusammenlebens, Genossenschaften und Syndikaten als Basis der Produktion zusammenschließen.

Antagonismus: Gegensatz oder Widerstreit.

Burnout: Für den aktivistischen Kontext hat die Trainerin Hillary Rettig eine lebensnahe Definition von Burnout gefunden:»Burnout ist Akt des unfreiwilligen Aufgebens oder Reduzierens von Aktivismus. [...] Burnout wird verursacht durch ein Leben in Konflikt mit den eigenen Werten und Bedürfnissen.«

Care-Arbeit: Care-Arbeit oder Sorgearbeit bezeichnet Tätigkeiten des Sorgens und Sich-Kümmerns. Care-Arbeit umfasst bezahlte als auch unbezahlte Arbeit und orientiert sich an den Bedürfnissen anderer Personen.

Dekolonisierung: Unter Dekolonisierung werden die Befreiungsprozesse verstanden, die zum Ende kolonialer Herrschaft führen, sowie nach dem Erlangen staatlicher Unabhängigkeit folgende Prozesse sozialer, wirtschaftlicher und kultureller Entwicklungen.

Erzählung: Eine Erzählung oder Narrativ (lat. narratio) ist eine Form der Darstellung. Man versteht darunter die Wiedergabe eines Geschehens in mündlicher oder schriftlicher Form. Sowohl den Vorgang des Erzählens, als auch dessen Ergebnis, eine Geschichte im Sinne des englischen Begriffs *Story*, nennt man Narrativ. Erzählungen sind der grundlegende Modus, wie Menschen Sinn konstruieren, und sind soziale Konstruktionen von Realität. Sie konstruieren sich rund um Werte und sind identitäts- und zugehörigkeitsstiftend.

Embodiment: Embodiment ist der englische Begriff für Verkörperung. Im Rahmen des ganzheitlichen Konzepts von *Somatics* sind Körper und Psyche nicht getrennt. Beim Embodiment verkörpern Menschen Werte oder Wissen wie Selbstbewusstsein, kollektive Stärke oder Solidarität. Dadurch erlangen sie eine tiefere Transformation ihrer Persönlichkeit und Kraft, als wenn sie Wissen ausschließlich kognitiv aufnehmen.

Effektiver Nachhaltiger Aktivismus: Er setzt sich aus konservativen Elementen im Nachhaltigen Aktivismus (wie z. B. Antirepressionsstrategien) und transformativen Elementen des Nachhaltigen Aktivismus (wie kollektive transformative Praxen) zusammen.

Especifismo: Strömung im lateinamerikanischen Anarchismus mit anarchokommunistischer Ausrichtung, der eine stärkere Gemeinschaft, deutliche Verständigung über die ideologische Ausrichtung und Verbindlichkeit in der Praxis fordert.

Eurozentrismus: Unter Eurozentrismus versteht man die ideologische Beurteilung inner- und außereuropäischer Gesellschaften ausgehend von europäischen Vorstellungen.

Gender: Gender meint das soziale Geschlecht. Es entstand ursprünglich aus dem US-amerikanischen, psychologisch-medizinischen Bereich, um zwischen biologischem und erlerntem sozialen Geschlecht zu unterscheiden. Heute wird unter Gender das soziale Geschlecht als eine sozial konstruierte, offene und plurale Kategorie verstanden, die nicht nur zweigeschlechtlich gedacht wird, sondern Intersexuelle, trans Personen, cis Männer, Frauen und viele weitere Genderidentitäten mit einschließt.

Gentrifizierung: Materielle Aufwertung eines Stadtteils durch Sanierung oder Umbau mit der Folge, dass die dort ansässige Bevölkerung durch wohlhabendere Bevölkerungsschichten verdrängt wird.

Heterosexismus: Heterosexismus wertet Homo-, Bi- und Intersexuelle sowie trans Personen als ›unnormal‹ ab und stellt cis Geschlechtlichkeit und Heterosexualität als überlegen oder auch einzig natürlich dar.

Hegemonie: Führung oder tonangebender Einfluss, die durch eine bestimmten Gruppe innerhalb einer gegebenen politischen Sphäre (z. B. international, national, regional oder lokal) ausgeübt werden. Der Schlüssel für das Konzept liegt darin, dass die Führungspersönlichkeiten (bzw. die Regierung) die Zustimmung von den Geführten (bzw. Regierten) darüber gewinnen müssen, im Gegensatz zu einer Herrschaft, die rein auf Zwang und physischer Gewalt basiert.

Hormesis: Hormesis bedeutet im Griechischen »Anregung, Anstoß«. Schon der Arzt Paracelsus formulierte die Hypothese, dass geringe Dosen schädlicher oder giftiger Substanzen als hormetischen Effekt eine positive Wirkung auf Organismen haben können. Analog dazu können bei der transformativen Resilienz durch Hormesis in Form von Krisen oder Widrigkeiten Individuen wie auch Gemeinschaften sich positiv transformieren.

Homeostasis: Homöostase (altgriechisch Gleichstand) bezeichnet die Aufrechterhaltung eines Gleichgewichtszustandes eines offenen dynamischen Systems durch einen internen regelnden Prozess.

Intersektionalität: beschreibt das Ineinandergreifen und die Überschneidung von verschiedenen Diskriminierungsformen. Dabei wird berücksichtigt, dass sich mehrere Diskriminierungsformen (wie bspw. Rassismus, Sexismus und Klassismus) nicht addieren, sondern zu einer spezifisch neuen Diskriminierungserfahrung führen. Eine intersektionale Perspektive untersucht demnach Berührungspunkte, Ähnlichkeiten und Stabilisierungsfaktoren von Diskriminierung und kann sichtbar machen, auf welch verwobene Weise sich Unterdrückungsverhältnisse wechselseitig verstärken oder auch abschwächen.

Klassismus: Klassismus bezeichnet die Diskriminierung und Stereotypisierung entlang sozialer ökonomischer Klassenzugehörigkeit und -prägung.

Klerikalismus: Bezeichnet das Bestreben, der Geistlichkeit einer Religion größeren Einfluss in einem Staat zu verschaffen oder das Bestreben, der Geistlichkeit innerhalb einer Religion im Vergleich zu Laien mehr Gewicht zu geben. In der Philosophie und Politikwissenschaft steht Klerikalismus auch für die Herrschaft des Klerus bzw. der Priester.

(Radikaler) Konstruktivismus: Die Kernaussage des radikalen Konstruktivismus ist, dass eine Wahrnehmung kein Abbild einer bewusstseinsunabhängigen Realität liefert, sondern dass Realität für jedes Individuum immer eine Konstruktion aus Sinnesreizen und Gedächtnisleistung darstellt. Deshalb ist Objektivität im Sinne einer Übereinstimmung von wahrgenommenem (konstruiertem) Bild und Realität unmöglich; jede Wahrnehmung ist vollständig subjektiv.

Konsumismus: Konsumismus ist eine Lebenshaltung, die darauf ausgerichtet ist, das Bedürfnis nach neuen Konsumgütern stets zu befriedigen.

Kosmologie: Lehre von der Entstehung und Entwicklung des Weltalls bzw. der Welt.

Marxismus: Von Marx und Engels im 19. Jahrhundert begründete Gesellschaftslehre, deren Ziel darin besteht, durch revolutionäre Umgestaltung anstelle der bestehenden Klassengesellschaft eine klassenlose Gesellschaft zu schaffen.

Medikalisierung: Medikalisierung ist die Bezeichnung für einen gesellschaftlichen Veränderungsprozess, bei dem menschliche Lebenserfahrungen und Lebensbereiche in den Fokus systematischer medizinischer Erforschung und Verantwortung rücken, die vorher außerhalb der Medizin standen. Beispiele für Medikalisierungstendenzen sind z. B. medizinische Behandlung von Angelegenheiten, die auch von vielen sozialen Faktoren bestimmt sind (z. B. sexuelle Unlust, Kinderlosigkeit).

Militanz: Unversöhnlich kämpferische – bisweilen kriegerisch aggressive – Haltung in politischen Auseinandersetzungen. Der Wortstamm und die Wortverwendung bedeutet im Französischen, im philippinischen Englisch wie auch im Spanischen und Portugiesischen nicht unbedingt die Verknüpfung mit physischer Gewalt, sondern ein engagiertes Eintreten für gesellschaftliche und politische Werte und Ziele.

Neurodekolonisierung: bedeutet, mittels Achtsamkeitstechniken wie Meditation die Wirkung von Kolonisierung auf unserer Verhalten, unsere Wahrnehmung und Weltsicht, die sich in unserer Gehirnstruktur widerspiegeln, durch Training zu schwächen bzw. zu überwinden.

Neurogenesis: Neurogenesis ist der Prozess, bei dem das Gehirn neue Zellen und Netzwerke als Reaktion auf Stress wachsen lässt, analog wie ein Muskel als Reaktionen auf Übungen wächst. Dabei werden bei diesem Prozess neue Nervenzellen bzw. Neuronen aus neuralen Stammzellen gebildet.

Neuroplastizität: Neuroplastizität beschreibt die lebenslange Fähigkeit des menschlichen Gehirns, sich zu verändern und anzupassen.

Organizing: Aktives Handeln, um mehr Menschen (aus unterschiedlichen Schichten, Klassen) in politische Prozesse sozialer Bewegungen und Organisationen einzubinden. Organizing im politischen Sinne zielt darauf ab, verstreute soziale Elemente oder einen existierenden sozialen Block in eine vereinte politische Kraft zu verwandeln. Es beinhaltet das Benennen, Framen und Erzählen der Bewegungsrichtung der Gruppe, das Artikulieren der positiven Ziele, das Anprangern der Missstände und Benennen der Angriffziele. Ziel von Organizing ist es, hin zu strategischen kollektiven Aktionen zu gelangen und andere soziale Kräfte zu inspirieren, um sich in eine gemeinsame politische Richtung auszurichten und diesen Kräften zum Durchbruch ihrer politischen Zielen zu verhelfen.

Pathogenese: Die Pathogenese beschreibt die Entstehung und Entwicklung einer Krankheit mit allen daran beteiligten Faktoren.

Power: Metaphorisch drückt sich Power als Verbindung zur Quelle, Ganzheit, dem Heiligen aus. Jede Person kann mächtig/kraftvoll sein, unabhängig von ihrer sozialen Mitgliedschaft, Rolle, Beruf oder anderen äußeren Etiketten. Power ist unser authentisches Zentrum, die Person, die wir sind, wenn wir unsere Rangrollen bewusst und von ihren Begrenzungen frei sind. Sie bedeutet Zugang zu unserem wahren Selbst in den Momenten, wenn wir uns der Rang- und Statusdynamiken bewusst sind und wir fähig sind, auf der antiunterdrückerischen Seite des Agent- und Targetmodells zu handeln.

Postmoderne: Die Postmoderne ist im Allgemeinen der Zustand der abendländischen Gesellschaft, Kultur und Kunst ›nach‹ der Moderne. Im besonderen Sinn ist sie eine politisch-wissenschaftlich-künstlerische Richtung, die sich gegen bestimmte Institutionen, Methoden, Begriffe und Grundannahmen der Moderne wendet und diese aufzulösen und zu überwinden versucht.

Praxis: Einerseits wird hier Praxis im Sinne einer politischen Praxis im Zyklus von Theorie, Aktion und Reflexion verstanden. Andererseits wird Praxis als sich kontinuierlich wiederholende Handlung gesehen, die in bewusster Weise für einen bestimmten Zweck durchgeführt wird. Dieses Konzept von Praxis stammt aus den Zen-Buddhismus und den Kampfkünsten und wird als Teil persönlich und kollektiver Transformationsarbeit als politische Praxis auch in sozialen Bewegungen genutzt.

Präfigurative Politik: Im Gegensatz zu strategischer Politik, versucht präfigurative Politik die zukünftigen Verhältnisse, welche sie gesellschaftlich und politisch anstrebt, in ihren heutigen Handlungen aufzuzeigen und auch vorwegzunehmen.

Privilegien: Die unbewussten Nutzen und unverdienten Vorteile, die daraus entstehen, Mitglied einer Agent-Gruppe zu sein.

Rang: System bei dem aus sozial zugeschriebenen Mitgliedschaften Privilegien für die einen und Unterdrückung/Begrenzungen für die Anderen entstehen. Obwohl es allgegenwärtig ist, kann es teilweise schwierig wahrzunehmen sein.

Resilienz: Resilienz (lat. Resilire: ›zurückspringen‹ ›abprallen‹) oder psychische Widerstandsfähigkeit ist die Fähigkeit, Krisen zu bewältigen und sie durch Rückgriff auf persönliche und sozial vermittelte Ressourcen als Anlass für Entwicklungen zu nutzen. Im Rahmen des Konzepts des Nachhaltigen Aktivismus bleibt das Resilienzverständnis nicht in der »bouncing-back«-Logik stecken, bei der es nur um die Wiederherstellung des vorherigen Levels an Funktionen geht, was aus der Perspektive einer gerechteren und ökologischeren Gesellschaft unzureichend ist. Es geht um eine transformative Resilienz durch Hormesis (Anstoss). Sie kann beschrieben werden als die Kapazität von Individuen und Gruppen, ihre existierenden Stärken und Ressourcen zu nutzen, um bewusst ihre Körper, Gefühle und Gedanken zu regulieren und Widrigkeiten als einen Katalysator zu nutzen, um durch das Treffen von Entscheidungen, die das persönliche, soziale und ökologische Wohlbefinden verbessern, neuen Sinn, Orientierung und Hoffnung im Leben zu finden.

Restorative Justice: Restorative Justice ist eine Methode, um über Wiedergutmachung Gerechtigkeit zu erreichen. Das beinhaltet, soweit wie möglich, all diejenigen, die einen Anteil an einem spezifischen Vergehen oder an Verletzungen haben, an der Wiedergutmachung zu beteiligen, um kollektiv die Verletzungen, Bedürfnisse und Verpflichtungen zu identifizieren und zu adressieren, damit diese – so weit es geht – geheilt bzw. wiederhergestellt werden können.

Salutogenese: Salutogenese bezeichnet einerseits eine Fragestellung und Sichtweise für die Medizin und andererseits ein Rahmenkonzept, das sich auf Faktoren und dynamische Wechselwirkungen bezieht, die zur Entstehung und Erhaltung von Gesundheit führen.

Selbstwahrnehmung (Inner Awareness): Wenn eine Person sich über die inneren Quellen und Motivationen ihrer Gedanken, Glaubenssätzen und Handlungen bewusst ist.

Selbstwahrnehmungspraxis (Inner Awareness Practice): Jede regelmäßige Aktivität, die uns hilft unseren Geist zu beruhigen und über unseren inneren Zustand zu reflektieren – unseren Blick nach Innen zu richten –, um so zentrierter zu werden und uns unsere Verhaltensmuster bewusst zu machen.

Sexismus: Sexismus ist ein Oberbegriff für eine breite Palette von Einzelphänomenen unbewusster oder bewusster Diskriminierung auf der Basis des Geschlechts.

Somatics: Somatics ist ein Gebiet innerhalb der Körperarbeit und von Bewegungsstudien, welches die innere körperliche Wahrnehmung und Erfahrung betont. Der Begriff wird in den Bewegungstherapien benutzt, um Methoden deutlich zu machen, die auf Soma basieren wie sensory awareness, Alexander Technik, Feldenkrais und Rolfing. Aber auch Kampfkünste und Yoga können als somatisch angesehen werden. Im Rahmen des Nachhaltigen Aktivismus kommt Somatics als politisierte Körperarbeit wie z. B. *Generative Somatics* oder *Forward Stance* vor, wo es u. a. darum geht, Werte und Haltungen zu verkörpern und als politisierte Heilungsarbeit traumatische Erfahrungen zu verarbeiten.

Soziale Revolution: tiefgreifender sozialer und systemischer Wandel in der Gesellschaft, der an Kipppunkten beschleunigt ablaufen oder generell prozesshaft verlaufen kann.

Soziale Transformation: Prozess, unsere kollektiven Handlungen mit unseren höchsten Werten im Einklang zu bringen, sodass die menschliche Kultur gerechter, friedvoller ist und sich mehr im ökologischen Gleichgewicht befindet.

Status: Beschreibt die Art der Interaktion. Es gibt zwei Spielarten: hoch und niedrig. Unser Status verändert sich ständig, wobei dies in beide Richtungen möglich ist. Jede*r kann hohen oder niedrigen Status spielen. Dies ist einfach zu beobachten.

Targets: Mitglieder von Gruppen, welche Unterdrückung/Begrenzungen erfahren. Sozial unterbewertet. Verfügen eventuell auch über Agent-Mitgliedschaft. Beispiele: Frauen, People of Color, Schwule/Lesben/Bisexuelle.

Tiefenökologie: Tiefenökologie ist eine praxisorientierte Naturphilosophie, die die Gesamtheit der Lebewesen und die Erkenntnis, dass alles Leben miteinander verbunden ist, einschließt. Leitgedanke ist die Vereinigung von Denken, Fühlen, Spiritualität und Handlung.

Transformative Gerechtigkeit: Transformative Gerechtigkeit beinhaltet die Prinzipien und Praxen des Konzepts von *Restorative Justice*, die jedoch jenseits des Strafjustizsystems angewendet werden. Der kapitalismuskritische systemische Ansatz von Transformativer Gerechtigkeit versucht die Probleme nicht nur im Beginn des Fehlverhaltens zu sehen, sondern auch als Ursache für das Fehlverhalten. Dabei wird angestrebt, das Vergehen als eine transformative, beziehungshafte und bildende Möglichkeit für Opfer, Täter*innen und alle anderen Mitglieder der betroffenen Gemeinschaft zu sehen.

Transformative Praxis: Selbstwahrnehmungspraxis, die uns nicht nur hilft, innerlich zu reflektieren, sondern uns auch befähigt, neu zu denken und zu handeln – und letztendlich die Art und Weise verändert, wie wir der Welt begegnen.

Transformatives Organizing: Ein neues Modell von *Social Justice Organizing*, welches persönliche und spirituelle Bewusstseinspraxen in *Community Organizing*-Techniken integriert, um Macht- und Herrschaftsstrukturen zugunsten aller zu transformieren.

Transformative Soziale Veränderungsarbeit: Wenn Aktivist*innen Selbstwahrnehmung benutzen, um ihre Anstrengungen zu unterstützen, systemische und strukturelle Veränderungen in Richtung einer positiven Gesellschaft voranzubringen.

Unterdrückung: (1) Überbewertung von einigen Gruppen (und das Überbewerten von allem, was mit diesen Gruppen assoziiert wird) und die daraus resultierende Unterbewertung aller anderen (und der Unterbewertung von allem, was mit diesen Gruppen verbunden wird). (2) Unnötiges Leiden welches durch soziale Ungleichheit verursacht wird.

II. Ressourcen

»Setze dich hin und lies. Bilde dich selbst für die kommenden Konflikte.« – Mother Jones

I. Reflexionen zu sozialer Veränderung und strategisches Handeln

1. Leseliste

ausgeCO$_2$lt: *Wurzeln im Treibsand.* http://www.ausgeco2hlt.de/wurzeln-im-treibsand/ (Zugriff 11.3.2019). Organizing-Erfahrungen aus der Klimabewegung.

Boyd, Andrew / Dave Oswald Mitchell (Hrsg.): Beautiful Trouble. Handbuch für eine unwiderstehliche Revolution. Freiburg im Breisgau: Orange-Press 2014. Taktiken, Prinzipien, Theorien und Fallbeispiele aus sozialen Bewegungen.

Cooney, Nick: Change of Heart. What Psychology Can Teach Us about Spreading Social Change. New York: Lantern Books 2010. Psychologisches Wissen für soziale Veränderung.

Die Direct-Action-Bibel: *Earth First! Direct Action Manual (DAM).* 3. Aufl. empfohlen. Online unter https://issuu.com/earthfirstjournal/docs/dam_3rd_edition (Zugriff 11.3.2019).

Gee, Tim: Counter Power. Making Change Happen. Oxford: World Changing 2011. Das Konzept der Gegenmacht in der Geschichte von sozialen Bewegungen.

Gottlieb, Roger S.: *Marxism 1844-1990. Origins, betrayal, rebirth.* New York: Routledge 1992. Gute undogmatische Einführung in Marxismus.

Marshall, George: Don't Even Think about It. Why Our Brains Are Wired to Ignore Climate Change. New York: Bloomsbury 2014. Kognitionswissenschaften und Kommunikationskonzepte nicht nur für die Klimabewegung.

https://movementgeneration.org/resilience-based-organizing/ (Zugriff 11.3.2019). Einführung in Resilience-Based Organizing.

Moyer, Bill: Doing democracy. The MAP model for organizing social movements. Gabriola Island, BC: New Society Publishers 2001. Umfassende Darstellung des Movement Action Plans und Bewegungszyklen.

Nieto, Leticia: Beyond Inclusion, Beyond Empowerment. A Developmental Strategy to Liberate Everyone. Washington: Cuetzpalin 2010. Innovative Antiunterdrückungsarbeit.

Reinsborough, Patrick/Doyle Cannin: RE:imagining change. How to use story-based strategy to win campaigns, build movements, and change the world. 2., erweiterte Aufl. Oakland: PM Press 2017. Standardwerk zu Story Based Campaining.

Ricketts, Aidan: The Activists' Handbook. A Step-by-Step Guide to Participatory Democracy. London/New York: Zed Books 2012. Ein sehr schönes und umfassendes Aktivist*innenhandbuch.

Shields, Katrina: In the Tiger's Mouth. An Empowerment Guide for Social Action. Gabriola Islands, BC: New Society Publishers 1993. Wichtige Methodensammlung des Nachhaltigen Aktivismus.

Smucker, Jonathan Matthew: Hegemony How-to. A Roadmap for Radicals. Chico/Oakland/Edinburgh/Baltimore: AK Press Distribution 2017. Wichtige Organizing- und Bewegungserfahrungen.

Solnit, Rebecca: Hope in the Dark. Untold Histories, Wild Possibilities. 3., erweiterte Aufl. Chicago, Illinois: Haymarket Books 2016. Eine Meditation über Aktivismus und Hoffnung.

Wenderlich, Michelle: Was die Linke vom Widerstand in Standing Rock lernen kann. In: arranca! #51 (2017). http://klimakollektiv.org/de/2018/01/30/perspektiven-verschieben (Zugriff 11.3.2019).

2. Filme

Das Gegenteil von Grau (2017) von Matthias Coers: https://gegenteilgrau.de (Zugriff 11.3.2019).

Die Konsens-Fabrik – Noam Chomsky und Die Medien (1992) von Mark Achbar und Peter Wintonick.

Kein Gott, kein Herr! Eine kleine Geschichte der Anarchie (2013) von Tancrède Ramonet.

Projekt A – Eine Reise zu anarchistischen Projekten in Europa (2016) von Marcel Seehuber und Moritz Springer: http://www.projekta-film.net (Zugriff 11.3.2019).

The Corporation (2003) von Mark Achbar und Jennifer Abbott.

This Changes Everything (2015) von Avi Lewis: https://thefilm.thischangeseverything.org (Zugriff 11.3.2019).

3. Internetadressen

https://beautifulrising.org (Zugriff 11.3.2019). Taktiken, Geschichten, Prinzipien, Theorien und Methologien aus dem Globalen Süden.

https://beautifultrouble.org (Zugriff 11.3.2019). Der umfangreiche Werkzeugkasten für soziale Veränderung.

https://joshuakahnrussell.wordpress.com/%20resources-for-activists-and-organizers (Zugriff 11.3.2019). Die umfangreichste Sammlung von Ressourcen für Aktivist*innen und Organizier*innen.

https://marcamann.net (Zugriff 11.3.2019). Marc Amann – Trainer, Autor und Bewegungsstratege ;).

https://www.momentumcommunity.org (Zugriff 11.3.2019). Momentum (Trainingsorganisation für Bewegungsaufbau / USA).

https://plantowin.net.au (Zugriff 11.3.2019). Social movement learning / Australien.

https://www.rosalux.de/stiftung/afpb/politische-weiterbildung (Zugriff 11.3.2019). Politische Weiterbildung bei der Rosa-Luxemburg-Stiftung.

https://ruckus.org/training-manuals/the-action-strategy-guide (Zugriff 11.3.2019). Der Aktionsstrategie-Guide der Ruckus Society.

https://www.storybasedstrategy.org (Zugriff 11.3.2019). Center for Story-based Strategy (CSS).

https://www.thechangeagency.org/campaigners-toolkit (Zugriff 11.3.2019). Kampagnenressourcen der australischen The Change Agency:

https://thinkingdoingchanging.wordpress.com (Zugriff 11.3.2019). Interessanter Blog über Bewegungsstrategien.

II. Individuelle Resilienzstrategien

1. Leseliste

Boomberg, Tooker: *A Letter to an activist.* https://greenspiration.org/letter-to-an-activist-earth-day-2002 (Zugriff 7.3.2019). Brief des Langzeitaktivisten Tooker Boomberg, indem er seine Erfahrungen mit Burnout und Depression teilt.

http://www.generativesomatics.org/content/healing-somatics-trauma (Zugriff 11.3.2019). Wichtiger Text für politisiertes Heilen und Trauma.

Greenspan, Miriam: Healing through the Dark Emotions. The Wisdom of Grief, Fear, and Despair. Boston: Shambhala Publications 2004. Sehr inspirierendes Buch über den Umgang mit Trauer, Angst und Verzweiflung.

Horwitz, Claudia: The Spiritual Activist. Practices to Transform Your Life, Your Work, and Your World. New York: Penguin 2002. Eine Menge spiritueller Ressourcen zur Stärkung von politischen Aktivist*innen.

Johnstone, Chris: Find Your Power. A Toolkit for Resilience and Positive Change. Hampshire: Permanent Publications 2010. Psychologische Strategien und Methoden, um mit Krisen umzugehen und positive Veränderung zu erreichen.

Jones, Pattrice: Aftershock. Confronting Trauma in a Violent World. A Guide for Activists and Their Allies. New York: Lantern Books 2007. Trauma in sozialen Bewegungen.

Lipsky, Laura van Dernoot: Trauma Stewardship. An Everyday Guide to Caring for Self While Caring for Others. San Francisco: Berrett-Koehler 2009. Trauma verstehen und Fürsorgestrategien entwickeln.

Macy, Joanna / Chris Johnstone: Hoffnung durch Handeln. Dem Chaos standhalten, ohne verrückt zu werden. Paderborn: Junfermann 2014. Wichtiges Standardwerk des Nachhaltigen Aktivismus.

Nieto, Leticia: Beyond Inclusion, Beyond Empowerment. A Developmental Strategy to Liberate Everyone. Washington: Cuetzpalin 2010. Auch spannend aus individueller Resilienzaufbausicht.

Rettig, Hillary: The Lifelong Activist. How to Change the World Without Losing Your Way. New York: Lantern Books 2005. Das Standardwerk für individuelle Resilienzstrategien.

Parlow, Georg: Zart besaitet. Selbstverständnis, Selbstachtung und Selbsthilfe für hochsensible Menschen. 4., überarbeitete Aufl. Wien: Festland Verlag 2015. Einführung zum Thema Hochsensibilität.

Pigni, Alessandra: The Idealist's Survival Kit. 75 simple Ways to Avoid Burnout. Berkeley: Paralax Press 2017. Sehr gut lesbarer und praktischer Werkzeugkasten zur Verhinderung von Burnout, welcher insbesondere auch für NGO-Mitarbeiter*innen spannend ist.

Self Care and Self Defense Manual for Feminist Activists. 2008, https://www. strategicliving.org/self-care-brochure.pdf (Zugriff 11.3.2019). Selbstfürsorge und Selbstverteidigung für feministische Aktivist*innen.

Storm, Cristien: Living in Liberation. Boundary Setting, Self-Care and Social Change. 2., überarbeitete Aufl. Pennsauken, NJ: Bookbaby 2016. Grenzen setzen und Selbstfürsorge in sozialen Bewegungen.

Weiss, Halko / Michael Harrer / Thomas Dietz: Das Achtsamkeits-Buch. Mehr Lebensqualität durch Entschleunigung. Grundlagen, Übungen, Anwendungen. Stuttgart: Klett-Cotta 2015. Eine wissenschaftliche fundierte und zugängliche Einführung in das Konzept der Achtsamkeit.

2. Filme

American Revolutionary The Evolution of Grace Lee Boggs (2013) von Grace Lee. https://americanrevolutionaryfilm.com (Zugriff 11.3.2019).

Das Salz der Erde (2014) von Wim Wenders und Juliano Ribeiro Salgado. http://www.dassalzdererde-derfilm.de (Zugriff 11.3.2019)

Radical Resilience (zum Druckzeitpunkt noch nicht veröffentlicht) https:// radicalresilience.noblogs.org (Zugriff 11.3.2019). Der Film zu Nachhaltigem Aktivismus. Kontakt: radicalresilience@riseup.net

3. Internetadressen

https://www.cristienstorm.com (Zugriff 11.3.2019). Therapeutin und Autorin (US), interessante Ressourcen und Trainings.

https://www.findingsteadyground.com (Zugriff 11.3.2019). Wie kultiviere ich eine resiliente Kultur des Widerstands?

https://lifelongactivist.com (Zugriff 11.3.2019). Rettig, Hillary: *The Lifelong Activist* online.

https://plantothrive.net.au (Zugriff 11.3.2019). Plan to Thrive: Activist health and wellbeing / Australien.

https://tiefenoekologie.de (Zugriff 11.3.2019). Seite des Tiefenökologie Netzwerkes.

https://workthatreconnects.org (Zugriff 11.3.2019). Netzwerk »der Arbeit, die wieder verbindet« nach Joanna Macy.

III. Kollektive Resilienzstrategien

1. Leseliste

Antifaschistische Linke Berlin (ALB): *Schöner leben ohne Spitzel. Ein Ratgeber.* September 2011. https://abcsuedwest.noblogs.org/files/2018/05/schoener-leben-ohne-spitzel.pdf (Zugriff 7.3.2019). Broschüre zum Umgang mit Spitzeln.

Berliner Übersetzungsteam: *Gedanken über gemeinschaftlicher Hilfe in Fällen von intimer Gewalt.* o.J. https://www.transformativejustice.eu/wp-content/uploads/2010/11/TransformativeHilfe.pdf (Zugriff 11.3.2019). Einführung in Transformative Hilfe.

Freeman, Jo: *Die Tyrannei der unstrukturierten Gruppen.* https://www.anarchismus.at/anarchafeminismus/feminismus/807-joreen-die-tyrannei-der-unstrukturierten-gruppen (Zugriff 11.3.2019). Der feministische Bewegungsklassiker zu informellen Machtstrukturen.

The Icarus Project: *Friends Make the Best Medicine. A Guide to Creating Community Mental Health Support Networks.* 2013. https://nycicarus.org/images/fmtbm.pdf (Zugriff 7.3.2019). Handlungsfaden zum Aufbau von Unterstützungsstrukturen für Psychartriebetroffene.

INCITE! (Hrsg.): *The revolution will not be funded. Beyond the non-profit industrial complex.* Cambridge, Mass: South End Press 2007. Kritische Aufsatzsammlung zur Bewegungsfinanzierung und dem Non-Profit-Industrial-Complex.

Mindell, Arnold: Mitten im Feuer. Gruppenkonflikte kreativ nutzen. München: Hugendubel 1997. Umgang mit Gruppenkonflikten.

Netzwerk Selbsthilfe e.V. (Hrsg.): Fördertöpfe für Vereine, selbstorganisierte Projekte und politische Initiativen. 13. Aufl. Berlin: Netzwerk Selbsthilfe e.V. 2017. Umfangreiche Sammlung von Fördertöpfen und Stiftungen.

Neupert-Doppler, Alexander: Utopie. Vom Roman zur Denkfigur. Stuttgart: Schmetterling Verlag 2015. Einführung in die Bedeutung und Funktion vom utopischen Denken.

The Ruckus Society: *Security Culture for Activists.* https://ruckus.org/training-manuals/security-tips-resources/ (Zugriff 20.3.2019). Einführung in Security Culture.

Seeds for Change: *A Consensus Handbook. Cooperative decision-making for activists, coops and communities.* 2013. https://www.seedsforchange.org.uk/

downloads/handbookweb.pdf (Zugriff 7.3.2019). Umfangreiches Handbuch zu Konsens.

Seeds for Change Oxford: *Working with Conflict in our Groups. A guide for grassroots activists.* September 2012. https://www.seedsforchange.org.uk/downloads/conflictbooklet.pdf (Zugriff 7.3.2019). Umgang mit Gruppenkonflikten.

Skills for Action: *Handbuch für Aktionstrainings.* https://www.kurvewustrow.org/sites/default/files/media/file/2022/aktionstrainings-handbuch-von-skills-action_0.pdf (Zugriff 1.4.2019). Das deutschsprachige Handbuch für Aktionstrainings.

Starhawk: The Empowerment Manual. A Guide for Collaborative Groups. Gabriola Island, BC: New Society Publishers 2011. Wichtige Ressourcensammlung für kollaborative Gruppen.

Toward Transformative Justice. https://www.generationfive.org/wp-content/uploads/2013/07/G5_Toward_Transformative_Justice-Document.pdf (Zugriff 7.3.2019). Einführung in Transformative Justice.

Vargas, Roberto: Family activism. Empowering your community, beginning with family and friends. San Francisco, CA: Berrett-Koehler 2008. Fähigkeiten und Potentiale in Familie und Freundeskreis stärken.

Voß, Elisabeth: Wegweiser solidarische Ökonomie. Anders wirtschaften ist möglich! Neu-Ulm: AG-SPAK-Bücher 2010. Knappe Einführung in Solidarische Ökonomie.

2. Filme

Der Aufstand der Würde. Die zapatistische Bewegung in Chiapas/Mexico (2007): http://www.zwischenzeit-muenster.de/2012-materialien-filme-aufstand.html (Zugriff 20.3.2019).

Confessions of an Undercover Cop (2006) von Brian Hill: https://vimeo.com/32210258 Zugriff 20.3.2019).

If a Tree Falls. A Story of the Earth Liberation Front (2011) von Marshall Curry: https://www.ifatreefallsfilm.com (Zugriff 20.3.2019).

Im inneren Kreis (2017) von Hannes Obends und Claudia Morar: http://www.iminnerenkreis-doku.de (Zugriff 20.3.2019).

3. Internetadressen

Activist Mediation Network (UK): http://activistmediation.org.uk (Zugriff auf diesen und die im Folgenden angeführten Links 20.3.2019).

AGBeratung: https://www.agberatung-berlin.org. Linke Projektberatung zur Rechtsformen und mehr.

Bakuninhütte: https://bakuninhuette.de. Anarchistische Wanderhütte.

Ecodharma: https://www.ecodharma.com. Aktivistisches Retreat- und Bildungszentrum in den Pyrenäen.

eyfa: https://eyfa.org. Europäisches Trainings- und Kampagnenkollektiv/ Büro Berlin.

https://www.generativesomatics.org. Somatische Körperarbeit für soziale Bewegungen.

Highlander Research and Education Center (USA): https://highlandercenter.org.

https://holistic-security.tacticaltech.org. Umfassende Ressource zu *ganzheitlicher Sicherheit*.

KommunikationsKollektiv: https://www.kommunikationskollektiv.org. Umfangreiche Trainingsangebote, auch zu nachhaltigen Aktivismus.

Mara Linnemann: https://www.aufblühen.net. Trainerin und Moderatorin u. a. auch zu Nachhaltigem Aktivismus.

ModeM: https://modemkollektiv.wordpress.com. Kollektiv für Gruppenprozessbegleitung.

Navigate: https://navigate.org.uk. Facilitation for Social Change / UK.

Netzwerk Kollektive Selbstverständigung: https://selbstverstaendigung.de.

Netzwerk Wandelstiftungen: https://www.wandelstiften.de. Emanzipatorische Stiftungen.

Out of Action: https://outofaction.blackblogs.org. Emotionale Erste Hilfe.

https://prism-break.org/de. Umfassende Sammlung freier Open-Source-Software für alle Plattformen.

ProSys: https://www.prosys-beratungskollektiv.de. Beratungskollektiv Berlin.

Radical Herbalism Camp in Deutschland: https://herbalism.blackblogs.org.

Radical Herbalism Gathering: http://www.radicalherbalism.org.uk.

Rhizome: https://rhizomenetwork.wordpress.com. Trainings- und Moderationskollektiv / UK.

Rocky Mountain Ecodharma Retreat Center: https://rockymountainecodharmaretreatcenter.org. Aktivistisches Retreatzentrum /USA.

Seeds for Change: https://www.seedsforchange.org.uk. Trainingskooperative mit umfangreichen Ressourcen / UK.

Skills for Action: https://skillsforaction.blackblogs.org/. Deutschsprachiges Netzwerk bewegungsorientierter Aktionstrainer*innen.

https://somatics4activism.noblogs.org. Somatische Körperarbeit für soziale Bewegungen.

Spina: https://spina.noblogs.org. Informelles Trainingskollektiv / Polen.

Stroomversnellers: https://stroomversnellers.org. Internationales Trainingskollektiv mit Schwerpunkt Niederlande.

https://www.trainingforchange.org. Große und langjährige Trainingsorganisation für Aktivist*innen und Organizer*innen (USA).

Tripod: https://tripodtraining.org. Training for Creative Social Aktion / UK.

Ulexprojekt: https://ulexproject.org. Trainingszentrum für soziale Bewegungen in den Pyrenäen/Spanien.

Vredesactie: https://www.vredesactie.be. Antimilitaristische Kampagnen- und Trainingsorganisation / Belgien.

https://windcall.org/our-work/residency. Das Residenzprogramm im Windcall-Retreatzentrum (USA).

https://womenforpeaceandjustice.org. Feministisches Retreatcenter in Thailand.

Bildungskollektiv des Autors:

Klima*Kollektiv: http://klimakollektiv.org. Bewegungsnahe Bildungsarbeit.

Zines:

Nachhaltiger-Aktivismus-Zine herausgegeben von Mara Linnemann: http://cre-act.net/sustainable-activism/sustainable-activism/.

Das Psychische ist politisch Kontakt: bonbonsalat@riseup.net.

III. Literaturverzeichnis

Ausführliches Literaturverzeichnis siehe www.unrast-verlag.de und https://nachhaltigeraktivismus.org

Kontakt zum Autor und Veranstaltungen zu Nachhaltigem Aktivismus:

https://klimakollektiv.org
https://nachhaltigeraktivismus.org

Doyle Canning,
Patrick Reinsborough

Befreiung neu denken

Mit erzählungsbasierten Strategien
Kampagnen gewinnen
und die Welt verändern

hrsg. und ergänzt
von Timo Luthmann

304 Seiten | 19.80 €
ISBN 978-3-89771-270-6

Der Macht der Erzählung kann sich niemand entziehen. Ob in Social-Media-Kanälen, in einer Presseerklärung, bei der Kampagnenplanung oder auf der Stadtteilversammlung – die passende Erzählung zu finden, ist eine Kunst. Und die Macht von Erzählungen ist zu wichtig, um sie nur PR-Profis, Kommunikationswissenschaftler*innen oder Donald Trump zu überlassen. Dieses Wissen kann allen Basisaktivist*innen helfen, effektiver für gesellschaftliche Emanzipation und den Erhalt unserer Lebensgrundlagen zu streiten.

In *Befreiung neu denken* untersuchen Canning und Reinsborough, wie die Macht von Narrativen, Kultur und Imagination für eine Strategie der sozialen Veränderung fruchtbar gemacht werden kann. Dieses einzigartige Praxishandbuch stellt einen theoretischen Rahmen, praktische Werkzeuge und eine Innenansicht der Methode des Center for Storybased-Strategy (CSS) zur Verfügung, die in den letzten 15 Jahren viele erfolgreiche soziale Bewegungen der USA mit geprägt hat. Erstmals ist dieser Erfahrungsschatz – wie unterdrückerische Narrative herausgefordert und progressive Kampagnen verstärkt werden können – in deutscher Sprache zugänglich.

Herausgeber Timo Luthmann (Politisch aktiv sein und bleiben) ergänzt das Buch mit praktischen Beispielen aus Deutschland und Europa, die dazu beitragen können, die Verhältnisse hier zu verändern.

UNRAST Verlag | www.unrast-verlag.de | kontakt@unrast-verlag.de

Friends of UNRAST

Engagiertes Publizieren braucht gute Freund:innen!

www.unrast-verlag.de/friends

Friends

Du findest, dass kritische Theorie und Praxis in unserer Gesellschaft eine langfristige Perspektive brauchen und als Gegenöffentlichkeit gesichert werden müssen?

★ Bring dich ein und teile uns mit, welche Themen dir gerade dringlich erscheinen und in welche Diskurse wir gezielt mit neuen Büchern eingreifen sollten. Schreib an lektorat@unrast-verlag.de oder beteilige dich an unserer Chatgruppe.

★ Plane gemeinsam mit uns und unseren Autor*innen Veranstaltungen zu Themen, die in deiner Stadt / Region von Bedeutung sind.

★ Bewirb deine Veranstaltung über unsere Kanäle.

★ Werde Teil unseres Netzwerks **Friends of UNRAST** und unterstütze unsere wichtige Arbeit auch finanziell.

Mit einer Mitgliedschaft sicherst du das Fortbestehen unserer Arbeit und hilfst mit, dass der **UNRAST** Verlag weiterhin eine Plattform für linke Perspektiven und gesellschaftskritische Stimmen bieten kann.

Du entscheidest dich, den **UNRAST** Verlag monatlich mit einem kleinen Beitrag zu unterstützen, und richtest einen entsprechenden Dauerauftrag ein oder erteilst uns auf www.unrast-verlag.de/friends eine Einzugsermächtigung, die du selbstverständlich jederzeit kündigen oder ändern kannst. Du erhältst eine Einladung zur **UNRAST**-Chatgruppe, in die du dich sofort konstruktiv einbringen kannst.

Komme zu den **Friends of UNRAST** und erteile uns eine Einzuzgsermächtigung auf www.unrast-verlag.de/friends

oder richte einen Dauerauftrag mit dem Stichwort „friends" ein:

UNRAST Verlag
Triodos Bank
IBAN: DE47 5003 1000 1012 2020 04

Werde Teil des UNRAST Netzwerkes!